Hans-Dieter Junge

**Dictionary of
Machine Tools and
Mechanical Engineering**

**Wörterbuch
Werkzeugmaschinen und
mechanische Fertigung**

© VCH Verlagsgesellschaft mbH, D-6940 Weinheim (Federal Republic of Germany), 1992

Distribution:
VCH, P. O. Box 101161, D-6940 Weinheim (Federal Republic of Germany)
Switzerland: VCH, P. O. Box, CH-4020 Basel (Switzerland)
United Kingdom and Ireland: VCH (UK) Ltd., 8 Wellington Court, Cambridge CB1 1HZ (England)
USA and Canada: VCH, Suite 909, 220 East 23rd Street, New York, NY 10010-4606 (USA)

ISBN 3-527-27993-8 (VCH, Weinheim) ISSN 0930-6862
ISBN 0-89573-941-0 (VCH, New York)

Hans-Dieter Junge

Dictionary of Machine Tools and Mechanical Engineering

English/German
German/English

Wörterbuch Werkzeugmaschinen und mechanische Fertigung

Englisch/Deutsch
Deutsch/Englisch

Weinheim · New York · Basel · Cambridge

Dr. Hans-Dieter Junge
Cavaillonstr. 78/I
D-6940 Weinheim

This book was carefully produced. Nevertheless, author and publisher do not warrant the information contained therein to be free of errors. Readers are advised to keep in mind that statements, data, illustrations, procedural details or other items may inadvertently be inaccurate.

Published jointly by
VCH Verlagsgesellschaft mbH, Weinheim (Federal Republic of Germany)
VCH Publishers, Inc., New York, NY (USA)

Editorial Director: Dr. Hans-Dieter Junge
Production Manager: Claudia Grössl

Library of Congress Card No. applied for

A catalogue record for this book is available from the British Library

Die Deutsche Bibliothek – CIP-Einheitsaufnahme
Junge, Hans-Dieter:
Dictionary of machine tools and mechanical engineering :
English-German, German-English = Wörterbuch Werkzeugmaschinen
und mechanische Fertigung / Hans-Dieter Junge. –
Weinheim ; New York ; Basel ; Cambridge : VCH, 1992
(Parat)
ISBN 3-527-27993-8 (Weinheim ...) Gb.
ISBN 0-89573-941-0 (New York)
NE: HST

© VCH Verlagsgesellschaft mbH, D-6940 Weinheim (Federal Republic of Germany), 1992

Printed on acid-free and low-chlorine paper
Gedruckt auf säurefreiem und chlorarm gebleichtem Papier

Alle Rechte, insbesondere die der Übersetzung in andere Sprachen, vorbehalten. Kein Teil dieses Buches darf ohne schriftliche Genehmigung des Verlages in irgendeiner Form – durch Photokopie, Mikroverfilmung oder irgendein anderes Verfahren – reproduziert oder in eine von Maschinen, insbesondere von Datenverarbeitungsmaschinen, verwendbare Sprache übertragen oder übersetzt werden. Die Wiedergabe von Warenbezeichnungen, Handelsnamen oder sonstigen Kennzeichen in diesem Buch berechtigt nicht zu der Annahme, daß diese von jedermann frei benutzt werden dürfen. Vielmehr kann es sich auch dann um eingetragene Warenzeichen oder sonstige gesetzlich geschützte Kennzeichen handeln, wenn sie nicht eigens als solche markiert sind.
All rights reserved (including those of translation into other languages). No part of this book may be reproduced in any form – by photoprinting, microfilm, or any other means – nor transmitted or translated into a machine language without written permission from the publishers. Registered names, trademarks, etc. used in this book, even when not specifically marked as such, are not to be considered unprotected by law.
Composition: U. Hellinger, D-6901 Heiligkreuzsteinach
Printing: betz-druck GmbH, D-6100 Darmstadt
Bookbinding: Verlagsbuchbinderei Georg Kränkl, D-6148 Heppenheim
Printed in the Federal Republic of Germany

English/German
Englisch/Deutsch

A

abilility Fähigkeit *f*
ablation Ablation *f*, Abtragung *f*
ablation test[ing] Prüfung *f* der Ablation
ablative plastic Ablationskunststoff *m*
abnormal anomal, abnorm
abrading disk Schmirgelscheibe *f*
abrasion Abschleifen *n*, Abreiben *n* *{spanende Bearbeitung mit geometrisch unbestimmter Schneide}*; Verschleiß *m* *{einer Oberfläche}*
abrasion machine Abrieb[prüf]maschine *f*
abrasion test Abriebprüfung *f*, Verschleißprüfung *f* *{durch Scheuern}*
abrasion tester Abriebprüfgerät *n*
abrasive 1. Schleifmittel *n*, Abrasivum *n*; 2. [stoff]abtragend *{durch Spanen}*
abrasive band Schleifband *n*
abrasive-band grinding Bandschleifen *n*
abrasive-band grinding machine Bandschleifmaschine *f*
abrasive band polishing Polierschleifen *n*
abrasive belt Schleifriemen *m*
abrasive block Segmentschleifkörper *m*
abrasive body Schleifklotz *m*
abrasive cut-off machine Trennschleifmaschine *f*
abrasive cut-off saw Trennschleifscheibe *f*
abrasive cutting Trennschleifen *n*, Durchschleifen *n* mittels Trennscheibe
abrasive cutting blade Trennschleifscheibe *f*
abrasive cutting machine Trennschleifmaschine *f*
abrasive cutting-off Trennschleifen *n*, Durchschleifen *n* mittels Trennscheibe
abrasive cutting-off wheel Trenn[schleif]scheibe *f*
abrasive cutting wheel Trenn[schleif]scheibe *f*
abrasive disk Schneidscheibe *f* *{mit Stahlkern}*
abrasive disk machine Trennschleifmaschine *f* [mit Schneidscheibe]
abrasive dust Schleifstaub *m*
abrasive engineering [practice] Schleiftechnik *f*, Poliertechnik *f*
abrasive hardness Ritzhärte *f*
abrasive paper Schleifpapier *n* *{z.B. Sand- oder Schmirgelpapier}*
abrasive pencil Schleifstift *m*
abrasive saw Trenn[schleif]scheibe *f*
abrasive-stick dresser Abrichtstift *m*
abrasive tool Schleifwerkzeug *n*; Schleifkörper *m*
abrasive wear abrasiver Verschleiß *m*
abrasive wheel dressing Schleifkörperabrichten *n*
abrasive wheel cutting-off machine Trenn[schleif]maschine *f*
abscissa Abszisse *f*, x-Koordinate *f*, x-Achse *f*; Auftragslinie *f*
absence of play Spielfreiheit *f*
absence of undercutting Unterschnittfreiheit *f*
absolute absolut

absolute accuracy Absolutgenauigkeit f, absolute Genauigkeit f
absolute damping absolute Dämpfung f
absolute error Absolutfehler m, absoluter Fehler m
absolute measure system absolute Bemaßung f, absolutes Maßsystem n, Absolutmaßsystem n, Bezugsmaßsystem n *{z.B. bei numerischer Steuerung}*
absolute measurement absolute Messung f, Absolutmessung f
absolute modulus absoluter Modul m, Betrag m des komplexen Moduls
absolute programming Programmierung f im Absolutmaßsystem, Programmierung f absoluter Maße *{numerische Steuerung}*
absolute reference system absolutes Bezugssystem n
absolute reliability absolute Zuverlässigkeit (Betriebssicherheit) f
absolute scale absolute Skalierung f, absolute Normierung f, absoluter Maßstab m
absolute sensitivity absolute Empfindlichkeit f, Absolutempfindlichkeit f
absolute speed drop absoluter Drehzahlabfall m
absolute speed rise absoluter Drehzahlanstieg m
absolute speed variation absolute Drehzahländerung (Drehzahlschwankung) f
absolute system *s.* absolute measure system
absolute value absoluter Wert m, Absolutwert m

absorb/to absorbieren, aufsaugen, aufzehren
absorber Absorber m, Dämpfungseinrichtung f
absorber material Absorbermaterial n
absorption Absorption f
absorption coefficient Absorptionskoeffizient m
absorption dynamometer Absorptionsdynamometer n, Bremsdynamometer n *{z.B. Prony Zaum}*
absorption edge Absorptionskante f
absorption factor Absorptionsfaktor m
accelerate/to beschleunigen; überholen *{beim Gewindeschneiden}*
accelerated beschleunigt
accelerated ag[e]ing beschleunigte Alterung f
accelerated fatigue beschleunigte Ermüdung f
accelerated fatigue test[ing] Kurzzeit-Ermüdungsprüfung f
accelerated natural weathering test[ing] beschleunigte Freibewitterungsprüfung f
accelerated outdoor exposure tes[ting] beschleunigte Außenprüfung f
accelerated test method beschleunigte Prüfmethode f
accelerated test[ing] Kurzzeitprüfung f, Schnellprüfung f
accelerated weathering Schnellbewitterung f, Kurz[zeit]bewitterung f, künstliche Bewitterung f
accelerated weathering apparatus (device, instrument) Kurzzeitbewitterungsprüfgerät n

accelerated weathering test Kurzbewitterungsversuch *m*, Schnellbewitterungsprüfung *f*
acceleration 1. Beschleunigung *f*, Geschwindigkeitszunahme *f*; 2. Überholung *f* *{Gewindeschneiden}*
acceleration and path control Beschleunigungs- und Bahnsteuerung *f*
acceleration constant Anlaufzeitkonstante *f*
acceleration limiter Beschleunigungsbegrenzer *m*
acceleration pump Beschleunigerpumpe *f*
acceleration sensor Beschleunigungsaufnehmer *m*, Beschleunigungsfühler *m*, Beschleunigungssensor *m*
accept/to akzeptieren, annehmen, abnehmen *{Qualitätskontrolle}*
acceptable annehmbar, akzeptabel, akzeptierbar; zulässig
acceptance 1. Akzeptanz *f*, Annahmebereitschaft *f*, Annahme *f* *{z.B. durch einen Bediener}*; 2. Abnahme *f*, Annahme *f* *{Qualitätskontrolle}*
acceptance angle Akzeptanzwinkel *m*
acceptance limit Annahmegrenze *f*, Annahmeschwelle *f* *{Qualitätskontrolle}*
acceptance probability Annahmewahrscheinlichkeit *f*, statistische Sicherheit *f*
acceptance test Annahmeprüfung *f*, Abnahmeprüfung *f*, Funktionsprüfung *f*
access 1. Zugang *m* *{z.B. zum Inneren einer Anlage}*; 2. Zugriff *m* *{z.B. zu Daten}*

access of air Luftzutritt *m*
accessibility Zugänglichkeit *f*, Erreichbarkeit *f* *{z.B. zwecks Wartung}*
accessories Zubehör *n*
accessory Zubehör *n*
accessory device Zubehöreinrichtung *f*
accidental printing Kopiereffekt *m*
accommodation Aufnahme *f*
accompanying beiliegend, begleitend
accompanying element Begleitelement *n*
accomplish/to bewirken, beenden, fertigstellen, ausfüllen, durchführen
accumulated error akkumulierter (aufgelaufener) Fehler *m*
accumulator Akkumulator *m*, Speicher *m*
accumulator chamber Speicherraum *m* *{z.B. für Werkstücke}*
accumulator cylinder Speicherzylinder *m*, Akkumulierzylinder *m*; Tauchkammer *f*
accumulator head Speicherkopf *m*, Staukopf *m*, Akkukopf *m*
accumulator-type machine Speichermaschine *f*
accuracy Genauigkeit *f*, Maßhaltigkeit *f*, *{besser}* Unsicherheit *f*
accuracy of hole location (positioning) Lagegenauigkeit *f* der Bohrung
accuracy of measurement Meßgenauigkeit *f*, *{besser}* Meßunsicherheit *f*
accuracy of positioning Positionierungsgenauigkeit *f*; Zentriergenauigkeit *f*
accurate hole Paßbohrung

accurately located (positioned) lagegenau
acetylene generator Acetylentwickler *m*
acid 1. sauer; sauer zugestellt (ausgekleidet); 2. Säure *f*
acid brittleness Beizsprödigkeit *f*
acid cock Säurehahn *m*
acid converter Bessemer-Birne *f*
acid converter process Bessemer-Verfahren *n*
acid leach saurer Laugenprozess *m*
acid lining saures Futter *n*, saure Zustellung *f*
acid process Bessemer-Verfahren *n*
acid pump Säurepumpe *f*
acid resistance Säurebeständigkeit *f*, Säurefestigkeit *f*
acid-resistant säurebeständig, säurefest
acid slag saure Schlacke *f*, Bessemer-Schlacke *f*
acid slagging practice saure Schlackenführung *f*
acid slide valve Säureschieber *m*
acid valve Säureventil *n*
acidic sauer; Säure-
acknowledgement Bestätigung *f*, Rückmeldung *f*, Quittung *f*, [positive] Antwort *f*, Richtigbefund *m*
acme (ACME) thread [Acme-] Trapezgewinde *n*
acoustic akustisch; schallschlukkend *{Material}*
acoustic dialogue akustischer Dialog *m* *{Mensch-Maschine-System}*
acoustic emission analysis Schallemissionsanalyse *f*, SEA
acoustic input akustische Eingabe *f*, Spracheingabe *f*

acoustic output akustische Ausgabe *f*, Sprachausgabe *f*
acoustic sensor Schallsensor *m*
acoustic signal akustisches Signal *n*, Hörsignal *n*, Tonsignal *n*; akustischer Alarm *m*
acoustical property akustische Eigenschaft *f*, Eigenschaft *f* bei akustischen Prüfungen
acoustooptics Akustooptik *f*
act/to 1. bewirken; handeln; verrichten; 2. angreifen *{Kraft}*; 3. funktionieren, in Betrieb sein
acting bewirkend; tätig
action Aktion *f*, Vorgang *m*, Handlung *f*; Verhalten *n*, Wirkungsweise *f*, Wirkung *f*; Tätigkeit *f*, Einwirkung *f*, Beeinflussung *f*
action time Vorgangszeit *f*, Zeitdauer *f* eines Vorgangs; Abtastzeit *f* *{Systemtheorie}*
activate/to aktivieren, anregen *{z.B. Schwingungen}*; einschalten, in Gang setzen, auslösen *{z.B. Relais}*
activation button Startknopf *m*
active aktiv, wirksam; betriebsbereit, funktionsbereit; aktiviert, arbeitend, in Betrieb; aufgerufen *{Datei}*; stromführend, spannungsführend; Wirk-
active cutting edge Hauptschneide *f*
active hot metal mixer Vorfrischmischer *m*
active inventory aktives Inventar *n*, in Benutzung befindliche Anlagenteile *npl*
active load Wirklast *f*
active mixer Vorwindfrischer *m*
active power Wirkleistung *f*
active pressure Wirkdruck *m*

active redundancy aktive (funktionsbeteiligte) Redundanz *f*, heiße Reserve *f {alle redundanten Einrichtungen werden gleichzeitig benutzt}*
active state aktiver Status (Zustand) *m*
active zone aktive Zone *f*
activity analysis Prozeßanalyse *f* mittels Netzplantechnik, Aktivitätenanalyse *f*
actual wirklich, tatsächlich, effektiv, aktuell; Ist-
actual dimension Istmaß *n*
actual feed rate Istvorschub *m*
actual head Istdruck *m*
actual indication Ist[wert]anzeige *f*
actual load Wirklast *f*, tatsächliche Belastung *f*
actual operating diagram Wirkschema *n*
actual operation tatsächliches Verhalten *n*
actual output Nutzleistung *f*, Istleistung *f*
actual parameter aktueller Parameter *m*
actual path Istweg *m*
actual power Wirkleistung *f*
actual reliability Istzuverlässigkeit *f*
actual size Istmaß *n*
actual surface Istoberfläche *f*
actuate/to bedienen, betätigen, einschalten
actuated betätigt
actuating betätigend, bewirkend; stellend
actuating appliance Betätigungsorgan *n*
actuating cylinder Arbeitszylinder *m*, Stellzylinder *m*
actuating element Stellglied *n*; *s.a.* actuator
actuating fluid Kraftübertragungsmedium *n {z.B. für hydraulischen Stelldruck}*
actuating force Betätigungskraft *f*, Stellkraft *f*
actuating frequency Betätigungshäufigkeit *f*
actuating mechanism Betätigungsmechanismus *m*, Auslösemechanismus *m*, Stellantrieb *m*
actuating piston Stellkolben *m*
actuating pressure Stelldruck *m*, Steuerdruck *m*
actuating screw Betätigungsspindel *f*, Stellspindel *f*
actuating spring Betätigungsfeder *f*
actuating time Stellzeit *f*
actuating torque Stellmoment *n*, Betätigungsdrehmoment *n*
actuation Bedienung *f*, Betätigung *f*, Einschalten *n*; Auslösung *f* *{direkt durch den Menschen n}*; *s.a.* actuating
actuation cycle Betätigungsspiel *n*, Spiel *n* beim Stellvorgang
actuator Betätigungselement *n*, Betätigungsglied *n*, Bedienteil *n* *{z.B. Hebel}*; Stelleinrichtung *f*, Stellglied *n*; Aktuator *m*; Bedienungsperson *f*, Betätiger *m*
actuator motion Bewegung *f* des Stellgliedes
adapt/to adaptieren, anpassen [an]
adaptability Anpassungsfähigkeit *f*; Verwendbarkeit *f*
adaptable anpassungsfähig, anpaßbar
adaptation Adaptation *f*, Anpassung *f*, Selbstanpassung *f*, Selbsteinstellung *f*; Lernfähigkeit *f*

adapter Anpaßbaustein *m*, Adapter *m*, Zwischenstück *n*, Paßstück *n*, Übergangsstück *n*; Zwischenstecker *m*; Umspanndorn *m* *{Drehmaschinenspindel}*; Zwischenhülse *f* *{Schaftfräser}*; Futterscheibe *f* *{Klemmfutter}*
adapter bearing Spannhülsenlager *n*
adapter bushing Anpaßbuchse *f*
adapter ring Zwischenring *m*
adapter sleeve Spann[ungs]hülse *f*
adaption *s*. adaptation
adaptive anpassungsfähig, adaptiv, selbstanpassend, selbsteinstellend; lernfähig
adaptive control adaptive (selbstanpassende, selbsteinstellende) Steuerung *f*, Adaptivsteuerung *f*; adaptive (selbstanpassende, selbsteinstellende) Regelung *f*, Adaptivregelung *f*, Anpassungsregelung *f*; AC *{numerische Steuerung}*
adaptive loop Adaptationsschleife *f*, anpassungsfähiger Regelkreis *m*
adaptive process line adaptive Fertigungsstraße *f*
adaptive routing adaptive (selbstanpassende) Bahnführung *f*
adaptive sampling adaptive (selbstanpassende) Abtastung *f*
adaptor *s*. adapter
add/to zugeben, zuschlagen, zulegieren *{zur Schmelze}*
add-on device Zusatzgerät *n*
add-on unit Ergänzungseinheit *f*, Zusatzeinheit *f*
added spring support Zusatzfederauflage *f*
addendum Kopfhöhe *f* *{Zahnrad}*; Zahnkopf *m*

addition Zuschlag *m*, Zulegierung *f*
addition agent Zusatzstoff *m*, Legierungszusatz *m*
additional zusätzlich, ergänzend; Zusatz-
additional attachment Zusatzeinrichtung *f*
additional draw Weiterschlag *m* *{Ziehen}*
additional equipment Zusatzeinrichtung *f*
additional test Zusatzprüfung *f*, zusätzliche Prüfung *f*
additional treatment Zusatzbehandlung *f*, zusätzliche Behandlung *f*, Nachbehandlung *f*
addressable adressierbar
addressable horizontal position adressierbare horizontale Position *f*
addressable point adressierbarer Punkt *m*
addressable vertical position adressierbare vertikale Position *f*
adherence Haftvermögen *n*, Adhärenz *f*
adhesion Adhäsion *f*, [An-]Haften *n*; Reibschluß *m*
adhesive force Adhäsionskraft *f* *{im allgemeinen}*; Reibschluß *m*
adhesive joint Klebeverbindung *f*, Klebefuge *f*
adiabatic method adiabatische Prüfmethode *f*
adjacent benachbart, angrenzend, anliegend, anstoßend, adjazent; nebeneinander angeordnet, naheliegend *{räumlich}*
adjoint adjungiert
adjust/to justieren, einstellen, nachstellen, regulieren verstellen *{um die*

Einstellung zu verbessern}, abstimmen, abgleichen; anstellen {Walzen}
adjustability Justierbarkeit *f*, Einstellbarkeit *f*, Regulierbarkeit *f*
adjustable justierbar, einstellbar, nachstellbar, regulierbar, verstellbar
adjustable arm Verstellarm *m*, Spindellagerarm *m*
adjustable block Gleitschieber *m*, Klemmstück *n* *{Waagerechtstoßmaschine}*; Klemmplatte *f*, Lagerbock *m* *{Waagerechtbohrwerk}*
adjustable bearing Stellager *n*
adjustable gib Nachstelleiste *f*
adjustable gibbing nachstellbare Führung *f*
adjustable-height höhenverstellbar, mit Höhenverstellung
adjustable lever Stellhebel *m*, Verstellhebel *m*
adjustable reamer Handreibahle *f*
adjustable screw Justierschraube *f*, Einstellschraube *f*, Stellschraube *f*
adjustable speed einstellbare Geschwindigkeit *f*
adjustable-speed motor Motor *m* mit Drehzahlverstellung
adjustable strip Nachstelleiste *f*
adjustable-torque mit einstellbarem Drehmoment
adjusted eingestellt, justiert
adjuster Abgleichelement *n*, Justiervorrichtung *f*, Stellvorrichtung *f*, Einsteller *m* *{z.B. Signaleinsteller}*; Stellglied *n*
adjusting Justierung *f*, Einstellung *f*; Regulierung *f*; Einpassen *n*; *s.a.* adjustment
adjusting accuracy Justiergenauigkeit *f*, Einstellgenauigkeit *f*
adjusting angle Einstellwinkel *m*

adjusting bolt Einstellbolzen *m*, Stellbolzen *m*
adjusting clip Spurplättchen *n*
adjusting control Justierelement *n*, Einstellelement *n*
adjusting device Justiervorrichtung *f*, Stellvorrichtung *f*, Einstellvorrichtung *f* *{zur Einstellung des Arbeitspunkts}*
adjusting dog Stellklaue *f*
adjusting element Abgleichelement *n*, Einstellglied *n*, Justierglied *n*
adjusting flange Justierflansch *m*
adjusting gib Nachstelleiste *f*
adjusting key Stellkeil *m*
adjusting lever Einstellhebel *m*, Stellhebel *m*, Verstellhebel *m*
adjusting piece Paßstück *n*
adjusting ring Stellring *m*
adjusting screw Stellschraube *f*, Einstellschraube *f*
adjusting spring Einstellfeder *f*
adjustment 1. Justierung *f*, Justage *f*, Einstellung *f*, Regulierung *f*, Abgleich *m*; 2. Einstellelement *n* *{s.a. adjusting element}*; 3. Ausgleich *m* *{Ausgleichsrechnung}*; 4. Berichtigung *f*, Korrektur *f*; 5. Aufrundung *f*; 6. Anstellung *f* *{Walzen}*
adjustment knob Einstellknopf *m*, Stellknopf *m*, Bedienungsknopf *m*
adjustment range Einstellbereich *m*, Verstellbereich *m*
adjustment ring Einstellring *m*, Justierring *m*, Stellring *m*
adjustment screw Justierschraube *f*, Einstellschraube *f*, Stellschraube *f*

adjustor s. adjuster
admissible path zulässiger Weg m {Netzplantechnik}
admissible point zulässiger Punkt m
admission hopper Zuführungstrichter m
advance [to another position]/to an eine andere Stelle weiterrücken, vorrücken; fortschalten, weiterdrehen, weiterschalten n, voreilen, vorlaufen
advance 1. Vorschub m, Transport m, Weiterbewegung f; 2. Voreilung f
advance angle Voreilwinkel m
advance click Schaltklinke f
advance direction Vorschubrichtung f {z.B. beim Werkzeugroboter}
advance mechanism Vorschubmechanismus m
advance pulse Weiterschaltimpuls m
advanced modern, fortgeschritten
advanced component modernes Bauelement n
advanced manufacturing moderne Fertigung f
advanced system modernes System n
advanced technology moderne Technologie f; moderne (fortgeschrittene, neue) Technik f
advection Transport m; Zuführung f
Aeolian tone Anblaston m
aeration Belüftung f, Lüftung f, Begasen n
aerator Belüfter m; Begasungsanlage f
AF structure Austenit-Ferrit-Gefüge n

affect/to beeinflussen; beeinträchtigen
aftercharging Nachsetzen n
aftercontraction Nachschwindung f
afterexpansion Nachwachsen n
aftermachining Nachbearbeitung f, Nach[be]arbeiten n
aftershrinkage Nachschwindung f, NS
aftertreatment Nachbehandlung f
age/to 1. [technisch] veralten; [künstlich] altern; aushärten, nachhärten; 2. mauken, faulen
age hardening Aus[scheidungs]härtung f {Stahl}; Alterung f {Leichtmetalle}
ageing s. aging
agent Mittel n
agglomeration Fritten n
aging 1. Alterung f, [natürliches] Altern n; Vergüten n; 2. Mauken n, Faulen n
aging device Alterungsprüfgerät n
aging failure Alterungsausfall m, Ausfall m infolge Alterung
aging period Alterungszeit f {Einwirkungszeit der Warmbehandlung}
aging temperature Alterungstemperatur f
aided unterstützt [durch]
air/to belüften
air Luft f; Gebläsewind m, Gebläseluft f; Druckluft f
air-actuated druckluftbetätigt, pneumatisch, mit Druckluft betrieben
air-actuated chuck Druckluft[spann]futter n
air admission channel Luftzuführungskanal m {Pneumatik}
air bag Luftsack m; Luftschlauch m {Pneumatik}

air bearing Luftlager *n*
air-blast cleaning Druckluftputzstrahlen *n*
air-blast stove Winderhitzer *m*, Hochofenwinderhitzer *m*
air-blasting 1. Blasen *n*; 2. Druckgußputzen *n*
air chamber 1. Luftbehälter *m*; 2. Windmantel *m*, Windring *m* {Ofen}
air channel Luftkanal *m*
air-circulating furnace Luftumwälzofen *m*
air circulation Luftzirkulation *f*, Luftumlauf *m*, Luftumwälzung *f*
air circulation furnace Luftumwälzofen *m*
air clamp druckluftbetätigter Niederhalter *m*
air compressor Luftkompressor *m*, Drucklufterzeuger *m*
air conditioning Klimatisierung *f*; Klimatechnik *f*
air conditioning plant (system) Klimaanlage *f*
air contamination Luftverunreinigung *f*, Luftverschmutzung *f*
air-controlled druckluftgesteuert
air converting Windfrischen *n*
air-cooled luftgekühlt
air-dried strength Standfestigkeit *f* {von Gießereisand}
air drill Druckluftbohrer *m*
air duct Luftschlitz *m*, Luftkanal *m*, Luftzuführungskanal *m*
air failure Luftausfall *m*, Druckluftausfall *m*, Ausfall *m* des Versorgungsluftdrucks
air filter Luftfilter *n*, Druckluftfilter *n*, Luftreiniger *m*
air furnace Flammofen *m*, Herdschmelzofen *m*, Zugofen *m*, Windofen *m*
air gap Luftspalt *m*
air hole Gasblase *f*, Gußblase *f*
air intake blower Frischluftgebläse *n*
air-operated pneumatisch, druckluftbetätigt, mit Druckluft betrieben
air-operated chuck Druckluft[spann]futter *n*
air-operated squeezer Druckluft[preß]formmaschine *f*
air outlet hole Luftaustrittsöffnung *f*
air oven Luftofen *m* {für künstliche Alterung}
air oven ag[e]ing Ofenalterung *f* {Alterungsverfahren}
air pad Druckluftziehkissen *n*
air pit [kleine] Gasblase *f* {Gußfehler}
air pocket Lufteinschluß *m*, Luftblase *f* {Gußfehler}
air pollution Luftverunreinigung *f*, Luftverschmutzung *f*
air-powered *s.* air-operated
air pressure Luftdruck *m*
air pump Luftpumpe *f*
air pump beam Luftpumpenbalancier *m*
air purging Luftspülung *f*
air refining Windfrischen *n*
air relief cover Entlüfterdeckel *m*
air relief pipe Entlüfterrohr *n*
air squeezer Druckluftformmaschine *f*
air suction bellows Luftansaugbalg *m*
air supply 1. Luftzufuhr *f*, [Druck-]Luftversorgung *f*, Luftanschluß *m*; 2. Versorgungsluft *f*, Zuluft *f*

alarm 12

air-supply pressure Versorgungsluftdruck *m*
air-throttle Luftdrossel *f*, Zuluftdrossel *f*, Drossel *f*
air-tight machine druckfest gekapselte Maschine *f*
air-to-close valve bei vorhandener Druckluft schließendes Ventil *n*
air-to-open valve bei vorhandener Druckluft öffnendes Ventil *n*
air-to-valve pressure Stelldruck *m* am Ventil
air valve Luftventil *n*, Luftklappe *f*
air vent Entlüftungsbohrung *f* {*Ziehwerkzeug*}, Entlüftungsschlitz *m*, Luftauslaß *m*, Luftkanal *m*
air-vent and ventilating valve Entlüftungs-und Belüftungsventil *n* {*z.B. in Steigleitungen*}
air vent screw Entlüfterschraube *f*
alarm 1. Alarm *m*, Alarmierung *f*, Alarmsignalisierung *f*, Warnung *f*; 2. Alarmgeber *m*, Alarmgerät *n*
alarm annunciator Warnleuchtfeld *n*, Melde[leucht]feld *n*
alarm bell Alarmglocke *f*
alarm limit Warngrenze *f*
alarm signal Alarmsignal *n*, Alarmzeichen *n*, Warnzeichen *n*
alarm signalling device Alarmgeber *m*, Alarmgerät *n*
alarm stop device Notstoppeinrichtung *f*
alarm switch Alarmschalter *m*
alarm system Alarmsystem *n*, Warnanlage *f*
alarming Alarmierung *f*, Alarmsignalisierung *f*, Alarmmeldung *f*
alert signal Alarmsignal *n*, Alarmzeichen *n*, Warnzeichen *n*
align/to ausrichten, abgleichen, [mechanisch] justieren, positionieren,
aligned ausgerichtet, positioniert, [mechanisch] justiert, eingestellt
aligning Ausrichten *n*
aligning edge Führungskante *f*
aligning washer Einstellscheibe *f*
alignment Ausrichtung *f*, Abgleich *m*, [mechanische] Justierung *f*, Positionierung *f*, Fluchten *n*; Orientierung *f*, Ausrichtung *f*
alignment chart Fluchtlinientafel *f*, Fluchtentafel *f*
alignment device mechanische Justiervorrichtung *f*, Vorrichtung *f* zum Ausrichten (Ausfluchten)
alignment pin Paßstift *m*, Führungsstift *m* {*Steckvorrichtung*}
alignment sensitivity Justierempfindlichkeit *f*
alkali metal Alkalimetall *n*
alkali-resistant alkalibeständig, laugenfest
alkaline alkalisch, basisch
all-mine ohne Schrottzusatz
all-side cutting punch Aushaustempel *m*
alligator jack Krokodilklemme *f*
alligator jaw Zahnfederbacke *f*
alligator scissors Alligatorschere *f*, Hebelschere *f*
alligator wrench Alligatorzange *f*
allowable zulässig
allowable deviation zulässige Abweichung *f*
allowable load zulässige Belastung *f*
alloy Legierung *f*
alloyed steel legierter Stahl *m*
alter/to [ver]ändern; verstellen

alter a program/to ein Programm [ver]ändern
alterable [ver]änderbar
alteration [Ver-]Änderung *f*; Umbau *m*
alternate route Ersatzweg *m*
alternate routing Umwegsteuerung *f*, Umweglenkung *f*, Ersatzleitweg *m*
alternating Wechseln *n*, Abwechseln *n*; Wechsel-
alternating-current commutator motor Wechselstrom-Kommutatormotor *m*
alternating-current generator Wechselstromgenerator *m*
alternating-current motor Wechselstrommotor *m*
alternating load wechselnde Belastung *f*, Wechsellast *f*
alternating motion hin- und hergehende Bewegung *f*
alternating stress Wechselbeanspruchung *f*
alternator Synchrongenerator *m*
aluminium alloy Aluminiumlegierung *f*
aluminum *s.* aluminium
ambient umgebend; Umgebungs-
ambient conditions Umgebungsbedingungen *fpl*
ambient humidity Umgebungsluftfeuchte *f*
ambient noise level Umgebungsgeräuschpegel *m*
ambient temperature Umgebungstemperatur *f*, Raumtemperatur *f*
American National Coarse [thread] amerikanisches Grobgewinde *n*, ANC-Gewinde *n*
American National Fine [thread] amerikanisches Feingewinde *n*, ANF-Gewinde *n*
American Society for Testing and Materials Amerikanische Gesellschaft *f* für Werkstoffe und Werkstoffprüfung, ASTM
American standard thread amerikanisches Normalgewinde *n*, AS-Gewinde *n*, Sellersgewinde *n*
amorphous amorph
amount of axial freedom Axialspiel *n*
amount of overbalance Überwucht[masse] *f*
ampere conductor Amperestab *m*, Ampereleiter *m*
amplification Verstärkung *f*
amplifier Verstärker *m*
amplifier stage Verstärkerstufe *f*
amplify/to verstärken
amplitude Amplitude *f*
amplitude modulation Amplitudenmodulation *f*
amplitude of vibration Schwingungsamplitude *f*
analog[ue] display Analoganzeige *f*
analog[ue]-to-digital converter Analog-Digital-Umsetzer *m*
analysis Analyse *f*
analysis of stability Stabilitätsuntersuchung *f*
analytical analytisch
anchor Anker *m*; Mauer[werks]anker *m*; Verklammerung *f* {*Lager*}
anchor bolt Ankerbolzen *m*, Verankerungsschraube *f*, Fundamentschraube *f*
anchor pile Ankerpfahl *m*, Verankerungspfahl *m*
anchor plate Ankerplatte *f*, Verankerungsplatte *f*

anchor point Festpunkt *m*
anchor tie Verankerung *f*
anchor wall [durchlaufende] Ankerwand *f*
ancillary Hilfs-, Zusatz-, Ergänzungs-
ancillary equipment Zusatzgerät *n*, Zusatzeinrichtung *f*
ancon Tragstein *m*, Kragstein *m*, Konsole *f*
angle 1. Winkel *m*; 2. Winkelstahl *m* {Profilstahl}
angle bead Kantenschutzleiste *f*, Kantenschutzschiene *f*, Kantenschutz *m*
angle between shafts Wellenachsenwinkel *m*
angle brace Diagonalstab *m*, Kopfband *n*, Strebe *f*
angle-dependent winkelabhängig
angle deviation Winkelabweichung *f*
angle displacement Verdrehung *f*, Winkelverschiebung *f*
angle gear Winkelgetriebe *n*
angle joint Winkelgelenk *n*
angle lever Winkelhebel *m*
angle of attack Angriffswinkel *m*
angle of bite Greifwinkel *m*
angle of bosh Rastwinkel *m*
angle of contact Greifwinkel *m*, Einzugswinkel *m*, Fassungswinkel *m*, {bei Walzen}; Umschlingungswinkel *m*; Profilüberdeckungswinkel *m* {bei Zahnrädern}
angle of countersink Senkwinkel *m*
angle of crank Erhebung *f* der Kurbel
angle of deflection Ablenkwinkel *m*, Ausschlagwinkel *m*
angle of incidence Einfallswinkel *m*
angle of nip Einzugswinkel *m*, Fassungswinkel *m*, Greifwinkel *m*
angle of rake Neigungswinkel *m*, Spanwinkel *m*
angle of reflection Reflexionswinkel *m*, Ausfallswinkel *m*
angle of rotation Drehwinkel *m*
angle of slide Gleitwinkel *m*, Schubwinkel *m*
angle of tilt Neigungswinkel *m*
angle of torsion Torsionswinkel *m*
angle of twist Torsionswinkel *m*; Drallsteigungswinkel *m*
angle pass Winkelkaliber *n*
angle piece Winkelstück *n*
angle plate 1. Winkeleisen *n*, Spanneisen *n*; 2. Spannwinkel *m*; Winkelstück *n*
angle post Eckpfosten *m*, Eckständer *m*, Eckstiel *m*
angle rolled through Wälzwinkel *m*
angle template Winkelschablone *f*
angle test instrument Winkelprüfzeug *n*
angle test piece Winkelprobe *f* {Weiterreißversuch}
angle wrench Winkelschlüssel *m*
angular winkelförmig, wink[e]lig; Winkel-
angular adjustment Winkeleinstellung *f*
angular bevel-gear transmission Kegelradgetriebe *n*, Winkelgetriebe *n*
angular coordinates Winkelkoordinaten *fpl*, kartesische Koordinaten *fpl*
angular degree Winkelgrad *m*
angular dependence Winkelabhängigkeit *f*

angular deviation Winkelabweichung f
angular displacement Winkelverschiebung f
angular drive Winkelantrieb m
angular frequency Winkelfrequenz f, Kreisfrequenz f
angular misalignment Fluchtungsfehler m
angular planing Schräghobeln n
angular relationship Winkelbeziehung f
angular speed Winkelgeschwindigkeit f, Kreisfrequenz f
angular thread Spitzgewinde n
angularity error Winkelfehler m
animating electrode Ionisierungsgitter n
anisotropic anisotrop
anisotropic material anisotroper Werkstoff m
anisotropy Anisotropie f
anneal/to tempern {Prüfkörper}; glühen; anlassen
annealed structure Glühgefüge n
annealing Glühen n, Ausglühen n, Glühbehandlung f; Anlassen n; Tempern n, Spannungsfreimachen n, Stoßglühen n
annealing between operations Zwischenglühen n
annealing temperature Glühtemperatur f, Anlaßtemperatur f, Temper-Temperatur f
annular gear innenverzahntes Rad n, Innenzahnrad n
annular groove Ringkanal m, Ringnut f
annular-piston valve Ringkolbenventil n
annular ring Ringmutter f
annular slide valve Ringschieber m
annunciate/to melden, signalisieren
annunciator Melder m, Sichtmelder m, Schauzeichen n, Signallampe f, Sichttafel f
antechamber Angußvorkammer f, Vorkammer f, Vorkammerraum m, Vorkammerbohrung f
antechamber bush Vorkammerbuchse f
antechamber nozzle Vorkammerdüse f
antechamber pin gate Vorkammerpunktanguß m
antechamber sprue bush Vorkammerangußbuchse f
antechamber-type pin gate Stangenpunktanguß m, Punktanguß m mit Vorkammer
antibreakdown training Antihavarietraining n
anticavitation agent Lunkerverhütungsmittel n
anticipation Vorumschaltung f {numerische Steuerung}
anticipative antizipativ, vorwegnehmend
anticlockwise entgegen dem Uhrzeigersinn, linksdrehend
antifriction bearing Wälzlager n
antifriction mounting Wälzlagerung f
antifrictional-mounted wälzgelagert
antiparallax parallaxenfrei
antiparallel coupling Gegenschaltung f, Antiparallelschaltung f
antipipe compound Lunkerabdruckmasse f
antireflection coating Entspiegelungsschicht f, Antireflexionsüber-

antireflexion 16

zug *m*, reflexmindernder Überzug *m*, Antireflexbelag *m*
antireflexion layer Antireflexionsschicht *f*
antistatic test Prüfung *f* der antistatischen Eigenschaften
antisymmetric antisymmetrisch
antitack agent Trennmittel *n*, Formentrennmittel *n*
anvil Amboß *m*
aperture Öffnung *f*, Apertur *f*; Austrittsöffnung *f*; Blende *f*; Mauerwerksöffnung *f*, Aussparung *f*; Düse *f*, Ziehdüse *f*, Ziehloch *n*
aperture angle Öffnungswinkel *m*
apex Spitze *f*, Scheitelpunkt *m*
apparatus for gas transmission rate Gerät *n* zur Bestimmung der Gasdurchlässigkeitsgeschwindigkeit
apparent density Schüttdichte *f*; Stopfdichte *f* {von Formmassen}
apparent elastic limit technische Elastizitätsgrenze *f*
apparent modulus Kriechmodul *m*
apparent powder density Pulver-Schüttdichte *f*
application 1.Anwendung *f*, Applikation *f*, Anwendungsfall *m*, Verwendung *f*, Einsatz *m*; 2.Aufbringen *n*, Auftragen *n*; 3.Betätigung *f*
application analysis Anwendungsanalyse *f*
application engineer Applikationsingenieur *m*, Ingenieur *m* für Anwendungsfragen
apply/to anlegen {z.B. eine Spannung}; anwenden, verwenden, einsetzen; auftragen {Anstrich}
apply a force/to eine Kraft anlegen
approach Annäherung *f*; Lösungsweg *m*, Ansatz *m*, Methode *f* {Mathematik}
approach roller Zufuhrrollgang *m*
approval Abnahme *f*, Billigung *f*, Zulassung *f*, Genehmigung *f*
approve/to abnehmen, billigen {z.B. Entwurf}, gutheißen
approximate annähernd, näherungsweise, approximativ
approximate measure Näherungsmaß *n*
approximating annähernd; Näherungs-
approximation value Näherungswert *m*, Approximationswert *m*, Richtwert *m*
apron 1. Tropfschürze *f*; Schutzwand *f*; 2. Abdeckplatte *f*; 3. Bettschlittengetriebe *n*
apron box Schloßkasten *m*
apron plate Zwischenplatte *f*
arbitrary willkürlich, arbiträr
arbitrary scale willkürlicher Maßstab *m*, Skale *f* mit willkürlicher Teilung; willkürliche Skaleneinteilung *f*
arc Bogen *m*, Kreisbogen *m*, Arkus *m*; Lichtbogen *m*
arc cathode Lichtbogenkathode *f*
arc drop Lichtbogenabfall *m*, Brennspannung *f*
arc-drop loss Lichtbogenverlust *m*
arc of action Eingriffsbogen *m* {Teilzylinder, Verzahnung}
arc of approach Eingriffsbogen *m* vor dem Wälzpunkt {Verzahnung}, Zahnfußflanken-Eingriffslänge *f*
arc of contact 1. Umschlingungsbogen *m*, Umschlingungswinkel *m* {Riementrieb}; 2. Berührungsfläche *f*; Eingriffslänge *f* {Schleifscheibe}

arc of recess Eingriffsbogen *m* hinter dem Wälzpunkt *{Verzahnung}*, Zahnkopfflanken-Eingriffslänge *f*
arc spring Auffederung *f* des Pressenkörpers
arc-through Durchzündung *f*
arc welding robot Lichtbogenschweißroboter *m*
arch Bogen *m*
arch abutment Bogenwiderlager *n*
arch bearing Bogenwiderlager *n*
arch culvert Bogendurchlaß *m*
arch dome Kuppelgewölbe *n*
arch falsework Bogen[ver]schalung *f*
arch form hammer Zweiständerhammer *m* in Portalform
arch girder Bogenbinder *m*
arch lintel gewölbter Sturz *m*, Segmentbogen *m*
arch springing Bogenkämpfer *m*
arch truss Bogenfachwerk *n*
arcing Zünden *n*, Lichtbogenbildung *f*
area Fläche *f*, Bereich *m*, Feld *n* *{z.B. eines Speichers}*
area of moments Momentenfläche *f*
area scanner Flächenabtaster *m*
area weight Flächengewicht *n*, Flächenmasse *f*
areometer Aräometer *n* *{zur Bestimmung der Dichte}*
arithmetic average arithmetisches Mittel *n*, arithmetischer Mittelwert *m*
arm Arm *m*, Ausleger *m*
arm configuration Armkonfiguration *f*
arm positioning Armpositionierung *f* *{Roboter}*

armature 1. Armatur *f*; Metallbeschlag *m*; 2. Anker *m* *{z.B. am Relais}*
armature inertia Ankerträgheit *f*
armature load Ankerbelastung *f*
armature reaction Ankerrückwirkung *f*
armature winding Ankerwicklung *f*
armed mit Armen ausgerüstet
armour Hochofenrüstung *f*; Schutz *m*, Panzer *m*
armour hose Panzerschlauch *m*
armoured-steel pipe thread Stahlpanzerrohrgewinde *n*
Arnott valve Wrasenklappe *f*
aromatic polyester aromatischer Polyester *m*, APE
arrange/to [an]ordnen, aufstellen, gruppieren; zusammenstellen
arrange to a rectangular pattern/to rechtwinklig anordnen
arrangement Anordnung *f*, Aufbau *m*
array Anordnung *f* von Elementen, Feld *n*, Reihe *f*, regelmäßige Gruppierung *f*, Array *n*
array processor Feldprozessor *m*, Arrayprozessor *m*
arrest 1. Arretierung *f*, Festhaltevorrichtung *f*, Sperrvorrichtung *f*; 2. Haltezeit *f*
arrest point Haltepunkt *m*
arrester Sperreinrichtung *f*
arris Kante *f*, ausbringende Ecke *f*
arris gutter V-förmige Rinne *f*
arrow Pfeil *m*
arrow diagram Pfeildiagramm *n* *{Netzplan}*
arrow key Taste *f* mit Pfeil nach links

arrow-oriented graph pfeilorientierter Graph *m* *{Netzplan}*
articulated beam Gelenkträger *m*, Gerber-Träger *m*
articulated geometry Gelenkgeometrie *f* *{Roboter}*
articulated shaft Gelenkwelle *f*, Gliederwelle *f*
artificial künstlich
artificial ag[e]ing künstliche Alterung *f*
artificial intelligence künstliche Intelligenz *f*, KI, maschinelle Intelligenz *f*
artificial intelligence of robot künstliche Roboterintelligenz *f*
artificial light source künstliche Lichtquelle *f*
artificial muscle künstlicher Muskel *m* *{Robotertechnik}*
artificial system künstliches System *n*
artificial weathering künstliche Bewitterung *f*
asbestos cement sheet Asbestzementplatte *f*, Asbestzementtafel *f*
asbestos cord Asbestschnur *f*
ascent Auflaufen *n* *{Riemen}*
ash/to veraschen *{von Proben}*
ashing Verbrennen *n*, veraschen *{von Proben}*
aspect Streckung *f*
aspect ratio Flügelstreckung *f*, Länge/Breite-Verhältnis *n*, Längenverhältnis *n*, Seitenverhältnis *n*
aspheric surface asphärische Fläche *f*
assay/to prüfen, untersuchen, analysieren, probieren *{Erz}*
assay Prüfung *f*, Probe *f*, Versuch *m*, Analyse *f*; Erzprobe *f*, Erzanalyse *f*

assemble/to montieren, zusammenfügen
assemble by fitting reserving ends/to stürzen *{Verzahnung}*
assembling department Montageabteilung *f*
assembly 1. Montage *f*, Zusammenbau *m*; 2. Baugruppe *f*, Montagegruppe *f*; Aggregat *n*; Baueinheit *f*, Einrichtung *f*, Anordnung *f*; 3. Kollektiv *n* *{Gruppe von identischen Systemen}*
assembly diagram Montageschema *n*
assembly equipment Montageeinrichtung *f*
assembly line Montageband *n*, Montagelinie *f*
assembly machine Montagemaschine *f*
assembly plant Montageanlage *f*
assembly robot Montageroboter *m*, Roboter *m* für die Montage
assembly unit Montageeinheit *f*
astable astabil, unstabil, instabil
ASTM *s.* American Society for Testing and Materials
asymmetric asymmetrisch, unsymmetrisch
asynchronous motor Asynchronmotor *m*, asynchroner Motor *m*
AT *s.* advanced technology
atmospheric atmosphärisch
atmospheric contamination Luftverschmutzung *f*, Luftverunreinigung *f*
atmospheric pollution Luftverschmutzung *f*, Luftverunreinigung *f*
atomizer nozzle Zerstäubungsdüse *f*
attach/to anbringen, befestigen; anschließen

attached column eingebundene Säule *f*, Halbsäule *f*
attached operation beaufsichtigter (bemannter) Betrieb *m*
attaching hardware Befestigungsmittel *npl*
attachment 1. Zubehör *n*, 2. Befestigung *f*, Anbringung *f*
attachment fishplate Befestigungslasche *f*
attack/to angreifen
attack Angriff *m*
attenuation Dämpfung *f*, Abschwächung *f*, Schwächung *f*, Abklingen *n*
attenuator Dämpfungselement *n*, Dämpfungsglied *n*
attitude Lage *f*
attitude control Lagestabilisierung *f*
audibility Hörbarkeit *f*
austempering austenitische Härtung *f*, Austenitisieren *n*
austenite Austenit *m*
authentication Authentifizierung *f*
authorization Zugriffsberechtigung *f*
authorized user berechtigter Anwender *m*
auto-cycle mit automatischem Arbeitsablauf
auto self-excitation direkte Selbsterregung *f*, innere Mitkopplung *f*
autotool-changing mit selbsttätigem Werkzeugwechsel
auto-transformer Spartransformator *m*
autoadapting selbstanpassend
autocompensating selbstausgleichend
autolytic autolytisch, selbstauflösend
automate/to automatisieren

automated automatisiert
automated management system automatisiertes Managementsystem *n*
automated system of project design automatisiertes Projektierungssystem *n*, automatisiertes System *n* der Projektierung
automated work organization system automatisiertes System *n* der Arbeitsorganisation
automatic automatisch, selbsttätig
automatic adjustment Selbsteinstellung *f*, Eigenjustierung *f*
automatic carriage Zielautomat *m*; automatische Vorschubeinrichtung *f*
automatic centering automatische Zentrierung *f*
automatic checking Selbstkontrolle *f*, Eigenkontrolle *f*, Selbstüberprüfung *f*, Eigenüberprüfung *f*
automatic cold header Kaltstauchautomat *m*
automatic colour difference meter automatisches Farbdifferenzmeßgerät *n*
automatic control automatische (selbsttätige) Steuerung *f*, Selbststeuerung *f*; automatische (selbsttätige) Regelung *f*, Selbstregelung *f*
automatic control engineering Automatisierungstechnik *f*; Steuerungstechnik *f*; Regelungstechnik *f*
automatic control mechanism *s.* automatic controller
automatic control theory Steuerungstheorie *f*; Regelungstheorie *f*
automatic controller automatisches Steuergerät *n*, Steuerwerk *n*; automatischer (selbsttätiger) Regler *m*

automatic coupling automatische Kupplung *f*
automatic curve follower Kurvennachlaufgerät *n*, Nachlaufgerät *n*
automatic fault locator automatisches Fehlerortmeßgerät *n*
automatic filling machine Abfüllautomat *m*
automatic injection mo[u]lding machine Spritz[gieß]automat *m*
automatic interlock[ing] Selbstsperrung *f*, Selbstverriegelung *f*
automatic interrupt Selbstunterbrechung *f*, selbsttätige Unterbrechung *f*
automatic lathe Drehautomat *m*
automatic load limitation automatische Lastbegrenzung (Leistungsbegrenzung) *f*
automatic locking Verriegelungsautomatik *f*
automatic machine Automat *m*
automatic machine tool control automatische Werkzeugmaschinensteuerung *f*
automatic management automatische Betriebsführung *f*
automatic-manual switch Hand-Automatik-Umschalter *m*
automatic manufacturing automatische Fertigung *f*
automatic mode automatische Betriebsweise (Arbeitsweise) *f*
automatic mo[u]lding machine Formautomat *m*
automatic press for insulating chinaware Preßautomat *m* für Elektroporzellan
automatic process balancing automatische Prozeßbilanzierung *f*

automatic process control automatische Prozeßführung (Verfahrensregelung) *f*, Prozeßautomatisierung *f*
automatic process optimization automatische Prozeßoptimierung *f*
automatic process safeguarding automatische Prozeßsicherung *f*
automatic processing automatische Bearbeitung (Verarbeitung) *f*
automatic release 1. Selbstauslösung *f*; 2. Selbstauslöser *m*
automatic repeating system Wiederholautomatik *f*
automatic resetting selbsttätige Rückstellung *f*
automatic resetting counter Zähler *m* mit automatischer Rückstellung
automatic sequential operation automatisch fortschreitende Arbeitsweise *f*
automatic stud driver Bolzenschießgerät *n*
automatic supervision automatische Überwachung *f*, Eigenüberwachung *f*
automatic threading automatisches Gewindeschneiden *n*
automatic tool changer automatischer Werkzeugwechsler *m*
automatic tool changing automatischer Werkzeugwechsel *m*
automatic tool changing machine tool Werkzeugmaschine *f* mit automatischem Werkzeugwechsel
automatic torsional pendulum automatisches Torsionspendel *n*
automatic transfer mo[u]lding machine Spritz[preß]automat *m*

automatic tripping selbsttätig Trennung f, automatische Auslösung f
automatic turning machine Drehautomat m
automaticity Automatisierungsgrad m
automatics Automatik f
automation Automatisierung f, Automation f
automation concept Automatisierungskonzeption f
automation equipment Automatisierungseinrichtung f
automation level Automatisierungsgrad m
automation object Automatisierungsobjekt n
automation of management Managementautomatisierung f
automation of production control Automatisierung f der Steuerung eines Produktionsprozesses
automation plant Automatisierungsanlage f
automation point Automatisierungsstelle f
automation process Automatisierungsprozeß m
automation project Automatisierungsvorhaben n
automation technology Automatisierungstechnik f
automatization $s.$ automation
automaton Automat m
autonomous autonom, unabhängig, selbständig
autonomous system autonomes (unabhängiges, isoliertes) System n
autonomous working autonome Arbeitsweise f

autopositioning Selbstpositionierung f, automatische Positionierung f
autorepeating automatisches Wiederholen n
autotrack system automatisches Positioniersystem n
auxiliary Hilfs-
auxiliary air Hilfsluft f
auxiliary blade Hilfsmeßschenkel m
auxiliary column Hilfsständer m
auxiliary condition Hilfsbedingung f, Zusatzbedingung f
auxiliary drive Nebenantrieb m, Hilfsantrieb m
auxiliary electrode Hilfselektrode f
auxiliary energy Versorgungsenergie f, Hilfsenergie f
auxiliary equipment Hilfseinrichtung f, Zusatzeinrichtung f
auxiliary operation Hilfsoperation f, Nebenarbeitsgang m
auxiliary shaft Hilfswelle f
auxiliary tap hole Notstichloch n, Notstich m
auxiliary tuyere Notform f
availability Verfügbarkeit f
available verfügbar, benutzbar; erhältlich, erreichbar
available dies Werkzeugpark m {Gießerei}
available mo[u]lds Werkzeugpark m {Gießerei}
available power verfügbare Leistung f
available tools Werkzeugpark m
avalanche luminescence Lawinenlumineszenz f
avalanche photodiode Avalanche-Photodiode f, Lawinenphotodiode f

average 1. im Mittel, gemittelt; durchschnittlich; **2.** Mittelwert *m*, Mittel *n*; *s.a.* mean
average outgoing quality Durchschlupf *m*, mittlere weggehende Güte *f* {*eines Produkts*}
average outgoing quality limit Grenze *f* der mittleren weggehenden Güte {*eines Produkts*}
average sample Durchschnittsprobe *f*, Probe *f* mittlerer Güte
average speed mittlere Geschwindigkeit *f*; mittlere Drehzahl *f*
average value Mittelwert *m*, Mittel *n*, Durchschnittswert *m*
axial axial, in Achsenrichtung [verlaufend, wirkend]
axial contact ratio Profilüberdeckungsgrad *m* im Axialschnitt
axial direction Achsenrichtung *f*
axial distance Achsenabstand *m*
axial expansion Axial[aus]dehnung *f*, Dehnung *f* in axialer Richtung
axial flow Axialströmung *f*, axiale Gasströmung *f*
axial-flow fan Axialgebläse *n*; Axiallüfter *m*
axial-flow pump Axialpumpe *f*
axial force Axialkraft *f*, Längskraft *f*
axial load axiale Belastung *f*
axial-piston motor Axialkolbenmotor *m*
axial-piston pump Axialkolbenpumpe *f*
axial play Axialspiel *n*, axiales Spiel *n*, Längsspiel *n*
axial pressure Axialdruck *m*
axial roller bearing Axialrollenlager *n*

axial stress Axialspannung *f*
axial tension zentrischer (mittiger) Zug *m*
axially symmetrical stress distribution achsensymmetrische (rotationssymmetrische) Spannungsverteilung *f*
axis Achse *f*
axis alignment Achsenfluchtung *f*
axis allocation Achszuordnung *f* {*numerische Steuerung*}
axis of groove Kaliberachse *f*
axis of motion Bewegungsachse *f*
axis of oscillation Schwingungsachse *f*
axis of revolution Drehachse *f*, Rotationsachse *f*
axis of rotation Drehachse *f*, Rotationsachse *f*
axis of symmetry Symmetrieachse *f*
axis of the measuring pin Meßbolzenachse *f*
axis of the workpiece Werkstückachse *f*
axis position Achsenlage *f*, Lage *f* der Achse
axle Achse *f*, Welle *f*

B

baby converter Kleinkonverter *m*
back abutment pressure nacheilender Kämpferdruck *m*
back clearance Rückenspiel *n*
back coat Unterputz *m*
back cone Rückenkegel *m*
back-fire Rückzündung *f*, Rückschlag *m* der Flamme

back gear [Räder-]Vorgelege *n*, Zahnrädervorgelege *n*, Spindelvorgelege *n*
back gear ratio Übersetzungsverhältnis *n*
back gear shaft Rädervorgelegewelle *f*
back-geared mit Vorgelege
back indication Rückanzeige *f*, Rückmeldung *f*
back plate Stützplatte *f*, Spannplatte *f*, Rückplatte *f*, Stützschale *f*
back pressure Rückdruck *m*, Gegendruck *m*
back-pressure valve Rückschlagventil *n*, Rückdruckventil *n*
back stopping Sperrung *f* der Umkehrbewegung
back stroke Rücklauf *m*, Rückbewegung *f*
back tension Bremszug *m*, Rückspannung *f*
back-to-back method Rückarbeitsverfahren *n*
back up/to abstützen; hintermauern; hinterfüllen; sichern *{Dateien}*
back-up [equipment] Back-up-Einrichtung *f*, Ersatzeinrichtung *f*, Bereitschaftseinrichtung *f*, Reserve[ausrüstung] *f*
back-up system Reservesystem *n*, Back-up-System *n*
backfill temper Formkastenklopfer *m*
background Hintergrund *m*
background noise Grundgeräusch *n*, Systemeigengeräusch *n*
background processing Hintergrundverarbeitung *f* *{Verarbeitung von Programmen niederer Priorität gleichzeitig mit Vorrangprogrammen}*

backing plate Stützplatte *f*
backing-up roll Stützwalze *f*
backlash [mechanisches] Spiel *n*, toter Gang *m*, Umkehrspiel *n*, Lose *f*; Flankenspiel *n*, Eingriffsflankenspiel *n*
backlash-free spielfrei
backscattering Rückstreuung *f*
backspace mechanism Rückschrittmechanismus *m*
backward extrusion Doppelstauchung *f*, Rückwärtsfließpressen *n*
backward pass Rückwärtszug *m*
backward wave oscillator Rückwärtswellenoszillator *m*
bad failure Ausfall *m* mit üblen Folgen
baffle Schallwand *f*, Reflexionsplatte *f*; Prallfläche *f*, Schutzplatte *f*
baffle disk Stauscheibe *f*
baffle plate Prallblech *n*
bag Beutel *m*, Sack *m*; Schlauch *m*
bag-type accumulator Blasenspeicher *m* *{hydraulisch}*
bail Gehänge *n*
bainite Bainit *m* *{Zwischenstufengefüge}*
bainitic hardening Bainithärtung *f*, Isothermhärtung *f*
bakelite Bakelit *n* *{Formaldehyd-Phenolharz}*
baking oven fitting Backofenarmatur *f*
balance/to balancieren, [aus]wägen, ins Gleichgewicht bringen; auswuchten; abgleichen, ausgleichen
balance 1. Gleichgewicht *n*, Brückengleichgewicht *n*; 2. Abgleich *m*, Kompensation *f*, Ausgleich *m*; Auswuchtung *f*; 3. Waage *f*, Wägemeßeinrichtung *f*

balance condition Gleichgewichtsbedingung *f*
balance roll Anstellwalze *f*
balance weight Gegenmasse *f*
balanced abgeglichen, ausgeglichen, symmetrisch; ausgewogen; halbberuhigt *{Stahl}*
balanced condition symmetrischer (ausgeglichener) Zustand *m*
balanced load symmetrische Belastung *f*
balanced state Gleichgewichtszustand *m*
balanced valve Ventil *n* mit Druckausgleich
balancer Auswuchtgerät *n*
balancing Auswuchten *n*, Massenausgleich *m*; Abgleich *m*
balancing mechanism Abgleichmechanismus *m*
balancing stand Auswuchtbock *m*, Auswuchtwaage *f*
balancing washer Auswuchtscheibe *f*
balancing weight Ausgleichgewicht *n*, Ausgleichmasse *f*
baling press Paketierpresse *f*
ball/to Luppen bilden
ball 1. Kugel *f*; 2. Luppe *f*
ball-and-roller bearing element Wälzlagerteil *n*
ball-and-socket joint Gelenklager *n*
ball bearing Kugellager *n*, Wälzlager *n*
ball bearing housing Wälzlagergehäuse *n*
ball-bearing slewing rim Kugeldrehverbindung *f*
ball cup Kugelpfanne *f*
ball diameter Kugeldurchmesser *m*

ball handle Ballengriff *m*
ball head Kugelkopf *m*
ball housing Kugelgehäuse *n*
ball indentation hardness Kugel[ein]druckhärte *f*
ball indentation test Kugeleindruckprüfung *f*, Kugeldruckprobe *f*, Kugeleindrückverfahren *n*
ball joint Kugelgelenk *n*
ball lead screw Kugelgewindetrieb *m*, Kugel[umlauf]spindel *f*
ball nut Kugelumlaufmutter *f*
ball nut and screw Kugelschraubtrieb *m*
ball oversize Kugelübermaß *n* *{Kugeleindrückverfahren}*
ball screw Kugel[umlauf]spindel *f*
ball screw drive Kugelgewindetrieb *m*, Kugel[umlauf]spindel *f*
ball socket Kugelpfanne *f*, Pfanne *f*
ball squeezer Luppenquetsche *f*
ball stop cock Kugelhahn *m*
ball valve Kugelventil *n*, Kugelhahn *m*
balling Luppenbildung *f*, Luppenherstellung *f*
balling up Zusammenballung *f*, Kugelgraphitbildung *f*
balustrade Brüstung *f*, Geländer *n*
band Band *n*, Bereich *m*, Zone *f*; Zeile *f*; Zugband *n*, Blatt *n* *{Säge}*
band gap Bandabstand *m*
band grinding Bandschleifen *n*
band grinding machine Bandschleifmaschine *f*
band mill train Bandstahlstraße *f*
band-pass filter Bandpaßfilter *n*, Bandpaß *m*
band polishing Polierschleifen *n*
band structure Bandstruktur *f*
bandwidth Bandbreite *f*

bandwidth expansion Bandbreitendehnung *f*, Dehnung *f* der Bandbreite
bang-bang [zwischen zwei Punkten] hin und her; Zweipunkt-
bang-bang control Zweipunktsteuerung *f* {*Steuerung der Bewegung in eine von zwei möglichen Richtungen*}
bang-bang-off control Dreipunktsteuerung *f* {*Steuerung der Bewegung in eine von zwei möglichen Richtungen oder Belassen in Ruhestellung*}
bang-bang robot Anschlagroboter *m*, Roboter *m* mit Anschlägen
bang-bang servo Endumschalter *m*
bank/to dämpfen {*Hochofen*}; stampfen {*Herdsohle*}
bank 1. Vorwärmer *m* {*des SM-Ofens*}; 2. Wulst *m* {*Walzenspalt*}; 3. Zwischenablage *f*, Pufferlager *n* {*Fließstraße*}; Arbeitsvorat *m*
banking Dämpfung *f*; Stampfen *n*
bar Stab *m*, Stange *f*
bar joist Gitterträger *m*
bar magnetostrictor magnetostriktiver Stabschwinger *m*
Barcol hardness Barcol-Härte *f*
Barcol impressor Barcol-Eindringkörper *m*, Eindringkörper *m* nach Barcol
bare bar, bloß, kahl, ohne Zubehör; blank, nicht isoliert
barrel Walze *f*, Zylinder *m*, Trommel *f*, Hülse *f*, Schafthülse *f*, Hohlstange *f*; Walzenbund *m*, Bund *m*
barrel bearing Tonnenlager *n*
barrel bore Zylinderbohrung *f*
barrel cam Mantelkurve *f*
barrel converter Trommelkonverter *m*, liegender Konverter *m*
barrel dimension Zylinderabmessung *f*
barrel head Zylinderkopf *m*
barrel heater Zylinderheizelement *n*
barrel heaters Zylinder[be]heizung *f*
barrel heating capacity Zylinderheizleistung *f*
barrel heating circuit Zylinderheizkreis *m*
barrel length Zylinderlänge *f*
barrel liner Zylinderauskleidung *f*, Zylinderinnenfläche *f*, Zylinderinnenwand *f*
barrel pump Faßpumpe *f*, Behälterpumpe *f*
barrel shell Tonnenschale *f*
barrel temperature Zylindertemperatur *f*
barrel temperature control Zylindertemperierung *f*
barrel-type motor Trommelmotor *m*
barrel wall Zylinderwand *f*
barrel wall temperature Zylinderwandtemperatur *f*
barrel wear Zylinderverschleiß *m*
barrow charging Karrenbegichtung *f*, Begichtung *f* von Hand
base 1. unedel; Grund-; 2. Basis *f*, Fundament *n*, Unterteil *n*, Unterlage *f*, Fuß *m*, Sockel *m*, Unterbau *m*, Untersatz *m*, Untergestell *n*, Unterkasten *m*; Grundplatte *f*, Bodenplatte *f* {*z.B. beim Roboter*}; Unterlage *f*
base chuck Grund[spann]futter *n*
base deflashing device Bodenentgrateinrichtung *f*
base flash Bodenabfall *m*

base frame Untergestell *n*
base line Grundlinie *f*, Nullinie *f*
base of foundation Fundamentsohle *f*
base plate Grundplatte *f*, Bodenplatte *f*; Sohlplatte *f*, Fundamentplatte *f*
base slab Fundamentplatte *f*, Sohlplatte *f*
base terminal Basisanschluß *m*
baseboard 1. Grundplatte *f*, Trägerplatte *f*; 2. Fußleiste *f*, Scheuerleiste *f*, Sockelleiste *f*
basetail flash Bodenbutzen *m*
basic 1. fundamental, grundlegend; Grund-, Basis-; 2. basisch, alkalisch *{Chemie}*; basisch zugestellt (ausgekleidet)
basic automation Basisautomatisierung *f*
basic building block Grundbaustein *m*
basic circuit Grundschaltung *f*
basic configuration Grundausführung *f*
basic cycle time Grundzykluszeit *f*
basic equipment Grundausstattung *f*, Grundausrüstung *f*
basic-lined basisch zugestellt (ausgekleidet)
basic method Grundverfahren *n*, Basismethode *f*
basic model Grundmodell *n*, Grundausführung *f*
basic module Grundbaustein *m*, Grundmodul *m*
basic parameter Hauptparameter *m*, Hauptkenngröße *f*
basic point Stützstelle *f* *{Funktion}*
basic process basisches Bessemer-Verfahren *n*, Thomas-Verfahren *n*
basic structure Grundstruktur *f*
basic type Grundausführung *f*, Grundtyp *m*
basin Einguß *m*
basket Korb *m*
bastard size Nicht-Normgröße *f*
batch 1. diskontinuierlich, periodisch arbeitend; 2. [diskrete] Menge *f*, Partie *f*, Satz *m*, Charge *f*; Beschickung[menge] *f*, Möller *m*, Begichtung *f*
batch control Regelung *f* eines Chargenprozesses
batch file Stapel[job]datei *f*
batch lot Los *n*, vorgegebene Werkstückmenge *f*
batch mode Stapelbetrieb *m*
batch operation Chargenbetrieb *m*, diskontinuierlicher Betrieb *m*; Tastbetrieb *m*
batch process 1. Stück[gut]prozeß *m*, diskontinuierlicher Prozeß *m*; 2. zyklischer Vorgang *m* *{Systemtheorie}*
batch sample diskrete Probe *f*
batching control diskontinuierliche Steuerung *f*, Auf-Zu-Steuerung *f*, Ein-Aus-Steuerung *f*
batching valve Auf-Zu-Ventil *n*
batchwise diskontinuierlich, absatzweise, satzweise, chargenweise
bath 1. Bad *n*, 2. Wanne *f* *{Herd}*
bath furnace Badofen *m*
bayonet lock Bajonettverschluß *m*
bead bar Wulststab *m*
beam 1. Strahl *m*, Leitstrahl *m*; Strahlenbündel *n*; 2. Balken *m*, Ausleger *m*, Träger *m*, Tragbalken *m*, Unterzug *m*, Riegel *m* *{Rahmen}*
beam blank Vorblock *m* *{Profil}*
beam bolt Wangenbolzen *m*

beam density Strahldichte *f*
beam diameter Strahldurchmesser *m*
beam grillage Trägerrost *m*
beam guide Strahlführung *f*
beam handling Strahlformung *f*
beam of uniform strength Träger *m* gleicher Festigkeit
beam rolling mill Trägerwalzwerk *n*
beam-shaped cut Strahlenschliff *m*
beam support Wangensupport *m*
beam tie Balkenanker *m*, Giebelanker *m*, Kopfanker *m*
beamless floor Pilzdecke *f*
beanstalk hydraulische Hebeeinrichtung *f*
bear/to tragen, lagern *n*, stützen
bear out/to vorkragen
bear Eisensau *f*, Ofenbär *m*, Bodensau *f*
bearer Podestbalken *m*, Podestträger *m*, Träger *m*, Stütze *f*, Stützpfeiler *m*
bearing 1. Auflager *n*, Stütze *f*, Halterung *f*; 2. Lagerstelle *f*, Lager *n*
bearing block Lagerbock *m*
bearing bolt Lagerbolzen *m*
bearing bracket Lagerbock *m*
bearing bush Lagerbuchse *f*, Lagerschale *f*
bearing cover Lagerdeckel *m*
bearing distance Spannweite *f*, Stützweite *f*, lichte Weite *f*
bearing flange Lagerflansch *m*
bearing needle Lagernadel *f*
bearing pin Lagerzapfen *m*
bearing plate Auflagerplatte *f*, Grundplatte *f*
bearing play Lagerspiel *n*
bearing rail Tragschiene *f*
bearing shaft Lagerwelle *f*
bearing stratum Tragschicht *f*, tragende Schicht *f*
bearing support Lagerträger *m*
bearing supported by hanger Hängelager *n*
bearing surface Auflagefläche *f*, Anlagefläche *f*, Lagerstelle *f*
bearing way Gleitbahn *f*
bearing with rolling contact Wälzlager *n*
beat/to 1. schlagen; 2. breiten
beat 1. Schlag *m*; 2. Überlagerung *f*, Schwebung *f*, *{Schwingung}* *f*
beating Breiten *n*
bed Bett *n*; Grundplatte *f*, Untergestell *n*, Unterbau *m*, Unterlage *f*; Tisch *m* *{Presse}*; Tragplatte *f* *{Motor}*; Lagerung *f*, Auflager *n*
bed charge Füllkokseinsatz *m*
bed coke Füllkoks *m*
bed-head Rammbär *m*
bed height Füllkokshöhe *f*
bedding in Einbau *m*, Einpassen *n*
bedplate Grundplatte *f*, Auflagerplatte *f*, Bodenplatte *f*, Sohlplatte *f*, Fußplatte *f*, Tragplatte *f*
behavio[u]r at low temperatures Kälteverhalten *n*
behavio[u]r of materials Materialverhalten *n*, Werkstoffverhalten *n*
behavio[u]r towards cold Kälteverhalten *n*
bell 1. Glocke *f*; Gichtglocke *f*, Verschlußglocke *f* *{Hochofen}*; 2. Haube *f* *{Glühofen}*
bell crank Winkelhebel *m*, Kniehebel *m*, Schwinge *f*
bell-type annealing furnace Haubenofen *m*

belled caisson Kegelfußpfahl *m*
bellied pass Ovalstich *m*
bellow and sleeve Faltenbalg *m*
bellow valve Faltenbalgventil *n*
bellows Balg *m*, Faltenbalg *m*, Metallbalg *m*, Federrohr *n*, Wellrohr *n* *{pneumatisches Meßglied}*
bellows joint Wellrohrkompensator *m*, Wellrohrdehner *m*
below grade unter Planum
belt 1. Band *n*, Gurt *m*, Riemen *m*; Antriebsriemen *m*; 2. Anker *m* *{Gießerei}*
belt conveyor Bandförderer *m*, Gurt[band]förderer *m*
belt drive Riemen[an]trieb *m*, Riemengetriebe *n*
belt feed drive Riemenvorschubgetriebe *n*, Wechselrädergetriebe *n*
belt fork Riemengabel *f*
belt guide Riemenführung *f*
belt protection Riemenschutz *m*
belt pull Riemenzug *m*
belt pulley Riemenscheibe *f*
belt tightener Riemenspanner *m*
bench 1. Bank *f*, Werktisch *m*, Werkbank *f*; Labortisch *m*; 2. Absatz *m*, Bankett *n*
bench drilling machine Tischbohrmaschine *f*
bench mo[u]lding Bankformen *n*, Tischformen *n*
bench-type drilling machine Tischbohrmaschine *f*
benched foundation abgetreppte Gründung *f*, Stufenfundament *n*
bend/to biegen
bend 1. Biegung *f*, Aufbiegung *f*, Abbiegung *f*, Krümmung *f*; 2. Krümmer *m*, Bogenrohr *n*
bend and elbow Formstück *n*

bend number Biegezahl *f*
bend radius Biegehalbmesser *m*
bend test Biegeversuch *m*
bend testing machine Biegefestigkeitsprüfmaschine *f*
bendability Biegsamkeit *f*, Biegbarkeit *f*
bending Biegen *n*, Biegung *f*
bending axle Biegeachse *f*
bending brake Abkantpresse *f*
bending form Biegeschablone *f*
bending length Biegelänge *f* *{Messung der Biegesteifigkeit}*
bending line Biegelinie *f*
bending mandrel Biegedorn *m*
bending mandrel diameter Biegedorndurchmesser *m*
bending modulus Biegemodul *m*
bending moment Biegemoment *n*
bending moment diagram Biegemomentenlinie *f*
bending peel test Biegeschälversuch *m*
bending press Biegepresse *f*
bending process Biegevorgang *m*
bending punch Biegestempel *m*
bending radius Biegehalb-messer *m*
bending roll Biegewalze *f*, Walzenbiegemaschine *f*
bending strength Biegefestigkeit *f*
bending stress Biegespannung *f*
bending test Biegeversuch *m*
bending test machine Biegeprüfmaschine *f*
bending torque Biegemoment *n*
bent 1. gebogen, gekrümmt, krumm; 2. Bock *m*, Joch *n*, Portalrahmen *m*
berm Absatz *m*, Bankett *n*, Berme *f*
bevel 1. Schräge *f*; 2. verstellbares Winkellineal *n*, Seitenwinkel *m*

bevel-and spur gear train Kegelstirnradgetriebe *n*
bevel gear 1. Kegelrad *n*; 2. Kegelradvorgelege *n*, Kegeltrieb *m*
bevel gear drive Kegelradantrieb *m*
bevel-gear unit Kegelradgetriebe *n*, Winkelgetriebe *n*
bevel gear with helical and straight teeth Kegelrad *n* mit geraden und schrägen Zähnen
bevel gear with herringbone teeth Kegelrad *n* mit Winkelzähnen (Pfeilzähnen)
bevel pinion Kegelrad *n*
bevelled edge square Haarwinkel *m*
bias signal Ansteuersignal *n*
bias winding Vormagnetisierungswicklung *f*
biased angesteuert
biaxial zweiachsig, biaxial
biaxial stretching biaxiales Recken *n*
bidirectional bidirektional, in zwei Richtungen verlaufend, im Zweirichtungsbetrieb arbeitend, in zwei Richtungen wirkend
bidirectional drive Zweirichtungsantrieb *m*
bidirectional operation zweiseitiger Betrieb *m*
bifurcation Gabelung *f*
big bell Unterglocke *f* *{Gichtverschluß}*
big end Kurbelzapfenende *n* *{Schubstange}*; Pleuelfuß *m*
bilateral bilateral, zweiseitig, nach zwei Seiten gerichtet
bilateral manipulator zweiarmiger Manipulator *m* *{nach zwei Seiten wirkend}*
bill of quantities Massenauszug *m*

billet Knüppel *m*, Barren *m*, Strang *m*, Walzblock *m*
billet buggy Knüppelschlepper *m*
billet chute Ausfallrutsche *f*
billet cradle Knüppeltasche *f*
billet mill Blockwalzwerk *n*
billet pusher (pushout) Knüppelausstoßer *m*
billet roll Knüppelwalze *f*, Vorwalze *f*
billet shear Knüppelschere *f*
bimetallic barrel (cylinder) Bimetallzylinder *m*
bimetallic trip Bimetallauslöser *m*
binary binär, dual; Zweier-
binary code Binärcode *m*
binary digit Zweierschritt *m*, Binärschritt *m*
binary notation Binärschreibweise *f*
binaural binaural, zweiohrig, beidohrig
bind/to binden, knüpfen, flechten *{Stahlbetonbewehrung}*; festgehen, [fest]fressen
binder lever Klemmhebel *m*
binding Binden *n*, Bindung *f*, Verbinden *n*; Umschnüren *n {z.B. Draht}*; Fressen *n {z.B. Schrauben}*
bipolar machine zweipolige Maschine *f*
bistability Bistabilität *f*
bistable bistabil, mit zwei stabilen Zuständen
bit 1. Bit *n {EDV}*; 2. Bohrer *m*, Bohreinsatz *m*; Bohrwerkzeug *n*; 3. Schneidplatte *f*
bit error probability Bitfehlerwahrscheinlichkeit *f*
bite angle Einzugswinkel *m*, Greifwinkel *m*

black nicht entzundert, übergar *{Roheisen}*; unbearbeitet; schwarz
black annealing Schwarzglühen *n*
black copper Schwarzkupfer *n*
black lead Graphitsschwärze *f*, Bleischwärze *f*, Graphit *m*
black-rolled walzschwarz
black-short schwarzbrüchig
black shortness Schwarzbruch *m*
black-wash/to schwärzen, schlichten
black wash Schwärze *f*, Formschwärze *f*, schwarze Schlichte *f*
blackened glass geschwärztes Glas *n {Glanzmessung}*
blade Klinge *f*; Planierschild *m*, Drehschar *n*
blank/to [aus]stanzen, [aus]schneiden *{Rohlinge}*
blank Rohstück *n*, Rohling *m*, Formteil *n*
blank flange Blindflansch *m*
blank holder Niederhalter *m*, Blechhalter *m*
blank sample Blindprobe *f*
blank-size calculation Zuschnittberechnung *f*
blank stacker Rondenstapler *m*
blank test Blindprobe *f*, Blindversuch *m*
blank wrinkling Faltenbildung *f* an der Platine
blanker Vorschmiedegesenk *n*
blanket Dichtungsschürze *f*
blanket test Blindversuch *m*
blanking die Schnittplatte *f*
blanking toll Schnittstempel *m*
blast/to blasen; putzstrahlen, putzen
blast box Windkasten *m*
blast cabinet Putzhaus *n*
blast cleaning Putzstrahlen *n*, Strahlverfahren *n*, Strahlspritzen *n*

blast cupola Gebläsekupolofen *m*
blast heating apparatus Winderhitzer *m*, Cowper *m*
blast inlet Windform *f*
blast main [Haupt-]Windleitung *f*
blast pipe Windzuleitung *f*, Windleitung *f*
blast process (refining) Windfrischen *n*
blast sintering process Dwigth-Lloyd-Sinterverfahren *n*
blast tumbling Strahlputzen *n*
blasting Putzstrahlen *n*, Strahlverfahren *n*, Strahlspritzen *n*, Abstrahlen *n*
blind hole [zylindrisches] Grundloch *n*
blind pass Blindstich *m*
blind riser Massel *f*
blister Gußblase *f*, Gaseinschluß *m*
block/to 1. sperren, blockieren; 2. treiben, vorschmieden, vorschlichten
block off/to absperren, abdämmen, abdichten
block Block *m*; Fundamentblock *m*, Fundamentklotz *m*
block drive Ziehscheibenantrieb *m*
block gauge Parallelendmaß *n*
blocker Vorschmiedegesenk *n*, Vorformgesenk *n*, Vorgesenk *n*
blocker die Stauchgesenk *n*
blocking Blockierung *f*, Sperrung *f*, Verriegelung *f*, Formtreiben *n*, Vorschmieden *n*, Vorschlichten *n*
blocking device Sperre *f*, mechanische Sperre (Sperrvorrichtung, Blokkiervorrichtung) *f*
blocking die Vorschmiedegesenk *n*, Vorformgesenk *n*, Vorgesenk *n*

blocking period Sperrzeit *f* bei positiver Anodenspannung
blocking segment Arretiersegment *n*
bloom/to vorblocken, auswalzen *{Luppen}*; ausblähen
bloom 1. Luppe *f*, Walzblock *m*, Rohblock *m*, Vorblock *m*, Knüppel *m*; 2. Salzausblühung *f*
bloom roll Vorwalze *f*
blooming Vorblocken *n*, Auswalzen *n {Luppen}*
blooming mill Blockwalzwerk *n*, Blockwalzstraße *f*
blooming stand Blockgerüst *n*
blooming train Grobstraße *f*
blow/to [wind]frischen, verblasen *{Stahlschmelze}*
blow down/to ausblasen, ausgehen lassen, abblasen *{Hochofen, Kessel}*
blow 1. Schlag *m {Schmieden}*; Stoß *m*; Hub *m {Presse, Schere}*; Stufe *f*, Stauchstufe *f*; 2. Schmelze *f*, Schmelzzeit *f*, Charge *f*; 3. Windfrischen *n*, Frischen *n*, Frischvorgang *m*
blow efficiency Schlagwirkungsgrad *m {Schmieden}*
blow hole Blaslunker *m*, Gußblase *f*, Gaseinschluß *m*, [Gas-]Blase *f*
blow-hole segregation Gasblasenseigerung *f*
blow mo[u]ld *s.* blowing mo[u]ld
blow mo[u]lding line Blasanlage *f*
blow-off valve Abblasventil *n*, Sicherheitsventil *n*
blow sequence Schlagfolge *f {Schmieden}*
blowdown valve Abschlämmventil *n*
blower Gebläse *n*
blower motor Gebläsemotor *m*
blower shaft Gebläsewelle *f*

blowing mandrel Blasdorn *m*, Aufblasdorn *m*, Spritzblasdorn *m*
blowing mandrel support Blasdornträger *m*
blowing medium Blasmedium *n*
blowing mo[u]ld Blasform *f*, Blas[form]werkzeug *n*
blowing needle Hohlnadel *f*
blowing pin Blasstift *m*, Blasnadel *f*, Injektionsblasnadel *f*
blowing pressure Blasdruck *m*
blowing spigot Blasdorn *m*, Aufblasdorn *m*, Spritzblasdorn *m*
blown film coextrusion die Mehrschicht[extrusions]düse *f*, Mehrschichtkopf *m*
blown-film coextrusion line Koextrusionsblasanlage *f*
blown film die Blas[form]werkzeug *n*, Blaskopf *m*; Schlauch[spritz]kopf *m*, Schlauch[extrusions]düse *f*, Schlauchformeinheit *f*, Schlauchwerkzeug *n*, Hohlkörperblasdüse *f*, Vorformlingswerkzeug *n*
blown film [extrusion] line Blasanlage *f*, Folienanlage *f*
blown metal Vormetall *n*, Konverterstahl *m*
blows per minute Schlagzahl *f* pro Minute *{Schmieden}*
blue/to blau anlaufen [lassen], brünieren
blue-finish/to blau anlassen
blue-brittle blaubrüchig
blue brittleness Blaubrüchigkeit *f*, Blausprödigkeit *f*
blue dust Krätze *f*, Gekrätz *n*
blue heat [range] Blauwärme *f*
blue-short blaubrüchig
blue shortness Blaubrüchigkeit *f*

blueing

blueing blau Anlaufen *n*, Brünieren *n*
blunt stumpf
blur/to verschwimmen, verwischen, unscharf werden *{z.B. Fernsehbild}*
bobbin Spule *f*, Spulenkörper *m*, Wickelkern *m*, Wickelkörper *m*
body 1. Körper *m*; 2. Ständer *m*, Gestell *n*; 3. Schaft *m {Kurbelwelle}*; Unterteil *n {Schraubstock}*; 4. Stock *m {Amboß}*; 5. Kern *m {Schraube}*
body blank Rumpfzuschnitt *m*
body drawing press Karosserieziehpresse *f*
body of the specimen Probekörper *m*
body press Karosseriepresse *f*
bogie hearth furnace Herdwagenofen *m*
boiled bar Puddelblock *m*
boiler filling-and-draining valve Kesselfüll- und -entleerungsventil *n*
boiling point Siedepunkt *m*, Siedetemperatur *f*
boiling-point curve Siedeverlauf *m*
boiling range Siedebereich *m*
boiling resistance Kochfestigkeit *f*, Kochbeständigkeit *f*
boiling temperature Siedepunkt *m*, Siedetemperatur *f*
boiling test Kochversuch *m*
boiling water absorption Wasseraufnahme *f* im Kochversuch, Wasseraufnahme *f* [nach Lagerung] in kochendem Wasser
bolometer Bolometer *n*
bolster Lochring *m*, Haltering *m*, Unterlegeklotz *m*
bolt Bolzen *m*
bolt firing device Bolzenschußgerät *n*

bolt shape Bolzenform *f*
bolted bonnet valve Aufsatzventil *n*
bond/to plattieren
bond in/to einbinden
bond stress Haftspannung *f*
bonnet Haube *f*, Abdeckhaube *f*
bonnet angle Motorhaubenwinkel *m*
boom Dröhnen *n*, Brummen *n*
boiling resistance Kochfestigkeit *f*, Kochbeständigkeit *f*
boiling temperature Siedepunkt *m*, Siedetemperatur *f*
boiling test Kochversuch *m*
boiling water absorption Wasseraufnahme *f* im Kochversuch, Wasseraufnahme *f* [nach Lagerung] in kochendem Wasser
bolometer Bolometer *n*
bolster Lochring *m*, Haltering *m*, Unterlegeklotz *m*
bolt Bolzen *m*
bolt firing device Bolzenschußgerät *n*
bolt shape Bolzenform *f*
bolted bonnet valve Aufsatzventil *n*
bond/to plattieren
bond in/to einbinden
bond stress Haftspannung *f*
bonnet Haube *f*, Abdeckhaube *f*
bonnet angle Motorhaubenwinkel *m*
boom Dröhnen *n*, Brummen *n*
boomy [tief]dröhnend
boost/to [zusätzlich] verstärken
booster transformer Zusatztransformator *m {für Zu- und Gegenschaltung}*
bootstrap/to Urlader (Ureingabeprogramm, Computerbetriebsprogramm) laden

border Kalibrierring *m*
bore Bohrung *f*
bored-out guide geschlossenes Führungsrohr *n*
boring bar Bohrstange *f*
 boring head Ausdrehfutter *n*
borosilicate glass Borosilicatglas *n*
bosh 1. Löschtrog *m*, Abschrecktrog *m*; 2. Rast *f*
bossing Boss[ier]en *n*
bott Massepfropfen *m* {*Stichloch*}; Abstichstopfen *m*, Stichlochstopfen *m*
bottle gripping unit Behältergreifstation *f*
bottle top mo[u]ld Flaschenhalskokille *f*
bottom 1. unten; Unter-; 2. Boden *m*; 3. Ofensumpf *m*; 4. Herd *m*
bottom blowing Bodenblasen *n*, Blasen *n* mit Bodenwind, Durchblasen *n*
bottom-blown converter process bodenblasendes Verfahren *n*, Unterwindfrischverfahren *n*
bottom box Unterkasten *m*, unterer Formkasten *m*
bottom casting steigender Guß *m*, Gießen *n* im Gespann
bottom chisel Abschrot *m*
bottom clean-out valve Abschlammventil *n*
bottom cover Bodendeckel *m*, Zylinderbodendeckel *m*
bottom covering Bodenbelag *m*
bottom die Untergesenk *n*, Unterwerkzeug *n*, Matrize *f*
bottom flask Unterkasten *m*
bottom gate Untertor *n* {*Schleuse*}
bottom mo[u]ld Unterwerkzeug *n*, Matrize *f*
bottom of key Keilbauch *m*
bottom of keyseat Nutgrund *m*
bottom plate Bodenplatte *f*, Bodenblech *n*; Gespannplatte *f*
bottom pouring plate Gespannplatte *f*
bottom ramming machine Bodenstampfmaschine *f*
bottom roll[er] Unterwalze *f*, Matrizenwalze *f*; Lagerrolle *f* {*Schleudergießmaschine*}
bottom runner Bodenlängsträger *m*
bottom swage Untergesenk *n*, Gesenkunterteil *n*
bottom tap Grund[loch]gewindebohrer *m*
bottom-tap ladle Stopfenpfanne *f*
bottom tup Unterbär *m*
bottom weld Bodenschweißnaht *f*, Bodenquetschnaht *f*
bottoming die Fertigschneideisen *n*
bounce/to prellen {*z.B. Kontakt*}
bound verklemmt; blockiert; festgefressen
boundary beam Randträger *m*
boundary wall Grenzfläche *f*, Grenzwand *f*
bow/to bogenförmig verlaufen
bow Wippe *f*; Bügel *m*, Bogen *m*; Wölbung *f*, Durchwölbung *f* {*z.B. einer Leiterplatte*}
bowden cable Bowdenzug *m*
box 1. Dose *f*; 2. Raumzelle *f*; Kasten *m*, Kiste *f*
box column Hohlkastenstütze *f*, Kastensäule *f*, Kastenständer *m*
box construction Raumzellenbauweise *f*
box culvert Kastendurchlaß *m*
box dam Fangedamm *m*

box girder Hohlkastenträger *m*, Kastenträger *m*
box groove Kastenkaliber *n*
box mo[u]lding Kastenformerei *f*
box pass Kasten[vor]kalibrierung *f*, Flachkaliber *n*
box pedestal Kastenfuß *m*
box plate girder Blechkastenträger *m*
box section Hohlkastenquerschnitt *m*
box-section bridge Vollwandbrücke *f*
box-type column kastenförmiger Ständer *m*
box unit Raumzelle *f*
brace Diagonalstab *m*, Kopfband *n*, Zange *f*, Zugband *n*
bracing Diagonalverband *m*, Dreiecksverband *m*, Ausbauverband *m*
bracing plate Versteifungsblech *n*
bracket Stütze *f*, Träger *m*, Halter *m*, Halterung *f*; Schelle *f*; Tragarm *m*, Schwenkarm *m*, Konsole *f*, Wandträger *m*; Tragstein *m*, Kragstein *m*
bracketed durch Klammern (Schellen) gehalten
brake/to abkanten; [ab]bremsen
brake Bremse *f*
brake bending Abkanten *n*
brake conduit Bremsleitung *f*
brake drum Bremstrommel *f*
brake hose Bremsschlauch *m*
brake lining Bremsbelag *m*
brake oil Bremsöl *n*
brake rope Bremsseil *n*
brake shaft Bremswelle *f*
brake shoe Bremsschuh *m*, Bremsbacke *f*
braking disk Bremsscheibe *f*
braking lever Bremshebel *m*

braking power Bremsleistung *f*, Nutzleistung *f*
braking torque Bremsmoment *n*
branch/to [sich] verzweigen
branch Zweig *m*, Abzweig *m*, Verzweigung *f*; Brückenzweig *m*, *s.a.* branching; Schenkel *m* {*Thermoelement*}
branch instruction Verzweigungsbefehl *m*
branch point Verzweigungsstelle *f*
branch runner Nebenkanal *m*
branch tube Abzweigrohr *n*
branching Abzweigung *f*, Verzweigung *f*
brass Messing *n*
brass brush Messingbürste *f*
brass bush Messingbuchse *f*
brass plate Messingplatte *f*
brass ring Messingring *m*
brass sleeve Messinghülse *f*
brass tube Messingrohr *n*
breadboard Versuchsaufbau *m*
break/to brechen; unterbrechen
break down/to vorwalzen, herunterwalzen; abtragen, niederreißen
breakage 1. Bruch *m*, Abbruch *m*, Unterbrechung *f*; 2. Zerbrechen *n*; Riß *m*
breakaway Auffahrkraft *f* {*Druckgießwerkzeug*}
breakdown [elektrischer] Durchschlag *m*; Zusammenbruch *m*, Versagen *n*, Havarie *f*; Ausfall *m*, Unterbrechung *f*, Störung *f*
breakdown maintenance Instandsetzung *f* [nach Ausfall eines Gerätes oder einer Anlage]
breakdown stand Vorwalzgerüst *n*
breakdown test Bruchprüfung *f*; Durchschlagversuch *m*

breakdown voltage [elektrische] Durchschlagspannung *f*
breaker plate Stützplatte *f*
breaker plate-type mandrel support Lochdornhalter *m*
breaking ball Zertrümmerungskugel *f*
breaking-down Querschnittsreduktion *f*; Vorwalzen *n*, Vorstrecken *n*
breaking-down pass Vorstich *m*
breaking elongation Reißdehnung *f*
breaking force Reißkraft *f*
breaking load Bruchlast *f*, Bruchbelastung *f*
breaking moment Bruchmoment *n*
breaking resistance Bruchfestigkeit *f*
breaking strain Bruchdehnung *f*
breaking strength Bruchfestigkeit *f*
breast pan Vorherd *m*
bridge/to überbrücken
bridge Brücke *f*; Meßbrücke *f*
bridge bearing Brückenlager *n*
bridge structure Portalbauweise *f*
bridge-type hammer Brückenhammer *m*
bridge wall Brückenkörper *m* {SM-Ofen}
bridged lengthwise bearing überbrücktes Längstragbild *n*
bright-drawn bar Rohstange *f*
bright-drawn rounds gezogener Rundstahl *m*
bright-finished blank
bright orange Gelbglut *f*
bright plating elektrolytisches Glänzen *n*
bright red Kirschrot *n*
brightness Helligkeit *f*
Brinell hardness Brinell-Härte *f*
Brinell hardness test Kugeldruckversuch *m*, Brinell-Härteprüfung *f*
Brinell hardness tester Brinell-Härteprüfer *m*, Brinell-Härteprüfgerät *n*
bring into mesh/to zum Eingriff bringen
brittle spröde; kurzspanend; brüchig
brittle cracking Sprödbruch *m*
brittle fracture Sprödbruch *m*
brittle material spröder Werkstoff *m*
brittle plastic spröder Kunststoff *m*
brittleness Sprödigkeit *f*
broach Räumnadel *f*, Räumwerkzeug *n*
broad flange beam (girder) Breitflanschträger *m*
broad strip mill Breitbandwalzwerk *n*, Breitbandstraße *f*
broken specimen gebrochene (zerbrochene) Probe *f*
bronze/to brünieren
bronze Bronze *f*
bronze ring Bronzering *m*
brown/to brünieren, braunbeizen
brown-finished brüniert
browning Brünieren *n*
brush Bürste *f*
brush displacement Bürstenverschiebungswinkel *m*
brush-holder Bürstenhalter *m*
brush-rocker Bürstenbrücke *f*
brush shift Bürstenverschiebung *f*
bubble Blase *f*; Lunker *m*
bubble formation Blasenbildung *f*
bucket 1. Behälter *m* {z.B. Eimer, Becher, Kübel}; 2. Kolben *m*, Klappenkolben *m*, Ventilkolben *m*
bucket charging Kübelbegichtung *f*
bucket conveyor Becherwerk *m*

buckle/to knicken *n*; ausbeulen; kippen
buckling 1. Knickung *f*; 2. Beulverformung *f*; 3. Kippung *f*
buckling load Knicklast *f*
buffer Puffer *m*
buffer ring Pufferring *m*
bug Ausfall *m*, Fehler *m*, Störung *f*
buggy Karre *f*, Karren *m*; Kleinförderwagen *m*
buggy casting Wagenguß *m*
build-up heat Aufbauschmelze *f*
build-up of a self-excited generator Aufbauen *n* der Selbsterregung *f*, Auferregung *f*
building block Baustein *m*
building-block design bausteinartiger Aufbau *m*
building block mode Blockbauweise *f*
building-block principle Baukastenprinzip *n*
building box Raumzelle *f*
building code Bauordnung *f*
built-in eingebaut; Einbau-
built-in edge fest eingespannter Rand *m*
built-in mounting starre Einspannung *f*; festes Klemmlager *n*
built-in-up frame press Presse *f* mit mehrteiligem Zweiständergestell
bulb/to vorstauchen
bulb 1. Kolben *m*; Druckzwiebel *f*; 2. Wulst *m*
bulb upsetting Vorstauchen *n*
bulging die Stauchwerkzeug *n*
bulk 1. Hauptmasse *f*, Hauptmenge *f*; 2. lose Ladung *f*; 3. Raumbedarf *m*, Umfang *m*
bulk factor Füllfaktor *m* {von Formmassen}

bulk modulus Kompressionsmodul *m*, Modul *m* der kubischen Ausdehnung
bulky sperrig; voluminös, raumeinnehmend
bull block Grobzug *m*
bull-block drawbench Scheibenbank *f*, Leierbank *f*
bull-block header Binder *m* mit abgerundeter Vorderkante
bull-block stretcher Läufer *m* mit abgerundeter Kante
bull gear großes Antriebszahnrad *n*, Hubscheibenrad *n*, Kulissenrad *n*
bull-gear pinion Kulissenradritzel *n*
bull head 1. Flachkaliber *n*; 2. Polierwalzgerüst *n*
bull ladle Scherenpfanne *f*
bulldozer Biegepresse *f*
bult strap Lasche *f*
bump/to rüttelverdichten
bumper Rüttelformmaschine *f*
bumping Rüttelverdichtung *f*
bunt Stauchstufe *f*
buoyant chamber Schwimmkasten *m*
burden Beschickung *f*, Gicht *f*, Möller *m*, Gattierung *f*
burden balance Gattierungswaage *f*
burden calculation Möllerberechnung *f*
burden squeezer Luppenmühle *f*
burn/to verbrennen; brennen
burner cock Brennerhahn *m*
burning-on Anbrennen *n* {von Formsand}; Sandverkrustung *f* {auf Gußstücken}
burnish/to bräunen, brünieren; polieren, preßpolieren, glätten

burnt überhitzt
burr/to putzen
burr-free stamping gratloses Gesenkschmieden *n*
burst-off machine Absprengmaschine *f*
burst stress Berstspannung *f*
bursting strength Berstfestigkeit *f*
bush/to scharrieren
bush Buchse *f*, Büchse
  bush chisel Scharriereisen *n*
  bush hammer Scharrierhammer *m*
bush-hammered scharriert
bushelling Paketieren *n*
bustle pipe Heißwindringleitung *f*, Heißwindring *m*
busy belegt, besetzt *{z.B. Werkzeugmaschine oder Leitung}*
butt end Kopfende *n*, Stirnfläche *f*
butt ingot Stummelblock *m*, Restblock *m*
butt strap Spannlasche *f*
butterfly isolating valve Absperrklappe *f*
butterfly pass Aufklappkaliber *n*
butterfly screw Flügelschraube *f*
butterfly shell Schmetterlingsschale *f*, Y-Schale *f*
butterfly valve Drosselklappe *f*, Drosselventil *n*
button Knopf *m*, Bedienungsknopf *m*; Knopftaste *f*
buttress thread Sägengewinde *n*
buzy *s.* busy
bypass Umleitung *f*, Umführung *f*, Bypass *m*; Umgehungsstraße *f*
bypass anode Nebenweganode *f*
byproduct yield Nebenproduktausbeute *f*, Nebenerzeugnisausbeute *f*

C

cabinet 1. Gehäuse *n*; Schrank *m*; 2. Kammer *f*
cable 1. Kabel *n*; 2. Speiseleitung *f*; 3. Seil *n*
cable bridge Seilbrücke *f*, Kabelbrücke *f*
cable clamp Kabelklemme *f*; Leitungsklemme *f*
cable connector Kabelverbinder *m*; Leitungsverbinder *m*
cable drawing Leitungslegung *f*
cable duct Gleitkanal *m*, Hüllrohr *n*; Kabelkanal *m*,
cable eye Kabelöse *f*
cable harness Kabelbaum *m*
cable hose Kabelhülle *f*
cable housing Kabelhülle *f*, Kabelrohr *n* *{Spannbeton}*
cable profile Kabelführung *f*, Spanngliedführung *f* *{Spannbeton}*
cable-protecting tube Kabelschutzrohr *n*
cable shoe Kabelschuh *m*, Klemmschuh *m*
cable suspension bridge Hängebrücke *f*
cable tube Kabelrohr *n*
cabling Verkabelung *f*, Verdrahtung *f*
CAD *s.* computer-aided design
CAD/CAE workstation CAD/CAE-Entwicklungszentrum *n*
CAE *s.* computer-aided engineering
cage Käfig *m* *{z.B. Läppkäfig}*; Gehäuse *n*; Kabine *f*
cage valve Käfigventil *n*
calculate/to berechnen, rechnen
calculation Berechnung *f*, Rechnung *f*, Kalkulation *f*

calculation value Rechenwert *m*
calibration Kalibrierung *f*, Eichung *f*; Kalibrieren *n*, Einmessen *n*
caliper Taster *m*
calorimeter Kalorimeter *n*
calorimetric behavio[u]r kalorimetrisches Verhalten *n*
calorimetry Kalorimetrie *f*, Wärmemengenmessung *f*
cam Kurve *f*, Nocken *m*, Steuernokken *m*, Knagge *f*, Daumen *m*, Keil *m* {*Einsatzmesser*}
cam contact Nockenbahn *f*
cam disk Nockenscheibe *f*
cam lever Nockenhebel *m*
cam mechanism Kurvenscheibenmechanismus *m*
cam-operated nockenbetätigt
cam-operated transfer press Stufenumformautomat *m* mit Kurvenantrieb
cam switch Nockenschalter *m*
camber Pfeilhöhe *f*, Stich *m*, Quergefälle *n*, Querneigung *f*, Überhöhung *f*
cambered flatter Knopfamboß *m*, Pilzamboß *m*
campaign Reise *f* {*Hochofen*}
camshaft Nockenwelle *f*, Kurvenwelle *f*, Steuerwelle *f*
camshaft control Nockensteuerung *f*
camshaft wheel Nockenwellenrad *n*
can extrusion Napffließpressen *n*
cantilever/to auskragen, vorkragen, frei vorbauen, im Freivorbau errichten
cantilever beam Freiträger *m*, Kragträger *m*
cantilevered ausgekragt, vorgekragt, einseitig eingespannt, freitragend, unverankert, freisthend {Spundwand}; im Freivorbau errichtet {*Brücke*}; fliegend {*Walzenlagerung*}
cantilevered and suspended beam 1.Gelenkträger *m*; 2.Koppelträger *m*
cantilevered retaining wall Winkelstützmauer *f*
cantilevered roof Kragdach *n*
cantilevered steps eingespannte (freitragende) Stufen *fpl*, Kragtreppe *f*
cap Kappe *f*; Deckel *m*, Haube *f*; Klappe *f*
cap bolt Lagerdeckelschraube *f*, Lagerbolzen *m*
cap crown Lagerdeckel *m*
capacity 1. Kapazität *f*, Fassungsvermögen *n*; Speicherfähigkeit *f*; 2. Leistung *f*, Ausbringung *f*; 3. Zahlenbereich *m*; 4. Ergiebigkeit *f*
capacity requirement planning Kapazitätsbedarfsplanung *f*
capacity-restricted transportation problem Transportproblem *n* mit Kapazitätsbeschränkung
capillary Kapillare *f*, Haarröhrchen *n*
capillary rheometer Kapillarrheometer *n*
capillary tube Kapillare *f*, Haarröhrchen *n*
capillary viscometer Kapillarviskosimeter *n*
capstan Antriebsrolle *f*, Bandandruckrolle *f*, Bandtransportrolle *f*, Tonrolle *f*
capstan lathe Revolverdrehmaschine *f*, Revolverbank *f*
capsule Kapsel *f*
car-bottom furnace Wagenherdofen *m*

car-bottom hearth ausfahrbarer Herd *m*
car casting Wagenguß *m*
car furnace Wagenofen *m*
car-hearth furnace Wagenherdofen *m*
carabine Karabiner *m*
carbide band zeilenförmige Karbideinlagerung *f*, Karbidzeile *f*
carbide lamella Zementitlamelle *f*
carbon 1. Kohlenstoff *m*; 2. Kohle[elektrode] *f*
carbon arc lamp Kohlebogenlampe *f*
carbon arc lamp exposure test Kohlebogenlampen-Prüfung *f*, Prüfung *f* mittels Kohlebogenlampe
carbon-arc light ag[e]ing apparatus Alterungsprüfgerät *n* mit Kohlebogenlampe
carbon blow Kochperiode *f*
carbon case-hardening Einsetzen *n*, Einsatzhärten *n*
carbon extraction replica Kohlehautabdruck *m*
carbon restoration Wiederaufkohlung *f*, Rückkohlung *f*
carbonitriding Carbonitrierung *f*, Gascyanieren *n*
carbothermic carbothermisch
carburization Aufkohlung *f*, Zementierung *f*, Einsetzen *n*
carburize/to [auf]kohlen, zementieren, einsetzen
carburized case Aufkohlungszone *f*, Zementationsschicht *f*, Einsatz[härte]schicht *f*
carburizer Aufkohlungsmittel *n*, Zementationsmittel *n*, Einsatzmittel *n*
carburizing box Zementationskasten *m*, Einsatzkasten *m*

carcass Gehäuse *n*
cardan drive Kardanantrieb *m*
cardan housing Kardangehäuse *n*
cardan shaft Gelenkwelle *f*, Kardanwelle *f*
cardanic suspension kardanische Aufhängung *f*, Kardanaufhängung *f*
cargo-loading problem Ladeproblem *n*, Beladeproblem *n*
carriage 1. Transportvorrichtung *f*, Vorschubvorrichtung *f*; Werkzeugschlitten *m*; Vorschub *m*
carrier Träger *m*; Mitnehmer *m*
carrier guide Trägerführung *f*
carry/to transportieren; übertragen *{Addition}*
carry out an instruction/to einen Befehl ausführen
Cartesian kartesisch, kartesianisch
Cartesian control kartesianische Steuerung *f*, Kreuzflügelsteuerung *f*
Cartesian coordinates kartesische (rechtwinklige) Koordinaten *fpl*
Cartesian robot nach kartesischen (rechtwinkligen) Koordinaten arbeitender Roboter *m*
Cartesian space kartesischer Raum *m*
Cartesian velocity and instantaneous position kartesische Geschwindigkeit *f* und momentane Lage *f*
cartridge 1. Schmelzeinsatz *m*, Patrone *f* *{Sicherung}*; 2. Kassette *f*; 3. Hülse *f*
cartridge valve Zweiwegeventil *n*
cascade/to hintereinander (in Kaskade) schalten, kaskadieren
cascade converter Kaskadenstromrichter *m*, Kaskadenumformer *m*
cascade set Kaskade *f*

case-carburize/to randaufkohlen, in der Randzone aufkohlen (zementieren)
case-harden/to einsatzhärten **case** 1. Fall *m*, Situation *f*; 2. Gefäß *n*, Behälter *m*; Gehäuse *n* *{z.b. eines Meßgeräts}*; Kasten *m*; 3. Randschicht *f*; Einsatzschicht *f*, Einsatz *m*, Aufkohlungsschicht *f*, aufgekohlte (zementierte) Randzone *f*; 4. Einsatzhärtungstiefe *f*
case connection Gehäuseanschluß *m*
case depth Einsatz[härte]tiefe *f*, Härtetiefe *f*
case dimensions Gefäßmaße *npl*; Gehäuseabmessungen *fpl*
case-hardenable einsatzhärtbar
case hardening Einsatzhärtung *f*, Oberflächenhärtung *f* [im Einsatz]
case-mounted slide bearing Gehäusegleitlager *n*
case pressure Gehäusedruck *m*, Innendruck *m* im Gehäuse *{z.B. bei Spülluftzuführung}*
case study Fallstudie *f*
casing cover Gehäusedeckel *m*
cast/to [aus]gießen, vergießen; hintergießen *{Elektrotypie}*
cast Guß *m*, Gießvorgang *m*
cast bronze Gußbronze *f*
cast-coated plattiert *{Verbundguß}*
cast coating Gußstreichen *n*, Kromekote-Verfahren *n*, Verbundgußplattierung *f*
cast history sheet Schmelzverlaufkarte *f*
cast iron Gußeisen *n*, Grauguß *m*
cast sliding plate Gußleitplatte *f*
cast steel Stahlguß *m*, Gußstahl *m*
casting 1. Gußteil *n*, Formgußstück *n*; 2. Gießen *n*, Vergießen *n*, Abguß *m*
casting bed Gießbett *n*
casting box Formkasten *m*
casting crack Schwindriß *m*
casting equipment Gießanlage *f*
casting mo[u]ld Gießform *f*
casting roll Gießwalze *f*
casting shoe Vorherd *m* *{Martin-Ofen}*
casting shrinkage Erstarrungsschrumpfung *f*
castle nut Kronenmutter *f*
catalytic degradation katalytischer Abbau *m*
catastrophic failure verhängnisvoller Ausfall *m*
catch/to einschnappen, einklinken, einrasten, fassen, [ein]greifen; hemmen, sperren
catch Anschlag *m*, Arretierung *f*
catch hook Fanghaken *m*
catch lever Sperrhebel *m*
catch ring Mitnehmerring *m*
catcher Abnehmer *m*; Schnäpper *m*
catching nozzle Fangdüse *f*, Staudüse *f* *{Pneumatik}*
cathode Kathode *f*
cathode cleaning kathodische Reinigung *f*
cathode pickling kathodische Beizung *f*
cause Ursache *f*
cause of failure Fehlerursache *f*, Ausfallursache *f*
cause of malfunction Ausfallursache *f*
cause of trouble Ausfallursache *f*
caustic cracking (embrittlement) Laugensprödigkeit *f*, Laugenbrüchigkeit *f*

cavity 1. Gesenk *n*, Werkzeuggesenk *n*; 2. Gußblase *f*, Lunker *m*
cavity block Gesenkblock *m*, Gesenkplatte *f*, Matrize *f*, Formunterteil *n*
cavity insert Gesenkeinsatz *m*
cavity plate düsenseitige Formplatte *f*, Formnestblock *m*, Formnestplatte *f*, Gesenkplatte *f*, Konturplatte *f*, Matrize *f*
cavity pressure Forminnendruck *m*, Kavitätinnendruck *m*, Werkzeug[innen]druck *m*, Innendruck *m*
cavity pressure profile Werkzeugdruckverlauf *m*
cavity-preventing agent Lunkerverhütungsmittel *n*
cavity sinking Einsenken *n* [von Hohlformen]
cavity volume Form[nest]füllvolumen *n*, Spritzteilfüllvolumen *n*, Füllvolumen *n*
cavity wall temperature Nestwandtemperatur *f*
ceiling-mounted robot Roboter *m* mit Deckenbefestigung, hängender Roboter *m*
cell-type oven Zellenofen *m* {für künstliche Alterung}
cellular plastic zellularer (geschäumter) Kunststoff *m*
cement/to aufkohlen, zementieren, einsetzen, einsatzhärten
cement Einsatz[härte]pulver *n*
cement-sand mo[u]lding process Zement-Sand-Formverfahren *n*
cementation Aufkohlung *f*, Zementation *f*, Einsatzhärtung *f*, Oberflächenhärtung *f*
cementation steel Einsatzstahl *m*
cemented carbide [Sinter-]Hartmetall *n*, gesintertes Karbidhartmetall *n*
cementing Aufkohlen *m*, Zementation *f*, Einsatzhärten *n*
cementing medium Zementationsmittel *n*, Einsatzmittel *n*
cementing powder Einsatzpulver *n*, Härtepulver *n*, Zementierpulver *n*
cementite Zementit *m*, Eisenkarbid *n*
center/to zentrieren
center {Am}Zentrum *n*, Mitte *f*, Mittelpunkt *m*
center axis Mittelachse *f*
center bit Zentrumbohrer *m*
center bore Zentrierung *f*
center-die casting Schleuderguß *m*, Schleudergußstück *n*
center-fed zentral angespritzt
center-fed die Torpedokopf *m*
center-fed parison die Dornhalterschlauchkopf *m*
center feed Zentral[ein]speisung *f*
center-gated zentral angegossen, axial angespritzt
center hole 1. Transportloch *n*; 2. Zentrierbohrung *f*, Zentrierloch *n*
center lathe Spitzendrehmaschine *f*
center line Mittellinie *f*; Zentrale *f* {Kurbelstellung}
center line between cutting edges Querschneide *f*
center line of a bar Stabmittellinie *f*, Stabachse *f*
center of gravity Schwerpunkt *m*
center of gyration Schwungmassenmittelpunkt *m*, Massenmittelpunkt *m*
center of oscillation Pendeldrehpunkt *m*
center of twist Drillmittelpunkt *m* {eines Stabes}

center position Mittelstellung *f*
{*Bedienungselement*}
center punch Körner *m*
center riser Gießtrichter *m*
center roll Mittelwalze *f*
center rule Mittelschenkel *m*
center-to-center distance Mittenabstand *m*
center web Kern *m*
centering Zentrierung *f*, Einmitten *n*
centering bearing Zentrierlager *n*
centering bell Zentrierglocke *f*
centering piece Zentrierstück *n*
centering pin Zentrierstift *m*
centering sheet Zentrierblech *n*
centerless grinding Spitzenlosschleifen *n*
central control room Zentralsteuerwarte *f*, Steuerzentrale *f*, [zentrale] Steuerwarte *f*
central ejector Zentralauswerfer *m*, Mittenauswerfer *m*
central ejector pin Zentralausdrückstift *m*
central film gate mittiger Bandanschnitt *m*
central gate Eingußrohr *n* {*Gießtrichter*}
central gating Zentralanguß *m*, axiale Anspritzung *f*
central gear Zentralrad *n*, Festrad *n*
central greasing Zentralschmierung *f*
central pintle Mittelzapfen *m*
central pivot Drehzapfen *m*
central plane Normalschnittebene *f* {*Schneckengetriebe*}
central processing unit Zentraleinheit *f*
central segregation Kernsteigerung *f*

central shaft Zentralwelle *f*, Hauptwelle *f*
central unit Zentraleinheit *f*
centralized zentralisiert, zentral
centre {*GB*} *s.* center
centrifugal zentrifugal; Zentrigal-, Fliehkraft
centrifugal ball Schwingkugel *f*
centrifugal casting Schleuderguß *m*
centrifugal clutch Fliehkraftkupplung *f*
centrifugal composite casting Schleuderverbundguß *m*
centrifugal fan Radiallüfter *m*
centrifugal force Fliehkraft *f*, Zentrifugalkraft *f*
centrifugal force controller Fliehkraftregler *m*, Zentrifugalregler *m*
centrifugal mass Schwungmasse *f*
centrifugal pouring method Schleudergießverfahren *n*
centrifugal pump Kreiselpumpe *f*, Zentrifugalpumpe *f*
centrifugal switch Fliehkraftschalter *m*, Zentrifugalschalter *m*
centrifugally cast im Schleuderverfahren hergestellt, geschleudert
centrifuge/to zentrifugieren; schleuderformgießen
centrifuge casting 1. Schleuderformguß *m*; 2. Schleuderformgußstück *n*
centring bell Zentrierglocke *f*
centripetal zentripetal; Zentripetal-
centripetal force Zentripetalkraft *f*
centripetal torque Zentripetalmoment *n*
centrispinning 1. Schleuderguß *m*; 2. Schleudergußstück *n*

ceramic keramisch; Keramik-
ceramic cutting material keramischer Schneidstoff *m*
ceramic package keramisches Gehäuse *n*
chain/to verketten, aneinanderreihen
chain 1. Kette *f*
chain link Kettenglied *n*
chain locker Kettenschloß *n*
chain-type part magazine Ketten-Werkstückspeicher *m*, Kettenspeicher *m* für Werkstücke
chain-type tool magazine Ketten-Werkzeugspeicher *m*, Kettenspeicher *m* für Werkzeuge
chain wheel Kettenrad *n*
chamber Kammer *f*, Raum *m*; Druckdose *f* {*Pneumatik*}; Druckkammer *f* {*Druckguß*}
chamber furnace Kammerofen *m*
chamfer/to [ab]fasen; entgraten
chamfer Fase *f*
chamfering 1. Entgraten *n*; 2. Senkung *f*
change/to [ver]ändern, [aus]wechseln
change Veränderung *f*, Änderung *f*, Wechsel *m*
change gear Wechselrad *n*, Umsteckrad *n*
change gear drive Wechselradgetriebe *n*, Zahnradgetriebe *n*
change in load Laständerung *f*
change in position Positionsänderung *f*, Stellungsänderung *f*
change in range Bereichsänderung *f*, Meßbereichsänderung *f*
change in speed 1. Geschwindigkeitsänderung *f*; 2. Drehzahländerung *f*
change in state Zustandsänderung *f*
change lever Stellhebel *m*, Schalthebel *m*, Umschalthebel *m*
change of pressure Druckänderung *f*
change of tools Werkzeugwechsel *m*
change-over from injection to holding pressure Druckumschaltung *f* [von Einspritzdruck auf Nachdruck]
change-over point Umschaltzeitpunkt *m*, Umschaltniveau *n*
change-over stop Umschaltsperre *f*
change-over time Umschaltzeit *f*; Pausenzeit *f*
change-over to hold[ing] pressure Nachdruckumschaltung *f*
change-over valve Wechselventil *n*
change point Haltepunkt *m*, Umwandlungspunkt *m*
change-speed gear Wechselgetriebe *n*
change wheel Wechselrad *n*
changeable veränderbar
changeover *s.* change-over
changer Wechselvorrichtung *f*
changing wechselnd, veränderlich
changing load Wechselbelastung *f*, wechselnde (veränderliche) Belastung *f*
channel Kanal *m*
channel-bend/to U-förmig biegen, U-förmige Biegeteile herstellen
chaplet Kernnagel *m*, Kernstütze *f*
character Zeichen *n*, Buchstabe *m*; Drucksteuerzeichen *n*, Formatsteuerzeichen *n*
character recognition Zeichenerkennung *f*, Erkennung *f* von Zeichen (Buchstaben)
character set Zeichensatz *m*
character size Zeichengröße *f*

characteristic 1. charakteristisch; 2. Kennlinie f, Charakteristik f; 3. Merkmal n; 4. Kennziffer f
characteristic curve Kennlinie f, Charakteristik f
characteristic data Kennwerte mpl, Kenndaten pl
characteristic parameter Kenngröße f
characteristic temperature charakteristische Temperatur f
characteristic value Kennwert m, Merkmalswert m, Parameter m; Eigenwert m
characteristic vibration [mechanische] Eigenschwingung f
charcoal hearth Rennfeuer n
charcoal hearth process Holzkohlenfrischverfahren n, Herdfrischverfahren n
charge/to einsetzen, beschicken, chargieren, begichten *{Hochofen}*
charge Charge f, Beschickung f, Begichtung f, Einsatz m; Beschickungsmaterial n, Einsatzgut n; Gicht f, Möller m
charge floor Gichtbühne f
charge level Beschickungshöhe f
charge level indicator Gichtsonde f, Möllersonde f
charger Beschickungseinrichtung f
charging Beschicken n, Chargieren n, Begichten n *{Hochofen}*
charging barrow Chargierwagen m, Begichtungswagen m
charging basket Gichtkübel m
charging box Einsetzmulde f, Beschickungsmulde f
charging bucket Gichtkübel m
charging crane Beschickungskran m, Chargierkran m

charging door Chargieröffnung f, Beschickungsöffnung f
charging peel Chargierlöffel m, Einsetzlöffel m
charging platform Beschickungsbühne f, Gichtbühne f
charging scale Gattierungswaage f, Chargenwaage f
charging spoon Chargierlöffel m, Einsetzlöffel m
Charpy impact flexural test Schlagbiegeversuch m nach Charpy
chassis Chassis n
chassis frame Chassisrahmen m
chassis mounting Chassisaufbau m
chatter mark Rattermarke f
chattering Rattererscheinung f
check/to [über]prüfen, nachprüfen, kontrollieren, nachmessen
check 1. Überprüfung f, Prüfung f, Kontrolle f, Kontrollmessung f; 2. s.a. check test; 3. s.a. testing
check measurement Kontrollmessung f
check plate Anlaufscheibe f, Sperrplatte f
check position Kontrollstellung f
check problem Kontrollaufgabe f, Prüfungsproblem n, Testproblem n
check test Kontrollversuch m, Gegenprobe f, Gegenversuch m
check valve Rückschlag[klappen]ventil n, Rückschlagklappe f, Sperrventil n
checking Kontrolle f, Prüfung f; Durchprüfung f, Überprüfung f
checking purpose Kontrollzweck m
checkout 1. Durchprüfung f; 2. s. check; 3. s. functional check[out]

cheek Mittelkasten *m*, Zwischenkasten *m*, *{Formen}*
chemical analysis chemische Analyse *f*
chemical laser chemischer Laser *m*, Reaktionslaser *m*
chemical pretreatment chemische Vorbehandlung *f*
chemical resistance Chemikalienbeständigkeit *f*, chemische Beständigkeit *f*
chevron packing V-Dichtung *f*
chill depth Abschrecktiefe *f*, Weißerstarrungstiefe *f*
chill mo[u]ld Kokille *f*
chill plate [Ab-]Schreckplatte *f*, Kühleisen *n*
chill roll casting line Folienanlage *f*
chilled layer [Ab-]Schreckschicht *f*
chip-breaker Spanleitstufe *f*, Spanbrecher *m*
chip cross-section Spanungsquerschnitt *m*
chip form Spanform *f*, Spanart *f*
chip hole Spanloch *n*
chop/to abschroten
chopper Zerhacker *m*, Chopper *m*
chopper bar Fallbügel *m*
chord Akkord *m*
chord dimension Sehnenmaß *n*
chordal addendum Zahnkopfhöhe *f* *{an der Sehne}*
chordal dimension over two teeth Zahnweitenmaß *n*, Sehnenmaß *n*
chordal thickness Zahndickensehne *f*
chuck/to einspannen
chuck Spannfutter *n*, Futter *n* *{zum Spannen von Werkstücken}*; Aufspannvorrichtung *f*, Spannzeug *n*, Spanneinrichtung *f*

chuck body Futterkörper *m*
chuck lathe Plandrehmaschine *f*, Kopfdrehmaschine *f*
chucking Einspannen *n*
chucking head Einspannkopf *m* *{z.B. für Probekörper}*
chucking of test specimen Probeneinspannung *f*
chute Sammelbehälter *m*
cinder notch Schlacken[ab]stichloch *n*, Schlackenform *f*
cinder spout Schlackenrinne *f*
cipher 1. Chiffre *f*, Kennzahl *f*, Code *m*; 2. Schlüssel *m*, Dechiffrierschlüssel *m*; 3. Zahlzeichen *n*
circle Kreis *m*, Ronde *f*
circlip Nutring *m*, Sprengring *m*
circuit 1. Schaltung *f*; 2. Stromkreis *f*; 3. Schaltkreis *m*; 4. Kreislauf *m*
circuit symbol Schaltzeichen *n*, Schaltsymbol *n*
circular kreisförmig, [kreis]rund; umlaufend, zirkulierend
circular bar kreisförmig gekrümmter Stab *m*
circular base Drehteil *n*
circular bending Rundbiegen *n*
circular blank Ronde *f*
circular broach Formwälzwerkzeug *n*, rundes Räumwerkzeug *n*
circular chuck Rund[spann]futter *n*
circular column Rundsäule *f*
circular cut Kreisschnitt *m*
circular dividing table Rundteiltisch *m*
circular flanging press Kümpelpresse *f*
circular form tool Rundformmeißel *m*, Scheibenmeißel *m*
circular gear master Lehrrad *n*

circular

circular gear shaping cutter Radwerkzeug *n*, Schneidrad *n*; Schabrad *n*
circular gear shaving cutter Schabrad *n*
circular-graduated scale Strichteilkreis *m*
circular grinding Rundschleifen *n*, Rundschliff *m*
circular indexing table Rundschalttisch *m*
circular land Rundschliffase *f*, Führungsfase *f* {Reibahle}
circular magazine Drehscheibenmagazin *n*
circular metal cutting saw Metallkreissäge *f*
circular milling Rundfräsen *n*
circular motion Kreisbewegung *f*
circular planing attachment Rundhobeleinrichtung *f*
circular plate Kreisplatte *f*
circular runner Ringkanal *m*
circular saw Kreissäge *f*
circular shaping attachment Rundhobeleinrichtung *f*
circular shaping cutter Radwerkzeug *n*, Schneidrad *n*
circular sheet Ronde *f*
circular slotting Rundstoßen *n*
circular spacing Rundteilen *n*
circular swivel table Rund[schwenk]tisch *m*
circular syphon Trompetenrohr *n*
circular table Rundtisch *m*, Rundsupport *m*
circular thickness Zahndicke *f* {Kreissehne}
circular thickness chord Zahndickensehne *f*
circularly ground land Rundschliffase *f*
circulating umlaufend; Umlauf-
circulating pump Umwälzpumpe *f*, Kreislaufpumpe *f*
circulation pump Umwälzpumpe *f*, Kreislaufpumpe *f*
circulator Zirkulator *m*
circumference Umfang *m*
circumference pitch Umfangsteilung *f*
circumferential speed Umfangsgeschwindigkeit *f*
circumferential stress Spannung *f* auf dem Umfang {eines Bauteils}; Tangentialspannung *f*
cire-perdue process Wachsausschmelzverfahren *n*, Lost-Wax-Prozeß *m*
cistern Hafen *m*, Wanne *f*
clack valve Klappenventil *n*, Klappe *f*
clad plattiert
cladding 1. Verkleidung *f*, Beschichtung *f*; 2. Plattierung *f*, Plattierschicht *f*
clam nut Schloßmutter *f*
clam shell marks Rastlinien *fpl* {Dauerbruch}
clamp/to [ein]klemmen, festklemmen, [ein]spannen, aufspannen; schließen, zuhalten {Form}
clamp 1. Klammer *f*, Klemme *f*; Haltevorrichtung *f*, Spanneinrichtung *f*, Spanneisen *n*; Ziehzange *f*; 2. Feld[brenn]ofen *m*
clamp bearing Klemmlager *n*
clamp bed Rundführung *f* {Fräsmaschine}
clamp collar Spannschelle *f*
clamp dog Spannkloben *m*

clamp force s. clamping force
clamp lashing Klemmlasche f
clamp-on toolholder Klemmeißelhalter m
clamp ram Schließkolben m
clamp ring Ringbremse f
clamp sleeve Klemmhülse f
clamped insert Klemmeißel m, Klemmeinsatz m, Klemmplatte f
clamped tip Klemmeißel m, Klemmeinsatz m, Klemmplatte f
clamper Spanner m
clamping Aufspannen n, Einspannen n, Spannen n, Aufspannung f, Einspannung f
clamping accessories Spannzeuge npl, Aufspannwerkzeuge npl
clamping beam Unterwange f {Presse}
clamping between centers Spannen n zwischen Spitzen
clamping block Spanneisen n
clamping bolt Klemmbolzen m
clamping bush Spannbuchse f
clamping cylinder Spannzylinder m, Schließzylinder m, Werkzeugschließzylinder m, Formschließzylinder m
clamping cylinder ram Schließkolben m
clamping device Klemmvorrichtung f, Aufspannvorrichtung f, Spannzeug n, Verriegelungseinrichtung f
clamping die Spannbacke f, Faltenhalter m
clamping element Spannelement n, Schließglied n
clamping force Schließkraft f, Formschließkraft f, Zufahrkraft f, Formzufahrkraft f, Werkzeugschließkraft f, Zuhaltekraft f

clamping force build-up Schließkraftaufbau m
clamping force profile Schließkraftverlauf m
clamping frame Spannrahmen m
clamping horse Aufspannbock m
clamping jaw Klemmbacke f, Spannbacke f
clamping lever Festklemmhebel m
clamping mark Spannmarke f
clamping mechanism Spanneinrichtung f; Schließmechanismus m, Schließsystem n, Werkzeugschließsystem n
clamping member Spannteil n
clamping of turning tool Einspannen n des Drehmeißels
clamping piece Klemmstück n, Brücke f
clamping pin [Ein-]Spannzapfen m
clamping plate Spannbrücke f
clamping pressure Einspanndruck m, Spanndruck m, Schließdruck m
clamping ring Klemmring m, Spannring m
clamping screw Klemmschraube f, Feststellschraube f
clamping slot Spannschlitz m {Tisch}
clamping tool Spann[werk]zeug n
clamping unit Formschließaggregat n, Schließeinheit f, Werkzeugschließeinheit f, Schließhälfte f
clamping unit ram Schließkolben m
clapper Meißelhalterklappe f
clapper box Klappenträger m, Meißelklappenträger m
clasp nut Schloßmutter f

claw Greifer *m*, Klaue *f*; Kralle *f*
claw belt fastener Riemenkralle *f*
claw coupling Klauenkupplung *f*
claw wheel Klauenrad *n*
clay Ton *m*; Schlämmstoff *m* *{für Formen}*
clay-bonded tongebunden, mit keramischer Bindung *{Schleifscheibe}*
clay gun Stichlochstopfmaschine *f*
clay water Tonwasser *n*, Tonschlämme *f clean/to* säubern, reinigen
clean up/to schichthobeln
cleaning Putzen *n*
cleaning chamber Putzkabine *f*
cleaning hole Putzöffnung *f*, Putzloch *n*
cleaning needle Düsennadel *f*
cleaning room Putzerei *f*
cleaning table Putztisch *m*
clear/to 1. freigeben; entblocken; 2. löschen; 3. abschalten *{z. B. bei Fehler am Energiesystem}*; 4. hinterarbeiten, freiarbeiten, abheben *{Werkzeug}*
clear by grinding/to hinterschleifen
clear by milling/to hinterfräsen
clear by turning/to hinterdrehen
clear the chips/to ausspänen
clear the swarf/to ausspänen
clearance 1. lichte Weite *f*; 2. Spiel *n {Lager}*; 3. Freiwinkel *m {Werkzeugschneide}*; Kopfspiel *n {Zahnrad}*; Spalt *m {Turbine, Walze}*; Schneid[en]spalt *m {Schere}*; 4. Ziehspalt *m*, Schmierspaltbreite *f {Lager}*
clearance angle Freiwinkel *m*, Hinterwetzwinkel *m*
clearance face Freifläche *f*

clearance face wear land width Freiflächenverschleißmarkenbreite *f*
clearance plane Sicherheitsebene *f {numerische Steuerung}*
clearance space Ziehöffnung *f*, Spalt *m*
cleavage fracture Trenn[ungs]bruch *m*
cleavage load Spaltlast *f {Spaltversuch}*
cleavage test Spaltversuch *m {z.B. an Schichtpreßstofftafeln}*
click Klick *m*, Anschlag *m*
click noise Schaltgeräusch *n*
click spring Einrastfeder *f*,
climatic conditions klimatische Bedingungen *fpl*, Klimabedingungen *fpl*
climatic cycling test Klimawechselprüfung *f*
climatic factor Klimafaktor *m*
climatic test Klimaprüfung *f*
climb hobbing Gleichlaufwälzfräsen *n*
climb milling Gleichlauffräsen *n*
clip/to 1. beschneiden, begrenzen; abgraten; [ab]schneiden; ausschneiden; 2. anklemmen
clip 1. Klemme *f*, Klammer *f*, Schelle *f*; 2. Abgratschnitt *m*
clip nut Mutterschloß *n*
clock/to nach Zeittakt steuern, takten
clock 1. Uhr *f*; Taktgeber *m*, Taktgenerator *m*, Zeitgeber *m*; 2. Zeittakt *m*, Takt *m*
clock-actuated taktgesteuert, getaktet
clock-controlled taktgesteuert, getaktet
clock cycle Takt *m*, Taktzyklus *m*, Taktzeit *f*
clock operation Taktbetrieb *m*

clock signal Taktsignal *n*
clocked getaktet
clockwise rechtsdrehend, im Uhrzeigersinn, rechtsläufig
clockwise position [äußerste] rechte Stellung *f {bei einem drehbaren Einstellelement}*
clockwise revolution Drehung *f* im Uhrzeigersinn
clog/to verstopfen, zusetzen *{z.B. mechanisches Filter}*
close/to 1. schließen, verschließen, absperren; 2. einfahren; 3. schließen, stillegen *{z.B. Betrieb}*; 4. schließen *{z.b. Stromkreis}*
close agreement enge Übereinstimmung *f*
close annealing Kastenglühung *f*, Kistenglühung *f*
close quarter air drill druckluftbetätigte Eckenbohrmaschine *f*
close range Nahbereich *m*
close spacing kleinporiges (dichtes) Gefüge *n {Schleifscheibe}*
close standard forging tolerance Genauschmiedetoleranz *f*
close-tolerance assembly Montage *f* mit enger Toleranz
closed cell content porosity Anteil *m* geschlossener Poren
closed cycle geschlossener Zyklus *m*, geschlossener Kreislauf *m*; vollständiger Arbeitszyklus *m*
closed groove geschlossenes Kaliber *n*
closed-loop control Steuerung *f* mit Rückführung, Regelung *f*
closed-loop conveyor Endlosbandförderer *m*
closed-loop pressure control circuit Druckregelkreis *m*

closed-loop process control Prozeßregelung *f*
closed-loop process-controlled prozeßgeregelt
closed-open switch Ein-Aus-Schalter *m*
closed pass geschlossenes Kaliber *n*
closed path of action geschlossener Wirkungsweg *m*
closed pot geschlossener (gedeckter) Hafen *m*
closed-ring test specimen geschlossene Ringprobe *f*
closeness of winding Windungsbelag *m*
closer 1. Arbeitskontakt *m*, Schließer *m*, Schließkontakt *m*; 2. Spannkopf *m*, Reduzierhülse *f*
closing force Schließkraft *f {Druckguß}*
closing handle Schließgriff *m {Gewindeschneidkopf}*
closing speed Schließgeschwindigkeit *f*
closing the mo[u]ld Werkzeugschluß *m*
closing time Schließzeit *f*
cloth abrasive disk Schleifleinenscheibe *f*
cluster gears Schieberäderblock *m*, Schaltblock *m*
cluster mill Vielrollengerüst *n*, Vielrollenwalzwerk *n*
cluster plate Stirnplatte *f*, Spindellagerplatte *f {Bohrmaschine}*
cluster-type multidrill[ing machine] Mehrspindelbohrmaschine *f* mit Spindellagerplatte
clutch/to kuppeln, schalten, einrücken

clutch Kupplung *f*, Schaltkupplung *f*
clutch bearing Ausrücklager *n*
clutch cam Kupplungsnocken *m*
clutch cover Kupplungsdeckel *m*, Ausrückdeckel *m*
clutch disk Kupplungsscheibe *f*
clutch housing Kupplungsgehäuse *n*
clutch hub Kupplungsnabe *f*
CMM *s.* coordinate measuring machine
CMM table Koordinatenmeßmaschinentisch *m*
coal Kohle *f*
coal brush Kohlenbürste *f*
coarse grob; Grob-
coarse adjustment Grobeinstellung *f*
coarse-feed series Grobvorschubreihe *f*
coarse-grain annealing Grobkornglühen *n*
coarse grinding Grobschleifen *n*, Schruppschleifen *n*
coarse setting Grobeinstellung *f*
coast/to auslaufen, ausrollen, im Leerlauf fahren, weiterlaufen
coat/to überziehen, beschichten; schlichten
coat Überform *f*
coated beschichtet
coating Beschichtung *f*; Schlichte *f*
coaxial cable Koax[ial]kabel *n*
coaxial plug Koax[ial]steckverbindung *f*
coaxial switch Koax[ial]schalter *m*
cobalt Kobalt *n*, Cobalt *n*
cock Hahn *m*, Ventil *n*
cock with greasable plug schmierbarer Hahn *m*
cockles Kantenwelligkeit *f*

codability Codierbarkeit *f*
code 1. Code *m*; 2. Chiffrierschlüssel *m*; 3. Kennzahl *f*
code correction Codekorrektur *f*
coding Codierung *f*
coefficient Koeffizient *m*
coefficient of friction Reibungskoeffizient *m*
coefficient of losses Verlustkoeffizient *m*, Verlustzahl *f*
coefficient of thermal conductivity Wärmeleitzahl *f*
coextrusion blow mo[u]lding plant Coextrusionsblasanlage *f*
coextrusion die Mehrschicht[extrusions]düse *f*, Mehrschichtkopf *m*
coffee mill squeezer Luppenmühle *f* *{Puddelbetrieb}*
coffin annealing Kistenglühen *n*, Glühen *n* in Paketen
cog down/to herunterwalzen *{Blökke}*; vorblocken, vorschmieden, grobschmieden
cog 1.[eingesetzer] Zahn *m* *{eines Zahnrads}*; Knagge *f*, Nase *f*, Daumen *m*, Aufheber *m*; 2. Vorblock *m*, vorgewalzter Block *m*, Walzblock *m*
cog belt Zahnriemen *m*
cog V-belt Zahnkeilriemen *m*
cog vee belt Zahnkeilriemen *m*
cog wheel Zahnrad *n* *{Zähne aus Holz}*; Kammrad *n*, Kron[en]rad *n*
cogged belt drive Zahnriementrieb *m*
cogged-belt pulley Zahnriemenscheibe *f*
cogged bloom Bramme *f*
cogging-down roll Streckwalze *f*, Vorwalze *f*
cohesion Kohäsion *f*

coil Spule *f*, Wicklungselement *n*; Rolle *f*; Bund *m*
  coil cradle Abrollkorb *m*
  coil group Spulengruppe *f*
  coil pitch Spulenschritt *m*, Spulenweite *f* in Nutteilungen
  coil side Spulenseite *f*
  coil stock Fließgut *n*
coin/to kalibrieren
coincide/to koinzidieren, zusammenfallen [mit]
coincidence 1. Koinzidenz *f*, [zeitliche] Übereinstimmung *f*, Gleichzeitigkeit *f*; Deckung *f*; 2. Decklage *f* *{bei Getrieben}*
coining press Kaliberpresse *f*
coke charge Satzkoks *m*, Schmelzkoks *m*
coky centre Fadenlunker *m*
cold-bend/to kaltbiegen
  cold-blast/to kalt erblasen
  cold-cupt/to kalt[tief]ziehen
  cold-draw/to kaltziehen
  cold-press/to kaltgesenkpressen
  cold-reduce/to kaltvorblocken
  cold-size/to kaltschlagen
  cold-work/to kalt[um]formen
  cold-work harden/to kaltverfestigen
cold kalt; Kalt-
  cold-blast furnace Kaltwindofen *m*
  cold bonderizing Kaltbonderverfahren *n*
  cold-chamber process Kaltkammerverfahren *n*
  cold die [block] Kaltmatrize *f*
  cold-drawing tool Kaltziehmatrize *f*
  cold-drawn kaltgezogen
  cold header Kaltstauchmaschine *f*
  cold pilger rolling Kaltpilgern *n*
  cold resistance Kältebeständigkeit *f*, Kältefestigkeit *f*
  cold-resistant kältebeständig, kältefest
  cold runner Kalt[kanal]verteiler *m*
  cold runner feed system Kaltkanalangußsystem *n*
  cold runner mo[u]ld Kaltkanalwerkzeug *n*
  cold-short kaltbrüchig, kaltspröde
  cold shortness Kaltbrüchigkeit *f*, Kaltsprödigkeit *f*
  cold slug kalter Pfropfen *m*
  cold slug retainer Pfropfenhalterung *f*
  cold storage Kältelagerung *f*, Kühllagerung *f*
  cold storage behavio[u]r Kältelagerungsverhalten *n*
  cold test Kälteprüfung *f*
  cold water absorption Wasseraufnahme *f* [nach Lagerung] in kaltem Wasser
  cold welding Kalt[preß]schweißen *n*, Kaltschweißung *f*
  cold working Kalt[um]formung *f*; Rohgang *m* *{Hochofen}*
collar 1. Bund *m*; Basishalter *m* *{Magazin}*; 2. Manschette *f*; Hals *m*; Ring *m*, Reif *m*
  collar bearing Halslager *n*, Kamm[ring]lager *n*
  collar bolt Bundbolzen *m*
  collar bush Bundbuchse *f*
  collar end bearing Bundlager *n*
  collar flange Bundflansch *m*
  collar mark Randmarke *f*
  collar nut Achsmutter *f*, Bundmutter *f*
  collar screw Bundschraube *f*

collecting roller table Sammelrollgang *m*
collet 1. Klemmhülse *f*, Klemmring *m*, Schraubhülse *f*, Schneideisenkapsel *f*; Reduziereinsatz *m*; Aufnahme *f* *{Vorrichtung}*; 2. *s.* collet chuck
collet bar chuck Keilspannfutter *n*
collet capacity Werkstoffdurchlaß *m* [durch die Zange]
collet chuck Zangenspannfutter *n*, Spannzange *f*, Spannpatrone *f*
collet gripping Zangenspannung *f*, Patronenspannung *f*
collet opening cam Spannzangenöffnungskurve *f*
collet sleeve Kegelklemmhülse *f*
collimator Kollimator *m*
collision avoidance Kollisionsverhütung *f*
color fastness Farbbeständigkeit *f*, Farbechtheit *f*
color matching Farbvergleich *m*, Farbanpassung *f*
color measurement Farbmessung *f*
column Säule *f*; Gestell *n*, Ständer *m* *{der Werkzeugmaschine}*; Innensäule *f* *{Radialbohrmaschine}*
column-and-knee[-type] milling machine Konsolfräsmaschine *f*
column clamp Säulenklemmung *f*
column drilling machine Säulenbohrmaschine *f*
column footing (foundation) Säulenfundament *n*, Stützenfundament *n*, Einzelgründung *f*, Einzelfundament *n*
column guide[way] Säulenführung *f*
column of box section Kastenständer *m*

column sleeve Mantelrohr *n*, Außenrohr *n*, Schwenkmantel *m*
column-type drilling machine Säulenbohrmaschine *f*
combination Kombination *f*, Verbindung *f*; Verbindungsaufbau *m*
combination centre drill Zentrierbohrer *m*
combination tone Kombinationston *m*
combination tool Kombinationswerkzeug *m*; Gesamtschnitt *m*, Gesamtschneidwerkzeug *n* *{ein Preßwerkzeug}*
combination tool block Mehrfachwerkzeug *n*
combination tool plate holder Vielmeißelaufspannplatte *f*
combined converter kombinierter Umsetzer *m*
combined counterbore and reamer Senkreibahle *f*
combined drill and countersink Zentriersenker *m*, Senk-Bohr-Werkzeug *n*
combined drill and regular countersink Zentrierbohrer *m* ohne Schutzsenkung
combined milling and drilling machine Fräs- und Bohrmaschine *f*
combined sawing and filing machine kombinierte Säge- und Feilmaschine *f*
combined stress zusammengesetzte Beanspruchung *f*
coming into step Intrittfallen *n*
coming out of step Außertrittfallen *n*
commissioning test Leistungsfahrt *f*
common 1. gemeinsam, gleich; einheitlich; 2. gewöhnlich; 3. einfach;

4. an Masse liegend; 5. Masse *f*
{elektrisches Bezugspotential}
common slide valve Einzelschiebeventil *n*
communicate/to kommunizieren, in Verbindung treten, Verbindung unterhalten, Informationen austauschen
commutate/to 1. umpolen; 2. [periodisch] umschalten (weiterschalten)
commutating kommutierend
commutating pole Wendepol *m*
commutation Kommutation *f*; Kommutierung *f*, Stromwendung *f*
commutator Kommutator *m*, Stromwender *m*
commutator lug *s.* commutator riser
commutator pitch Kommutatorschritt *m*, Stromwenderschritt *m*
commutator riser Kommutatorfahne *f*, Stromwenderfahne *f*
commutator sleeve Kommutatorbuchse *f*, Stromwendernabe *f*
compact drive Kompaktgetriebe *n*
compaction Kompaktierung *f*, Verdichtung *f*
compactor part Gegenstück *n*, dazugehöriges Teil *n*
comparability Vergleichbarkeit *f* *{z.B. von Meßergebnissen}*
comparative measurement Vergleichsmessung *f*
comparative testing Vergleichsprüfung *f*
comparator Komparator *m*, Vergleichselement *n*
compare/to vergleichen, gegenüberstellen
comparison Vergleich *m*
comparison element Vergleichsglied *n*
comparison operation Vergleichsoperation *f*
compatible kompatibel, verträglich
compensate/to kompensieren, ausgleichen
compensated leadscrew Leitspindel *f* mit Ausgleichseinrichtung
compensated motor Motor *m* mit Kompensationswicklung, kompensierter Motor *m*
compensating device Ausgleichseinrichtung *f*, Korrektureinrichtung *f* *{Lehrenbohren}*
compensating for play Spielausgleich *m*
compensating lever Ausgleichhebel *m*
compensating tank Ausgleichbehälter *m*
compensating winding Kompensationswicklung *f*
compensator Ausgleichseinrichtung *f*, Kompensator *m*
competitive konkurrierend
complementary angle of the bevel lead angle Anschnittwinkel *m*
complementary angle of the chisel edge angle Querschneidewinkel *m*
complete degradation völliger (vollständiger) Abbau *m*
complete failure Totalausfall *m*
complete fracture vollständiger (durchgehender) Bruch *m*
complete working traverse voller Arbeitshub *m* *{z.B. eines Stellglieds}*
complex kompliziert; komplex, zusammengesetzt; vermascht
complex belt Mehrstoffriemen *m*
complex modulus of elasticity komplexer Elastizitätsmodul *m*

complexity 1. Kompliziertheit *f*; 2. Komplexität *f*; Vermaschungsgrad *m*
compliance 1. Auslenkwert *m*; 2. Federung *f*, Nachgiebigkeit *f*; Steifigkeit *f*; 3. Übereinstimmung *f*; Zustimmung *f*; 4. Kraftkompensation *f* *{z.B. beim Roboter}*
compliant robot system Roboter *m* mit Kraftkompensation
component 1. Bauteil *n*, Bauelement *n*, Bauglied *n*, Baustein *m*; Werkstück *n*; 2. Baueinheit *f*, Einheit *f*; 3. Komponente *f*; 4. Regelkreisglied *n*
component change Bauteilwechsel *m*
component dependability *s*. component reliability
component diagram Baugliedplan *m*
component drawing Werkstückzeichnung *f*, Teilzeichnung *f*
component family formation Gruppenbildung *f*, Klassifizierung *f* für Gruppenbearbeitung
component layout Bauteilanordnung *f*
component limits Werkstückgrenzmaße *npl*, Werkstücktoleranz *f*
component list Bauteilliste *f*, Baugruppenliste *f*
component of displacement Verschiebungskomponente *f*, Verrükkungskomponente *f*
component of finite strain Komponente *f* der endlichen Formänderung
component of small strain Komponente *f* der infinitesimalen Formänderung
component of stress Spannungskomponente *f*, Spannungsgröße *f*, Komponente *f* eines räumlichen Spannungszustandes
component part Bauteil *n*, Bauelement *n*; Maschinenteil *n*, Einzelteil *n*
component reliability Betriebssicherheit *f* des Bauelements
composite kombiniert, zusammengesetzt
composite bearing Verbundlager *n*
composite plastic film Kunststoffverbundfolie *f*
composition Zusammensetzung *f*; Gattierung *f*
composition of a system Aufbau *m* eines Systems
compound 1. kombiniert; Verbund-; 2. Verbindung *f* *{Chemie}*; 3. Vergußmasse *f*
compound casting Verbundguß *m*
compound excitation Verbunderregung *f*, Doppelschlußerregung *f*
compound-filled ausgegossen, vergossen
compound indexing Verbundteilen *n*
compound rest Kreuzschieber *m*, Kreuzsupport *m*, Oberschlitten *m* *{Drehmaschine}*; Kreuzschlitten *m* *{Bohrwerk}*
compound slide rest *s*. compound rest
compound table Kreuztisch *m*
compound tool Verbundwerkzeug *n*
compound train doppelte Wechselräderübersetzung *f*
compress/to komprimieren, zusammendrücken, verdichten
compressed air 1. Druckluft *f*, Preßluft *f*; 2. Versorgungsluft *f*, Hilfsluft *f*

compressed air-and-vacuum conveyor Druck- und Saugluftförderer *m*
compressed-air chucking (clamping) Druckluftspannung *f*
compressed air container Druckluftbehälter *m*
compressed-air drive Druckluftantrieb *m*
compressed-air fitting Druckluftarmatur *f*
compressed-air line Versorgungsluftleitung *f*
compressed-air-operated druckluftbetätigt, mit Versorgungsluft betrieben
compressed air pipe Druckluftleitung *f*
compressed-air pressure Versorgungsluftdruck *m*
compressed-air supply Druckluftversorgung *f*, Versorgung *f* mit Druckluft
compressed spring Feder *f* mit Vorspannung
compression 1. Druck-; 2. Kompression *f*, Verdichtung *f*, Stauchung *f*; Dynamikkompression *f*, Dynamikpressung *f*
compression clamp Federspanneisen *n*
compression joint Klemmverbindung *f*
compression load Druckbeanspruchung *f*
compression measurement Druckkraftmessung *f*
compression-mo[u]lded specimen urgeformter Probekörper *m*
compression mo[u]lding Formpressen *n*
compression punch Eindruckstempel *m* {*Eindrückversuch*}
compression-relaxation cycle Druck-Entlastungs-Zyklus *m*
compression space Raum *m* für die Druckprüfung {*in Prüfmaschinen*}
compression specimen Druckprobe *f* {*ein Prüfkörper*}
compression test[ing] Druckversuch *m*, Stauchversuch *m*; Eindrückversuch *m*, Eindrückprüfung *f* {*zur Bestimmung der Härtezahl*}
compression test[ing] machine Druck[festigkeits]prüfmaschine *f*
compressive force Druckkraft *f*
compressive properties Druckbeanspruchungseigenschaften *fpl*, Eigenschaften *fpl* bei Druckbeanspruchung
compressive strength Druckfestigkeit *f*
compressive stress Druckspannung *f*
compressive yield point Quetschgrenze *f*
compressor 1. Kompressor *m*, Verdichter *m*; Dynamikpresser *m*, Presser *m*; 2. Versorgungslufterzeuger *m*
compressor-expander Dynamikkompressions- und -expansionsgerät *n*
compulsory checking zwangsläufig wirkende Überwachung *f*
computability Berechenbarkeit *f*
computational vision maschinelle Bilderkennung *f*, Bilderkennung *f* mit Computer
computed berechnet
computed-path control Steuerung *f* nach vorausberechnetem Weg {*Robotersteuerung*}

computer Computer *m*, Rechenautomat *m*, [automatische] Rechenmaschine *f*, [automatischer] Rechner *m*, Rechenanlage *f*, Datenverarbeitungsanlage *f*
computer-aided computergestützt, rechnergestützt, rechnerunterstützt
computer-aided design computergestützter (rechnergestützter) Entwurf *m*, CAD
computer-aided design system computergestütztes (rechnergestütztes) Entwurfssystem *n*
computer-aided engineering computergestützte (rechnergestützte) Ingenieurtätigkeit *f*, CAE
computer-aided manufacturing computergestützte (rechnergestützte) Fertigung *f*, CAM
computer-aided optical system computergestütztes optisches Testsystem *n*
computer-aided planning computerunterstützte Planung *f*
computer-aided stockroom inventory control computergestützte Lagerhaltung *f*
computer application Computeranwendung *f*; Computereinsatzfall *m*, Einsatzfall *m* für Computer
computer-assisted computergestützt, rechnergestützt, rechnerunterstützt
computer-automated test system computerautomatisiertes Prüfsystem *n*
computer control system computergestütztes Steuerungssystem *n*
computer-controlled computergesteuert, computergeführt; *s.a.* computer-aided, computerized

computer-controlled warehousing computergesteuerte Lagerhaltung *f*
computer-dependent computerabhängig
computer diagnosis Computerdiagnose *f*, Automatendiagnose *f*
computer engineer Ingenieur *m* für Computertechnologie
computer generation Computergeneration *f*
computer-independent computerunabhängig
computer linguistics Computerlinguistik *f*, linguistische Datenverarbeitung *f*, LDV
computer malfunction Computerausfall *m*
computer network Computernetz *n*, Computerverbund *m*
computer network architecture Computernetzarchitektur *f*
computer numerical control rechnergeführte numerische Steuerung *f*, CNC
computer optimization Computeroptimierung *f*, Optimierung *f* durch Computer
computer-oriented computerbezogen, computerorientiert
computer-readable maschinell lesbar, maschinenlesbar
computer room Computerraum *m*
computer system Computersystem *n*
computer time Computerzeit *f*, Maschinenzeit *f*
computer usage Computernutzung *f*
computerized computergestützt, computerorientiert

computerized numerical control computergestützte [frei programmierbare] numerische Steuerung *f*, Steuerung *f* mit Numerikcomputer, CNC *{NC mit Off-line-Informationsverarbeitung}*, numerische Werkzeugmaschinensteuerung *f* durch Computer
computerized robot computergestützter Roboter *m*
computing automaton Computer *m*, Rechenautomat *m*, Rechner *m*
computing machine Computer *m*, Rechenautomat *m*, Rechner *m*
computing network Rechenschaltung *f*
concatenated control verkettete (kaskadengeschaltete) Steuerung *f*
concatenation Verkettung *f*
concave konkav, hohl; gewölbt; verkehrt bombiert *{z.B. Walze}*
concave cutter for milling half circles konkaver Halbkreisformfräser *m*
concave grinding Hohlschleifen *n*, Hohlschliff *m*
concave roll hyperbolisches Richtorgan *n*, konkave Rolle *f*
concave rounding Ausrundung *f*
concentrate Konzentrat *n*; Aufbereitungsgut *n*, angereichertes (aufbereitetes) Gut *n* *{z.B. Erzkonzentrat}*
concentrated control konzentrierte Steuerung *f*
concentrated load Punktlast *f*, Einzellast *f*
concentrated winding konzentrierte Wicklung *f*
concentration factor Formzahl *f*, Kerbziffer *f*

concentric chuck Universal[spann]futter *n*
concentric running [genauer] Rundlauf *m*
concertina cover [zieh]harmonikaähnliche Abdeckung *f* *{Gleitbahn}*
concurrent operating control Parallelbetriebssteuerung *f*
concurrent working konkurrente (gleichzeitige) Arbeitsweise *f*
condensate discharge and admission regulator Kondensatregler *m* für Ab- und Zulauf
condensate pump Kondensatpumpe *f*
condensed-water control equipment Kondensatkontrollgerät *n*
condensed-water discharger Kondensatableiter *m*
condenser pipe Kondensatorrohr *n*
condensing system Kondensationsanlage *f*
condition/to 1. konditionieren; vorbereiten, aufbereiten, in gewünschten Zustand bringen; 2. lagern *{unter bestimmten Bedingungen}*
condition 1. Bedingung *f*, Kriterium *n*; 2. Zustand *m*, Kondition *f*
condition for continuity of strain Kontinuitätsbedingung *f* für die Verformung
condition for stability Stabilitätskriterium *n*
condition monitoring Zustandsüberwachung *f*
conditional bedingt
conditional entropy bedingte Entropie *f*
conditional probability of failure bedingte (temporäre) Ausfallwahrscheinlichkeit *f*

conditioning

conditioning 1. Konditionierung *f* *{Anpassung an besondere Bedingungen}*; 2. Klimatisierung *f*; 3. Instandsetzungsarbeit *f*; 4. Behandlung *f* *{einer Probe}*
conditioning chamber Temperierkammer *f*, Wärmeschrank *m* *{zum Lagern von Proben}*
conditioning period Lagerdauer *f* *{Proben}*
conditioning temperature Lagertemperatur *f* *{Proben}*
conditions of compatibility Verträglichkeitsbedingungen *fpl*
conditions of test Prüfbedingungen *fpl*
conducting paint Leitlack *m* *{für elektrische Messungen}*
conducting period Brennzeit *f*, Durchlaßzeit *f*
conductive leitfähig, leitend
conductor element Leiterelement *n*
cone/to vorstauchen
cone 1. Kegel *m*, Konus *m*; Trichter *m*, Gichtglocke *f*; 2. Kegelscheibe *f*, Stufenscheibe *f*
cone bearing Kegellager *n*
cone belt Keilriemen *m*
cone clutch Kegelkupplung *f*
cone drive Stufenscheibenantrieb *m*
cone face milling cutter with inserted blades (teeth) Messerkopf *m* mit eingesetzten Schneidwerkzeugen
cone friction clutch Kegelreibungskupplung *f*
cone-head lathe Stufenscheibendrehmaschine *f*
cone indentation hardness Kegeldruckhärte *f*
cone operation Vorstaucharbeitsgang *m*

cone pulley Stufenscheibe *f*
cone pulley drive (transmission) Stufenscheibenantrieb *m*, Stufenscheibengetriebe *n*
cone punch Vorstauchstempel *m*
cone-shaped entrance Einlaufkonus *m* *{am Ziehstein}*
cone tool Vorstauchwerkzeug *n*
cone upsetting Vorstauchen *n*
confidence interval Vertrauensbereich *m* *{eines Prüfverfahrens}*, Vertrauensintervall *n*, Konfidenzintervall *n*
confidence region Vertrauensbereich *m* *{eines Mittelwertes}*
configuration 1. Anordnung *f*, Konfiguration *f*; 2. Konstruktion *f*, Modell *n*, Bauform *f*, Ausführungs[art] *f*
conform/to übereinstimmen
conical key Konuskeil *m*
conical pin konischer Stift *m*
coning punch Vorstauchstempel *m*
conjugate konjugiert, korrespondierend; formschlüssig
connect/to verbinden, anschließen; schließen
connecting cable Verbindungskabel *n*
connecting cover Anschlußdeckel *m*
connecting flange Verbindungsflansch *m*, Anschlußflansch *m*
connecting pipe Verbindungsrohr *n*
connecting rod Pleuelstange *f*, Pleuel *m*
connecting shaft Verbindungswelle *f*
connecting sleeve Verbindungsmuffe *f*, Verbindungshülse *f*, Anschlußhülse *f*

connecting terminal Anschluß-klemme *f*
connecting tube Anschluß-schlauch *m*; Verbindungsrohr *n*
connection 1. Anschluß *m*; Kopplung *f*, Verbindung *f*; 2. Schaltung *f*, Kupplung *f*
connection diagram Anschlußplan *m*, Anschlußschaltbild *n*
connection voltage Anschlußspannung *f*
connector 1. Steckvorrichtung *f*, Stecker *m*; 2. Steckverbinder *m*, Verbinder *m*; Verbindungsklemme *f*, Verbindungsteil *n*
console Konsole *f {Ein-Ausgabe-Einheit}*; Schaltpult *n*, Steuerpult *n*, Bedien[ungs]pult *n*, Steuerschrank *m*
console control panel Steuerpultschalttafel *f*
console desk Steuerpult *n*, Pult *n*
console operator Konsolenbediener *m*
consolette Kleinkonsole *f*, kleine Konsole *f*
consolidation Verfestigung *f*, Verdichtung *f*
constant 1. konstant, unveränderlich, gleichbleibend, beständig; 2. Konstante *f*; 3. Gerätekonstante *f {Meßgerät}*
constant-amplitude recording Aufzeichnung *f* mit konstanter Amplitude
constant angular velocity konstante Winkelgeschwindigkeit *f*
constant atmosphere Konstantklima *n*
constant-current transformer Konstantstromtransformator *m*

constant load konstante Belastung *f*
constant loss konstanter Verlust *m*
constant pressure supply Konstantdruckversorgung *f*
constant radius test specimen Probe *f* mit konstantem Radius
constant-speed motor Motor *m* mit konstanter Drehzahl
constant stress konstante Spannung *f*
constant temperature konstante Temperatur *f*
constant time lag konstante Zeitverzögerung *f*
constituent unit Gerät *n {als Teil einer Einrichtung}*; Bestandteil *m {einer Anlage}*
construct/to konstruieren; bauen
constructional characteristic Konstruktionsmerkmal *n*
constructional feature Konstruktionsmerkmal *n*
constructional subassembly Baugruppe *f*
constructional type Bauart *f*
constructional unit Baueinheit *f*, Baustein *m*
constructive konstruktiv; Bau-
consumption Verbrauch *m*
contact Kontakt *m*, Berührung *f*
contact area Anlagefläche *f*
contact control Kontaktsteuerung *f*, Schaltsteuerung *f*
contact disk Kontaktscheibe *f*
contact element Kontaktstück *n*
contact force Berührungskraft *f*
contact measuring plug Kontaktmeßdorn *m*, Berührungsmeßdorn *m*
contact piece Kontaktstück *n*

contact pressure Anpreßdruck *m*, Wälzpressung *f*
contact ring Kontaktring *m*
contact roll Kontaktwalze *f*
contact roller Führungsrolle *f*
contact sensor Berührungsfühler *m*, berührender Fühler (Sensor) *m*
contact surface Berührungsfläche *f*, Kontaktfläche *f*
contact tongue Kontaktzunge *f*
contactless berührungslos, berührungsfrei
contactor Schaltschütz *n*, Schütz *n*, Kontaktgeber *m*; Impulsgeber *m*; Fernschalter *m*
container Behälter *m*, Container *m*; Aufnehmer *m*
container bore Aufnahmebuchsenbohrung *f*
container liner Aufnahmebuchse *f*
container pump Behälterpumpe *f*, Faßpumpe *f*
containment Kapselung *f*
contamination Verunreinigung *f*, Kontamination *f*
continuity 1. Kontinuität *f*, kontinuierlicher Zusammenhang *m*; 2. Durchgang *m* {*Leitung*}
continuous kontinuierlich, stetig, ununterbrochen, dauernd; durchgehend, durchlaufend; stufenlos
continuous annealing Durchlaufglühung *f*
continuous-annealing furnace Durchlaufglühofen *m*
continuous-chip langspanend
continuous chip Fließspan *m*
continuous chip with built-up edge Scherspan *m*
continuous contour control system Bahnsteuerung *f*

continuous conveyor for bulk (lumpy) material Stetigförderer *m* für Schüttgut
continuous core oven Durchlaufkerntrockenofen *m*
continuous curly chip Lockenspan *m*, Wendelspan *m*
continuous discharge heating furnace Durchstoßofen *m*
continuous dosing installation kontinuierliche Dosieranlage *f*
continuous double helical teeth echte Pfeilverzahnung *f*
continuous drawing Mehrfachzug *m*
continuous duty Dauerbetrieb *m* {*mit gleichbleibender Belastung*}
continuous-like stetigähnlich
continuous loading konstante Belastung *f*
continuous maximum rating Dauerhöchstleistung *f*, maximale Dauerleistung *f*
continuous measurement Dauermessung *f*
continuous-motion header Stauchautomat *m* mit geteilter Matrize und Backenabschnitt
continuous operation Dauerbetrieb *m*, kontinuierlicher (ununterbrochener) Betrieb *m*
continuous overload Dauerüberlastung *f*
continuous-path control Stetigbahnsteuerung *f*, Bahnsteuerung *f*, Streckensteuerung *f*
continuous-path control system Bahnsteuerungssystem *n*, Stetigbahnsteuerungssystem *n*
continuous-path operation *s*. continuous-path control

continuous-path robot streckengesteuerter (bahngesteuerter) Roboter *m*, Stetigbahnroboter *m*
continuous process 1. stetiger Vorgang *m*; 2. Fließprozeß *m*
continuous pusher-type furnace Durchstoßofen *m*, Tunnelofen *m*
continuous rotary milling machine Rundschalttischfräsmaschine *f* für kontinuierliches Fräsen
continuous running Dauerbetrieb *m*
continuous sound Dauerton *m*
continuous test Dauerprüfung *f*
continuous-time signal zeitkontinuierliches (analoges) Signal *n*
continuous-time system zeitkontinuierliches (analoges) System *n*
continuous tone Dauerton *m*
continuous-value signal wertkontinuierliches (analoges) Signal *n*
continuous wave kontinuierlich abgestrahlte Welle *f* *{Ultraschallwerkstoffprüfung}*
continuous-wave mode Dauerstrichbetrieb *m*
continuously applied force konstant angreifende Kraft *f*
continuously applied stress konstant angreifende Spannung *f* *{mechanisch}*
continuously running duty Dauerbetrieb *m* [mit veränderlicher Belastung]
continuously running duty with intermittent loading Dauerbetrieb (durchlaufender Betrieb) *m* mit aussetzender Belastung
continuously variable stufenlos veränderlich

continuously variable adjustment stetig veränderliche Einstellung *f*
contour/to profilieren, zweidimensional nachformen, unrund kopieren
contour-machine/to im Umriß fräsen, mit Bahnsteuerung spanen
contour control Umrißnachformsteuerung *f*
contour facing Plannachformdrehen *n*
contour follower Nachformeinrichtung *f*
contour machining Formbearbeitung *f* *{numerische Steuerungstechnik}*
contour milling Umrißfräsen *n*
contour planing Umrißnachformhobeln *n*
contour shaping Kehlhobeln *n*
contour tracing Umrißnachformen *n*
contour turning Formdrehen *n*
contour-turning lathe Nachformdrehmaschine *f*
contoured cut Profilschnitt *m*
contouring Profilieren *n*, [zweidimensionales] Nachformen *n*, Unrundkopieren *n*
contouring attachment Nachformeinrichtung *f*
contouring control Nachformsteuerung *f*, Bahnsteuerung *f* *{numerische Steuerungstechnik}*
contouring lathe Nachformdrehmaschine *f*
contouring numerical control numerische Nachformsteuerung (Bahnsteuerung) *f*
contouring operation Formoperation *f* *{numerische Steuerungstechnik}*

contouring system Bahnsteuerungssystem *n* *{numerische Steuerungstechnik}*
contouring tool Form[dreh]meißel *m*
contraction 1. Einschnürung *f*, Bruchquerschnittsverminderung *f*; 2. Volumenminderung *f*, Kontraktion *f*, Schwindung *f*
contraction cavity Lunker *m*
contraction rule Schwindmaßstab *m*
contractors machinery Baumaschinen *fpl*
control/to 1. steuern; regeln, regulieren, ausgleichen; im Griff halten; lenken, leiten, ansteuern; schalten, betätigen, bedienen, einstellen, verstellen; einhalten *{Sollwert}*; 2. im Griff behalten; geringhalten; einschränken *{z.B. Störungen}*; 3. bekämpfen
control an error/to einen Fehler unterdrücken
control 1. Steuerung *f*; Regelung *f*; 2. Kontrolle *f*, Überwachung *f*; [automatische] Einhaltung *f*; 3. Betätigung *f*, Bedienung *f*; 4. Bedien[ungs]element *n*, Bedienteil *n*; Betätigungseinrichtung *f*
control accuracy 1. Steuer[ungs]genauigkeit *f*; 2. Regel[ungs]genauigkeit *f*, Regelgüte *f*
control action 1. Steuer[ungs]vorgang *m*; 2. Regel[ungs]vorgang *m*; 3. Schaltmaßnahme *f*; 4. Regelverhalten *n*
control air pressure Steuer[luft]druck *m*; [pneumatischer] Stelldruck *m*

control assembly Steueraggregat *n*; Regeleinrichtung *f*, Regelanlage *f*
control button Steuerknopf *m*, Schaltdrucktaste *f*; Betätigungsknopf *m*
control cabinet Schaltschrank *m*
control cam Steuerkurve *f*
control center Steuerzentrale *f*, Steuerwarte *f*; Regelwarte *f*; Meßwarte *f*
control chain Steuerkette *f*
control characteristic 1. Steuerkennlinie *f*, Steuercharakteristik *f*; 2. Regelkennlinie *f*, Regelcharakteristik *f*
control circuit Steuerschaltung *f*; Steuer[strom]kreis *m*; Regelkreis *m*; Wirkungsfluß *m* *{Weg der regelungstechnisch wirksamen Signale}*
control code Steuercode *m*
control computer Steuercomputer *m*; Prozeßcomputer *m*
control console Bedien[ungs]konsole *f*, Bedienungspult *n*, Steuerpult *n*, Schaltpult *n*
control current Steuerstrom *m*
control curve Steuerkurve *f*
control cycle Zwischenzyklus *m*, Umsteuerzyklus *m*, Zwischengang *m*
control cylinder Steuerzylinder *m*, Schaltzylinder *m*
control data Steuerdaten *pl*
control desk *s.* control console
control device Steuergerät *n*, Leitgerät *n*; Regelgerät *n*
control diagram Steuerungsdiagramm *n*
control disturbance Störgröße *f* *{Regelung}*
control electrode Steuerelektrode *f*

control element Stellglied *n*
control enclosure Schaltschrank *m*
control engineering Leittechnik *f*; Steuerungstechnik *f*; Regelungstechnik *f*
control equipment Leiteinrichtung *f*; Steuereinrichtung *f*; Steuerungsanlage *f*; Stelleinrichtung *f*; Regeleinrichtung *f*; Regelanlage *f*
control flow Steuerungsablauf *m*
control force Betätigungskraft *f* *{für ein Stellglied}*
control gear Schaltanlage *f*
control grid Steuergitter *n*
control handle Schaltgriff *m*
control handwheel Bedienungshandrad *n*
control head Schaltkopf *m*
control house Steuerwarte *f*
control housing Schaltgehäuse *n*
control instruction Steueranweisung *f*; Steuerinstruktion *f*, Steuerbefehl *m*; Regelinstruktion *f*, Regelbefehl *m*
control instrument Steuerinstrument *n*, Steuergerät *n*; Regelinstrument *n*, Regelgerät *n*
control intervention Steuereingriff *m*
control job *s.* control task
control key Steuertaste *f*, Bedienungstaste *f*
control keyboard Steuertastatur *f*
control knob Bedienungsknopf *m*, Betätigungsknopf *m*
control lamp Kontrollampe *f*
control lever Steuerhebel *m*, Stellhebel *m*, Betätigungshebel *m*, Schalthebel *m*, Steuerknüppel *m*
control magnet Steuermagnet *m*, Stellmagnet *m*, Richtmagnet *m*

control mechanism Betätigungsmechanismus *m*, Stellmechanismus *m*
control module 1. Steuermodul *m*, Steuerbaustein *m*; 2. Leitwerkbaustein *m* *{Computer}*
control motor Stellmotor *m*, Stellantrieb *m*
control move Stellbewegung *f* *{Stellglied}*
control nut Schaltmutter *f*
control of errors Fehlerunterdrückung *f*, Unterdrückung *f* von Fehlern
control of speed Drehzahlregelung *f*
control offset Regelabweichung *f*
control oil Hydrauliköl *n*, [hydraulische] Stellflüssigkeit *f*
control operation Steuerungsoperation *f*, Stellvorgang *m*
control order *s.* control instruction
control panel Steuertafel *f*, Schalttafel *f*, Bedien[ungs]tafel *f*, Bedienungsfeld *n*, Bedienungspaneel *n*, Bedientableau *n*
control part of program Steuerteil *n* des Programms *{bestimmt den Steuerungsablauf}*
control path Steuerpfad *m*, Wirkungsweg *m*, Signalflußweg *m*
control pendant Hängeschalttafel *f*
control piston Steuerkolben *m*
control plate Steuerplatte *f*
control pulse Steuerimpuls *m*, Stellimpuls *m*
control range Leitbereich *m*; Steuerbereich *m*, Stellbereich *m*; Regelbereich *m*
control register 1. Instruktionsfolgeregister *n*, Befehls[folge]register *n*, Befehlszähler *m*; 2. Steuerregister *n*, Instruktionsregister *n*

controllable 64

control rod Betätigungsstange *f*
control room Leitwarte *f*; Steuerwarte *f*, Schaltwarte *f*; Regelwarte *f*, Warte *f*; 3. Meßwarte *f*
control setting 1. Einstellwert *m*, Sollwert *m*, Führungsgröße *f*; 2. Sollwerteinstellung *f*
control shaft Schaltwelle *f*
control signal Steuersignal *n*, Stellsignal *n*
control station Überwachungsstation *f* *{Fertigungsstraße}*
control synchro Steuerdrehmelder *m*, Drehmelder *m* für Steuerzwecke
control system Steuer[ungs]system *n*, Steueranlage *f*
control task Steuer[ungs]aufgabe *f*; Regel[ungs]aufgabe *f*
control station Überwachungsstation *f* *{Fertigungsstraße}*
control synchro Steuerdrehmelderm, Drehmelder *m* für Steuerzwecke
control system Steuer[ungs]system *n*, Steueranlage *f*
control task Steuer[ungs]aufgabe *f*; Regel[ungs]aufgabe *f*
control test Überwachungsprüfung *f*, Kontrollprüfung *f*, Gegenversuch *m*
control timer Programmgeber *m*, Zeitplangeber *m*
control transfer switch Hand-Automatik-Umschalter *m*
control unit Steuergerät *n*, Steuereinheit *f*; Regelungsgerät *n*, Regelungseinheit *f*, Regler *m*, Stellarmatur *f*; Steuerwerk *n*, Leitwerk *n*, Leiteinheit *f* *{Computer}*; Bedienungsgerät *n*

control valve Stellventil *n*;
control vector zulässiger Steuervektor *m*
control voltage Steuerspannung *f*
control wheel Regelscheibe *f* *{Spitzenlosschleifen}*; Steuerrad *n*
control-wheel headstock Regelspindelstock *m*
control-wheel truing attachment Regelscheibenabrichtung *f*
control winding Steuerwicklung *f*
control wire Betätigungsseil *n*
control worm Schaltschnecke *f*
controllable axis steuerbare Achse *f*
controlled by cams nockengesteuert
controlled device gesteuertes Gerät *n*, Stelleinrichtung *f*
controlled machine tool gesteuerte Werkzeugmaschine *f*
controlled object Steuerungsobjekt *n*
controlled-path roboter weggesteuerter Roboter *m* *{Weg, Geschwindigkeit und Beschleunigung sind vom Computer gesteuert}*
controlled-speed motor Motor *m* mit Drehzahlregelung
controlled through a single lever mit Einhebelsteuerung
controller 1. Leitgerät *n*; Steuergerät *n*, Steuereinrichtung *f*; Steuerschaltung *f*, Steuereinheit *f*, Steuerer *m*; Regelgerät *n*, Regler *m*; 2. Programmschalter *m*; Programmfahrschalter *m*, Controller *m*; Walzenschalter *m*, Walzenanlasser; 3. Füllstandsregler *m*, Niveauregler *m*, Stand[höhen]regler *m*, Pegelregler *m*; 4. Grenzwertregler *m*; 5. Netzregler *m*; 6. Begrenzungsregler *m*

controller failure Reglerausfall *m*, Ausfall *m* des Reglers
controller logic Ansteuerlogik *f*
controller module Reglerbaustein *m*
controller program Steuerungsprogramm *n*
controlling Steuern *n*; Regeln *n*
controlling apparatus Steuereinrichtung *f*; Regeleinrichtung *f*
controlling cam Steuerkurve *f*
controlling computer Steuercomputer *m* {*numerische Steuerung*}
controlling device 1. Stelleinrichtung *f*; 2. Betätigungseinrichtung *f*; 3. Steuergerät *n*; Regelgerät *n*, Regler *m*
controlling element 1. Stellglied *n*, Verstellelement *n*; 2. Regelorgan *n*, Steuerelement *n*, Steuerorgan *n*, Steuerglied *n* {*eines Reglers*}
controlling error Regelabweichung *f*
controlling lever Stellhebel *m*
controlling means Steuereinrichtung *f*; Regeleinrichtung *f*
controlling program Steuerprogramm *n* {*Programmsteuerung*}
controlling punched tape Steuerlochstreifen *m*, Steuer[loch]band *n*
controlling tape *s.* controlling punched tape
convenience Zweckmäßigkeit *f*; Angemessenheit *f*, Bequemlichkeit *f*
conventional cut Gegenlauf-[fräs]schnitt *m*
conventional hobbing Wälzfräsen *n* im Gegenlauf
conventional milling Gegenlauffräsen *n*

convert/to 1. umwandeln, umsetzen, konvertieren; 2. windfrischen, [im Konverter] verblasen
converter 1. Konverter *m*, Umformer *m*, Umsetzer *m* {*enthält mindestens ein digitales Glied*}; 2. Frischbirne *f*
converter belly Konverterbauch *m*
converter blast box Konverterwindkasten *m*
converter charge Konvertereinsatz *m*
converter lining Konverterzustellung *f*, Konverterauskleidung *f*, Konverterfutter *n*
converter process Windfrischverfahren *n*, Konverter[frisch]verfahren *n*
converter refining Windfrischen *n*, Verblasen *n* im Konverter, Bessemern *n*
converting *s.* converter refining
convex konvex, ballig, [nach oben] gewölbt
convex grinding Balligschliff *m*
convex milling cutter nach außen gewölbter Halbkreisfräser *m*
convex roll konvexe Rolle *f*
convex rounding Abrundung *f*
convex turning attachment Balligdreheinrichtung *f*
convexity Balligkeit *f*, Bauchung *f*, Ausbauchung *f*
convey/to fördern, zuführen, zubringen, übertragen, weiterbewegen
conveyance Zubringung *f*
conveying Fördern *n*
conveying capacity Förderkapazität *f*
conveying screw Förderschnecke *f*

conveyor Fördereinrichtung *f*, Förderer *m*, Zubringer *m*
conveyor and travelling belt of polyester Transport- und Fließband *n* aus Polyester
conveyor belt Förderband *n*
conveyor plant Förderanlage *f*
conveyorization lose Verkettung *f*
convolutional code Faltungscode *m*
cool/to [ab]kühlen
coolant Hilfsstoff *m*, Schneidflüssigkeit *f*, Arbeitsflüssigkeit *f*; Kühlschmiermittel *n*
cooling Kühlung *f*
cooling bath Kühlbad *n*, Kühlbadflüssigkeit *f*
cooling bath temperature Kühlbadtemperatur *f*
cooling bed Kühlbett *n*
cooling channel Kühlkanal *m*
cooling crack Schrumpfriß *m*, Kälteriß *m*
cooling duct Kühlschlitz *m*
cooling element Kühlelement *n*
cooling phase Abkühlphase *f*
cooling pin Kühlstift *m*
cooling plant Kühlanlage *f*; Klimaanlage *f*
cooling section Kühlkanal *m*
cooling system Kühlanlage *f*
cooling time Kühlzeit *f*, Abkühlzeit *f*, Abkühldauer *f*; Erstarrungszeit *f*, Erstarrungsdauer *f*
cooling tower fan Kühlturmventilator *m*
cooling tube Kühlrohr *n*
cooling water pump Kühlwasserpumpe *f*
coordinate Koordinate *f*, [mathematische] Achse *f*

coordinate boring (drilling) Koordinaten[auf]bohren *n*
coordinate measuring machine Koordinatenmeßmaschine *f*, numerisch gesteuerte Meßmaschine *f*
coordinate positioning system *s.* point-to-point control system
coordinate setting operation Punktsteuerungsoperation *f*
coordinate switch Koordinatenschalter *m*
coordinate system Koordinatensystem, Koordinatenkreuz *n*, Achsenkreuz *n*
coordinated axis control Endpunktsteuerung *f* {*eine Robotersteuerung, bei der dessen Achsen gleichzeitig ihre Endlagen erreichen*}; *s.a.* endpoint control
coordination Koordination *f*
coordination control Koordinationssteuerung *f*
coordination level Koordinierungsebene *f* {*Mehrebenensystem*}
coordination problem Koordinationsproblem *n*, Zuordnungsproblem *n*, Ernennungsproblem *n*
cope Oberkasten *m*, Modelloberteil *n*
copier Nachformmaschine *f*, Kopiermaschine *f*
copper converter Kupfer[stein]konverter *m*
copper converting Kupfersteinverblasen *n*
copper gasket Kupferdichtung *f*
copper ring Kupferring *m*
copper sponge Kupferschwamm *m*
copper tube Kupferrohr *n*
copper wire Kupferdraht *m*
copy/to kopieren, nachformen
copy-face/to plankopieren

copy-machine/to kopierarbeiten, kopieren
copy-mill/to nachformfräsen, kopierfräsen
copy-nibble from templates/to nach Schablonen ausschneiden
copy-plane/to nachformhobeln
copy-turn/to nachformdrehen, kopierdrehen
copy 1. Kopie *f*, Nachbildung *f*; 2. Abdruck *m*; 3. Bezugsstück *n*, Musterstück *n*, Schablone *f*
copy cylindrical turning Langkopierdrehen *n*
copy milling machine Kopierfräsmaschine *f*, Nachformfräsmaschine *f*
copy-planing attachment Nachformhobeleinrichtung *f*
copy tracer Kopiertaststift *m*, Nachformtaststift *m*
copy turning attachment Kopierdreheinrichtung *f*, Nachformdreheinrichtung *f*
copying accuracy Kopiergenauigkeit *f*, Nachformgenauigkeit *f*, Genauigkeit *f* beim Kopieren (Nachformen)
copying attachment Kopiereinrichtung *f*, Nachformeinrichtung *f*
copying carriage Kopiersupport *m*, Nachformsupport *m*
copying control Nachformsteuerung *f*, Kopiersteuerung *f*
copying device Kopiereinrichtung *f*
copying lathe Kopierdrehmaschine *f*, Nachformdrehmaschine *f*
copying lathe tool Kopierdrehmeißel *m*
copying master Kopierbezugsstück *n*, Nachformbezugsstück *n*
copying saddle (slide) Kopiersupport *m*, Kopierschlitten *m*, Nachformschlitten *m*
copying template Kopierschablone *f*, Nachformschablone *f*
copying tracer Kopiertaststift *m*
copying turning Kopierdrehen *n*
core/to mit Kern versehen *{Formen}*; Bohrungen vorgießen
core up/to Kerne einsetzen
core Kern *m*; Formkern *m*; Werkzeugkern *m*; Gießkern *m*, Gußkern *m*; Kernzone *f* *{Einsatzhärten}*
core baking Kerntrocknung *f*
core binder Kern[sand]binder *m*
core blower (blowing machine) Kernblasmaschine *f*
core board Kernbrett *n*, Kernschablone *f*
core box Kernkasten *m*
core casting Kernguß *m*
core drill Aufbohrer *m* für vorgegossene Löcher, Spiralsenker *m*, Senker *m*
core ejecting hammer Kernausstoßhammer *m*
core extrusion machine Kernstopfmaschine *f*
core frame (grid) Kernstahlgerippe *n*, Kernstütze *f*
core insert Kerneinsatz *m*
core iron Kerneisen *n*
core iron loss Kerneisenverlust *m*
core knockout Kernausdrücker *m*
core loss Eisenverlust *m*
core-making machine Kernformmaschine *f*
core mark Kernmarke *f*
core mixture Kernmasse *f*
core mo[u]lder Kernmacher *m*
core mo[u]lding Kernmacherei *f*, Kernformerei *f*, Kernherstellung *f*

core nail Kernnagel *m*
core of a section of a bar Querschnittskern *m* des Stabes
core of a shaft Wellenseele *f*
core oil Kernöl *n*
core pin Kernstift *m*, Bohrungsstift *m*, Bohrungskern *m*
core plate Kern[träger]platte *f*, Kernträger *m*, Stempelplatte *f*, schließseitige Formplatte; Trockenschale *f*
core print Kernmarke *f*
core puller Kernzug *m*, Kernzugvorrichtung *f*
core puller control [mechanism] Kernzugsteuerung *f*
core pulling Kernziehen *n*
core pulling mechanism Kernzugvorrichtung *f*, Kernzug *m*
core refining Kernrückfeinung *f*
core rotating device (mechanism) Kerndrehvorrichtung *f*
core sand Kernsand *m*
core shift Kernversatz *m*
core stove Kerntrockenkammer *f*, Kerntrockenofen *m*
core-type transformer Kerntransformator *m*
core unscrewing device (mechanism) Kernausschraubvorrichtung *f*
core vent Kerngaskanal *m*
core wall temperature Kernwandtemperatur *f*
corehole Kernloch *n*
coremaker Kernmacher *m*
coring Kernformen *n*, Kernmachen *n*, Vorgießen *n* von Bohrungen
corner Ecke *f*, Winkel *m*, Kante *f*
corner drilling machine Eckbohrmaschine *f*, Winkelbohrmaschine *f*
corner pulley Umlenkrolle *f*
corner rounding cutter Radiusfräser *m*
corner tool gebogener Schlichtmeißel *m*
cornering Eckenfräsen *n*, Radiusfräsen *n*
correct/to korrigieren; nacharbeiten
correcting device Ausgleichseinrichtung *f* {Lehrenbohren}
correcting displacement Stellweg *m*, Stellhub *m*, Hub *m* {z.B. beim Ventil}
correcting equipment Stelleinrichtung *f*
correcting path *s.* correcting displacement
correcting quantity 1. Stellgröße *f*; 2. Korrekturgröße *f*
correcting range Stellbereich *m*
correcting unit Stellgerät *n*, Stelleinrichtung *f*, Stellglied *n*
correcting variable Stellgröße *f*
correcting weight Ausgleichsmasse *f*, Nutenstein *m*
correction Korrektur *f*; Nacharbeiten *n*
correction bar Ausgleichlineal *n*
correction pulse Stellimpuls *m*
correction signal Korrektursignal *n*, Stellsignal *n*
correction time 1. Stellzeit *f*, Ausregelzeit *f*; 2. Korrekturzeit *f*
corrective action Korrekturmaßnahme *f*, Eingriff *m*
corridor dryer Kanaltrockner *m*, Gangtrockner *m*
corrugated curving rollers Wellblechrundbiegemaschine *f*
corrugated seal Welldichtung *f*
corrugated sheet Riffelblech *n*

corundum wheel Korundschleifkörper *m*
cost per component (piece) machined Stückkosten *pl*
cotter Querkeil *m*, Splint *m*
cotter driver Keiltreiber *m*
cotter key Querkeil *m*
cotter mill Langlochfräser *m*
cotter pin drill Splintlochbohrer *m*
cotter slot (way) Querkeilloch *n*
cottered joint Querkeilverbindung *f*, Splintverbindung *f*
cotton-tie mill Schmalbandwalzwerk *n*
count/to zählen
counter 1. gegenläufig; Gegen-; 2. Zähler *m*
counter bearing Gegenlager *n*
counter-controlled machine zählergesteuerte Maschine *f* {numerische Steuerung}
counter-die Patrize *f*
counter force Gegenkraft *f*
counter-nut Gegenmutter *f*
counter pressure Gegendruck *m*
counter punch Gegenstempel *m*
counter radiation measuring device Störstrahlmeßgerät *n*
counter ring Gegenring *m*
counterbalance Gegengewicht *n*, Gegenmasse *f*, Ausgleichsmasse *f*
counterbalance cylinder Ausgleichszylinder *m*
counterbore/to [zylindrisch] aussenken; aufbohren, ausbohren
counterbore 1. zylindrischer Senker *m*; 2. Zylindersenkung *f*, zylindrische Senkbohrung *f*, Aussenkung *f*
counterbore with guide (pilot) Zapfensenker *m*
counterbore with spiral flutes Spiralsenker *m*
counterboring Senkung *f*; Aufbohren *n*, Ausbohren *n*
counterflow Gegenstrom *m*, Gegenfluß *m*, Gegenlauf *m*
counterpoise Gegenmasse *f*, Gegengewicht *n*, Ausgleichsmasse *f*
countershaft Vorgelegewelle *f*
countersink/to senken, ansenken, kegelig aussenken
countersink Kegelsenker *m*, Spitz[en]senker *m*
countersinking Senken *n*
countersinking angle Senkwinkel *m*
countersinking cutter Spitzsenker *m*
countersinking work Senkarbeit *f*
countersunk [kegelig] gesenkt
countersunk rivet Senkniet *m*
countersunk screw Senkschraube *f*; Kegelkupplung *f*
counterweight Gegengewicht *n*, Ausgleichsgewicht *n*, Gegenmasse *f*
couple/to [an]koppeln
coupling 1. Kupplung *f*; 2. Kopplung *f*
coupling claw Kupplungsklaue *f*
coupling factor Kopplungsfaktor *m*
coupling flange Kupplungsflansch *m*
coupling half Kupplungshälfte *f*
coupling head Kupplungskopf *m*
coupling lever Kupplungshebel *m*
coupling loss Kopplungsverlust *m*
coupling plate Kupplungsplatte *f*
coupling shaft Kupplungswelle *f*
coupling sleeve Kupplungshülse *f*, Kupplungsmuffe *f*
coupling wheel Kupplungsrad *n*

cover Abdeckung f, Deckel m; Hülle f
cover disk Deckscheibe f
cover plate Deckblech n, Deckel m
cover ring Abdeckring m, Deckring m
cover strip Deckleiste f
covered pot verdeckter (gedeckter, geschlossener) Hafen m
covered way überdeckte (verdeckt liegende) Führungsbahn f
covering sheet Abdeckblech n
crab Versteifung f {Kern}
crack detection Rißprüfung f
crack detector Rißprüfer m, Rißdetektor m, Anrißsucher m
crack formation Rißbildung f
crack formation limit Rißbildungsgrenze f {im Medium; in Luft}
crack growth Rißwachstum n
cracking Rißbildung f, Reißen n
crackle glaze Haarrißglasur f, Craqueléeglasur f
crackling [noise] Knistergeräusch n, Kratzgeräusch n
cradle Wiege f, Gestell n; Wälztrommel f {Wälzfräsen}
crane ladle Kranpfanne f
crank/to [ver]kröpfen, beugen, biegen; [an]kurbeln; anlassen {Motor}; durchdrehen
crank Kulisse f, Schwinge f, Andrehkurbel f, Kurbel f {Motor}
crank arm Kurbelarm m, Kurbelschwinge f
crank drawing press Kurbelziehpresse f
crank forging press Kurbelschmiedepresse f
crank gear Kulissenrad n, Hubscheibe f

crank handle Handkurbel f
crank press Kurbelpresse f
crank shaper Waagerechtstoßmaschine f mit Kurbelschleifenantrieb
crankpin Kurbelzapfen m
crankpin grinding machine Kurbelzapfenschleifmaschine f
crankpin turning attachment Kurbelzapfendreheinrichtung f, Kurbelzapfendrehapparat m
crankshaft Kurbelwelle f
crankshaft drill Tieflochspiralbohrer m
crankshaft grinding machine Kurbelwellenschleifmaschine f
crater Krater m {z.B. auf Oberflächen von Kunststoffen}; Kolkung f, Kolk m
crater distance from edge Kolklippenbreite f
crater-resistant kolkfest
crater wear Kolkverschleiß m
crater width Kolkbreite f
crawling Schleichen n {z.B. bei einem Motor}
craze Haarriß m {Glasur}, Brandriß m {Kokille}
crazing Haarrißbildung f
cream time Startzeit f
crease-resistant knitterfest, knitterfrei, knitterecht
creep/to kriechen, schleichen
creep 1. Kriechdehnung f, Kriechen n, 2. Kriechgang m, Schleichgang m {Werkzeugmaschine}; 3. Dehn[ungs]schlupf m {Riemen}
creep apparatus Zeitstandfestigkeits-Prüfgerät n
creep at constant stress Kriechen n bei konstanter Spannung

creep behaviour Dauerstandverhalten *n*, Zeitstandverhalten *n*, Kriechverhalten *n*
creep characteristics Kriechverhalten *n*
creep curve Kriechkurve *f*, Zeitdehnlinie *f* {*Zeitstand-Zugversuch*}
creep data Zeitstandfestigkeitsergebnisse *npl*
creep-depending-on-time-test Zeitstand-Druckversuch *m*
creep elongation Kriechdehnung *f*
creep extension Kriechdehnung *f*
creep feed Langsamvorschub *m*
creep-feed grinding Tiefschleifen *n*, Vollschnittschleifen *n*
creep laboratory Zeitstandprüflabor *n*
creep limit Kriechgrenze *f*, Zeitdehngrenze *f*, Zeitstauchgrenze *f*
creep measurement Messung *f* des Kriechverhaltens
creep motion Kriechgang *m*
creep properties Kriecheigenschaften *fpl*, Kriechverhalten *n*
creep resistance Dauerstandfestigkeit *f*, Kriechfestigkeit *f*
creep-rupture test Zeitstandversuch *m* {*bis zum Bruch*}
creep specimen Probekörper *m* für Dauerstandsprüfung
creep speed Schleichganggeschwindigkeit *f*, Kriechgeschwindigkeit *f*
creep strain Kriechdehnung *f*
creep strength Zeitstand-Zugfestigkeit *f*, Zeitstandkriechgrenze *f*
creep stress Kriechspannung *f*, Zeit[dehn]spannung *f*, Zeitstandbeanspruchung *f*
creep test Dauerstandversuch *f*, Dauerstandsprüfung *f*,
creep test in compression Druckdauerstandversuch *m*
creep test specimen Probekörper *m* für den Zeitstandversuch
creep testing machine Zeitstandprüfmaschine *f*
creep-time diagram Zeitstandfestigkeitsdiagramm *n*
crest Gewindespitze *f*, Zahnkopf *m*, Zahnoberteil *n*
crest clearance Spitzenspiel *n* {*Gewinde*}; Kopfspiel *n* {*Verzahnung*}
crinkle Falte *f* {*Ziehen*}
crippling load Knicklast *f*, Knickbeanspruchung *f*
crippling test Knickversuch *m*
criterion of yield Plastizitätsbedingung *f*, Fließbedingung *f*
critical angle kritischer Winkel *m*
critical angular speed kritische Winkelgeschwindigkeit *f*
critical build-up speed kritische Drehzahl *f* für die Selbsterregung (Auferregung)
critical compressive stess Knickspannung *f*, kritische Druckspannung *f*
critical cooling rate kritische Abkühlungsgeschwindigkeit *f*
critical force Knickkraft *f*
critical grid voltage kritische Gitterspannung *f*
critical load Grenzlast *f*, Grenzbelastung *f*, Knicklast *f*, kritische Last *f*
critical point Haltepunkt *m*
critical point of decalescence Haltepunkt *m* bei der Erwärmung
critical point of recalescence Haltepunkt *m* bei der Abkühlung
critical speed kritische Drehzahl *f*

critical speed of a shaft kritische Wellendrehzahl *f*
critical strain Schwellenwert *m*, kritischer Reckgrad *m*
critical stress kritische Spannung *f* *{mechanisch}*
crizzling Haarrißbildung *f* *{Glasur}*
Croning process Formmaskenverfahren *n* [nach Croning], Croning-Verfahren *n*
crop punch Schneidstempel *m*, Beschneidestempel *m*
crop shear[s] Hebelschere *f*, Knüppelschere *f*, Schopfmaschine *f*, Stabstahlschere *f*
cropper Schere *f*, Abschopfmaschine *f*
cropping machine Schopfmaschine *f*, Stabstahlschneidemaschine *f*
cross-mill/to querfräsen
cross-plane/to querhobeln
cross-profile/to plankopieren
cross-roll/to querwalzen
cross-knurl/to kreuzrändeln
cross adjustment Querverstellung *f*
cross bar Ausleger *m*, Querriegel *m*, Querstab *m*, Querstange *f*, Querstück *n*, Querträger *m*, Traverse *f*; Spanneisen *n*
cross beam Querhaupt *n*; Querträger *m*, Querbalken *m*; Riegel *m*
cross bore Querbohrung *f*
cross-country mill Zickzackwalzwerk *n*, Zickzacktrio *n*, Trio-Zickzackstraße *f*
cross drilling attachment Querbohreinrichtung *f*
cross driving Antrieb *m* mit gekreuzten Riemen
cross feed Quervorschub *m*, Planzug *m*

cross-feed mechanism Plantrieb *m* *{Drehmaschine}*
cross-feed screw Plan[vorschub]spindel *f*
cross girth Querhaupt *n*, Traverse *f*
cross handle Handkreuz *n*
cross hatch Kreuzschliff *m*
cross head *s*. crosshead
cross knurl Kreuzrändel *n*
cross-knurled pattern Kreuzrändel *n*
cross movement Querbewegung *f*, Querverschiebung *f*, Planzug *m*
cross-over frequency Übergangsfrequenz *f*, Überschneidungsfrequenz *f*
cross-over network Frequenzweiche *f*, [elektrische] Weiche *f*
cross piece Querstück *n*; Zwischenwand *f*, Schore *f* *{Form}*
cross-planing head Querhobelsupport *m*
cross rail Querbalken *m* *{Hobelmaschine}*; Tischträger *m*, Querführung *f* *{Waagerechtstoßmaschine}*
cross-rail machine Zweiständermaschine *f*
cross-rail planing head Querhobelsupport *m*
cross return movement Planrückholen *n*
cross ribbing Querverrippung *f* *{Bett}*
cross roll Querwalze *f*
cross-roll straightening machine Rohr- und Stangenrichtmaschine *f*, Richtmaschine *f* mit verschränkt angeordneten Rollen
cross section Querschnitt *n*
cross-section area Querschnittsfläche *f*

cross section of belt Riemenquerschnitt *m*
cross section of chips Spanungsquerschnitt *m*
cross-sectional area Querschnittsfläche *f*
cross shaft Querwelle *f*
cross-shaped cut Kreuzschliff *m*
cross-shaped link Kreuzlenker *m*
cross slide Querschlitten *m*, Planschlitten *m*, Quersupport *m*, Unterschieber *m*
cross-slide rest Quersupport *m*, Plansupport *m*
cross-slide screw Planspindel *f*
cross-slide toolbox Quersupport *m*
cross-slide traverse Planschieberweg *m*
cross-sliding turret Planrevolver *m*
cross stop Quer[vorschub]anschlag *m*, Plan[vorschub]anschlag *m*
cross support Quersupport *m*
cross table travel Tischquerbewegung *f*
cross-tie Querträger *m*
cross traverse Querbewegung *f*, Planarbeitsweg *m*
crossed-axes angle Achsenkreuzungswinkel *m* {*Zahnradschaben*}
crossed belt drive gekreuzter Riementrieb *m*
crossed crank mechanism durchschlagendes Kurbelgetriebe *n*, überschlagendes (gekreuztes) Gelenkviereck *n*
crosshead 1. Querhaupt *n*, Querträger *m*, Traverse *f*; 2. Kreuzkopf *m*, abgewinkelter Kopf *m*
crosshead pin Kreuzkopfzapfen *m*
crossing Verschränken *n*, Kreuzen *n* {*Riemen*}

crossing shafts sich kreuzende Wellen *fpl*
crown/to ballig bearbeiten (drehen, schaben); wölben
crown Bombage *f*, Bombierung *f*, Balligkeit *f*
crown shaving Balligschaben *n*
crown wheel Tellerrad *n*
crowned ballig [bearbeitet], balligtragend {*Zahnrad*}; gewölbt
crowning attachment Balligdreheinrichtung *f*
crowning of rolls Walzenbombierung *f*
CRP *s.* capacity requirement planning
crucible furnace Tiegelofen *m*
crucible-lifting tongs Tiegelziehzange *f*
crucible process Tiegel,-[ofen]verfahren *n*, Tiegelstahlverfahren *n*
crumbly chip bröckeliger Span *m*
crush/to brechen, grob zerkleinern
crush-grind/to profilschleifen
crush-dressing roll Profilrolle *f*, Abrichtrolle *f*
crush-forming attachment Abrollabrichtgerät *n*, diamantfreier Abrichter *m*
crush test Stauchversuch *m*
crusher roll Profilrolle *f*, Abrichtrolle *f*
crushing Bruch *m* {*durch Stauchen*}
crushing attachment Abrollabrichtgerät *n*, diamantfreier Abrichter *m*
crushing load Bruchlast *f*
crust Haut *f*; Kruste *f*
cryostat Kälteregler *m*, Kryostat *m*
crystalline kristallin; Kristall-

crystalline fracture Trennbruch *m*, Sprödbruch *m*, interkristalliner Bruch *m*
crystallinity Kristallinität *f*
crystallization Kristallisation *f*; Erstarrungsintervall *n*
cube Würfel *m*
cubical contraction räumliche Zusammenziehung *f*
cubical dilatation räumliche Dehnung *f*
cuff ring Stulpenring *m*
cumulative compound excitation Mitverbunderregung *f*
cup/to tiefziehen, kümpeln, napfen
cup Hohlform *f*, Hohlgefäß *n*, Näpfchen *n*; Kolkung *f*
cup center nicht mitlaufende Spitze *f*
cup drawing test Näpfchenziehversuch *m*, Tiefungsversuch *m* [nach Erichsen]
cup grease Staufferfett *n*, Gleitlagerfett *n*
cup [grinding] wheel Topfschleifscheibe *f*
cupel/to kupellieren, [ab]treiben {*Silbergewinnung*}
cupel Kapelle *f*, Kupelle *f*, Glühschale *f*
cupel mo[u]ld Kapell[en]form *f*
cupellation Kupellieren *n*, Abtreiben *n*, Treib[e]verfahren *n* {*Edelmetallgewinnung*}; Kapellenprobe *f*
cupellation furnace Treibofen *m*, Treibherd *m*
cupola furnace Kupolofen *m*, Kuppelofen *m*
cupola receiver Kupolofenvorherd *m*
cupolette kleiner Kupolofen *m*

cupping ductility value Tiefungswert *m*, Ziehwert *m*
cupping tool Ziehwerkzeug *n*
cured resin Formmasse *f*, Harzformstoff *m*
curing temperature Härtetemperatur *f*, Aushärtungstemperatur *f*
curing time Härtezeit *f*, Härtungszeit *f*, Aushärtungszeit *f*
curl/to einrollen, bördeln {*Blech*}
curl Rollbord *m*, Wulst *m(f)*, Bördelung *f*
curled chip aufgerollter Span *m*, Wendelspan *m*
curling cut Schäl[an]schnitt *m*
curling die Rollwerkzeug *n*
curling punch Oberstempel *m* {*Einrollen*}
curling tool Rollwerkzeug *n*
current 1. augenblicklich, momentan, aktuell; 2. [elektrischer] Strom *m*, Stromstärke *f*
current divider Stromteiler *m*
current limitation Strombegrenzung *f*
current location momentaner Ort *m*
current measuring Strommessung *f*
current ratio Stromverstärkungsfaktor *m*
curvature Krümmung *f*
curve 1. Kurve *f*, Kennlinie *f*; 2. Biegung *f*, Kurve *f*; Bogen *m*
curve bend Rundbiegung *f*
curve follower Kurvenabtaster *m*, Nachlaufgerät *n* {*numerische Steuerung*}; Kurvenleser *m*
curve scanner Kurvenabtastgerät *n*, Kurvenabtaster *m*
curve shape Kurvenform *f*

curve shaving Balligschaben *n*
curved bar gekrümmter Stab *m*
curved bar with large curvature stark gekrümmter Stab *m*
curved bar with small curvature schwach gekrümmter Stab *m*
curved bearing scraper Löffelschaber *m*
curvilinear slotting machine Senkrechtstoßmaschine *f* zum Bearbeiten von Eisenbahnrädern
curving by bending Rundbiegen *n*
cushion Ziehkissen *n* {Presse}
cushion control Polsterregelung *f*
customer Kunde *m*, Anwender *m*
customer-oriented kundenorientiert, anwenderorientiert
customized microwave IC kundenspezifischer Mikrowellen-IC *m*
cut/to 1. [zer]schneiden, einschneiden; 2. [zer]spanen, spanend bearbeiten, fräsen; 3. [auf]hauen {Feile}; ziehen {Nuten}; verzahnen; schleifen {z.B Edelsteine, Glas}
cut free/to freischneiden, hinterarbeiten
cut in/to einschneiden, einstechen
cut off/to abstechen, trennen, abheben {Späne}; kürzen {Holz}; abschalten, ausschalten
cut out/to 1. ausrücken, auskuppeln; trennen; 2. ausschneiden, zuschneiden
cut-over/to überschneiden
cut up/to gegenlauffräsen
cut 1. Schnitt *m*; 2. Span *m*; 3. Hieb *m* {Feile}; 4. Schnittiefe *f*, Spantiefe *f*, Schnittfuge *f*
cut-and-carry press Transferpresse *f*
cut face Schnittfläche *f*

cut growth Rißwachstum *n*
cut meter Schnittgeschwindigkeitsmesser *m*
cut nippers Vorschneider *m*
cut-off angle Grenzwinkel *m*
cut-off burr Abstechgrat *m*
cut-off grinder Trennschleifmaschine *f*
cut-off mechanism Abschneidaggregat *n* {Kaltstauchen}
cut-off rest Abstechsupport *m*
cut-off saw Trennsäge *f*
cut-off tool Trennwerkzeug *n*, Stechmeißel *m*
cut-off valve Abschlußventil *n*
cut-off wavelength Grenzwellenlänge *f*
cut-off wheel Trennscheibe *f*
cut-out switch Trennschalter *m*
cuttable [zer]spanbar, schneidbar
cutter 1. Schneideapparat *m*, Schneider *m*; Brennschneider *m*; 2. Schneidrad *n*; 3. Schneidwerkzeug *n*, Schnittwerkzeug *n*
cutter arbor Fräs[er]dorn *m*
cutter bit Drehzahn *m*
cutter clamp Messerklemme *f*
cutter for fluting reamers Reibahlennutenfräser *m*
cutter for grooving taps Gewindebohrernutenfräser *m*
cutter head Messerkopf *m*; Fräskopf *m*, Frässpindelstock *m*; Hobelmesser *n*
cutter sweep Nutenauslauf *m*
cutter wheel Schneidrädchen *n*
cutting Schneiden *n*; Trennen *n*; Trennschleifen *n*; Abschroten *n*, spanabhebende Bearbeitung *f*
cutting ability Schneidfähigkeit *f*, Schnittleistung *f*, Zerspanungslei-

cutting 76

stung *f*, Griffigkeit *f* {*der Schleifscheibe*}
cutting action Schneidearbeit *f*, Zerspanungsvorgang *m*
cutting bit Schneidplatte *f*, Bohrkopfmesser *n*, Bohrmeißel *m*
cutting capacity Spanleistung *f*, Schnittleistung *f*
cutting characteristic Spanungskennwert *m*
cutting clearance angle Hinterwetzwinkel *m*
cutting component Schnittkraftkomponente *f*
cutting compound (coolant) Schneidkühlmittel *n*, Kühlmittel *n*, Kühlflüssigkeit *f*, Hilfsstoff *m*
cutting depth Spantiefe *f*, Schnittiefe *f*
cutting device 1. Schneidaggregat *n*, Schneid[e]vorrichtung *f*; 2. Absperrvorrichtung *f*
cutting direction Schnittrichtung *f*
cutting-disk maschine Trennschleifmaschine *f* [mit Schneidscheibe]
cutting down Gleichauffräsen *n*
cutting dynamometer Schnittkraftmesser *m*
cutting edge Schneidkante *f*, Schneide *f*
cutting edge of the drill Bohrerschneide *f*
cutting efficiency Zerspanungsleistung *f*
cutting end Schneidkopf *m*
cutting facet Schneidfacette *f*
cutting fluid Schneidflüssigkeit *f*, Metallbearbeitungsfluid *n*, Schneidmedium *n*

cutting fly tool Schlag[form]messer *n*
cutting force Schnittkraft *f*, Hauptschnittkraft *f*; Zerspankraft *f*
cutting frequency Zahneingriffsfrequenz *f* {*Fräser*}
cutting head for long bores Tieflochbohrkopf *m*
cutting-in Einstechen *n*, Einstich *m*
cutting-in pass Keilstich *m*
cutting index Spanbarkeitskennzahl *f*
cutting indicator *s*. cutting speed indicator
cutting knife Schneidmesser *n*
cutting lip Lippe *f*, Schneide *f* {*Bohrer*}
cutting machine spanende Werkzeugmaschine *f*; Trennschleifmaschine *f*
cutting material Schneidstoff *m*
cutting motion Schnittbewegung *f*
cutting of internal threads Innengewindeschneiden *n*
cutting-off Trennschleifen *n*, Durchschleifen *n* mittels Trennscheibe
cutting-off cross slide Abstechschlitten *m*
cutting-off tool Stechmeißel *m*, Abstechwerkzeug *n*
cutting-off wheel Trennschleifscheibe *f*
cutting oil Schneidöl *n*, Metallbearbeitungsöl *n*
cutting-out tool Ausschneider *m*
cutting part Schneidteil *n*
cutting power Spanleistung *f*, Schnittleistung *f*
cutting process 1. spanendes Verfahren *n*; 2. Schneidvorgang *m*

cutting property Zerspanbarkeit *f*
cutting rake Spanwinkel *m*
cutting rate Schnittgeschwindigkeit *f* *{spanende Formung}*
cutting robot Schneidroboter *m*
cutting site Schnittstelle *f*
cutting speed Schnittgeschwindigkeit *f*
cutting speed chart Schnittgeschwindigkeitstabelle *f*
cutting speed diagram Schnittgeschwindigkeitsschaubild *n*
cutting speed indicator Schnittgeschwindigkeitsanzeiger *m*
cutting spindle Frässpindel *f*
cutting stroke Arbeitshub *m*
cutting tip Schneide *f*, Schneidplatte *f*
cutting tool Schneid[werk]zeug *n*, Drehmeißel *m*, Meißel *m*
cutting tooth Schneidzahn *m*
cutting torque Schnittmoment *n*
cutting up Aufrauhen *n* *{Form}*
cutting-wedge angle Keilwinkel *m*
cyanide/to cyanieren, im Cyan[salz]bad härten
cyanide [case] hardening Cyanbadhärtung *f*, Cyanieren *n*
cycle 1. periodisch wiederkehrend, zyklisch; 2. Zyklus *m*, Kreislauf *m*; 3. Prüfzyklus *m*; 4. Zyklus *m* *{Computer}*; 5. Arbeitstakt *m*, Takt
cycle control mechanism Programmablaufsteuerung *f* *{Automat}*
cycle setting Arbeitsgangvoreinstellung *f*
cycle strain zyklische Belastung *f*
cycle stress zyklische Spannung *f*
cycle time Zykluszeit *f*, Taktzeit *f*, Zyklusdauer *f*; Gesamtstückzeit *f* *{Automat}*

cyclic loading zyklische Belastung *f*, Wechselbeanspruchung *f*
cyclic program zyklisches Programm *n*
cyclic work Taktfertigung *f*, Taktverfahren *n*
cycling 1. Kreislaufführung *f* *{Durchlaufen von periodischen Arbeitsgängen}*; 2. Dauerversuch *m*; 3. Taktablauf *m*
cycloid gear Zykloidengetriebe *n*
cycloidal tooth system Zykloidenverzahnung *f*
cylinder 1. Zylinder *m*, Walze *f*; 2. Druckgasflasche *f*; 3. Stellkolben *m*
cylinder bit Kanonenbohrer *m*, Genauigkeitsspiralbohrer *m*
cylinder block Zylinderblock *m*
cylinder boring mill Zylinderbohrwerk n
cylinder borizing Feinstbearbeitung *f* von Zylinderbohrungen
cylinder dimension Zylinderabmessung *f*
cylinder grinding machine Zylinderschleifmaschine *f*
cylinder head Zylinderkopf *m*
cylinder heater Zylinderheizelement *n*, Zylinderheizung *f*
cylinder heating capacity Zylinderheizleistung *f*
cylinder heating circuit Zylinderheizkreis *m*
cylinder jacket Zylindermantel *m*
cylinder length Zylinderlänge *f*
cylinder liner Zylinderauskleidung *f*, Zylinderinnenfläche *f*, Zylinderinnenwand *f*
cylinder reboring machine Zylinderausbohrmaschine *f*

cylinder surface Ballenoberfläche *f {einer Walze}*
cylinder temperature Zylindertemperatur *f*
cylinder temperature control Zylindertemperierung *f*
cylinder wall Zylinderwand *f*
cylinder wall temperature Zylinderwandtemperatur *f*
cylinder wear Zylinderverschleiß *m*
cylinder wheel Schleifring *m*
cylindrical zylindrisch; Zylinder-
cylindrical block Ziehtrommel *f {Drahtziehen}*
cylindrical coordinate robot Zylinderkoordinatenroboter *m*, Roboter *m* mit drehbarer Grundplatte
cylindrical creep-feed grinding Außenrundtiefschleifen *n*
cylindrical cutter Walzenfräser *m*
cylindrical finish grinding Rundfertigschleifen *n*
cylindrical geometry Zylindergeometrie *f*, Geometrie *f* in Zylinderkoordinaten
cylindrical grinding Rundschleifen *n*, Rundschliff *m*
cylindrical grinding machine Rundschleifmaschine *f*
cylindrical lap Läppdorn *m*
cylindrical lapping Rundläppen *n*
cylindrical milling cutter Walzenfräser *m*
cylindrical pin Zylinderstift *m*
cylindrical roll grinder Walzenschleifmaschine *f*
cylindrical rough grinding Rundschruppschleifen *n*
cylindrical shaft glatte Welle *f*
cylindrical shell zylindrische Schale *f*
cylindrical slab mill Walzenfräser *m*
cylindrical through bore zylindrisches Durchgangsloch *n*
cylindrical turning Langdrehen *n*
cylinder wheel Schleifring *m*
cylindrical zylindrisch; Zylinder-
cylindrical block Ziehtrommel *f {Drahtziehen}*
cylindrical coordinate robot Zylinderkoordinatenroboter *m*, Roboter *m* mit drehbarer Grundplatte
cylindrical creep-feed grinding Außenrundtiefschleifen *n*
cylindrical cutter Walzenfräser *m*
cylindrical finish grinding Rundfertigschleifen *n*
cylindrical geometry Zylindergeometrie *f*, Geometrie *f* in Zylinderkoordinaten
cylindrical grinding Rundschleifen *n*, Rundschliff *m*
cylindrical grinding machine Rundschleifmaschine *f*
cylindrical lap Läppdorn *m*
cylindrical lapping Rundläppen *n*
cylindrical milling cutter Walzenfräser *m*
cylindrical pin Zylinderstift *m*
cylindrical roll grinder Walzenschleifmaschine *f*
cylindrical rough grinding Rundschruppschleifen *n*
cylindrical shaft glatte Welle *f*
cylindrical shell zylindrische Schale *f*
cylindrical slab mill Walzenfräser *m*
cylindrical through bore zylindrisches Durchgangsloch *n*
cylindrical turning Langdrehen *n*

D

dabber Sandhaken *m*, Sandheber *m*; Kernhaltestift *m*
dam plate Schlackenblech *n*
damage 1. Schaden *m*; 2. Beschädigung *f*, Schädigung *f*
damaging deformation Schädigungsverformung *f* *{Durchstoßversuch}*
damaging energy Schädigungsarbeit *f* *{Durchstoßversuch}*
damaging force Schädigungskraft *f* *{Durchstoßversuch}*
damascene/to damaszieren
damascening Damaszierung *f*
damp heat test Warmfeuchtigkeitsversuch *m*
damper Drossel[klappe] *f*, Jalousiedrosselklappe *f*, Zugklappe *f*; Schieber *m*; Dämpfer *m*
damper-controlled fan Lüfter *m* mit Regelklappe
damper winding Dämpferwicklung *f*
damping Dämpfung *f*
damping capacity Dämpfungsfähigkeit *f*
damping constant Dämpfungskonstante *f*
danger Gefahr *f*
dark current Dunkelstrom *m*
  dark-straw dunkelgelb, goldgelb *{Anlaßfarbe}*
darkening Nachdunkeln *n*
dart Pfeil *m*
  dart shaft Pfeilschaft *m*
  dart weight Pfeilgewicht *n*
datum Bezugsgröße *f*, gegebene Größe *f*
datum axis Bezugsachse *f*
datum edge Bezugskante *f*
datum hole Bezugsbohrung *f*
datum line Bezugslinie *f*
datum point Bezugspunkt *m*
datum processing Bezugsmaßverarbeitung *f*, absolute Meßwertverarbeitung *f* *{numerische Steuerung}*
daylight Durchgang *m* *{zwischen Pressenständern}*; Etage *f*; Ausladung *f* *{Presse}*; Werkzeugplattenabstand *m*
de-energize/to abschalten, stromlos machen, ausschalten, entregen *{Relais}*
dead-burn/to totbrennen, totrösten
dead-dip/to mattbrennen
dead stumpf, matt; stromlos, spannungslos; tot
dead annealing Weichglühen *n*
dead band tote Zone *f*, Totzone *f*
dead centre feste (stehende, ruhende) Spitze *f*, Reitstockspitze *f*
dead-drawn biegungsfrei gezogen
dead head verlorener Kopf *m*
dead-man's button Totmannknopf *m*
dead-man's handle Totmanneinrichtung *f*, Totmannvorrichtung *f*, Totmanngriff *m*
dead-man's switch Totmannschalter *m*
dead pass Blindstich *m*, Blindkaliber *n*
dead roasting Totrösten *n*
dead-soft [tot]weich; niedriggekohlt
dead-soft annealing Weichglühen *n*
dead stop Festanschlag *m*, Anschlag *m* *{numerische Steuerung}*

deaden/to abdämpfen *{Instrument}*; entdröhnen
deaerate/to entlüften
debris Schleifschlamm *m*
debug/to testen, überprüfen; Fehler ausmerzen
debugging Entstörung *f*
deburr/to entgraten, abgraten
deburring Entgraten *n*, Abgraten *n*
deburring and chamfering machine Entgrat-und Anfasmaschine *f*
deburring robot Roboter *m* zum Entgraten
decalescence Dekaleszenz *f*, Wärmeaufnahme *f {beim Durchgang durch den Haltepunkt}*
decarburization 1. Entkohlung *f*; 2. Frischen *n*
decarburize/to 1. entkohlen; 2. frischen
decelerate/to verlangsamen, [ab]bremsen, negativ beschleunigen
deceleration Verlangsamung *f*, Abbremsung *f*
dechuck/to ausspannen
decision making Entscheidungsfindung *f*
decomposition Zersetzung *f*
decorating machine Dekormaschine *f {z.B. für Keramik}*
decoupling Entkopplung *f*, Trennung *f*
decrease Abnahme *f*, Verringerung *f*, Minderung *f*, Rückgang *m*, Abfall *m*, Absinken *n*
decrease of pressure Druckabnahme *f*, Druckrückgang *m*, Druckabfall *m*, Drucksenkung *f*, Druckverringerung *f*
decrement/to schrittweise zurückrücken; dekrementieren *{eine Größe}*

deep-bore/to tiefbohren
deep-draw/to tiefziehen
deep-drill/to tiefbohren
deep-hole boring Tiefloch[auf]bohren *n*, Aufbohren *n* tiefer Bohrungen
deep-hole drill Tieflochbohrer *m*, Langlochbohrer *m*
deep-hole drilling Tieflochbohren *n*
deep-hole drilling machine Tieflochbohrmaschine *f*
deep recessed part tiefe Hohlform *f*
deep throat[ed] press Einständerpresse *f* mit tiefer Ausladung
deepen/to vertiefen; tiefer ausarbeiten, weiter nach unten führen
defacement Modellbeschädigung *f*
defaultvalue geltender Wert *m*
defect Defekt *m*, Fehler *m*, Schaden *m*
defective fehlerhaft, schadhaft, gestört
deflashing device Entbutzeinrichtung *f*, Butzenabschlageinrichtung *f*
deflashing station Entbutzstation *f*
deflection Ablenkung *f*, Auslenkung *f*, Abdrängung *f*; Durchbiegung *f*, Biegung *f {unter Last}*; Ausschlag *m {Zeiger}*
deflection at break Durchbiegung *f* beim Bruch *{Biegeversuch}*
deflection at fracture Durchbiegung *f* beim Bruch *{Biegeversuch}*
deflection curve Biegelinie *f*
deflection force Abdrängkraft *f*
deflection of plate Plattendurchbiegung *f*
deflection shoulder Spanleitstufe *f*

deflection surface Biegungsfläche f {z.B. einer Platte}
deflection test Biegeversuch m
deflector Ablenkvorrichtung f, Ablenkblech n, Ablenkplatte f, Leitblech n, Leitscheibe f, Prallplatte f, Prallwand f
deflocculant Verflüssigungsmittel n
deformability Deformierbarkeit f, Verformbarkeit f, Formänderungsfähigkeit f
deformation Verformung f, Form[ver]änderung f, Deformation f, Deformierung f; Verzerrung f
deformation deviator Deviator m des Dehnungstensors
deformation energy Verformungsenergie f
deformation model Deformationsmodell n
deformation of the cutting edge Kantenversetzung f an der Spanfläche
deformation rate Verformungsgeschwindigkeit f
deformation-time diagram Verformungs-Zeit-Diagramm n
degassing Entgasen n
degate/to enttrichtern, Anguß entfernen
degating Angußentfernung f
degating device Angußabtrennvorrichtung f
degradation 1. Minderung f, Verschlechterung f {Qualität}; 2. Degradation f, Abbau m
degradation process Abbauvorgang m, Abbau m
degradative effect Abbauwirkung f, Abbaueffekt m
degrease/to entfetten

degree Grad m
degree of accuracy Genauigkeitsgrad m
degree of crosslinking Vernetzungsgrad m
degree of crystallinity Kristallinitätsgrad m, Kristallisationsgrad m
degree of freedom Freiheitsgrad m
degree of freedom of movement Bewegungsfreiheitsgrad m, Freiheitsgrad m der Bewegung
degree of gelation Geliergrad m
degree of packing Verdichtungsgrad m
degree of shrinkage Schwindmaß n
degree of stretching Reckgrad m, Verstreckungsgrad m
dehumidification Feuchteentzug m, Entfeuchtung f
delay/to verzögern, verlangsamen; aufschieben, zeitlich verlegen
delay 1. Verzögerung f; Aufschub m; 2. Verlustzeit f; Laufzeit f
delay angle Zündverzögerungswinkel m
delayed action Verzögerung f, Verlangsamung f; verzögernde Wirkung f, Einsatzverzögerung f, verzögertes Arbeiten n
deliver/to abgeben, liefern {z.B. Strom}
delivery line of a hydraulic system Druckleitung f
delivery speed Austrittsgeschwindigkeit f {Walzen}
delivery table Abnahmetisch m
demagnetizing turns gegenmagnetisierende Windungen fpl
demand 1. Bedarf m; 2. Forderung f {Bedienungstheorie}; 3. Anspruch m

demand prediction Bedarfsvorhersage f *{Lagerhaltungstheorie}*
demister 1. Entnebler m, Demister m, Nebelabscheider m; 2. Tropfenabscheider m; 3. Entfoster m
densener 1. Verdichtungsanlage f; 2. [Kühl-]Kokille f
density Dichte f
density fluctuation Dichteschwankung f
density measurement Dichtemessung f
density of specimen Probendichte f
density range Dichtebereich m
deoxidize/to beruhigen *{Stahl}*
depalettize/to entpalettisieren, von der Palette nehmen (entladen)
departure Abweichung f
departure from nominal size Abweichung f von der Nenngröße
depend on/to abhängen von
dependent abhängig
dependent failure Folgeausfall m, abhängiger Ausfall m
dependent manipulator abhängiger Manipulator m, abhängiger Handhabungsautomat m
dephosphorization Entphosphorung f, Phosphorentzug m
depletion 1. Erschöpfung f; 2. Verarmung f, Abreicherung f
deposit/to 1. absetzen, ablegen, abladen; 2. [sich] abscheiden, [sich] ablagern
deposit table Ablegetisch m
depress the push-button/to den Druckknopf drücken
depression Eindruckfläche f, Kalotte f *{Brinellhärter}*
depth accuracy Bohrtiefengenauigkeit f
depth-adjustable tiefeneinstellbar, senkrecht verstellbar
depth control Tiefeneinstellung f, Tiefenregulierung f; Bohrtiefenbegrenzung f
depth control stop Tiefenanschlag m
depth dial Tiefenskale f, Bohrtiefenrundskale f
depth drilling Tieflochbohren n
depth feed Senkrechtvorschub m, Zustellung f
depth ga[u]ge Tiefenmesser m, Tiefenmeßschieber m, Tiefenlehre f
depth measuring device Bohrtiefenmeßeinrichtung f, Bohrtiefenbegrenzung f
depth of body clearance Fasenhöhe f *{Spiralbohrer}*
depth of case Einsatz[härtungs]tiefe f
depth of cut Schnittiefe f, Spantiefe f
depth of cut setting Schnittiefeneinstellung f
depth of gap Ausladung f
depth of hardening Härtungstiefe f, Härtetiefe f
depth of hole Lochtiefe f
depth of penetration Eindringtiefe f
depth of throat Ausladung f
depth stop Tiefenanschlag m
depth trip Tiefenauslösung f
derate/to unter[be]lasten
derating Unterlastung f *{Herabsetzung von Betriebswerten zwecks Erhöhung der Zuverlässigkeit}*
description level Beschreibungsebene f
deseam/to [brenn]putzen *{Blöcke}*

desiccator 1. Exsikkator *m*, Trockner *m*; 2. Trockenmittel *n*
design/to entwerfen, konstruieren; kalibrieren
design 1. Plan *m*, Entwurf *m*; 2. Planung *f*, Versuchsplanung *f*; 3. konstruktive Ausführung *f*, Konstruktion *f*, Bauweise *f*, Aufbau *m*; 4. Struktur *f*, Bauart *f*; 5. Konzeption *f*
design aid Entwurfshilfe *f*
design calculation Festigkeitsberechnung *f*
design cycle Entwurfszyklus *m*
design data Konstruktionsdaten *pl*
design method Entwurfsverfahren *n*
design modification Konstruktionsänderung *f*
design of the machine Bauart *f* der Maschine
design speed Nenndrehzahl *f*
design value Konstruktionsparameter *m*, Konstruktionswert *m*
desiliconize/to entsilicieren, desilicieren
desired path Sollweg *m*
desired value Sollwert *m*
destructible zerstörbar
destructive effect zerstörende Wirkung *f* {*z.B. von Wassertropfen*}
destructive test zerstörende (nichtzerstörungsfreie) Prüfung *f*, Prüfung *f* unter Zerstörung des Prüfkörpers
desurfacing Abnahme *f* (Abdrehen *n*) der Oberflächenschicht
detail Detail *n*; Element *n*, Bauteil *n*
detect/to feststellen, nachweisen, finden
detecting agent Anzeigemittel *n* {*Magnetpulververfahren*}
detecting ink Magnetöl *n*, {*Magnetpulveraufschwemmung*}
detection bandwidth Detektionsbandbreite *f*
detectivity Detektivität *f*
detector Meßfühler *m*, Fühler *m*, Detektor *m*, Nachweiseinrichtung *f*
detent Arretierung *f*, Sperrklinke *f*, Raste *f*
detention time Verweilzeit *f*
deterioration Verschleiß *m*, Zerstörung *f*
determination Bestimmung *f*, Ermittlung *f*, Feststellung *f*
determination of efficiency by total losses Gesamtverlustverfahren *n*
determination of hardness Härtebestimmung *f*
developed dimension Fertigmaß *n*
development of scallops Zipfelbildung *f* {*Tiefziehen*}
deviate/to abweichen; falsch positioniert sein
deviation Abweichung *f*; Positionierfehler *m*
device 1. Vorrichtung *f*, Apparat *m*, Gerät *n*; 2. Bauteil *n*, Bauelement *n*
device coordinate Gerätekoordinate *f*
dextrin binder Dextrinkernbinder *m*
diagnostic program Diagnoseprogramm *n* {*Computer*}
diagonal pass Rautenvorkaliber *n*
diagonal rib Diagonalrippe *f*
diagonal shaving Diagonalschaben *n*
diagram Diagramm *n*, Schaubild *n*, Schema *n*, Kurvenbild *n*, Aufzeichnung *f*; Ablaufdiagramm *n*
diagram board optische Meldetafel *f*, Sichtschaubild *n*

diagram of equilibrium Zustandsdiagramm *n*, Zustandsschaubild *n*, Phasendiagramm *n*
diagram of work Arbeitsdiagramm *n*
diagram panel optische Meldetafel *f*, Sichtschaubild *n*
dial 1. Zeigerblatt *n*, Zifferblatt *n*, Skalenscheibe *f*; 2. Drehteller *m*, Schaltteller *m*, Schalttisch *m*
dial feed Drehtellerzuführung *f*, Schalttellerzuführung *f*
dial feed press Presse *f* mit Drehtellerzuführung
dial ga[u]ge Meßuhr *f*
dial-in system Wählscheibensystem *n*
dial indicator Meßuhr *f*
dial-operated mit Skalenscheibeneinstellung
dial plate Schaltteller *m*, Rundschaltplatte *f*
dial setting Wahlscheibeneinstellung *f*
dial-type machine Maschine *f* mit Wahlscheibeneinstellung
diameter Durchmesser *m*; Drehdurchmesser *m*
diameter of [ball] impression Kalottendurchmesser *m*
diameter of punch Biegedorndurchmesser *m*
diameter of the drill Bohrerdurchmesser *m*
diameter range Durchmesserbereich *m*
diametral capacity Durchgangsdurchmesser *m*
diametral clearance Umfangsfreifläche *f* {*Bohrer*}

diamond boring Genauigkeitsbohren *n* mit Diamant {*Hartmetall*}
diamond boring machine Feinstbohrwerk *n*
diamond-coated roll Diamantabrichtrolle *f*
diamond drawing die Diamantziehstein *m*, Ziehdiamant *m*
diamond dresser Abrichtdiamant *m*, Abdrehdiamant *m*
diamond dressing device Diamantabrichteinrichtung *f*
diamond indenter Diamanteindringkörper *m*
diamond-knur[led pattern] Kordel *f*
diamond knurling Kordeln *n*
diamond-knurling tool Kordelwerkzeug *n*
diamond pass Rauten[vor]kaliber *n* {*Walzen*}
diamond pattern Kreuzmuster *n*, Kordel *f*
diamond penetrator (pyramid) hardness Vikkershärte *f*
diamond-shaped knurling Kordeln *n*
diamond-truing Diamantabrichten *n*
diamond wheel Diamant[schleif]scheibe *f*
diamond wheel dresser Abrichtdiamant *m*, Diamantabrichter *m*
diamond winding Gleichspulenwicklung *f*
diamond wire-drawing die Drahtziehdiamant *m*
diaphragm Diaphragma *n*; Zwischenwand *f*; Membran *f*; Blende *f*
diaphragm compressor Membrankompressor *m*, Membranverdichter *m*

diaphragm cylinder Membranzylinder *m*
diaphragm displacement Membranauslenkung *f*
diaphragm drive Membranantrieb *m*
diaphragm-driven valve Ventil *n* mit Membranantrieb
diaphragm gate Pilzanguß *m*, Schirmanguß *m*, Telleranguß *m*, Scheibenanguß *m*; Schirmanschnitt *m*
diaphragm-piston pump Membrankolbenpumpe *f*
diaphragm pump Membranpumpe *f*
diaphragm seating valve Membranventil *n*
diaphragm slide valve Membranschieber *m*
diaphragm valve Membranventil *n*
die/to abklingen
die away/to ausklingen, verklingen
die Verformungswerkzeug *n*, Werkzeug *n*, formgebendes Werkzeug *n*, Form *f*; metallische Dauergießform *f*, Kokille *f*; Düse *f*; Schneideisen *n*, Schneidkopf *m* {Gewindeschneiden}; Strehlerbacke *f*
die-actuating mechanism Formbetätigungseinrichtung *f*
die and mo[u]ld copy milling machine Gesenk- und Formennachformfräser *m*
die body Schneidkopfgehäuse *n* Düsenkörper *m*
die casting robot Schleudergußroboter *m*
die cavity Werkzeuggravur *f*, Gesenkgravur *f*, Formgravur *f*
die chaser Schneideisengewindestrehler *m*
die-closing force Formschließkraft *f*
die-closing mechanism Formschließeinheit *f*
die design Werkzeugkonzept *n*, Werkzeuggestaltung *f*; Düsenbauart *f*, Düsenkonstruktion *f*
die dimensions Düsenabmessungen *fpl*
die for pressed parts Matrize *f* für Preßteile *{Feinkeramik}*
die-formed part Preßteil *n*; Gesenkschmiedestück *n*
die gap Düsenöffnung *f*, Düsenbohrung *f*, Düsenmund *m*
die head Gewindeschneidkopf *m*, Schneideisenkopf *m*, Strehlerbackenkopf *m*; Strangpressenkopf *m*, Extruderkopf *m*
die life Werkzeugstandzeit *f*
die-locking force Formzuhaltekraft *f*
die material Düsenwerkstoff *m*, Düsenbaustoff *m*
die opening Düsenaustritt *m*
die opening force Aufreißkraft *f*, Auftreibkraft *f*, Werkzeugauftriebskraft *f*
die-opening stroke Formöffnungshub *m*
die orifice Düsenöffnung *f*, Düsenbohrung *f*, Düsenmund *m*
die-parting plane Formtrennebene *f*
die plate Düsenplatte *f*, Werkzeughalteplatte *f*, Formhalteflansch *m*
die pressing 1. Gesenkpressen *n*; 2. Gesenkpreßteil *n*
die ring Zentrierring *m*
die-sinking Gesenkfräsen *n*, Raumnachformfräsen *n*

dielectric 86

die-sinking machine Gesenkkopiermaschine *f*, Nachformfräsmaschine *f*, Matritzenfräsmaschine *f*
die slip drawing principle gleitendes Drahtziehprinzip *n*
die stock Gewindeschneidkupplung *f*, Schneideisenhalter *m*
die with breaker plate-type mandrel support Lochdornhalterwerkzeug *n*, Lochdornhalterkopf *m*
die withdrawing force Abzugskraft *f*
dielectric constant Dielektrizitätszahl *f*
dielectric dissipation factor dielektrischer Verlustfaktor m
dielectric measurement dielektrische Messung *f*
dielectric property dielektrische Eigenschaft *f*
diemaker's reamer Schälreibahle *f*
difference Unterschied *m*, Differenz *f*
difference threshold Unterschiedsschwelle *f*, Wahrnehmungsschwelle *f*
differential Differential *n*
differential booster Zusatzmaschine *f* mit Differentialerregung
differential crown Differentialkranz *m*
differential gear Differentialgetriebe *n*
differential indexing Differentialteilen *n*, Ausgleichsteilen *n*
differential indexing head Differentialteilgerät *n*, Teilkopf *m* für Differentialteiler
differential shaft Differentialwelle *f*
difficulty Schwierigkeit *f*, Erschwerung *f*

diffuse light transmission factor Durchlässigkeitsfaktor *m* für diffuses Licht
diffuse sound field diffuses Schallfeld (Hallfeld) *n*
diffuse transmittance diffuse Durchlässigkeit *f*
diffusion bonding Diffusionsverbinden *n*, Diffusionsschweißen *n*
diffusion pump Diffusionspumpe *f*
diffusivity Diffusität *f*
dig in/to einhaken *{Bohrer}*
digging-in Einhaken *n* *{des Bohrers}*
digitize/to digitalisieren
dimension Dimension *f*, Abmessung *f*; Ausmaß *n*, Größenmaß *n*, Maßangabe *f*, Maß *n*; Maßzahl *f* *{z.B. Fertigungszeichen}*
dimensional stability Maßbeständigkeit *f*, Maßhaltigkeit *f*
dimensions of test specimen Probekörpermaße *npl*
direct coupling direkte Kupplung *f*
direct-current balancer Ausgleichsmaschine *f*
direct-current measuring transductor Gleichstrom-Meßtransduktor *m*, Gleichstromwandler *m*
direct-current motor Gleichstrommotor *m*
direct drive Direktantrieb *m*, direkter Antrieb *m*, direkte Betätigung *f*
direct-drive motor Einzelantriebsmotor *m*
direct gating feed [angußlose] Direktanspritzung *f*
direct measurement of efficiency direkte Bestimmung *f* des Wirkungsgrades
direct motor drive Einzelantrieb *m*

direct quenching Direktabschrekken *n*
direct screw injection system Schneckendirekteinspritzung *f*
direct test direkte Prüfung *f*
direction Richtung *f*
direction of hand Gangrichtung *f*, Drehrichtung *f*
direction of rotation Drehrichtung *f*
direction of travel Bewegungsrichtung *f*
direction reversal Bewegungsumkehr *f*, Umsteuerung *f*
directional gerichtet; in Bewegungsrichtung; Richt-, Richtungs-
directional control sinnfälliges Schalten *n*
directional control valve Wegeventil *n*
directional coupler Richtungskoppler *m*
directional gain Richtungsmaß *n*, Bündelmaß *n*
directional response Richtungsempfindlichkeit *f*
directional response pattern Richtcharakteristik *f*
directivity index Richtungsmaß *n*, Bündelungsindex *m*
directivity pattern Richtcharakteristik *f*
dirt trap Schmutzfänger *m*
disabled außer Betrieb gesetzt, abgeschaltet; gesperrt; unwirksam
discharge belt Austragsband *n*
discharge chute Abführrutsche *f*, Ablaufrinne *f*
discharger 1. Austrag[s]vorrichtung *f*; Entlader *m*; 2. elektrischer Zünder *m*; Elektrizitätsentlader *m*

discoloration Verfärbung *f*
disconnect/to abschalten, unterbrechen, trennen, ausschalten, abklemmen; auslösen, ausrücken, abkuppeln
discontinuous diskontinuierlich, unzusammenhängend
discontinuous chip Bruchspan *m*, Reißspan *m*, Bröckelspan *m*
disengage/to lösen, auskuppeln; ausrücken *{Kupplung}*; öffnen *{Mutterschloß}*
disengaging bearing Ausrücklagerung *f*
disengaging fork Ausrückgabel *f*
disengaging lever Ausrückhebel *m*
disengaging rod Ausrückstange *f*
disengaging shaft Ausrückwelle *f*
dish/to 1. hohlschleifen; 2. kümpeln
dish grinding wheel Teller[schleif]scheibe *f*
dished gekümpelt, tiefgezogen, gewölbt, konkav
dished-arm handwheel konkaves Speichenhandrad *n*
dishing press Kümpelpresse *f*
disintegration Zerstörung *f*, Zersetzung *f*
disk 1. Scheibe *f*, Rundscheibe *f*; Schneidscheibe *f* [mit Stahlkern]; 2. Platte *f* *{EDV}*; 3. Teller *m*
disk brake Scheibenbremse *f* *{z.B. Zangenprinzip}*
disk clutch (coupling) Scheibenkupplung *f*
disk cutting Trennschleifen *n*
disk feeder Tellerbeschicker *m*, Tellerspeiser *m*, Tellerdosierer *m*
disk gear Tellerrad *n*
disk hub Nabenscheibe *f*
disk memory Plattenspeicher *m*

disk seating valve Tellerventil *n*, Plattenventil *n*
disk store Plattenspeicher *m*
disk-type slide valve Plattenschieber *m*
disk valve Plattenventil *n*, Scheibenventil *n*, Tellerventil *n*
disk wheel Scheibenrad *n*
disk winding Scheibenwicklung *f*
disks for clutches Lamellen *fpl* für Kupplungen
dispersion hardening Aus[scheidungs]härtung *f*
displace/to auslenken, verschieben
displacement Ausschlag *m*, Auslenkung *f*; Wegverschiebung *f*, Verschiebung *f*; Versatz *m* {von Wellen}
displacement factor Verschiebungsfaktor *m*, Leistungsfaktor *m* der Grundwelle
display/to anzeigen; darstellen
display Display *n*
display console Sichtgerät *n*, Anzeigekonsole *f*, Bildschirmkonsole *f*
display device Anzeigegerät *n*
display unit Anzeigeeinheit *f*; Großsichtanzeigegerät *n*
disposable insert Wende[schneid]platte *f*
dissolve/to [auf]lösen
distal zum Effektor hin {Roboter}
distance Distanz *f*, Abstand *m*, Entfernung *f*
distance between the clamping jaws Einspanndurchmesser *m*
distance between tie bars lichter Säulenabstand (Holmabstand) *m*, lichte Weite *f* zwischen den Säulen, Lichtweite *f*
distance measuring equipment Distanzmeßgerät *n*

distance measurement Wegmessung *f* {numerische Steuerung}
distance measuring device Telemetriegerät *n*
distance roller Distanzrolle *f*
distance sleeve Abstandshülse *f*
distorsion factor Verzerrungsfaktor *m* {eines Stromrichters}
distributed control verteilte Steuerung *f*
distributed load stetig verteilte Belastung *f*
distributed winding verteilte Wicklung *f*
distribution network Verteilernetzwerk *n*
distribution system Verteilersystem *n*
distributor Verteiler *m*; Gichtverteiler *m* {Hochofen}
district-heating duct Fernwärmeleitung *f*
dive key drive Ziehkeilgetriebe *n*
divert/to verlaufen {Bohrer}
divider 1. Teilkopf *m*, Teilapparat *m*; 2. Teiler *m*; 3. Trennelement *n*; 4. *s.* dividers
dividers Zirkel *m*; Anschlagzirkel *m*
dividing apparatus Teilapparat *m*, Teilkopf *m*
dividing head Teilkopf *m*, Teilapparat *m*
dividing[-head] plate Teilscheibe *f*
dividing worm Teilschnecke *f*
division plate Teilscheibe *f*
divorced kugelig, globular
dog Anschlag *m*, Mitnehmer *m*, Drehherz *n*, Klinker *f*, Sperrklinke *f*, Klaue *f*, Kolben *m*, Aufspannfrosch *m*, Daumen *m*, Nocken *m*, Knagge *f*

dog flange Klauenflansch *m*
dog key Hakenkeil *m*
dog plate Mitnehmerscheibe *f*
dog spanner Klauenschlüssel *m*
dog tooth Mitnehmerzahn *m*
dolomite lining Dolomitzustellung *f*
dome 1. Einbeulung *f {Tiefungsversuch}*; 2. Haube *f*
dosing Dosieren *n*
dosing apparatus Dosiergerät *n*
dosing balance Dosierwaage *f*
dosing channel Dosierrinne *f*
dosing control system Dosiersteuersystem *n*
dosing conveyor Dosierförderer *m*
dosing device Dosiergerät *n*
dosing machine Dosiermaschine *f*
dosing pump Dosierpumpe *f*
dotting mark Körperpunkt *m*, Körpermarke *f*
double-acting cylinder doppeltwirkender Zylinder *m*
double-action ratchet mechanism Doppelschaltwerk *n*
double-angle cutter Winkelfräser *m* für Drallspannuten
double back gear Zweifachvorgelege *n*
double bearing Doppellager *n*
double bevel doppelter Anschnitt *m*
double-bevel butt weld K-Naht *f*
double-bladed fly cutter zweimeßriges Schlagzahnwerkzeug *n*
double-blow cold header Zweistufenstauchautomat *m*
double-casing machine Maschine *f* mit Mantelkühlung, Maschine *f* mit belüftetem abgedecktem Gehäuse
double-column construction Doppelständerbauart *f*, Zweiständerausführung *f*

double-column planing machine Doppelständerhobelmaschine *f*
double-column plano-milling machine Zweiständerbettfräsmaschine *f*, Portalfräsmaschine *f*
double-column vertical boring and turning mill Zweiständerkarusselldrehmaschine *f*
double-corner rounding cutter doppelseitiger Radiusfräser *m*
double-covered butt joint zweischnittiger Laschenstoß *m*
double-cut zweiseitig schneidend, zweihiebig *{Feile}*
double cut zweiseitiger Schnitt *m*, Doppelhieb *m*, Kreuzhieb *m {Feile}*
double cutter doppelschneidendes Bohrmesser *n*
double-cutting planer Vor- und Rücklaufhobelmaschine *f*, Zweiweghobelmaschine *f*
double-daylight mo[u]ld Dreiplattenwerkzeug *n*
double-deck tool holder Aufbauwerkzeughalter *m*
double-disk grinding machine Zweischeibenschleifmaschine *f*, Planparallelschleifmaschine *f*
double dog Doppelsperrklinke *f*
double-duo mill Doppelduo[walz]gerüst *n*, Doppelduo *n*
double-duo stand Doppelduo[walz]gerüst *n*, Doppelduo *n*
double-edge[d] zweischneidig
double-ended doppelmäulig, zweiseitig schneidend, zweischneidig, doppelseitig arbeitend, beidseitig abgesetzt
double-ended compaction Verdichten *n* bei beidseitig wirkendem Druck

double   90

double-ended cutter zweischneidiges Bohr[stangen]messer *n*, beidseitig schneidendes Bohrmesser *n*
double-equal angle cutter Prismenfräser *m*
double-finger clamp Doppelspannpratze *f*
double-fired furnace Zweizonenofen *m*
double fork Doppelgabel *f*
double furnace Doppelpuddelofen *m*
double gear Zweiräderblock *m*
double-geared mit Vorgelege
double guide Doppelführung *f*
double half nut Mutterschloß *n*
double-head machine Maschine *f* mit zwei Spindelköpfen, Doppelspindelmaschine *f*, Doppelstößelmaschine *f*
double-helical pfeilverzahnt
double-helical gear Pfeilrad *n*, Stirnrad *n* mit Pfeilverzahnung (Doppelschrägverzahnung)
double-helical teeth 1. Pfeilverzahnung *f*; 2. Pfeilzähne *mpl*
double hook Doppelhaken *m*
double-housing Doppelständer-, Zweiständer-
double-housing planer Doppelständerhobelmaschine *f*
double-hung window Doppelfenster *n*
double-jaw chuck Zweibakken[spann]futter *n*
double-lap machine Zweischeibenläppmaschine *f*
double lever Doppelhebel *m*
double nut Doppelmutter *f*
double pinion Doppelzahnrad *n*

double-plate clutch Zweischeibenkupplung *f*
double-reared mit Vorgelege
double runner Doppelverteilerkanal *m*
double safety valve with high lift Hochhub-Doppelsicherheitsventil *n*
double-slide broaching machine Doppelstößelräummaschine *f*, Zwillingsräummaschine *f*
double-slideway bed Zweibahnenbett *n*
double-spindel zweispindlig; Doppelspindel-
double squirrel-cage motor Doppelkäfigmotor *m*
double squirrel-cage winding Doppelkäfigwicklung *f*
double-standard machine Zweiständermaschine *f*
double-stroke automatic cold header Zweistufenkaltstauchautomat *m*
double surfacer Dickenfräsmaschine *f*
double-thrust bearing Wechsellager *n*
double toggle clamp unit Doppelkniehebel-Schließeinheit *f*
double toggle clamping system Doppelkniehebel-Schließsystem *n*
double-track bed Zweibahnenbett *n*
double-tracked zweibahnig; Zweibahnen-
double-upright Zweiständer-
double-way connection Zweiwegschaltung *f*
double-wheel knurl holder Kordierhalter *m*
double-wheel knurling Kordeln *n*

double-wheel knurling tool Kordelwerkzeug *n*, Kordierwerkzeug *n*
dove-clutch Klauenkupplung *f*
dovetail/to Schwalbenschwanznuten einarbeiten
dovetail Schwalbenschwanz *m*, Schwalbenschwanzführung *f*
dovetail guide Winkelführung *f*
dovetail milling cutter Winkelstirnfräser *m*
dovetail slide Schwalbenschwanzführung *f*
down[-cut] milling Gleichauffräsen *n*
downfeed Senkrechtvorschub *m*, Zustellung *f*
downfeed increment Zustellsprung *m*
downfeed screw Zustellspindel *f*, Vertikalschieberverstellspindel *f*
downfeed slide Meißelschlitten *m*, Senkrechtvorschubschlitten *m*, Vertikalschieber *m*, Werkzeughalter *m* {*Waagerechtstoßmaschine*}
downhill casting Oberguß *m*, Einzelguß *m*, Kopfguß *m*, fallender Guß *m*
downtime Ausfallzeit *f*, Ausfalldauer *f*, Stillstandszeit *f* {*Anlage*}
downtime distribution Ausfalldauerverteilung *f*
dozzle Kokillenhaube *f*, Aufsatzkopf *m*
draft Ausformschräge *f*, Entformungsschräge *f*, Entformungskonizität *f*, Konizität *f*, Querschnittsverminderung *f*
draft angle Aushebewinkel *m*
draft booster Zugverstärker *m*
drag/to drücken {*Schneidenrücken*}
drag Zwischenschneide *f*

drag-over two high stand Überhebeduo *n*
drag pattern Modellunterteil *n*
drag plate Ziehwerkzeug *n*
drain/to ablassen, entleeren; abfließen, ablaufen
drain off/to abstechen
drain cock Ablaßhahn *m*, Ablaßventil *n*, Entleer[ungs]hahn *m*
drain conduit Ablaßleitung *f*
drain pipe Ablaßstutzen *m*
drain plug Ablaßschraube *f*, Ablaßstopfen *m*, Abflußstopfen *m*
drain valve Ablaßventil *n*, Entleerungsventil *n*, Entwässerungsventil *n*
drainage device Entwässerungseinrichtung *f*
draining transformer Saugtransformator *m*
draught Ziehstufe *f*
draw/to 1. ziehen {*z.B. Draht*}, zugumformen, reckumformen; 2. [auf]zeichnen {*Diagramm*}; auftragen; 3. ausheben {*aus der Form*}; 4. Lunker bilden, lunkern {*durch Schwindung*}; 5. abstechen {*Hochofen*}; 6. anlassen {*Stahl*}
draw deep/to tiefziehen
draw down/to strecken
draw out/to recken, ausschmieden
draw the temper/to 1. anlassen {*Stahl*}; 2. ausglühen, die Härte verlieren
draw 1. Ziehen *n*, Zug *m*, Ziehstufe *f*, Ziehvorgang *m*; 2. Ziehraumkonizität *f*, Entformungskonizität *f*; Lunker *m*, Saugstelle *f*; Ausformschräge *f*
draw cable Zugkabel *n*
draw crack Spannungsriß *m*

draw die Ziehring *m*, Ziehwerkzeug *n*, Ziehmatrize *f*
draw fish-plate Zuglasche *f*
draw furnace Anlaßofen *m*
draw hook Zughaken *m*
draw-in arbor Spanndorn *m*
draw-in attachment Spannzange *f*
draw-in bolt Anzugsschraube *f*, Spannschraube *f*
draw-in collet chuck Spannzange *f*, Spannpatrone *f*
draw-in tube Spannrohr *n*
draw lever Zughebel *m*
draw nail Modellspieß *m*, Aushebestift *m*
draw plate Ziehwerkzeug *n*, Zieheisen *n*
draw-plate hole Ziehdüse *f*
draw punch Ziehstempel *m*
draw ring Ziehring *m*
draw rod Zugstange *f*
draw rope Zugseil *n*
drawback Keilstück *n*
drawbar Anzugstange *f* *{Frässpindel}*
drawbench Ziehbank *f*, Ziehmaschine *f*
drawbolt Spannbolzen *m*, Anzugschraube *f*
drawcut-type keyseater Keilnutenziehmaschine *f*
drawing 1. Ziehen *n*, Zug *m*, Zugumformen *n*, Reckumformen *n*; 2. Ziehteil *n*; 3. Ziehgüte *f*; 4. Ausheben *n* *{aus der Form}*; 5. Lunker[bild]ung *f*; 6. Anlassen *n* *{Stahl}*; 7. Abstich *m* *{Hochofen}*; 8. Zeichnung *f*; [Auf-]Zeichnen *n*
drawing bead Ziehwulst *m(f)*
drawing compound Ziehmittel *n*, Ziehfett *n*

drawing cushion Ziehkissen *n*
drawing die Ziehmatrize *f*, Ziehstein *m*, Ziehwerkzeug *n*
drawing-die profile Ziehprofil *n* *{im Ziehwerkzeug}*
drawing-down Strecken *n*, Ausziehen *n*, Ausschmieden *n*
drawing furnace Anlaßofen *m*
drawing grade Tiefziehgüte *f*
drawing grease Ziehfett *n*
drawing limit Ziehgrenze *f*
drawing measuring machine Zeichnungsmeßmaschine *f*
drawing-out Ausschmieden *n*, Rekken *n*, Strecken *n*
drawing plate Ziehwerkzeug *n*, Zieheisen *n*
drawing process Ziehverfahren *n*
drawing punch Ziehstempel *m*
drawing ring Ziehring *m*
drawing robot Zeichenroboter *m*, Roboter *m* als Zeichenautomat
drawing solution Ziehemulsion *f*, Naßziehmittel *n*
drawing temperature Anlaßtemperatur *f*
drawing tool Ziehwerkzeug *n*, Ziehring *m*
drawpiece Ziehteil *n*
drench/to bestrahlen *{Ziehgut mit flüssigem Schmiermittel}*
dress/to abrichten, abziehen, abdrehen *{Schleifkörper}*; anschärfen *{Bohrer}*; putzen
dresser Abrichteinrichtung *f*, Abrichter *m*, Schleifkörper *m*
dressing Abrichten *n*, Abziehen *n*, Abdrehen *n* *{Schleifkörper}*; Anschärfen *n* *{Bohrer}*; Putzen *n*
drift/to verlaufen *{Bohrer}*; treiben, ausweiten, ausdornen; abtreiben

drift Schlupf *m*; Verlaufen *n* {Bohrer}; Austreiber *m*, Durchtreiber *m*, Konustreiber *m*, Ausweitdorn *m*, Lochdorn *m*; Drift *f*
drift key Austreiber *m*
drift velocity Driftgeschwindigkeit *f*
drifting Verlaufen *n* {Bohrer}
drill/to bohren {aus dem vollen Werkstoff}
drill at an angle/to schrägbohren
drill off centre/to exzentrisch bohren
drill round/to konzentrisch bohren
drill true/to lehrenhaltig bohren
drill and ball-type countersink Zentrierbohrer *m* für Schutzsenkung
drill and countersink combined [tool] Zentriersenker *m*, Senk-Bohr-Werkzeug *n*
drill bit Langlochbohrer *m*, Tieflochbohrer *m*
drill carriage Bohrschlitten *m*
drill chuck Bohrfutter *n*
drill chuck key Bohrfutterschlüssel *m*
drill depth indicator Bohrtiefenanzeiger *m*
drill drift Bohraustreiber *m*, Austreiber *m*
drill driver Kegelklemmhülse *f*
drill ga[u]ge plate Bohrlehre *f*
drill grinding Bohrerschleifen *n*, Bohrernachschliff *m*
drill grinding machine Bohrerschleifmaschine *f*
drill guide bush Bohr[erführungs]buchse *f*
drill hole Bohrloch *n*
drill jig Bohrvorrichtung *f*
drill-jig bush[ing] Bohrbuchse *f*

drill point Bohrerspitze *f*
drill point angle Bohrspitzenwinkel *m*
drill point ga[u]ge Spiralbohrerschleiflehre *f*
drill point sharpening machine Spiralbohrerspitzenschleifmaschine *f*
drill point thinning machine Spiralbohrerausspitzmaschine *f*
drill pointing Bohrerausspitzen *n*
drill press Säulenbohrmaschine *f*
drill return Bohrerrücklauf *m*
drill shaft Austreiblappen *m*
drill shank Bohrerschaft *m*
drill sharpener Bohrerscharfschleifmaschine *f*
drill sleeve (socket) Bohrerhülse *f*, Kegelhülse *f*, Reduzierhülse *f*
drill spindle Bohrspindel *f*
drill-spindle head Bohrspindelkopf *m*
drill spindle sleeve Bohrspindelhülse *f*
drill table Bohr[maschinen]tisch *m*
drill upsetting machine Bohrerstauchmaschine *f*
drill whipping Bohrerschlag *m*
drilling attachment Bohr[zusatz]einrichtung *f*, Bohrkopf *m*
drilling bush Bohrbuchse *f*
drilling capacity maximaler Bohrdurchmesser *m*
drilling circle Bohrkreis *m*
drilling depth stop Bohrtiefenanschlag *m*
drilling from the solid Bohren *n* aus dem Vollen
drilling jig Bohrvorrichtung *f*; Bohrschablone *f*
drilling machine Bohrmaschine *f*; Drehmaschine *f*

drinking

drilling range Bohrfeldgröße *f*
drilling robot Bohrroboter *m*, Roboter *m* zum Bohren
drilling saddle Bohrschlitten *m* *{Radialbohrmaschine}*
drilling template Bohrschablone *f*
drilling tool Bohrwerkzeug *n*
drinking-fountain valve and fitting Trinkbrunnenarmatur *f*
drip-proof machine tropfwassergeschützte Maschine *f*
drip-proof screen-protected machine gegen Tropfwasser und Berührung geschützte Maschine *f*
drive/to [an]treiben, betreiben; mitnehmen *{Werkstück}*
drive 1. Antrieb *m*, Stellantrieb *m*; Triebwerk *n*, Getriebe *n*; 2. [An]-Treiben *n*; Trieb *m*, Mitnahme *f* *{Werkstück}*
drive bearing Antriebslager *n*
drive belt Treibriemen *m*, Antriebsriemen *m*
drive carrier Mitnehmer m, Drehherz n
drive chain Antriebskette *f*
drive control Antriebsregelung *f*
drive element Transmissionsteil *n*
drive flange Antriebsflansch *m*
drive gear getriebenes Rad *n*, Abtriebsrad *n*, Getriebenes *n*
drive gearbox Räder[getriebe]kasten *m*, Spindelkasten *m*
drive housing Schaltgehäuse *n*
drive key gear Ziehkeilgetriebe *n*
drive level Antriebsebene *f*
drive lever Antriebshebel *m*
drive mechanism Antrieb
drive plate Mitnehmerscheibe *f*
drive pulley Abtriebsscheibe *f*, Gegenscheibe *f*

drive shaft Gelenkwelle *f*; getriebene Welle *f*, Abtriebswelle *f*
drive side 1. Antrieb *m*; 2. Leertrum[m] *n* *{Riemen}*
drive signal Stellsignal *n*
drive slot Mitnehmernut *f*
drive unit Antriebsaggregat *n*
driven angetrieben; angesteuert
driver Mitnehmer[bolzen] *m*, Drehherz *n*
driver device Antriebseinrichtung *f*; Mitnehmer[bolzen] *m*, Drehherz *n*
driver motor Antriebsmotor *m*
driver sleeve Mitnehmermuffe *f*
driving Antreiben *n*; Treiben *n*, Antreiben *n*, Stellen *n*
driving belt Antriebsriemen *m*, Treibriemen *m*
driving collar Mitnehmerring *m*
driving device Antrieb *m*, Antriebseinrichtung *f*
driving fit Übergangspassung *f*
driving force Mitnehmerkraft *f*
driving fork Mitnehmergabel *f*
driving key Mitnehmerkeil *m*, Treibkeil *m*
driving lever Mitnehmerhebel *m*
driving lug Mitnehmerzapfen *m*, Mitnehmernase *f*
driving pawl Mitnehmerklinke *f*
driving pinion Antriebsritzel *n*, Antriebszahnrad *n*
driving plate Mitnehmerscheibe *f*
driving pulley Antriebs[riemen]scheibe *f*
driving shaft Antriebswelle *f*
driving side Antriebsseite *f*
driving torque 1. Antriebsdrehmoment *n*, Antriebsmoment *n*; 2. Meßmoment *n*

drone Dröhnen *n*
drop/to 1. fallen lassen, abwerfen; 2. sinken, abfallen; 3. tropfen
drop bottom Bodenklappe *f* {*Kupolofen*}
drop-bottom bucket Setzkübel *m*
drop hanger Hängelager *n*
drop hardness test Fallhärteprüfung *f*
drop test Fallversuch *m*
drop worm [mechanism] Fallschnecke *f*
dropper Tropfengeber *m*
dropping Tropfenbildung *f*, Nachtropfen *n*
dropping valve Druckminderventil *n*, Druckabfallventil *n*
dross Gekrätz *n*, Krätze *f*, Schaum *m*, Garschaum *m* {*NE-Metalle*}; Schlacke *f*, Hüttenafter *n*
drossing Abziehen *n*, Schaumabheben *n* {*NE-Metalle*}; Entschlickerung *f*
drum Trommel *f*
drum indexing Trommelschalten *n*
drum machine Trommelmaschine *f*
drum magazine Trommel[werkzeug]speicher *m*, Trommelmagazin *n*
drum retort furnace Tonnenretortenofen *m*
drum-type brake Trommelbremse *f*
drum winding Trommelwicklung *f*
dry/to trocknen
dry-bore/to trocken [auf]bohren
dry-grind/to trocken schleifen
dry 1. trocken, Trocken-; 2. übergar; 3. stromlos, spannungslos, tot
dry assay Trockenprobe *f*, trockene Probe *f*
dry cleaning Luftaufbereitung *f*, Trockenaufbereitung *f*, Luftwäsche *f*, pneumatische Aufbereitung *f*
dry cycle Leerhub *m*
dry cycle time Trockentaktzeit *f*, Trockenlaufzeit *f*, Taktzeit *f* im Trockenlauf
dry cycling Leerlauf *m* {*Druckgießmaschine*}
dry-disk clutch Trockenkupplung *f*
dry drilling Trockenbohren *n*
dry grinding Trockenschleifen *n*, Trockenschliff *m*
dry mo[u]lding Trockensandformen *n*, Trockengußformen *n*
dry running compressor Trockenlaufkompressor *m*
dry-sand core Trockensandkern *m*
dry-sand mo[u]ld Trockensandform *f*, Trockengußform *f*
dry-sand mo[u]lding Trockensandformen *n*, Trockengußformen *n*
dry sieving Trockensieben *n* Trockenmasse f
dry weight Trockengewicht *n*, Trockenmasse *f*
dry wire drawing Trocken[draht]zug *m*
drying Trocknen *n*, Trocknung *f*
drying rack Trockengestell *n*
dual-grip chuck Doppelspannfutter *n*
dual-ram-type vertical broaching machine Doppelstößelräummaschine *f*
dub/to nachsynchronisieren, überspielen, kopieren {*Tonband*}
dubbing Nachsynchronisation *f*, Überspielen *n*, Kopieren *n*; Tonmischung *f*
duct Kanal *m*; Kabelkanal *m*, Kanalzug *m*; Leitung *f*, Rohr *n*

ductile

ductile fracture Dehnungsbruch *m*, Verformungsbruch *m*, faseriger Bruch *m*; zäher Bruch *m* *(von Kunststoffen)*
ductility test Verformungsversuch *m*, Tiefziehversuch *m*
due to the die (mo[u]ld) werkzeugbedingt
dull 1. stumpf, matt[iert], glanzlos *{Metalloberfläche}*; 2. stumpf *{Schneidwerkzeug}*; 3. dumpf *{Klangfarbe}*
dullness 1. Mattheit *f*, mattes Aussehen *n*, Glanzlosigkeit *f* *{Oberfläche}*; 2. Stumpfheit *f* *{Schneidewerkzeug}*; 3. Dumpfheit *f*
dumb-bell specimen Schulterprobe *f*
dumb-bell tensile test specimen Schulterprobe *f* für Zugversuch
dummy 1. Gesenkschmiederohling *m*, vorgeformtes Material *n*; 2. Stauchkaliber *n* *{beim Schinenwalzen}*; 3. Blindkathode *f*, Reinigungskathode *f*
dummy block Vorlegescheibe *f* *{zwischen Rohling und Stempel}*
dummy pass Blindstich *m*, Blindkaliber *n*
dummy plug Blindstopfen *m*, Blindstöpsel *m*
dummy roll Blindwalze *f*, Schleppwalze *f*
dumptest Stauchprüfung *f*
dunt Kühlriß *m*
dunting Kühlrißbildung *f*
duo mill Duowalzwerk *n*, Zwillingswalzwerk *n*
duo rolls Duowalzen *fpl*, Zwillingswalzen *fpl*
duplex/to im Duplexverfahren erschmelzen

duplex grinding machine Zweischeibenschleifmaschine *f*, Zwillingsschleifmaschine *f*
duplex-head milling machine Doppelspindelplanfräsmaschine *f*
duplex multiple disk clutch Doppellamellenkupplung *f*
duplex process Duplex[schmelz]verfahren *n*
duplex spiral reamer kreuzverzahnte Reibahle *f*
duplicate/to kopieren, nachformen, in Serie fertigen, nachbauen, reproduzieren; verdoppeln
duplicate-machine/to nachformen, kopieren
duplicate three-dimensionally/to raumnachformen
duplicate boring Serienbohren *n*
duplicate part Serienteil *n*, Massenteil *n*
duplicate production Serienfertigung *f*, Reihenfertigung *f*
duplicate turning Nachformdrehen *n*, Kopierdrehen *n*
duplicate work-holding fixture Doppelspannvorrichtung *f*
duplicating attachment Nachformeinrichtung *f*
duplicating machine Nachformmaschine *f*, Kopiermaschine *f*
duplication Kopieren *n*, Nachformung *f*, Reproduktion *f*, Serienfertigung *f*
duplicator Nachformeinrichtung *f*, Kopiereinrichtung *f* *{Metallbearbeitung}*
duration of dwell Verweilzeit *f*, Stillstandsdauer *f*
duration of test Prüfdauer *f*

dust Staub m, Schleifstaub m, Flugstaub m; Stanzmasse f, Preßmasse f
dust cap Staubkappe f
dust guard Staubschutz m
dust lip Staubschutzlippe f
dust-proof machine staubgeschützte Maschine f
duty 1. Betrieb m; 2. Betriebsart f; 3. Aufgabe f
duty cycle Einschaltzyklus m, Arbeitszyklus m, Arbeitsspiel n, Tastzyklus m
duty factor Betriebsfaktor m, relative Einschaltdauer f
duty factor in continuously running duty relative Einschaltdauer f bei Dauerbetrieb
duty factor in intermittent periodic duty relative Einschaltdauer f bei intermittierendem Betrieb
dwell Bewegungspause f, Stillstand m
dwell duration Verweilzeit f, Stillstandsdauer f
dwell period Verweilzeit f, Stillstandsdauer f
dwell pressure Haltedruck m; Formgebungsdruck m
dwell pressure phase Formgebungsphase f
dwell time Standzeit f, Verweildauer f, Verweilzeit f; Druckpausenzeit f, Entlüftungszeit f {vor vollständigem Werkzeugschluß}
dye Farbstoff m
dye penetrant inspection method Farbdiffusionsverfahren n, Farbeindringverfahren n
dying-away (-out) Abklingen n, Verhallen n
dynamic balancing [dynamische] Auswuchtung f

dynamic ball-impact test Kugelschlagprüfung f
dynamic behaviour dynamisches Verhalten n
dynamic elastic constant dynamische Elastizitätskonstante f
dynamic indentation test Fallhärteprüfung f
dynamic load dynamische Belastung f
dynamic mechanical test dynamische-mechanische Prüfung f
dynamic modulus dynamischer Modul m, Speichermodul m
dynamic modulus of elasticity dynamischer Elastizitätsmodul m
dynamic properties dynamische Eigenschaften fpl
dynamic range Lautstärkeumfang m, Dynamikbreich m
dynamic-range control Dynamikregelung f
dynamic shear modulus dynamischer Schermodul (Schubmodul) m
dynamic tearing dynamisches Weiterreißen n
dynamic tensile modulus dynamischer Zug[elastizitäts]modul m
dynamic test dynamische Prüfung f
dynamic viscosity dynamische Viskosität f
dynamometer Dynamometer n, Kraftmeßgerät n, Kraftmesser m; dynamoelektrisches Meßgerät n
dynamotor Dynamotor m, Gleichstrom-Einankerumformer m
Dynstat apparatus Dynstat-Gerät n {zur Bestimmung von Biegefestigkeit und Schlagzähigkeit}
Dynstat test specimen Dynstat-Probe f

E

early recognition Früherkennung *f* {*z.B. von Fehlern*}
earth Erde *f*
earthed geerdet, mit Masseanschluß
earthing terminal Erdungsklemme *f*
ease-off Freischnitt *m*
easy-machining leicht zerspanbar
easy-starting arbor Aufsteckhalter *m* mit Abdrückmutter
eccentric 1. exzentrisch, außermittig; 2. Exzenter *m*
eccentric adjustment außermittige Verstellung *f*
eccentric bore Außermittebohrung *f*
eccentric chuck Außermittespannfutter *n*
eccentric chucking Außermittespannen *n*
eccentric circle Exzenterkreis *m*
eccentric crank mechanism exzentrisches (geschränktes) Schubkurbelgetriebe *n*
eccentric lathe Unrunddrehmaschine *f*
eccentric loading exzentrische (außermittige) Belastung *f*
eccentric press Exzenterpresse *f*
eccentric shaft Exzenterwelle *f*
eccentric tension exzentrischer (außermittiger) Zug *m*
eccentric turning Außermittedrehen *n*
eccentricity of load Exzentrizität (Ausmittigkeit) *f* der Belastung
eddy current brake Wirbelstrombremse *f*
eddy current clutch Wirbelstromkupplung *f*
edge/to Kanten walzen, kanten; schärfen, schleifen {*Werkzeuge*}; stauchen, vorformen, vorschmieden
edge Kante *f*, Rand *m*; Randzone *f*; Schneide *f*, Schneidkante *f*
edge cam Kurvenscheibe *f*
edge chipping Schneidenausbruch *m*
edge decarburization Randentkohlung *f*
edge gate seitlicher Anschnitt *m*
edge-gated seitlich angeschnitten, seitlich angespritzt
edge grinding Umfangsschleifen *n*
edge holding characteristics Schneidhaltigkeit *f*
edge life Standzeit *f*
edge milling Kantenbesäumfräsen *n*
edge planing machine Blechkantenhobelmaschine *f*
edge-retaining schneidhaltig
edge strength Schneidhaltigkeit *f*
edge trimming Kantenbearbeitung *f*, Abfasen *n*, Kantenabschrägen *n*
edger Kantenhobelmaschine *f*
edgingmill Senkrechtgerüst *n*
edging pass Stauchkaliber *n*
edging roll Stauchwalze *f*
effect/to bewirken, hervorrufen
effect Wirkung *f*, Auswirkung *f*, Einwirkung *f*; Ergebnis *n*; Effekt *m*
effective capacity Nutzleistung *f*, Wirkleistung *f*
effective sound pressure effektiver Schalldruck *m*, Effektivwert *m* des Schalldrucks
effector Effektor *m*, Stellelement *n*, Stellglied *n*, Stellorgan *n* {*am Roboter*}

efficiency of metal removal Spannungsleistung *f*
efflux/to auslaufen, ausfließen
effort Aufwand *m*, Leistungsaufwand *m*; [mechanische] Kraft *f*; Anstrengung *f* {des Materials}
egg-sleeker (smoother) Formglättwerkzeug *n*
eight-runner arrangement Achtfachverteilerkanal *m*
eight-spindle automaton Achtspindelautomat *m*
ejection Auswerfen *n*, Ausstoßen *n*
ejection aid Auswerferhilfe *f*
ejection fixture Auswerfeinrichtung *f*, Ausstoßeinrichtung *f*
ejector Auswerfer *m*, Materialausstoßer *m*, Ausstoßvorrichtung *f*, Ausheber *m*; Ejektor *m*
ejector assembly Auswerfeinrichtung *f*
ejector bar Auswerferschiene *f*
ejector bolt Auswerferbolzen *m*
ejector bore Auswerferbohrung *f*
ejector control mechanism Auswerfersteuermechanismus *m*
ejector cylinder Ausstoßzylinder *m*
ejector damping mechanism Auswerferdämpfung *f*
ejector end position Auswerferendstellung *f*
ejector force Ausstoßdruck *m*, Auswerferkraft *f*
ejector half Auswerferseite *f*, auswerferseitige Werkzeughälfte *f*
ejector mark Auswerfermarkierung *f*
ejector mechanism Auswerfeinrichtung *f*, Auswerfersystem *n*
ejector monitoring device Auswerferüberwachungssteuerung *f*

ejector movement Auswerferbewegung *f*
ejector pin Ausstoßstift *m*, Auswerferstift *m*, Auswerferstempel *m*
ejector plate [assembly] Auswerfer[halte]platte *f*, Auswerferteller *m*, Plattenauswerfer *m*
ejector plate return pin Rückdrückstift *m*
ejector plate safety mechanism Auswerferplattensicherung *f*
ejector release [mechanism] Auswerferfreistellung *f*
ejector retaining plate Auswerfergrundplatte *f*
ejector retraction force Auswerferrückzugkraft *f*
ejector ring Auswerferring *m*
ejector rod Auswerferstange *f*, Auswerferstößel *m*, Auswerferkolben *m*, Stangenauswerfer *m*
ejector speed Auswerfergeschwindigkeit *f*
ejector stroke Ausstoßweg *m*, Auswerferhub *m*
ejector stroke limitation [device] Auswerferhubbegrenzung *f*
ejector valve Auswerferventil *n*
elastic elastisch
elastic after-effect elastische Nachwirkung *f*
elastic and plastic strain elastoplastische Formänderung *f*
elastic buckling elastische Knikkung *f*
elastic constant Elastizitätskonstante *f*
elastic deformation elastische Verformung (Deformation) *f*
elastic force elastische Kraft *f*

elastic foundation elastische Unterlage *f*
elastic hysteresis elastische Hysteresis *f*
elastic lag elastische Nachwirkung *f*
elastic limit Elastizitätsgrenze *f*
elastic material elastischer Werkstoff *m*
elastic modulus Elastizitätsmodul *m*, E-Modul *m*
elastic modulus in bend Elastizitätsmodul *m* nach Biegeversuch
elastic modulus in compression Elastizitätsmodul *m* nach Druckversuch
elastic modulus in tension Elastizitätsmodul *m* nach Zugversuch
elastic strain elastische Formänderung *f*
elastic strain energy Verzerrungsenergie *f*
elastic support elastische Stütze *f*
elasticity Elastizität *f*
elasticity of bulk Volumenelastizität *f*
elasto-plastic material elastoplastischer Werkstoff *m*
elbow Knie[rohr] *n*, Rohrbogen *m*, Winkelstück *n*
elbow forming machine Knierohrbiegemaschine *f*
electric elektrisch
electric drive Elektroantrieb *m*
electrical elektrisch
electrical contact elektrischer Kontakt *m*
electrical defect elektrischer Fehler *m*, Fehler *m* an elektrischen Teilen

electrical hand drill elektrische Handbohrmaschine *f*
electrical interconnection Zusammenschalten *n*
electrical resistance elektrischer Widerstand *m*
electrical test elektrisches Prüfverfahren *n*, elektrische Prüfung (Prüfmethode) *f*
electrically operated chuck Elektrospannfutter *n*
electrically operated valve elektrisch betätigtes Ventil *n*, Elektroventil *n*
electrically remote-operated cock elektrisch ferngesteuerter Hahn *m*
electrocleaning elektrolytische Reinigung *f*
electrohydraulic elektrohydraulisch
electrohydraulic regulating unit elektrohydraulisches Hub- und Stellglied *n*
electrohydraulic servo elektrohydraulischer Stellantrieb *m*
electrohydraulic valve elektrohydraulisches Ventil *n*
electrolytic corrosion effect elektrolytische Korrosionswirkung *f* *{Prüfung von elektrischen Isolierstoffen}*
electromagnet Elektromagnet *m*
electromagnetic elektromagnetisch; induktiv
electromechanical balance elektromechanische Waage *f*
electromotor Elektromotor *m*
electronic balance elektronische Waage *f*
electronic monitoring system Überwachungselektronik *f*
electroparting elektrolytische Scheidung (Trennung) *f*

electropneumatic converter elektropneumatischer Wandler *m*
electropneumatic stop valve elektropneumatisches Schnellschlußventil *n*
element 1. Element *n*, Glied *n* {eines Systems}; 2. Bauelement *n*, Baustein *m*, Bauglied *n*; Baugruppe *f*; 3. Teilvorgang *m*
elevate/to anheben, hochheben; steigern, erhöhen {z.B. Temperatur}
elevated temperature hardness Warmhärte *f*
elevated temperature test Warmversuch *m*
elevatingarm radial drilling machine Radialbohrmaschine *f* mit Höhenverstellung
elevating control Höhenverstellung *f*
elevating drive Hubgetriebe *n*
elevating mechanism Hubwerk *n*
elevating motion Hubbewegung *f*, Senkrecht[verstell]-bewegung *f*
elevating motor Hubmotor *m*
elevating nut Hubspindelmutter *f*
elevating screw Höhenstellspindel *f*, Hubspindel *f*, Gewindespindel *f* für Senkrechtverstellung
elevation 1. Heben *n*, Anhebung *f*; Höhenverstellung *f*, Senkrechtverstellung *f*; 2. Anstieg *m*, Erhöhung *f* {z.B. Temperatur}
elevator Anhebevorrichtung *f*, Hebevorrichtung *f*
elimination of faults Störungsbehebung *f*
elliptical turning attachment Ovaldreheinrichtung *f*
elongating of slots Langlochfräsen *n*

elongation Verlängerung *f*, Dehnung *f*, Streckung *f*
elongation at failure Bruchdehnung *f*
embedded temperature detector eingebautes Thermoelement *n*, eingebaute Widerstandsspule *f*
emboss/to hohlprägen, reliefprägen; bossieren
embossing Hohlprägen *n*, Reliefprägen *n*; Bossieren *n*
emergency 1. Not-; 2. Notfall *m*, Notlage *f*
emergency condition Hilfsbedingung *f*; Notlaufbedingung *f*
emergency intervention Noteingriff *m*
emergency maintenance Notreparatur *f*, Eilwartung *f* {bei Störungen}
emergency power supply Notstromversorgung *f*
emergency power system Notenergiesystem *n*, Notstromsystem *n*
emergency repair Havariereparatur *f*
emergency shut-down Notabschaltung *f*
emergency stop switch Notabschalter *m*
emergency valve Notabsperrventil *n*
emission angle Austrittswinkel *m*
enamel slip Emailschlicker *m*
end/to Stirnflächen bearbeiten, planen
end-cut/to in axialer Richtung schneiden, stirnschneiden
end Ende *n*; Stirnfläche *f*, Stirnseite *f*, Schmalseite *f*, Nase *f*, Ansatz *m*
end column Gegenständer *m*, Setzstock *m*

end-cut tool Kopfmeißel *m*
end-cut turning tool Stirndrehmeißel *m*, Stechdrehmeißel *m*
end-cutting in axialer Richtung schneidend, stirnschneidend
end-cutting edge Stirnschneide *f*, Stirnzahn *m*
end-cutting reamer Stirnreibahle *f*
end effector Effektor *m*, Betätigungsorgan *n*, Handhabungsorgan *n*
end face mill Walzenstirnfräser *m*
end facing Stirnflächenplanen *n*, Abflächen *n*
end journal Stirnzapfen *m*, Führungszapfen *m*
end-measure jig borer Endmaßlehrenbohrmaschine *f*
end mill Schaftfräser *m*, Fingerfräser *m*
end mill of the shell type Walzenstirnfräser *m*
end milling Stirn[flächen]fräsen *n*, Fräsen *n* mit Fingerfräser
end of stroke Hubende *n*
end of the specimen Probenkopf *m*
end point Endpunkt *m*, Endstellung *f*
end-point control Endpunktsteuerung *f*
end-point stop Endanschlag *m*
end-product properties Endprodukteigenschaften *fpl*
end quench test Stirnabschreckversuch *m*
end reduction Spitzen *n*, Ausspitzung *f*
end shield Lagerschild *m*, Seitenplatte *f*
end sizing Kalibrieren *n*
end stop Endanschlag *m*, Längsanschlag *m*
end support Gegenständer *m*
end-support bearing block Gegenlager *n*, Setzstocklager *n*
end toolslide Hauptschlitten *m* {Automat}
end toolslide cam drum Hauptschlittenkurventrommel *f* {Automat}
end winding Spulenkopf *m*, Stirnverbindung *f*
end working Längsoperation *f* {Automat}
endurance 1. Ausdauer *f*, 2. Beständigkeit *f*, Dauerhaftigkeit *f*, Haltbarkeit *f*; 3. Lebensdauer *f* des Werkzeugs, Standzeit *f* {Werkzeug}
endurance buckling test Dauerknickversuch *m* {zur Bestimmung der Rißbildung; Prüfung von Gummi und Kautschuk}
endurance limit Dauerfestigkeit *f*
endurance test Dauerprüfung *f*
energize/to 1. speisen; 2. erregen {Relais}; 3. anregen; 4. einschalten
energized position Einschaltstellung *f*
energizer Aktivierungsmittel *n*, Verstärker *m*, Aktivator *m* {Zusatz zum Kohlungsmittel}
energy Energie *f*
energy consumption Energieverbrauch *m*
energy converter Energiewandler *m*
energy demand Energiebedarf *m*
energy of deformation Formänderungsenergie *f*, Deformationsarbeit *f*, Formänderungsarbeit *f*
engage/to einkuppeln, einrücken, einschalten; einrasten, eingreifen {z.B. Klaue}, ineinandergreifen; einspannen

engage with/to 1. in Eingriff sein mit, kämmen mit *{Zahnräder}*; 2. berühren, Berührung haben mit
engaged position Eingriffstellung *f*
engagement lever Schalthebel *m*
engaging dog Mitnehmerklaue *f*
engine lathe Spitzendrehmaschine *f*
engineering 1. technisch, konstruktiv; 2. Technik *f*; 3. Konstruktion *f*
engineering area technischer Bereich *m*
engineering drawing Konstruktionszeichnung *f*
engineering strain Dehnung *f* *{bei Zugbeanspruchung}*; Beanspruchung *f* *{auf einen Körper wirkende verformende Spannung}*
engineering time Wartungszeit *f*
engraving cutter Gravierfräser *m*
engraving machine Graviermaschine *f*
engraving-type form duplicating machine Graviernachformmaschine *f*
enlarging adapter Übergangsstück *n*
enlarging with a drift Aufdornen *n*
enter manually/to von Hand eingeben
entering angle Einstellwinkel *m*, Greifwinkel *m*
entering end Anschnitt *m*, Anschnittseite *f*
entering tooth Eingriffszahn *m*
entrained air Falschluft *f*
entrance cone end Einlauftrichter *m*
entry angle Einlaufwinkel *m*
envelope Enveloppe *f*, Hüllkurve *f* *{z.B. des Arbeitsbereiches eines Roboters}*, Umhüllende *f*, Einhüllende *f*

environmental craze resistance Rißbeständigkeit (Haarrißbeständigkeit) *f* bei Umwelteinflüssen
environmental factor Umweltfaktor *m*
environmental stress rupture Spannungsbruch *m* durch Umwelteinflüsse
epicycle gear Planetengetriebe *n*
equal gleich
equal-angle cutter Prismenfräser *m*
equalization Ausgleichzustellung *f*
equalizer Equalizer *m*, Ausgleichsverbindung *f*; Korrekturglied *n*
equation of equilibrium Gleichgewichtsgleichung *f* *{z.B. einer Platte}*
equidistant programming Äquidistantenprogrammierung *f* *{numerische Steuerung}*
equilibrium absorption Gleichgewichtsabsorption *f*
equilibrium temperature Gleichgewichtstemperatur *f*
equip/to ausrüsten, ausstatten
equipment 1. Ausrüstung *f*, Einrichtung *f*; 2. Gerät *n*, Apparat *m*
equipment configuration Gerätekonfiguration *f*
equipment malfunction Geräteausfall *m*
equipment reliability Anlagenzuverlässigkeit *f*
equipment repair time Gerätereparaturzeit *f*, Geräteinstandsetzungszeit *f*
equipotential connection Ausgleichsverbindung *f*
equivalent chip thickness Bogenspanningsdicke *f*
equivalent chip width Bogenspannungsbreite *f*

equivalent total strain Vergleichsformänderung *f*
erase/to löschen
ergonomics Ergonomie *f*, Arbeitswissenschaft *f*
ergonomist Ergonomiker *m*
erode/to abtragen *{Zerspanung}*
eroding process abtragendes Bearbeitungsverfahren *n*
erosion Erosion *f*, Abtragung *f*
erosion test Erosionsprüfung *f*
erroneous fehlerhaft
error 1. Fehler *m*; 2. Abweichung *f* *{z.B. Fertigungsabweichung}*
error correction Fehlerkorrektur *f*
error indication Fehleranzeige *f*, Abweichungsanzeige *f*
error signal Fehlersignal *n*, Signal *n* beim Auftreten eines Fehlers
escape Abfuhr *f*, Ablauf *m* *{Späne}*; Austritt *m*, Entweichen *n* *{von Gasen}*; Abfluß *m*
etch/to ätzen
etch figure Ätzfigur *f*, Lösungsfigur *f*
eutectic diagram Zustandsschaubild *n*
evacuating equipment Evakuierungseinrichtung *f*
evaluate/to bewerten, beurteilen; auswerten
evaluation 1. Bewertung *f*, Beurteilung *f*, Wertung *f*; 2. Auswertung *f*
evaluation of results Versuchsauswertung *f*
evaporate/to verdunsten
even feinkörnig *{Bruchfläche}*; eben; gleichmäßig, geradzahlig, gerade
even number gerade Zahl *f*
event Ereignis *n*, Vorgang *m*

examination Prüfung *f*, Überprüfung *f*, Untersuchung *f*, Test *m*
examination of materials Materialprüfung *f*
exceed/to [einen Wert] überschreiten
excessive wear übermäßiger Verschleiß *m*
exchange Austausch *m*, Wechsel *m*
execute/to ausführen
execute an instruction/to einen Befehl ausführen
execution Ausführung *f*, Befehlsausführung *f*
exhaust curve Ausströmungslinie *f*
exhaust valve Entlüftungsventil *n*
exit side Ausgangsseite *f*
exit taper Austrittskonus *m* *{Ziehstein}*
expand/to erweitern; ausdehnen, ausbauchen, strecken; spreizen *{Dorn, Reibahle}*; wachsen *{Formsand}*; aufdornen, aufweiten *{Rohre}*
expanding-block cutter mounting Spreizfassung *f* *{Bohrstange}*
expanding cone Spreizkonus *m*
expanding mandrel Spreizdorn *m*
expanding reamer Spreizreibahle *f*, nachstellbar geschlitzte Reibahle *f*
expanding screw Spreizschraube *f*
expansion 1. Erweiterung *f*; 2. Expansion *f*, Ausdehnung *f*, Dehnung *f*; Ausbauchung *f*, Streckung *f*; Auseinanderspreizen *n*, Spreizen *n*; 3. Wachsen *n* *{Formsand}*
expansion arbor Spreizdorn *m*
expansion container Expansionsbehälter *m*
expansion crack Wärmedehnungsriß *m*, Dehnungsriß *m*

expansion fit Einschrumpfverbindung *f*, Schrumpfpassung *f*
expansion joint Dehnungsausgleicher *m* {*für Rohre*}
expansion packaging box Dehnungsstopfbuchse *f*
expansion reservoir Expansionsgefäß *n*
expansion slide valve Expansionsschieber *m*
expansive geschlitzt, nachstellbar {*Reibahle*}
expectancy Lebens[dauer]erwartung *f*
experimental cavity Versuchsformnest *n*
experimental conditions Versuchsbedingungen *fpl*
experimental die Versuchswerkzeug *n*, Prüfwerkzeug *n*
experimental mo[u]ld Versuchswerkzeug *n*, Prüfwerkzeug *n*
experimental study experimentelle Untersuchung *f*
experimental technique Versuchstechnik *f*
experimental tool Versuchswerkzeug *n*, Prüfwerkzeug *n*
explosion-proof explosionsgeschützt
explosion-proof machine explosionsgeschützte Maschine *f*
explosion-relief device and flame arrester Explosions- und Flammrückschlagsicherung *f*
explosively formed explosiv[um]geformt
expose/to aussetzen {*z.B. Witterungseinflüssen*}
exposure Aussetzen *n* {*z.B. Witterungseinflüssen*}; Ausgesetztsein *n* {*einer Einwirkung*}

exposure period Einwirkungsdauer *f*
exposure test Auslagerung *f* {*Prüfung bei bestimmten Einflüssen*}
exposure time Bestrahlungszeit *f*, Bestrahlungsdauer *f* {*bei künstlicher Bewitterung*}; Einwirkungszeit *f* {*z.B. von Umwelteinflüssen*}; Standzeit *f* {*Korrosion*}
exposure to daylight Prüfung *f* mittels Einwirkung von Tageslicht
exposure to radiation Bestrahlung *f*
extend/to 1.[aus]dehnen, strecken; ausziehen; 2. erweitern; verlängern; 3. ausfahren
extended-bed lathe Langbettdrehmaschine *f*
extended nozzle verlängerte Düse *f*, Tauchdüse *f*
extensibility Dehnbarkeit *f*, Streckbarkeit *f*
extension 1. Dehnung *f*, Verlängerung *f*, Streckung *f*; 2. Erweiterung *f*; 3. verlorener Kopf *m* {*Blockguß*}; 4. Ausfahren *n*, Herausschieben *n*
extension crack Dehnungsriß *m*
extension measurement Dehnungsmessung *f*
extensional load Dehnbeanspruchung *f*
extensometer Dehnungsmeßgerät *n*, Dehnungsmesser *m*
extensometry Dehnungsmessung *f*
external extern, außerhalb; Außen-
external broach Außenräumwerkzeug *n*
external broaching Außenräumen *n*
external characteristic äußere Kennlinie *f*

external cylindrical grinding machine Außenrundschleifmaschine *f*
external cylindrical lapping Außenrundläppen *n*, Außenrundschleifen *n*
external disk Außenlamelle *f*
external force äußere Kraft *f*
external grinding Außenschleifen *n*
external step chuck Außenstufenfutter *n*
external stepped chuck jaws außengestufte Backen *fpl*
external strain äußere Beanspruchung (Spannung) *f*
external threading tool Außen[gewinde]drehmeißel *m*
externally-toothed spur gear Stirnrad *n* mit Außenverzahnung
extra attachment Zusatzeinrichtung *f*
extra-long length Sonderlänge *f* {Bohrer}
extracting rail Auszugschiene *f*
extraction Heraustreiben *n* {Keil}
extractor Auszieher *m*, Auszieheinrichtung *f*
extractor device Abziehvorrichtung *f*
extractor nut Abziehmutter *f*
extractor screw Abziehschraube *f*
extrapolate/to extrapolieren
extreme-pressure pump Höchstdruckpumpe *f*
extrudate delivery pressure Ausstoßdruck *m*
extrude/to extrudieren, fließpressen, strangpressen; spritzen
extruded specimen extrudierter Probekörper *m*
extruder barrel Schneckenzylinder *m*

extrusion Auspressen *n*, Extrudieren *n*, Spritzen *n*, Strangpressen *n*; Fließpressen *n*
extrusion die Spritzwerkzeug *n*, Strangpreßform *f*; Spritzdüse *f*
extrusion pressure Spritzdruck *m*, Einspritzdruck *m*, Fülldruck *m*
extrusion punch Fließpreßstempel *m*
extrusion rheometer Extrusionsviskosimeter *n*
extrusion shop Spritzerei *f*
extrusion speed Spritzgeschwindigkeit *f*, Einspritzrate *f*, Einspritz-Volumenstrom *m*
eye 1. Auge *n*; optischer Sensor *m*, künstliches Auge *n* {Roboter}; 2. Öse *f*
eye robot Roboter *m* mit optischem Sensor
eye screw Augenschraube *f*
eyebolt Augenschraube *f*; Ringbolzen *m*, Ösenbolzen *m*
eyehole Schlauchloch *n*
eyesight Schlauchloch *n*

F

fabric bearing Preßstofflager *n*
fabric belt Textilriemen *m*
face/to 1. planarbeiten, stirnen, plandrehen, flächenfräsen; schlichten; 2. einpudern {Form}
face 1. Fläche *f*, Oberfläche *f*; Sitzfläche *f*; Arbeitsfläche *f*; 2. Arbeitsseite *f*, Stirnseite *f*; 3. Bahn *f* {Hammer-, Amboß-}; 4. Ballen *m*, Planfläche *f*; Spanfläche *f*

face angle Stirnwinkel *m* *{Verzahnung}*; Kopfkegelwinkel *m*; Komplementenwinkel *m* des Einstellwinkels
face edge Schneidecke *f*
face grinder Planschleifmaschine *f*
face grinding Planschleifen *n*, Stirnschleifen *n*
face grinding attachment Planschleifeinrichtung *f*
face lathe Plandrehmaschine *f*
face milling Walzenstirnfräsen *n*, Stirnen *n*, Flächenfräsen *n*
face milling and centring machine Abfläch- und Zentriermaschine *f*
face milling cutter Stirnfräser *m*, Messerkopf *m*, Stirnmesserkopf *m* *{Kreisbogenverzahnung}*
face milling cutter grinder Messerkopfschleifmaschine *f*
face plate Planscheibe *f*
face-plate clamping slot Planscheibenspannschlitz *m*
face-plate jaw Spannbacke *f*, Planscheibenklaue *f*
face-plate speed Planscheibendrehzahl *f*
face-type tailstock Reitstockplanscheibe *f*
facing 1. Plan[dreh]en *n*, Planbearbeiten *n*, Stirnen *n*, Flächenfräsen *n*, Abflächen *n*, Schlichten *n*; 2. Einpudern *n* *{Form}*
facing and boring head Plan- und Ausdrehkopf *m*
facing attachment Plandreheinrichtung *f*
facing cut Planschnitt *m*
facing cutter Stirnfräser *m*
facing head Planwerkzeugträger *m*, Plandrehsupport *m*

facing lathe Plandrehmaschine *f*, Kopfdrehmaschine *f*
facing material Schlichte *f*
facing sand feiner Formsand *m*, Modellsand *m*
facing slide Plan[dreh]support *m*, Planschieber *m*
facing stop Plananschlag *m*
facing tool Plandrehmeißel *m*, Plansenker *m*, Stirnsenker *m*
factor of safety Sicherheitsgrad *m*, Sicherheitszahl *f*
factory Fabrik *f*, Fertigungsbetrieb *m*, Produktionsstätte *f*, Betrieb *m*
factory automation Anlagenautomatisierung *f*, Automatisierung *f* kompletter Anlagen
fag[g]ot/to paketieren
fag[g]ot paketierter Schrott *m*
fag[g]otting Paketierung *f* *{Schweißstahlerzeugung}*
fail/to ausfallen *{z.B. Netzspannung}*; versagen
fail *s.* failure
fail-safe gefahrlos, störungssicher, ausfallsicher
fail-safe operation gefahrlose Betätigung *f*, absolut zuverlässige Arbeitsweise *f*
fail-safe technology gefahrlose Technik *f*, Fail-Safe-Technik *f*
failure Ausfall *m*, Aussetzen *n*, Versagen *n*, Störung *f*; Fehler *m* *{z.B. am Gerät}*; Schädigung *f*, Unbrauchbarwerden *n*, unzulässige Verformung *f*, Schadensfall *m*, Bruch *m*
failure analysis Ausfallanalyse *f*; Fehleranalyse *f*; Schadensfallermittlung *f*
failure condition Bruchbedingung *f*

failure criteria Bruchkriterien *npl*
failure in time Ausfall *m* im Laufe der Zeit
failure indication Ausfallanzeige *f*, Störungsanzeige *f*
failure mode Ausfallart *f*, Ausfallmodus *m*
failure probability Ausfallwahrscheinlichkeit *f*
failure rate Ausfallrate *f*, Ausfallhäufigkeit *f*, Ausfallquote *f*
failure record Ausfallbericht *m*
failure stress-time curve Bruchspannung-Zeit-Kurve *f*
fall height Fallhöhe *f*
falling ball test Kugeltest *m* {*zur Bestimmung der Rißanfälligkeit von Thermoplasten*}
falling dart Pfeil *m* für Aufprallversuche
falling out of step Außertrittfallen *n*
falling-sphere viscometer Fallkugelviskosimeter *n*
falling weight Durchstoßkörper *m* {*Durchstoßversuch*}
falling-weight impact strength machine Fallprüfmaschine *f*
falling-weight test Schlagversuch *m*
false jaw Einsatzbacke *f*, Aufsatzbacke *f*, Zangeneinsatz *m*
false pass blindes Kaliber *n*
family Gruppe *f* {*Gruppenbearbeitung*}
family formation Gruppenbildung *f*, Klassifizierung *f* bei Gruppenbildung
family of parts Teilegruppe *f*
fan Lüfter *m*, Gebläse *n*
fan controller Lüfterregler *m*

fan wheel Lüfterrad *n*
fashioning Formgebung *f*
fast approach Schnellheranführung *f*
fast motion Schnellauf *m*, Schnellgang *m*
fast pulley Festscheibe *f*, feste Rolle *f*
fast return Eilrücklauf *m*
fast run-up Schnellheranführung *f*
fast traverse Eilgang *m*
fastening device Befestigungselement *n*; [lösbares] Verbindungselement *n*, lösbare Verbindung *f*
fastness to daylight Tageslichtbeständigkeit *f*
fatigue Ermüdung[serscheinung] *f*
fatigue behavio[u]r Ermüdungsverhalten *n*
fatigue bend test Dauerbiegeversuch *m*
fatigue failure Ermüdungsbruch *m*
fatigue fault Ermüdungsausfall *m*, Ausfall *m* infolge Ermüdung
fatigue life Ermüdungsfestigkeit *f*
fatigue limit Ermüdungsgrenze *f*; Dauer[schwing]festigkeit *f*, Wechselfestigkeit *f*, Dauerstandfestigkeit *f*, Langzeitfestigkeit *f*
fatigue strength Dauer[schwing]festigkeit *f*, Ermüdungsbeständigkeit *f*
fatigue stress concentration factor Kerbwirkungszahl *f*
fatigue test (testing) Dauerschwingversuch *m*, Dauer[festigkeits]prüfung *f*, Ermüdungsfestigkeitsprüfung *f*, Ermüdungsversuch *m*
fatigue test with constant load amplitude Dauerschwingversuch *m* mit konstanter Belastungsamplitude

fatigue testing machine Ermüdungs[festigkeits]prüfmaschine f, Schwingprüfmaschine f
fault 1. Fehler m, Schaden m, Defekt m; 2. Störung f, Ausfall m *{Anlage}*; Zwischenfall m, Unfall m; 3. Gußnarbe f, Gußschaden m
fault analysis Fehleranalyse f; Ausfallanalyse f
fault clearance Fehlerbeseitigung f
fault diagnosis Fehlerdiagnose f; Ausfalldiagnose f
fault early recognition Fehlerfrüherkennung f
fault finding Fehlersuche f, Fehlerfeststellung f
fault rate Fehlerrate f; Ausfallquote f, Ausfallhäufigkeit f, Ausfallrate f
fault remedy Fehlerbeseitigung f
fault report Ausfallbericht m
faulty fehlerhaft, schadhaft, gestört, ausgefallen
faulty action Falschverhalten n, Fehlverhalten n
faulty component fehlerhaftes Bauteil n
faulty pitch Teilungsfehler m
feasibility Durchführbarkeit f, Ausführbarkeit f
feather/to aufkeilen
feather [key] Gleitfeder f, Paßfeder f
fed angespritzt, angegossen
feed/to zuführen *{z.B. Werkstücke}*; zuleiten, [ein]speisen, zuspeisen, eintragen *{Material}*; anlegen *{Spannung}*
feed down/to zustellen
feed 1. Vorschub m, Vorschubbewegung f; 2. Zuführung f, Zuleitung f, [Ein-]Speisung f

feed adjustment Vorschubeinstellung f
feed box Vorschub[getriebe]kasten m, Aufgabekasten m
feed cam Vorschubnocken m, Vorschubkurve f
feed change Vorschubwechsel m
feed change box Vorschubwechselräderkasten m
feed change lever Vorschubwechselhebel m
feed channel Zuführ[ungs]kanal m
feed channel length Anspritztiefe f
feed clutch Vorschubkupplung f
feed coding Vorschubcodierung f *{numerische Steuerung}*
feed control Vorschubregelung f, Zulaufregelung f, Beschickungsregelung f
feed control lever Vorschubhebel m
feed conveyor Zubringer m, Beschicker m
feed cut-off device Vorschubabschalteinrichtung f
feed cylinder Vorschubzylinder m, Zuführwalze f
feed depth gauge Bohrtiefenbegrenzer m
feed depth limitation Bohrtiefenbegrenzung f
feed dial Vorschubskale f, Vorschubeinstellscheibe f, Vorschubwähler m
feed distance Arbeitsweg m
feed drive Vorschubantrieb m, Nebenantrieb m
feed-drive reverse Wendegetriebe n
feed end Eingabeseite f, Zuführungsseite f

feed engaging lever Vorschubeinrückhebel *m*
feed force Vorschubkraft *f* {Längskomponente}
feed gear Vorschubgetriebe *n*, Vorschubrad *n* {Fräsmaschine}
feed gear box Vorschubgetriebe *n*
feed handle Vorschubhandhebel *m*, Gefühlshebel *m*
feed hopper Aufgabetrichter *m*, Speisetrichter *m*, Einfülltrichter *m*, Einlauftrichter *m*; Dosiertrichter
feed lever Vorschubhebel *m*
feed limit Vorschubgrenzwert *m*
feed limiting Vereinzeln *n*
feed limiting device Vereinzelungseinrichtung *f*
feed line 1. Vorschubmarke *f*, Vorschubmarkierung *f*; 2. Speiseleitung *f*
feed magazine Zuführungsmagazin *n*
feed mechanism 1. Vorschubgetriebe *n*; 2. Dosierapparat *m*, Zufuhrvorrichtung *f*
feed motion Vorschubbewegung *f*
feed motor Vorschub[getriebe]motor *m*
feed opening Zuführöffnung *f*; Materialaufgabeschacht *m*, Materialeinfüllöffnung *f*
feed pawl Vorschubklinke *m*, Vorschubstift *m*
feed plate Anguß[verteiler]platte *f*, Verteilerplatte *f*, Heißkanalplatte *f*
feed point Einspritzpunkt *m*, Anschnittstelle *f*, Angußstelle *f*
feed port *s.* feed opening
feed power Vorschubkraft *f*
feed rack Vorschubzahnstange *f*
feed ratchet wheel Vorschubklinkenrad *n*, Schaltrad *n*

feed rate Vorschubgeschwindigkeit *f*; *s.a.* mass feed rate; Vorschub[wert] *m*
feed-rate control Vorschubsteuerung *f* (numerische Steuerung)
feed-rate word Vorschubgrößenwert *m* (numerische Steuerung)
feed reduction Vorschubreduzierung *f*
feed regulation Vorschubregulierung *f*
feed regulator Vorschubregler *m*
feed release Vorschubauslösung *f*
feed reverse Vorschubumsteuerung *f*
feed release Vorschubauslösung *f*
feed roller table Zuführrollgang *m*
feed runner system Verteilerspinne *f*, Verteilerkreuz *n*, Verteilerstern *m*, Sternverteiler *m*
feed screw Vorschubspindel *f*, Zustellspindel *f*, Zugspindel *f*
feed section *s.* feed zone
feed selector Vorschubwahlschalter *m*
feed shaft Zugspindel *f*, Vorschubwelle *f*
feed slide Vorschubschlitten *m*
feed sprocket Vorschubklinkenrad *n*
feed system Angußsystem *n*
feed throat *s.* feed opening
feed train Vorschubgetriebezug *m*, Vorschubgetriebe *n*
feed trip Vorschubauslösung *f*, Tiefenauslösung *f* {Bohrer}
feed unit Beschickungsvorrichtung *f*, Speiseeinrichtung *f*, Dosiereinheit *f*; Vorschubeinheit *f*
feed valve Vorschubventil *n*; Einlaßventil *n*

feed wheel Zustellhandrad *n*
feed zone Füllzone *f*; Schneckeneinzugszone *f*; Beschickungszone *f*, Speisezone *f*
feedback Rückführung *f*, Rückkopplung *f*
feedback control Regelung *f*, Rückführregelung *f*, Steuerung *f* mit Rückführung
feedback controller Regler *m* mit Rückführung, Rückführregler *m*
feedback device Rückführeinrichtung *f*
feedback lever Rückführhebel *m*
feedback loop Rückführ[ungs]schleife *f*, Rückkopplungskreis *m*
feedback mechanism Rückführmechanismus *m*
feedback resolution Ausgabeauflösung *f* {*numerische Steuerung*}
feedback servomechanism Folgeregelung *f*, Stellungsregelung *f*, Lageregelung *f*
feedback size control Meßsteuerung *f*
feedback system Rückführ[ungs]system *n*, rückgekoppeltes System *n*, Regel[ungs]system *n*
feeder 1. Aufgeber *m*, Dosierer *m*, Zuteileinrichtung *f*; 2. Beschickungsanlage *f*, Eintragvorrichtung *f*; 3. Einguß *m*, Nachsaugsteiger *m*; 4. Vorschubeinrichtung *f*, Zuführungseinrichtung *f*; Werkstückzuführeinrichtung *f*; 5. Zuleitung *f*, Speiseleitung *f*
feeder bowl Speiserbecken *n*
feeder channel Speiserkanal *m*, Speiserrinne *f*
feeder head Gießkopf *m*, verlorener Kopf *m*
feeder process Speiserverfahren *n*, Feeder-Verfahren *n*
feeder skip hoist Beschickungsaufzug *m*
feedforward control Regelung *f* mit Störgrößenaufschaltung; Vorwärtssteuerung *f*, Steuerung *f* mit Störgrößenaufschaltung
feedforward controller Regler *m* mit Störgrößenaufschaltung
feeding 1. Vorschub *m*; 2. Speisertechnik *f*
feeding collet Vorschubpatrone *f*, Vorschubzange *f*
feeding device Eingebeeinrichtung *f* {*für Werkstücke*}; Vorschubeinrichtung *f*, Vorschubmechanismus *m*
feeding finger Vorschubzange *f*
feeding gate Steiger *m*, Steigtrichter *m*
feeding head Nachsaugsteiger *m*
feeding-in mechanism Zustellgetriebe *n*
feeding mechanism Vorschubgetriebe *n*
feedwaterpump Speisewasserpumpe *f*
feedwater regulator Speisewasserregler *m*
feedwater shortage alarm Speisewasserwarngerät *n*
feeler Fühler *m*, Taster *m*
feeler ga[u]ge Fühllehre *f*
feeler lever Fühlerhebel *m*, Tasterhebel *m*
feeler pin Taststift *m*, Meßbolzen *m*
feeler rod Fühlerstange *f*
feeler roller Fühlerrolle *f*
female centre Hohlkörnerspitze *f*
female die Matrize *f*, Gesenk *n*

female flange Rücksprungflansch *m*
female mo[u]ld Matrize *f*, Negativform *f*
female socket Steckbuchse *f*
female thread Muttergewinde *n*
fembot Roboter *m* mit weiblichen Eigenschaften
fence Anschlagbacke *f*, Führungsbacke *f*, Führungslineal *n*
ferrule Zwinge *f*, Abschlußhülse *f*
fettle/to putzen, abtrennen *{Steiger}*
fettling Gußputzen *n*, Abtrennen *n* *{Steiger, Eingüsse}*
fettling machine Putzmaschine *f*
fettling room (shop) Gußputzerei *f*, Putzerei *f*
few-off job Arbeit *f* mit kleiner Losgröße
fiber *s.* fibre
fibre Faser *f*
fibre bundle Faserbündel *n*
fibrillate/to spleißen
fibrous and metallic packing armierte Weichpackung *f*
field conditions Betriebsbedingungen *fpl*, Einsatzbedingungen *fpl*
field experience Betriebserfahrung *f*
field ground Betriebserde *f*
field installation Betriebsinstallation *f*
field service Betriebswartung *f*, Wartung *f* am Einbauort
field spool Spulenkasten *m*; Feldspule *f*, Polspule *f* *{Elektromagnet}*
field test[ing] Prüfung *f* in der Anlage, Betriebserprobung *f*
field winding Feldwicklung *f*
figure 1. Figur *f*, Abbildung *f*, Darstellung *f*, Bild *n*; 2. Zahl *f*, Ziffer *f*
file 1. Feile *f*; 2. Datei *f*

file hardness testing Anfeilhärteprüfung *f*
file scratch test Anfeilhärteprüfung *f*
filing Feilen *n*; Feilspan *m*
filing and sawing machine Feil- und Sägemaschine *f*
fill/to [ab]füllen, einfüllen; beschikken
filler Füllstoff *m*; Zuschlagstoff *m*
filler neck Einfüllstutzen *m*
filling Füllen *n*; Eingießen *n*, Vollgießen *n* *{Kokille}*; Beschikken *n*
filling level Füllstand *m*
filling speed Füllgeschwindigkeit *f*
fillister head screw Zylinderschraube *f*
film Folie *f*; Film *m*, [dünne] Schicht *f*
film blowing die Blasform *f*, Blas[form]werkzeug *n*
film blowing die Blaskopf *m*, Folienblaskopf *m*
film blowing line Folienanlage *f*
film bubble circumference Schlauchumfang *m*
film bubble diameter Schlauchdurchmesser *m*
film extrusion line Folienanlage *f*
film gate Bandanguß *m*, Bandanschnitt *m*, Delta-Anguß *m*, Filmanguß *m*, Filmanschnitt *m*
film-gated bandangeschnitten
film production line Folienanlage *f*
film test specimen Probe-Film *m*, Probe *f* in Form eines Films
filter Filter *n*
filter cap Filterkappe *f*
filter element Filterelement *n*, Filtereinsatz *m*

filter for laser radiation Filter *n* für Laserstrahlung
filter insert Filtereinsatz *m*
filter nipple Filterstutzen *m*
filter press Filterpresse *f*
filter sieve Filtersieb *n*
filter tube Filterschlauch *m*
fin keel Flossenkiel *m*
final addition Fertigzuschlag *m*
final clamp Abschlußklemme *f*
final cover Abschlußdeckel *m*
final pass Schlichtstich *m*, Polierstich *m*
final size Fertigmaß *n*
final sizing Bearbeitung *f* auf Fertigmaß, Fertigkalibrieren *n*
final-stroke punch Fertigstauchstempel *m*
final structure Endgefüge *n*
final tap Fertigschneider *m*
fine/to frischen, feinen; raffinieren; abklären, läutern
fine-bore/to feinbohren
fine-finish/to feinstbearbeiten
fine-grind/to feinschleifen, polierschleifen
fine-machine/to feinschlichten
fine-position/to feinpositionieren
fineannealing Feinkühlen *n*
fine boring Feinbohren *n*, Genauigkeitsbohren *n*
fine-cell feinzellig, feinporig
fine ceramics Feinkeramik *f*
fine chip Feinspan *m*
fine crack Haarriß *m*
fine-feed series Feinvorschubreihe *f*
fine grain Feinkorn *n*
fine grinding Feinschleifen *n*
fine-ground feingeschliffen
fine pearlite feinstreifiger Perlit *m*

fine positioning Feinpositionierung *f*
fine raggings Erzpartikel *fpl* (von Sandkorngröße)
fine segmental chip Feinspan *m*
fine setting Feineinstellung *f*
fine thread Feingewinde *n*
finely broken gut unterteilt *{Span}*
fineness number Korngrößenstufe *f* *{Schleifmittel}*
finery Frischhütte *f*, Raffinerie *f*; Feinofen *m*
fines 1. feinzerkleinertes Gut *n*; Späne *mpl*; 2. Feinstoffe *mpl*, Feinpulvriges *n* *{z.B. einer Formmasse}*
finger Finger *m*; Stift *m*; Zeiger *m*; Stößel *m* *{Niederhalter}*
finger clamp Spannfinger *m*, Spanneisen *n* mit Stift
finger guard Fingerschutzeinrichtung *f*, Fingerschutz *m*
fingernail test Fingernagelprobe *f* *{zur Härteprüfung}*
fining 1. Frischen *n*; 2. Läuterung *f*
fining agent Läuterungsmittel *n*
fining hearth Frischherd *m*
fining in hearth Herdfrischen *n*
finish/to nachbearbeiten, fertigstellen, fertigbearbeiten; vollenden
finish drill Nachbohrer *m*
finish refining Fertigfrischen *n*
finished part fertigbearbeitetes Teil *n*
finished size Fertigmaß *n*
finishing Feinen *n*, Schlichten *n*; Nachbearbeiten *n*, Nachbearbeitung *f*, Fertigstellung *f*; Vollendung *f*
finishing allowance Schnittzugabe *f*
finishing block Fertigziehscheibe *f*, Feinzug *m*

finless 114

finishing blow Fertigstauchstufe *f*
finishing cut Fertigschliff *m*, Feinschliff *m*
finishing die 1. Fertiggesenk *n*, Endformgesenk *n*; 2. Endstein *m* *{Ziehen}*
finishing groove Fertigkaliber *n*, Polierkaliber *n*
finishing machine Verputzmaschine *f*; Abdrehmaschine *f*, Schlichtmaschine *f*
finishing pass Fertigstich *m*, Polierstich *m*, Schlichtstich *m*, Schlußkaliber *n*, Fertigzug *m*
finishing punch Fertigstauchstempel *m*
finishing roasting Garrösten *n*
finishing stand Fertig[walz]gerüst *n*, Polierständer *m*
finishing symbol Schlichtzeichen *n*
finishing train Fertigstraße *f*, Fertigstrecke *f*
finless gratlos, nahtlos
finned steel pipe Stahlrippenrohr *n*
finned tube Rippenrohr *n*, beripptes Rohr *n*, Rohr *n* mit Flosse
finning forge Frischfeuer *n*, Luppenfeuer *n*
fire assay Brandprobe *f*
fire crack Brandriß *m*, Warmriß *m*; Brennriß *m*, Haarriß *m* *{in Glasuren}*
fire-damp-proof machine schlagwettergeschützte Maschine *f*
fire-fighting valve-and-fitting Feuerwehrarmatur *f*
fire-hose connector set Schlauchanschlußeinrichtung *f*, Wandhydrant *m*
fire-polish/to feuerpolieren
fire polishing Feuerpolieren *n*, Feuerpolitur *f*

fire polishing machine for mo[u]lded glassware Feuerpoliermaschine *f* für Preßglas
fire refining Feuerraffination *f*, Raffination *f* im Schmelzfluß
fire travel Feuerfortschritt *m* *{im Brennofen}*
fireclay Schamottekapsel *f*, Brennkapsel *f*
fired density Dichte *f* nach dem Brand
firing Brennen *n*, Brand *m*
firing contraction Brennschwindung *f*
firing kiln Brennofen *m*
firing time Brennzeit *f*
firing tools Feuergeräte *npl*
firm sign Namenszug *m*
firmware Firmware *f*, fest gespeicherte Software *f*
first blow Vorstauchstufe *f*
first finishing pass Vorpolierstich *m*
first pass Anstich *m*
first-time user Erstbenutzer *m*
first upsetter Vorstauchstempel *m*
fish/to verlaschen, verstärken
fish scale 1. Fischschuppen *fpl* *{Emaillierfehler; Blockfehler}*; 2. Fischschuppe *f*
fissure due to hardening Härteriß *m*
fit/to 1. passen; anpassen *{z.B. Widerstand}*; 2. einsetzen, einpassen, einbauen; anbringen; 3. umrüsten *{Bearbeitungsmaschine}*
fit Passung *f*, Sitz *m*
fit bolt Anpaßbolzen *m*
fit size Paßmaß *n*
fitting 1. Armatur *f*; 2. Verschraubung *f*
fitting allowance Einpaßzugabe *f*
fitting bolt Anschlußbolzen *m*

fitting for breweries Brauereiarmatur *f*
fitting for coffee and tea machines Kaffee- und Teemaschinenarmatur *f*
fitting for dairies Armatur *f* für Molkereien
fitting for display purposes Ausstattungsarmatur *f*
fitting for electric waterheaters Armatur *f* für Elektro-Heißwassergeräte
five-point gating Fünffachanguß *m*
five-runner arrangement Fünffachverteilerkanal *m*
fix/to befestigen, einsetzen; feststellen; reparieren, herrichten
  fix an error/to einen Fehler beheben
fixed blade fester Schenkel *m*
fixed knife edge feste Schneide *f*
fixed load Dauerlast *f*, konstante Belastung *f*, ruhende Last *f*
fixed mo[u]ld half feststehende (spritzseitige, düsenseitige) Werkzeughälfte *f*, Spritzseite *f*, Gesenkseite *f*
fixed platen [feststehende] Werkzeugaufspannplatte *f*, feste Werkzeugträgerseite *f*; Werkzeugdüsenplatte *f*
fixed-point representation Festkommadarstellung *f*
fixed-sequence robot festprogrammierter Roboter *m*, Manipulator *m* mit fest vorgegebenem Bewegungsmuster, Einleger *m*
fixed steady [feststehender] Setzstock *m*
fixed-stop robot Roboter *m* mit Festanschlag

fixed-zero system Bezugsmaßsystem *n* {*Werkzeugsteuerung*}
fixing Befestigung *f*
fixing arm Befestigungsarm *m*
fixing bolt Befestigungsbolzen *m*
fixing flange Befestigungsflansch *m*
fixing pin Fixierstift *m*
fixing ring Befestigungsring *m*, Fixierring *m*
fixing screw Befestigungsschraube *f*
fixing sheet Befestigungsblech *n*
fixing tape Befestigungsband *n*
fixture Halterung *f*
flake off/to abblättern {*Oberflächenschicht*}
flake 1. Flockenriß *m*, Spannungsriß *m*; Fischauge *n* {*Stahl*}; 2. Schuppe *f*, Flocke *f*
flaking Abblättern *n* {*von Oberflächenschichten*}
flame-blowing process Flammblasverfahren *n*
flame detector Flammenmelder *m*
flame failure Flammenausfall *m* {*Brenner*}
flame-proof machine explosionsgeschützte Maschine *f*
flame-retardant flammhemmend
flammability Entzündlichkeit *f*, Entflammbarkeit *f*; Brennbarkeit *f*
flammability apparatus Brennkasten *m* {*Prüfung von Kunststoffen; Beflammen mit einem Kleinbrenner*}
flange/to [um]bördeln, flanschen, abkanten
flange 1. Flansch *m*; 2. Scheibe *f*, Flansch *m*; 3. Bund *m*; 4. Bördelrand *m*, Bördel *n*
flange bearing Flanschlager *n*

flange bolt Flanschschraube *f*
flange cock Flanschenhahn *m*
flange gasket Flanschdichtung *f*
flange holder Flanschhalter *m*
flange lever Flanschhebel *m*
flange motor Flanschmotor *m*
flange nut Flanschmutter *f*
flange sleeve Flanschmuffe *f*
flange support Flanschträger *m*
flange test Bördelversuch *m*
flanged connection Flanschverbindung *f*
flanged pipe Rohr *n* mit Flansch
flanged shaft Flanschwelle *f*, Welle *f* mit Flansch
flap Klappe *f*
flap hinge Scharnierband *n*, Scharnierlappen *m*
flap-type seal Abdichtklappe *f*
flap valve Klappe *f*, Klapp[en]ventil *n*
flash/to 1. abgraten, entgraten; 2. blitzen; blinken; 3. überfangen
flash 1. Grat *m*, Walzgrat *m*, Preß-Stauchgrat *m*, Abquetschgrat *m*; Gußnaht *f*, Gußgrat *m*; 2. [hauchdünne] Metallschutzschicht *f*; 3. Stichflamme *f*; Aufflammen *n*, Entflammen *n*; Aufblitzen *n*; 4. Abfallbutzen *m*, Butzen[abfall] *m*, Blas[teil]butzen *m*, Butzenmaterial *n*
flash-barrier Schutzwand *f {gegen Überschläge}*; Rundfeuerschutz *m*
flash chamber Butzenkammer *f*, Quetschtasche *f*
flash mo[u]ld Abquetschwerkzeug *n*, Überlaufwerkzeug *n*
flash point Flammpunkt *m*
flash-point tester Flammpunktprüfer *m {nach Pensky-Martens}*
flash removal Butzenbeseitigung *f*

flash trimmer Butzenabtrennvorrichtung *f*
flash trimming [mechanism] Butzenabtrennung *f*
flash waste Abfallbutzen *m*, Blas[teil]butzen *m*, Butzenabfall *m*, Butzenmaterial *n*
flasher relay Blinkrelais *n*
flashing 1. Blinken *n*, Aufleuchten *n*; 2. Gießfleck *m*; 3. Überlaufnaht *f*, Gratbildung *f*; 4. Abbrennen *n {Schweißen}*
flashing alarm lamp Alarmblinklampe *f*
flashing lamp Blinklampe *f*
flask 1. Flasche *f*; 2. Formkasten *m*
flask bar Formkastenschore *f*, Formkastentraverse *f*
flask mo[u]lding Kastenformerei *f*
flask pin Formkastenführungsstift *m*
flat 1. flach; 2. matt *{Oberfläche}*
flat anvil Flachamboß *m*
flat belt Flachriemen *m*
flat-belt drive Flachriementrieb *m*
flat blank Zuschnitt *m*, Platine *f*, Ziehscheibe *f*
flat die Gleitbacke *f*, Rollbacke *f*, Flachbacke *f*
flat film coextrusion die Mehrschicht[extrusions]düse *f*, Mehrschichtkopf *m*
flat film extrusion die Schlitzdüse *f*
flat film extrusion line Folienanlage *f*
flat gib-head key Nasenflachkeil *m*
flat hearth mixer Flachherdmischer *m*
flat key Flachkeil *m*

flat pass Flachkaliber *n*, Flachstich *m*
flat plate valve Flachschieberventil *n*
flat pliers Flachzange *f*
flat profile Flachprofil *n*
flat pulley Flachriemenscheibe *f*
flat rivet Flachniet *m(n)*
flat round rivet Flachrundniet *m(n)*
flat round screw Flachrundschraube *f*
flat saddle key Flachkeil *m*
flat spring Flachfeder *f*, Blattfeder *f*
flat steel bar Flachstahlschiene *f*
flatness Ebenheit *f*, Flachheit *f*, Planheit *f*; Mattheit *f {Oberfläche}*
flattening test Querfaltversuch *m*
flaw Fehler *m*, Materialfehler *m*, Werkstoffehler *m*; Riß *m*, Sprung *m*; Bruch *m*; Gußblase *f*, Lunker *m*; Schwachstelle *f*, Fehlstelle *f*
flex cracking Biegerißbildung *f*
flex resistance Biegerißfestigkeit *f*
flexibility Flexibilität *f*, Biegsamkeit *f*, Elastizität *f*; Anpassungsfähigkeit *f*
flexible flexibel, biegsam, elastisch
flexible coupling elastische Kupplung *f*; Ausgleichskupplung *f*
flexible manufacturing system flexibles Fertigungssystem *n*
flexible pipe biegsames Rohr *n*
flexible roller bearing Federrollenlager *n*
flexible shaft biegsame (elastische) Welle *f*
flexible waveguide flexibler Hohlleiter *m*
flexural fatigue Biegeermüdung *f*

flexural fatigue testing machine Dauerbiegefestigkeits-Prüfmaschine *f*
flexural impact test Schlagbiegeversuch *m*
flexural load Biegebeanspruchung *f*
flexural modulus Biegemodul *m*
flexural moment Biegemoment *n*
flexural rigidity Biegesteifigkeit *f*
flexural rigidity of a plate Plattenbiegesteifigkeit *f*
flexural strength Biegefestigkeit *f*
flexural stress-rupture time curve Biegespannungs-Bruchzeit-Kurve *f*
flexural test Biegeversuch *m*
float/to beweglich (verschiebbar) angeordnet sein, Spiel haben, pendeln
float Schwimmer *m*
float glass gezogenes Glas *n*
floating schwimmend [gelagert], frei beweglich, pendelnd, schwebend
floating die Schwebematrize *f*
floating driver holder Pendelhülse *f*
floating[-potential] grid schwebendes Gitter *n*, Gitter *n* mit schwebendem Potential
floating-zero system Kettenmaßsystem *n {Werkzeugsteuerung}*
floor bushing (collar) Deckendurchführung *f*, Fußbodendurchführung *f*
floor cabinet Schrank *m*, Geräteschrank *m*
floor mo[u]lding Herdformerei *f*
floor sand Altsand *m {Formerei}*
floor sand mo[u]lding Herdformerei *f*
floor space Aufstellungsfläche *f*

floor space required Platzbedarf *m*, benötigte Aufstellungsfläche *f*
floor switch Fußschalter *m*
floor[-to-floor] time Flur-zu-Flur-Zeit *f* *{Gesamtzeit für Aufnahme, Transport und Wiederablegen eines Gegenstandes}*
flour-binder Mehlbinder *m*
flour core Mehlkern *m*
flow/to fließen
flow Fluß *m*, Materialfluß *m*
flow behavio[u]r Fließverhalten *n*
flow channel Fließkanal *m*, Flußkanal *m*, Strömungskanal *m*, Strömungsquerschnitt *m*
flow chart Flußdiagramm *n*, Ablaufdiagramm *n*; Fließbild *n*
flow chip Fließspan *m*
flow-control valve Stromventil *n*, Durchflußmengenregler *m*, Mengenregler *m*
flow controller Durchflußanzeiger *m*, Strömungswächter *m*
flow diagram 1. Arbeitsablaufschema *n*, Fertigungsablaufplan *m*; Fließdiagramm *n*, Fließbild *n*, Verfahrensschema *n*, 2. Mengenflußbild *n*, Strömungsbild *n*; 3. Signalflußplan *m*; Programmablaufplan *m*
flow distance Fließweg *m*
flow feeder Fließspeiser *m*
flow gate Steiger *m*
flow graph Flußgraph *m*; *s.a.* flow diagram
flow hardening Kaltverfestigung *f*
flow indicator Durchflußanzeiger *m*, Strömungswächter *m*
flow length/wall thickness ratio Fließweg/Wanddicken-Verhältnis *n*

flow line Runzel *f*, Preßrunzel *f* *{Oberflächenfehler}*
flow mark Fließmarkierung *f*
flow-off valve Abblasventil *n*, Sicherheitsventil *n*
flow pattern *s.* flow diagram
flow process diagram Arbeitsablaufplan *m*, Fertigungsablaufdiagramm *n*
flow production Fließfertigung *f*
flow rate Fließgeschwindigkeit *f*
flow regulating valve Strömungsventil *n*
flow stagnation Strömungsstau *m*, Stau *m*; Stau *m* des Materialflusses
flow system Strömungssystem *n*
flow test Fließversuch *m*, Fließtest *m* *{Ausbreitprobe}*
flow-through treatment Durchflußbehandlung *f*
flow time Durchflußzeit *f*, Auslaufzeit *f* *{Kapillarviskosimeter}*
flow volume regulator Durchflußregler *m*
flowability Fließfähigkeit *f*; Vergießbarkeit *f*, Formfüllungsvermögen *n*
fluctuating strain wechselnde Belastung *f*
fluctuating stress wechselnde Spannung *f* *{mechanisch}*
fluctuation Wechsel *m*, Schwankung *f* *{zeitliche}*, Fluktuation *f*
flue dust Gichtstaub *m*
fluid Fluid *n* *{Flüssigkeit oder Gas}*
fluid dynamics Fluiddynamik *f*
fluidity Gießbarkeit *f*, Formfüllungsvermögen *n*
fluoroplastic Fluorkunststoff *m*
flush rivet Senkniet *m(n)*
flute Nut *f*; Wendel *f*

flux Zuschlag *m*
fly Lauf *m*
flyball Schwungkörper *m*
flywheel Schwungrad *n*, Schwungscheibe *f*
FMS *s.* flexible manufacturing system
foam[ed] plastic geschäumter Kunststoff *m*, Schaum[kunst]stoff *m*
foamed specimen Probe *f* aus Schaumkunststoff, Schaumkunststoffprobe *f*
focus[s]ed laser beam fokussierter Laserstrahl *m*
focus[s]ing Fokussierung *f*
fog Nebel *m*, Sprühnebel *m*
  fog chamber Nebelkammer *f* *{für Prüfungen}*
foil cutting device Folienschneidgerät *n*
fold/to falten, knicken; ablauten
fold Falte *f* *{Preß-, Quetsch-}*; Verfaltung *f* *{Fehler}*; Falz *m*; Abkantung *f* *{Blech}*
  fold width Abkantbreite *f*
folding beam Biegewange *f*, Oberwange *f*, Preßbalken *m*
folding press Abkantpresse *f*
folding tester Falzgerät *n* *{zur Bestimmung des Verhaltens beim Falzen in der Kälte; Prüfung von Geweben mit Deckschicht aus Kunststoff}*
follow-up control Folgesteuerung *f*, Führungssteuerung *f*, Ablaufsteuerung *f*; Folgeregelung *f*, Nachlaufregelung *f*
follow-up device Nachführeinrichtung *f*
follow-up failure Folgeausfall *m*
follow-up feedback system Nachlaufrückkopplungssystem *n*, Nachlaufregelkreis *m* mit Rückkopplung (Rückführung)
follow-up loop Nachlaufregelkreis *m*, Folgeregelkreis *m*
follow-up mechanism Folgemechanismus *m*, Nachlaufmechanismus *m*
follow-up model nachgeführtes Modell *n*
follow-up pressure Nachdruckhöhe *f*, Nachdruck *m*
follower 1. Nachlaufgerät *n*; 2. Folgeregler *m*, Nachlaufregler *m*
  follower pin Mitnehmerstift *m*
  follower tooth Mitnehmerzahn *m*
following steady mitlaufender Setzstock *m*
foot bearing Stützlager *n*, Spurlager *n*
foot board Trittplatte *f*
foot switch Fußschalter *m*
force/to zwingen, zwängen, drücken, pressen
force Kraft *f*
  force-deformation diagram Kraft-Verformungs-Diagramm *n*
  force-measuring device Kraftmeßgerät *n*
  force sensor Kraftsensor *m*
forced circulation Zwangsführung *f*
foreblow Vorblasen *n*
forehearth Vorherd *m*
forge hearth Luppenfeuer *n*, Frischfeuer *n*
forged-body valve geschmiedete Armatur *f*
forging Schmieden *n*, Hämmern *n*, Stauchen *n*
  forging robot Schmiederoboter *m*, Roboter *m* zum Schmieden
fork 1. Gabel *f*; 2. Aufspaltung *f*

fork connection Sechsphasengabelschaltung *f*
fork joint Gabelgelenk *n*
fork lever Gabelhebel *m*
fork pawl Gabelklinke *f*
fork piece Gabelstück *n*
fork rod Gabelstange *f*
fork shaft Gabelwelle *f*
fork truck Gabelstapler *m*
Forkardt chuck Forkardt-Spannfutter *n*
form/to formen; umformen, verformen, ausformen
form by compression/to stauchen, druckumformen
form block Metalldrückform *f*, Formholz *n* {*Reckziehen*}
form punch Prägestempel *m*
form-relieved cutter hinterdrehter Fräser *m*
form rolling Profilwalzen *n*, Formkneten *n*
form work Fassonarbeit *f*
formability limit Ziehgrenze *f*
format Format *n*
format conversion Formatkonvertierung *f*
formation of the structure Gefüge[aus]bildung *f*
forming bell Ziehtrichter *m*
forming edge Biegekante *f*
forming limit diagram Diagramm *n* der Verformungsgrenzen
forming mandrel Stopfen *m*, Dornstange *f*
forming material Formstoff *m*
forming mill Formwalzenpaar *n*
forming pass Profilstich *m*, Formkaliber *n*
forming resistance Formänderungswiderstand *m* {*Kenngröße*}

forward creep Voreilung *f*
forward motion Vor[wärts]lauf *m*, Vorwärtsgang *m*, Vorwärtsbewegung *f*
forward pass Vorwärtszug *m*
forward press travel Arbeitshub *m* des Pressenstößels
forward speed Einfahrgeschwindigkeit *f*
found/to [Metall] gießen; bankschmelzen, reinschmelzen
foundation Fundament *n*, Unterbau *m*, Bettung *f*
foundation plate Fundamentplatte *f*, Fundamentteller *m*, Ankerplatte *f*
founder Gießer *m*, Schmelzer *m*
founding Läuterung *f*, Feinschmelze *f*
foundry Gießerei *f*, Schmelzerei *f*
foundry cleaning room Gußputzerei *f*
foundry pattern Modell *n*
foundry stove Trockenofen *m*
fountain accessories Brunnenausrüstung *f*
four-axis control Vierachsensteuerung *f* {*numerische Steuerung*}
four-bar linkage Gelenkviereck *n*
four-cavity impression mo[u]ld Vierfachwerkzeug *n*
four-column vierholmig
four-daylight mo[u]lding Vieretagenspritzen *n*
four lip core drill Vierschneider *m*
four-parison die Vierfachschlauchkopf *m*
four-point pin gate Vierfachpunktanschnitt *m*
four-way tool post Vierfachmeißelhalter *m*

fractional-pitch winding Sehnenwicklung *f*, Teilschrittwicklung *f*
fractional-slot winding Bruchlochwicklung *f*, Teillochwicklung *f*
fracture/to [zer]brechen
fracture Bruch *m*
frame 1. Ramen *m*; Gestell *n*; Bock *m*, Ständer *m*; Baugruppenträger *m*; 2. Objekt *n*; Einheit *f*; 3. Raster *n*
frame construction Gestellbauform *f*
frame electrode Stegelektrode *f*
free-blown frei[hand]geblasen, freigeformt
free edge freier Rand *m* {*z.B. einer Platte*}
free falling dart impact test Pfeilaufprallversuch *m*
free-flow nozzle offene Düse *f*
free from backlash spielfrei, losefrei
free from distortion verzerrungsfrei, verzeichnungsfrei
free length freie Länge *f*
free motion Leerlauf *m*
free to float pendelnd angeordnet, frei beweglich
free-wheeling Freilauf *m*
free-wheeling clutch Freilaufkupplung *f*
free-wheeling shaft Freilaufwelle *f*
freedom Freiheit *f*, Freiheitsgrad *m*
freedom of maintenance Wartungsfreiheit *f*
freedom of movement Bewegungsfreiheitsgrad, Freiheitsgrad *m* der Bewegung
freely configurable locatable programmable control freiprogrammierbare Steuerung *f*

freeze/to 1. gefrieren, einfrieren; 2. sich festfressen; 3. erstarren
freezing point Gefrierpunkt *m*, Gefriertemperatur *f*
freezing shrink[age] Erstarrungsschrumpfung *f*
freezing temperature Gefriertemperatur *f*, Gefrierpunkt *m*
frequency of actuating Betätigungshäufigkeit *f*, Häufigkeit *f* der Betätigung
frequency of operation 1. Betriebsfrequenz *f*; 2. Betätigungshäufigkeit *f*
frequency of oscillation Schwingungsfrequenz *f*
frequency of switching Schalthäufigkeit *f*
friction Reibung *f*, Friktion *f*
friction clutch Reib[ungs]kupplung *f*, Kupplung *f* mit Reibmitnahme
friction contact line Anreibestrich *m*
friction disk Friktionsscheibe *f*, Reibscheibe *f*, Reibrad *n*
friction drive (driving) Friktionsantrieb *m*
friction drop hammer (stamp) Friktionshammer *m*, Reibungshammer *m*
friction lining Reibbelag *m*
friction ring Reibring *m*
frictional property Reib[ungs]eigenschaft *f*
frictionless reibungsfrei, ohne Reibung
frit Fritte *f*
front panel Frontplatte *f*, Fronttafel *f*, Vorderplatte *f* {*z.B. an einem Gerät*}

front panel switch Fronttafelschalter *m*
front pitch of a winding Teil[wicklungs]schritt *m*
frost/to mattätzen, mattieren; sandstrahlen
frost Flitter *m*
frosting Mattätzen *n*, Mattätze *f*, Mattierung *f*, Mattschliff *m*
frosting agent Mattsalz *n*
frosting machine Mattiermaschine *f* {Glasindustrie}
fuel resistance Kraftstoffbeständigkeit *f*
full automatic vollautomatisch
full coining Vollprägen *n*
full load Vollast *f*
full-size core drill Vollmaßsenker *m*
fuller/to einkehren, Nuten formen, einschroten; grobschmieden, vorformen im Vorgesenk
fully aged vollausgehärtet
fully-automatic vollautomatisch
fully seated voll (satt) aufliegend
function Funktion *f*, Arbeitsweise *f*, Betriebsweise *f*, Funktionsweise *f*; Aufgabe *f*
function lamp (light) Bereitschafts[anzeige]lampe *f*, Funktionsanzeige *f*
function model Funktionsmodell *n*, Funktionsmuster *n*
functional wirkungsmäßig, funktionell, funktional
functional check[out] Funktionsprüfung *f*, Funktionskontrolle *f*
functional component Funktionselement *n*, Funktionsgruppe *f*
functional element Funktionsglied *n*, Funktionselement *n*

functional error funktioneller Fehler *m*
functional fault funktioneller Ausfall *m*
functional mock-up Funktionsmuster *n*, Funktionsmodell *n*
functional model Funktionsmodell *n*
functional redundancy aktive (funktionelle) Redundanz *f*, Funktionsredundanz *f*
functional test[ing] Funktionsprüfung *f*, Funktionstest *m*
fungal resistance Beständigkeit *f* gegen Schimmelbildung
fungi inertness Schimmelbeständigkeit *f*
funnel Trichter *m*
furnace 1. Ofen *m*, Industrieofen *m*; 2. Feuerung *f*, Brennkammer *f*, Feuerraum *m*
furnace filling counter Gichtenzähler *m*
furnace pusher Blockdrücker *m*
furnace roof Ofengewölbe *n*, Ofendecke *f*
fuse Sicherung *f*; Geräteschutzsicherung *f*, Schmelzsicherung *f*
fuse cabinet Sicherungskasten *m*
fuse-off machine Abschmelzmaschine *f*
fused metal Schmelze *f*
fusing additions Schmelzzusätze *mpl*, Schmelzzuschläge *mpl*
fusion-welding machine Verschmelz- und Verschweißmaschine *f*

G

gable bottom gewölbter Zahngrund *m*
gage *s.* gauge
gagger Sandhaken *m*, Sandheber *m*, Winkelstift *m*
galvanoplastics Galvanoplastik *f*
gang milling cutter Satzfräser *m*
gang-spindle drilling machine Reihenbohrmaschine *f*
gang stacker Gruppeneinschubvorrichtung *f* {*Kühlofen*}
ganged gekoppelt, gleichlaufend; Gruppen-; Mehrfach-
ganged switch Mehrfachschalter *m*, Schalter *m* mit mehreren Schaltebenen, Paketschalter *m*
gantry crane Portalkran *m*
gap Abstand *m*; Öffnung *f*, Lücke *f*; Spalt *m*, Zwischenraum *m*; Kröpfung *f*, Ausladung *f*; Rachen *m* {*Lehre*}; Maulhöhe *f* {*Nietmaschine*}
gap frame C-Gestellform *f*, ausladendes (offenes) Gestell *n*
gap press C-[Gestell-]Presse *f*
gas/to vergasen {*z.B. eine Schmelze*}
gas Gas *n*
gas cavity Gasblase *f*,
gas cutting Brennschneiden *n*, Autogenschneiden *n*
gas handling system Gasanlage *f*
gas hole Gaseinschluß *m*, Gasblase *f*, Gußblase *f*
gas permeability Gasdurchlässigkeit *f*
gas-pipe Gasrohr *n*
gas-pressure reducing valve Gasdruckreduzierventil *n*, Druckminderer *m* für Gase

gas-pressure regulator Gasdruckregler *m*
gas-proof machine gasdichte Maschine *f*
gas puddling Gas[flammofen]frischen *n*
gas thermometer Gasthermometer *n*
gas transmission rate Gasdurchlässigkeit[sgeschwindigkeit] *f*
gas transmission rate tester Gasdurchlässigkeitsprüfgerät *n*
gasket Dichtungsmanschette *f*, Dichtung *f* {*für nicht gegeneinander bewegte Teile*}
gasoline separator Benzinabscheider *m*
gassing 1. Schmelzvergasung *f*; 2. Begasung *f* {*Kernaushärtung*}
gate/to 1. freigeben, ansteuern; 2. einblenden, durchlassen; 3. anschneiden {*Gießerei*}
gate into/to anspritzen, anbinden
gate 1. Angußöffnung *f*, Angußloch *n*, Angußbohrung *f*, Füllquellschnitt *m*, Anbindung *f*, Eingießöffnung *f*, Einlauf *m*, Zulauf *m*, Trichter *m*, Angußsteg *m*, Anschnitt *m*, Anschnittöffnung *f*, Anschnittbohrung *f*, Einspritzpunkt *m*; 2. Schalthebelführung *f*
gate area Anschnittbereich *m*, Anschnittpartie *f*
gate cutter Eingußabschneider *m*
gate design Angußgestaltung *f*, Angußkonstruktion *f*
gate land Angußsteg *m*
gate length Angußhöhe *f*
gate mark Angußmarkierung *f*, Anschnittmarkierung *f*

gate open time Siegelzeit *f*, Versiegelungszeit *f*
gate region Anschnittbereich *m*, Anschnittpartie *f*
gate sealing Angußversiegeln *n*
gate sealing point Siegelpunkt *m*
gate size Angußgröße *f*, Anschnittgröße *f*
gate valve Absperrventil *n*, Absperrschieber *m*, Schieber *m*
gated angespritzt, angegossen
gather/to vorstauchen
gathering hole Arbeitsloch *n*, Entnahmestelle *f*
gating 1. Anspritzung *f*; 2. Einlaufsystem *n*; Gießtrichter *m*; 3. Gießen *n* in Mehrfachformen; 4. Anschnittechnik *f*
gating surface Anschnittebene *f*
gating system Angußsystem *n*
gating technique Angußtechnik *f*
gauge/to prüfen, messen, [ab]lehren; eichen
gauge 1. Meßlehre *f*, Lehre *f*; Meßstab *m*; Meßgerät *n*; 2. Eichung *f*, Vergleichsmessung *f*; 3. Bezugsmaß *n*, Eichmaß *n*
gauge boundaries Meßgrenzen *fpl*, Meßbereich *m*
gauge cock Manometerventil *n*, Manometerhahn *m*
gauge length Meßlänge *f*
gauge mark Meßmarke *f*
gauge tolerance Dickentoleranz *f*
gear/to eingreifen *{Zahnräder}*; übersetzen *{Transmission}*; ausrüsten
gear 1. Zahnrad *n*; 2. Getriebe *n*; 3. Ausrüstung *f*, Apparatur *f*; Werkzeugbestückung *f*
gear backlash Getriebelose *f*
gear block Räderblock *m*
gear compressor Zahnradverdichter *m*
gear couple Zahnradpaar *n*
gear coupling Zahnkupplung *f*
gear drive Zahnradtrieb *m*, Zahnradantrieb *m*
gear milling machine Zahnradfräsmaschine *f*
gear motor Zahnradmotor *m*
gear pump Zahnradpumpe *f*
gear rack Zahnstange *f*
gear shaft Zahnradwelle *f*
gear train Zahnradgetriebe *n*, Getriebe *n*; Räderwerk *n*
gear wheel Einrückrad *n*
geared electric motor Getriebemotor *m*
geared pump Zahnradpumpe *f*
gearing 1. Getriebe *n*; Zahnradgetriebe *n*; Räderwerk *n*; 2. Übersetzung *f*; Verzahnung *f*, Eingreifen *n*
gearing wheel Übersetzungsrad *n*
gears Zahnräder *npl*, Zahnradgetriebe *n*
gearshift lever Handschalthebel *m*
gearshift unit Stufenräderschaltgetriebe *n*
gel formation Gelbildung *f*
gel point Gelierungspunkt *m*
gelation Gel[atin]ieren *n*, Gelierung *f*
gelation temperature Gelierungstemperatur *f*
general-purpose robot Universalroboter *m*, Allzweckroboter *m*
general state of strain räumlicher Verzerrungszustand *m*, dreiachsiger Formänderungszustand *m*
general state of stress räumlicher Spannungszustand *m*

general theory of shells Biegetheorie f der Schalen
generalized displacement verallgemeinerte Verschiebung f
generalized Hooke's law verallgemeinertes Hookesches Gesetz n
generate/to erzeugen, generieren; freisetzen *{z.B. Wärme}*
generating set Generatorsatz m, Generatorgruppe f
generation 1. Erzeugung f, Generierung f, Synthese f; 2. Generation f *{z.B. in der technischen Entwicklung}*
generation-one robot Roboter m der ersten Generation *{programmierbar, speichergesteuert, mit mehreren Freiheitsgraden; kann mit Greifern und Spezialhandhabungsmitteln ausgestattet sein}*
generation-one-point-five robot Roboter m der 1,5ten Generation *{sensorgesteuert, kann eigenes Arbeitsergebnis bedingt prüfen, Werkzeuge, Werkstücke und Teile erkennen, die vom Sensor erfaßten Daten haben Priorität vor den programmgespeicherten}*
generation rate Generationsrate f
generation-three robot Roboter m der dritten Generation *{intelligent, unterstützt Lösung von firmenspezifischen Problemen}*
generation-two robot Roboter m der zweiten Generation *{erkennt Objekte und verrichtet Handhabungen nach Wechselwirkung zwischen Erkennung und Greiferhand}*
generator Generator m, Stromerzeuger[maschine] f

geometric stress concentration factor Spannungskonzentrationsfaktor m
geometrical information geometrische Information f, Weginformation f *{numerisch gesteuerte Maschine}*
get down/to [kalt] auswalzen
ghost lines Schattenstreifen mpl, Seigerungsstreifen mpl
gib head Keilnase f
gill Luftregelkappe f
git Eingießöffnung f, Gießtrichter m
gland Stopfbuchse f, Stopfbuchsenpackung f
glandless circulating pump stopfbuchsenlose Umwälzpumpe f
glandless slide valve stopfbuchsenloser Schieber m
glass Glas n
glass batch bin Glasgemengebunker m
glass batch charging machine Glasgemengebeschickungsmaschine f
glass batch mixing machine Glasgemengemischmaschine f
glass centrifuge Glasschleudermaschine f
glass charging equipment Glaseintragungsvorrichtung f
glass-clear glasklar
glass drilling machine Glasbohrmaschine f
glass feeder Glasspeiser m
glass fibre making plant Glasfaserherstellunganlage f
glass forehearth Glasvorherd m
glass mounting Glasfassung f
glass press Glaspresse f
glass-reinforced plastic glasfaserverstärkter Kunststoff m

glass rolling machine Glaswalzmaschine *f*
glass sawing machine Glassägemaschine *f*
glass transition range Einfrierbereich *m*, Glasumwandlungsbereich *m*, Glasübergangsgebiet *n*
glass turning lathe Glasdrehmaschine *f*
glass window Glasscheibe *f*
glass working machine Glasbearbeitungsmaschine *f*
glassy state Glaszustand *m*, glasartiger (amorpher) Zustand *m*
glaze/to glasieren, mit Glasur überziehen; [ver]glasen *{Schleifmittel}*
glaze fault Glasurfehler *m*
glazing machine Glasiermaschine *f*
gleam of silver Silberblick *m {Bleientsilberung}*
globular graphite Kugelgraphit *m*
glory hole Anwärmloch *n*, Aufwärmloch *n*
gloss Glanz *m*
gloss measurement Glanzmessung *f*
gloss test Prüfung *f* des Glanzes, Glanzmessung *f*
glossmeter Glanzmeßgerät *n*, Glanzmesser *m*
glossy glänzend *{Oberfläche}*
glost-fire/to glasurbrennen
glostfiring Glasurbrand *m*, Glattbrand *m*
gnd *s.* ground
go Stufen[auf]tritt *m*
go-no-go test Gut-Ausschuß-Prüfung *f*
go side Gutseite *f*
gob Posten *m*, Glastropfen *m*, Speisetropfen *m*

gooseneck Preßkammer *f*, Tauchkammer *f*
gooseneck diecasting machine Warmkammermaschine *f* mit Druckluftzuführung
gooseneck toll gekröpfter Meißel *m*
gothic pass Spitzbogenkaliber *n*
governor 1. Regler *m*; 2. Stabilisierungseinrichtung *f {in Regelsystemen}*
graceful failure Ausfall *m* ohne üble Folgen; Fehler *m* ohne üble Folgen
grade 1. Grad *m*; Härtegrad *m*, Härtestufe *f*; 2. Qualität *f*, Güteklasse *f*, Klasse *f*
gradual failure Driftausfall *m*
graduation line Teilstrich *m*
grain roll ungehärtete Walze *f*
grand master pattern Urmodell *n*, Muttermodell *n* für Muttermodell
granular fracture körniger (kristalliner) Bruch *m*
granulation 1. Körnung *f*, Körnigkeit *f {Eigenschaft}*; Korngröße *f*, Kornklasse *f*; 2. Granulation *f*, Körnen *n*
graphite Graphit *m*
graphite-blacking Formenschwärzung *f* mit Graphit
grasp/to [er]greifen, zugreifen
grasp physically/to physisch ergreifen
grating Gitter *n*
gravimetric gravimetrisch, gewichtsanalytisch
gravimetric feeder Schwerkraftförderer *m*
gravimetric meter Dosierwaage *f*
gravity filling balance Abfüllwaage *f*

gravity segregation Schwerkraftseigerung *f*, Schwereseigerung *f*
grd s. ground
grease gun Fettpresse *f*, Fettspritze *f*; [Ab-]Schmierpresse *f*
grease lubricating fitting Fettschmierarmatur *f*
grease lubricator Fettschmierarmatur *f*
grease nipple Schmiernippel *m*, Schmierstutzen *m*
great valve and fitting Großarmatur *f*
green ungebrannt, ungesintert; naß *{Formsand}*
 green core Grünsandkern *m*, Naßsandkern *m*
 green-sand mo[u]ld Naßsandform *f*, Naßgußform *f*
 green strength Grünfestigkeit *f*; Trockenfestigkeit *f*, Rohbruchfestigkeit *f* *{Form}*
grey cutting Rauhschliff *m*
gribber jaw Greiferklaue *f*
grid Gitter *n*
 grid slide valve Gitterschieber *m* *{Ventil}*
gridwork Trägerrost *m*
grind/to schleifen; mattschleifen
grinding Schleifen *n*, Schliff *m*
 grinding allowance Schleifzugabe *f*
 grinding crack Schleifriß *m*
 grinding device Schleifvorrichtung *f*
 grinding machine Schleifmaschine *f*
 grinding robot Schleifroboter *m*, Roboter *m* für Schleifarbeiten
 grinding wheel Schleifscheibe *f*

grip/to ergreifen *{Manipulator}*, packen; einspannen; angreifen *{Walzen}*
gripper Greifer *m*
 gripper arm Greifarm *m*
 gripper jaw Greiferklaue *f*, Greiferbacke *f*
 gripper turret Greiferrevolver *m* *{am Roboter}*
gripping Einspannen *n*, Festspannen *n*; Greifen *n*
 gripping chucks Greifbacken *fpl*
 gripping face Einspannfläche *f*
 gripping force Spannkraft *f*
 gripping jaw Spannbacke *f*
 gripping mechanism Einspannvorrichtung *f*
 gripping member Spannelement *n*, Greifelement *n*
 gripping portion Grifffläche *f*
grog gebrannter Ton *n*, Scherben *m*
grogging Magern *n*
grommet Einführungshülse *f*, Zugentlastunghülse *f*
groove/to kalibrieren, profilieren
groove Rille *f*, Riefe *f*; Nut *f*, Kerbe *f*; Fangrinne *f*; Vertiefung *f*, Furche *f*; Riffelung *f*; Fuge *f* *{Schweißen}*; Kaliber *n*
 grooved nut Nutmutter *f*
 grooved pin Kerbstift *m*
 grooved piston ring Schlitzring *m*
grooving Einstechen *n*, Einstechdrehen *n*
 grooving tool Stechdrehmeißel *m*
ground 1. Erde *f*; 2. Masse *f* *{z.B. Chassis}*, Erdschluß *m*, Erdung *f*
 ground bus Erd[ungs]sammelleitung *f*, Erd[ungs]schiene *f*
 ground loop Erdschleife *f*
 ground loop error Erdungsfehler *m*

grounded 128

ground plate Grundplatte *f*
ground return Erdrückleitung *f*
ground terminal Erd[ungs]klemme *f*, Erdanschluß *m*, Masseklemme *f*, Masseanschluß *m*
ground wire Schutzader *f* *{Leitung}*
grounded geerdet
grounding terminal *s.* ground terminal
group 1. Gruppe *f*, Gerätegruppe *f*; Satz *m*, Batterie *f*; 2. Gruppierung *f* *{Statistik}*
group control Gruppensteuerung *f* *{numerische Steuerungstechnik}*
group index Gruppenindex *m*
group of conductors Spulenseite *f*
group velocity Gruppengeschwindigkeit *f*
guard electrode Schutzelektrode *f*
guard system Schutzsystem *n*
guidance Führung *f*, Lenkung *f*
guide 1. Führung *f*, Führungsschiene *f*, Schiene *f* *{zur Bewegungsführung}*; 2. Leitfaden *m*, Richtlinie *f*
guide bar Aufnahmedorn *m*, Führungsschiene *f*; Führungsstange *f*, Leitstange *f*
guide bell Führungsglocke *f*
guide disk Führungsscheibe *f*
guide flange Führungsflansch *m*
guide gib Führungsleiste *f*
guide lever Leithebel *m*
guide pillar Führungsholm *m*, Führungssäule *f*
guide pin Führungsstift *m*; Führungsholm *m*, Führungssäule *f*
guide plate (rail) Führungsschiene *f*, Leitschiene *f*
guide ring Führungsring *m*, Klauenring *m*

guide roller Leitwalze *f*, Leitrolle *f*
guide shaft Führungswelle *f*
guide staff Führungsstab *m*
guided boring bar geführte Bohrstange *f*
guideway Schlittenführung *f*; Führungsfläche *f*
guiding device Leitgerät *n*
gutter Bahn *f*, Gratbahn *f* *{Schmieden}*; Gießrinne *f*

H

half nut Schloßmutter *f*
half ring Halbring *m*
half roll halbkalibrierte Walze *f*
half-thread angle halber Flankenwinkel *m*
halt/to stoppen, anhalten
halt of the pointer method Belastungsmeßverfahren *n* mit Schleppzeiger
hammer/to hämmern; [aus]schmieden, reckschmieden, vorstauchen
hammer Hammer *m*
hammer cylinder Bärzylinder *m*
hammer pipe Kernzerschmiedung *f*, Schmiedekreuz *n*
hammer piston Bärkolben *m*
hand 1. Greifer *m*, Greifvorrichtung *f* *{z.B. an Robotern}*; 2. Hand *f*; 3. Seite *f*, Richtung *f*, Sinn *m*; Windungssinn *m* *{z.B. eines Gewindes}*; 4. Zeiger *m*
hand-actuated handbetätigt, manuell betätigt
hand adjusting *s.* hand adjustment
hand adjustment Handeinstellung *f*
hand anvil Bankamboß *m*

hand crank Handkurbel *f*
hand drilling machine Handbohrmaschine *f*
hand drive Handantrieb *m*
hand guard Handschutz *m*
hand lever Handhebel *m*
hand numerical control manuell ausgelöste numerische Steuerung *f*
hand-operated handbedient, manuell bedient
hand operation Handbetätigung *f*, Handeinstellung *f*, Handsteuerung *f*
hand rail Schutzgeländer *n*
hand ramming machine Handstampfmaschine *f*
hand reamer Handreibahle *f*
hand reset manuelle Rückstellung *f*
hand-set von Hand eingestellt
hand setting Handeinstellung *f*
hand switch Handschalter *m*
hand tool Handdrehmeißel *m*
hand valve Handventil *n*
hand vice Feilkloben *m*
handle/to 1. handhaben, behandeln, greifen, bewegen *{Werkstück}*; befördern, weiterleiten; 2. verarbeiten *{Signale}*; 3. aufbereiten; 4. garnieren
handle Griff *m*, Handgriff *m*, Kurbel *f*; Schaltgriff *m*
handle robot Handhabungsroboter *m*, Handhabungsautomat *m*
handle sticking machine Garniermaschine *f*
handling 1. Handhabung *f*, Behandlung *f*; 2. Garnieren *n*; 3. Beförderung *f*, Transport *m*, Weiterleitung *f*
handling machine (robot) Industrieroboter *m*, Handhabungsroboter *m*, Handhabungsautomat *m*
handling system Handhabungssystem *n {Roboter}*

handling technique Handhabungstechnik *f*
handwheel Handrad *n*
hang/to blockieren *{unerwünscht}*
hard hart, fest
hard automation Automatisierung *f* mit festprogrammierter Fertigungsfolge
hard-burned brick Hartbrandstein *m*, scharfgebrannter Stein *m*
hard fail[ure] Ausfall (Fehler) *m* mit üblen Folgen
hard fire hartes (hohes) Feuer *n*, Scharffeuer *n*
hard-fired scharfgebrannt, hochgebrannt
hard paper Hartpapier *n*
hard rubber Hartgummi *n*
hard spot harte Stelle *f*, harter Einschluß *m*
hard tap eingefrorenes Abstichloch *n*
hard-to-detect fault schwer nachweisbarer Fehler (Schaden) *m*
hard-to-get-to installation schwerzugängliche Installation *f*
hard-wire/to fest verdrahten, [mit anderen Geräten] fest zusammenschalten
harden/to härten; abbrennen *{Stahl}*; abschrecken, stählen, vergüten; auslagern
hardening furnace Härteofen *m*, Einsatzofen *m*
hardening salt Härtesalz *n*
hardie Abschrot *m*, Warmschrot *m*
hardness Härte *f*
hardness degree Härtezahl *f {beim Eindrückversuch}*
hardness measurement Härtemessung *f*

hardware 130

hardness tester Härteprüfer *m*, Härteprüfgerät *n*
hardness testing method Härteprüfverfahren *n*
hardness value Härtewert *m*
hardware 1. Hardware *f*, Geräte *npl*, Bauelemente *npl*, Einrichtungen *npl*; 2. Kleinteile *npl*; Befestigungsmittel *npl*
harmless malfunction harmloser Ausfall *m*
hat nut Hutmutter *f*
hazardous area Gefahrenbereich *m*, gefährdeter Bereich *m*
haze Trübung *f*; Trübungszahl *f* {*von durchsichtigen Kunststoffschichten*}
haze measurement Trübungsmessung *f*
haze meter Trübungsmeßgerät *n*
head/to anstauchen {*Köpfe*}; fertigstauchen
head 1. Kopf *m*; 2. Nachsaugesteiger *m*
head bolt Kopfbolzen *m*
head counterbore Flachsenker *m*
head of main spindle Spindelkopf *m*
head pull Querriß *m*
head screw Kopfschraube *f*
headability Stauchbarkeit *f*
header Stauchstempel *m*, Stauchautomat *m*, Nietkopfsetzer *m*
header die Stauchmatrize *f*
heading Anstauchen *n*, Kopfanstauchen *n*; Fertigstauchen *n*
heading die Stauchmatrize *f*
heading set Nietkopfsetzer *m*
heading slide Stauchschlitten *m*
headstock Spindelstock *m*
heart cam Herznocken *m*, herzförmiger Nocken *m*

hearth 1. Herd *m*, Arbeitsherd *m* {*Flammofen*}; Arbeitsetage *f* {*Röstofen*}; Gestell *n* {*Hochofen*}; 2. Schmiedefeuer *n*, Esse *f*; 3. Feuerstelle *f*
heat 1. Wärme *f*; Hitze *f*; 2. Schmelze *f*, Charge *f*, Schmelzung *f*
heat ag[e]ing Wärmealterung *f*
heat colour Glühfarbe *f*, Anlaßfarbe *f*
heat content Wärmeinhalt *m*, Wärmemenge *f*, Wärmeenthalpie *f*
heat dissipation Wärmeableitung *f*
heat exchange Wärmeaustausch *m*
heat exchanger Wärmeübertrager *m*
heat exposure Wärmeeinwirkung *f*
heat insulation Wärmedämmung *f*; wärmetechnische Isolierung *f*, Wärmeisolierung *f*
heat insulator Wärmedämmstoff *m*, Wärmeisolierstoff *m*, Ummantelungsstoff *m*; Wärmeisolator *m*
heat loss Wärmeverlust *m*
heat output Wärmeabgabe *f*
heat pipe Wärmerohr *n*
heat-press/to warmpressen, heißpressen
heat-proof wärmebeständig, hitzebeständig, hitzefest, thermisch beständig
heat pump Wärmepumpe *f*
heat quantity Wärmemenge *f*
heat-resistant wärmebeständig, hitzebeständig, hitzefest, thermisch beständig
heat sink Kühlkörper *m*, Wärmeabführelement *n*; Wärmesenke *f*
heat storage Warmlagerung *f* {*Prüfung von Kunststoffen*}

heat storage temperature Warmlagerungstemperatur f
heat storage test Warmlagerungsversuch m {Prüfung von Kunststoffen}
heat storage test at constant storage period Warmlagerungsversuch m bei konstanter Lagerungsdauer
heat storage test at constant temperature Warmlagerungsversuch m bei konstanter Temperatur
heat tint Anlaßfarbe f, Anlauffarbe f
heat treatment Warmbehandlung f
heatable valve and fitting beheizbare Armatur f
heated air Heißluft f; Heißwind m, erhitzter Gebläsewind m
heater Heizvorrichtung f, Heizgerät n; Ofen m; Heizelement n
heating Heizen n; Erwärmen n, Erwärmung f; Warmlaufen n; Abglühen n
heating chamber Wärmeschrank m
heating chamber with air circulation Wärmeschrank m mit Luftdurchwirbelung
heating chamber with fan circulation of the air Wärmeschrank m mit zwangsläufiger Durchlüftung
heating channel Heizkanal m
heating coil Heizschlange f
heating-cooling channel Temperierkanal m
heating curve Anheizkurve f, Aufheizkurve f
heating cylinder Heizzylinder m
heating element Heizelement n, Heizkörper m

heating furnace Glühofen m, Warmhalteofen m
heating operation Heizbetrieb m {thermoelektrisches Kühlelement}
heating pit Tiefofen m, Wärmegrube f
heating rate Aufheizgeschwindigkeit f, Anheizgeschwindigkeit f, Erwärmungsgeschwindigkeit f
heating resistor Heizwiderstand m
heating tunnel Heizkanal m
heavily ribbed stark verrippt
heavy-duty hochbelastbar, hochbeanspruchbar; unter erschwerten Bedingungen arbeitend; Hochleistungs-
heavy-duty drive Hochleistungsantrieb m
heavy gear train Großgetriebe n
heavy-type column drilling machine Ständerbohrmaschine f
heel Rücken m
heel edge Rückenkante f
height-adjustable höhenverstellbar, mit Höhenverstellung
height of rebound Rücksprunghöhe f
height of tooth Zahnhöhe f
height scriber Parallelreißer m
helical wendelförmig, schraubenförmig; schrägverzahnt
helical flute Wendelnut f, wendelförmige Führungsfase f
helical teeth Schrägverzahnung f
helix angle Spiralwinkel m
hem/to umschlagen {Blech}
heterogeneous material heterogener (inhomogener) Werkstoff m
hexagon head screw Sechskantschraube f
hierarchical control scheme hierarchische Steuerungsanordnung f

high-capacity hochbelastbar; Hochleistungs-
high-capacity press Hochleistungspresse *f*
high duty Hochleistung *f*
high-energy energiereich
high-energy-rate device Stoßsimulator *m*
high-feed mit großem Vorschub
high-firing glaze Scharffeuerglasur *f*
high-grade hochwertig; Qualitäts-, Edel-
high-impact hochschlagzäh, hochschlagfest *{z.B. Kunststoff}*
high-maintenance-cost system wartungskostenintensives System *n*
high-performance composite material Hochleistungsverbundwerkstoff *m*
high-pressure engineering Hochdrucktechnik *f*
high-pressure lubricating fitting Hochdruckschmierarmatur *f*
high-pressure piping Hochdruckleitung *f*
high-pressure shut-off gate valve Hochdruckabsperrschieber *m*
high-pressure shut-off globe valve Hochdruckabsperrventil *n*
high-pressure vacuum pump Vorvakuumpumpe *f*
high-pressure valve Hochdruckventil *n*
high-pressure water and sand cleaning sandhydraulisches Naßgußputzen *n*
high reliability hohe Zuverlässigkeit *f*, große Betriebssicherheit *f*
high-rise storage system Hochregallager *n*

high-speed clamping cylinder Schnellschließzylinder *m*
high-speed cutter Hochgeschwindigkeitsschneider *m*
high-speed cylinder *s*. high-speed injection cylinder
high-speed injection Schnelleinspritzen *n*
high-speed injection cylinder Eilgangzylinder *m*, Schnellfahrzylinder *m*
high-speed mo[u]ld clamping device (mechanism) Werkzeugschnellspannvorrichtung *f*
high-speed nozzle retraction mechanism Düsenschnellabhebung *f*
high-speed slitter Hochgeschwindigkeitsschneider *m*
high-speed steel Schnellarbeitsstahl *m*
high-temperature hardness Warmhärte *f*
high-temperature quenching Warmbadhärtung *f*
high-temperature-resistant hochtemperaturbeständig, beständig bei hohen Temperaturen
highly stable hochstabil
hinge Scharnier *n*
hinge bolt Scharnierbolzen *m*
hinge bush Scharnierbuchse *f*
hinge pin Scharnierstift *m*
hinge screw Scharnierschraube *f*
hinged joint Gelenkstück *n*
hingeless arch eingespannter Bogen *m*
hob top Blockaufsatz *m*, Gießaufsatz *m*, verlorener Kopf *m*
hobbing Walzfräsen *n*, Abwälzfräsen *n*; [Ein-]Senken *n*, Kalteinsenken *n*

hold/to halten; aufnehmen, fassen; dauern, anhalten
hold button Haltknopf *m*
  hold circuit Halteschaltung *f*
  hold-down force Niederhaltekraft *f*
  hold mode Betriebsart *f* "Halten"
  hold pressure *s.* holding pressure
holder Halter *m*
holding bolt Haltebolzen *m*
  holding crucible Warmhaltetiegel *m*
  holding device Haltevorrichtung *f*
  holding furnace Warmhalteofen *m*
  holding key Haltetaste *f*
  holding pawl Sperrklinke *f*
  holding pressure 1. Haltedruck *m*; Druckstufe *f* II; Formgebungsdruck *m*; 2. *s.* follow-up pressure
  holding pressure fluctuation Nachdruckpulsation *f*
  holding pressure phase Formgebungsphase *f*
  holding pressure profile Nachdruckverlauf *m*
  holding pressure program Nachdruckprogramm *n*
  holding pressure stage Nachdruckstufe *f*
  holding pressure time Druckhaltezeit *f*, Nachdruckdauer *f*, Nachdruckzeit *f*
hole 1. Loch *n*; Bohrung *f*; Ziehdüse *f* {*Drahtzug*}; 2. Lunker *m*
  hole test Lochversuch *m* {*Prüfung von Kunststofftafeln*}
hollow bolt Hohlbolzen *m*
  hollow drill Hohlbohrer *m*
  hollow rivet Hohlniet *m*
  hollow screw Hohlschraube *f*
  hollow shaft Hohlwelle *f*
  hollow ware Hohlware *f*, Hohlglas *n*
holster Walzenständer *m*
home scrap Umlaufschrott *m*
homodisperse homodispers
homogeneous elongation homogene Dehnung *f*
homogeneous material homogener Werkstoff *m*
homogeneous shortening homogene Verkürzung *f*
homogeneous strain homogene Formänderung *f*
homogeneous stress homogener Spannungszustand *m*
homogenization Homogenisierungsglühen *n*, Diffusionsglühen *n*
homogenize/to diffusionsglühen, lösungsglühen, homogenisierend glühen
homogenous homogen
honeycomb insert Wabenkamin *m*
honing Honen *n*
  honing stone Hohnstein *m*
  honing tool Hohnahle *f*
hood 1. Stiefel *m* {*eines Wannenofens*}; 2. Haube *f*; 3. Abzug *m*
  hood-type annealing furnace Haubenglühofen *m*
hooded pot verdeckter (geschlossener) Hafen *m*
hook Haken *m*; Herdhaken *m*, Schlackenhaken *m* {*Schmieden*}
Hooke's Law Hookesches Gesetz *n*, lineares Elastizitätsgesetz *n*
hopper Aufgabetrichter *m*, Aufsatztrichter *m*, Einfülltrichter *m*, Extrusionstrichter *m*, Trichter *m*; Bunker *m* {*z.B. für Werkstücke*}
horizon waagerechte Zone *f* {*im Hochofen*}

horizontal boring (drilling) machine Waagerechtbohrmaschine *f*, Waagerechtbohrwerk *n*
horizontal forging machine Stauchautomat *m*, Waagerechtstauchmaschine *f*
horizontal retort Horizontalretorte *f*, horizontale (liegende) Retorte *f*
hose Schlauch *m*
hose line Schlauchleitung *f*
hose-line coupling Schlauchkupplung *f*
hose-proof machine strahlwassergeschützte Maschine *f*
hot air Heißluft *f*; Heißwind *m*
hot-air drawing furnace Heißluftanlaßofen *m*
hot bath Warmbad *n*
hot-bending test Warmbiegeversuch *m*
hot blast Heißwind *m*, heißer (vorgewärmter) Gebläsewind *m*
hot-blow/to warmblasen
hot cathode Glühkathode *f*
hot die Warmgesenk *n*
hot drawing Warmziehen *n*
hot-drawing bench Warmziehbank *f*
hot-drawn warmgezogen
hot extrusion Warmstrangpressen *n*
hot-form/to warmumformen
hot-hardness test Warmhärteprüfung *f*
hot-metal process Verfahren *n* mit flüssigem Einsatz
hot-plate apparatus Prüfheizkörper *m* {*Prüfeinrichtung für die Bestimmung der Wärmeableitung*}
hot-plate method Plattenverfahren *n* {*Schmelzpunkt*}
hot quenching Warmbadhärtung *f*
hot rolling train Warmstraße *f*

hot runner 1. Heißkanal[verteiler] *m*, geheizter (beheizter) Angußverteiler *m*; 2. Heißläufer *m*
hot runner design Heißkanalkonstruktion *f*
hot runner feed system Heißkanal-Angußsystem *n*, Heißkanal[verteiler]anguß *m*
hot runner injection mo[u]ld Heißkanal-Spritzgießwerkzeug *n*
hot runner manifold block Heißkanal[verteiler]block, Heizblock *m*, Querverteiler *m*
hot runner manifold plate Heißkanal[verteiler]platte *f*
hot runner mo[u]ld Heißkanalform *f*, Heißkanalwerkzeug *n*
hot runner multi-daylight mo[u]ld Heißkanal-Etagenwerkzeug *n*
hot runner multiple gating Heißkanal-Mehrfachanguß *m*
hot runner needle shut-off mechanism Heißkanal-Nadelverschlußsystem *n*
hot runner needle valve Heißkanal-Nadelventil *n*
hot runner nozzle Heißkanaldüse *f*
hot runner plate Heißkanalplatte *f*, Verteilerplatte *f*
hot runner stack mo[u]ld Heißkanal-Etagenwerkzeug *n*
hot runner system Heißkanal[verteiler]system *n*, Heißkanal-Rohrsystem *n*
hot runner tooling Heißkanal-Formenbau *m*
hot runner two-cavity-impression mo[u]ld Heißkanal-Doppelwerkzeug *n*
hot runner unit Heißkanalelement *n*

hot runner unit construction (design) Heißkanalblock-Ausführung *f*
hot spot Aufblasestelle *f*, Quellpunkt *m*
hot top Speisesystem *n*
hot water pump Heißwasserpumpe *f*
hot well ante-chamber Angußvorkammer *f*
house/to 1. einbauen *{in ein Gehäuse}*; 2. aufnehmen *{in ein Gehäuse}*; 3. enthalten sein *{in einem Gehäuse}*
housing Gehäuse *n*
housing cover Gehäusedeckel *m*
housing part Gehäuseteil *n*
HP ... *s*. high-pressure ...
hub Nabe *f*
hub surface Nabenfläche *f*
Hubbard pycnometer Pyknometer *n* nach Hubbard
hum Brumm *m*, Brummstörung *f*, Netzbrumm *m*
human engineering Anthropotechnik *f*
human intervention Eingriff *m* durch den Menschen
human operator Mensch *m* als Bediener (Operateur)
humanlike finger menschenähnlicher Finger *m* *{am Roboter}*
humidification Befeuchtung *f*
humidifier Befeuchtungseinrichtung *f*, Befeuchtungsanlage *f*, Befeuchter *m*
humidity chamber Feuchtekammer *f*
humidity conditions Feuchtigkeitsbedingungen *fpl*, Feuchtigkeitsverhältnisse *npl*
humidity control Feuchteregelung *f*
hunting Pendeln *n*

hydrant Hydrant *m*
hydraulic hydraulisch
hydraulic coupling Flüssigkeitskupplung *f*, hydraulische Kupplung *f*
hydraulic cylinder hydraulischer Stellkolben *m*
hydraulic diaphragm drive Membranantrieb *m*
hydraulic drive hydraulischer Antrieb *m*, Flüssigkeitsantrieb *m*
hydraulic fluid Hydraulikflüssigkeit *f*, Druckflüssigkeit *f*
hydraulic injection unit Einspritzhydraulik *f*
hydraulic oil Drucköl *n*, Hydrauliköl *n*
hydraulic piston Hydraulikkolben *m*, hydraulischer Kolben *m*
hydraulic piston drive hydraulischer Kolbenantrieb *m*
hydraulic robot Hydraulikroboter *m*
hydraulic system Hydrauliksystem *n*, Hydraulikanlage *f*; Hydroanlage *f*
hydraulic testing machine hydraulische Prüfmaschine *f*
hydraulic valve hydraulisches Ventil *n*, Hydraulikventil *n*; Hydroventil *n*
hydraulically powered hydraulisch angetrieben
hydraulically remote-operated valve hydraulisch fernbetätigtes Ventil *n*
hydraulics Hydraulik *f*
hydro-dynamic torque converter hydrodynamischer Drehmomentwandler *m*
hydro-electric generating set Wasserkraft[maschinen]satz *m*, hydraulische Generatorgruppe *f*

hydrodynamical   136

hydrodynamical analogy in torsion hydrodynamisches Gleichnis *n*, hydrodynamische Analogie *f*
hydrogen brittleness Wasserstoffsprödigkeit *f*, Beizsprödigkeit *f*
hydrophilic hydrophil
hydrophobic hydrophob
hydrostatic axial slide bearing hydrostatisches Axialgleitlager *n*
hydrostatic balance hydrostatische Waage *f* *{zur Dichtebestimmung}*
hydrostatic radial slide bearing hydrostatisches Radialgleitlager *n*
hygrometer Hygrometer *n*, Luftfeuchtigkeitsmesser *m*
hygroscopicity Hygroskopizität *f*, Wasseranziehungsvermögen *n*, Wasseraufnahmefähigkeit *f*

I

identification 1. Identifizierung *f*, Erkennung *f*; 2. Kennzeichnung *f*; 3. Nachweis *m*
idle leerlaufend, unbelastet, sich frei drehend
  idle condition Leerlaufzustand *m*
  idle period Sperrzeit *f*
  idle position Leerlaufstellung *f*; Ruhestellung *f*, Ruhelage *f*
  idle roll Blindwalze *f*, Stützwalze *f*, Schleppwalze *f*
  idle run[ning] Leerlauf *m*
  idle state Leerlaufzustand *m*; Ruhezustand *m*
  idle time unwirksame Zeit *f*, Verlustzeit *f*, Stillstandzeit *f*
idler Zwischenrad *n*

idler pulley Leerlaufscheibe *f*; Laufrolle *f*; Spannrolle *f*
ignitability Entzündlichkeit *f*, Entflammbarkeit *f*
ignition loss Glühverlust *m*
ignition temperature Glühtemperatur *f*
ignitor Zündstift *m*
ignitor control Zündstiftsteuerung *f*
illumination Beleuchtung *f*
illustration Abbildung *f*
immersion pump Tauchpumpe *f*
immersion time Eintauchzeit *f*, Eintauchdauer *f*
impact bending load Schlagbiegebeanspruchung *f*
impact bending strength Schlagbiegefestigkeit *f*
impact bending test Schlagbiegeversuch *m*
impact buckling test Schlagknickversuch *m*
impact fatigue limit Dauerschlagfestigkeit *f*
impact fatigue testing machine Dauerschlag[prüf]werk *n*
impact hardness testing Schlaghärteprüfung *f*
impact load schlagartige Beanspruchung *f*, Stoßbelastung *f*, Prallbeanspruchung *f*
impact machine Pendelschlagwerk *n*
impact mo[u]lding Schlagpressen *n*, Kaltschlagverfahren *n*; Gasdruckformen *n*
impact pendulum Schlagpendel *n*, Pendelschlagwerk *n* *{Schlagzugversuch}*
impact penetration test Durchstoßversuch *m* *{Prüfung von Kunststoffolien}*

impact resilience Stoßelastizität *f*, Rückprallelastizität *n* {*Prüfung von Elastomeren*}
impact-resistant stoßfest, stoßsicher, schlagfest, schlagzäh
impact sound Trittschall *m*, Körperschall *m*
impact strength Kerbschlagzähigkeit *f*, Kerbschlagfestigkeit *f* {*Metalle*}; Schlagfestigkeit *f*, Stoßfestigkeit *f*, Schlagzähigkeit *f*
impact tearing test Schlagzerreißversuch *m*
impact test Aufprallversuch *m*; Schlagversuch *m*, Kerbschlagversuch *m*, Stoßversuch *m*; Kerbschlagzähigkeitsprüfung *f*, Kerbschlagbiegeversuch *m*
impact testing machine Schlagprüfgerät *n*, Pendelschlagwerk *n*
impact torsion test Schlagdrehversuch *m*
impact toughness Kerbschlagzähigkeit *f*
impact value Kerb[schlag]zähigkeit *f*
impactor Prallkörper *m*, Schlagkörper *m*
impermeability Impermeabilität *f*, Undurchdringlichkeit *f*, Undurchlässigkeit *f*; Gasundurchlässigkeit *f* {*Formsand*}
impermeable undurchlässig
impervious machine wasserdichte Maschine *f*; gasdichte Maschine *f*
impinge/to auftreffen
impregnate/to imprägnieren
impression die Gesenk *n*, Matrize *f*
imprint Eindruck *m*
improving furnace Vorraffinierofen *m*

in-glaze decoration Inglasurdekor *n*
in-housing power source eingebaute Stromquelle *f*
inaccurate ungenau
incipient crack Anriß *m*, Anbruch *m* {*z.B. eines Probekörpers*}
inclined-seat valve Schrägsitzventil *n*
inclusion Einschluß *m*, Einlagerung *f*, Inklusion *f* {*Materialfehler*}
incoherent radiation inkohärente Strahlung *f*
incompatible unverträglich
incompressible material inkompressibler Werkstoff *m*
increment/to schrittweise weiterrücken
incremental processing Kettenmaßverarbeitung *f*, Inkrementalmaßverarbeitung *f*, inkrementale Meßwertverarbeitung *f*
incremental servo drive Schrittantrieb *m*
incremental system Kettenmaßsystem *n*, Inkrementalmaßsystem *n*, inkrementales Maßsystem *n*, inkrementale Bemaßung *f*
incrementally schrittweise
indentation 1. Eindruck *m* {*z.B. bei der Härteprüfung*}; 2. Einkerbung *f*; 3. Zahnung *f*
indentation cup Eindruckkalotte *f*
indentation depth Eindrucktiefe *f*
indentation hardness Eindruckhärte *f*
indentation hardness test Eindruckhärteprüfung *f*, Härteprüfung *f* durch Eindruckversuch {*Prüfung von Kunststoffen*}
indentation test with plane indentor Eindruckversuch *m* mit ebenem Stempel

indenter Eindringkörper *m*
indestructible unzerstörbar
index/to positionieren, einrasten; weiterschalten *{Zähler}*
index 1. Zeiger *m*, Marke *f*; 2. Kennzahl *f*; 3. [mechanische] Raststelle *f*
indexing disk Schaltscheibe *f*
indexing mechanism Rastmechanismus *m*
indexing ring Schaltring *m*, Teilring *m*
indexing spindle Teilspindel *f*
indexing turret rastender Revolverkopf *m*
indicator Großanzeigegerät *n*
indirect measurement of efficiency indirekte Bestimmung *f* des Wirkungsgrades
individual drive Einzelantrieb *m*
individual module Einzelbaustein *m*
indoor installation Innenanlage *f*, Inneninstallation *f*
induction furnace Induktionsofen *m*, induktionsbeheizter Ofen *m*
induction-hardening Induktionshärten *n*, Hochfrequenzhärtung *f*
induction heating induktive Heizung *f*, Induktionsheizung *f*, Induktionserwärmung *f*
induction motor Induktionsmotor *m*, Asynchronmotor *m*
induction voltage regulator regelbarer Zusatztransformator *m*
inductively controlled metal separator induktiv gesteuertes Metallabscheidegerät *n*
inductor Heizgerät *n*, Härtekopf *m* *{Hochfrequenzhärtung}*
industrial industriell; Industrie-
industrial atmosphere Industrieatmosphäre *f*

industrial furnace Industriefeuerung *f*
industrial manipulator industrieller Manipulator *m*
industrial measurement Messung *f* in der Industrie, industrielle Messung *f*
industrial plant Industrieanlage *f*, Gesamtanlage *f*
industrial process Industrieprozeß *m*, industrieller Prozeß *m*
industrial robot Industrieroboter *m*, Roboter *m*, Handhabungsautomat *m*, Manipulator *m*
industrial scale industrieller Maßstab *m*, Großmaßstab *m*
infeeding 1. Einspeisung *f* *{z.B. Elektroenergie}*; 2. Beschickung *f*; 3. Zustellung *f*, Zustellbewegung *f* *{des Werkzeuges}*
infinitely variable friction-wheel transmission stufenlos einstellbares Reibradgetriebe *n*
infinitely variable hydrodynamic gear stufenlos einstellbares hydrodynamisches Getriebe *n* *{Getriebe-Regelmotor}*
infinitely variable mechanical friction-wheel transmission stufenlos einstellbares mechanisches Reibradgetriebe *n*
infinitely variable speed transmission stufenlos einstellbares Getriebe *n*, stufenloser Antrieb *m*
inflating mandrel Blasdorn *m*, Aufblasdorn *m*, Spritzblasdorn *m*
inflating spigot Blasdorn *m*, Aufblasdorn *m*, Spritzblasdorn *m*
inflation needle Blasstift *m*, Blasnadel *f*, Injektionsblasnadel *f*, Hohlnadel *f*

ingate Anschnitt *m*, Gießtrichter *m*
ingot Block *m*, Rohblock *m*, Gußblock *m*, Ingot *m*, Schmelz- barren *m*, Barren *m* {*NE-Metall*}, Massel *f*
inhibit/to hemmen, sperren
inhomogenous inhomogen
initial cross-section Anfangsquerschnitt *m*
initial failure Frühausfall *m*
initial injection pressure Anfangsspritzdruck *m*
initial load Vorlast *f* {*Rockwell-Härte*}; Erstbelastung *f*
initial pass Anstich *m*
initial start-up Erstinbetriebnahme *f* {*Anlage*}
initial stress Eigenspannung *f*, Anfangsspannung *f*, Vorspannung *f* {*mechanisch*}
initial test temperature Anfangs-Prüftemperatur *f*
injection capacity Einspritzleistung *f*, Spritzleistung *f*
injection conditions Einspritzbedingungen *fpl*
injection cylinder Maschinenzylinder *m*
injection force Einspritzkraft *f*, Spritzkraft *f*
injection module Einspritzbaustein *m*
injection mo[u]ld Spritz[gieß]werkzeug *n*
injection-mo[u]lded part Spritzling *m*, Spritz[guß]teil *n*
injection-mo[u]lded specimen spritzgegossener Probekörper *m*
injection-mo[u]lded tensile specimen spritzgegossene Zugprobe *f*

injection mo[u]lder Spritzgießmaschine *f*
injection mo[u]lding 1. Spritzgießverfahren *n*, Spritzgießen *n*, Spritzguß *m*; 2. Spritz[gieß]teil *n*, Spritzling *m*
injection mo[u]lding robot Spritzgußroboter *m*, Roboter *m* zum Spritzgießen
injection mo[u]lding tool Spritz[gieß]werkzeug *n*
injection nozzle Spritzdüse *f*, Einspritzdüse *f*, Injektionsdüse *f*
injection phase Einspritzphase *f*, Formfüllphase *f*, Füllphase *f*
injection plunger Spritzkolben *m*, Einspritzkolben *m*, Injektionskolben *m*
injection point Einspritzpunkt *m*, Anspritzstelle *f*, Angußstelle *f*
injection pressure Spritzdruck *m*, Einspritzdruck *m*, Fülldruck *m*
injection pressure stage Spritzdruckstufe *f*
injection pressure time Spritzdruckzeit *f*
injection program Einspritzprogramm *n*
injection rate Spritzgeschwindigkeit *f*, Einspritzrate *f*, Einspritz-Volumenstrom *m*
injection screw Spritzgießmaschinenschnecke *f*
injection speed *s.* injection rate
injection stroke Spritzhub *m*, Einspritzhub *m*, Einspritzbewegung *f*, Einspritzweg *m*
injection time Einspritzeit *f*, Spritzzeit *f*
injection unit Spritzeinheit *f*, Einspritzeinheit *f*, Spritzaggregat *n*, Einspritzaggregat *n*

injection valve Einspritzventil *n*
injection volume Einspritzvolumen *n*, Spritzvolumen *n*
inlet valve Einlaßventil *n*
inner bearing Innenlager *n*
inner diameter Innendurchmesser *m*
inoculant Grauguß[impfungs]zusatz *m*
inoperative arbeitsunfähig, betriebsunfähig; außer Betrieb, ausgeschaltet; blind, tot *{Kaliber}*
input/to eingeben
input Eingang *m*; Eingabe *f*
input device Eingabegerät *n*, Eingabeeinheit *f*; Zuführgerät *n*
input-output device Eingabe-Ausgabe-Einrichtung *f*, Ein-Ausgabe-Gerät *n*
input resolution Eingabeauflösung *f {numerische Steuerung}*
input signal Eingabesignal *n*, Eingangssignal *n*
input time-constant Eingangszeitkonstante *f*
input variable Eingangsveränderliche *f*, Eingangsvariable *f*, [veränderliche] Eingangsgröße *f*, [veränderliche] Eingabegröße *f*
inscription table Aufschrifttafel *f*
insect resistance Insektenbeständigkeit *f*
insert/to bestücken, einsetzen, einschieben, einfügen
insert 1. Einlage *f*, Einsatz *m*, Einschub *m*; 2. Einlegeteil *n*, Form[en]einsatz *m*; 3. Einspritzteil *n*, Einsatzteil *n*, Eingußteil *m*; 4. Schneidplatte *f {Werkzeug}*
insert bolt Steckbolzen *m*
insert pin Steckstift *m*

insert unit Einsteckeinheit *f*, Steckeinheit *f*
inserted cover Einsatzdeckel *m*
inserted stuffing box Stopfbüchseneinsatz *m*
inside pressure Innendruck *m*
inside taper Innenkegel *m*
inside turning Innendrehen *n*
inspect/to untersuchen, [über]prüfen, kontrollieren
inspection Prüfung *f*, Kontrolle *f*, Inspektion *f*
install/to 1. errichten *{z.B. Anlage}* 2. einbauen, montieren, anbringen; 3. einlegen *{z.B. Diagrammstreifen}*
installation 1. Installation *f*, Aufstellung *f*, Montage *f*; Einbau *m*; 2. Anlage *f*; Großanlage *f*
installation dimensions Einbaumaße *npl*, Werkzeugaufspannmaße *npl*
installation kit Montageausrüstung *f*; Einbausatz *m*
installation site Einbaustelle *f*, Einbauort *m*
installed injection capacity installierte Einspritzleistung *f*
instantaneous position momentane Lage *f {Roboterarm}*
instantaneous stress momentane Spannung *f*
instantaneously operating unverzögert arbeitend
instruction 1. Befehl *m*; 2. Einweisung *f*; Schulung *f*
instruction control unit Befehlssteuereinheit *f*, Leitwerk *n*
instrument 1. Apparat *m*, Gerät *n*, Instrument *n {z.B. Meßinstrument}*; 2. Werkzeug *n*
insulated runner Isolier[verteiler]kanal *m*, Isolierverteiler *m*

insulated runner feed system
Isolierkanal-Angußplatte *f*
insulated runner mo[u]ld Isolierkanalwerkzeug *n*, Isolierkanalform *f*
insulated runner system Isolierkanalsystem *n*, Isolierverteiler-Angießsystem *n*
insulating bush Isolierbuchse *f*
insulating chinaware Elektroporzellan *n*
insulating disk Isolierscheibe *f*
insulating hose Isolierschlauch *m*
insulating layer Isolierbelag *m*, Isolationsschicht *f*, Dämmschicht *f*
insulating material Isolierstoff *m*, Isoliermaterial *n*; Dämmstoff *m*
insulating piece Isolierstück *n*
insulating ring Isolierring *m*
insulation 1. Isolation *f*, Isolierung *f*, Isolierschutz *m*; Dämmung *f*; 2. Isoliermaterial *n*, Isolator *m*
insulation for cold Kältedämmung *f*
insulation material *s*. insulating material
insulation properties Isolationseigenschaften *fpl*; Dämmeigenschaften *fpl*
insulation resistance Isolationswiderstand *m*
insulator making and finishing machine Isolatorenherstellungs- und Isolatorenbearbeitungsmaschine *f*
integer-slot winding Ganzlochwicklung *f*
integral mode Integralbetrieb *m*
integral part Bestandteil *m*
intelligent robot intelligenter Roboter *m* {frei programmierbar bei Anpassung des Bewegungsmusters

durch sensorische Wahrnehmungsfähigkeiten}
intelligent sensor intelligenter Meßfühler (Sensor) *m*
intensifier [mechanischer] Verstärker *m*; Multiplikator *m* {Druckguß}
intensity level Schall[druck]pegel *m*
intensity of continuous load spezifische Belastung *f*
intensity of sound Schallintensität *f*, Schallstärke *f*
interaction Wechselwirkung *f*
interactive interaktiv, in Wechselwirkung stehend
interannealing Zwischenglühen *n*
interchangeable austauschbar
interconnect/to verketten, verblocken, in Abhängigkeitsschaltung bringen; zusammenschalten, untereinander verbinden
interface/to kommunizieren, in Verbindung treten; anpassen, aufeinander abstimmen; kompatibel anschließen
interface 1. Grenzfläche *f*; 2. Nahtstelle *f*, Schnittstelle *f*, Anschlußbild *n*; 3. Köppelglied *n*; 4. Fügeteilberührungsfläche *f*
interlaminar shear strength Spaltfestigkeit *f* {von Schichtstoffen}
interlock/to verriegeln, sperren; verhaken {von Teilen}
interlock 1. Verriegelung *f*, Sperre *f*, Blockierung *f*, Abhängigkeitsschaltung *f*; 2. Ineinandergreifen *n*
interlocking 1. ineinandergreifend, wechselseitig verzahnt; 2. Verschluß *m*; 3. Verriegelung *f*, Sperre *f*; 4. Verhakung *f*
interlocking bolt Verriegelungsbolzen *m*

interlocking control Abhängigkeitsschaltung f
interlocking lever Verriegelungshebel m
interlocking plate Verriegelungsplatte f
interlocking sleeve Verriegelungshülse f, Verriegelungsmuffe f
intermediate disk Zwischenscheibe f
intermediate double pinion Doppelzwischenrad n
intermediate gear Zwischengetriebe n; Zwischen[zahn]rad n
intermediate lever Zwischenhebel m
intermediate ring Zwischenring m
intermediate roll stand Mittelgerüst n intermediate gear Zwischengetriebe n; Zwischen[zahn]rad n
intermediate lever Zwischenhebel m
intermediate ring Zwischenring m
intermediate roll stand Mittelgerüst n
intermediate shaft Zwischenwelle f, Vorgelegewelle f
intermediate tooth wheel Zwischenzahnrad n
intermediate tube Zwischenrohr n
intermittent duty aussetzender Betrieb m, Aussetzbetrieb m
intermittent periodic duty periodisch aussetzender Betrieb m
internal innen befindlich, im Inneren, intern, innerhalb; eingebaut, eigen, geräteeigen
internal amplification innere Verstärkung f
internal-combustion engine Verbrennungskraftmaschine f, Brennkraftmaschine f

internal disk Innenlamelle f
internal force innere Kraft f
internal friction innere Reibung f
internal lining Innenbeschichtung f, Innenauskleidung f
internal mandrel Stützdorn m, Biegedorn m
internal pressure Innendruck m
internal shrinkage Lunker m
internal step chuck Innenstufenfutter n
internal stepped chuck jaws innengestufte Backen fpl
internal stress Eigenspannung f, innere Spannung f
internal thimble Innenhülse f
internal thread Innengewinde n
internally toothed spur gear Stirnrad n mit Innenverzahnung
interrupt/to unterbrechen
interrupt Unterbrechung f
intersetting packing ineinandergreifende Packungsringe mpl
interstage annealing Zwischenglühen n
interstage pickling Zwischenbeizen n
interstage reservoir Vorvakuumbehälter m
interval Intervall n
interval size Zwischenmaß n
interval time Pausenzeit f {Gießerei}
intervention Eingriff m, Eingreifen n
intrusion Durchfressen n {Ofenauskleidung}
invalid value ungültiger Wert m
invariants of strain Invarianten fpl des Verzerrungszustandes (Formänderungszustandes)

invariants of stress Invarianten *fpl* des Spannungszustandes *m*
inventory Inventar *n*
inverted verkehrt, umgekehrt, invertiert, kopfstehend; umgestellt
investment pattern Ausschmelzmodell *n*, ausschmelzbares (verlorenes) Modell *n*
IR *s.* industrial robot
iron/to 1. glätten; 2. gesenkpreßschmieden, [durch Ziehen] abstrekken
iron gutter Eisenrinne *f*
iron-lead Bleieisenstein *m*
iron loss 1. Eisenbrand *m*; 2. Eisenverlust *m*
iron matte Eisenstein *m*
iron pig Eisenmassel *f*
iron runner Roheisenabstichrinne *f*
iron tap hole Eisen[ab]stichloch *n*, Eisen[ab]stich *m*
ironing die Abstreckwerkzeug *n*, Aufziehwerkzeug *n*
irradiation Bestrahlung *f*
irradiation effect Strahleneinwirkung *f*
irreversible elongation bleibende Dehnung *f*
isochronous stress-strain-curves isochrone Spannungs-Dehnungs-Linien *fpl* {Zeitstand-Zugversuch}
isoclinic line Isokline *f*
isolating valve Absperrventil *n*, Rohrbruchventil *n*
isolation damper Trennventil *n*, Absperrventil *n*
isolator 1. Trennelement *n*; 2. *s.* insulator

isotropic[al] material isotroper Werkstoff *m*
isotropy Isotropie *f*
Izod impact strength Schlagbiegefestigkeit (Kerbschlagzähigkeit) *f* nach Izod
Izod impact test Schlagversuch (Pendelschlagversuch) *m* nach Izod, Izod-Prüfung *f*
Izod notched specimen Izod-Probe *f*

J

jack 1. Klinke *f*; 2. Buchse *f*, Steckdose *f*; 3. Hebevorrichtung *f*
jack shaft Zwischenspindel *f*
jacket Ummantelung *f*, Mantel *m*; 2. Gießrahmen *m*, Überwurfrahmen *m*, Form[en]rahmen *m*
jacket valve Mantelschieber *m* {Ventil}
jar/to rüttelverdichten {Formsand}
jar mo[u]lding machine Rüttelformmaschine *f*
jar ramming roll-over mo[u]lding machine Umrollrüttelformmaschine *f*
jarring [mo[u]lding] machine Rüttelformmaschine *f*
jarring pressure mo[u]lding machine Rüttelpreßformmaschine *f*
jarring pressure turn-over mo[u]lding machine Rüttelpreßwendeplattenformmaschine *f*
jaw 1. Backe *f*; Klemmbacke *f*, Spannbacke *f*; Formbacke *f* {an Werkzeugen}; 2. Klaue *f*; 3. Schenkel *m*; Schnabel *m*

jet apparatus Strahlgerät *n*
jet of material Freistrahl *m*, freier Materialstrahl (Strahl) *m*
jetting Freistrahlbildung *f*, Freistrahl-Würstchenspritzguß *m*
jig Einspannvorrichtung *f*, Aufspannvorrichtung *f*, Werkstückhalterung *f*, Lehre *f*; Schablone *f* *{werkzeugführende Vorrichtung}*
jig boring machine Lehrenbohrwerk *n*
jigger Drehmaschine *f*, Töpferscheibe *f*
job 1. Job *m*, Auftrag *m* *{EDV}*; 2. Arbeit *f*; [Einzel-]Auftrag *m*, Aufgabe *f*
job-shop automation Werkstattautomatisierung *f*
job task Arbeitsaufgabe *f*
join/to koppeln, [miteinander] verbinden, anschließen, fügen
joining robot Fügeroboter *m*, Roboter *m* zum Fügen von Werkstücken
joint 1. Verbindung *f*, Verbindungsstelle *f*; Verbindungsstück *n*; Anschluß *m*; Lasche *f*; 2. Gelenk *n*, Gelenkstück *n*; 3. Fuge *f* *{zwischen benachbarten Werkstücken, mit andersartigem Material ausgefüllt}*
joint ball Gelenkkugel *f*
joint bolt Gelenkbolzen *m*
joint bolts Gelenkverbindung *f*
joint coupling Gelenkkupplung *f*
joint lever Gelenkhebel *m*
joint pin Gelenkzapfen *m*
joint plate Abdichtteller *m*
joint support Gelenksupport *m*
joint washer Dichtscheibe *f*, Flachdichtring *m*

jointed verbunden; mit Gelenk versehen; geliedert
jointed-arm robot Gelenkarmroboter *m*, Roboter *m* mit Gelenkarm
jointed spherical robot Kugelgelenkroboter *m*, Roboter *m* mit Kugelgelenken
jolt-mo[u]lding machine Rüttelformmaschine *f*
jolt-ramming machine Rüttelformmaschine *f*
jolt roll-over pattern-draw mo[u]lding machine Wendeformmaschine *f* mit Rüttelvorrichtung
jolt squeezer Rüttelpreßformmaschine *f*
jolt table Rütteltisch *m*
journal Laufzapfen *m*
jump [up]/to [an]stauchen
jump Sprung *m*
justified ausgeglichen, rechts- oder linksbündig ausgerichtet

K

key 1. Schlüssel *m*; 2. [Druck-]Taste *f*; 3. Keil *m*, Splint *m*; Feder *f*
key bearing Keillager *n*
key bolt Keilbolzen *m*
key disk Keilscheibe *f*
key half Keilhälfte *f*
key hub Keilnabe *f*
key ring Keilring *m*
key shaft Keilwelle *f*
keyway Keil[längs]nut *f*; Mitnehmernut *f*
keyword Schlüsselwort *n*
kick stamp Riemenfallgesenkhammer *m* mit Fußhebelbetätigung

kinking Faltenbildung (Buckelbildung) *f* im Werkstoffgefüge, Wellung *f*
kit 1. Bausatz *m*; 2. Wartungsausrüstung *f*, Serviceausrüstung *f*, Servicetasche *f*
knife rotor Messerwelle *f*
knifing Walzen *n* mit geteiltem Kaliber
knob Bedienungsknopf *m*, Knopf *m*, Kugelknopf *m*; [abgerundeter] Griff *m*
knockup/to anstauchen
knock-out 1. Durchbruch *m*, Ausbruch *m*, {*z.B. ausbrechbare Kabeleintrittsöffnung*}; 2. Ausdrückvorrichtung *f*, Austoßer *m*; 3. Innenabfall *m*, Butzen *m*
knock-out pin Ausstoßstift *m*, Auswerferstift *m*, Auswerferstempel *m*
knuckle joint embossing press Kniehebelmatrizenpresse *f*
knuckle lever press Kniehebelpresse *f*
knurled disk Rändelscheibe *f*
knurled head screw Rändelschraube *f*
knurled nut Rändelmutter *f*
knurling Kordeln *n*, Kordieren *n*, Rändeln *n*
knurling pitch Kordelteilung *f*
knurling roller Rändelrädchen *n*
knurling tool Kordelgerät

L

label checking Kennsatzprüfung *f* {*EDV*}
laboratory apparatus Labor[prüf]gerät *n*
laboratory fitting Laborarmatur *f*
laboratory instrument Labormeßgerät *n*
laboratory model Versuchsmodell *n*, Labormuster *n*
laboratory temperature Labortemperatur *f*, Temperatur *f* bei Laborversuchen
laboratory test Labor[atoriums]versuch *m*, Laborprüfung *f*
laboratory valve and fitting Laborarmatur *f*
ladle Gießpfanne *f*, Gießlöffel *m*, Pfanne *f*; Schöpfkelle *f*, Schöpflöffel *m*
ladle pit Schlackengrube *f*
ladle sample Schöpfprobe *f*, Abstichprobe *f*
ladleman Pfannenführer *m*, Gießer *m*
lag time Verzögerungszeit *f*
lag-with-dead time Verzögerung *f* mit Totzeit
lamella Lamelle *f*
lamella clutch Lamellenkupplung *f*
lamellar valve Lamellenventil *n*
laminate Laminat *n*, Schicht[preß]stoff *m*, Verbundstoff *m*, geschichteter Werkstoff *m*
laminated plastic Schicht[preß]stoff *m*, Laminat *n*
lamination Schichtung *f*, Schichtenbildung *f*; Auswalzen *n* {*zu einer Schicht*}; Preßbahn *f*; Dopplung *f*

land diameter Rückendurchmesser *m*
lantern Laterne *f* {*am Ventil*}
lantern plug Schlitzkolben *m* {*am Ventil*}
lap/to 1. überwalzen; 2. sich überlappen; 3. läppen; polieren, schleifen
large-bore pipe extrusion (production) line Großrohrstraße *f*
large-scale balance Großwaage *f*
large valve Großarmatur *f*
lash/to schlagen, rütteln; binden
lasting mo[u]ld Dauerform *f*
latch 1. Klinke *f*; Sperre *f*, Sperrvorrichtung *f*, Feststelleinrichtung *f*, Arretiereinrichtung *f*; 2. Riegel *m*; Falleisen *n*
latent failure latenter (verborgener, versteckter) Fehler *m* {*bevorstehender Ausfall*}
lateral lateral, seitlich; quergerichtet
lateral buckling seitliche Ausknickung *f* {*z.B. eines Trägers*}
lateral displacement seitliche Verschiebung *f*
lateral film gate seitlicher Bandanschnitt *m*
lateral load seitliche Belastung *f*, Belastung *f* in der Querrichtung, Querbelastung *f*
lateral spreading Breiten *n*, Ausschmieden *n* in Querrichtung
lathe Drehmaschine *f*, Drehbank *f*
lathe bed Drehbankbett *n*, Drehmaschinenbett *n*, Maschinenbett *n*
lathe centre Drehmaschinenspitze *f*, Körnerspitze *f*
lathe control Drehmaschinensteuerung *f*
lathe dog Drehherz *n*, Mitnehmer *m*
lathe mandrel Drehdorn *m*
lathe part Drehmaschinenteil *n*

lattice fracture gitterartiger Bruch *m*
layer Schicht *f*, Lage *f*
layout optimization Grundrißoptimierung *f*
layshaft Vorgelegewelle *f*, Zwischenwelle *f*
lead/to führen, leiten; voreilen; verbleien
lead 1. Steigung *f* {*z.B. Gewinde*}; 2. [lineare] Voreilung *f*; 3. Blei *n*; 4. Leitung *f* {*Speise-, Strom-, Energie-*}; Zuleitung *f*
lead compensation Zuleitungskompensation *f*
lead dross Bleikrätze *f*, Bleischaum *m*, Bleiasche *f*
lead length Leitungslänge *f*
lead matte Bleistein *m*
lead pig Bleiblock *m*, Bleibarren *m*, Bleimassel *f*
lead resistance Zuleitungswiderstand *m*, Leitungswiderstand *m*
lead screw Leitspindel *f*
lead silicate Bleisilicat *n*, Bleiglas *n* {*für Glasuren*}
lead skim Abstrichblei *n*
lead time Ladezeit *f*, Vorbereitungszeit *f* {*bei NC-Maschinen*}
leader Glättwalzstand *m*; Vorschlichttisch *m*, Vorfertigtisch *m*
leader pass Vorkaliber *n*, Schlichtkaliber *n*, Führungsstich *m*
leading pass section Anstichquerschnitt *m*
leady matte Bleistein *m*
leak detector Lecksucher *m*, Leckspürgerät *n*
leakage Ölaustritt *m*
learning automaton lernender Automat *m*, lernende Maschine *f*

learning behaviour Lernverhalten *n*
learning by comprehending Lernen *n* durch Erfassen (Begreifen)
learning by conditional allocation Lernen *n* durch bedingte Zuordnung
learning by copying Lernen *n* durch Nachahmung
learning by doing Lernen *n* durch Verrichten
learning by imitating Lernen *n* durch Nachahmung
learning by instruction Lernen *n* durch Belehrung
learning by optimizing Lernen *n* durch Optimieren
learning by storing Lernen *n* durch Speichern
learning by success Lernen *n* durch Erfolg
learning-by-success automaton probierender Automat *m*
learning by understanding Lernen *n* durch Erfassen (Begreifen)
learning computer lernender Computer *m*
learning connection Lernverbindung *f*
learning control lernende Regelung *f*
learning element lernfähiges Element *n*, Lernelement *n*
learning machine lernende (lernfähige) Maschine *f*, lernender Automat *m*
learning mechanism Lernmechanismus *m*
learning model Lernmodell *n*
learning phase Lernphase *f*
learning process Lernprozeß *m*
learning program Lernprogramm *n*

learning robot lernender Roboter *m*
learning set Lernmenge *f*
learning structure Lernstruktur *f*
learning system lernendes System *n*, Lernsystem *n*
learning-system theory Theorie *f* lernender Systeme
learning theory Lerntheorie *f*
learning with steady-state conditions lineares Lernen *n*, Lernen *n* in stationärer Umgebung
learning without steady-state conditions nichtlineares Lernen *n*, Lernen *n* in nichtstationärer Umgebung, Lernen *n* unter dem Einfluß von Störgrößen
least life Mindestlebensdauer *f*
leather bellows Lederbalg *m*
leather belt Lederriemen *m*
leather insert Ledereinlage *f*
leather packing Lederdichtung *f*
leave the pass/to austreten *{Knüppel aus Walzen}*
leave Verjüngung *f*, Schräge *f* *{Gesenk}*
left-hand thread Linksgewinde *n*
left margin zero scale Skale *f* mit Nullpunkt links
leg leveller Justierfuß *m*, Nivellierfuß *m*
leg tear growth test Schenkel-Weiterreißversuch *m*
legal sequence zulässiger Ablauf *m*
legged locomotion Fortbewegung *f* auf Beinen *{Robotertechnik}*
lehr Kühlofen *m*, Kühltunnel *n*
length-diameter ratio Stauchverhältnis *n*, L/D-Verhältnis *n*

length-measuring machine Längenmeßmaschine *f*
length of cutting edge Schneidlänge *f*
length of point Spitzenlänge *f*
length of scale Skalenlänge *f*
length of taper Kegellänge *f*
length of test period Prüfungsdauer *f*
length of the queue Länge *f* der Warteschlange
length of twist Spirallänge *f*
level/to richten *{Blech}*; einen Füllstand messen
level 1. Füllstand *m*, Spiegel *m*, Standhöhe *f*; Pegel *m*, Niveau *n*, Stand *m*; 2. Stärke *f*, Pegel *m*; Grad *m*, Stufe *f*; 3. Horizontalebene *f*
level correction Füllstandskorrektur *f*, Niveaukorrektur *f* *{Manometerjustierung}*
level detector Füllstandsfühler *m*, Niveaufühler *m*
level fluctuation Füllstandsschwankung *f*, Standhöhenschwankung *f*
level gauge Füllstandsmeßgerät *n*, Niveaumeßgerät *n*, Stand[höhen]meßgerät *n*, Pegelmesser *m*
level height Füllstand *m*, Standhöhe *f*
level indication Füllstandsanzeige *f*, Standhöhenanzeige *f*
level indicator Füllstandsanzeiger *m*, Füllstandswächter *m*; Füllungsgradanzeiger *m*
level mark Standmarke *f*, Füllstandsmarke *f*
level measurement Füllstandsmessung *f*, Niveaumessung *f*, Stand[höhen]messung *f*, Pegelmessung *f*

level measuring equipment Füllstandsmeßeinrichtung *f*, Niveaumeßeinrichtung *f*, Stand[höhen]meßeinrichtung *f*, Pegelmeßeinrichtung *f*
level measuring set Pegelmeßanlage *f*
level meter Pegelmeßgerät *n*
level monitor Pegelwächter *m*
level of automation Automatisierungsgrad *m*
level of priority Prioritätsebene *f*
level range Füll[stands]bereich *m*, Stand[höhen]bereich *m*, Pegelbereich *m*
level recorder Pegelschreiber *m*, Niveauschreiber *m*, Füllstandsschreiber *m*, Stand[höhen]schreiber *m*
level recording Füllstandsregistrierung *f*, Standhöhenregistrierung *f*
level regulator Niveauregler *m*
level transducer Füllstandsmeßumformer *m*
level transmitter Füllstandsgeber *m*, Füllstandsmelder *m*
levelling board Abstreichlineal *n*
levelling screw Nivellierschraube *f*
lever/to hebeln
lever Hebel *m*, Hebelarm *m*, Hebevorrichtung *f*; Schwinge *f*
lever and poise machine Prüfmaschine *f* mit Laufgewichtswaage
lever arm Hebelarm *m*
lever end Hebelende *n*
lever pin Hebelzapfen *m*
lever rod Hebelstange *f*
lever shifting Hebelschaltung *f*
lever switch Hebelschalter *m*
leverage Hebelwerk *n*, Gestänge *n*
life Lebensdauer *f*; Standzeit *f*
life test[ing] Lebensdauerprüfung *f*

lifetime Lebensdauer *f*; Lastspielzahl *f*
lift/to [an]heben; ausheben *{Modell}*
lift off/to [her]ausheben *{Modell}*
liftdrive Aufzugsantrieb *m*
lifter 1. Hebedaumen *m*, Heber *m*, Ausstoßer *m*; Sandhaken *m*, Sandheber *m*, Winkelstift *m* *{Formerei}*; 2. Riffel *f*, Nocken *m*, Dorn *m*
lifter mechanism Aufzugsvorrichtung *f* *{am Fallhammer}*
lifting blocks Überhebevorrichtung *f*
lifting lug Abhebeöse *f*
lifting pin Abhebestift *m*, Ausstoßstift *m*
lifting screw Hubspindel *f*; Modell[heber]schraube *f*
light Licht *n*
light barrier Lichtschranke *f*
light exposure Lichteinwirkung *f*, Bestrahlung *f* mit Licht
light fastness Lichtechtheit *f*
light gap Lichtspalt *m*
light permeability Lichtdurchlässigkeit *f*
light-sensitive lichtempfindlich
light source Lichtquelle *f*
light transmission Lichtdurchgang *m*; Lichtdurchlässigkeit *f*
light transmission test Lichtdurchlässigkeitsprüfung *f*
lighting switch Lichtschalter *m*
limit/to begrenzen, einschränken, limitieren
limit 1. Grenze *f*, Abgrenzung *f*, Begrenzung *f*; 2. Grenzwert *m*, Schwellenwert *m*; Grenzmaß *n*
limit angle Grenzwinkel *m*
limit check[ing] Grenzwertkontrolle *f*, Grenwertüberprüfung *f*; Grenzwertüberwachung *f*

limit comparator Grenzwertvergleicher *m*
limit comparison Grenzwertvergleich *m*
limit contact Grenz[wert]kontakt *m*; End[lagen]kontakt *m*
limit gauge Grenzlehre *f*
limit indicator Grenzwertanzeiger *m*, Grenzwertmelder *m*
limit monitoring Grenzwertüberwachung *f*
limit of accuracy Genauigkeitsgrenze *f*
limit of detection Nachweisgrenze *f*
limit of detectivity Nachweisbarkeitsgrenze *f*
limit of error Fehlergrenze *f*
limit of experimental error Versuchsfehlergrenze *f*, experimentelle Fehlergrenze *f*
limit of measurability Meßbarkeitsgrenze *f*
limit of perceptibility Wahrnehmbarkeitsgrenze *f*
limit of proportionality Proportionalitätsgrenze *f*
limit of stability Stabilitätsgrenze *f*
limit of steady-state stability Grenze *f* der statischen Stabilität
limit plug gauge Grenzlehrdorn *m*
limit setting Grenzwertein stellung *f*
limit snap [gauge] Grenzrachenlehre *f*
limit switch Grenzschalter *m*, Endschalter *m* am Anschlag
limit testing Grenzwertprüfung *f*
limit tolerance Grenztoleranz *f*
limit value Grenzwert *m*
limitation Begrenzung *f*, Einschränkung *f*

limited

limited-sequence robot Roboter *m* mit beschränkter Bewegungsfolge
limiting blank diameter Ziehgrenze *f*
limiting locking force Grenzzuhaltekraft *f*
limiting resistance Begrenzungswiderstand *m*, Grenzwiderstand *m*
limiting resistor Begrenzungswiderstand *m* {Bauelement}
limiting size Grenzmaß *n*
limiting slenderness ratio Grenzschlankheit *f*
limiting stress Dauerstandfestigkeit *f*
limiting temperature Grenztemperatur *f*
limiting value Grenzwert *m*
line/to 1. [ab]fluchten, einfluchten; 2. auskleiden, ausfüttern; ausmauern {Hochofen}; zustellen; einfassen {Bohrloch}
line up with the zero scale marking/to sich mit der Nullmarke auf der Skale decken {Zeiger}
line 1. Linie *f*, Strich *m*; Markierung *f*; 2. Leitung *f*; 3. Linie *f*, Strecke *f*; 4. Anlage *f*
line-controlled leitungsgesteuert
line graduation Strichteilung *f* {Skale}
line of action Wirkungslinie *f*
line of force Kraftlinie *f*
line of motion Bewegungslinie *f*
line of pass Durchlaufrichtung *f*
line of segregation Seigerungszone *f*
line of solidification Erstarrungslinie *f*
line terminal Phasenklemme *f*, Strangklemme *f*

line vector Zeilenvektor *m*
line voltage verkettete Spannung *f*, Leiterspannung *f*
line voltage drift Netzspannungsdrift *f*
linear approximation lineare Näherung (Approximation) *f*
linear bearing Linearlager *n*
linear compression Stauchung *f* {Druckversuch}
linear damping lineare Dämpfung *f*
linear dimension Längenmaß *n*
linear interpolation lineare Interpolation *f*, Linearinterpolation *f*, Geradeninterpolation *f*
linear measurement Längenmessung *f*
linear measuring instrument Längenmeßgerät *n*
linear path operation Geradschnittoperation *f* {numerische Steuerung}
linear program lineares Programm *n*, Linearprogramm *n*, Geradeausprogramm *n*
linear programming lineare Programmierung (Optimierung) *f*, Linearprogrammierung *f*
linear region of operation linearer Arbeitsbereich *m*
linear relationship lineare Beziehung *f*
linear scale lineare Skale *f*
linear vibration harmonische (lineare) Schwingung *f*
linearity Linearität *f*
linearity coefficient Linearitätskoeffizient *m*
linearity control Linearitätsregelung *f*

linearity correction Linearitätskorrektur *f*
linearity deviation Linearitätsabweichung *f*, Abweichung *f* von der Linearität
linearity drift Linearitätsdrift *f*, Linearitätswanderung *f*
linearity error Linearitätsfehler *m*, Fehler *m* infolge Nichtlinearität; Linearitätsabweichung *f*
linearity limit Linearitätsgrenze *f*
linearity range Linearitätsbereich *m*
linearized model linearisiertes Modell *n*
lined pipe ausgekleidetes Rohr *n*
liner 1. Auskleidung *f*, Futter *n*, Einlage *f*; 2. Laufbuchse *f*; Lagerschale *f*; 3. Dichtungsscheibe *f*; 4. Einlegestreifen *m*
lines of maximum shearing stresses Schubspannungslinien *fpl*
lining 1. Auskleidung *f*, Beschichtung *f*, Belag *m*; Zustellung *f*, Futter *n*, Panzerung *f*; Auflage *f*; 2. Einstellung *f*, Zustellen *n*, Füttern *n*
lining mass Futtermasse *f*, Zustellmasse *f*
link 1. Verbindung *f*; 2. Verbindungselement *n*; 3. Verbindungsglied *n* *{mit Gelenk}*, Zwischenglied *n*; Getriebeelement *n*
link head Gelenkkopf *m*
link structure Verbindungsstruktur *f*
linkage 1. Verbindung *f*; Verkettung *f*, Verknüpfung *f*; Kopplung *f*; 2. Gestänge *n*; Gelenk *n*
linkage program Verknüpfungsprogramm *n*
linked line *s.* linked process line

linked machine tools verkettete Werkzeugmaschinen *fpl*
linked process line verkettete Fertigungsstraße *f*
linked quadrilateral zylindriches Kurbelviereck (Gelenkviereck) *n*, zylindrische Kurbelkette *f*
linking device Verkettungseinrichtung *f* *{Werkzeugmaschinen}*
lip angle Bohreranschliff *m*, Spitz[en]winkel *m*
lip-poured ladle Kipppfanne *f*
liquate/to [aus]seigern; schmelzen
liquate Seigerrückstand *m*
liquation refining Seigerraffination *f*, Umschmelzen *n* *{zum Entfernen von Verunreinigungen}*
liquefaction Schmelzen *n*
liquefy/to schmelzen
liquid blast cleaning Druckwasserputzstrahlen *n*, Wasserstrahlputzen *n*, Naßputzen *n*
liquid carburizing Badaufkohlen *n*, Badeinsetzen *n*
liquid controller Flüssigkeitssteuerschalter *m*; Flüssigkeitsregler *m*
liquid damping Flüssigkeitsdämpfung *f*
liquid expansion controller Flüssigkeitsausdehnungsregler *m*
liquid expansion system Flüssigkeitsausdehnungssystem *n*
liquid film Flüssigkeitsschicht *f* *{eine Seite grenzt an gasförmiges, die andere Seite an flüssiges oder festes Medium}*; 2. Flüssigkeitsfilm *m* *{beide Seiten grenzen an gasförmiges Medium}*
liquid level Flüssigkeitsstand *m*, Füllstand *m*, Niveau *n*

liquid level alarm Füllstandsmelder *m*, Flüssigkeitsstandalarmgerät *n*
liquid level control Flüssigkeitsstandsteuerung *f*, Füllstandssteuerung *f*, Niveausteuerung *f*; Flüssigkeitsstandregelung *f*, Füllstandsregelung *f*, Niveauregelung *f*
liquid level controller Flüssigkeitsstandregler *m*, Füllstandsregler *m*, Niveauregler *m*
liquid level detector Flüssigkeitsstandfühler *m*, Füllstandsfühler *m*, Niveaufühler *m*
liquid level indicator Flüssigkeitsstandanzeiger *m*, Füllstandsanzeiger *m*, Niveauanzeiger *m*
liquid level mark Flüssigkeitsstandmarke *f*
liquid level pressure pick-up Flüssigkeitsdruckgeber *m* {Niveaumessung}
liquid level switch Schwimmerschalter *m*, Flüssigkeitsstandschalter *m*, Füllstandsschalter *m*, Niveauschalter *m*
liquid meter Durchflußmengenmeßgerät *n* [für Flüssigkeiten], Flüssigkeitszähler *m*
liquid nitriding Badnitrieren *n*
liquid penetrant test Eindringprüfung *f* {mit Oberflächenrißprüfflüssigkeit}
liquid pump Flüssigkeitspumpe *f*, Pumpe *f*
liquid relief valve Flüssigkeitsüberdruckventil *n*
liquid seal Flüssigkeitsdichtung *f*, Flüssigkeitsverschluß *m*
list Verzeichnis *n*; Liste *f*, Aufstellung *f* {z.B. Bauteilliste, Ersatzteilliste}

list of equipment Ausrüstungsliste *f*
list of spares Ersatzteilliste *f*
live umlaufend, drehend, beweglich, mitlaufend {z.B. Spitze an Drehmaschine}; stromführend, spannungsführend; glühend; direkt, unmittelbar
live circuit stromführender Kreis *m*
live electrode heiße (spannungsführende) Elektrode *f*
live line tester Spannungsprüfer *m*
live pass Arbeitsstich *m*, Arbeitskaliber *n*
live zero lebendiger Nullpunkt *m* {Signalpegel}
live-zero instrument Meßgerät *n* mit lebendigem Nullpunkt
load/to zuführen {z.B. Werkstücke zur Bearbeitung}; beschicken, speisen, chargieren; eintragen, aufgeben, einschütten {Füllgut}; belasten
load 1. Last *f*, [mechanische] Belastung *f*; Beanspruchung *f*; 2. Ladung *f*, Füllung *f*, Charge *f*; Beschickung *f*; 3. Last *f*, Bürde *f*, Verbraucher *m*, Belastung *f*
load at break Bruchlast *f*, Bruchbelastung *f* {Materialprüfung}
load capacity Belastbarkeit *f*
load cell Kraftmeßdose *f*, Druckmeßdose *f*
load centre Mittelpunkt *m* der Belastung {eines Stabes}
load change 1. Laständerung *f*, Belastungsänderung *f*; 2. Störgrößenänderung *f*
load characteristic Lastkennlinie *f*, Belastungskennlinie *f*
load conditions Lastbedingungen *fpl*

load control Lastregelung f, Belastungsregelung f
load current Laststrom m, Belastungsstrom m
load curve Belastungkurve f
load cycling test Wechsellasttest m {Zuverlässigkeitsprüfung}
load deflection Lastdurchbiegung f; Verlagerung f infolge Belastung {z.B. Roboterhand}
load-dependent lastabhängig, belastungsabhängig
load error Lastfehler m, Belastungsfehler m, durch Belastung verursachter Fehler m
load factor Lastfaktor m, Belastungsfaktor m
load fluctuation Lastschwankung f, Belastungsschwankung f, Belastungswechsel m
load-independent lastunabhängig, belastungsunabhängig
load inertia Trägheitsmoment n der Belastung {Störgröße}
load life Lebensdauer f bei [voller] Belastung
load limit Lastgrenze f, Belastungsgrenze f
load measurement Lastmessung f, Messen n der Beanspruchung
load measuring device Belastungsmeßgerät n
load optimization Belastungsoptimierung f
load point Bandanfangsmarke f, Ladeadresse f, Ladepunkt m
load prediction Lastvorhersage f, Lastprädikation f {kurzfristige Optimierung des Verbundnetzbetriebs}
load quantity Belastungsgröße f

load regulation Ausregelung f von Lastschwankungen
load sensitivity Lastempfindlichkeit f, Belastungsempfindlichkeit f
load sharing Lastverteilung f
load speed Lastdrehzahl f
load steps Belastungsabstufung f
load unit Lasteinheit f
load-unload robot Lade-Entlade-Roboter m
load value Lastwert m
load variable Störgröße f infolge Laständerung, Lastgröße f, Lastvariable f
load variation Lastschwankung f, Belastungsschwankung f, Belastungswechsel m; Lastwechsel m
loader routine Ladeprogramm n, Lader m
loading 1. Zuführung f; Beladen n, Beschickung f, Chargieren n; Eintragen n, Aufgeben n, Einschütten n (Füllgut); 2. Belastungsvorgang m; 3. Last m, Belastung f
loading error s. load error
loading friction Ladereibung f
loading problem Belastungsproblem n
loading program Ladeprogramm n, Lader m
loading rate Belastungsgeschwindigkeit f
loading routine Ladeprogramm n
loading technique Belastungsverfahren n
loading-unloading cycle Belastungs-Entlastung-Zyklus m
loam mo[u]ld Lehmform f
loamy sand Klebsand m, Formsand m
lobed-impeller meter Drehkolbenzähler m

lobster back bend Segmentkrümmer *m*
local control lokale (direkte) Steuerung *f*, Steuerung *f* an Ort und Stelle, Direktsteuerung *f*
local control unit örtliche Steuereinheit *f*
local indication örtliche Anzeige *f*
local process control host Maschinenkonzentrator *m* {*Host zur Kombination von Maschinengruppen*}
local-remote switch Orts-Fern-Schalter *m* {*Umschalter von örtlicher Betätigung auf Fernbetätigung*}
local stability lokale (örtliche) Stabilität *f*
local stress örtliche Spannung *f* {*mechanisch*}
localization of defects Fehlereingrenzung *f*, Fehlerortsbestimmung *f*
locate/to lokalisieren, auffinden {*z.B. mit Hilfe von Sensoren*}; positionieren
locating accuracy Positioniergenauigkeit *f*, Genauigkeit *f* beim Positionieren
locating device 1. Rastenwerk *n*, Verrastung *f*, Arretiervorrichtung *f*; 2. Suchgerät *n*
locating pin Arretierstift *m*
location 1. Ort *m*, Stelle *f*; 2. Platz *m*; 3. Positionierung *f*, Ausrichtung *f*, genaue Anordnung *f*; 4. Fixierung *f*; 5. Begrenzung *f*, Eingrenzung *f*
location diagram Anordnungsplan *m*, Lageplan *m*, Anordnungsbild *n*, Anordnungsschema *n*
location requirements Errichtungsbedingungen *fpl* {*z.B. für Anlagen*}

lock/to sperren; verriegeln; schließen; blockieren
lock 1. Verschluß *m*; 2. Arretierung *f*, Sperrung *f*, Feststellvorrichtung *f*; 3. Schloß *n*, Verriegelung *f*
lock cover Verschlußdeckel *m*
locknut Klemm-Mutter *f*, Kontermutter *f*, Feststellmutter *f*
lock-out mask Verriegelungsmaske *f* {*Speicherschutz*}
lock plunger Sperrkolben *m*, Sperrklinke *f*
lock ring Sicherungsring *m*
lock-up pawl Sperrklinke *f*
locked-rotor torque Anzugsmoment *n* {*eines Motors*}
locking 1. Sperrung *f*, Fixierung *f*, Arretieren *n*; Hemmung *f*, Verblockung *f*; 2. Synchronisieren *n*; Verkettung *f* {*Phasen*}; 3. Schließen *n*, Verriegeln *n* (Spritzgießwerkzeug)
locking bar Sicherungsriegel *m*
locking cylinder Zuhaltezylinder *m*
locking device Verriegelungsvorrichtung *f*; Arretier[ungs]einrichtung *f*, Feststellvorrichtung *f*, Sperre *f*; Schraubensicherung *f*
locking disk Arretierscheibe *f*
locking force Schließkraft *f*, Formschließkraft *f*, Formzufahrkraft *f*, Werkzeugschließkraft *f*, Zuhaltekraft *f*, Verriegelkraft *f*, Werkzeugzuhaltekraft *f*, Formzuhaltekraft *f*, Maschinenzuhaltekraft *f*
locking latch Sperrzunge *f*
locking lever Verschlußhebel *m*; Feststellhebel *m*
locking mechanism Verriegelung *f*, Zuhalteeinrichtung *f*, Zuhaltemechanismus *m*, Maschinenzuhaltung *f*; Arretiervorrichtung *f*, Sperrwerk *n*

locking nut Spannmutter *n*
locking piece Arretierstück *n*
locking pin Arretierstift *m*
locking plate Schloßplatte *f*, Verschlußplatte *f*
locking pressure Schließkraft *f* {*Druckguß*}; Preßdruck *m*
locking push button sperrende Taste *f*
locking ring Sicherungsring *m*, Sperring *m*, Feststellring *m*; Schließring *m*; Klemmring *m*
locking system Verriegelungssystem *n*
locking yoke Blockiergabel *f*
locomotion Fortbewegung *f*
log-log paper doppeltlogarithmisches Papier *n*
log-log plot doppeltlogarithmische Kurve *f*
log-normal graph paper halblogarithmisches Papier *n*
log scale logarithmischer Maßstab *m*
log sheet Berichtsbogen *m*, Registrierformular *n*
logarithmic decrement logarithmisches Dämpfungsdekrement (Dekrement) *n*
logarithmic graph logarithmischer Graph *m*
logarithmic representation logarithmische Darstellung *f*
logarithmic scale logarithmischer Maßstab *m*; logarithmische Skale *f*
logging routine Erfassungsprogramm *n*
long chip Langspan *m*
long-reach nozzle verlängerte Düse *f*, Tauchdüse *f*

long-term alternating test Dauerwechselversuch *m* {*unter Scherbeanspruchung*}
long-term behaviour Langzeitverhalten *n*
long-term continuous stress test Langzeitspannungsprüfung *f*
long-term deformation Langzeitverformung *f*
long-term directional stability Langzeitrichtungsstabilität *f*
long-term durability Langzeitbeständigkeit *f*
long-term hydrostatic test Langzeit-Druckversuch *m*
long-term performance Langzeitbeständigkeit *f*
long-term properties Langzeiteigenschaften *fpl*, Eigenschaften *fpl* bei Langzeitbeanspruchung
long-term pulsation test Dauerschwellversuch *m* {*unter Stauchbeanspruchung*}
long-term reliability Langzeitzuverlässigkeit *f*
long-term repeatability Langzeitreproduzierbarkeit *f*, Reproduzierbarkeit *f* über lange Zeit
long-term rupture resistance Langzeit-Bruchfestigkeit *f*
long-term stress resistance Langzeit-Spannungsfestigkeit *f*
long-term test Langzeitversuch *m*
long-term vibration test Dauerschwingbeanspruchung *f*
long-time creep Langzeitkriechen *n*
long-time creep test Langzeitdauerstandversuch *m*, Zeitstandversuch *m*
long-time extensometry Langzeitdehnungsmessung *f*

long-time tension and creep test Langzeit- und Dauerstandfestigkeitsversuch *m*
longitudinal in Längsrichtung, längsgerichtet, longitudinal; Längs-
longitudinal creep Kriechen *n* in Längsrichtung
longitudinal grinding Längsschleifen *n*
longitudinal impact axialer Stoß *m*, Längsstoß *m*
longitudinal keyway Längsnut *f*
longitudinal mark Längsmarkierung *f*, Linienmarkierung *f*
longitudinal motion (movement) Längsbewegung *f*
longitudinal passage Längskanal *m*
longitudinal rigidity Dehnungssteife *f*, Dehnsteife *f {eines Stabes}*
longitudinal stress Längsspannung *f*
longitudinal turning Langdrehen, Längsdrehen *n*
longitudinal turning lathe Spitzendrehmaschine *f*
longitudinal vibration Längsschwingung *f*, Longitudenschwingung *f*
longitudinally divided heading die längsgeteilte Stauchmatrize *f*
longitudinally welded pipe längsnahtgeschweißtes Rohr *n*
loop 1. Schleife *f*; 2. [geschlossener]Kreislauf *m*; Regelkreis *m*; 3. Wirkungskette *f (Automation)*; 4. Schlinge *f {Graph}*
loop header Ringsammelleitung *f*
looping mill Umsteckwalzwerk *n*, offene Walzstraße *f*, Strang *m*
loose coupling Schaltkupplung *f*
loose fit Spielpassung *f*, Spielsitz *m*

loss Verlust *m*
loss in weight Gewichtsverlust *m*, Masseverlust *m*
loss of adhesion Haftfestigkeitsverlust *m*, Verlust *m* der Haftfestigkeit
loss of flexibility Flexibilitätsverlust *m*
loss-summation method Einzelverlustverfahren *n*
lossless verlustlos
lossy verlustbehaftet
lot 1. Posten *m*, [Fabrikations-]Partie *f*; 2. Fertigungslos *n*, Los *n {diskrete Menge gleichartiger Stücke}*
louvre damper Jalousiedrosselklappe *f*
low-carbon steel Baustahl *m*
low-creep plastic Kunststoff *m* mit geringem Kriechverhalten
low-maintenance wartungsarm
low pressure Niederdruck *m*
low-pressure vacuum pump Hochvakuumpumpe *f*
low profile flache Bauform *f*
low-shrinkage schrumpfarm, schwindungsarm
low-temperature brittleness point Kältesprödigkeitspunkt *m*
low-temperature test Kälteprüfung *f*
low-viscosity primer Einlaßgrundierung *f*, Einlaßgrund *m*
lower beam Unterwange *f*
lower bell Unterglocke *f {Gichtverschluß}*
lower die Werkzeugunterteil *n*, Gesenkunterteil *n*, Unterstempel *m*, Matrize *f*
lower limit Kleinstmaß *m*
lower yield point untere Streckgrenze (Fließgrenze) *f*

lubricant Schmiermittel *n*, Gleitmittel *n*
lubricate/to schmieren
lubricating Schmieren *n*
lubricating agent Schmiermittel *n*
lubricating felt Schmierfilz *m*
lubricating pump Schmierpumpe *f*
lubricating system Schmieranlage *f*
lubricating tube Schmierrohr *n*
lubricating tube Schmierschlauch *m*
lubrication Schmierung *f*
lubrication agent Schmiermittel *n*
lubrication chart Schmierplan *m*
lubrication piping Schmierleitung *f*
lubrication system Schmieranlage *f*
lubricator 1. Öler *m*, Schmierarmatur *f*, Schmiervorrichtung *f*; 2. Schmiermittel *n*
lug Ansatz *m*, Vorsprung *m*, Nase *f*; Anguß *m*, Lappen *m*, Ansatz *m*; Henkel *m*, Laschenöse *f*
lustre glaze Lüsterglasur *f*

M

machine/to [mechanisch] bearbeiten, maschinell bearbeiten; [zer]spanen, abspanen, spannabhebend arbeiten
machine Maschine *f*, Bearbeitungsmaschine *f*, Werkzeugmaschine *f*, Automat *m*, Computer *m*
machine axis Maschinenachse *f* *{numerische Steuerung}*
machine centre Bearbeitungszentrum *n*

machine condition Maschinenzustand *m* *{numerische Steuerung}*
machine control Maschinensteuerung *f*, Werkzeugmaschinensteuerung *f*
machine control computer Werkzeugmaschinensteuercomputer *m*, Steuercomputer *m* für Werkzeugmaschinen
machine controller Maschinensteuerungseinheit *f* *{numerische Steuerung}*
machine coordinates Maschinenkoordinaten *fpl* *{numerische Steuerung}*
machine cycle Maschinenzyklus *m*, Operationszyklus *m* (EDV); Maschinentakt *m*, Bearbeitungszyklus *m*
machine-dependent maschinenabhängig
machine downtime Maschinenausfallzeit *f*
machine fault Maschinenfehler *m*
machine for measuring force Kraftmeßeinrichtung *f*
machine for mechanical testing mechanische Prüfmaschine *f*
machine handle Ballengriff *m*
machine-independent maschinenunabhängig
machine injection nozzle Maschinendüse *f*
machine mo[u]lding Maschinenformerei *f*, Maschinenformen *n*
machine nozzle Maschinendüse *f*
machine-readable maschinenlesbar, vom Computer lesbar
machine reamer Maschinenreibahle *f*
machine saw Maschinensäge *f*

machine scheduling Maschinendurchlaufplanung *f*
machine table Aufspannplatte *f*; Bohrtisch *m*
machine time Bearbeitungszeit *f*
machine tool Werkzeugmaschine *f*
machine-tool control Werkzeugmaschinensteuerung *f*
machine-tool control computer Werkzeugmaschinensteuercomputer *m*, Steuercomputer *m* für Werkzeugmaschinen
machine tool station Bearbeitungsstation *f*
machine utilization problem Maschinenbelegungsproblem *n*
machine vice Maschinenschraubstock *m*
machine with open-circuit ventilation Maschine *f* mit Frischluftkühlung (Frischwasserkühlung)
machining [mechanische] Bearbeitung *f*, maschinelles Bearbeiten *n*; spanabhebende Bearbeitung *f*, spanende Formung *f*
machining cell Fertigungszelle *f*
machining centre Bearbeitungszentrum *n*
machining system Fertigungssystem *n*
machining time Bearbeitungszeit *f*; Hauptnutzungszeit *f*
macrosection Makroschliff *m*, Schliffprobe *f* für makroskopische Untersuchung
macrosegregation Blockseigerung *f*, Makroseigerung *f*
macrostructure examination Grobstrukturuntersuchung *f*
magazine Magazin *n*, Speicher *m* *{z.B. für Werkzeug}*

magazine feeding Magazinzuführung *f*, Werkzeugspeicherzuführung *f*, Speicherzuführung *f*
Magna-Flux [testing] Magnetpulverprüfung *f*, magnetische Rißprüfung *f* *{Magnetpulververfahren}*
magnesium alloy Magnesiumlegierung *f*
magnet Magnet *m*; Dauermagnet *m*
magnet-actuated magnetbetätigt, mit Elektromagnet betätigt
magnet coil Magnetspule *f*
magnet core Magnetkern *m*
magnet drive Magnetantrieb *m* *{z.B. am Stellventil}*
magnet switch magnetbetätigter Schalter *m*, Magnetschalter *m*
magnet valve Magnetventil *n*
magnetic magnetisch
magnetic chuck Magnet[spann]futter *n*
magnetic claw Magnetgreifer *m*, magnetischer Greifer *m*
magnetic core Magnetkern *m*
magnetic crack detection magnetische Rißprüfung *f* *{Magnetpulververfahren}*, Magnetpulverprüfung *f*
magnetic drive Magnetantrieb *m* *{z.B. am Stellventil}*
magnetic flaw detection magnetische Fehlerprüfung *f*
magnetic inspection *s.* magnetic crack detection
magnetic [particles] paste Magnetpulveraufschlämmung *f*
magnetic powder test[ing] *s.* magnetic crack detection
magnetic valve Magnetventil *n*
magnetically engaged clutch Magnetkupplung *f*
magnetizable magnetisierbar

main bearing Hauptlager *n*, Gleitlager *n*
main bell Unterglocke *f* {Gichtverschluß}
main blade Hauptschenkel *m*
main centre bore Hauptzentrierung *f*
main cutting edge Hauptschneide *f*
main drive Hauptantrieb *m*
main electrode Hauptelektrode *f*
main locking screw Hauptfeststellschraube *f*
main memory Hauptspeicher *m*
main motion Hauptbewegung *f*
main runner Hauptverteilerkanal *m*, Hauptverteilersteg *m*
main shaft Hauptwelle *f*
main slide valve Hauptschieber *m* {Ventil}
main spindle Drehspindel *f*, Arbeitsspindel *f*
main spindle bearing Spindelhauptlager *n*
main stop valve Hauptabsperrventil *n*
main switch Hauptschalter *m*
mains Netz *n*, Stromversorgungsnetz *n*
mains-operated netzbetrieben
maintain/to 1. warten, instandhalten; pflegen; 2. beibehalten, einhalten {Zustand}; 3. [vorübergehend gespeichert] halten {Signal}; 4. führen
maintainability Wartbarkeit *f*, Wartungsfähigkeit *f*
maintainable wartbar, wartungsfähig, instandhaltbar, wartungsfreundlich
maintained system gewartetes (wartbares) System *n*
maintenance Instandhaltung *f*, Wartung *f*; 2. Überarbeitung *f*, Aktualisierung *f* {Software}; 3. Erhaltung *f*, Pflege *f*; Unterhaltung *f*; 4. Beibehaltung *f*, Aufrechterhaltung *f* {eines Zustands}
maintenance downtime Wartungsausfallzeit *f*, Reparaturausfallzeit *f*, Ausfallzeit *f* infolge Wartung (Reparatur)
maintenance fixture Wartungsvorrichtung *f*, Vorrichtung *f* für Wartungsarbeiten
maintenance-free wartungsfrei, wartungslos
maintenance-free slide bearing wartungsfreies Gleitlager *n*
maintenance interval Wartungsintervall *n*, Wartungszeitraum *m*
maintenance kit Serviceausrüstung *f*, Wartungsausrüstung *f*
maintenance operations schedule Wartungszeitplan *m*, Plan *m* der Wartungsarbeiten
maintenance planning Wartungsplanung *f*
maintenance program Wartungsprogramm *n*
maintenance programming Aufstellung *f* des Wartungsprogramms
maintenance record Wartungsprotokoll *n*
maintenance schedule Wartungstafel *f*, Wartungsplan *m*, Instandhaltungsplan *m*
maintenance scheduling Aufstellen *n* der Wartungstafel, Wartungsplanung *f*
maintenance time Wartungszeit *f*
major failure schwerer Ausfall *m*, Hauptausfall *m*
major segregation [normale] Blockseigerung *f*

making-up piece Paßrohr *n*, Fassonrohr *n*, Formstück *n*
male connector Stecker *m*, Einschraubverschraubung *f*
male flange Vorsprungflansch *m*
male mo[u]ld Stempel *m*, Patrize *f*; Positivform *f*, positives Werkzeug *n*, Füllraum-Werkzeug *n*
male taper Außenkegel *m*
malfunction Fehlfunktion *f*, Funktionsstörung *f*, Versagen *n*, Ausfall *m*, Betriebsstörung *f*; fehlerhafte Arbeitsweise *f*, Fehler *m*; Fehlverhalten *n*
malfunction interval Fehlfunktionsabstand *m*
malfunctioning fehlerhaftes Funktionieren *n*; zeitweiliges Versagen *n*
malleable cast iron Temperguß *m*
maloperation Fehloperation *f*, Fehlverhalten *n*, Bedienungsfehler *m*
man door Zugangstür *f*
mandrel Dorn *m*, Meßdorn *m*; Werkzeugdorn *m*, Drehdorn *m*; Ziehdorn *m*, Stopfen *m*; Stützdorn *m* {zum Biegen}; Wickeldorn *m* {Feder}; Pinole *f*, Pinolenkörper *m*
mandrel bar Dornstange *f*
mandrel bend test Dornbiegeversuch *m* {an flexiblen Belägen}
mandrel drawing Stopfenzug *m*
mandrel support Dornhalter *m*, Dornträger *m*
mandrel support system Dornhalterung *f*
mandrel with ring-shaped groove Ringrillendorn *m*
manifold 1. Krümmer *m*, Verteiler *m*; Verteilerkanal *m*, Verteilungskanal *m*, Verteilerrohr *n*; Verteilerbohrung *f*; 2. Sammelleitung *f*, Sammelrohr *n*
manifold block Verteilerblock *m*, Verteilerbalken *m*, Verteilerstück *n*
manifold system Verteilerröhrensystem *n*
manipulate/to manipulieren; verfahren, handhaben; beeinflussen
manipulation 1. Manipulation *f*; Beeinflussung *f*; 2. Bearbeitung *f*; 3. Bedienung *f*, Betätigung *f*; 4. Handhabung *f* {Roboter}
manipulation robot Handhabungsroboter *m*
manipulative function Handhabungsfunktion *f*
manipulator Manipulator *m*, Handhabungseinrichtung *f*
manipulator-type robot Handhabungsautomat *m*, Manipulator *m*
manometer Manometer *n*, Druckmeßgerät *n*
manometer connection Manometeranschluß *m*
manometer joint Verbindungsstück *n* für Manometer
manometer pipe Manometerleitung *f*
mantle Mantel *m*; Überform *f*, Formmantel *m*
manual 1. manuell, handbetrieben, handbetätigt, von Hand [bedient]; 2. Handbuch *n*
manual actuation Handbetätigung *f*
manual adjusting (adjustment) Handverstellung *f*
manual-automatic change-over Hand-Automatik-Umschaltung *f*
manual-automatic switch Hand-Automatik-Schalter *m*

manual controller Handsteuergerät *n*, Handsteller *m*
manual drive Handantrieb *m*
manual mode Handbetrieb *m*, manuelle Betriebsweise (Arbeitsweise) *f*
manual operation Handbetrieb *m*, Handbedienung *f*
manual overriding Handeingriff *m*
manual remote adjustment Handfernverstellung *f*
manual shut-off valve Handabsperrventil *n*
manually actuated handbetätigt, handbetrieben, mit Hand (manuell) bedient
manually operable manuell bedienbar
manually operated *s.* manually actuated
manufacture/to fertigen, herstellen, erzeugen, produzieren
manufacturer Hersteller *m*, Produzent *m*
manufacturing Herstellung *f*, Fertigung *f*, Produktion *f*
manufacturing chain Fertigungskette *f*
manufacturing control Fertigungssteuerung *f*, Fertigungslenkung *f*
manufacturing process Herstellungsprozeß *m*, Fertigungsprozeß *m*
manufacturing reliability Produktionszuverlässigkeit *f*
manufacturing safety Produktionssicherheit *f*
manufacturing sequence Fertigungsfolge *f*
manufacturing supervision Fertigungsüberwachung *f*
manufacturing system Fertigungssystem *n*
mar resistance Kratzfestigkeit *f*
margin of commutation Sicherheitswinkel *m*
marginal load Grenzbelastung *f*
marine equipment Schiffsausrüstung *f*
mark/to kennzeichnen, markieren
mark Marke *f*; *s.a.* marking
marking 1. Kennzeichnung *f*, Kennzeichen *n*, Markierung *f*; 2. Markieren *n*; Anreißen *n*; Beschriftung *f*
marking line Rißlinie *f*
marking plate Anreißplatte *f*
marking template Anreißschablone *f*; Beschriftungsschablone *f*
marquenching Warmbadhärten *n*, Stufenhärtung *f*
martempering Warmbadhärten *n*, Stufenhärtung *f*
martensite Martensit *m*
martensitic martensitisch; Martensit-
marver/to marbeln, [auf ebener Platte] wälzen; wulchern, motzen *{in ausgehöhlter Form}*
marver [plate] Marbelplatte *f*, Wälzplatte *f*, Marbel[tisch] *m*, Motze *f*
mask/to verdecken, verschleiern; abdecken, maskieren
mask Maske *f*
masking effect Verdeckungseffekt *m*
massfeed rate Aufgabegutstrom *m*, Eintragmenge *f* pro Zeiteinheit
mass of specimen Probenmasse *f*
mass production Massenfertigung *f*
master 1. übergeordnet; 2. Leitgerät *n*, Führungsgerät *n*; 3. Muster[stück] *n*, Bezugs[form]stück *n*; 4. Druckform *f*; 5. Prüflehre *f*
master alloy Vorlegierung *f*

master device Leitgerät *n*
master gear Lehrzahnrad *n*
master manipulator Leitmanipulator *m*; Leithandhabungsautomat *m*
master pattern Muttermodell *n*, Grundmodell *n*
master-slave manipulator Servomanipulator *m*, Parallelmanipulator *m*, Greifmanipulator *m* *{Manipulatorgruppe aus Leitmanipulator und abhängigem Manipulator}*
master-slave principle Master-Slave-Prinzip *n*
master specimen Musterstück *n*
master switch Hauptschalter *m*, Generalschalter *m*, Meisterschalter *m*
master timer Leittaktgeber *m*, bestimmender Taktgeber *m*
master unit Leitgerät *n*
mat matt *{Oberfläche}*
match/to anpassen, zusammenpassen
match mark Formennaht *f*, Trennfuge *f* *{Fehler}*
match plate Modellplatte *f* *{Formen}*
matching 1. Anpassung *f*; 2. Nachstellen *n*; 3. Vergleichsprozeß *m*
matching of colour Farbvergleich *m*, Farbanpassung *f*
matching section Anpassungsglied *n*
matching unit Anpaßteil *m* *{numerische Steuerung}*
material Material *n*, Werkstoff *m*
material allowance Werkstoffzugabe *f*
material bar Werkstoffstange *f*
material behaviour Stoffverhalten *n*
material defect Werkstoffehler *m*

material density Materialdichte *f*, Werkstoffdichte *f*
material handling Werkstoffhandhabung *f*, Bearbeitung (Verarbeitung) *f* des Werkstoffes
material hopper Fülltrichter *m*, Aufgabetrichter *m*, Einlauftrichter *m*, Speisetrichter *m*, Materialeinlauf *m*, Aufsatztrichter *m*, Dosiertrichter *m*, Einfüllgehäuse *n*
material input Stoffeingabe *f*
material movement control Materialflußsteuerung *f*
material output Stoffausgabe *f*
material processing Materialbearbeitung *f*
material-processing robot Materialbearbeitungsroboter *m*, Bearbeitungsroboter *m*, Roboter *m* zur Werkstoffbearbeitung
material requirements planning Materialbedarfsplanung *f*
material throughput Materialdurchsatz *m*
material to be tested Versuchsmaterial *n*
material transport process Stofftransportprozeß *m*
materials testing Werkstoffprüfung *f*, Materialprüfung *f*
materials testing machine Werkstoffprüfmaschine *f*
mating 1. zusammengehörig; ineinandergreifend; 2. Ineinandergreifen *n*, Kämmen *n*; 3. Kontaktgabe *f* *{als Folge z.B. des Ineinandergreifens}*; 4. Zusammenpassen *n*, Paaren *n* *{von Einzelteilen}*
mating gauge Gegenlehre *f*
mating size Paarungsmaß *n*

matrix 1. Matrize *f*, Untergesenk *n*; 2. Matrix *f*
matrix switch Matrixschalter *m*
matte of copper Kupfersau *f*
matte of lead Bleistein *m*, Hartblei *n*
maximum clearance Größtspiel *n*
maximum daylight between platens größte lichte Weite *f* zwischen den Platten
maximum deviation maximale Abweichung *f*
maximum load Höchstbelastung *f*, Maximalbelastung *f*, maximale Last (Belastung) *f*; Belastungsgrenze *f*, Grenzlast *f*
maximum output Höchstleistung *f*
maximum-pressure governor Überdruckschalter *m*, Überdruckwächter *m*
maximum shear theory Hypothese *f* der größten Schubspannung
maximum size Größtmaß *n*
maximum speed Höchstdrehzahl *f*, maximale Drehzahl *f*; Höchstgeschwindigkeit *f*, Maximalgeschwindigkeit *f*
maximum strain energy theory Hypothese *f* der Formänderungsarbeit
maximum stress [mechanische] Maximalspannung *f*
maximum water absorption maximale Wasseraufnahme *f*
mean Mittelwert *m*, Mittel *n*
mean downtime mittlere Ausfallzeit *f*
mean strength durchschnittliche Festigkeit *f*
mean time between failures mittlerer Ausfallabstand *m*, mittlere Zeit *f* zwischen Ausfällen, mittlere fehlerfreie Arbeitszeit *f*, mittlere Betriebszeit *f*
mean time between maintenances mittlere Zeit *f* zwischen Wartungen
mean time between malfunctions mittlerer Störungsabstand *m*
mean time between overhauls mittlere Zeit *f* zwischen Überholungen
mean time to failure mittlere Zeit *f* bis zum ersten Fehler, mittlere fehlerfreie Arbeitszeit *f*, mittlere Betriebszeit *f*, mittlere Ausfallzeit *f*
mean time to first failure mittlere Betriebszeit *f* bis zum ersten Ausfall, mittlerer Ausfallabstand *m* *{mittlere Zeit bis zum ersten Ausfall aller Betrachtungseinheiten}*
mean time to repair mittlere Reparaturzeit *f*
measure/to [aus]messen
measure 1. Maß *n*; 2. Maßstab *m*, Maßnahme *f*
measure of contraction Schwindmaß *n*, Schwundmaß *n*
measure of effort Aufwandsmaß *n*
measure of shrinkage Schrumpfmaß *n*
measurement Messung *f*
measurement at high temperatures Messung *f* bei hohen Temperaturen
measurement at low temperatures Messung *f* bei niedrigen Temperaturen
measurement of colour Farbmessung *f*
measurement of plasticity Plastizitätsmessung *f*; Vulkametrie *f* *{Prüfung von Elastomeren}*
measurement of viscosity Viskositätsmessung *f*

measurement technique Meßtechnik f; Meßmethode f, Meßverfahren n
measurement unit Maßeinheit f, Einheit f
measuring Messen n; Meß-
measuring accuracy Meßunsicherheit f, Meßgenauigkeit f
measuring apparatus Meßapparatur f, Meßeinrichtung f, Meßgerät n
measuring body Meßblock m
measuring control Meßsteuerung f {Werkzeugmaschine}
measuring cylinder Meßzylinder m, Maßzylinder m
measuring equipment Meßeinrichtung f, Meßanlage f, Meßapparatur f
measuring instrument Meßinstrument n, Meßgerät n, Meßzeug n
measuring jaw Drehschnabel m, Meßbacke f
measuring line Meßleitung f
measuring means Meßmittel n
measuring method Meßmethode f
measuring operation Meßvorgang m
measuring pin Meßstift m
measuring point Meßpunkt m; Meßstelle f, Meßort m; Meßspitze f
measuring position 1. Meßstelle f, Meßort m; 2. Meßstellung f {Bedienungselement}
measuring process Meßprozeß m
measuring rack Meßzahnstange f
measuring receiver Meßempfänger m
measuring spindle Meßspindel f
measuring surface Meßfläche f
measuring system 1. Meßsystem n, Meßanlage f; 2. Meßwerk n
measuring task Meßaufgabe f

measuring technology Meßtechnik f
measuring transducer Meß[wert]wandler m, Meßumformer m
measuring transductor Meßtransduktor m
measuring unit 1. Meßeinrichtung f; Meßgerät n; 2. Sensor m, Meßfühler m; 3. Maßeinheit f, Einheit f {Metrologie}
mechanical mechanisch, maschinell; Maschinen-, Motor-
mechanical balance mechanische Waage f
mechanical defect mechanischer Fehler m, Fehler m an mechanischen Teilen
mechanical differential Differentialgetriebe n
mechanical engineering Maschinenbau m; mechanische Fertigungstechnik f
mechanical extensometer mechanisches Dehnungsmeßgerät n
mechanical-indexing mechanism mechanisch einrastender Mechanismus m
mechanical interlock[ing] mechanische Verriegelung f
mechanical loss factor mechanischer Verlustfaktor m
mechanical measurement mechanische Messung f
mechanical mo[u]lding Maschinenformerei f
mechanical pipe joint Rohrverbindung f, Klammerrohrverbindung f
mechanical press brake Kurbelabkantpresse f
mechanical properties mechanische Eigenschaften fpl

mechanical repeater automatische Umführung *f*
mechanical resistance mechanischer Widerstand *m*
mechanical screening machine mechanische Siebmaschine *f*
mechanical stability mechanische Stabilität *f*
mechanical stop Anschlag *m*, Begrenzungsanschlag *m*
mechanical testing mechanische Prüfung *f*, Prüfung *f* der mechanischen Eigenschaften *n* {von Werkstoffen}
mechanical testing machine mechanische Prüfmaschine *f*
mechanically compatible mechanisch kompatibel
mechanicals Funktionsteile *npl*
mechanism 1. Mechanismus *m*, [mechanische] Vorrichtung *f*; Getriebe *n*; 2. Mechanismus *m*, Wirkungsweise *f*
mechanization Mechanisierung *f*
median[value] Medianwert *m*, Median *m* {zur Kennzeichnung der mittleren Lage}
medium plate mill Mittelstraße *f*
medium-technology robot Roboter *m* mittlerer Technologie {einfach programmierbarer Universalroboter, anpaßbar an die meisten Arbeitsaufgaben}
melt/to [ein]schmelzen
melt accumulator Plastikakkumulator *m*, Zylinderspeicher *m*, Kopfspeicher *m*, Massespeicher *m*, Schmelzebehälter *m*, Schmelzespeicher *m*; Stauzylinder *m*
melt accumulator system Kopfspeichersystem *n*, Massespeichersystem *n*

melt acumulator ram Schmelzespeicherkolben *m*
melt flow behaviour Schmelzfließverhalten *n*
melt flow index Schmelzindex *m*, Fließindex *m*
melt flow path (way) Schmelze[führungs]kanal *m*, Schmelze[führungs]bohrung *f*, Massekanal *m*, Masseweg *m*, Fließweg *m*,
melt stream Massestrom *m*
melt temperature Massetemperatur *f*
melt throughput Massedurchsatz *m*, Materialdurchsatz *m*
melt viscosity Schmelzviskosität *f*
melting cone Schmelzkegel *m*, Seger-Kegel *m*, Brennkegel *m*
melting finery Frischhütte *f*
melting-hole furnace Unterflurofen *m*
melting point Schmelzpunkt *m*, Fließpunkt *m*, Schmelztemperatur *f*
melting point determination Schmelzpunktbestimmung *f*
melting range Schmelzbereich *m*
member 1. Glied *n*; 2. Stab *m*, Stabelement *n*; 3. Teil *n*, Konstruktionsteil *n*; 4. Bestandteil *m*
membrane Membran[e] *f*
membrane stress Membranspannung *f*
membrane theory of shells Membrantheorie *f* der Schalen
memory Speicher *m*; Gedächtnis *n*
memory capability Speicherfähigkeit *f*
memory capacity Speicherkapazität *f*
memory control Speichersteuerung *f*

memoryless 166

memory dump Speicherauszug *m*, Speicherabzug *m*, Speicherausdruck *m*
memoryless speicherfrei
meridional stress Meridionalspannung *f*
message Nachricht *f*; Meldung *f*
metal charge Eisengicht *f*, Eiseneinsatz *m*
metal cover Blechdeckel *m*
metal hood Blechhaube *f*
metal pouring robot Metallgießroboter *m*, Roboter *m* für den Metallguß
metal separator Metallabscheidegerät *n*
metal spinning Metalldrücken *n* *{Blech}*
metal-working fluid Kühlschmierstoff *m*
metallic bellow (compensator) for pipelines Rohrdehnungsausgleicher *m*, Faltenbalg (Kompensator) *m* für Rohrleitungen
metallic hose Metallschlauch *m*
metallic mixture Speise *f*, Metallmischung *f*
metallic mo[u]ld Kokille *f*
metastable diagram Eisen-Eisenkarbid-Diagramm *n*
meter/to [ab]messen; bemessen; dosieren
meter Meßinstrument *n*, Meßgerät *n*; integrierendes Meßgerät *n*; Zählwerk *n*, Zähler *m*
metering 1. Messung *f*, Messen *n*; Vermessen *n*; Abmessen *n*; 2. Dosieren *n*, Zudosierung *f*, Zumessen *n*, Zuteilen *n*
metering stroke Dosierweg *m*
method of ag[e]ing Alterungsverfahren *n* *{künstliche Alterung}*

method of calculation Berechnungsverfahren *n*
method of measurement Meßmethode *f*
method of prediction Prognosemethode *f*
metric thread metrisches Gewinde *n*
MFI *s.* melt flow index
micro-hardness tester Mikrohärteprüfgerät *n*
micro-tensile test specimen Mikrozugprobe *f*
microcrystalline mikrokristallin
microhardness Mikrohärte *f*
microhardness tester Mikrohärteprüfgerät *n*
micrometer Mikrometer *n*
micrometercal[l]iper Bügelmeßschraube *f*, Meßschraube *f*
micrometer extensometer Mikrometer-Dehnungsmesser *m*
micropipe Mikrolunker *m*
microradiography Mikroradiographie *f*
microscope technique mikroskopisches Verfahren *n*
microscopic mikroskopisch
microscopy Mikroskopie *f*
middle surface Mittelebene (Mittelfläche) *f* einer Platte
middle surface of a shell Schalenmittelfläche *f*
migrate/to wandern, migrieren
migration Wanderung *f*, Migration *f*, Verschiebung *f*, Ortswechsel *m*; Bewegung *f*; Veränderung *f* infolge technischer Weiterentwicklung
migration of plasticizers Weichmacherwanderung *f*
migration tendency Wanderungstendenz *f* *{von Weichmachern}*

milking machine fitting Melkmaschinenarmatur *f*
mill 1. Walzwerk *n*, Straße *f*; 2. Spinnerei *f*, Weberei *f*; 3. Mühle *f*
mill table Rollgang *m*, Arbeitsrollgang *m* {Walzwerk}
milled-tooth cutter spitzgezahnter Fräser *m*
millimeter graduation Millimeterteilung *f*
milling cutter Fräser *m*, Sitzfräser *m*
milling machine Fräsmaschine *f*
milling spindle Frässpindel *f*
milling spindle head Frässpindelkopf *m*
milling tool Fräswerkzeug *n*
milling work Fräsarbeit *f*
mind/to warten, bedienen
mingled up chip Wirrspan *m*
miniature specimen Kleinstprobe *f*
miniature valve Ventil *n*; Kleinarmatur *f*
minimizing the amount of flash produced Butzenminimierung *f*
minimum bend radius kleinster [zulässiger] Biegeradius *m* {Rohrbogen}
minimum clearance Kleinstspiel *n*, kleinster Freiwinkel *m*
minimum deviation minimale Abweichung *f*
minimum pressure Mindestdruck *m*, Minimaldruck *m*
minimum shot weight Mindestschußgewicht *n*, Mindestspritzgewicht *n*
minimum size Kleinstmaß *n*
minor failure harmloser (unwesentlicher) Ausfall *m*, Nebenausfall *m*
minor load Vorlast *f* [nach Rockwell]
mirror Spiegel *m*

mirror coating machine Spiegelbelegemaschine *f*
misadjustment Fehleinstellung *f*
misalignment angle Fluchtungsfehlwinkel *m*
mischievous tampering unbefugter Eingriff *m*, unbefugte Betätigung *f*
mismatch Profilabweichung *f* {Zahnrad}; Versatz *m* {z.B. an Gußstücken}
misplaced core versetzter Kern *m*
misplacement Fehleinstellung *f*
mist Nebel *m* {z.B. Ölnebel}, Sprühnebel *m*; Beschlag *m*
misuse Mißbrauch *m*, falsche Handhabung (Behandlung) *f*
misuse failure Ausfall *m* bei unzulässiger Beanspruchung
mitre wheel gear train Kegelradgetriebe *n*, Winkelgetriebe *n*
mitred bend Segmentkrümmer *m*
mixer Mischer *m*; Roheisenmischer *m*, Warmhalteofen *m*
mixing head Mischkopf *m*
mixing torpedo Mischkopf *m*
mixing valve Mischventil *n*
mixture-making Gattieren *n*, Gattierung *f*
mobile forging manipulator beweglicher Schmiedemanipulator *m*
mobile hearth ausfahrbarer Herd *m*
mobile robot mobiler Roboter *m*
mobility Mobilität *f*, Beweglichkeit *f*; Fließfähigkeit *f*
mock-up Attrappe *f*, Nachbildung *f*, Lehrmodell *n*; Modell *n*
mode 1. Erscheinungsform *f*, Art *f*, Weise *f*, Modus *m*; 2. Arbeitsweise *f*, Betriebsweise *f*; Betriebsart *f* 3. Wert *m* größter Häufigkeit; Gipfelwert *m*

modelling 168

mode of action Wirkungsweise f, Wirkungsart f, Wirkungsprinzip n, Verhaltensprinzip n
modelling Modellierung f, Modellbildung f
modify/to modifizieren, verändern
modular bausteinartig, modular; Modul-
modular concept Modulbauweise f
modular construction system Baukastensystem n, Bausteinsystem n
modular principle Baukastenprinzip n
modular system Baukastensystem n
modulation Modulation f
modulation meter Modulationsmeßgerät n
modulator Modulator m
module Modul n, Baustein m
module drawer Bausteineinschub m
modulus in compression Druckelastizitätsmodul m
modulus in flexure Biegemodul m
modulus measurement Modulmessung f, Messung f des Moduls
modulus of bending Biegemodul m
modulus of deflection of the elastic support Nachgiebigkeitsmodul m der elastischen Stütze
modulus of elasticity Elastizitätsmodul m, E-Modul m
modulus of elasticity in shear $s.$ modulus of rigidity
modulus of inelastic buckling Knickmodul m, Knickzahl f
modulus of rigidity Schubmodul m, Scher[ungs]modul m, Gleitmodul m, Gleitmaß n

modulus of the foundation Bettungszahl f
moisture absorption Feuchteaufnahme f
moisture content Feuchtegehalt m
moisture saturation Feuchtesättigung f, Sättigung f durch Feuchte
mold... $s.$ mould...
molten tube Folienschlauch m, Schmelzeschlauch m
moment at the support Stützmoment n
moment of inertia Trägheitsmoment n
monitor/to beobachten, überwachen, kontrollieren
monitor 1. Überwachungsgerät n, Kontrollgerät n, Monitor m; Warngerät n; 2. Wächter m; 3. Monitor m *{Bildschirm}*
monolithically integrated monolithisch integriert
monomeric monomer
montage operation Montagearbeitsgang m
Morse taper Morse-Kegel m
most extreme (remote) fibre Randfaser f
motion Bewegung f, Gang m; Gang m *{einer Maschine}*
motion control Bewegungssteuerung f *{Roboter}*
motion controller unit Bewegungssteuereinheit f
motion coordination Bewegungskoordinierung f, Koordinierung f der Bewegungen
motion path Bewegungsweg m, Bahn f
motor Motor m
motor-actuated $s.$ motor-operated

motor-actuated valve Ventil *n* mit Motorantrieb
motor drive Stellantrieb *m* mit Motor
motor-driven motorgetrieben, motorbetrieben, mit Motorantrieb
motor-driven switch motorgetriebener Schalter *m*
motor element Stellantrieb *m*
motor-operated motorbetätigt, motorbetrieben
motor-operated switch motorbetätigter Schalter *m*
motor protection Motorschutz *m*
motor relay Motorschutzrelais *n*
motor stepping Weiterschalten *n* mit Schrittmotor
motor with reciprocating movement Schwingmotor *m*
motorized valve Motorschieber *m*
mould/to formen, abformen, Formen bauen, Formen herstellen, gießen, pressen
mould 1. Gießform *f*, Form *f*, Kokille *f*, formgebendes Werkzeug *n*, Preßform *f*, Preßgesenk *n*, Preßwerkzeug *n*; 2. Schablone *f*; 3. Matrize *f*; 4. Abguß *m*; 5. Modell *n*
mould attachment hole Aufspannbohrung *f*
mould carriage Werkzeugschlitten *m*
mould carrier Formenträger *m*, Werkzeugträger *m*, Formträgerplatte *f*
mould cavity Formhohlraum *m*, Spritzgießkavität *f*, Spritzgießgesenk *n*, Gesenk *n*, Formnestkontur *f*, Werkzeugeinarbeitung *f*, Werkzeuggesenk *n*
mould centering device Werkzeugzentrierung *f*

mould clamping frame Schließgestell *n*
mould clamping mechanism Formschließsystem *n*, Formschluß *m*, Schließmechanismus *m*, Werkzeugschließsystem *n*
mould clamping pressure Formschließdruck *m*, Schließdruck *m*
mould clamping unit Formschließaggregat *n*
mould closing movement Formschließbewegung *f*, Schließbewegung *f*, Schließvorgang *m*, Werkzeugschließbewegung *f*
mould closing speed Formzufahrgeschwindigkeit *f*, Werkzeugschließgeschwindigkeit *f*, Schließgeschwindigkeit *f*
mould core Formkern *m*, Spritzgießkern *m*, Werkzeugkern *m*; Stempel *m*, Patrize *f*
mould deflection Werkzeugdurchbiegung *f*
mould design Werkzeugkonzept *n*, Werkzeuggestaltung *f*
mould die formgebendes Werkzeug *n*
mould dressing Formschlichte *f*
mould drying oven Form[en]trokkenofen *m*
mould filling phase Formfüllphase *f*, Füllphase *f*, Werkzeugfüllphase *f*
mould filling speed Füllgeschwindigkeit *f*, Werkzeugfüllgeschwindigkeit *f*
mould filling time Formfüllzeit *f*, Füllzeit *f*, Werkzeugfüllzeit *f*; Spritzzeit *f*, Einspritzzeit *f*
mould fixing details (diagram) Werkzeugaufspannzeichnung *f*, Aufspannplan *m*, Lochbild *n*

mouldability 170

mould fixing dimensions Aufspannmaße *npl*
mould frame Gießtisch *m*
mould height Formeinbauhöhe *f*, Formaufspannhöhe *f*, Einbauhöhe *f*, Formeinbauraum *m*; Werkzeughöhe *f*
mould insert Formeinsatz *m*, Kontureinsatz *m*, Werkzeugeinsatz *m*
mould locking mechanism Zuhaltemechanismus *m*
mould-making Formherstellung *f*, Formenbau *m*
mould mounting dimensions Werkzeugaufspannmaße *npl*, Einbaumaße *npl*
mould opening force Aufreißkraft *f*, Auftreibkraft *f*, Werkzeugauftriebskraft *f*
mould opening speed Formauffahrgeschwindigkeit *f*
mould parting line Formtrennlinie *f*, Trennaht *f*, Teilungsfuge *f*
mould parting surface Formtrennfläche *f*, Formtrennebene *f*, Werkzeugteilungsfläche *f*, Werkzeugteilungsebene *f*
mould plate Werkzeug[aufspann]platte *f*
mould plate assembly Plattenpaket *n*
mould return stroke Werkzeugrückhub *m*
mould safety mechanism Werkzeugschließsicherung *f*
mould setter Werkzeugeinrichter *m*
mould setting time Werkzeugeinrichtezeit *f*
mould shift Formversatz *m*
mould shrinkage Verarbeitungsschwindung *f*, VS, Verarbeitungsschrumpf *m*, Formschrumpf *m*

mould space Werkzeugeinbauraum *m*
mould venting Werkzeugbelüftung *f*, Werkzeugentlüftung *f*
mould wash Kokillenschlichte *f*
mouldability Formbarkeit *f*, Preßbarkeit *f*
mouldboard Aufstampfbrett *n*
moulded-on angegossen, angespritzt, angeformt
moulded part Formteil *n*, Formling *m*; Preßteil *n*; Spritzgußteil *n*
moulded plastic Formpreßstoff *m*
moulded specimen urgeformter Probekörper *m*
moulder Former *m*, Gießer *m*; Formenbauer *m*
moulder's clamp Formkastenklammer *f*
moulding 1. Formen *n*, Formerei *f*; 2. Formteil *n*, Formartikel *m*; Preßling *m*, Preßteil n
moulding blackening Formschwärze *f*
moulding box Formkasten *m*
moulding hole Formgrube *f*
moulding machine Formmaschine *f*
moulding material Formmasse *f*, Preßmasse *f*; Formstoff *m*
moulding pestle Formstampfer *m*
moulding powder Formpuder *m*, Preßpulver *n*, pulvrige Formmasse (Preßmasse) *f*
moulding press Form[teil]presse *f*, Preßformmaschine *f*
moulding sand preparation plant Formsandaufbereitungsanlage *f*
moulding shell Formmaske *f*
moulding shop Formerei *f*, Spritzerei *f*

moulding shrinkage 1. Formschwindung *f*, Formschwund *m*, Verarbeitungsschwindung *f*; 2. Formenschwindmaß *n* {*für die Schrumpfung eines Formteils*}
moulding tool Verformungswerkzeug *n*, Werkzeug *n*
mount/to montieren, einbauen, anbauen, befestigen; aufbauen, aufstellen; [ein]spannen, aufspannen, festspannen
mounting 1. Einbau *m*, Montage *f*; 2. Aufstellung *f*, Anordnung *f*; 3. Fassung *f*, Halterung *f*; 4. Festspannen *n*, Aufspannen
mounting aperture Befestigungsöffnung *f*
mounting bracket Befestigungssupport *m*
mounting gauge Montagelehre *f*
mounting hardware Befestigungsteile *npl*, Befestigungsmittel *npl*
mounting hole Montageloch *n*
mounting kit Montagehilfsmittel *npl*, Montagezubehör *n*
mounting lever Montagehebel *m*
mounting plate Montageplatte *f*; Aufspannplatte *f*
mounting position Einbaulage *f*
mounting ring Montagering *m*
mounting sleeve Montagehülse *f*
mouth Öffnung *f*, Stichöffnung *f*, Abstichloch *n*, Abstich *m*, Schlackenloch *n*, Helm *m* {*Konverter*}
movable beweglich, verstellbar
 movable blade beweglicher Schenkel *m*
 movable-cenre punch beweglicher Körner *m*
move/to bewegen, verschieben, versetzen; sich bewegen

move sequence Bewegungsfolge *f*, Bewegungsablauf *m*
moveable jaw bewegliche (verfahrbare) Einspannbacke *f*
movement 1. Bewegung *f*, Ausschlag *m* {*z.B. Zeiger*}; 2. Meßwerk *n*; 3. bewegliches Element (Organ) *n* {*Teil des Meßwerks*}
movement sequence Bewegungsfolge *f*, Bewegungsablauf *m*
moving beweglich; einstellbar
 moving frame drehbarer Rahmen *m*
 moving load bewegliche Belastung *f*
 moving mo[u]ld half Auswerferseite *f*, auswerferseitige Werkzeughälfte *f*; bewegliche (schließseitige) Werkzeughälfte *f*, Schließseite *f*, Kernseite *f*
 moving platen bewegliche (schließseitige) Werkzeugaufspannplatte *f*, auswerferseitige Aufspannplatte *f*, Werkzeugschließplatte *f*, Schließplatte *f*, Werkzeugträgerschlitten *m*
 moving workpiece bewegliches Werkstück *n*
MRP *s.* material requirements - planning
M.S. flat Flachstahl *m*
muller mixer Formsandaufbereitungsmaschine *f*
mulling machine Formsandaufbereitungsmaschine *f*
multi-disk clutch Lamellenkupplung *f*
multianode rectifier Mehranodenventil *n*
multiaxis control Mehrachsensteuerung *f*
multiblow heading (upsetting) Mehrstufenstauchen *n*

multibore

multibore injection nozzle Mehrlochspritzdüse *f*
multicam action mechanical press Nockenscheibenpresse *f*
multicavity die Mehrfachwerkzeug *n*, Vielfachwerkzeug *n*
multicavity hot runner mo[u]ld Mehrfachheißkanalform *f*
multicavity-impression hot runner mould Mehrfachheißkanalform *f*
multicavity-impression mo[u]ld Mehrfachwerkzeug *n*, Vielfachwerkzeug *n*
multicavity mo[u]ld Mehrfachwerkzeug *n*, Vielfachwerkzeug *n*
multicomponent balance Mehrkomponentenwaage *f*
multidaylight mehretagig
multidaylight injection mo[u]lding Etagenspritzen *n*
multidaylight mo[u]ld Mehrplattenwerkzeug *n*; Etagenwerkzeug *n*
multidaylight transfer mo[u]lding Etagenspritzen *n*
multidisk clutch Lamellenkupplung *f*
multifingered hand Hand *f* (Greifer *m*) mit mehreren Fingern {Roboter}
multiimpression ... *s.* multicavity ...
multilayer parison die Mehrschichtschlauchkopf *m*
multilevel system Mehrebenensystem *n*
multimode distortion Multimodenverzerrung *f*
multiorifice die Mehrfachwerkzeug *n*, Vielfachwerkzeug *n*
multiparison die Mehrfachschlauchkopf *m*

multipart mo[u]ld Mehrplattenwerkzeug *n*
multipassage kiln Mehrbahnofen *m*, Passageofen *m*, Mehrkanaldurchschubofen *m*
multiplate mo[u]ld Mehrplattenwerkzeug *n*
multiple converter Mehrfachstromrichter *m*
multiple-current generator Mehrstromgenerator *m*
multiple die Mehrfachdüse *f*
multiple-die press Stufenpresse *f*
multiple-draft machine Mehrfachdrahtziehmaschine *f*
multiple drawing Vielfachzug *m*, Mehrfachzug *m*
multiple echo Vielfachecho *n*, Mehrfachecho *n*
multiple excitation mehrfache Erregung *f*
multiple-film gate Mehrfachbandanschnitt *m*
multiple-gated mehrfach angespritzt
multiple nozzle Mehrfachdüse *f*
multiple parallel winding mehrgängige Parallelwicklung *f*
multiple pin gate Mehrfachpunktanschnitt *m*, Reihenpunktanschnitt *m*
multiple robot Mehrfachroboter *m*
multiple-severity test Versuch *m* mit veränderlichen Schnittbedingungen
multiple slide press Stufenpresse *f*
multiple-speed motor Motor *m* mit [mehreren] Drehzahlstufen
multiple-spindle shaft Vielkeilwelle *f*
multiple-splined shaft Vielkeilwelle *f*

multiple-stroke automatic cold header Mehrstufenkaltstauchautomat *m*
multiple-tunnel gate Mehrfachtunnelanschnitt *m*
multiple-way valve Mehrwegeventil *n*
multipoint gating Mehrfachanguß *m*, Mehrfachanspritzung *f*, Mehrfachanschnitt *m*, Mehrfachanbindung *f*, mehrfaches Anbinden *n*
multipoint pin gate Mehrfachpunktanschnitt *m*, Reihenpunktanschnitt *m*
multiposition cylinder Mehrstellungszylinder *m*
multirun in mehreren Durchgängen (Zügen)
multispindle drilling machine Mehrspindelbohrmaschine *f*
multistage compressor mehrstufiger Verdichter *m*
multistage die Stufengesenk *n*
multistage pump Mehrstufenpumpe *f*
multistage spur-gear unit mehrstufiges Stirnradgetriebe *n*
multitask capability Mehrfacheinsetzbarkeit *f*
mute/to dämpfen, abschwächen
muting Dämpfung *f*, Abschwächung *f*

N

nameplate Leistungsschild *n*, Typenschild *n* mit Leistungsangabe
narrow-strip mill Schmalbandwalzwerk *n*
narrowing cross-section Querschnittsverengung *f*
narrowing flow channel Querschnittsverengung *f* am Strömungskanal
native forge process Renn-Verfahren *n*, direktes Erz-Stahl-Verfahren *n*
natural ag[e]ing natürliche Alterung *f*; natürliches Altern *n*, Kaltauslagerung *f*
natural cooling Selbstkühlung *f*, Eigenkühlung *f*, natürliche Kühlung *f*
natural frequency Eigenfrequenz *f*
natural limit of stability Eigenstabilitätsgrenze *f*, Grenze *f* der natürlichen Stabilität
natural mo[u]lding sand Natur[form]sand *m*
natural period of oscillation Eigenschwingungszeit *f*
natural pressure Eigendruck *m*
natural resistance Eigenwiderstand *m* {*Größe*}
natural resonance Eigenresonanz *f*, Eigenschwingung *f*
natural resonant frequency Eigenresonanzfrequenz *f*
natural stability limit Grenze *f* der natürlichen Stabilität
natural strain Umformgrad *m*
natural test method Außenprüfung *f*, Prüfung *f* bei natürlichen Einflußfaktoren
natural transient stability limit Grenze *f* der natürlichen dynamischen Stabilität {*eines Übertragungssystems*}
natural vibration [mechanische] Eigenschwingung *f*
natural weathering natürliche Bewitterung *f*, Freibewitterung *f*

natural weathering test Freibewitterungsprüfung f, Freiluftversuch m, Freilagerversuch m
near field Nahfeld n
near the die (nozzle) in Düsennähe
neck/to einkehlen
neck down/to einschnüren, verengen, vermindern {Querschnitt}; verstrecken
neck 1. Hals m; 2. Zapfen m, Laufzapfen m {Walze}; 3. Ausguß m, Füllansatz m
neck calibration [device] Halskalibrierung f
neck flash Halsüberstände mpl, Halsabfälle mpl, Halsbutzen m
neck mo[u]ld Halswerkzeug n, Mündungsform f, Halsring m, Landform f
neck pinch-off Halsquetschkante f
neck section Halspartie f
necking of film Seiteneinsprung m,
necking tool Kehleisen n {Schmieden}
needle Nadel f; Zeiger m
needle bearing Nadellager n
needle cage Nadelkäfig m
needle chip Nadelspan m
needle roller Nadelwalze f, Nadel f {Wälzelement}
needle roller bearing Nadellager n
needle shaft Nadelwelle f
needle shut-off mechanism Nadelventilverschluß m, Nadelverschlußsystem n, Schließnadel f
needle valve Nadelventil n, Nadelverschluß m
needle valve nozzle Nadelverschluß[spritz]düse f
negative conductor negativer Leiter m, Minusleiter m

negative pressure Unterdruck m
negative segregation umgekehrte Blockseigerung f
nesting of blanks Rondenmehrfachanordnung f
network Netzwerk n, Netz n; Stromversorgungsnetz n
network analyzer Netzwerkanalysator m, Netzanalysator m
network technique Netzplantechnik f
neutral neutral
neutral axis neutrale Achse (Linie) f, Nullachse f, Spannungsnullinie f, Schwerelinie f
neutral phase neutrale Phase f
neutral plane neutrale Zone f, Nullzone f {einer Gleichstrommaschine}
neutral point 1. Sternpunkt m {Dreiphasensystem}; 2. Nullpunkt m, Endpunkt m; 3. Indifferenzpunkt m
neutral terminal Sternpunktklemme f
new sand Neusand m, Frischsand m
new value Neuwert m
new-value signalization Neuwertsignalisierung f
nicarbing Karbonitrieren n, Carbonitrieren n
nick bend test Kerbbiegeversuch m
nickel-molybdenum steel Nickel-Molybdän-Stahl m
nip-off edge Quetschkante f, Schneidkante f
nipple Nippel m
nitration hardening Nitrier[härt]ung f, Nitrierhärten n, Einsatzhärtung f durch Nitrieren
nitrided case (layer) nitrierte Randschicht (Schicht) f, Nitrierschicht f

nitrogen case hardening Nitrierhärten *n*, Nitrieren *n* {*Einsatzverfahren*}
nitrogen control Stickstoffregelung *f*
nitrogen-harden/to nitrierhärten, nitrieren
nitrogen meter Stickstoffzähler *m*
no-clearance spielfrei
no-go gauge Ausschußlehre *f*
no-load Leerlauf *m*
no-load characteristic (curve) Leerlaufkennlinie *f*
no-load operation Leerlauf *m*
no-load speed Leerlaufdrehzahl *f*
no-loss verlustlos
node Knoten *m* {*z.B. in einem Netzwerk*}
nodular kugel[art]ig, knollig, sphärolitisch, globular
noise Geräusch *n*, Lärm *m*, Krach *m*; Rauschen *n*
noise cancellation Störschallunterdrückung *f*, Geräuschunterdrückung *f*
noise conduction Schalleitung *f*
noise level 1. Geräuschpegel *m*, Lärmpegel *m*, Schallpegel *m*, Lärmemissionswert *m*; 2. Störpegel *m*, Rauschpegel *m*
noise measurement Geräuschmessung *f*, Lärmmessung *f*
noise meter Geräuschmeßgerät *n*, Lärmmeßgerät *n*
noiseless geräuschlos
noisy geräuschvoll, laut; geräuschintensiv; rauschbehaftet, verrauscht
nominal Nenn-, Nominal-, Soll-
nominal accuracy Nenngenauigkeit *f*
nominal capacity Nennlast *f*
nominal condition Nennbedingung *f*

nominal data Nennbedingungen *fpl*, Nenndaten *pl*; Betriebsdaten *pl*
nominal length Nennlänge *f*
nominal load Nennlast *f*
nominal output Nennleistung *f*
nominal quantity Nenngröße *f*
nominal ratings Nenndaten *pl*
nominal size Nennmaß *n*, Nenngröße *f*, Sollmaß *n*
nominal speed Nenndrehzahl *f*
nominal surface Solloberfläche *f*
nominal temperature Nenntemperatur *f*
nominal tensile stress Zugspannung *f*
nominal value Betriebswert *m*, Nennwert *m*, Nominalwert *m*, Sollwert *m*
nominal voltage Nennspannung *f*
non-absolute method of measuring nichtabsolutes Meßverfahren *n*
non-contact measurement berührungslose Messung *f*
non-contact sensor berührungsloser Fühler *m*
non-contacting berührungslos
non-cutting stroke Leerhub *m*
non-destructive testing zerstörungsfreie Prüfung *f*, zerstörungsfreies Prüfen *n*
non-elastic buckling unelastische Knickung *f*
non-ferrous metal Nichteisenmetall *n*, NE-Metall *n*
non-ferrous metal pipe Rohr *n* aus NE-Metall
non-glossy nicht glänzend {*Oberfläche*}
non-homogeneous stress nichthomogener Spannungszustand *m*

non-piping nichtlunkernd
non-return flap Rückschlagklappe f
non-return valve Sperrventil n, Rückschlagventil n, Rücklaufsperre f, Rückströmsperre f, Rückstausperre f
non-reversible ohne Drehrichtungswechsel
non-servo robot Roboter m ohne Stellkraftverstärker
non-shrinking nichtschwindend, nichtschrumpfend
non-slip point Fließscheide f
non-standard test nicht genormtes Prüfverfahren n
non-strain ageing reckalterungsbeständig
non-toxic material nichttoxisches Material n, nichttoxischer Werkstoff m
non-tracking kriechstromfest
non-transparent undurchsichtig
non-volatile medium nichtflüchtiges Medium n
non-zero input von Null abweichende Eingabe f
non-zero output von Null abweichende Ausgabe f
normal 1. normal; Normal-; 2. senkrecht
normal ageing normales Altern n, Alterung f unter Normalbedingungen
normal power Normalleistung f
normal set Normalsatz m
normal stress Normalspannung f, Normalbeanspruchung f *{senkrecht zum Querschnitt}*
normal to senkrecht zu
normalizing Normal[isierungs]glühen n, Normalisieren n

Norton-feed gear Norton-Vorschubgetriebe n
nose/to kegelig anarbeiten
nose angle Neigungswinkel m
nose-piece Pfeifenkopf m, Pfeifenende n; Mundstück n *{eines Schlauches}*
not-go side Ausschußseite f *{Lehre}*
notch 1. Kerbe f, Auskerbung f, Einkerbung f, Kerb m, Schlitz m; 2. Rast f *{z.B. der Rastenscheibe}*
notch depth Kerbtiefe f
notch effect Kerbwirkung f *{Wirkung von Kerben in Werkstoffen}*
notch impact resistance Kerbschlagzähigkeit f *{von gekerbten Probekörpern}*
notch impact test Kerbschlagversuch m, Kerbschlagprobe f
notch resistance Kerbempfindlichkeit f
notch shape Kerbform f *{in Proben}*
notched bar Kerbstab m
notched-bar impact test Kerbschlagbiegeversuch m
notched disk Rastenscheibe f
notched Dynstat test specimen Dynstat-Probe f mit Kerb
notched pin Kerbstift m
notched plate Rastenscheibe f
notched small standard rod Norm-Kleinstab m mit Kerb
notched standard rod Normstab m mit Kerb
notched test specimen Probekörper m mit Kerb
notched wheel Rastenrad n
nowel Unterkasten m, Formunterteil n

nozzle 1. Düse *f*; 2. Mundstück *n*; 3. Stutzen *m*; 4. Ausflußöffnung *f*, Ausgußschnauze *f*
nozzle advance cylinder Düsenanpreßzylinder *m*
nozzle advance speed Düsenvorlaufgeschwindigkeit *f*
nozzle aperture Düsenöffnung *f*, Düsenbohrung *f*, Düsenmund *m*
nozzle approach speed Düsenanfahrgeschwindigkeit *f*, Anfahrgeschwindigkeit *f*
nozzle block Düsenblock *m*
nozzle brick Lochstein *m*, Brennerstein *m*
nozzle carriage Düsenhalteplatte *f*
nozzle contact Düsenanlage *f*, Düsenanpressung *f*
nozzle contact pressure Düsenanlagedruck *m*, Düsenanpreßdruck *m*
nozzle deformation Düsendeformation *f*
nozzle design Düsenbauart *f*, Düsenkonstruktion *f*
nozzle dimensions Düsenabmessungen *fpl*
nozzle displacement Düsenversatz *m*
nozzle forward movement Düsenanlegebewegung *f*
nozzle heater Düsenheizung *f*, Düsenheizkörper *m*
nozzle material Düsenwerkstoff *m*, Düsenbaustoff *m*
nozzle misalignment Düsenversatz *m*
nozzle orifice Düsenöffnung *f*, Düsenbohrung *f*, Düsenmund *m*
nozzle point Düsenspitze *f*
nozzle retraction Düsenabhebung *f*, Düsenabhub *m*

nozzle retraction speed Düsenabhebegeschwindigkeit *f*, Abhebegeschwindigkeit *f*
nozzle retraction stroke Düsenabhebeweg *m*, Abhebehub *m*
nozzle seating Düsensitz *m*, Düsenkalotte *f*
nozzle speed Düsenfahrgeschwindigkeit *f*
nozzle stroke Düsenhub *m*
null position Nullstellung *f*, Ruhestellung *f*
null potential Nullpotential *n*
null state Neutralzustand *m*
number 1. Zahl *f*; 2. Anzahl *f*, Menge *f*; 3. Nummer *f*; Kennzahl *f*
number of alterations Lastspielzahl *f*
number of cavities (impressions) Kavitätenzahl *f*, Formnestzahl *f*
number of cycles to failure Bruchlastspielzahl *f*
number of dry cycles Trockenlaufzahl *f*; Anzahl *f* der Leerlaufzyklen
number of repetitions Lastspielzahl *f*
number of reversals Wechsellastspielzahl *f*
number of revolutions Drehzahl *f*
number of shots Schußzahl *f*
number of strokes Hubzahl *f*
number system Zahlensystem *n*
numerical aperture numerische Apertur *f*
numerical index of the vector group Schaltgruppenziffer *f*
numerical microprocessor control numerische Steuerung *f* mit Mikroprozessor
nut Mutter *f*, Gewindering *m*; Spannmutter *f*

object

O

object Objekt *n*, Gegenstand *m*, Ding *n*; 2. Anlage *f* {*geregelte, gesteuerte*}; 3. Ziel *n*
objective Ziel *n*, Gesichtspunkt *m*
observation port Sichtfenster *n*
off-centre circle Außermittekreis *m*
off-centre journal Außermittezapfen *m*
off-centre size Außermittemaß *n*
off-hand process Frei[hand]blasen *n*
off-iron Übergangs[roh]eisen *n*, Ausfalleisen *n*
off-line rechnerunabhängig [arbeitend], nicht unmittelbar unter Kontrolle des Computers; selbständig [betrieben]; Off-Line-
off-size Abweichung *f*
offset 1. bleibende (dauernde) Dehnung *f*; 2. Verschiebung *f*, Versatz *m*
oil conservator Öl-Ausdehnungsgefäß *n*
oil cooler Ölkühler *m*
oil core Ölkern *m*
oil-field valve Ölfeldschieber *m*, Pipelineschieber *m*
oil filter Ölfilter *n*, Schmierölfilter *n*
oil filter cartridge Ölfilterpatrone *f*
oil-free conveyance ölfreie Förderung *f*
oil level eye Ölstandsauge *n*
oil-level indicator Ölstandanzeiger *m*
oil line Ölleitung *f*
oil lubricating fitting Ölschmierarmatur *f*
oil motor Hydromotor *m*
oil permeability Öldurchlässigkeit *f*
oil pinion Schmierritzel *n*
oil pipe Ölstutzen *m*
oil-pressure regulator Öldruckregler *m*
oil pressure tube Öldruckleitung *f*
oil pump Ölpumpe *f*, Schmierölpumpe *f*, Hydraulikpumpe *f*
oil-quench/to in Öl abschrecken (ablöschen)
oil quenching Ölabschreckung *f*, Abschrecken *n* in Öl, Ölhärtung *f*
oil ring Ölring *m*
oil sand Ölsand *m* {*reiner Quarzsand mit Kernöl zur Kernherstellung*}
oil screen Ölsieb *n*
oil separator Ölabscheider *m*
oil sheet Ölblech *n*
oil sump Ölwanne *f*, Kurbelgehäuseunterteil *n*; Ölsumpf *m*
oil tempering Anlassen *n* in Öl
oil-toughen/to in Öl vergüten
oil-treated ölvergütet
oil valve Ölventil *n*
oilstone Ölstein *m*
old sand Altsand *m*
on-glaze decoration Aufglasurdekor *n*
on-line on-line, unter unmittelbarer Kontrolle des Computers, rechnerabhängig, direktgekoppelt, prozeßgekoppelt; während der Fertigung; On-Line-
on-off ratio Verhältnis *n* von Einschalt- zu Ausschaltzeit, Tastverhältnis *n*
on-off switch Ein-Aus-Schalter *m*
on-off valve Auf-Zu-Ventil *n*, Ein-Aus-Ventil *n*, Zweistellungsventil *n*

on period Einschaltdauer *f*, Einschaltzeit *f*, Dauer *f* des Einschaltzustands
on-position Arbeitsstellung *f*, "Ein"-Stellung *f*, Einschaltstellung *f*
on-site maintenance Wartung *f* an Ort und Stelle
on-state eingeschalteter Zustand *m*, Einschaltzustand *m*
on the cavity half matrizenseitig, düsenseitig
on the ejector side of the mo[u]ld auswerferseitig, schließseitig
on the feed side angußseitig
on the fixed (stationary) mo[u]ld half matrizenseitig, düsenseitig
on the moving mo[u]ld half auswerferseitig, schließseitig
one-hour duty Stundenbetrieb *m*
one-plate method Einplattenverfahren *n* *{Bestimmung der Wärmeleitfähigkeit}*
one-point press Einpunktpresse *f*
one-touch button Berührungstaste *f*
one-way valve Einwegventil *n*
opaque opak, nichttransparent, undurchsichtig; deckend
open/to öffnen; aufbrechen *{Form}*; auflockern *{Formsand}*
openout/to aufdornen, aufweiten
open offen, unterbrochen, getrennt *{Stromkreis}*; offen, geöffnet, auf
open-anneal/to blauglühen
open back-inclinable press neigbare Doppelständerpresse *f*
open-belt drive offener Riementrieb *m*
open-cell offenzellig, offenporig *{Schaumstoff}*
open circuit offener (unterbrochener) Stromkreis *m*
open-circuit condition Ausschaltzustand *m*
open-circuit contact Arbeitskontakt *m*, Schließer *m*
open-circuited 1. offen, unterbrochen *{Leitung, Kontakt}*; 2. lastlos, im Leerlauf betrieben
open condition Unterbrechung *f* *{Stromkreis}*
open-frame press Einständerpresse *f* mit C-förmigem Gestell, C-Gestell-Presse
open-front[ed] press Einständerpresse *f* mit C-förmigem Gestell, C-Gestell-Presse *f*
open-gap press Einständerpresse *f*
open-grain structure Grobgefüge *n*
open hearth Frischherd *m*, offener Herd *m*
open-loop control Steuerung *f*, Steuerkette *f*, offene (rückführungslose) Steuerung *f*
open-loop pressure control circuit- Drucksteuerkreis *m*
open-loop process control Prozeßsteuerung *f*
open-loop process-controlled prozeßgesteuert
open-loop robot Roboter *m* ohne Rückkopplung (Rückführung) *{des Arbeitsergebnisses zum Vergleich mit der eingegebenen Aufgabe}*
open out/to aufdornen, aufweiten
open position Öffnungsstellung *f*
open-poured unberuhigt vergossen
open sand gut [gas]durchlässiger Formsand *m*, Sand *m* mit guter (hoher) Gasdurchlässigkeit
open sand casting Herdguß *m*

open sand mo[u]ld Herdbett *n*, Bodenform *f*
open-side[d] press Einständerpresse *f*
open-topped housing Kappenständer *m*
open-type machine offene Maschine *f*
opening 1. Loch *n*, Öffnung *f*; 2. Öffnen *n*; Außeinandernehmen *n* *{Gußform}*
operable 1. betriebsbereit, betriebsfähig; 2. bedienbar; 3. ablaufbereit *{Programm}*
operate/to 1. bedienen, betreiben *{Gerät}*; fahren *{Anlagen}*; 2. betätigen *{über ein Stellglied}*; 3. ansprechen, anziehen *{Relais}*; 4. operieren *{Operateur}*; laufen, arbeiten, in Betrieb sein; 5. funktionieren; 6. durchlaufen lassen, abarbeiten *{Programm}*
operated betätigt, betrieben
operatingarea Arbeitsbereich *m*, Betriebsbereich *m*
operating characteristic Arbeitskennlinie *f*, Betriebskennlinie *f*; Belastungskennlinie *f*
operating characteristics Betriebsdaten *pl*, Betriebswerte *mpl*
operating condition Betriebsbedingung *f*; Betriebszustand *m*
operating cycle Arbeitszyklus *m*, Arbeitstakt *m*
operating data Betriebsdaten *pl*, Betriebswerte *mpl*
operating differential 1. Schalthysterese *f*; 2. Sollwertbereich *m* *{Dreipunktregler}*
operating error (fault) Bedienungsfehler *m*, Fehlbedienung *f*

operating force Betätigungskraft *f*, Stellkraft *f*
operating handle Bedienungsgriff *m*
operating instruction Betriebsanweisung *f*, Bedienungsanweisung *f*
operating key Betätigungstaste *f*
operating lever Betätigungshebel *m*, Bedienungshebel *m*
operating mode Arbeitsweise *f*, Betriebsart *f*
operating personnel Bedienungspersonal *n*
operating position Arbeitslage *f*, Betriebslage *f*, Einbaulage *f*, Arbeitsstellung *f*
operating practice Betriebspraxis *f*, Bedienungspraxis *f*
operating pressure Arbeitsdruck *m*, Betriebsdruck *m*
operating-pressure range Betriebsdruckbereich *m*
operating principle Arbeitsprinzip *n*, Funktionsprinzip *n*
operating range 1. Arbeitsbereich *m*, Betriebsbereich *m*; 2. Regelbereich *m*, Stellbereich *m*
operating reliability Betriebszuverlässigkeit *f*, Zuverlässigkeit *f* im Betrieb
operating report Betriebsprotokoll *n*
operating schedule Arbeitsablaufplan *m*, Betriebsablaufplan *m*
operating sequence Arbeitsablauf *m*, Ablauf *m* der Arbeitsgänge; Betätigungsfolge *f*
operating shaft Betätigungswelle *f*
operating side Bedienungsseite *f*
operating sleeve Betätigungshülse *f*

operating space Arbeitsraum *m*
operating specifications Betriebsdaten *pl*
operating speed 1. Arbeitsgeschwindigkeit *f*; 2. Ansprechzeit *f* *{Relais}*; 3. Operationsgeschwindigkeit *f*, Rechengeschwindigkeit *f* *{Rechner}*; 4. Betriebsdrehzahl *f* *{rotierende Maschine}*
operating state Betriebszustand *m*
operating stress Betriebsbelastung *f*
operating supply air Versorgungsluft *f*
operating supply energy Versorgungsenergie *f*
operating switch Betätigungsschalter *m*
operating system Betriebssystem *n*
operating temperature Arbeitstemperatur *f*, Betriebstemperatur *f*
operating temperature range Arbeitstemperaturbereich *m*, Betriebstemperaturbereich *m*
operating time 1. Betriebsdauer *f*, Betriebszeit *f*; 2. Arbeitszeit *f*; 3. Ansprechzeit *f* *{Relais}*; 4. Schließzeit *f* *{Kontakt}*; 5. Kommandozeit *f* *{Computer}*
operating trouble Betriebsstörung *f*
operating value Arbeitswert *m*, Betriebswert *m*
operation 1. Betrieb *m*, Bedienung *f* *{z.B. einer Anlage}*; Betätigung *f* 2. Arbeitsweise *f*; 3. Vorgang *m*; Arbeits[vor]gang *m*; 4. Operation *f*, *{z.B. Rechen-, logische}*; 5. Abarbeitung *f* *{Programm}*; 6. Ansprechen *n*, Anziehen *n* *{Relais}*; 7. Betriebsweise *f*, Betriebsart *f*; 8. Gang *m*, Lauf *m* *{einer Maschine}*; Betrieb *m*, Laufen *m*, Gang *m*
operation cycle Betriebszyklus *m*, Betriebsablauf *m*; Operationszyklus *m* *(EDV)*
operation life Betriebslebensdauer *f*, Lebensdauer *f*
operation plan Arbeitsplan *m*
operation sequence 1. Betätigungsfolge *f*, Arbeitsablauf *m*; 2. Operationsfolge *f*, Reihenfolge *f* der Operationen
operational model Betriebsmodell *n*
operational readiness Betriebsbereitschaft *f*
operational reliability *s*. operating reliability
operational spare part Verschleißteil *n*
operational status Betriebszustand *m*
operational stress Betriebsbelastung *f*
operational suitability test Prüfung *f* der betrieblichen Eignung
operational test Betriebsbereitschaftsprüfung *f*, Prüfung *f* auf Betriebsbereitschaft
operative eingeschaltet, in Betrieb, arbeitend; betriebsbereit, arbeitsfähig, betriebsfähig; offen *{Gatter}*
operator 1. Operator *m* *{Mathematik}*; 2. Operator *m*, Operateur *m*, Bediener *m*, Bedienungsmann *m* *{EDV}*; Bedienungsperson *f* *{an einer Maschine}*; 3. Betreiber *m*, Anlagenbetreiber *m* *{natürliche oder juristische Person}*; 4. Stelleinrichtung *f* *{z.B. Stellhebel}*
operator attenuation Wartung *f*, Bedienung *f*

operator console Bedienungskonsole *f*
operator control 1. Handsteuerung *f*; 2. Handregelung *f*; 3. Bedienungsknopf *m*; 4. Bedienerführung *f*
operator control panel Bedienungsfeld *n*
operator guide Bedienungsrichtlinie *f*
operator panel Bedienungspult *n*, Bedien[ungs]konsole *f*, Steuertafel *f*, Schalttafel *f*, Bedien[ungs]tafel *f*, Bedienungsfeld *n*, Bedienungspaneel *n*
oppose/to gegeneinander wirken *{z.B. zwei Kräfte}*
optimeter optischer Feinzeiger *m*, Optimeter *n*
optimization problem Optimierungsproblem *n*, Optimierungsaufgabe *f*
order/to 1. ordnen, [in einer Ordnung] anordnen; 2. bestellen; 3. anweisen, befehlen
order 1. Reihenfolge *f*; Anordnung *f*; 2. Ordnung *f*; 3. Auftrag *m*, Bestellung *f*
ore burden Erzgicht *f*, Erzmöller *m*
ore charge Erzcharge *f*, Erzgicht *f*
ore gangue Erzgangart *f*
ore hearth Schmelzherd *m*, Herd[ofen] *m*
ore process Erz[frisch]verfahren *n*
ore reduction plant Erzreduktionsanlage *f*
ore steel Rennstahl *m*
oreing down nachträgliches Herunterfrischen *n* durch Erzzugabe
orientation Orientierung *f*, Ausrichtung *f*; Richtung *f*
orifice Öffnung *f*; Mündung *f*, Ausflußöffnung *f*, Ausguß *m*, Gießloch *n*

orthotropic plate orthotrope Platte *f*
oscillate/to oszillieren, schwingen, vibrieren; schwanken, pendeln *{z.B. Meßwert}*
oscillating conveyor Schwingförderer *m*, Vibrationsförderer *m*
oscillating crank gear schwingende (oszillierende) Kurbelschleife *f*, schwingendes Schleifkurbelgetriebe *n*
oscillating crank mechanism Bogenschubkurbel *f*
oscillating follower Schwinghebel *m*
oscillation Oszillation *f*, Schwingung *f*; Vibration *f*; Schwanken *n*, Pendeln *n* *{z.B. Meßwert}*
out-of-action außer Betrieb, aus
out-of-flatness Unebenheit *f*
out-of-mesh ausgerückt, außer Eingriff
outage Ausfall *m*, Gesamtausfall *m*, Anlagenausfall *m*, Stillstand *m*; Leitungsausfall *m*
outage hour Ausfallstunde *f*
outage probability Ausfallwahrscheinlichkeit *f*
outage rate Ausfallrate *f*, Ausfallhäufigkeit *f*, Ausfallquote *f*
outage time Ausfallzeit *f*, Stillstandzeit *f*
outcome Ausschußteil *n* *{fehlerhaftes Bauelement}*
outdate/to veralten
outdoor cabinet Freiluftschrank *m*
outdoor exposure test[ing] Außen[bewitterungs]prüfung *f*, Bewitterungsversuch *m*
outdoor installation Außenanlage *f*, Außeninstallation *f*

outdoor instrument housing Geräteschuppen *m*, Meßgeräteschuppen *m*
outdoor test Freilandversuch *m*
outdoor weatherability Beständigkeit *f* bei Außenbewitterung
outdoor weathering Frei[luft]bewitterung *f*, Außenbewitterung *f*
outer 1. äußerer; Außen-; 2. Gußhaut *f*
outer barrel (cylinder) surface Zylinderaußenfläche *f*
outer skin Gußhaut *f*
outflow valve Auslaufventil *n*
outgate Steigtrichter *m*, Steiger *m*
outgoing air Abluft *f*
outgoing side Austrittsseite *f*, Auslaufseite *f*
outlet 1. Abgang *m* {*z.B. von einer Stromversorgungseinheit*}; 2. Auslaß *m*, Ablaß *m*, Austritt *m*; 3. Austrag *m*, Ablaßöffnung *f*, Auslaßöffnung *f*; 4. Steckdose *f*, Dose *f*
outlet air temperature Ablufttemperatur *f*
outlet and overflow fitting Ab- und Überlaufarmatur *f*
outlet and straight-through valve Auslauf- und Durchgangsventil *n*
outlet channel Austrittskanal *m*
outlet fitting Auslaufarmatur *f*
outlet nozzle Auslaßdüse *f*
outlet pipe Austrittstutzen *m*
outlet pressure Ausgangsdruck *m*
outlet shaft Austrittswelle *f*
outlet valve Ablaßventil *n*, Auslaßventil *n*
output 1. Output *m*, Ausgang *m*, Ausgabe *f* {*EDV*}; Ausstoß *m* {*Produktion*}; Durchsatz *m* {*z.B. Hochofen*}; 2. Ausgang *m* {*z.B. an einem Gerät*}

output device Ausgabegerät *n*, Ausgabeeinheit *f*
output meter Leistungsmesser *m*
output pressure Ausgangsdruck *m*
output resolution Ausgabeauflösung *f* {*numerische Steuerung*}
output signal Ausgabesignal *n*, Ausgangssignal *n*
output socket Ausgangsbuchse *f*
output voltage Ausgangsspannung *f*
outside taper Außenkegel *m*
outside turning Außendrehen *n*
oval groove (pass) Ovalkaliber *n*
oval-head screw Linsenkopfschraube *f*, Linsensenkschraube *f*
oval slide valve diagram ovales Schieberdiagramm *n*, Schieberoval *n*
oven Brennofen *m*
oven-to-table ware feuerfestes Geschirr *n*
overbaking Überbrennen *n*
overblow/to überblasen {*einer Charge im Konverter*}, überfrischen {*Stahlschmelzen*}
overblow tone Überblaston *m* {*Pfeifen*}
overburdening Übermöllerung *f*
overcarburize/to überkohlen
overcritical load überkritische Belastung *f*
overcurrent trip Überstromauslöser *m* {*Kriechstromfestigkeit*}
overdesign/to überdimensionieren
overdriven mit Oberantrieb {*Presse*}
overflow/to überlaufen
overflow 1. Überlauf *m*, Überschreitung *f*, Bereichsüberschreitung *f*; 2. Überlauf *m*, Überfließen *n*; 3. Formenaustrieb *m*, Austrieb *m*
overflow conduit Überlaufleitung *f*

overglaze 184

overflow pipe (tube) Überlaufrohr *n*, Überströmrohr *n*
overflow valve Überlaufventil *n*; Überströmventil *n*
overglaze Aufglasur *f*, Überglasur *f*
overglaze colour Aufglasurfarbe *f*, Schmelzfarbe *f*, Emailfarbe *f*
overhaul/to überholen, reparieren
overhaul Überholung *f*, Generalreparatur *f*
overhaul period Zeitraum *m* zwischen Überholungen, Überholungszeitraum *m*
overhead countershaft Deckenvorgelegewelle *f*, Deckenvorgelege *n*
overhead transmission Deckentransmission *f*
overhead transmission gear Deckenvorgelege *n*
overheat/to überhitzen, überwärmen; verbrennen
overheating 1. Heißlaufen *n*; 2. Überhitzung *f*, Überwärmung *f*; Verbrennen *n*
overlap/to überlappen, übereinandergreifen, überdecken; sich überschneiden *{z.B. Operationen}*
overlap angle Sprung-Überdeckungswinkel *m {bei Zahnrädern}*, Überlappungswinkel *m*
overlap gate Überlappungsanschnitt *m*
overlapping überlappende Arbeitsweise *f*
overlapping of the belts Übereinandergreifen *n* der Schüsse
overload/to überlasten, überbelasten
overload Überlastung *f*, Überbelastung *f*; Überlast *f*
overload capacity Überlastbarkeit *f*

overload limit Überlastungsgrenze *f*
overload switch Überlastschalter *m*
overpressure Überdruck *m*
overpressure control Überdurckregelung *f*
override/to Vorrang genießen; sich schieben [über], aufgleiten; überschreiten
overrun/to überlaufen, hinauslaufen über
overrun Überlauf *m*
overs Siebrückstand *m*
overshoot/to überlaufen, hinauslaufen über; überschwingen, überschreiten
overshoot 1. Überlauf *m*, Überfahren *n {z.b. einer Zielposition bei numerischer Steuerung}*; 2. Überregeln *n*, Überschwingen *n*; 3. Ausschlag *m {Zeiger}*
oversize/to zu groß bemessen, überdimensionieren
overspeed protection Überdrehzahlsicherung *f*, Überdrehzahlschutz *m*
overstoving Überbrennen *n*
overstrain/to plastisch verformen
overstress/to überbelasten, überbeanspruchen
overstressing Überbelastung *f*, Überbeanspruchung *f*
overtemperature Übertemperatur *f*
overtemperature protector Überdruckwächter *m*
overtone Oberton *m*, [harmonische] Oberschwingung *f*, Oberwelle *f*
overtravel/to 1. überschwingen; 2. zu weit auslenken; überlaufen, überfahren
overtravel Überlauf *m*, Überlaufen *n*, Überfahren *n*

overtravel switch Endschalter *m*
oxidation loss Abbrand *m*
oxidation pit Oxidationsgrube *f*, Oxidationsgrübchen *n*
oxidative attack oxidativer Angriff *m*
oxide sintering Oxidsinterung *f*
oxidize/to frischen; oxidieren, verzundern
oxidizing loss Abbrand *m*
oxidizing process Frischverfahren *n*
oxidizing reaction Frischwirkung *f*
oxidizing roasting oxidierendes Rösten *n*, oxidierende Röstung *f*
oxidizing slag Frischschlacke *f*
oxygen lance process Sauerstoffblas[stahl]verfahren *n*
ozone concentration Ozonkonzentration *f*
ozone cracking Ozonrißbildung *f*, Rißbildung *f* infolge Ozoneinwirkung
ozone cracking resistance Ozonrißbeständigkeit *f*
ozone resistance Ozonbeständigkeit *f*
ozone resistance apparatus Ozonbeständigkeitsprüfgerät *n*
ozone-resisting insulation ozonbeständige Isolation *f*

P

pack-anneal/to kistenglühen
pack-carburize/to pulveraufkohlen, pulverzementieren, pulvereinsetzen
pack-harden/to pulvereinsatzhärten
pack rolling Paketwalzen *n*
package extrusion press mehrsträngige Strangpresse *f*
packaged unit Kompaktbaustein *m*
packing Abdichtung *f*, Dichtung *f*, Packung *f*; Verdichtung *f*, Wellendichtung *f*; Einbettung *f*
packing density Packungsdichte *f*
packing material 1. Packmittel *n*, Pack[ungs]material *n*; Dicht[ungs]material *n*, Dicht[ungs]werkstoff *m*; 2. Einbettungsmasse *f*, Einbettungsmaterial *n*, Einpackmittel *n*
packing phase Verdichtungsphase *f*, Kompressionsphase *f*, Kompressionszeit *f*
packing pressure Verdichtungsdruck *m*
packing profile Verdichtungsprofil *n*
packing ring Abdichtring *m*, Dichtungsring *m*
packing sand Füllsand *m*
packing time Kompressionszeit *f*
pad Ziehkissen *n*
paint Farbe *f* {Anstrichmittel}, Lack *m*, Lackfarbe *f*
paint-spraying robot Farbsprühroboter *m*, Lacksprühroboter *m*
pair/to doppelt einsetzen; paarweise (paarig) anordnen
pair furnace Platinenwärmofen *m*
pair-oven Doppelofen *m*
pallet 1. Palette *f*; 2. Sattel *m*, auswechselbare Amboßbahn *f*
pallet conveyor Palettenförderer *m*
pallet transport system Palettentransportsystem *n*
palletize/to paletti[si]eren, auf Paletten laden, auf Paletten stapeln (anordnen)

pan head Kegel[stumpf]kopf *m*, Pfannenkopf *m*
pan-type annealing furnace Topfglühofen *m*
pancake/to breiten
panel 1. Platte *f*, Tafel *f*, Panel *n*, Paneel *n*; Frontplatte *f*; 2. Schalttafel *f*, Schaltfeld *n*
panel cabinet Schaltschrank *m*
panel cut-out Schalttafelausschnitt *m*, Tafelausschnitt *m*
panel mounting Schalttafelmontage *f*, Schalttafeleinbau *m*, Tafeleinbau *m*
panic button Notknopf *m*, Notauslöseschalter *m*
pantographing machine Pantographiermaschine *f* {Glasindustrie}
parabolic load parabolische Belastung *f*
parabolic mirror Parabolspiegel *m*
parallel parallel, gleichlaufend, gleichgerichtet; zylindrisch {Schaft}
parallel-disk slide valve Parallelplattenschieber *m*
parallel-disk-type gate valve Parallelplattenschieber *m*
parallel key Flachkeil *m*, Einlegekeil *m*
parallel mode Parallelbetrieb *m*
parallel resonance Querresonanz *f*
parallel runner Parallelverteiler *m*
parallel slide valve Parallelschieber *m*
parallel-T network Doppel-T-Schaltung *f*, Doppel-T-Glied *n*
parallel transductor Transduktor *m* in Parallelschaltung
parallel winding Schleifenwicklung *f*
paralleling Parallelschalten *n*

parameter Kenngröße *f*, Parameter *m*
parent population Grundgesamtheit *f* {die Gesamtheit aller Stichproben}
paring off Abstechen *n*
parison Rohrstück *n*, Schlauchstück *n*, Schlauchabschnitt *m*, Schlauchvorformling *m*, [schlauchförmiger] Vorformling *m*; Külbel *n*
parison circumference Schlauchumfang *m*
parison coextrusion die Koextrusionsschlauchkopf *m*
parison curl Rollen *n* des Schmelzeschlauches
parison cutter Schlauchabschneider *m*
parison delivery rate (speed) Schlauchausstoßgeschwindigkeit *f*, Schlauchaustrittsgeschwindigkeit *f*
parison diameter Schlauchdurchmesser *m*
parison diameter control[ler] Schlauchdurchmesserregelung *f*
parison die Schlauch[spritz]kopf *m*, Schlauch[extrusions]düse *f*, Schlauchformeinheit *f*, Schlauchwerkzeug *n*, Hohlkörperblasdüse *f*, Vorformlingswerkzeug *n*
parison drawdown Aushängen (Durchhängen) *n* des Schmelzeschlauches
parison gripping mechanism Schlauchgreifvorrichtung *f*
parison length control[ler] Schlauchlängenregelung *f*, Vorformlingslängenregelung *f*
parison receiving station Schlauchübernahmestation *f*
parison sag Aushängen (Durchhängen) *n* des Schmelzeschlauches

parison stretching mandrel Schlauchspreizvorrichtung *f*, Spreizdornanlage *f*, Spreizdorn *m*
parison support Vorformlingsträger *m*
parison take-off Schlauchabzug *m*
parison wall thickness control[ler] Schlauchdickenregelung *f*
parison waste Abfallbutzen *m*, Blas[teil]butzen *m*, Butzenabfall *m*, Butzenmaterial *n*
Parkerizing Parkerisieren *n* {Phosphatierungsverfahren}
Parkes process Parkes-Verfahren *n* {zur Entsilberung von Blei}
part 1. Teil *n*(*m*); 2. Bauteil *n*, Einzelteil *n*, Teil *n*, Bauelement *n*; Ersatzteil *n*; 3. Werkstück *n*, Formteil *n*, Formkörper *m*
part carrier Werkstückträger *m* {Werkzeugmaschine}
part-contour programming Werkstückkonturprogrammierung *f*
part coordinate Werkstückkoordinate *f*
part failure Bauteilausfall *m*, Ausfall *m* eines Systemteils
part failure rate Bauteilausfalsrate *f*
part handling machine (robot) Werkstückhandhabungsautomat *m*, Industrieroboter *m* zur Werkstückhandhabung
part hopper Werkstückbunker *m*, Bunker *m* für Werkstücke
part-in-position sensor Lagesensor *m* für Teile, Sensor *m* zur Lageermittlung von Teilen
part list Bauteilliste *f*; Liste *f* der Teile; Ersatzteilliste *f*
part magazine *s.* part store
part number Teilenummer *f*

part program Vorlage *f*, Arbeitsanweisung *f* {numerische Steuerung}
part program store Werkstückprogrammspeicher *m* {numerische Steuerung}
part rig Werkstückträger *m* {Werkzeugmaschine}
part-specific subroutine werkstückspezifisches Unterprogramm *n*
part store Werkstückspeicher *m*, Werkstückmagazin *n* {Werkzeugmaschine}
partial teilweise; Teil-
partial failure Teilausfall *m*
partial hot runner Teilheißläufer *m*
partial immersion teilweises Eintauchen *n*
partial load Teillast *f*
partial malfunction Teilausfall *m*
parting agent Formtrennmittel *n*, Form[en]einstreichmittel *n*, Trennmittel *n*
parting dish Trennplatte *f*
parting furnace Scheideofen *m*
parting line Trennaht *f*, Trennfuge *f*, Teilungsfuge *f*, Formtrennfuge *f*, Formennaht *f*, Formtrennlinie *f*
parting medium Formpuder *m*
parting off Abstechen *n*, Abstechdrehen *n*
parting-off tool Stechdrehmeißel *m*
parting surface Formtrennebene *f*, Formtrennfläche *f*, Teilungsebene *f*, Teilungsfläche *f*, Werkzeugtrennebene *f*, Werkzeugtrennfläche *f*
parts loop Werkstückschleife *f* {automatisierte Fertigung}
parts-removal station Entnahmestation *f*
pass line Walzbahn *f*

pass reduction Dickenabnahme *f* je Durchgang
pass sequence Kaliberfolge *f*
pass taper Kaliberanzug *m*
patent/to patentieren, [Draht] wärmebehandeln
patenting furnace Patentierofen *m*
path 1. Pfad *m*, Weg *m* *{z.B. durch einen Graphen}*; Strecke *f*; Bahn *f* *{z.B. numerische Steuerung}*; 2. Stromweg *m*, Strompfad *m*, Zweig *m* *{Netzwerk}*
path accuracy Bahngenauigkeit *f* *{numerische Steuerung}*
path change Wegänderung *f*
path control 1. Wegeüberwachung *f* *{Datenübertragung}*; 2. Bahnsteuerung *f* *{numerische Steuerung}*; 3. Wegsteuerung *f* *{Roboter}*
path control parameter Bahnsteuerungsparameter *m*
path control polynomial Bahnsteuerungspolynom *n*
path control strategy Bahnsteuerungsstrategie *f*
path definition Bahndefinition *f*
path deviation Wegabweichung *f*, Abweichung *f* vom programmierten Weg
path generation Weggenerierung *f*
path length Weglänge *f*, Bahnlänge *f*; Länge *f* einer Strecke
path-measuring system Wegmeßsystem *n* *{numerische Steuerung}*
path of an armature winding Ankerzweig *m*
path of tracking Kriechspur *f*
path program Wegplan *m*, Bahnprogramm *n* *{numerische Steuerung}*

path-program control Bahnprogrammsteuerung *f*
path recording Bahnaufzeichnung *f*
path resolution Wegauflösung *f* *{numerische Steuerung}*
path robot streckengesteuerter Roboter *m*, Stetigbahnroboter *m*
pattern 1. Muster *n*, Vorlage *f*, Modell *n*; 2. Form *f*; Schablone *f*
pattern board Aufstampfbrett *n*, Modellbrett *n*
pattern draft Modellaushebeschräge *f*
pattern lifter Modellheber *m*
pattern lumber Modellholz *n*
pattern plate Modellplatte *f*, Formplatte *f*
pattern recognition Mustererkennung *f*
patternless mo[u]lding Formen *n* ohne Modell
patternmaker's lathe Holzdrehmaschine *f*
patternmaker's rule Schwindmaßstab *m*
patternmaker's shop Modelltischlerei *f*, Modellmacherei *f*
patternmaker's shrinkage Schrumpfzugabe *f*
patternmaking Modellherstellung *f*, Modelltischlerei *f*
pause/to [an]halten, unterbrechen, innehalten
pause Pause *f* *{z.B. im Arbeitsgang}*, Unterbrechung *f*
pawl/to klinken, einrasten
pawl Klinke *f*, Sperrklinke *f*, Schaltklinke *f*, Mitnehmerklinke *f*, Absperrklaue *f*, Sperrhebel *m*, Sperrhaken *m*, Schnäpper *m*

payload Nennlast *f*
peak load Spitzenlast *f*
peaking Spitzenwertbildung *f*, Peaking *n*
pedestal Untersatz *m*, Sockel *m*
pedestal sensor Kraftsensor *m* {*im Unterbau eines Roboters*}
peel-off sanding disk Haftschleifscheibe *f*
peeling strength Schälwiderstand *m*
peeling test Abschälprüfung *f*
pegging rammer Spitzstampfer *m* {*Formerei*}
pellet Pellet *n*; Luppe *f* {*Renn-Verfahren*}; Granalie *f*
pendulum 1. Pendel *n*; 2. Pendelhammer *m* {*Schlagzugversuch*}
pendulum arm Pendelarm *m*
pendulum holder Pendelhalter *m*
pendulum impact tester (testing machine) Pendelschlagwerk *n*
pendulum recoil test Pendelhärteprüfung *f* [nach Herbert]
penetrant material Eindringmedium *n* {*Materialprüfung*}
penetrant test Eindring[prüf]verfahren *n*
penetration depth Eindringtiefe *f*
penetrator Eindringkörper *m* {*Härteprüfung*}
penetrometer Eindruck[tiefen]messer *m*, Eindringgerät *n*
penstock slide valve gehäuseloser Schieber *m*
perceived noise level Lästigkeitspegel *m* {*Lärmeinwirkung*}
percentage elongation Bruchdehnung *f* {*in der Anfangslänge*}
percussion machine Schlagschmiedemaschine *f*
percussion press Spindelschlagpresse *f*, Spritzpresse *f*
percussive cylinder Schlagzylinder *m*
perforated plate Lochplatte *f*
perforating Lochen *n*
perforation Lochung *f*
perforator Stanzer *m*, Locher *m*
perform/to durchführen, verrichten, ausführen {*Aufgabe, Tätigkeit*}
perform a job/to eine Aufgabe verrichten (durchführen, erledigen)
performance 1. Leistungsfähigkeit *f*, Leistung *f*; 2. Betriebsverhalten *n*; Wirkungsweise *f*
performance characteristic Leistungskurve *f*, Leistungskennlinie *f*, Leistungscharakteristik *f*, Leistungskenngröße *f*
performance check Leistungsprüfung *f*
performance comparison Leistungsvergleich *m*
performance deterioration Leistungsminderung *f*
performance evaluation Leistungsabschätzung *f*
performance limit Leistungsgrenze *f*
performance parameter Leistungsparameter *m*, Betriebsparameter *m*, Leistungsgröße *f*
performance reliability Betriebssicherheit *f*
performance requirement Leistungsanforderung *f*
performance test Leistungsprüfung *f*; Leistungsfahrt *f* {*Anlage*}
periodic periodisch
periodic duty Aussetzbetrieb *m*,

aussetzender Betrieb *m* *{eine Betriebsart}*
periodic routine maintenance periodische Routinewartung *f*
periodical *s.* periodic
peripheral blowhole Randlunker *m*
peripheral fibre Randfaser *f*
permanence test Prüfung *f* der Beständigkeit (Dauerhaftigkeit)
permanent dauernd, bleibend, permanent; ununterbrochen; kontinuierlich; [mechanisch] unlösbar; Dauer-
permanent fault Dauerausfall *m*
permanent fit Ruhesitz *m*, Dauersitz *m*
permanent load Dauerbelastung *f*, konstante (bleibende) Belastung *f*
permanent operation Dauerbetrieb *m*
permanent power output Dauerleistung *f*
permanent set bleibende (plastische) Formänderung *f*, bleibende Verformung *f*, Dauerverformung *f*, Verformungsrest *m*, Formänderungsrest *m*
permeability Durchlässigkeit *f*, Permeabilität *f*; Gasdurchlässigkeit *f* *{Formsand}*
permeability test Durchlässigkeitsversuch *m*; Gasdurchlässigkeitsprüfung *f* *{Formsand}*
permeability to gas Gasdurchlässigkeit *f*
permeable durchlässig, permeabel; undicht
permeation Permeation *f* *{Durchgang eines Gases durch eine feste Probe}*
permeation coefficient Permeationskoeffizient *m*
permissible zulässig

permissible operating range zulässiger Arbeitsbereich *m*
perpendicular senkrecht, lotrecht, perpendikular, rechtwinklig zueinander
petrol separator Benzinabscheider *m*
phase angle Phasenwinkel *m*
phase-control factor Aussteuerungsgrad *m*, Aussteuerung *f*
phase converter Phasenumformer *m*
phase swinging Pendelschwingung *f*
phonetic input phonetische (akustische) Eingabe *f*, Spracheingabe *f*
phonetic output phonetische (akustische) Ausgabe *f*, Sprachausgabe *f*
physical measurement physikalische Messung *f*, mechanische Messung *f*
physical testing physikalische Prüfung *f*, mechanische Prüfung *f*
physical unit Baueinheit *f*
physically interchangeable körperlich (stofflich) austauschbar
pick/to [aus]wählen, aussortieren
pick-up/to aufnehmen; aufgreifen; ergreifen; abtasten
pick-and-place robot Handhabungsroboter *m*, Handhabungsautomat *m*, Manipulator *m*
pick-and-place unit Aufnahme- und Plaziereinheit *f*
pick feed Schrittvorschub *m*, schrittweiser Vorschub *m* *{numerische Steuerung}*
pick-off change gear Wechselrädergetriebe *n*
pick-up-discharge station Aufnahme-Ausgabe-Station *f* *{Hochregallager}*

pick-up point Aufnahmestelle *f* *{z.B. für das Werkstück durch den Greifarm}*
pickle/to [ab]beizen, dekapieren, entzundern, ätzen
pickle brittleness Wasserstoffbrüchigkeit *f*, Beizsprödigkeit *f*
pictorial data Bilddaten *pl*
picture Bild *n*, graphische Darstellung *f*; Abbildung *f*
piece Stück *n*
piece counting Stückzählung *f*
piece for laboratory test Laborprobe *f*, Laboratoriumsprobe *f*
piece of pre-compressedmo[u]lding compound Materialkuchen *m*
pierce/to durchdringen, durchbohren, [durch]lochen, durchstoßen, aufdornen; schrägwalzen
piercer 1. Lochwalzwerk *n*, Schrägwalzwerk *n*; 2. Durchschlag *m*, Austreiber *m*, Dorn *m*, Luftspieß *m*
pig 1. Massel *f*, Barren *m* *{Roheisen}*; Block *m* *{Aluminium, Kupfer}*; 2. Rohrmolch *m*, [mechanischer] Rohrreiniger *m*
pig compartment Molchschleuse *f*
pile/to paketieren *{Schrott}*
pilger mandrel Pilgerdorn *m*, Pilgermandrill *m*
pilot Führungszapfen *m*, Führungsstift *m*; Such[er]stift *m* *{des Folgeschnitts}*
pilot wheel Handkreuz *n*
pin 1. Keil *m*, Bolzen *m*; 2. Nadel *f*, Stift *m*; 3. Steckerstift *m*, Kontaktstift *m*, Pin *m*; 4. Stift *m*, Zapfen *m*; Dübel *m*, Tragzapfen *m*; 5. Dorn *m* *{Dornbiegeversuch}*
pin connection Stiftverbindung *f*
pin feed platen Stachelwalze *f*

pin gate Punktanguß *m*, Punktanschnitt[kanal] *m*, punktförmiger Anschnittkanal *m*
pin gate nozzle Punktanschnittdüse *f*, Punktangußdüse *f*
pin gate sprue Punktangußkegel *m*
pin roller process for making fibrillated film Nadelwalzenverfahren *n*
pinch-off area Quetschzone *f*
pinch-off bar (edge) Quetschkante *f*, Schneidkante *f*
pinch-off weld Abquetschstelle *f*, Quetschnaht *f*; Abquetschmarkierung *f*
pinch pass Kaliber *n* mit geringer Reduzierung
pinch roller Klemmwalze *f*, Klemmrolle *f* *{Streifenantrieb}*
pinhole Feinlunker *m*, Fadenlunker *m*, Gasblase *f*; Nadelstichpore *f*, Nadelloch *n* *{Fehler}*; Lochfraß *m* *{Korrosion}*
pinhole plug Nadelboden *m* *{Konverter}*
pinholing Nadel[stich]bildung *f* *{in Beschichtungen}*
pinion 1. Ritzel *n*; 2. Kammwalze *f*
pinion drive shaft Ritzelwelle *f*
Piobert lines Fließfiguren *fpl*
pipe/to 1. durch Rohre leiten; 2. Lunker bilden; 3. verbinden *{durch Rohre}*
pipe 1. Rohr *n* *{z.B. pneumatische Leitung}*; 2. Lunker *m*
pipe anchor Festpunkt *m*, Rohrverankerung *f*
pipe bend Hamburger Bogen *m*
pipe bridge Rohrbrücke *f*
pipe cavity Lunker *m*

pipe clamp Rohrschelle *f*
pipe connection Rohranschluß *m*, Rohrverbindung *f*
pipe die Schlauch[spritz]kopf *m*, Schlauch[extrusions]düse *f*, Schlauchformeinheit *f*, Schlauchwerkzeug *n*, Hohlkörperblasdüse *f*, Vorformlingswerkzeug *n*
pipe eliminator Lunkerverhütungsmittel *n*
pipe-expansion joint for pipelines Rohrdehnungsausgleicher *m*, Faltenbalg (Kompensator) *m* für Rohrleitungen
pipe-fracture safety valve Rohrbruchventil *n*, Rohrbruchklappe *f*
pipe hanger Rohraufhänger *m*, Rohrhalterung *f*
pipe identification tape Kennzeichnungsband *n* für Rohrleitungen
pipe joint Rohrverbindung *f*, Rohranschluß *m*; Rohrstutzen *m*
pipe mo[u]lding Rohrformerei *f*
pipe network monitoring system Rohrnetzüberwachungssystem *n*
pipe nipple Rohrnippel *m*
pipe screw joint Rohrverschraubung *f*
pipe screw joint for plastic tubing Rohrverschraubung *f* für Kunststoffrohre
pipe screw joint for solderless connections Rohrverschraubung *f* für lötlose Verbindungen
pipe strap Rohrschelle *f*
pipe swing joint Rohrgelenk *n*
pipe tapping device (equipment) Anbohrarmatur *f*, Anbohrgerät *n*
pipe thread Rohrgewinde *n*
pipeline Rohrleitung *f*, Pipeline *f*

pipeline and hoseline coupling Rohrleitungs- und Schlauchkupplung *f*
pipeline coupling Rohrleitungskupplung *f*
pipeline strainer Schmutzfänger *m* für Rohrleitungen und Armaturen
pipeline valve Pipelineschieber *m*; Ölfeldschieber *m*
piping 1. Leitung *f* in Rohren; 2. Rohrnetz *n*, Rohrleitungssystem *n*; 3. Lunker[aus]bildung *f* *{im Gußblock}*
piping flange Rohrverbindung *f*, Flansch *m*
piping system Rohrleitungsanlage *f*
piston Kolben *m*
piston actuator Kolben[stell]antrieb *m*, Stellkolben *m*
piston compressor Hubkolbenkompressor *m*, Hubkolbenverdichter *m*
piston die-casting machine Warmkammermaschine *f* mit Arbeitskolben
piston drive Kolbenantrieb *m*
piston-driven valve Ventil *n* mit Kolbenantrieb
piston motor Kolbenmotor *m*
piston operator Stellkolben *m*, Kolben[stell]antrieb *m*
piston pump Kolbenpumpe *f*, Radialkolbenpumpe *f*
piston-type accumulator [hydraulischer] Kolbenspeicher *m*
pit 1. Grube *f*, Loch *n*, Pore *f*, Grübchen *n* *{z.B. Preßfehler, Korrosionsgrübchen}*; 2. Grube *f* *{Gieß-, Formteil-}*
pit annealing Grubenglühen *n*
pit furnace Tiefofen *m*, Schachtofen *m*
pitch/to nicken *{Roboterbewegung}*

pitch 1. Abstand *m*, Entfernung *f*;
2. Schraubengang *m*, Steigung *f*;
Zahnteilung *f*
  pitch axis Nickachse *f* *{Roboter}*
  pitch factor Sehnungsfaktor *m*
PIV-drive PIV-Getriebe *n*
pivot/to drehbar aufhängen
pivot Drehbolzen *m*, Drehzapfen *m*, Zapfen *m*
  pivot bearing Drehlager *n*
  pivot pin Drehstift *m*
pivoted follower Schwinghebel *m* *{Kurve}*
PK-drive PK-Getriebe *n*
place/to plazieren, anordnen; beladen *{Herdwagen}*; setzen *{Brenngut in den Ofen}*
place Ort *m*, Platz *m*, Stelle *f*
placing in operation Inbetriebnahme *f*
plain bearing Gleitlager *n*
  plain die offenes Gesenk *n*
  plain jolt-mo[u]lding machine Tischrüttelformmaschine *f*
  plain milling Walzfräsen *n*
plainig Läuterung *f*
plan angle Einstellwinkel *m*
plane Ebene *f*
  plane indentor Eindruckstempel *m*, Druckstempel *m*
  plane of loading Belastungsebene *f*
  plane of oscillation Schwingungsebene *f*
  plane-parallel optical flat gauge planparalleles Glasprüfmaß *n*
  plane strain ebener Verzerrungszustand (Formänderungszustand) *m*
  plane stress ebener Spannungszustand *m*
planetary gear [unit] Planetengetriebe *n*, Umlauf[räder]getriebe *n*

planetary wheel Planetenrad *n*, Umlaufrad *n*
planetary worm gear Schneckenplanetengetriebe *n*
planishing pass Glättstich *m*, Polierstich *m*
  planishing roll Polierwalze *f*
  planishing stand Poliergerüst *n*
planned outage geplanter Ausfall *m*
plano-milling machine Langfräsmaschine *f*
plant Anlage *f*, Großanlage *f*; Betrieb *m*
  plant design Anlagenentwurf *m*
  plant disturbance Betriebsstörung *f*, Anlagenstörung *f*
  plant model Anlagenmodell *n*
  plant site Anlagenstandort *m*
  plant testing Prüfung *f* in der Anlage *f*, Betriebserprobung *f*, Anlagenprüfung *f*
plasma display Plasmaanzeige *f*
plaster mo[u]ld Gipsform *f*
plastic plastisch, überelastisch, bleibend *{Dehnung}*
  plastic deformation bleibende (plastische) Formänderung *f*, bleibende Verformung *f*
  plastic flow [plastisches] Fließen *n*, Kriechen *n* *{Art der plastischen Verformung}*
  plastic-flow persistence Relaxation *f*, plastische Nachwirkung *f*, Nachfließen *n*
  plastic fracture Verformungsbruch *m*
  plastic limit Plastizitätsgrenze *f*
  plastic material plastischer (bildsamer) Werkstoff *m*
  plastic pipe Kunststoffrohr *n*, Rohr *n* aus Kunststoff

plasticating 194

plastic range plastischer Bereich *m*, Plastizitätsbereich *m*, Erweichungsbereich *m*
plastic tube Kunststoffrohr *n*
plasticating barrel (cylinder) Plastifizierzylinder *m*
plasticity Plastizität *f*
plasticizer content Weichmachergehalt *m*, Weichmacheranteil *m*
plasticizing barrel (cylinder) Plastifizierzylinder *m*
plasticizing time Plastifizierzeit *f*, Dosierzeit *f*
plastics film Kunststoff-Film *m*
plastics industry Kunststoffindustrie *f*
plastics specimen Kunststoffprobe *f*, Kunststoff-Probekörper *m*
plastics surface Kunststoffoberfläche *f*
plastics testing Kunststoffprüfung *f*, Prüfung *f* von Kunststoffen
plastometer Plastometer *n*, Plastizitätsprüfgerät *n*
plate Platte *f*; Teller *m*; Scheibe *f*
plate apparatus Plattengerät *n* {Bestimmung der Wärmeleitfähigkeit}
plate brake Vollscheibenbremse *f* {nach dem Kupplungsprinzip}
plate clutch Scheibenkupplung *f*, Reibscheibenkupplung *f*
plate glass drawing machine Tafelglasziehmaschine *f*
plate jiggering machine Tellerdrehmaschine *f*
plate slab Bramme *f*
plate-type test specimen plattenförmiger Probekörper *m*
platen Aufspannplatte *f*, Formaufspannplatte *f*, Werkzeug[auf]spannplatte *f*, Werkzeuggrundplatte *f*, Werkzeugträgerplatte *f*, Trägerplatte *f*, Maschinenaufspannplatte *f*
platen area Aufspannfläche *f*, Werkzeugaufspannfläche *f*
platen deflection Plattendurchbiegung *f*
platen dimensions Werkzeugaufspannmaße *npl*, Einbaumaße *npl*
platen press Plattenpresse *f*, Etagenpresse *f*; Walze *f*
platen pressure Plattendruck *m*
platen size Plattengröße *f*
platen temperature Plattentemperatur *f*
platform weigher Bodenwaage *f*
play Spiel *n*, Lose *f*, Luft *f*; radiales Spiel *n*; toter Gang *m* {z.B. mechanische Kupplung}
play compensation Spielausgleich *m*
playback/to wiederholen, abspielen, repetieren {Band}; abfahren {Roboter}
playback Wiederabspielen *n*; Repetierverfahren *n* {numerische Steuerung}
playback robot Playback-Roboter *m*, durch Abfahren und Speichern frei programmierbarer Roboter *m*
plot/to auftragen {auf einer Achse}; zeichnen {Diagramme}
plotter Plotter *m*, Zeichengerät *n*; Kurvenschreiber *m*
plug 1. Stecker *m*, Leitungsstöpsel *m*, Stöpsel *m*; 2. Verschlußstück *n* {allgemein}; Stopfen *m*, Pfropfen *m*; 3. Kalibrierdorn *m*, Dorn *m*, Hilfsdorn *m*
plug bar Stopfenstange *f*
plug for fibre optic Lichtleitfaserstecker *m*

plug-in Einbau *m*, Einschub *m*
plug-in module Steckbaustein *m*
plug-in unit Einsteckteil *n*, Modulsteckbaugruppe *f*, Steckbaugruppe *f*
plug socket Steckdose *f*
pluggable connection Steckverbindung *f*, steckbare Verbindung *f*
pluggable unit Einsteckeinheit *f*, Steckeinheit *f*
plugged air release boss Entlüftung *f* mit Stöpsel
plugged drain boss Entwässerung (Entleerung) *f* mit Stöpsel
plunge-cut grinding Einstechschleifen *n*
plunger injection mechanism Kolbenspritzsystem *n*
plunger injection unit Kolbenspritzeinheit *f*
plunger plasticization Kolbenplastifizierung *f*
plunger plasticizing cylinder Kolbenplastifizierzylinder *m*
plunger pump Plungerpumpe *f*, Tauchkolbenpumpe *f*
plural machine system Maschinensystem *n*, Mehrmaschinensystem *n* *{automatisierte Fertigung}*
ply rolling Paketwalzen *n*
pneumatic pneumatisch, mit Druckluft betrieben; Druckluft-
pneumatic connection Druckluftanschluß *m*
pneumatic control Pneumatiksteuerung *f*, pneumatische Steuerung *f*, Drucklufsteuerung *f*
pneumatic ejector Druckluftauswerfer *m*, Luftauswerfer *m*
pneumatic hammer Drucklufthammer *m*

pneumatic hand drill Preßluft-Handbohrmaschine *f*
pneumatic line Druckluftleitung *f*, Luftleitung *f*
pneumatic output Ausgangsdruck *m*
pneumatic piston drive pneumatischer Kolbenantrieb *m*
pneumatically operated druckluftbetätigt
pneumatics Pneumatik *f*
pneumohydraulic pneumohydraulisch
pocket Lunker *m*
point/to ankuppen, schrägschmieden; ausspitzen *{Bohrer}*
point 1. punktförmig; Punkt-; 2. Spitze *f*; 3. Punkt *m*; 4. Ort *m*, Stelle *f*, Punkt *m*
point angle Spitzenwinkel *m*
point display Punktanzeige *f*
point of automation Automatisierungsstelle *f*
point of connection Anschlußort *m*, Anschlußstelle *f*, Verbindungsstelle *f*
point of control Stellort *m*
point of intersection Schnittpunkt *m*
point-to-point control Punktsteuerung *f*, Einzelpunktsteuerung *f* *{numerische Steuerung}*
point-to-point control system Punktsteuerungssystem *n* *{numerische Steuerung}*
point-to-point control with straight end Punkt-Strecken-Steuerung *f* *{numerische Steuerung}*
point-to-point operation Punktsteuerungsoperation *f*
point-to-point positioning control [system] *s.* point-to-point control

pointer 1. Zeiger *m*, Nadel *f* {*Meßgerät*}; 2. Zeiger *m* {*EDV*}; 3. Ausspitzmaschine *f*
Poisson's ratio Querkontraktionszahl *f*, Poissonsche Konstante *f*
poker iron Schlackenhaken *m*, Schlackenzieher *m*
Poldi hardness tester Poldi-Härteprüfer *m*, Poldi-Hammer *m* {*zur Schlaghärteprüfung*}
pole/to polen {*Kupfer*}; zähpolen
policy Verfahrensweise *f*
policy of operation Bedienungsweise *f*, Fahrweise *f*
poling Polen *n* {*z.B. von Kupfer*}; Zähpolen *n*
poling-down Dichtpolen *n* {*von Kupfer*}
polish/to polieren; gerben
polishing machine Poliermaschine *f*
polystage switch Mehrstufenschalter *m*, Stufenschalter *m*
pony roughing Vorkalibrieren *n*, Vorstrecken *n*
poppet [relief] valve Schnüffelventil *n*, Doppelsitzventil *n*
porcelain Porzellan *n*
pore Pore *f*
pore size Porengröße *f*
porosimetry Porositätsmessung *f*, Porosimetrie *f*
porosity Porosität *f*, Lunkerung *f*
port 1. Kopf *m* {*SM-Ofen*}; 2. Öffnung *f*, Mund *m*, Stutzen *m*; Austrittsöffnung *f*
port mouth Brennermaul *n*, Brennermündung *f*
position/to einstellen; [mechanisch] justieren; positionieren, anordnen {*z.B. Werkzeug*}

position 1. Position *f*, Lage *f*, Stellung *f* {*z.B. Schaltstellung*}; 2. Ort *m*, Lage *f*, Stand *m*; Standort *m*
position detector Lagedetektor *m*
position error Lagefehler *m*, Stellungsfehler *m*, Schleppfehler *m* {*Wegsteuerung*}; Proportionalabweichung *f*, P-Abweichung *f*, bleibende Regelabweichung (Abweichung) *f* {*bei mechanisch arbeitendem Regler*}
position feedback Lagerückmeldung *f*, Stellungsrückmeldung *f*
position in space räumliche Lage *f*
position-independent lageunabhängig, ortsunabhängig
position mechanism Positioniermechanismus *m*
position of the centre Spitzenlage *f*
position of the gate Anschnittlage *f*
position program control Wegplansteuerung *f*
position repeatability Reproduzierbarkeit *f* der Lage
position sensor Stellungsgeber *m*, Lagefühler *m*
position servo Stellantrieb *m*
position transducer Stellungsgeber *m*, Positionsumformer *m*
positionable positionierbar; verstellbar
positional accuracy Positioniergenauigkeit *f*
positional checking device Lagemelder *m*, Stellungsmelder *m*
positional error Proportionalabweichung *f*, P-Abweichung *f*, proportionale Lageabweichung *f* {*mechanische P-Regelung*}
positional error compensation Ausgleich *m* der P-Abweichung

positional error in velocity control P-Abweichung *f* bei der Geschwindigkeitssteuerung
positional guide Positionierführung *f*, Lageführung *f*
positional servo system Positionsfolgesystem *n*, Nachlaufregler *m*
positional system Positionssystem *n*
positional time Positionierzeit *f*, Zeit *f* zum Positionieren
positioner Stellungsregler *m*, Positioner *m*
positioning [mechanische] Verstellung *f*, [mechanische] Justierung *f*; Lagesteuerung *f* {bei Werkzeugmaschinen}; Lageregelung *f*
positioning accuracy Positioniergenauigkeit *f*, Genauigkeit *f* beim Positionieren
positioning action Stellwirkung *f*, Verstellwirkung *f*
positioning command Stellbefehl *m*
positioning control Lageregelung *f*, Positioniersteuerung *f* {bei Werkzeugmaschinen}
positioning controller Lageregler *m*
positioning cylinder Stellkolben *m*
positioning device s. positioner
positioning element [mechanisches] Stellglied *n*
positioning force Stellkraft *f*, Verstellkraft *f*
positioning guide Positionierführung *f*, Lageführung *f*
positioning indicator Stellungsanzeiger *m*
positioning motor Stellmotor *m*

positioning of the gate Angußpositionierung *f*
positioning system System *n* mit Nachlaufregelung, Nachlaufsystem *n*
positioning table Koordinatentisch *m*, Positioniertisch *m* {gesteuerte Werkzeugmaschine}
positioning time Positionierzeit *f*, Zeit *f* zum Positionieren
positive booster Zusatzmaschine *f*, Survolteur *m*
positive displacement pump Verdrängungspumpe *f*
positive drive Zwangsantrieb *m*
positive infinitely variable gear PIV-Getriebe *n* {ein stufenlos verstellbares Getriebe}
positive mo[u]ld Füll[raum]werkzeug *n*, Tauchkantenwerkzeug *n*, Positivform *f*
positive terminal positive Klemme *f*, positiver Pol *m*, Pluspol *m*
post Stütze *f*; Brennstütze *f*
post-expansion of foam Nachblähen *n*
post squeezer Säulenpreßformmaschine *f*
postshrinkage Nachschwindung *f*, NS
pot/to [mit Vergußmasse] vergießen
pot Hafen *m*, Glashafen *m*
pour from the bottom/to steigend gießen
pour from the top/to fallend gießen
pour point Pourpoint *m*, Fließpunkt *m*
pouring Gießen *n*, Guß *m*
pouring basin Eingußsumpf *m*, Gießtümpel *m*

powder

powder density Pulverdichte *f* *{Kunststoffe}*
powder rolling Pulverwalzen *n*; Walzverdichten *n*
power/to [mit Energie] speisen, mit Energie versorgen, Energie zuführen
power 1. Leistung *f*; 2. Energie *f*; 3. [mechanische] Kraft *f*, Antriebskraft *f*; 4. Netzanschluß *m*; 5. Leistungsfähigkeit *f*, Leistungsvermögen *n*
power actuator Stellantrieb *m*, Kraftschalter *m*; Stellmotor *m*, Kraftversteller *m*, Kraftstellglied *n*
power amplification Leistungsverstärkung *f*
power circuit breaker Leistungstrennschalter *m*
power connection Netzanschluß *m*
power consumption Energieverbrauch *m*, Energieaufnahme *f*
power cylinder Kraftstellkolben *m*
power demand Energiebedarf *m*; Leistungsbedarf *m*
power distribution Energieverteilung *f*, Leistungsverteilung *f*, Stromverteilung *f*
power distribution system Energieverteilungssystem *n*
power divider Leistungsteiler *m*
power engineering Energietechnik *f*, Leistungselektrik *f*
power factor Leistungsfaktor *m*
power fail[ure] Netzausfall *m*; Ausfall *m* der Versorgungsenergie
power input Eingangsleistung *f*, Leistungsaufnahme *f*, aufgenommene Leistung *f*
power lamp Netzkontrollampe *f*
power lead Netz[zu]leitung *f*
power level Leistungspegel *m*

power network Energieversorgungsnetz *n*
power-operated roller conveyor Rollgang *m*
power-operated valve Motorschieber *m*
power operation Betätigung *f* mit Kraftantrieb, Kraftbetätigung *f*
power outlet Netzsteckdose *f*
power output abgegebene Leistung *f*, Leistungsabgabe *f*
power output device Kraftstellglied *n*, Stellglied *n*, Stellantrieb *m*
power pack Netzanschlußgerät *n*, Netz[anschluß]teil *n*
power piston Stellkolben *m* mit Kraftantrieb
power plug Netzstecker *m*
power roller conveyor angetriebene Rollenbahn *f*, Rollgang *m*
power-shift gear box Lastschaltgetriebe *n*
power source Energiequelle *f*, Stromquelle *f*
power supply Energieversorgung *f*; Elektroenergieversorgung *f*, Stromversorgung *f*; Netzgerät *n*, Netzteil *n*
power supply connection Netzanschluß *m*
power-supply type Netzart *f*
power switch Netzschalter *m*
power system Energiesystem *n*
power train Triebwerk *n*
power transformer Leistungstransformator *m*
power winding Leistungswicklung *f*
powered angetrieben, kraftbetrieben, motorisch angetrieben; mit Energie versorgt

powerful leistungsfähig
practical testing praktische Prüfung *f*, Prüfung *f* in der Praxis
pre-expansion Vorweite *f*
pre-table Vorcodiertabelle *f* *{numerische Steuerung}*
preassemble/to vormontieren, vorfertigen
preassembled module vormontierter Baustein *m*
preassembly time Vormontagezeit *f*
preceding pass Vorkaliber *n*
precipitation brittleness Alterungssprödigkeit *f*
precision Präzision *f*, Genauigkeit *f*
precision attenuator Eichteiler *m*
precision caliper Feinzeiger *m*
precision die Präzisionswerkzeug *n*
precision driving chain Präzisionstriebkette *f*
precision measurement Präzisionsmessung *f*
precision mo[u]ld Präzisionswerkzeug *n*
precode/to vorcodieren *{numerische Steuerung}*
precompressed material (mo[u]lding compound) Materialkuchen *m*
precompute/to vorausberechnen
preconditioning Vorbehandlung *f* *{z.B. einer Probe}*
precooling Vorkühlung *f*
precup/to vorziehen
predetermined distance vorgegebene Entfernung *f*
predetermined operating conditions vorbestimmte Arbeitsbedingungen *fpl*
predict/to voraussagen, vorhersagen *{z.B. das Verhalten der Kunststoffe}*
predry/to vortrocknen

predrying Vortrocknen *n*, Vortrocknung *f*
preference series Vorzugsreihe *f*
prefine/to vorfrischen
prefining mixer Vorfrischmischer *m*
preform/to vorschmieden, vorstauchen
preform 1. Vorformling *m*, Vorpreßling *m*; 2. Vorform *f*; Vorstauchform *f*, Formteil *n*
prehead/to vorstauchen
preheat/to vorwärmen, anwärmen, vortemperieren; vorheizen
preheating Vorwärmen *n*, Anwärmen *n*, Vortemperieren *n*; Vorheizen *n*
preheating dryer Vortrockner *m*
preliminary cleaner Vorreiniger *m*
preliminary filter Vorfilter *n*
preliminary test Vorversuch *m*
preparation Vorbereitung *f*; Aufbereitung *f* *{des Formsandes}*
preparation of samples Probenvorbereitung *f*
preparation of test specimen Probenherstellung *f*, Prüfkörperherstellung *f*
preparation time Vorbereitungszeit *f* *{z.B. für Wartungsarbeiten}*
prepare/to herstellen *{z.B. Prüfkörper}*; [vor]bereiten
preplanned shut-down geplante Abschaltung *f* *{einer Anlage}*
preplasticization Vorplasti[fi]zierung *f*
preplasticizing Vorplasti[fi]zierung *f*, Vorplastizieren *n*
preplasticizing cylinder Schneckenzylinder *m*
preplasticizing system Vorplastifizierungssystem *n*

preplasticizing unit Vorplastifizierungsaggregat *n*
preproduction Vorfertigung *f*
preproduction model Vorfertigungsmuster *n*
preprogrammed vorprogrammiert
preselector Vorwählschalter *m*
preselector lever Vorwählhebel *m*
preset value Vorgabewert *m*, vorgegebener Wert *m*
presettable voreinstellbar
presetting Grenzwertvoreinstellung *f*
press/to pressen, verdichten; verpressen; [nieder]drücken *{Knopf}*
press a key/to eine Taste drücken
press-and-blow process Preßblas[e]verfahren *n*
press body Preßmasse *f*
press brake Abkantpresse *f*
press-brake die Biegeschiene *f*
press-brake forming Abkanten *n*, Formstanzen *n*
press-button Druckknopf *m*, Drucktaste *f*; *s.a.* push-button
press-button control Druckknopfsteuerung *f*
press-button switch Druckknopfschalter *m*, Drucktastenschalter *m*
press capacity Pressenkraft *f*, Pressenleistung *f*
press casting Druckguß *m*
press die Preßgesenk *n*, Schmiedepressengesenk *n*
press fit Preßpassung *f*, Preßsitz *m*
press-in bush Eindrückbuchse *f*
press-in nut Einpreßmutter *f*
press-in peg Einpreßdorn *m*
press line Pressenfließreihe *f*
press platen Preßplatte *f*
press safety valve Pressensicherheitsventil *n*

press tool Pressenwerkzeug *n*, Preßwerkzeug *n*
pressed fit Preßpassung *f*, Preßsitz *m*
pressed ring Preßring *m*
pressed sheet Preßplatte *f*
pressing 1. Preßling *m*, Preßteil *n*, Preßkörper *m*; 2. Pressen *n*; Verpressen *n*
pressing die Preßwerkzeug *n*, Stanzwerkzeug *n*
pressing rod Druckstange *f*
pressing stage Arbeitsstufe *f* *{Stufenumformautomat}*
pressing tool Preßwerkzeug *n*
pressure Druck *m*
pressure air Druckluft *f*
pressure air line Druckluftleitung *f*, Luftleitung *f*
pressure bellows Druckbalg *m*, Wellrohr *n*
pressure blowing machine Preßblasmaschine *f*
pressure-chamber ageing Druckkammeralterung *f* *{Alterungsverfahren}*
pressure-chamber system Druckkammersystem *n*
pressure change-over Druckumschaltung *f*
pressure change-over time Druckumschaltzeit *f*
pressure connection Druckanschluß *m*
pressure control Druckregelung *f*; Grenzdruckregelung *f*
pressure control circuit Druckregelkreis *m*
pressure control valve Druck[regel]ventil *n*
pressure-controlled druckgesteuert, druckgeregelt

pressure controller Grenzdruckregler *m*
pressure cylinder Druck[gas]flasche *f*; Druckzylinder *m*
pressure dependence Druckabhängigkeit *f* {*von Eigenschaften*}
pressure difference Druckdifferenz *f*, Druckunterschied *m*
pressure disk Druckscheibe *f*
pressure flange Druckflansch *m*
pressure forging Gesenkpressen *n*
pressure-gauge cock Manometerhahn *m*
pressure-gauge valve Manometerventil *n*
pressure intensifier Druckübersetzer *m*, Druckverstärker *m*
pressure-limiting valve Druckbegrenzungsventil *n*, Begrenzungsventil *n*
pressure line Druckleitung *f*
pressure monitor Druckwächter *m*
pressure nozzle Druckdüse *f*, Düse *f* {*Pneumatik*}
pressure on sleeve Muffendruck *m*, Gleitkraft *f*
pressure-operated druckbetätigt, druckluftbetätigt
pressure pattern Druckverlauf *m*
pressure pin Druckstift *m*
pressure pipe[line] Druck[rohr]leitung *f*, Druckrohr *n*
pressure piping Druckleitung *f*
pressure plate Blechhalter *m*, Faltenhalter *m*
pressure port Drucköffnung *f*, Druckfenster *n*
pressure pump Druckpumpe *f*
pressure reducer Druckminderer *m*, Druckbegrenzer *m*

pressure-reducing valve Druckminder[ungs]ventil *n*, Druckreduzierventil *n*, Reduzierventil *n*
pressure-reducing valve for carbonic acid Kohlensäure-Druckminderer *m*
pressure-regulating valve Druckregelventil *n*
pressure regulator Druckregler *m* [ohne Hilfsenergie], Druckregulator *m*, Druckregelgerät *n*
pressure-relief valve Druckentlastungsventil *n*, Druckbegrenzungsventil *n*, Überdruckventil *n*, Sicherheitsventil *n*
pressure roller Druckrolle *f*, Anpreßrolle *f*, Druckwalze *f*; Oberwalze *f*
pressure sensitivity Druckempfindlichkeit *f*; Druckübertragungsfaktor *m* {*eines Mikrofons*}
pressure sensor Drucksensor *m*, Druckaufnehmer *m*, Druckfühler *m*
pressure shear test Druckscherversuch *m*
pressure spring Druckfeder *f*
pressure strength Berstdruck *m*, Berstfestigkeit *f*, Berstwiderstand *m*
pressure supply line Versorgungsdruckleitung *f*
pressure surge Druckstoß *m*
pressure switch Druckluftschalter *m*
pressure valve Druckventil *n*
pressure vessel Druckgefäß *n*
prestressed concrete pipe Spannbetonrohr *n*
pretreating unit Vorbehandlungsgerät *n*
pretreatment Vorbehandlung *f*
pretreatment time Vorbehandlungszeit *f*

preventive maintenance laufende Wartung f, planmäßige (vorbeugende) Instandhaltung f
preventive maintenance downtime Ausfallzeit f durch vorbeugende Instandhaltungsarbeiten
preventive maintenance schedule Wartungsplan m, Instandhaltungsplan m
preview control Vorwärtssteuerung f, Steuerung f mit Störgrößenaufschaltung
primary creep primäres Kriechen n, Übergangskriechen n {erstes Kriechstadium}
primary cutting edge Hauptschneide f
primary motion Hauptbewegung f
primary pinion Primärzahnrad n
primary purification Vorfrischen n
primary refining mixer Vorwindfrischer m
primary shaft Primärwelle f, Eingangswelle f
prime mover Kraftmaschine f, Primärmaschine f, Antriebsmaschine f
principal axes of strain Hauptachsen fpl des Verzerrungszustandes
principal axes of stress Hauptachsen fpl des Spannungszustandes
principal axis Hauptachse f
principal section Hauptebene f
principal strain Hauptverlängerung f, Hauptdehnung f; Hauptdeformation f
principal stress Hauptspannung f, Hauptbeanspruchung f
principle of solidification Erstarrungsprinzip n
print/to drucken

print Kernmarke f
printer controller Zeilendruckersteuereinheit f
priority Priorität f, Vorrang m
prism Prisma n
prism strength Prismenfestigkeit f
prismatic bar prismatischer Stab m
probability of failure Ausfallwahrscheinlichkeit f, Wahrscheinlichkeit f des Versagens
probe Meßkopf m, Fühler m, Taster m, Sonde f, Prüfspitze f; Sensor m
procedure of measuring Meßvorgang m
process/to bearbeiten; verarbeiten
process 1. Prozeß m; 2. Vorgang m, Ablauf m; 3. Verfahren n, Arbeitsmethode f, Technik f {praktisches Verfahren}
process annealing Zwischenglühen n
process automation Prozeßautomatisierung f
process computer automation Automatisierung f mit Prozeßrechner
process control Prozeßregelung f, Verfahrensregelung f; Prozeßsteuerung f, Fertigungssteuerung f; Prozeßführung f
process-controlled prozeßgeregelt; prozeßgesteuert
process line Fertigungsstraße f
process management Prozeßführung f
process plant Betriebsanlage f, technologische Anlage f
process variable Prozeßvariable f
processibility Verarbeitbarkeit f, Verarbeitungsfähigkeit f; Bearbeitbarkeit f

processing Bearbeitung *f*; Verarbeitung *f*
processing robot Bearbeitungsroboter *m*
produce/to produzieren, herstellen
produce failure/to zum Bruch führen
producer Produzent *m*, Hersteller *m*
product Produkt *n*, Erzeugnis *n*
product quality Produktqualität *f*
production Produktion *f*, Herstellung *f*, Fertigung *f*
production automation Produktionsautomatisierung *f*
production control Produktionssteuerung *f*, Fertigungssteuerung *f*, Produktionslenkung *f*
production cycle Produktionszyklus *m*
production die Produktionswerkzeug *n*
production equipment Fertigungseinrichtung *f*
production line Fertigungsstraße *f*
production machine Fertigungsmaschine *f*
production model Produktionsmodell *n*, Fertigungsmuster *n*
production mo[u]ld Produktionswerkzeug *n*
production process Produktionsprozeß *m*
production rate Fertigungsrate *f*, Produktionsausstoß *m*
production run Fertigungslauf *m*
production scheduling Arbeitsvorbereitung *f*
production series Baureihe *f*
production site distribution Standortverteilung *f* der Produktion
production tolerance Herstellungstoleranz *f*, Fertigungstoleranz *f*
productivity Produktivität *f*, Leistungsfähigkeit *f*, Ergiebigkeit *f*
profile Profil *n*; Bauform *f*; Formteil *n*
profile frame Profilrahmen *m*
profile ga[u]ge Formlehre *f*
profile guide Profilführung *f*
profile rubber Profilgummi *n*
profile tool Formdrehmeißel *m*
profile turning Formdrehen *n*, Formteildrehen *n*
program/to programmieren
program Programm *n*
program cam Programmnocken *m* {mechanische Programmsteuerung}
program chart Programmablaufplan *m*
program-controlled automaton programmgesteuerter Automat *m*
program execution Programmausführung *f*, Ausführung *f* eines Programmes
program library Programmbibliothek *f*, Bibliothek *f* für Programme
program loop Programmschleife *f*
programmable programmierbar
programmable robot programmierbarer Roboter *m*
programmed programmiert
programmed transmitter Programmgeber *m*
programmer 1. Programmgeber *m*; 2. Programmierer *m*, Programmbearbeiter *m*
programmer control panel Programmierersteuertafel *f*
programming keyboard Programmiertastatur *f*

programming model lineares Programmodell *n*
progress 1. Ablauf *m*, Lauf *m*; 2. Fortschritt *m*
progressive die Folgewerkzeug *n*
progressive draw tool Folgetiefziehwerkzeug *n*
progressive load method Prüfverfahren *n* mit [an]steigender Belastung
project/to 1. projizieren *{Graphik}*; 2. projektieren, planen
project engineer Projektingenieur *m*
projected mo[u]lding area Spritzfläche *f*
projected runner surface area projizierte Verteilerkanalfläche *f*
Prony brake Prony-Zaum *m*, Bremszaum *m {nach M.R. de Prony}*
proof stress Dehngrenze *f*
propagation tear resistance Weiterreißfestigkeit *f*
propeller pump Propellerpumpe *f*
proper fit richtiger Sitz *m*
property Eigenschaft *f*; Fähigkeit *f*; Beschaffenheit *f*
proportion/to zuteilen, dosieren; dimensionieren, die Größe bestimmen
proportional limit Proportionalitätsgrenze *f*
proportioning 1. Dosierung *f*, Zudosierung *f*, Zumessung *f*; 2. Dimensionieren *n*, Größenbestimmung *f*, Bemessung *f*
proportioning pump Dosier[ungs]pumpe *f*, Zumeßpumpe *f*
proportioning screw Dosierschnecke *f*
propriozeptive transducer Propriozeptor *m*, interner Meßwandler (Positionswandler) *m {Rückführung bei Robotersteuerung}*

protecting grid Schutzrost *m*
protection Schutz *m*
protection system Schutzsystem *n*
protective chamfering Schutzsenkung *f*
protective cover Schutzdeckel *m*
protective hood Schutzhaube *f*
protective switch Schutzschalter *m*
protective tube Schutzrohr *n*
protective window Schutzfenster *n*
prototype Prototyp *m*
prototype development system Prototyp-Entwicklungssystem *n*
prototype die (mo[u]ld) Prototypwerkzeug *n*
prototype test Typenprüfung *f*
provide with/to ausstatten (ausrüsten) mit
proximity sensor Annäherungssensor *m*
puckering Faltenbildung *f*
puddle/to puddeln, rührfrischen, flammofenfrischen
puddle ball Puddell, Luppe *f*, Rohluppe *f*
puddling furnace Puddelofen *m*, Eisenfrischflammofen *m*
puff/to [vor]blasen
pug mill Tonschneider *m*, Tonknetmaschine *f*
pull eye Zugöse *f*
pull-over two-high stand Überhebeduo *n*
pull switch Zugschalter *m*
pull-trough winding Fädelwicklung *f*, Durchzieherwicklung *f*
pulp valve Stoffschieber *m*
pulsating load pulsierende (schwellende) Belastung *f*
pulse/to pulsieren
pulse modulation Pulsmodulation *f*

pulse number Pulszahl *f*
pulse-reflection flaw detector Impuls-Echo-Fehlerprüfgerät *n*
pulse-testing Impuls-Echo-Prüfung *f*, Impulsverfahren *n*
pump Pumpe *f*
pump connection Pumpenanschluß *m*
pump cover Pumpendeckel *m*
pump housing Pumpengehäuse *n*
pump mode Pumpart *f*
pump shaft Pumpenwelle *f*
pump switch Pumpenschalter *m*
pumped rectifier Ventil *n* mit Vakuumhaltung
pumping capacity Förderkapazität *f*
punch/to [aus]stanzen; ankörnen; lochen
punch 1. Lochwerkzeug *n*, Durchschlag *m*, Stanzer *m*, Locher *m*; 2. Werkzeugstempel *m*, Stempel *m*, Patrize *f*
punch stretching Streckenziehen *n*
punched gestanzt; gelocht
punched test specimen gelochter Probekörper *m*
punching Ankörnen *n*; Stanzen *n*; Lochstanzen *n*
punty [iron] Anfangeisen *n*, Hefteisen *n*
pure rein; gediegen
pure aluminium Reinaluminium *n*
pure bending reine Biegung *f*
pure dilatational strain gleichförmige Dilatation, reine Volumenänderung *f*
purge/to reinigen, spülen; löschen *{EDV}*
purging Leerfahren *n*
purifying furnace Frischofen *m*
push/to 1. drücken, tasten *{Taster}*; 2. [Daten im Speicher] unterbringen, einspeichern
push Stoß *m*, Druck *m*, Schub *m*
push bearing Stößellager *n*
push button Druckknopf *m*, Drucktaste *f*, Drucktaster *m*
push-button-actuated druckknopfbetätigt
push-button dial[l]ing Wählen *n* per Druckknopf
push-button-operated *s.* push-button-actuated
push-button plant vollständig automatisierte Anlage *f*, "Druckknopfanlage" *f*
push-off pin Abdrückbolzen *m*
push switch Stoßschalter *m*
push-type switch Schubschalter *m*
pusher Drücker *m*, Stößel *m*
pusher pawl Abdrückklinke *f*
pushing device Stoßvorrichtung *f*
put in mesh/to in Eingriff bringen
put into gear/to [ein]schalten
put together/to zusammensetzen
pyramid-type plate bending rolls Dreiwalzenblechbiegemaschine *f*
pyrolysis Pyrolyse *f*
pyrometric cone equivalent Kegelfallpunkt *m*, Erweichungsschmelzpunkt *m*

Q

quality assurance Qualitätssicherung *f*, Gütesicherung *f*
quality check Qualitätskontrolle *f*, Gütekontrolle *f*
quality of roughing Schruppgüte *f*
quality of sound Klangfarbe *f*

quality printer Drucker *m* mit Briefqualität
quantity 1. Quantität *f*; 2. Größe *f*; 3. Quantum *f*, Menge *f*
quasi-steady state measurement quasistationäre Messung *f*
quench-age/to abschreckaltern, aushärten, vergüten *{Leichtmetalle}*
quench-harden/to abschreckhärten
quench bath Kühlbad *n*
quench cracking Härterißbildung *f*
quenching and tempering Vergüten *n*
quick-acting coupling Schnellverschlußkupplung *f*, schnellschließende Kupplung *f*
quick-acting gate valve Schnellschlußschieber *m*
quick-acting valve Schnellschlußventil *n*
quick-action coupling for air lines Schnellkupplung *f* für Druckluftrohrleitung
quick-change collet chuck Schnellwechselspannpatrone *f*, Schnellwechselspannzange *f*, Schnellwechsel-Zangenspannfutter *n*
quick-closing valve Schnellschlußventil *n*
quick disconnect Schnelltrennkupplung *f*, Spannverschluß *m*
quick-operating schnell ansprechend
quick response schnelles Ansprechen *n*
quiescent period Ausgarzeit *f* *{Stahlschmelze}*
quiescent state Ruhezustand *m*, Bereitschaftszustand *m*

R

race Laufring *m* *{Wälzlager}*
race condition Laufbedingung *f* *{Wälzlager}*
rack 1. Regal *n*; Gestell *n*, Ständer *m*, Rahmen *m*; Einschubträger *m*, Einschubrahmen *m*; 2. Zahnstange *f*; 3. Ziehbank *f*
rack head Zahnstangenkopf *m*
radial radial; Radial-
radial drilling machine Ausleger[bohr]maschine *f*, Radialbohrmaschine *f*
radial-flow fan Radialgebläse *n*, Gebläse *n*
radial load radiale Belastung *f*
radial piston motor Radialkolbenmotor *m*
radial piston pump Radialkolbenpumpe *f*
radial play radiales Spiel *n*
radial pump Radialpumpe *f*
radial stress Radialspannung *f*
radial system of runners Verteilerspinne *f*, Verteilerkreuz *n*, Verteilerstern *m*, Sternverteiler *m*
radial system of sprues and runners Angußstern *m*, Angußspinne *f*, Anschnittstern *m*
radial ventilator Radiallüfter *m*
radiant intensity Strahlungsintensität *f*
radiation Strahlung *f*
radiation furnace Strahlungsofen *m*
radiation resistance Strahlenbeständigkeit *f*
radiation sensor Strahlungssensor *m*

radiation source Strahlungsquelle *f*
radiation-tube continuous bright-annealing furnace Strahlrohr-Durchlaufblankglühofen *m*
radiator screw joint Heizkörperverschraubung *f*
radius ga[u]ge Rundungslehre *f*
radius of curvature Rundungshalbmesser *m*
radius of the core of a section Kernradius *m* *{eines Stabes}*
radius of web Stegrundung *f*
rag Hohlstelle *f* *{Schmiedefehler}*
rail Schiene *f* *{Lauf-, Führungs-}*, Gleitbahn *f* *{Werkzeugmaschinen}*; Kontaktleiste *f*; Querstück *n*
rail bending machine Schienenbiegemaschine *f*
rail boom Schienenvorblock *m*
rail vehicle Schienenfahrzeug *n*
rake angle Spanwinkel *m*; Schneidwinkel *m* *{Presse}*
ram 1. Kolben *m*; Stempel *m*; Stößel *m*; 2. Werkzeugstößel *m*, Werkzeugschieber *m*; Stauchschlitten *m*; 3. Stau *m*
ram pressure Stößeldruck *m*, Kolbendruck *m*, Stempeldruck *m*; Staudruck *m*
ram stroke Stößelhub *m*, Kolbenhub *m*
ram to table at bottom of stroke Werkzeugeinbauhöhe *f*
rammed bottom lining Stampfherd *m*
rammed lining Stampfauskleidung *f*
ramming head Schleuderkopf *m* *{Sandslinger}*
ramming mass Stampfmasse *f*
ramming mix Stampfgemisch *n*

random zufällig, willkürlich
random sample Stichprobe *f*
randomness Zufälligkeit *f*
range 1. Bereich *m*; Meßbereich *m*; Skalenbereich *m*; 2. Einsatzbereich *m*; 3. Entfernung *f*; Reichweite *f*, Abstand *m*; 4. Reihe *f* *{z.B. von Einrichtungen}*; 5. Wertereihe *f*; Wertebereich *m*; 6. Spannweite *f*
range of audibility Hör[barkeits]bereich *m*
range of fatigue under pulsating tensile stresses Zug-Schwell-Bereich *m*
range of nominal size Nennmaßbereich *m*
range of use Anwendungsbereich *m*
range of variation Variationsbereich *m*
rap/to losklopfen, losschlagen *{Modell}*
rapid-closing valve Schnellschlußventil *n*
rapid-opening valve Schnellöffnungsventil *n*
rappage Übermaß *n* *{durch das Losschlagen des Modells hervorgerufen}*
rapper Abklopfer *m*
ratchet Ratsche *f*, Knarre *f*; Sperrhaken *m*, Sperrklinke *f*, Klinke *f*
ratchet brace Bohrknarre *f*, Bohrratsche *f*
ratchet lever Klinkhebel *m*
ratchet screw Gefühlsratsche *f*
ratchet spanner Knarrenschlüssel *m*
ratchet stop Gefühlsratsche *f*
ratchet wheel Klinken[schalt]rad *n*, Schaltrad *n*, Sperr[klinken]rad *n*

rate/to 1. bemessen, dimensionieren; 2. festlegen *{z.B. Genauigkeit}*; 3. bewerten
rate Rate *f*; Geschwindigkeit *f*
rate of carbon drop Frischgeschwindigkeit *f*
rate of cooling [down] Abkühl[ungs]geschwindigkeit *f*
rate of creep Kriechgeschwindigkeit *f*
rate of deformation Verformungsgeschwindigkeit *f*, Deformationsgeschwindigkeit *f*
rate of failure Ausfallrate *f*
rate of injection Spritzgeschwindigkeit *f*, Einspritzrate *f*, Einspritzvolumenstrom *m*
rate of jaw separation Öffnungsgeschwindigkeit *f* der Einspannbacken
rate of loading Belastungsgeschwindigkeit *f*
rate of rise Steiggeschwindigkeit *f*
rate of striking Schlagzahl *f* *{Hammer}*
rate of transmission Umwandlungsgeschwindigkeit *f*
rated accuracy Nenngenauigkeit *f*
rated condition Nennbedingung *f*
rated current Nennstrom *m*
rated duty Nennbetriebsart *f*
rated frequency Nennfrequenz *f*
rated load [capacity] Nennlast *f*
rated output Nennleistung *f*
rated quantity Nenngröße *f*
rated speed Nenndrehzahl *f*
rated value Nennwert *m*, Sollwert *m*
rated voltage Nennspannung *f*
rating 1. Betriebswert *m*, Nennwert *m*, Nenndaten *{pl}*; 2. Dimensionierung *f*, Bemessung *f*; 3. Meßbereichsendwert *m*, Endwert *m*

ratio Verhältnis *n*, Quotient *m*
rattle/to putzen *{in Trommeln}*
rattler star Putzstern *m*, Stern *m*
raw roh, unbearbeitet *{z.B. Werkstück}*
raw ingot Rohblock *m*
RCC *s.* remote centre compliance
reach Arbeitsbereich *m*, Reichweite *f* *{z.b. für die Greiferarme eines Roboters}*
reaction motor Reaktionsmotor *m*
readiness Betriebsbereitschaft *f*, Bereitschaft *f*
readjusting Nachjustierung *f*, Nachstellung *f*, Neuabgleich *m*, Neujustierung *f*
readjustment Nachjustierung *f*, Nachstellung *f*, Neuabgleich *m*, Neujustierung *f*
ready betriebsbereit, fertig, bereit; leicht *{z.B. Zugang}*; *s.a.* ready signal
ready lamp Bereitschafts[anzeige]lampe *f*
ready signal Fertigsignal *n*, Signal *n* "Fertig"
ready state Bereitzustand *m*, betriebsbereiter Zustand *m*
ready to operate betriebsbereit
ready to use einsatzbereit
ready-to-use cable konfektioniertes Kabel *n*
real time Echtzeit *f*, Realzeit *f*
realizability Realisierbarkeit *f*
reamer body Reibahlenkörper *m*
reaming Reiben *n*
reaming work Reibarbeit *f*
rear-axle gear Hinterachstrieb *m*
rear pilot Führungsstück *n*
rear suspension rückwärtige Aufhängung *f*

rearing out near the bottom Bodenreißer *m*
reassembly Wiederzusammenbau *m*
reboil/to aufkochen, aufschäumen, nachschäumen
rebound/to zurückprallen, zurückspringen
rebound hardness test Rücksprunghärteprüfung *f*
rebound pendulum Pendel *n* für die Bestimmung der Rückprallelastizität
rebound resilience Rückprallelastizität *f*, Rücksprungelastizität *f*
rebounding hammer Fallhammer *m*, Pendelhammer *m*
recalibrating Nacheichnung *f*, erneutes (nochmaliges) Eichen *n* {*von Prüfmaschinen*}
recall a program/to ein Programm abrufen {*zur numerischen Steuerung*}
recarburization Wiederaufkohlung *f*, Rückkohlung *f*
recarburize/to wiederaufkohlen, rückkohlen
receive/to empfangen {*z.B. ein Signal*}
receiver 1. Aufnehmer *m*; Empfänger *m*; 2. Vorherd *m* {*des Kupolofens*}, Einsammelraum *m*; Auffangrinne *f*
receiving inspection Abnahmeprüfung *f*
receiving transducer Empfangswandler *m*, Empfangskopf *m*, Schallempfänger *m* {*Ultraschallprüfung*}
receptacle Buchse *f*, Steckdose *f*
recess 1. Einstich *m*, Freistich *m*; 2. Vertiefung *f*; Auskehlung *f*; Schlitz *m* {*z.B. Schraubenkopf*}

recessing length Einstichlänge *f*
rechargeable aufladbar
recheck/to nachprüfen
rechuck/to umspannen, neu einspannen
rechucking Umspannen *n*
reciprocating barrel accumulator Zylinderschubspeicher *m*
reciprocating compressor Kolbenverdichter *m*; Kolbenkompressor *m*
reciprocating motion Hin- und Herbewegung *f*, hin- und hergehende Bewegung *f*
reciprocating mo[u]lding sand riddle Formsandschüttelsiebmaschine *f*
reciprocating pump Kolbenpumpe *f*
reciprocating rolls Anspitzwalzapparat *m* {*für das Anspitzen von Draht*}
reciprocating screw Schneckenkolben *m*, Schubschnecke *f*, reversierende Schnecke *f*
reciprocating-screw accumulator Schneckenkolbenspeicher *m*, Schneckenschubspeicher *m*
reciprocating-screw unit Schneckenkolbeneinheit *f*
recirculating ball screw Kugelgewindetrieb *m*, Kugel[umlauf]spindel *f*
recognition Erkennung *f*, Wiedererkennung *f*
recoil spring Rückstoßfeder *f*
recondition/to 1. wiederaufarbeiten, wiederaufbereiten, regenerieren; 2. s. overhaul/to
reconditioned part regeneriertes (wiederaufgearbeitetes) Teil *n*, Austauschteil *n*

reconfiguration Modernisierung *f*
record/to aufzeichnen, aufnehmen; registrieren *{z.B. Meßwerte}*
record 1. Aufnahme *f*, Aufzeichnung *f*; 2. Datensatz *m*, gespeicherte Daten *pl*
record playback robot Playback-Roboter *m*, Roboter *m* mit fest gespeichertem Arbeitsablauf
recoverable error auffindbarer (behebbarer) Fehler *m*
recrystallization annealing Rekristallisationsglühen *n*
recrystallization temperature Rekristallisationstemperatur *f*
rectangular rechtwinklig; rechteckig
rectangular coordinate system rechtwinkliges Koordinatensystem *n*
rectangular flow channel Rechteckkanal *m*
rectangular key Flachkeil *m*
rectangular plate rechteckige Platte *f*
rectangular runner Rechteckkanal *m*
rectilinear geradlinig
rectilinear-Cartesian robot nach rechtwinkligen Koordinaten arbeitender Roboter *m*
rectilinear-coordinate robot nach rechtwinkligen Koordinaten arbeitender Roboter *m*
recuperation Vorwärmung *f* [in Rekuperatoren], Erholung *f*; Rückgewinnung *f*, Wiedergewinnung *f*
recuperative furnace Rekuperativofen *m*
recuperator Rekuperator *m*, Rekuperativluftvorwärmer *m*, rekuperativer Vorwärmer *m*
red brass Rotguß *m*
red hardness Rotwarmhärte *f*
red mud Rotschlamm *m*
red-short rot[warm]brüchig
red shortness Rot[warm]brüchigkeit *f*
redesigning of the die (mo[u]ld) Werkzeugumgestaltung *f*
redraw/to fertigtiefziehen, weiterziehen, nachziehen
redraw inside-out/to stülpen
redrawing Weiterziehen *m*, Zwischenziehen *n*, Ziehen *n* im Weiterschlag (Nachzug), Stufenschlag *m*
redrilling Nachbohren *n*
reduce/to vermindern, herabsetzen, reduzieren
reduce by liquation/to ausseigern
reduced buckling length reduzierte (freie) Knicklänge *f*
reduced factor of stress concentration Kerbwirk[ungs]zahl *f*
reduced stress reduzierte (verringerte) Spannung *f*
reduced viscosity reduzierte Viskosität *f*
reducing gear for industrial engines Reduziergetriebe *n* für Industriemotoren
reducing pass Reduzierkaliber *n*
reducing roasting reduzierendes Rösten *n*
reducing roll stand Reduziergerüst *n*
reducing socket Reduktionseinsatz *m*
reducing valve Reduzierventil *n*, Druckregelventil *n*, Druckminderer *m*
reducing valve and filter station Reduzierstation (Druckluftreduzierstation, Versorgungsluftreduzierstation) *f* mit Filter

reduction 1. Abnahme f, Dickenabnahme f, Stichabnahme f; 2. Verminderung f, Reduktion f; [Ab-]Sinken n, Abnahme f; 3. Einziehung f, Einschnürung f *{Rohre}*; 4. Untersetzung f *{Getriebe}*; 5. Reduktion f
reduction gear Reduziergetriebe n, Untersetzungsgetriebe n
reduction gear for watercraft Untersetzungsgetriebe n für Wasserfahrzeuge
reduction of area Brucheinschnürung f, Einschnürung f, Querschnittsverringerung f
reduction piece Reduzierstück n
reduction valve Reduzierventil n, Druckregelventil n, Druckminderer m
redundancy Redundanz f
redundant-axis roboter Roboter m mit redundanten Freiheitsgraden
redundant system redundantes System n
reed Randfehler m
reek/to anrußen
reel/to aufwickeln; friemeln
reel Spule f; Rolle f, Seilrolle f, Wikkelrolle f
reel servo Seilrollenantrieb m
reeler Glättwalzwerk n, Friemelwalzwerk n, Rohrglättwalzwerk n
reeling mandrel rod Glättdornstange f
reference object Bezugsobjekt n
reference specimen Vergleichsprobe f
reference system Bezugs[maß]system n
reference tone Bezugston m, Normalton m, Eichton m
reference value Vergleichswert m, Richtwert m, Bezugswert m; Sollwert m, Führungsgröße f *{Automation}*
refine/to garfrischen, vergüten *{Stahl}*; gattern *{Zinn}*; treiben *{Silber}*
refined iron froth Garschaum m
refined state Garezustand m, Gare f
refiner 1. Läuterwanne f, Arbeitswanne f; 2. Frischer m; 3. Refiner m
refinery Hütte f
refinery hearth Frischherd m, Frischfeuer n
refinery operation Herdfrischarbeit f
refining cinder Frischschlacke f
refining furnace Raffinierofen m, Treibofen m
refining of waste Krätzfrischen n
refining procedure Feinbearbeitungsverfahren n
refire/to nachbrennen
refiring Nachbrand m
refiring chamber Läuterwanne f
refit/to wieder einbauen
reflection gauging Rückstrahldikkenmessung f
regenerable regenerierbar *{Austauschteil}*
regenerator Winderhitzer m *{Abhitzeverwerter}*, Wärmespeicher m, Wärmetauscher m, Regenerator m
register locating ring Zentrierring m
regular ell Normalrohrbogen m
regulated pressure supply Konstantdruckversorgung f
regulating button Regulierknopf m
regulating element Stellglied n
regulating lever Regulierhebel m
regulating pin Regulierstift m

regulation 212

regulating unit Stellarmatur *f*, Stellglied *n*; Abgleichelement *n*
regulating valve Regelarmatur *f*, Regelventil *n*, Regulierventil *n*; Stellventil *n*
regulating valve for heating radiators Heizkörper-Regulierventil *n*, Radiator-Regulierventil *n*
regulation 1. Regulierung *f*, Einstellung *f*, Verstellung *f*; 2. Regelung *f*; Ausregelung *f*
regulator 1. Regler, Meßwerkregler *m* [ohne Hilfsenergie]; Füllstandsregler *m*, Niveauregler *m*, Stand[höhen]regler *m* [ohne Versorgungsenergie]; 2. Steuerschalter *m*
regulus Metallkönig *m*, Regulus *m*
reheat/to rückerwärmen; nachlassen, tempern
reimmerse/to erneut (noch einmal) eintauchen *{z.B. Proben}*
reinforced plastic verstärkter Kunststoff *m*
reinforcement Verstärkung *f*
reinforcing material Verstärkungsstoff *m*, Verstärkungsmaterial *n*, Verstärker *m*
reinforcing rail Verstärkungsschiene *f*
reinforcing ring Verstärkungsring *m*
reject/to zurückweisen; sperren
relative density relative Dichte *f*
relative humidity relative Feuchtigkeit (Feuchte) *f*
relative period of ageing relative Alterungsbeständigkeit *f*
relative permittivity Dielektrizitätszahl *f*, DZ, relative Dielektrizitätskonstante *f*

relative regulation relative Spannungsänderung *f*
relative speed drop relativer Drehzahlabfall *m*
relative speed rise relativer Drehzahlanstieg *m*
relative speed variation relative Drehzahländerung *f*
relative stain resistance relative Fleckenbeständigkeit *f*
relative stress crack resistance relative Spannungsrißbeständigkeit *f*
relative throughput Auslastung *f*
relaxation Relaxation *f*
relaxation experiment Relaxationsexperiment *n*
relaxation modulus Relaxationsmodul *m*
relaxation test Entspannungsversuch *m*, Relaxationsversuch *m*
relay Relais *n*, Schütz *n*
relay-actuated relaisbetätigt
relay module Relaisbaustein *m*
relay network Relaisschaltung *f*
relay-operated relaisbetätigt
release/to abgeben; freigeben; loslösen, ablösen, [ab]trennen, herausnehmen *{aus Formen}*; ausklinken *{Sperre}*; auslösen; entspannen, entlasten
release agent Trennmittel *n*, Form[en]trennmittel *n*, Formenstreichmittel *n*
release contact Auslösekontakt *m*
release current Auslösestrom *m*
release device Auslöseeinrichtung *f*, Auslöser *m*
release lever Auslösehebel *m*, Ausklinkhebel *m*
releasing contact Auslösekontakt *m*
releasing current Auslösestrom *m*

releasing device Auslöseeinrichtung f, Auslöser m
relevant failure Folgeausfall m
reliability Zuverlässigkeit f
reliable zuverlässig, betriebssicher
reliable transmission schlupffreie Übertragung f
relifting table Überhebetisch m, Wippe f
relining Neuzustellung f
remelt/to umschmelzen, einschmelzen; umgießen
remote fern, entfernt; Fern-
remote action technique Fernwirktechnik f
remote-actuated fernbetätigt
remote adjustment Ferneinstellung f
remote batch processing Stapelfernverarbeitung f
remote centre compliance Kraftkompensation f mit entferntem Zentrum *{Robotertechnik}*
remote control 1. Fernregelung f; 2. Fernbedienung f, Fernbetätigung f; 3. Fernsteuerung f; 4. Fernbedienungselement n
remote control drive ferngesteuerter Stellantrieb m, Ferngetriebe n
remote control engineering Fernsteuerungstechnik f
remote control installation Fernsteueranlage f; Fernbedienanlage f
remote-control release Fernauslöser m
remote control signal Fernsteuersignal n, Fernwirksignal n
remote control technique Fernwirktechnik f
remote-controlled fernbedient, fernbetätigt; ferngesteuert

remote-controlled flap valve fernbetätigte Klappe f *{elektromotorisch, hydraulisch oder pneumatisch}*
remote-controlled slide valve fernbetätigter Schieber m *{elektromotorisch, hydraulisch oder pneumatisch}*
remote-controlled valve fernbetätigtes Ventil n
remote display Fernanzeige f
remote drive Fernantrieb m
remote-local switch Automatik-Hand-Umschalter m
remote manipulator system fernbedientes Manipulatorsystem n, Fernmanipulatorsystem n
remote manual adjustment Handfernverstellung f
remote-operated fernbedient, fernbetätigt; ferngesteuert
remote-operated cock ferngesteuerter Hahn m
remote-operated flap valve fernbetätigte Klappe f *{elektromotorisch, hydraulisch oder pneumatisch}*
remote-operated valve fernbetätigtes Ventil n
remote operation Fernbetätigung f, Fernbedienung f
remote reading Fernablesung f
remote release Fernauslöser m
remote sensing Fernmessung f, Istwert-Fernerfassung f, Fernfühlen n
remote setting element Fernsteller m
remote slide valve fernbetätigter Schieber m *{elektromotorisch, hydraulisch oder pneumatisch}*
remote supply Fernspeisung f
remote switch Fernschalter m
remote switching device Fernschalteinrichtung f

remote tripping Fernauslösung *f*
remotely actuated fernbetätigt
remotely controlled ferngesteuert
remounting Wiederzusammenbau *m*
removal of carbon Entkohlen *n*, Entkohlung *f*
removal of the die Werkzeugausbau *m*
removal of the load Entlastung *f*
removal of the mo[u]ld Werkzeugausbau *m*
remove/to beseitigen, entfernen; austragen *{Gut}*; abtragen *{Oberflächenschicht}*; abmontieren, ausbauen *{z.B. Bauelemente}*
remove the load/to entlasten
renew/to erneuern, auswechseln *{z.B. Verschleißteil}*; regenerieren
renewable regenerierbar; erneuerbar, auswechselbar *{Austauschteil}*
renewable bushing Einsatzbuchse *f*
renewal part Austauschteil *n*, regeneriertes Teil (Ersatzteil), Verschleißteil *n*
repair/to reparieren, instandsetzen
repair Reparatur *f*, Instandsetzung *f*
repair handbook Reparaturhandbuch *n*
repair part Ersatzteil *n*
repairable reparierbar
repairable part reparierbares Teil *n*
reparable reparierbar
repeat a cycle/to einen Kreislauf wiederholen
repeat a movement/to eine Bewegung wiederholen
repeatability Wiederholbarkeit *f*, Repetierbarkeit *f*, Reproduzierbarkeit *f {z.B. eines Bewegungsvorganges}*

repeater 1. Regenerativverstärker *m*, Zwischenverstärker *m*, Repeater *m*; 2. Umführung *f*, Schlingenumführung *f*
repetitive accuracy reproduzierbare Genauigkeit *f*, Wiederholgenauigkeit *f*, Reproduktionsgenauigkeit *f*
repetitive operation wiederholte Betätigung *f*, Wiederholgungsoperation *f*
replace/to ersetzen
replacement fuse Ersatzsicherung *f*
replacement instrument Ersatzgerät *n*
replacement item Ersatzteil *n*
replacement lamp Ersatzlampe *f*
replacement part Ersatzteil *n*; Verschleißteil *n*
replacement part list Ersatzteilliste *f*
represent/to darstellen
represent pictorially/to bildlich darstellen
reproducibility Reproduzierbarkeit *f*, Wiederholbarkeit *f*
reproducible test reproduzierbarer (wiederholbarer) Versuch *m*
reprogram/to umprogrammieren *{numerische Steuerung}*
request/to anfordern
requirement Forderung *f*; Anforderung *f*; Bedarf *m*
reseat/to schließen *{Ventil}*
reserve Reserve *f*
reserve locking force Zuhaltekraftreserve *f*
reservoir Sammelgefäß *n*, Reservoir *n {z.B. an Blasformmaschinen}*; [offener] Behälter *m*
reservoir ladle Mischpfanne *f {Kupolofen}*

reset spring Rückstellfeder *f*
residence time Verweilzeit *f*, Standzeit *f* *{Prozeß}*
residual elongation Restdehnung *f*, bleibende Verformung (Dehnung) *f*, Zugverformungsrest *m*
residual elongation at break bleibende Bruchdehnung *f* *{Schlagzugversuch}*
residual indentation Resteindruck *m* *{beim Eindruckversuch}*
residual porosity Porenraum *m*
residual time-constant Eigenzeitkonstante *f*
residue on ignition Glührückstand *m* *{Prüfung von Kautschuk und Elastomeren}*
residue on sieve Siebrückstand *m*
resilience 1. Rückprallelastizität *f*, Stoßelastizität *f*; 2. Verformungsarbeit *f*
resinter[ing] zweite Sinterung *f*, Nachsinterung *f*
resist/to beständig sein [gegen]
resistance 1. Widerstand *m*, Beständigkeit *f*; 2. Wirkwiderstand *m*; 3. Widerstand *m*
resistance annealer Widerstandsglühofen *m*
resistance measuring instrument Widerstandsmeßeinrichtung *f*
resistance meter Widerstandsmeßgerät *n*
resistance strain ga[u]ge Widerstands-Dehn[ungs]meßstreifen *m*
resistance to artificial weathering Beständigkeit *f* gegen künstliche Bewitterung
resistance to colour change Farbechtheit *f*
resistance to continuous salt spray Dauerbeständigkeit *f* beim Salzsprühversuch
resistance to corrosion Korrosionsbeständigkeit *f*
resistance to environmental stress cracking Spannungsrißbeständigkeit *f*
resistance to fuels Kraftstoffbeständigkeit *f*
resistance to fungi Beständigkeit *f* gegen Schimmelbildung
resistance to humidity Feuchtebeständigkeit *f*
resistance to indentation Eindringwiderstand *m*
resistance to ozone cracking Ozonrißbeständigkeit *f*
resistance to puncture-propagation [of tear] Sticheinreißfestigkeit *f*
resistance to salt solutions Beständigkeit *f* gegen Salzlösungen
resistance to shock Stoßfestigkeit *f*
resistance to solvents Lösemittelbeständigkeit *f*, Lösemittelechtheit *f*
resistance to spittle Speichelechtheit *f* *{von bunten Kinderspielwaren}*
resistance to sweat Schweißechtheit *f* *{von bunten Kinderspielwaren}*
resistance to swelling Quellbeständigkeit *f*
resistance to tear propagation Weiterreißfestigkeit *f*
resistance to termites Termitenbeständigkeit *f*
resistant to ozone ozonbeständig
resistant to water wasserbeständig
resistivity to corrosion Korrosionsbeständigkeit *f*
resolver Drehmelder *m*, Resolver *m*

resonance value Resonanzwert *m*
resonant frequency Resonanzfrequenz *f*
resonant machine Resonanzmaschine *f* *{Dauerschwingprüfung}*
respond/to antworten; ansprechen, reagieren
respond to a signal/to auf ein Signal ansprechen
response 1. Antwort *f*, Verhalten *n*; 2. Übertragungsverhalten *n*; 3. Ansprechverhalten *n*, Ansprechen *n*; 4. Empfindlichkeitsübertragungsfaktor *m*; 5. Anzeigen *n*; Ausschlag *m* *{Zeiger}*; 6. Anzeigewert *m*, Meßwert *m*
response time Ansprechzeit *f*
responsivity Ansprechempfindlichkeit *f*
restart/to wiederanlaufen
restrain/to zurückhalten; einschränken *{z.B. Bewegung}*
restrictor Luftdrossel *f*, Zuluftdrossel *f*, Drossel *f* *{Pneumatik}*
restrictor valve Drosselventil *n*
resulphurization Rückschwefelung *f*
resulphurize/to rückschwefeln
retainer Käfig *m* *{Lager}*; Abstandhalter *m*
retaining bush Spannhülse *f*
retaining pawl Sperrklinke *f*
retardation method Auslaufverfahren *n*
retarding disk conveyor Stau[scheiben]förderer *m*
reteach/to neu lehren *{dem lernfähigen Roboter}*
retention time 1. Speicherzeit *f*; 2. Verweilzeit *f*, Haltezeit *f*, Retentionszeit *f* *{Prozeß}*; Standzeit *f* *{z.B. im Ofen}*

retightening Nachziehen *n*
retract/to zurückwirken
retreatment Nachbehandlung *f*
retrieve/to wiedergewinnen; wiederfinden, auffinden
return/to zurückkehren *{z.b. bei einer Bewegung}*; zurückführen, zurückleiten; rückstellen
return pass Rückstich *m*
returns Eigenbruch *m*
reusability Wiederverwendbarkeit *f*
reusable wiederverwendbar, wiederbenutzbar; Mehrwege-
reusable part wiederverwendbares Teil *n*
reverberant nachhallend, hallig
reverberate/to nachhallen, widerhallen; zurückwerfen, reverberieren; zurückstrahlen
reverberating roof Flammofenkuppel *f*
reverberation 1. Nachhall *m*, Widerhall *m*; 2. Zurückwerfen *n*, Reverberieren *n*; 3. Rückstrahlung *f*
reverberatory calciner Fortschaufelungsofen *m*, Krählofen *m* *{Erzröstung}*
reversal 1. Umkehr[ung] *f*; Richtungsumkehr *f*; 2. Umsteuerung *f*; 3. Umpolung *f*
reverse/to umkehren, wenden; die Richtung ändern; umsteuern, umstellen *{z.B. eine Maschine}*; umpolen
reverse a sequence/to eine Reihenfolge umkehren
reversebend test apparatus Hin- und Herbiegevorrichtung *f*
reverse drawing Stülpziehen *n*
reverse sequential order umgekehrte Reihenfolge *f*

reverse taper Austrittskonus *m* {*am Ziehstein*}
reversing drive Umkehrantrieb *m*
reversing gear Wendegetriebe *n*
reversing gear for watercraft Wendegetriebe *n* für Wasserfahrzeuge
reversing motor Umkehrmotor *m*
reversing stand Reversiergerüst *n*
revolution of workpiece Werkstückumdrehung *f*
revolving distributor Drehverteiler *m*, drehbarer Gichtverteiler *m*
revolving turret Drehkupplung *f*
reweigh/to erneut wägen, nachwägen
r.h.(rh) *s.* relative humidity
rheological behaviour rheologisches Verhalten *n*
rheological measurement rheologische Messung *f*
rheology Rheologie *f*, Fließkunde *f*
rheometer Rheometer *n*
ribbed-surface machine selbstgekühlte und mit Rippengehäuse versehene Maschine *f*
right-hand thread Rechtsgewinde *n*
rigid starr, [biege]steif; verwindungssteif; unbeweglich; hart
rigid coupling feste Kupplung *f*
rigid fixing starre Einspannung *f*; festes Klemmlager *n*
rigid specimen harte (starre) Probe *f*
rigidity 1. Steifigkeit *f*, Steifheit *f*; Starre *f*, Starrheit *f*; 2. Unbeweglichkeit *f*; 3. Härte *f*
rim 1. Rand-; 2. Kante *f*, Einfassung *f*; 3. Kranz *m* {*z.B. der Riemenscheibe*}
ring Ring *m*
ring expansion test Ringaufweitversuch *m*

ring gate ringförmiger Bandanschnitt *m*, Ringanschnitt *m*
ring ga[u]ge Kaliberring *m*
ring heater Ringheizelement *n*
ring ladle carrier Gabelpfanne *f*
ring nut Ringmutter *f*, Rundmutter *f*
ring-plate valve Plattenventil *n*
ring screw Ringschraube *f*
ring spanner Ringschlüssel *m*
ring thread ga[u]ge Gewindelehrring *m*
ring winding Ringwicklung *f*
rinsing bath Reinigungsbad *n* {*nach dem Ätzen*}
ripple voltage Oberwellenspannung *f*
rise/to ansteigen
rise Überhöhung *f* {*Zahnrad*}
riser Steiger *m*; Speiser *m*
riser pattern Steigermodell *n*
rising gate Steiger *m*
rising head verlorener Kopf *m*
rising hole vent Steiger *m*
rison length Vorformlingslänge *f*
rivet Niet *m*
rivet tool Nietwerkzeug *n*
riveting bolt Nietbolzen *m*
riveting device Nietvorrichtung *f*
riveting pin Nietstift *m*
RMS *s.* remote manipulator system
roast/to [ab]rösten
roast-reaction process Röstreaktionsverfahren *n*, Röstreaktionsarbeit *f*
roasting furnace Röstofen *m*, Brennofen *m*
roasting hearth Röstherd *m*
roasting residue Abbrand *m*, Röstrückstand *m*

robot Roboter *m*, Manipulator *m*, Handhabungsautomat *m*
robot arm Roboterarm *m*
robot axis Roboterachse *f*, Bewegungsachse *f* des Roboters
robot capability Roboterfähigkeit *f*
robot control Robotersteuerung *f*
robot manufacturer Roboterhersteller *m*
robot manufacturing Fertigung *f* durch Roboter
robot simulation Robotersimulation *f*
robot system Robotersystem *n*
robot user Roboternutzer *m*
robotic artificial intelligence künstliche Roboterintelligenz *f*
robotic vehicle Fahrzeugroboter *m*
robotics Robotik *f*, Robotertechnik *f*
robotization Ausstattung *f* mit Robotern
robustness Robustheit *f*
rocked tube kaltgepilgertes Rohr *n*
rocker Wippe *f*
rocker-bar[-type] furnace Balkenherdofen *m*, Schrittmacherofen *m*, Hubbalkenofen *m*
rocker bearing Wippenlager *n*
rocker lever Kipphebel *m*, Schwunghebel *m*, Wipphebel *m*
rocking furnace Schaukelofen *m*
rocking runner Schaukelrinne *f*
rocking switch Wippschalter *m*
Rockwell hardness Rockwell-Härte *f*, HR
Rockwell hardness test Härteprüfung *f* nach Rockwell
Rockwell hardness tester Rockwell-Härteprüfer *m*, Rockwell-Härteprüfgerät *n*

rod Stab *m*, Stange *f*; Walzdraht *m*
rod drawing machine Stabziehmaschine *f*
rod guide Gestängeführung *f*, Stangenführung *f*
roll/to rollen; walzen; rundbiegen; druckumformen
roll Rolle *f*, Walze *f*, Zylinder *m*; profilierte Walze *f*, Kaliberwalze *f*
roll angle Richtrollenanstellwinkel *m*
roll axis Rollachse *f* {Roboterbewegung}
roll bending Biegewalzen *n*
roll-cogged vorgestreckt
roll cogging Vorstrecken *n*, Blockwalzen *n*
roll pass Stich *m*, Durchgang *m* des Walzgutes
roll straightener (straightening machine) Rollenrichtmaschine *f*
roll table Rollgang *m*, Walzgang *m*
roller Rolle *f*, Walze *f*, Zylinder *m*
roller bearing Rollenlager *n*
roller-bearing slewing rim Rollendrehverbindung *f*
roller bolt Rollenbolzen *m*
roller bracket Walzenhalter *m*
roller cage Walzenkäfig *m*, Rollring *m*
roller chain Rollenkette *f*
roller follower Rolleneingriffsglied *n*, Rollenhebel *m*, Rollenstößel *m* {Kurve}
roller gear bed Rollgang *m*
roller lever Rollenhebel *m*
roller motion guiding Wälzführung *f*
roller table Rollgang *m*, Rollenhebevorrichtung *f*; Walztisch *m*
rolling barrel Putztrommel *f*

rolling bearing Wälzlager *n*
rolling element Wälzkörper *m*
rolling load Walzkraft *f*
rolling machine Walzmaschine *f*
rolling-mill gear transmission Walzwerksgetriebe *n*
rolling train for heavy products Grobstraße *f*
roof Deckel *m* {*Lichtbogenofen*}; Decke *f* {*Schmelzherd*}; Ofengewölbe *n*
room noise Raumgeräusch *n*, Nebengeräusch *n*
room temperature Raumtemperatur *f*
root of tooth Zahnfuß *m*
rope drive Seiltrieb *m*, Seilantrieb *m*
rope drum Seiltrommel *f*
rope guide Seilführung *f*
rope pulley (sheave) Seilscheibe *f*, Seilrolle *f*, Seilrad *n*
rose bit Kegelsenker *m*
rosette of graphite Temperkohlerosette *f*
rotary drehbar; umlaufend; drehend, rotierend; Dreh-
rotary actuator Drehantrieb *m*, Stellantrieb *m* mit Drehbewegung {*manuell*}; Drehzylinder *m*
rotary compressor Rotationskompressor *m*, Umlaufkolbenverdichter *m*, Rotationsverdichter *m*
rotary connection Drehkupplung *f*, Drehverbindung *f*
rotary control Drehschalter *m*, Bedienungselement *n* mit Drehbewegung
rotary-disk valve Drehschieber *m*, Kreisschieber *m*
rotary force Drehkraft *f*

rotary-hearth furnace Drehherdofen *m*
rotary indexing table Rundschalttisch *m*
rotary joint Drehgelenk *n*, drehbares Gelenk *n*
rotary knife Kreismesser *n*
rotary motion Drehbewegung *f*
rotary motor Kreiskolbenmotor *m*
rotary-piston pump Kreiskolbenpumpe *f*, Drehkolbenpumpe *f*
rotary-puddling furnace Drehpuddelofen *m*, Puddeldrehofen *m*
rotary-shaft encoder Codedrehgeber *m*
rotary slide valve Drehschieber *m*
rotary slider Drehschieber *m*
rotary slip Drehschlupf *m*
rotary table Drehtisch *m*
rotary-tpye valve Drehschieber *m*
rotate/to sich drehen, umlaufen, rotieren
rotatingactuator Drehantrieb *m*, Stellantrieb *m* mit Drehbewegung {*manuell*}; Drehzylinder *m*
rotating base drehbare Grundplatte *f*
rotating connection Drehkupplung *f*, Drehverbindung *f*
rotating control Drehschalter *m*, Bedienungselement *n* mit Drehbewegung
rotating disk valve Drehschieber *m*, Kreisschieber *m*
rotating distributor Drehverteiler *m*, drehbarer Gichtverteiler *m*
rotating slide valve Drehschieber *m*
rotating valve Drehschieber *m*
rotation angle Drehwinkel *m*
rotation direction Drehrichtung *f*

rotational 220

rotation joint Drehverbindung *f*, drehbare Verbindung *f*
rotational direction Drehrichtung *f*
rotational displacement Verdrehung *f*, Winkelverschiebung *f*
rotational fatigue apparatus Rotations-Ermüdungs[festigkeits]prüfgerät *n*
rotational joint Drehverbindung *f*, drehbare Verbindung *f*
rotational speed Drehzahl *f*
rotodynamic pump rotodynamische Pumpe *f*
rotor 1. Läufer *m*, Rotor *m*; 2. Trommelkonverter *m*
rotor knife Kreismesser *n*
rough/to vorwalzen
rough cut length Rohlänge *f*
rough drilling Vorbohren *n*
rough-pierced tube blank Rohrluppe *f*
rough-rolled ingot Rohblock *m*, vorgewalzter Block *m*
rough size Rohmaß *n*
rough-stamp/to im Vorgesenk vorformen
roughed slab Vorbramme *f*
rougher 1. Vorschmiedegesenk *n*, Vor[form]gesenk *n*; Vorpreßgesenk *n*; 2. Schruppwerkzeug *n*; 3. Vor[walz]gerüst *n*; 4. Grobstraße *f*, Halbzeugstraße *f*
roughing Vorschmieden *n*, Vorschlichten *n*; Vorwalzen *n*, Grobwalzen *n*; Schruppen *n*
roughing depth Rauhtiefe *f*
roughing die Vorgesenk *n*
roughing mill Vor[walz]straße *f*, Grobstraße *f*, Halbzeugstraße *f*
roughing pass Blockkaliber *n*, Vorstich *m*

roughing roll Vorwalze *f*, Streckwalze *f*
roughing stand Vor[walz]gerüst *n*
round 1. rund; Rund-; 2. Beschikkung *f* {*Hochofen*}; 3. Ronde *f*
round belt Rundriemen *m*
round blank Ronde *f*
round-bottomed mit Nutgrundausrundung
round key Rundkeil *m*
round nose tool Rundungsmeißel *m*
round pass Rundkaliber *n*
round-section flow channel Rundlochkanal *m*
round-section runner Rundlochkanal *m*
round shank Zylinderschaft *m*
round specimen Rundprobe *f*, Rundstab *m* {*für Prüfzwecke*}
round thread Rundgewinde *n*
rounding Abrunden *n*; Rundbiegen *n*
routine 1. planmäßig {*z.B. Wartung*}; routinemäßig; 2. Routine *f*, Programm *n*, Teilprogramm *n* {*numerische Steuerung*}
routine maintenance Routinewartung *f*, laufende (periodische) Wartung *f*
routine measurement Routinemessung *f*
routine test Stückprüfung *f*, Einzelprüfung *f*; Routineüberwachung *f*, laufende Überwachung *f*
row Reihe *f*; Zeile *f* {*einer Matrix*}
rubber Gummi *m*; Kautschuk *m*
rubber bearing Gummilager *n*
rubber-containing kautschukhaltig
rubber-die forming Gummistanzen *n*
rubber disk Gummischeibe *f*

rubber drive belt Gummitreibriemen *m*
rubber element Gummielement *n*
rubber mallet Gummihammer *m*
rubber-pad process Tiefziehen *n* mit Gummikissen
rubber tube Gummischlauch *m*
rugged robust
rule 1. Lineal *n*; 2. Maßstab *m* *{Skale}*; 3. Regel *m*; Norm *f*, Vorschrift *f*
rumble/to trommeln, rommeln, fertigputzen
rumble Gußputztrommel *f*, Scheuerfaß *n*, Rommelfaß *n*
run/to 1. laufen, arbeiten, in Betrieb sein; 2. funktionieren; 3. durchlaufen lassen, abarbeiten *{Programm}*; 4. fahren *{Maschine}*, betreiben *{Anlage}*; sich verflüssigen, schmelzen
run a nut/to eine Mutter auf einen Gewindestift aufdrehen
run a program/to ein Programm ablaufen lassen *{z.B. zur numerischen Stererung}*
run 1. Lauf *m*, Gang *m* *{einer Maschine}*; 2. Ablauf *m*, Durchlauf *m* *{eines Programms}*; 3. Fertigungslos *n*; 4. Strang *m*; 5. Führung *f*, Verlauf *m* *{z.B. von Kabeln}*; 6. Reihe *f* *{z.B. Meß-}*
runaway schnelles Fließen (Kriechen) *n*; 2. Drift *f*, Durchgehen *n*
runaway speed Durchgangsdrehzahl *f*
runner Abstichrinne *f*, Sandrinne *f*, Angußverteiler *m*, Angußweg *m*, Anschnittweg *m*, Anspritzkanal *m*, Gießlauf *m*, Zulauf *m*, Einguß *m*, Anschnitt *m*, Masseverteilerkanal *m*; Renner *m*; Zuführ[ungs]kanal *m*; Verteilerkanal *m*, Verteilungskanal *m*, Verteilerrohr *n*, Verteiler *m*; Fließkanal *m*, Flußkanal *m*, Strömungskanal *m*; Verbindungsrohr *n*
runner cross-section Verteiler[kanal]querschnitt *m*
runner manifold Verteiler[kanal] *m*, Verteilungskanal *m*, Verteilerrohr *n*, Verteilerbohrung *f*; Zuführungskanal *m*
runner profile (shape) Verteiler[kanal]querschnitt *m*
runner system Verteilerröhrensystem *n*; Anguß[verteiler]system *n*; Verteilerspinne *f*, Verteilerkreuz *n*, Verteilerstern *m*, Sternverteiler *m*
runnerless angußlos
runners and gate Anguß-Anschnitt-System *n*
runners arranged side by side Reihenverteiler *m*
running average gleitender Mittelwert *m*, gleitendes Mittel *n*
running noise Laufgeräusch *n*
running of centre Verlaufen *n*
running quality Laufeigenschaft *f*, Laufgüte *f*
running stick Einguß- und Steigerholz *n*
runoff Abstich *m*
runout 1. Rundlauffehler *m*, Unrundlauf *m*, Schlag *m*; Lauf-Toleranz *f*; 2. Auslauf *m* *{z.B. des Fräsers}*; Überlauf *m* *{z.B. der Schleifscheibe}*
rupture condition Bruchbedingung *f*
rupture strength Trennfestigkeit *f* *{von Verbindungen}*
rupture time Bruchzeit *f*, Zeit *f* bis zum Bruch

S

sadden/to vorformen
saddle/to ringschmieden, ringwalzen
saddle 1. Werkzeugschlitten *m*, Bettschlitten *m*, Querschlitten *m*; Sattelschlitten *m*; 2. U-Schelle *f*; 3. Dreikant *m*, dreieckige Leiste *f* {*Brennhilfsmittel*}
saddle key Hohlkeil *m*
safe sicher; zuverlässig
safe in operation betriebssicher
safe operating area sicherer Arbeitsbereich *m* {*ohne Schäden am Bauelement*}
safety Sicherheit *f*
safety bow Fangbügel *m*
safety device Sicherheitsvorrichtung *f*
safety disk Sicherungsscheibe, Berstsicherung *f*
safety earthing Schutzerdung *f*
safety extra low voltage Schutzkleinspannung *f*
safety flange Sicherungsflansch *m*
safety hook Sicherungshaken *m*
safety in operation Betriebssicherheit *f*
safety interlock Sicherheitsverriegelung *f*, Sicherheitssperre *f*
safety key Sicherungskeil *m*
safety measure Sicherheitsmaßnahme *f*, Sicherheitsvorkehrung *f*
safety nut Sicherungsmutter *f*
safety overload clutch Rutschkupplung *f*
safety rail Sicherungsschiene *f*
safety relief valve Sicherheitsüberdruckventil *n*
safety sheet Sicherungsblech *n*
safety spring Sicherungsfeder *f*
safety system Schutzsystem *n*
safety tap Sicherungszapfen *m*
safety trip Schutzauslöser *m*
safety valve Rückschlagventil *n*, Sicherheitsventil *n*, Sicherheitsarmatur *f*
safety valve for heating systems Heizungssicherheitsventil *n*
sag Durchhang *m*, Pfeilhöhe *f*
saggar Brennkapsel *f*, Kapsel *f*; Kerntrockenkasten *m*
saggar press Kapselpresse *f* {*Feinkeramik*}
salamander Bär *m*, Bodensau *f*, Ofensau *f*, Schlackenbär *m*
salt bath Salzbad *n*, Salzschmelze *f*
salt glaze Salzglasur *f*
salt-mist chamber Salznebelkammer *f*
salt solution Salzlösung *f*
salt spray Salznebel *m*
salt-spray resistance Salzsprühbeständigkeit *f*, Beständigkeit *f* beim Salzsprühversuch *m*
sample 1. Probe *f*; Sammelprobe *f*; Stichprobe *f*; Lernstichprobe *f*; 2. Muster *n*, Probe *f*; Prüfling *m*
sample cup Probenäpfchen *n*
sample flask Probenflasche *f*
sample holder Probenhalter *m*, Probenhalterung *f*
sample size Stichprobenumfang *m*
sampler Probenehmer *m*
sampling 1. Probe[ent]nahme *f*; Stichprobenentnahme *f*; 2. Proben[auf]gabe *f*, Dosierung *f*; 3. Abtastung *f*
sampling interval in path control Abtastintervall *n* bei der Bahnsteuerung

sampling procedure Probe[ent]nahme *f* *{Vorgang der Probenahme}*
sampling servomechanism lineare tastende Regelung *f*
sampling technique Verfahren *n* (Methode *f*) der Probenahme
sampling test Prüfung *f* von Stichproben
sand/to besanden *{eine Form}*
sand aeration Sandauflockerung *f*
sand bed Sandbett *n*
sand bottom Sandherd *m*
sand compacting Sandverdichtung *f*
sand conditioning Sandaufbereitung *f*
sand core Sandkern *m*
sand cutting Formsandaufbereitung *f*
sand drying machine Sandtrockenmaschine *f*
sand frame Füllrahmen *m* *{Kernpreßmaschine}*
sand mo[u]ld Sandform *f*
sand muller Formsandaufbereiter *m*
sand packing Sandverdichtung *f*
sand preparing Sandaufbereitung *f*
sand rammer Formsandstampfer *m*
sand reclamation Altsandaufbereitung *f*
sanding disk Schleifscheibe *f*
sandslinger Schleuder[form]maschine *f*, Sandschleudermaschine *f*
sandwich mo[u]lding Mehrkomponenten-Schaumspritzgießverfahren *n*, Mehrkomponenten-Spritzgießen *n*, Sandwich-Verfahren *n*, Verbundspritztechnik *f*
sandwich mo[u]lding machine Mehrkomponenten-Spritzgießmaschine *f*

sanitary fitting sanitäre Armatur *f*
saturation Sättigung *f*
Saunders valve Saunders-Ventil *n*, Membranventil *n*
save/to sparen, einsparen; sichern, sicherstellen *{z.B. Daten}*
scab Schülpe *f*, Narbe *f* *{Gußfehler}*; Schale *f* *{am Block}*
scaffolding Hängen *n* *{der Gicht}*
scale/to 1. maßstäblich verändern, mit Maßstabsfaktor multiplizieren *{z.B. normieren}*; 2. [ver]zundern, Schuppen bilden; Kesselstein bilden (ansetzen); 3. entzundern; Kesselstein entfernen (abklopfen)
scale 1. Skale *f*; Maßstab *m*; Maßsystem *n*; 2. Zunder *m*, Sinter *m*; Gußhaut *f*
scale division Skalen[ein]teilung *f*
scale formation Zunderbildung *f*, Schalenbildung *f*; Kesselsteinbildung *f*
scale pit Sintergrube *f*, Schlackengrube *f*
scale resistance Zunderbeständigkeit *f*
scale-resisting zunderbeständig
scaled verzundert, schuppig; maßstabsgerecht; mit einer Skale versehen
scaled-down version vereinfachte ("abgespeckte") Version *f*
scaleless zunderfrei
scaling 1. Verzundern *n*, Zunderbildung *f*; 2. Abbeizen *n*, Entzundern *n*; 3. Skalierung *f*, Maßstabsfestlegung *f*
scaling furnace Blankglühofen *m*
scaling resistance Zunderfestigkeit *f*, Zunderbeständigkeit *f*
scaling temperature Zunderbeständigkeitsgrenze *f*

scallop/to Zipfel bilden
scallop Zipfel *m* {Tiefziehen}
scalp/to schälen {Blöcke}
scaly zundrig, schuppig
scan/to abtasten {z.B. eine Zeichnung}
scanner Abtaster *m*, Scanner *m*
scanning interval in path control Abtastintervall *n* bei der Bahnsteuerung
scavenger Desoxidationsmittel *n*
schedule/to planen
schedule 1. Ablaufplan *m*, [zeitliches] Programm *n*, Zeitplan *m*, 2. Liste *f*, Aufstellung *f*, Verzeichnis *n*
schedule of preventive maintenance Wartungsplan *m*, Instandhaltungsplan *m*
scheduled maintenance laufende Wartung *f*, planmäßige Instandhaltung *f*
scheduled outage geplanter Ausfall *m*
scheduling Ablaufplanung *f*, Scheduling *n*
schematic 1. schematisch; 2. schematische Darstellung *f*, Schema *n*
scheme Übersicht *f*, Plan *m*; Anordnung *f*, Schema *n*
scissors {pl.} Schere *f*
sclerometer Ritzhärteprüfer *m*, Sklerometer *n*
scleroscope Skleroskop *n*, Rücksprunghärteprüfer *m*
scorch time Anvulkanisationsdauer *f*
scorching speed Anvulkanisationsgeschwindigkeit *f*
scoria Erzschaum *m*, [Metall]-Schlacke *f*; Gesteinsschlacke *f*, vulkanische Schlacke *f*

scorification Verschlackung *f*
scorifier Schlackenscherben *m*, Schlackenkegel *m*, Läutertiegel *m*
scorify/to [ver]schlacken
scour/to putzen; [ab]beizen, entzundern; ausfressen {Ofenfutter}
scourer Scheuerprüfgerät *n*
scouring 1. Putzen *n*; Abbeizen *n*, Entzundern *n*; 2. Ausfressung *f* {im Ofenfutter}
scouring addition Abbeizmittel *n*, Beize *f*
scouring bath Beizbad *n*
scouring slag aggressive Schlacke *f*
scrap Schrott *m*, Altmetall *n*
scrap heat Schrottschmelze *f*
scraper conveyor Kratzerförderer *m*
scratch hardness Ritzhärte *f*
scratch resistance Kratzfestigkeit *f*, Ritzfestigkeit *f*
scratch resistance test Ritzhärteprüfung *f*
scratch-resistant kratzfest, ritzfest, nagelfest, kratzbeständig
screen/to abschirmen
screen 1. Abschirmung *f*, Schutzwand *f*, Schirm *m*; 2. Gitter *n*
screen-protected machine Maschine *f* mit Berührungsschutz
screener Siebmaschine *f*
screening machine Siebmaschine *f*
screw/to [fest]schrauben
screw Schraube *f*; Schnecke *f*
screw bolt Schraubenbolzen *m*
screw compressor Schraubenkompressor *m*, Schraubenverdichter *m*
screw connection Schraubverbindung *f*, Verschraubung *f*
screw-down movement Anstellung *f*

screw-down speed Anstellgeschwindigkeit *f*
screw feeder Schneckenförderer *m*, Förderschnecke *f*
screw hole Schraubenloch *n*
screw-in nipple Einschraubnippel *m*
screw-in socket Einschraubstutzen *m*
screw injection unit Schneckeneinspritzaggregat *n*, Schneckenspritzeinheit *f*
screw-neck Schraubenhals *m*
screw pin Gewindestift *m*
screw plasticizing cylinder Schneckenplastifizierungszylinder *m*
screw plate Aufschraubplatte *f*
screw plunger Schneckenkolben *m*
screw-plunger unit Schneckenkolbeneinheit *f*
screw pump Schraubenpumpe *f*, Spindelpumpe *f*
screwed-bonnet valve Kopfstückventil *n*
screwed connection Schraubverbindung *f*, Verschraubung *f*
screwed union Rohrverschraubung *f*
screwed union-bonnet valve Kopfstückventil *n*
screwing Verschraubung *f*
scriber Reißnadel *f*
scroll Plangewinde *n*
scum/to schlacken, Schlacke bilden
scum Schlacke *f*, Abstrich *m*
  scum riser Schaumkopf *m*, Schlackenkopf *m*
seal/to abdichten, vergießen; sichern *{mechanische Justierung, z.B. durch Lackierung}*; nachverdichten *{anodische Oxidation}*

seal Dichtung *f*, Abdichtung *f*; Verschluß *m*
sealed rectifier pumpenloses (abgeschmolzenes) Ventil *n*
sealing [ab]dichtend
  sealing cone Dichtkegel *m*
  sealing cup Abdichtschale *f*
  sealing device Dichtung *f*
  sealing disk Abdichtscheibe *f*, Dicht[ungs]scheibe *f*
  sealing frame Abdichtrahmen *m*
  sealing material Dichtungsmaterial *n*, Dicht[ungs]werkstoff *m*
  sealing rubber Abdichtgummi *m*
seam 1. Narbe *f*, Überwalzung *f* *{Walzfehler}*; 2. Naht *f*; Gußnaht *f*, Gußgrat *m*; Formnaht *f*; Schweißnaht *f*
seamless pipe nahtloses Rohr *n*
search Suche *f*; Suchlauf *m* *{Werkzeugwechselsteuerung}*
searching range Suchbereich *m*
season/to altern
secant modulus Sekantenmodul *m*
second-action draw punch Weiterschlagziehstempel *m*
second blow Fertigstauchstufe *f*
second draw Nachzug *m*, Weiterschlag *m*, Stufenschlag *m* *{Tiefziehen}*
secondary-air fan Zweitluftgebläse *n*
secondary creep sekundäres Kriechen *n*
secondary pipe Sekundärlunker *m*, sekundärer Lunker *m*, V-Lunker *m*
secondary runner Nebenkanal *m*
secondary series Nebenreihe *f*
secondary winding Sekundärwicklung *f*

section 1. Abschnitt *m*, Teilstück *n*; 2. Schnitt *m*, Querschnitt *m*; 3. Profil *n*, Form *f*; 4. Kreuzglied *n*, X-Glied *n*
section mill frame Profilgerüst *n*
section modulus Widerstandsmoment *n*
section modulus of torsion Drillungswiderstandsmoment *n*, Widerstandsmoment *n* gegen Verdrehung
section of a commutator winding Einzelspule *f* einer Wicklung mit Kommutator
section roll Profilwalze *f*
sectional V-(vree-) belt Gliederkeilriemen *m*
security Sicherheit *f*; *s.a.* safety
security measure Sicherheitsmaßnahme *f*
seed Gespe *f*, Gasbläschen *n* *{Fehler}*
seeing eye robot Roboter *m* mit optischem Sensor
segment pitch Lamellenteilung *f*
segregate/to seigern
segregation Seigerung *f*
segregation zone Seigerungszone *f*
select/to [aus]wählen, selektieren
selectable wählbar
selection Auswahl *f*, Wahl *f*, Selektion *f*; Ausmusterung *f* *{Sortierung}*
selective hardening Teilhärtung *f*, Zonenhärtung *f*, schichtweises Härten *n*
selector valve Umsteuerschieber *m*
selector valve of the slide type Umsteuer[kolbenlängs]schieber *m*
self-acting selbsttätig, automatisch
self-aligning selbstausgleichend, selbstzentrierend *{z.B. Spannvorrichtungen für Proben; Prüfmaschinen}*, selbsteinstellend

self-aligning ball bearing Pendelkugellager *n*
self-aligning ring Pendellagerring *m*
self-aligning roll bearing Pendelrollenlager *n*
self-closing flap valve Rohrbruchklappe *f*
self-closing valve Rohrbruchventil *n*
self-contained eingebaut, eigen, geräteeigen, in sich geschlossen, geschlossen, in geschlossenem Gehäuse; autonom *{Einheit}*
self-contained power source eingebaute Stromquelle *f*
self-directed den eigenen Anweisungen folgend
self-lubricating selbstschmierend
self-sealing selbstdichtend
self-supporting freitragend
semi-circular halbrund
semi-circular recess halbrunde Eindrehung *f*
semi-positive mo[u]ld Abquetschwerkzeug *n*, Überlaufwerkzeug *n*, kombiniertes Abquetsch- und Füllpreßwerkzeug *n*
semidry pressing Pressen *n* im halbtrockenen Zustand, Halbtrockenpressen *n*
semifinished product Halbzeug *n*
semihot press Halbwarmpresse *f*
semimatt[e] glaze Halbmattglasur *f*
semirigid zähhart
semivitreous halbverglast, halbglasartig
sense/to erfassen, [er]fühlen, messen
sensibility Empfindlichkeit *f*

sensitive empfindlich
sensitivity Empfindlichkeit *f*
sensitivity index Kerbempfindlichkeitszahl *f*
sensitivity to moisture Feuchteempfindlichkeit *f*
sensor Sensor *m*, Fühler *m*, Meßfühler *m*
sensor-controlled robot sensorgesteuerter Roboter *m*, Roboter *m* mit Sensorsteuerung, Sensorroboter *m*
sensor valve Fühlerventil *n*
sensory control Sensorsteuerung *f*, Steuerung *f* durch Sensoren
sensory feedback Rückführung *f* über Sensor
sensory robot *s.* sensor-controlled robot
separate core Einzelkern *m*
separate experiment getrennter (unabhängiger) Versuch *m*, getrenntes (unabhängiges) Experiment *n*
separation fracture Trennbruch *m*
separative power Trennkraft *f*
separator 1. Abscheider *m*; 2. Käfig *m* *{Wälzlager}*; 3. Trennelement *n*, Abstandstück *n*
sequence Folge *f*, Reihenfolge *f*; Ablauf *m*; Sequenz *f*, Abfolge *f*
sequence of moves Bewegungsfolge *f*, Bewegungsablauf *m*
sequencer Ablaufsteuerer *m*, Folgesteuerungseinrichtung *f*, Ablaufsteuergerät *n*
sequential sequentiell, der Reihe nach
series Serie *f*, Folge *f*, Reihe *f*; Baureihe *f*, Typenreihe *f*
series of moves Bewegungsfolge *f*, Bewegungsablauf *m*

series transductor Transduktor *m* in Reihenschaltung
serious malfunction schwerer Ausfall *m*
service/to warten, pflegen, instandhalten; bedienen; versorgen
service 1. Dienstleistung *f*, Service *m*; Wartung *f*; 2. Bedienung *f*; 3. Betrieb *m*, Einsatz *m*
service condition Betriebsbedingung *f*, Einsatzbedingung *f*
service downtime Reparaturausfallzeit *f*, Wartungsausfallzeit *f*, Ausfallzeit *f* infolge Wartung (Reparatur)
service kit Serviceausrüstung *f*, Wartungsausrüstung *f*
service life Lebensdauer *f*; Standzeit *f*
service man Wartungstechniker *m*
serviceability Wartungsfähigkeit *f*, Wartbarkeit *f*, Servicefähigkeit *f*; Betriebsfähigkeit *f*
serviceable wartungsfähig, wartbar; betriebsfähig
servicing downtime Reparaturausfallzeit *f*, Wartungsausfallzeit *f*, Ausfallzeit *f* infolge Wartung *{Reparatur}*
servo 1. Servo-; 2. Servomechanismus *m*, Servogerät *n*, Stellantrieb *m*, Stellglied *n*
servo actuator Stellantrieb *m*, Kraftschalter *m*
servo control Servosteuerung *f*, Nachlaufsteuerung *f*; Servoregelung *f*, Nachlaufregelung *f*, Folgeregelung *f*
servo-controlled robot Roboter *m* mit Servosteuerung

servo feedback system Nachlaufrückkopplungssystem *n*, Nachlaufregelkreis *m* mit Rückkopplung (Rückführung)
servo link mechanischer Kraftverstärker *m*
servo loop Nachlaufregelkreis *m*, Folgeregelkreis *m*
servo piston Stellkolben *m*
servo system Servosystem *n*, Folgeregelungssystem *n*
servo valve Servoventil *n*, Stellventil *n*
servoing Verstellen *n*
servomechanism mechanischer Stellantrieb *m*, Stelleinrichtung *f*, Stellmechanismus *m*, Servomechanismus *m*; [mechanischer] Folgeregler *m*
servomotor Servomotor *m*, Servoantrieb *m*, Stellmotor *m*
set/to 1. vorgeben *{z.B. Sollwert}*; 2. einstellen *{z.B. Regler}*; justieren *{z.B. Meßgerät}*; 3. setzen, festmachen; aufspannen *{Werkzeug}*; aufstellen, aufbauen, montieren *{Apparatur}*; einrichten *{Maschine}*; 4. [ein]setzen, einstellen *{z.B. in den Brennofen}*; 5. erstarren
set up/to errichten *{Anlage}*; aufstellen *{z.B. Programm}*; einstellen, zur Inbetriebnahme vorbereiten *{Anlage}*; einrichten *{Werkzeugmaschine}*
set 1. Satz *m {z.B. Werkzeugsatz}*; 2. Gerät *n*, Aggregat *n*; 3. Anlage *f*, Einheit *f*; 4. Verformungsrest *m*
set down Durchmesserverminderung *f*, Durchmesserverringerung *f*
set-in piston Zustellkolben *m*
set input Sollwerteingabe *f*
set knob Einstellknopf *m*
set limit Sollwertgrenze *f*
set of equipment Gerätegruppe *f*
set-out piston Rückzugkolben *m*
set path Sollbahn *f {numerische Steuerung}*
set path error Sollbahnfehler *m*
set point 1. Führungswert *m*, Sollwert *m*, Vorgabewert *m*, vorgegebener Wert *m*; 2. Stellort *m*
set-point limit Sollwertgrenze *f*
set-point pointer Sollwertzeiger *m*, Sollwertmarke *f*
set-point value Sollwert *m*, vorgegebener Wert *m*
set pointer Sollwertzeiger *m*, Sollwertmarke *f*
set position Sollstellung *f*, vorgegebene Lage (Stellung) *f*
set pressure Solldruck *m*, vorgegebener Druck *m*
set range Sollwertbereich *m*
set screw Anschlagschraube *f*, Arretierschraube *f*, Halteschraube *f*
set speed Sollgeschwindigkeit *f*, vorgegebene Geschwindigkeit *f*
set temperature Solltemperatur *f*, vorgegebene Temperatur *f*
set-up 1. Einstellung *f {der Maschine}*; 2. Einrichtung *f {einer Maschine}*; 3. Anordnung *f*, Konfiguration *f*, Aufstellung *f*, Aufbau *m*; 4. Verschiebung *f {z.B. Nullpunkt}*; 5. Problemstellung *f*
set-up time Einrichtzeit *f {Werkzeugmaschine}*
set value Einstellwert *m*, Sollwert *m*, vorgegebener Wert *m*
set-value input Sollwerteingabe *f*

setting 1. Aufstellung *f*, Montage *f* *{Apparatur}*; Mauerung *f* *{z.B. eines Ofens}*; 2. Einstellung *f*, Abstimmung *f*; 3. Einrichtung *f* *{einer Maschine}*; 4. Charge *f*, Besatz *m*; 5. Einstellwert *m*; 6. Erstarren *n*
setting angle Einstellwinkel *m*
setting-down Absetzen *n*
setting ga[u]ge Einstellehre *f*
setting knob Einstellknopf *m*
setting nut Stellmutter *f*
setting phase Erstarrungsphase *f*
setting point 1. Stockpunkt *m* *{Mineralöle}*; Erstarrungspunkt *m*; 2. Einstellpunkt *m*, Einstellwert *m* *{Meßinstrument}*
setting range Einstellbereich *m*; Sollwertbereich *m*
setting screw Arretierschraube *f*, Halteschraube *f*, Einstellschraube *f*
setting time 1. Einschwingzeit *f*, Ausgleichszeit *f*, Einstellzeit *f*; 2. Ausregelzeit, Beruhigungszeit *f* *{z.B. Zeigerbewegung}*; 3. Abklingzeit *f*; 4. Rüstzeit *f*; 5. Erstarrungszeit *f*, Erstarrungsdauer *f*
setting-up mode Einrichtbetrieb *m* *{numerisch gesteuerte Werkzeugmaschine}*
setting value Einstellwert *m*
severe malfunction schwerer Ausfall *m*
sewage-water system Abwasseranlage *f*
sewer castings Kanalguß *m*
shaft 1. Welle *f*; 2. Achse *f*, Stange *f*, Spindel *f*; 3. Schacht *m* *{Hochofen}*
shaft bearing Wellenlager *n*
shaft critical speed biegekritische Wellendrehzahl *f*
shaft encoder Wellencodierer *m*, Codedrehgeber *m*
shaft furnace Schachtofen *m*
shaft-hub joint Welle-Nabe-Verbindung *f*
shaft lining Schacht[ofen]ausmauerung *f*
shaft pivot Wellenzapfen *m*
shaft roasting Schachtofenrösten *n*
shaft speed transducer Wellendrehzahlgeber *m*
shaft with pinion Ritzelwelle *f*
shaft with square cross-section Welle *f* mit quadratischem Querschnitt
shaker Rütteltisch *m*, Schwingungserreger *m*
shallow forming Napfziehen *n*, Tiefziehen *n*
shank Schaft *m*
shank ladle Gabelpfanne *f*, Tragpfanne *f*
shank length Schaftlänge *f*
shank-type cutter Walzenfräser *m*
shape/to formen; profilieren; vorwalzen
shape 1. Form *f*, Gestalt *f*; Profil *n*, Walzprofil *n*; 2. Form *f*, Modell *n*; Formteil *n*
shape factor Formfaktor *m*
shape of chip Spanform *f*
shape of specimen Probekörperform *f*, Probenform *f*
shaped bloom Vorblock *m*
shaped die Formgesenk *n*
shaping 1. Formgebung *f*; 2. Profilierung *f*; 3. umformende Fertigung *f*, spanlose Bearbeitung *f*; Verwalzen *n*
shaping groove Profilkaliber *n*

sharp

shaping machine Waagerechtstoßmaschine *f*
shaping mill Vorwalzgerüst *n*
shaping pass Fertigstich *m*, Formstich *m*
sharp scharf; griffig *{Schleifscheibe}*
sharp edge Umlaufkante *f*
shatter resistance (strength) Splitterfestigkeit *f*, Splittersicherheit *f*
shatterproof splitterfest, splittersicher
shave/to schaben; nachschaben, nachschneiden *{Ziehen}*
shaving Schaben *n*; Nachschaben *n*, Nachschneiden *n*, Fertigschneiden *n* *{Ziehen}*
shear 1. Scherung *f*, Schub *m*, Gleitung *f*; 2. Abscherung *f*, Scherschneiden *n* *{z.B. Blech}*; Abnabeln *n* *{Glas}*; 3. [große] Schere *f*; 4. Scherung *f*
shear action Scherwirkung *f*
shear angle Schiebungswinkel *m*
shear centre Schubmittelpunkt *m* *{Balken}*
shear chip Scherspan *m*
shear deformation Scherverformung *f*
shear elasticity Scherelastizität *f*
shear energy Scherenergie *f*
shear force Scherkraft *f*
shear fracture Verschiebungsbruch *m*, Gleitbruch *m*,Scher[ungs]bruch *m*
shear modulus Schubmodul *m*, Scher[ungs]modul *m*, Gleitmodul *m*
shear pin Scherstift *m*, Scherbolzen *m*
shear rate Schergeschwindigkeit *f*
shear strain energy Gestaltänderungsenergie *f*

230

shear strength Scherfestigkeit *f*, Schubfestigkeit *f*
shear stress Scherspannung *f*, Schubspannung *f*, Schiebung *f*; Scherbeanspruchung *f*, Schubbeanspruchung *f*
shear test Scherversuch *m*, Abscherversuch *m*
shear vulcameter Scher-Vulkameter *n*
shearing 1. Abscherung *f*, Scherung *f*; 2. Schubumformen *n*; Scherschneiden *n* *{z.B. Blech}*; 3. Scherung *f*
shearing disk viscosimeter Scherscheiben-Viskosimeter *n*
shearing force Schubkraft *f*, Scherkraft *f*, Querkraft *f*
shearing force diagram Querkraftdiagramm *n*
shearing fracture Schubbruch *m*
shearing stress *s.* shear stress
shearing test Scherversuch *m*, Abscherversuch *m*
sheave Rolle *f* *{z.B. Laufrolle}*; Scheibe *f* *{z.B. Treib-, Riemen-}*
shedder Abstreifer *m*
sheet 1. Tafel *f*; 2. Blech *n*; Feinblech *n*
sheet bar Platine *f*, Vorblech *n* *{Halbzeug}*
sheet [extrusion] die Schlitzdüse *f*
sheet extrusion die for thicker ga[u]ges Breitschlitzdüse *f*, Breitschlitzwerkzeug *n*
sheet heating furnace Paketwärmeofen *m*, Sturzenwärmeofen *m*
sheet metal Blech *n* *{allgemein als Werkstoff}*; Blechtafel *f* *{Feinblech}*
sheet metal ring Blechring *m*
sheet metal screw Blechschraube *f*

sheet metal underlay Blechunterlage *f*
sheet plastics tensile test specimen Kunststoff-Flachzugprobe *f*
shelf 1. Einschubrahmen *m*; 2. Regal *n*, Gestell *n*; Ablage *f*
shell 1. Hülse *f*, Schale *f*, äußere Haut *f*; 2. Mantel *m*; Ofenmantel *m*, Rastmantel *m* {*Hochofen*}; 3. Gehäuse *n*; 4. Gießmaske *f*; 5. Ofengefäß *n*
shell blank Zuschnitt *m*, Ziehscheibe *f*
shell mo[u]ld Maskenform *f*, Formmaskenwerkzeug *n*
shell-mo[u]lding process Maskenformverfahren *n*, Shell-Mo[u]lding-Verfahren *n*, Formmaskenguß *m*
shell reamer Aufsteckreibahle *f*
shield/to abschirmen, schützen
shield Abschirmung *f*, Schutzwand *f*, Schirm *m*
shielding Abschirmung *f*; Schutzbedeckung *f*
shielding material Abschirmmaterial *n*
shift/to verschieben; verstellen {*Hebel*}; [um]schalten; sich verlagern {*Gleichgewicht*}
shift 1. Verschiebung *f*; 2. Verstellung *f*, Umstellung *f*; 3. Schaltung *f*, Umschaltung *f*; 4. Grat *m* {*Gußfehler*}; 5. Verlagerung *f* {*Gleichgewicht*}
shipping container Transportbehälter *m*
shivering Abblättern *n*, Abschälen *n* {*der Glasur*}
shock absorber Stoßdämpfer *m*
shock bending (deflection) test Schlagbiegeversuch *m*
shock front Druckwellenfront *f*, Explosionswellenfront *f* {*Explosivumformen*}
shock load[ing] Stoßbelastung *f*, Schlagbeanspruchung *f*
shoe Schuh *m*; Backe *f*; Tragklotz *m*, Klotz *m*, Gleitsegment *n* {*Segmentlager*}
shoe clutch Backenkupplung *f*
Shore A durometer Shore-A-Härteprüfgerät *n*
Shore A hardness Shore-A-Härteeinheit *f*
Shore durometer Shore-Härteprüfgerät *n*, Shore-Härteprüfer *m*, Shore-Härtemesser *m*
Shore hardness Shore-Härte *f*
Shore hardness test Härteprüfung *f* nach Shore
short kurz; wenig bildsam {*Masse*}; brüchig, spröde; ungenügend gefüllt
short-brittle [faul]brüchig
short broken chip Kurzspan *m*
short circuit Kurzschluß *m*
short-term kurzzeitig; Kurz[zeit]-; *s.a.* short-time
short-term quality control test Kurzzeitversuch *m* zur Bestimmung der Qualitätseigenschaften
short-time kurzzeitig; *s.a.* short-term
short-time creep test Kurzzeitstandversuch *m*
short-time duty Kurzzeitbetrieb *m*, kurzzeitiger Betrieb *m*
short-time measurement Kurzzeitmessung *f*
short-time operation Kurzzeitbetrieb *m*
short-time repeatability Kurzzeitreproduzierbarkeit *f*, Reproduzierbarkeit *f* über kurze Zeiträume

short-time test Kurzzeitprüfung *f*, Kurzzeitversuch *m*, Schnelltest *m*
shortening Verkürzung *f*, Kontraktion *f*
shot 1. Schuß *m*, Füllung *f*, Pressung *f*, Spritzung *f*; 2. Füllmasse *f*, Füllmenge *f*, 3. Abguß *m*, Gießakt *m*; Gußzyklus *m*; 4. Stauchstufe *f*; 5. Perlen *fpl {Fehler}*; Schuß *m*, harte Stelle *f {Gußstück}*
shot capacity Spritzkapazität *f*, Schußleistung *f*, mögliches Schußvolumen *n*
shot volume Dosiervolumen *n*, Schußvolumen *n*, Spritzvolumen *n*, Einspritzvolumen *n*
shot weight Einspritzgewicht *n*, Schußgewicht *n*; Einspritzmasse *f*, Füllmasse *f*, Schußmasse *f*, Schußgröße *f*, Spritz[teil]masse *n*
shoulder 1. Ansatz *m*, Absatz *m*, Nase *f*, Stufe *f {z.B. einer Welle}*; 2. Schulter *f*
shoulder ball bearing Schulterkugellager *n*
shoulder flash Schulterbutzen *m*
shoulder pinch-off Schulterquetschkante *f*
shoulder screw Schulterschraube *f*
shower roasting Blitzröstung *f*
shrink/to lunkern, Lunker bilden
shrink head Saugmassel *f*, verlorener Kopf *m*
shrink hole Lunker *m*, Schwindungshohlraum *m*
shrink mark Einfallstelle *f*
shrink rule Schwindmaß *n*, Schwindmaßstab *m*
shrinkage Schwindung *f*; Einschrumpfen *n {Längenabnahme}*; Lunkern *n*, Lunkerung *f*

shrinkage cavity Lunker *m*, Schwindungslunker *m*, Schwindungshohlraum *m*
shrinkage piping Schrumpflunker *m*, Schwindungslunker *m*
shrinkage property Schwindungseigenschaft *f*
shrinkage test Schrumpfungsversuch *m*
shut/to sperren, [ver]schließen; verriegeln, blockieren
shut down/to abfahren, abschalten, stillegen *{Anlage}*
shut off/to absperren *{z.B. Rohrleitung}*; schließen *{Ventil}*; unterbrechen *{Stromkreis}*
shut Kaltschweißstelle *f*, Überlappung *f*
shut-down Außerbetriebsetzung *f*; Stillstand *m*
shut-down maintenance Stillstandsreparatur *f*
shut-down period Stillstandszeit *f*
shut-down process Abfahrprozeß *m*
shut-down strategy Abfahrtstrategie *f*
shut-down time Stillstandszeit *f*
shut height Einbauhöhe *f*
shut-off mechanism Verschlußmechanismus *m*
shut-off needle Verschlußnadel *f*
shut-off nozzle Düsenverschluß *m*, Verschlußdüse *f*
shut-off valve Absperrarmatur *f*, Absperrhahn *m*, Absperrschieber *m*, Absperrventil *n*, Verschlußventil *n*, Sperrventil *n*, Trennventil *n*
side 1. seitlich; seiten-; 2. Seite *f*
side blowing seitliches Blasen *n*

side-blown converter seitlich blasender Konverter m, Seitenwindkonverter m
side cover Seitendeckel m
side ejection mechanism Seitenauswerfer m
side ejector Seitenauswerfer m
side-fed seitlich angespritzt, seitlich angeschnitten, seitlich eingespeist, seitlich angeströmt
side-fed die Krümmerkopf m, Pinolen[schlauch]kopf m, Pinolenspritzkopf m, Pinolenwerkzeug n
side-fed parison die seitlich angeströmter Pinolenkopf m
side feed seitliches Anspritzen n, seitliches Einspeisen n
side gate seitlicher Anschnitt m
side-gated seitlich angeschnitten, seitlich angespritzt
side part Seitenteil n
side rest Anschlagschenkel m
side tilt Verkanten n *{Stößel}*
side tool Seitendrehmeißel m
side view Seitenansicht f
siege Bank f, Hafenbank; Ofensohle f *{eines Hafenofens}*; Tiegelofenherd m
sieve/to sieben
sieve Sieb n
sieve analysis Siebanalyse f
sieve cover Siebdeckel m
sieve-filter Siebfilter n
sieve set Siebaufsatz m *{auf Siebmaschine}*
sight glass Schaustutzen m, Schauglas n
sight-glass fitting Schauglasarmatur f
sign 1. Zeichen n; 2. Kennzeichen n, Merkmal n; 3. Vorzeichen n

signal/to signalisieren, melden
signal Signal n; Zeichen n, Impuls m
signalling Grenzwertsignalisierung f, Grenzwertmeldung f
signalling device Grenzwertsignalgeber m
silencer Schalldämpfer m
silica Silica[masse] f, Silicamaterial n
silver leaching plant Silberlaugerei f
simple numerical control equipment einfache numerische Steuerung f
simple shearing strain ebene Gestaltänderung f
simply supported beam frei aufliegender (gelagerter) Träger m
simply supported edge frei gelagerter Rand m *{z.B. Platte}*
simulate/to simulieren *{bestimmte Bedingungen}*
simulated test simulierter Versuch m
simultaneous operation gleichzeitiges Arbeiten n; gleichzeitige Betätigung f
single-acting cylinder einfachwirkender Zylinder m
single-blank-width stock Bandmaterial n in der Breite einer Ronde (Platine)
single-blow automatic header Einstufenstauchautomat m
single-blow heading (upsetting) Einstufenstauchen n
single-cavity die Gesenk n mit Einzelgravur
single-column hammer Einständerhammer m
single control Einknopfbedienung f

single-daylight mo[u]ld Eintagwerkzeug *n*, Zweiplattenwerkzeug *n*
single-draft method Einzelzugverfahren *n*
single drive Einzelantrieb *m*
single-frame hammer Einständerhammer *m*
single-handed einhändig
single-jointed chain Kette *f* mit einem [einzigen] Gelenk
single knob control Einknopfbedienung *f*
single measurement Einzelmessung *f*
single operation Einzelbetrieb *m*
single-parison die Einfachschlauchkopf *m*
single-pin gate Einzelpunktanschnitt *m*
single-point application of pressure Einpunktsystem *n*
single-purpose machine tool Einzweckwerkzeugmaschine *f*
single-purpose robot Einzweckroboter *m*
single rolling mill eingerüstiges Walzwerk *n*
single-screw compounder Einwellenmaschine *f*
single-screw injection mo[u]lding machine Einschnecken-Spritzgießmaschine *f*
single-screw machine Einwellenmaschine *f*, Einschneckenmaschine *f*
single-seat valve Einsitzventil *n*
single-shaft wire drawing machine Mehrfachzug-Drahtziehmaschine *f* *{Ziehscheiben mit Ziehkegeln auf einer gemeinsamen Welle}*
single-speed clamp[ing] unit Eingeschwindigkeitsschließeinheit *f*

single-spindle screw automaton Einspindelautomat *m*
single-stage spur-gear unit einstufiges Stirnradgetriebe *n*
single tear specimen Probe *f* mit einem Einschnitt *{Weiterreißfestigkeit}*
single test method Einzelprüfung *f*
single test specimen Einzelprobe *f*
single-way connection Einwegschaltung *f*
single-wire drawing Einzeldrahtzug *m*
single-wire spooler Einfachdrahtspulmaschine *f*
sink/to reduzieren, reduzierwalzen *{Rohr}*
sink hole Lunker *m*
sink mark Einfallstelle *f*, Sinkmarkierung *f*
sinking mill Reduzierwalzwerk *n*
sinter/to fritten *{ungeformter Werkstoff}*; sintern *(geformte Rohmasse)*
sinter cake Sinterkuchen *m*, Agglomeratkuchen *m* *{Sinterröstung}*
sinter point Sintertemperatur *f*
sintering grate Verblaserost *m*
site Standort; Aufstellungsort *m*, Errichtungsort *m*; Lage *f*
site condition örtliche Bedingung *f*
site distribution Standortverteilung *f*
six-cavity-impression mo[u]ld Sechsfachwerkzeug *n*
six-roll straightener Mehrwalzenrichtmaschine *f* mit einfacher Durchbiegung
six-runner arrangement Sechsfachverteilerkanal *m*
size/to klassieren, nach Größe sortieren

size 1. Größe f, Dimension f; 2. räumliche Ausdehnung f; 3. Maß n
size distribution Größenverteilung f {z.B. von Körnern}; Weitenverteilung f {z.B. von Poren}
size fraction Kornfraktion f, Kornklasse f, Korngrößenklasse f
size of cutting face Fasenbreite f
size of test piece Probenabmessungen fpl
size of test specimen Probekörpermaße npl
sizing robot Sortierroboter m, Roboter m zum Sortieren nach Größe
skew factor Schrägungsfaktor m
skew roller table Schrägrollengang m
skim/to abfeimen, abfehmen; abkrammen, abkrätzen, abschäumen, abschöpfen, abschlacken, abziehen {z.B. Schlacke}
skim bob Schaumfänger m
skim core Siebkern m, Eingußkern m
skimmer 1. Abstreicher m; Abstreicheisen n; Krammstock m; Abschäumer m; Abfehmer m; 2. Überlauf m, Fuchs m {zur Trennung von der mitfließenden Schlacke}
skimmer gate Schaumtrichter m, Schlackenlauf m
skimmings {pl.} Schlacke f; Krätze f, Gekrätz n, Garschaum m {NE-Metalle}
skin Randzone f, Randschicht f, Oberflächenschicht f; Gußhaut f, Walzhaut f
skin decarburization Randentkohlung f
skin pass Dressierstich m

skip Kippkübel m
skip charging Kippkübelbegichtung f
skip filling Kippkübelbegichtung f
skirbed valve-plug Schlitzkegel m
skirt 1. Rand m, Einfassung f; Flanke f; Kante f; 2. Ummantelung f
skull Pfannenbär m, Pfannenrest m {Gießen}; Mündungsbär m {Konverter}; Ofensau f, Schlackenbär m {Hochofen}
slab/to Platinen walzen, flachwalzen {Blöcke}
slab Bramme f {Halbzeug}; Walzenbarren m, Platine f
slab billet Flachknüppel m
slab heating furnace Brammentiefofen m
slab ingot Rohbramme f
slabbing pass Platinenkaliber n, Brammenkaliber n
slack Durchhang m, Pfeilhöhe f; Schlupf m
slag Herdglas n; Schlacke f
slag control Schlackenführung f
slate Schiefer m
slave manipulator abhängiger Manipulator (Handhabungsautomat) m
sledge hammer Zuschlaghammer m, Vorschlaghammer m
sleek/to glattstreichen; abschlichten; polieren
sleeker Streichblech n, Dämmbrett n, Glättwerkzeug n {Formerei}; Polierwerkzeug n, Polierkopf m
sleeve Buchse f, Muffe f, Hülse m, Pinole f, Stulpe m; Bohrhülse f; Eingußbuchse f {Druckguß}
sleeve and flange valve Muffen- und Flanschenschieber m
sleeve cock Muffenhahn m

slenderness 236

sleeve ejection system Hülsenausdrücksystem n
sleeve ejector Hülsenauswerfer m
sleeve-type cock for heating systems Muffenhahn m für Heizungen
sleeve valve Muffenschieber m
slenderness ratio Schlankheitsgrad m, Schlankheit f
slicker Lanzette f, Glättwerkzeug n
slide 1. Schieber m; Läufer m, Schlitten m, Führungsschlitten m; 2. Gleitelement n; Stößel m {Presse}; 3. Gleiten n, Rutschen n; 4. Schlupf m
slide bearing Gleitlager n
slide curve Gleitlinie f
slide guide Schlittenführung f
slide-in chassis Einschubrahmen m, Einschubchassis n
slide-meter bridge Schleifdrahtbrücke f
slide rail Laufschiene f
slide valve Schieber m {Ventil}, Schieberventil n, Gleitventil n
slider Schieber m
slider plate Schieberplatte f
slider rule Schieberlineal n
sliding arm Gleitarm m
sliding bracket Gleitbock m
sliding cam plate Kurvenschieber m
sliding disk Gleitscheibe f, Laufscheibe f
sliding feather Gleitfeder f, Paßfeder f
sliding fracture Verschiebungsbruch m, Gleitbruch m
sliding gear Schieberad n
sliding gear drive Schieberädergetriebe n, Verschieberädergetriebe n
sliding jaw Gleitbacke f

sliding key Gleitfeder f, Paßfeder f
sliding load Gleitbeanspruchung f
sliding rod Schieberstange f
sliding shaft Schieberwelle f
sliding shoe Gleitschuh m
sliding shut-off nozzle Schiebe[verschlußspritz]düse f, Schieberverschlußdüse f
sliding sleeve Schiebe[r]hülse f, Schiebemuffe f
sliding split mo[u]ld Schieberform f, Schieber[platten]werkzeug n
sliding surface Gleitfläche f
sling/to schleudern, slingern {Formen}
slinger [mo[u]lding machine] Schleuderformmaschine f
slip 1. Gleiten n; Gleitfähigkeit f; 2. Schlupf m; 3. Gießmasse f, Schlicker m, Schlempe f {Glasur}
slip ga[u]ge Endmaß n, Parallelendmaß n
slippage Schlupf m
slipping clutch Rutschkupplung f
slit die Schlitzdüse f
slit die film extrusion line Folienanlage f
slop Schlicker m, Gießmasse f
slot 1. Nut f; Kerbe f; 2. Spalt m, Schlitz m, Einschuböffnung f; Spannschlitz m; 3. Einschuböffnung f; Steckplatz m {z.B. für Zusatzplatinen}; 4. Slot n, Fach n, Feld n {Argumentstelle}
slot die Schlitzdüse f
slotted armature genuteter Anker m
slotted hole Querloch n
slotted valve-plug Schlitzkegel m
slow-down Auslauf m
slow motion Feinbewegung f, Langsamgang m

sludge valve Schlammschieber *m*
slug Block *m*, Platine *f*, Rohling *m*, Butzen *m* *{Lochen}*; Metallrest *m* *{Druckguß}*
slug height Rohteilhöhe *f*
slur Schlichte *f*
slurry Schlicker *m*, Gießmasse *f*; Schlamm *m*
slurry pump Schlammpumpe *f*
small burner Kleinbrenner *m*
small drive Kleinantrieb *m*
small fitting Kleinarmatur *f*
small hardness Mikrohärte *f*
small nut Klemm-Mutter *f*
small standard rod Normkleinstab *m*
small valve Kleinventil *n*
small valve-and-fitting Kleinarmatur *f*
smart sensor virtueller Sensor *m*
smear Oberflächenrisse *mpl*; Salzglasur *f*, wachsartige (elfenbeinartige) Glasur *f*
smelt Schmelze *f*, Schmelzfluß *m*
smeltable schmelzbar, verhüttungsfähig
smelting loss Abbrand *m*
smoke/to schwärzen
smooth glatt, stoßfrei, stufenlos; eben, glatt *{Oberfläche}*; ruhig *{Lauf}*
smooth file Schlichtfeile *f*
smooth surface Schlichtoberfläche *f*
smoothing filter Glättungseinrichtung *f*
smoothness tester Glätteprüfer *m*
snag/to abgraten, putzen, handschleifen
snakeskin glaze Schlangenhautglasur *f*

snap-action switch Schnappschalter *m*, Sprungschalter *m*
snap bench Formerbank *f*
snap contact Sprungkontakt *m*
snap flask Klappformkasten *m*, Abziehformkasten *m*, Abschlagkasten *m*
snap fork Schnappgabel *f*
snap ga[u]ge Rachenlehre *f*
snap hook Karabinerhaken *m*
snap ring Sprengring *m*
snap switch Kippschalter *m*
soaking furnace Tiefofen *m*, Wärme[ausgleich]grube *f*
soaking pit Sumpfgrube *f*; Wärme[ausgleich]grube *f* *{Tiefofen}*; Abstehofen *m*, Abkühlungsofen *m* *{offene Häfen}*
soaking time Durchwärmezeit *f*, Ausgleichzeit *f*
socket 1. Muffe *f*, Rohrmuffe *f*; 2. Buchse *f*, Zapfenlager *n*; 3. Steckdose *f*; 4. Sockel *m*, Fassung *f*
soft 1. weich; 2. durch Programm bestimmt; 3. ungehärtet, entkohlt *{Randzone}*
soft-anneal/to weichglühen
soft automation Automatisierung *f* mit eingebbaren Programmen
soft failure Ausfall *m* ohne üble Folgen
soft-mud process weichplastisches Verfahren *n*
soft-nitriding Weichnitrieren *n*
softening anneal Weichglühen *n*, Weichglühung *f*
softness number Weichheitszahl *f*
software Software *f*, Systemunterlagen *fpl*; Programme *npl*
software-compatible programmkompatibel
sojourn Halten *n*

solder/to

solder/to weichlöten
soldered nipple Lötnippel *m*
soldering Weichlöten *n*
soldering iron Lötkolben *m*
sole plate frame of box section Kastenträger *m*
solenoid Solenoid *n*, Elektromagnet *m*
solenoid-driven valve Ventil *n* mit Magnetantrieb
solenoid-operated magnetbetätigt, mit Elektromagnet betätigt
solenoid-operated switch magnetbetätigter Schalter *m*, Magnetschalter *m*
solenoid valve Magnetventil *n*
solid-borne noise (sound) Körperschall *m*
solid carburizing Aufkohlen *n* in festen Kohlungsmitteln, Pulveraufkohlen *n*, Pulvereinsetzen *n*
solid-wedge gate valve Keilschieber *m*
solidification point Erstarrungspunkt *m*, Erstarrungstemperatur *f*
solidification shrinkage Schrumpfung *f*, Schwindung *f*
solidify/to [sich] verfestigen, erstarren
solubility Löslichkeit *f*
solution-annealed lösungsgeglüht
solution heat-treated lösungsgeglüht
solution treatment Lösungsglühen *n*
solvency Lösekraft *f*, Lösevermögen *n* {eines Lösemittels}
solvent activation of dry adhesive film Lösemittelreaktivierung *f*
solventless lösemittelfrei
sophisticated ausgeklügelt, kompliziert, hochentwickelt

sophisticated mechanism ausgeklügelter Mechanismus *m*
sorbite Sorbit *m* {feines perlitisches Gefüge}
sort/to sortieren
sorting conveyor Sortierförderer *m*
sorting robot Sortierroboter *m*, Roboter *m* zum Sortieren {nach Größe}
sound state einwandfreier Zustand *m*
sour/to mauken, faulen, lagern
source Quelle *f*
source of danger Gefahrenquelle *f*
source of error Fehlerquelle *f*
source of malfunction (trouble) Ausfallursache *f*
sow block Schabotte-Einsatz *m*
space Raum *m*, Platz *m*, Leerstelle *f*, Zwischenraum *m*; Abstand *m*
space between standards lichte Ständerweite *f*
space for part ejection Ausfallöffnung *f*
spacer Abstandshalter *m*, Beilage *f*, Zwischenlage *f*, Abstandsstück *n*, Distanzstück *n*
spacer ring Distanzring *m*
spacer sheet Distanzblech *n*
spacing bolt Distanzbolzen *m*
spacing disk Distanzscheibe *f*
spacing plate Distanzplatte *f*
spalling resistance Temperaturwechselbeständigkeit *f*
span 1. Spannweite *f*, Stützweite *f*; 2. Meßbereich *m*
spanner Schraubenschlüssel *m*
spare item Ersatzteil *n*
spare lamp Ersatzlampe *f*
spare module Ersatzbaustein *m*

spare part Ersatzteil *n*, Reserveteil *n*; Verschleißteil *n*; reparierbares Teil *n*
spare part catalog[ue] Ersatzteilkatalog *m*
spare part list Ersatzteilliste *f*
spatter/to spratzen, spritzschmieren
spatula Spatel *m*
spearhead technology modernste (bahnbrechende) Technik *f*
special drill Sonderbohrer *m*
special fitting Sonderarmatur *f*
special-purpose pipe Spezialrohr *n*
special-purpose valve Spezialventil *n*, Sonderventil *n*
special robot Spezialroboter *m*, Einzweckroboter *m*
special-steel pipe Edelstahlrohr *n*
special type Sonderausführung *f*, Spezialtyp *m*
special-type robot Spezialroboter *m*, Einzweckroboter *m*
specific strain energy spezifische Verzerrungsenergie *f*
specific viscosity spezifische Viskosität *f*
specification Spezifikation *f*, erläuternde Vorschrift *f*
specifications Spezifikationen *fpl*, technische Daten *pl*
specified feature spezifizierte Eigenschaft *f*
specify/to spezifizieren, vorgeben
specimen Prüfkörper *m*, Probekörper *m*, Probe *f*
specimen chamber Probenkammer *f*
specimen cross-section Probenquerschnitt *m*, Prüfkörperquerschnitt *m*

specimen deformation Probenverformung *f*, Probendeformation *f*
specimen mounting Probenbefestigung *f*
specimen of rectangular cross-section Probe *f* mit rechteckigem Querschnitt
specimen of round cross-section Probe *f* mit rundem Querschnitt
specimen preconditioning Probenlagerung *f*
specimen surface Probenoberfläche *f*
specimen thickness Probendicke *f*
spectacle furnace zweiherdiger Spurofen *m*, Brillenofen *m*
specular galena Bleispiegel *m*
specular gloss Spiegelglanz *m*
speech Sprache *f*
speech amplifier Sprachverstärker *m*, Sprechverstärker *m*
speech input Spracheingabe *f*
speech output Sprachausgabe *f*
speed up/to beschleunigen
speed [lineare] Geschwindigkeit; Drehzahl *f*, Umdrehungszahl *f*, Rotationsgeschwindigkeit *f*
speed-adjusting rheostat Widerstand *m* zur Einstellung der Drehzahl
speed change-over point Geschwindigkeitsumschaltpunkt *m*
speed characteristic Drehzahlkennlinie *f*
speed control device Geschwindigkeitsregler *m*, Drehzahlregler *m*
speed controller Geschwindigkeitsregler *m*, Drehzahlregler *m*
speed-controlling rheostat Widerstand *m* zur Einstellung der Drehzahl
speed drop Drehzahlabfall *m*, [plötzliche] Drehzahlabnahme *f*

speed fluctuation Geschwindigkeitsschwankung *f*; Drehzahlschwankung *f*
speed of compression Stauchungsgeschwindigkeit *f*
speed of correction Stellgeschwindigkeit *f*, Nachstellgeschwindigkeit *f*
speed of impact Auftreffgeschwindigkeit *f* *{z.B. eines Fallkörpers}*
speed range Geschwindigkeitsbereich *m*; Drehzahlbereich *m*
speed ratio Geschwindigkeitsverhältnis *n*; Drehzahlverhältnis *n*
speed regulator Geschwindigkeitsregler *m*; Drehzahlregler *m*
speed rise Drehzahlanstieg *m*, [plötzliche] Drehzahlzunahme *f*
speed selector Drehzahlwähler *m*
speed variation Drehzahländerung *f*, Drehzahlschwankung *f*; Geschwindigkeitsänderung *f*
speiss Speise *f* *{Zwischenprodukt beim Verschmelzen von schwefel-, arsen- oder antimonhaltigen Erzen}*
spherical sphärisch, kugelförmig
spherical coordinate robot Kugelkoordinatenroboter *m*, Roboter *m* mit Effektorbewegung auf vorgegebener Kugelfläche
spherical radiator Kugelstrahler *m*, Isotropstrahler *m*
spherical shell Kugelschale *f*
spherically jointed robot Kugelgelenkroboter *m*, Roboter *m* mit Kugelgelenken
spheroidize/to Kugelgraphit bilden
spheroidizing [anneal] Weichglühen *n*, sphäroisierendes Glühen *n*, Glühen *n* auf kugeligem Zementit

spider 1. Läuferstern *m*, Rotorstern *m*; 2. Werkzeugaufnahmegestell *n*, kreuz- oder sternförmige Werkzeugdrückplatte *f* *{Schleudergießen}*; 3. Drehkreuz *n*, Drehhalter *m*; 4. Spinne *f*, sternförmiger Riß (Bruch) *m*
spider leg Dornhaltersteg *m*, Dornträgersteg *m*, Radialsteghalter *m*
spider line Dornhaltermarkierung *f*, Dornstegmarkierung *f*, Fließschatten *m*, Steg[halter]markierung *f*, Strömungsschatten *m*, Fließmarkierung *f*, Längsmarkierung *f*, Linienmarkierung *f*
spider-type [blown film] die Stegdornhalterblaskopf *m*, Steg[dorn]halterkopf *m*, Stegdornhalterwerkzeug *n*
spider-type mandrel support Dornsteghalter *m*, Dornsteghalterung *f*, Stegdornhalter *m*
spider-type parison die Stegdornhalterblaskopf *m*, Steg[dorn]halterkopf *m*, Stegdornhalterwerkzeug *n*
spider with staggered legs Versetztstegdornhalter *m*, Dornhalter *m* mit versetzten Stegen
spill valve Umführungsventil *n*, Überstromventil *n*
spin/to drücken *{Metallblech}*; schleudergießen
spin forming Streckdrücken *n*
spindle 1. Achse *f*; Welle *f*; Walze *f*; 2. Spindel *f*
spindle automatic Spindelautomat *m*
spindle axis Spindelachse *f*
spindle carrier [drum] Spindelstuhl *m*
spindle pump Spindelpumpe *f*, Schraubenpumpe *f*, Schneckenpumpe *f*

spinnable drückbar
spinning of metal Metalldrücken *n*
spiral 1. spiralförmig, gewunden; schraubenförmig; Spiral-; 2. Spirale *f*; 3. Wendel *f*
spiral bevel gear for intersecting axes bogenverzahntes Kegelrad *n* für sich schneidende Achsen
spiral bevel gear for non-intersecting and non-parallel axes bogenverzahntes Kegelrad *n* für sich kreuzende Achsen *{Hypoid-Räder}*
spiral chip Spiralspan *m*
spiral mandrel [melt] distributor Schmelzewendelverteiler *m*
spiral ratchet drill Drillbohrer *m*
spiral spring Schraubenfeder *f*, Spiralfeder *f*
spirally welded pipe spiralgeschweißtes Rohr *n*
spit/to spratzen
spittings Auswurf *m {eines Konverters}*
splash-proof machine spritzwassergeschützte Maschine *f*
spline 1. Nutung *f*, Keilnut *f*; 2. Feder *f {für Keilnut}*, Keil *m*, Splint *m*; 3. Keilwellenverbindung *f*; 4. Kurvenlineal *n*, Kurvenzeichner *m*
spline profile Vielkeilprofil *n*
spline shaft Keilwelle *f*
splintery schieferartig *{Bruch}*
split/to spleißen
split mo[u]ld Backenwerkzeug *n*, zweiteiliges Werkzeug *n*, zweiteilige (geteilte) Form *f*
split pin Splint *m*
split test Spaltprüfung *f*
split-wedge gate valve Schieber *m* mit beweglichem Keil

spoked handwheel Speichenhandrad *n*
sponge/to schwammverputzen, verschwammen
spontaneous failure Spontanausfall *m*
spool shaft Spulenwelle *f {Drahtspulmaschine}*
spool valve Kolbenschieber *m*, Kolbenschieberventil *n*
spoon proof Schöpfprobe *f*
spot facer Flachmesser *n*
spot welding robot Punktschweißroboter *m*, Roboter *m* zum Punktschweißen
spout Ausgußrinne *f*, Abstichrinne *f*, Abflußrinne *f*; Pfannenschnauze *f*; Speiserbecken, Speiserkopf *m*
spray cooling Sprühkühlung *f {z.B. Ölnebelkühlung}*
spray guard Spritzschutz *m*
spray head Sprühkopf *m*; Sprühdüse *f*, Spritzdüse *f*
spray painting Spritzlackieren *n*
spray-painting robot Farbspritzroboter *m*, Industrieroboter *m* zum Farbspritzen
sprayability Spritzbarkeit *f*, Verspritzbarkeit *f*, Spritzfähigkeit *f*
sprayer valve Zerstäuberventil *n*
spraying 1. Spritzen *n*; [Ver-]Sprühen *n*; 2. Spritzverfahren *n*; Metallspritzverfahren *n*, Flammspritzen *n*; Spritztechnik *f*
spraying nozzle Spritzdüse *f*
spraying unit Spritzeinheit *f*, Einspritzeinheit *f*, Spritzaggregat *n*, Einspritzaggregat *n*
spread/to [aus]breiten *{Schmieden}*
spread factor Zonenfaktor *m*

spreading

spreading Breitung *f*, Verbreiterung *f*
sprig Kernnagel *m*, Formstift *m*, Sandstift *m*
spring Feder *f*
spring balance Federwippe *f*, Federwaage *f*
spring basket press Federkorbpresse *f*
spring bearing Federlager *n*
spring bellows Federbalg *m*
spring bracket Federträger *m*
spring diaphragm valve Membran-Quetschventil *n*
spring disk Federscheibe *f*
spring finger abgefederter Stößel *m* {Niederhalter}
spring guide Federführung *f*
spring hanger Federhänger *m*
spring holder Federhalter *m*
spring lever Federhebel *m*
spring-loaded federbelastet
spring-loaded valve Federventil *n*
spring motor Federlaufwerk *n*
spring pad Federauflage *f*
spring plate Federblech *n*, Federplatte *f*
spring rod Federstange *f*
spring screw Federschraube *f*
spring seat Federsitz *m*
spring steel Federstahl *m*
spring steel plate Federstahlplatte *f*
spring tension Federspannung *f*
spring valve Federventil *n*
spring washer Federring *m*, Federscheibe *f*, Federteller *m*
sprocket chain Zahnkette *f*
sprocket drum (roller) Stachelwalze *f*
sprue/to enttrichtern
sprue Anguß *m*, Angußbutzen *m*, Angußzapfen *m*, Einguß *m*, Anschnitt *m*, Steiger *m*, Anschnittkegel *m*, Anspritzkegel *m*, Anspritzling *m*, Düsenzapfen *m*, Stangenangußkegel *m*
sprue bush Angußbuchse *f*, Anschnittbuchse *f*
sprue ejector Angußauswerfer *m*, Angußauswerfvorrichtung *f*
sprue ejector pin Angußausdrückstift *m*
sprue gate Stangenanguß *m*, Kegelanguß *m*, Kegelanschnitt *m*, Stangenanschnitt *m*
sprue insert Angußeinsatz *m*
sprue puller Angußausreißer *m*, Angußauszieher *m*
sprue puller bush Angußziehbuchse *f*
sprue puller gate Abreißanschnitt *m*
sprue puller pin Angußziehstift *m*
sprue puller pin gate Abreißpunktanschnitt *m*
sprue puller plate Abreißplatte *f*
sprue removal Angußentfernung *f*
sprue waste Angußabfall *m*
sprueless angußfrei, angußlos
sprues and runners Verteilerspinne *f*, Verteilerkreuz *n*, Verteilerstern *m*, Sternverteiler *m*
spun gedrückt {Metall}
spur Dorn *m*, Sporn *m*, Stachel *m*
spur gear Stirnrad *n*
spur-gear unit Stirnradgetriebe *n*
spur-gear worm gear train Stirnradschneckengetriebe *n*
spur wheel Stirnrad *n*
spurious printing Kopiereffekt *m*
sputter/to spratzen; zerstäuben

sputtering 1. Zerstäuben *n* {*von Metall*}; 2. Spratzen *n*
square 1. kantig; rechtwinklig; quadratisch; flach {*Gewinde*}; 2. Vierkantstahl *m*, Quadratstahl *m*; 3. Anschlagwinkel *m*; 4. Vierkant *m*
square billet Vierkantknüppel *m*
square bloom vorgewalzter Vierkantblock *m*
square collar screw Schraube *f* mit Vierkantbund
square groove Quadratkaliber *n*
square section specimen quadratische Probe *f*, Probe *f* mit quadratischem Querschnitt *f*
squeeze/to anstauchen, druckumformen
squeezing machine Preßformmaschine *f*
stability Stabilität *f*, Beständigkeit *f*, Konstanz *f*; Festigkeit *f*, Standfestigkeit *f*; Haltbarkeit *f*
stability calculation Stabilitätsberechnung *f*
stability investigation Stabilitätsuntersuchung *f*
stability of operation Betriebsstabilität *f*
stabilize/to stabilisieren; stabil[isierend] glühen
stabilizer Stahlveredler *m*
stabilizing anneal Stabil[isierungs]glühen *n*, stabilisierendes Glühen *n*
stabilizing winding Stabilisierungswicklung *f*
stable stabil, beständig, konstant; standfest
stable state stabiler Zustand *m*
stack/to stapeln, schichten

stack 1. Schacht *m* {*Hochofen*}; 2. Stapel *m*
stack mo[u]ld Etagenwerkzeug *n*
stack mo[u]ld technology Mehretagentechnik *f*
stacker table Stapeltisch *m*
stage Stufe *f*
staggered mill Duo-Zickzackstraße *f*, Zickzackduo *n*
stagnation Stau *m*, Stockung *f*
stain Farbbeize *f*; Fleck *m*
stain resistance Fleckenbeständigkeit *f*
staining Fleckenbildung *f*
stainless rostfrei
stake Formeisen *n* {*Biegen*}; Umschlagstahl *m*
stamp Patrize *f*, Gesenkschmiedehammer *m*, Schlagstempel *m*, Stempel *m*
stand 1. Gerüst *n*, Walzenständer *m*, Walzgerüst *n*; Stock *m* {*Amboß*}; 2. Stand *m* {*z.B. Stillstand*}; 3. Ständer *m*, Stütze *f*
standard 1. Standard *m*, Norm *f*; 2. Normal *n*, Eichnormal *n*, Prüfnormal *n*; 3. Feingehalt *m*, Korn *n*
standard burden Normalgattierung *f*
standard component genormtes Bauelement *n*
standard deviation Standardabweichung *f* {*zur Kennzeichnung der Streuung*}
standard diameter Normdurchmesser *m*
standard funnel Normtrichter *m*
standard hot runner mo[u]ld units Heißkanalnormalien *fpl*
standard hot runner unit Heißkanal-Normblock *m*

standard indentor Norm-Eindringkörper *m*
standard method of test Norm-Prüfmethode *f*, Norm-Prüfverfahren *n*
standard mo[u]ld base (unit) Werkzeugaufbau *m*, Stammform *f*, Stammwerkzeug *n*
standard part Standardteil *n*, Normteil *n*
standard platen details Werkzeugaufspannzeichnung *f*, Aufspannplan *m*, Lochbild *n*
standard test Normprüfung *f*, genormte Prüfung *f*
standard test piece Normprüfkörper *m*, Normprobekörper *m*
standardization Standardisierung *f*, Normung *f*, Normierung *f* {*s.a.*} calibration
standardize/to 1. standardisieren, normen; 2. normieren {*Mathematik*}; 3. einmessen
standardized 1. standardisiert, genormt, vereinheitlicht; 2. normiert {*Mathematik*}; 3. eingemessen
standardized component genormtes Bauelement *n*
standardized test specimen genormte Probe *f*
standby Bereitschaft *f*, Reserve *f*
standby condition Bereitschaftszustand *m*
standby equipment Reserveausrüstung *f*
standby system Bereitschaftssystem *n*
standstill Stillstand *m*
star Stern *m*; Putzstern *m*
star-shaped [runner] arrangement Sternanordnung *f*

star-type distributor Sternverteiler *m*
start/to in Betrieb nehmen, in Gang setzen, anfahren {*Anlage*}; starten, anlaufen [lassen] {*z.b. Maschine*}; andrehen, anstellen; beginnen
startup/to anfahren {*z.B. eine Anlage*}, in Betrieb nehmen, in Gang setzen; anlaufen [lassen] {*Maschine*}
start pulse Startimpuls *m*, Anlaufimpuls *m*
start-up Anlauf *m*, Inbetriebnahme *f*, Inbetriebsetzung *f*; Anlassen *n* {*z.B. Motor*}; Anschalten *n*, Anstellen *n* {*Gerät*}
starter Anlasser *m*, Starter *m*
starting Hochlauf *m*, Einschaltung *f*, Anlassen *n*, Ingangsetzen *n*
starting position Anfangslage *f*, Ausgangslage *f*; Anfangsstellung *f*, Ausgangsstellung *f*, Anfangswertstellung *f* {*Analogrechner*}
starting program Inbetriebnahmeprogramm *n*
starting section Ausgangsquerschnitt *m*
starting switch Anlaßschalter *m*
starting torque Anzugsmoment *n* {*eines Antriebes*}
starting up *s.* start-up
starting-up program Inbetriebnahmeprogramm *n*
starve feeding Unterdosierung *f*
state 1. Zustand *m*, Beschaffenheit *f*; Stadium *n*; 2. Zustand *m*, Lage *f*, Stand *m*
state of maintenance Wartungszustand *m*, Erhaltungszustand *m*

state of operation Betriebszustand *m*, Arbeitszustand *m*
state of strain Verzerrungszustand *m*, Formänderungszustand *m*
state of stress Spannungszustand *m*; Beanspruchungszustand *m*
static characteristic statische Kennlinie (Charakteristik) *f*
static strength statische Festigkeit *f*
station Station *f*, Platz *m*, Stelle *f* {*z.B. Bearbeitungsstation*}
stationary feststehend, ortsfest, nicht bewegt, stationär
stationary jaw feststehende (nicht bewegliche) Einspannbacke *f*
stationary mo[u]ld half feststehende (spritzseitige, düsenseitige) Werkzeughälfte *f*, Spritzseite *f*, Gesenkseite *f*, Düsenseite *f*
stationary platen [feststehende] Werkzeugaufspannplatte *f*, feste Werkzeugträgerseite *f*; Werkzeugdüsenplatte *f*
stator Ständer *m*, Stator *m*
status Status *m*, Betriebszustand *m*, Zustand *m*
steady 1. stetig, beständig, gleichförmig; stabil; stationär; 2. Setzstock *m*
steady state Gleichgewichtszustand *m*
steady-state absolute measurement stationäre Absolutmessung *f*
steady-state creep sekundäres Kriechen *n*
steady-state operating condition stationärer Arbeitszustand *m*
steady-state operating point stationärer Arbeitspunkt *m*
steam Dampf *m*
steam converter Dampfumformer *m*
steam ejector Dampfstrahlapparat *m*
steam heating nozzle Dampfanwärmerdüse *f*
steam inlet valve Dampfeinlaßventil *n*
steam-pressure reducing valve Dampfumformventil *n*, Druckminderventil *n* für Dampf
steam-pressure regulator Dampfdruckregler *m*
steam reducing station Dampfreduzierstation *f*
steel Stahl *m*; Stahlluppe *f*
steel ball Stahlkugel *f*
steel band Stahlband *n*
steel bush Stahlbuchse *f*
steel parallel Parallelstück *n*
steel rule Stahlmaß *n*
steel slug Stahlrohling *m*, Stahlplatine *f*
steel stock coil Stahlblechbandbund *n*
steel-tank rectifier Ventil *n* mit Eisengefäß
steel tube Stahlrohr *n*
steel wire Stahldraht *m*
steel wool Stahlwolle *f*
steerability Steuerbarkeit *f*; Lenkbarkeit *f*; Verstellbarkeit *f*
steering gear Lenkung *f*
stem 1. Spindel *f*, Schaft *m* {*z.B. eines Ventils*}; 2. Stutzen *m*, Ansatzrohr *n*; 3. Stiel *m*
stencil Schablone *f*; [Vervielfältigungs-]Matrize *f*
step Stufe *f*, Schritt *m*, Sprung *m*
step-by-step schrittweise

step-by-step switch Schrittschalter *m*
step change Sprungänderung *f*, sprunghafte Änderung *f*
step-down cone Ziehkegel *m*
step hardening Stufenhärtung *f*, Warmbadhärtung *f*
step mode Schrittbetrieb *m*
step motor Schrittmotor *m*
step motor in single-step mode Schrittmotor *m* im Einzelschrittbetrieb
step pulley Stufenscheibe *f*
step quenching Stufenhärten *n*, Warmbadhärten *n*
step sequence Schrittfolge *f*
step sheet Trittblech *n*
step stepping Weiterspringen *n* des Schrittmotors
step switch Stufenschalter *m*, Schrittschalter *m*
step-variable stufenweise einstellbar
stepless stufenlos
stepless variable stufenlos einstellbar, stufenlos veränderlich
stepped bar abgesetzter Stab *m*
stepped bolt abgesetzter Bolzen *m*
stepped shaft abgesetzte Welle *f*
stepped winding Treppenwicklung *f*
stepper Schrittschaltwerk *n*
stepper motor Schrittmotor *m*
stepper-motor controller Schrittmotorregler *m*
stepper switch Schrittschalter *m*, Schrittschaltwerk *n*
stepping drive Schrittantrieb *m*
stepping motor Schrittmotor *m*
stepping solenoid Schrittschaltmagnet *m*

stepping switch Schrittschalter *m*, Schrittschaltwerk *n*
stick dresser Abrichtstift *m*
sticker steckengebliebener Block *m*, zusammenklebende Bleche *npl*
stiff-plastic halbplastisch, schwachplastisch
stiffness Steifheit, Steifigkeit *f*, Steife *f*
stiffness in bending Biegesteifigkeit *f*
stiffness in torsion Torsionssteifheit *f*
stock Gicht *f*
stock line Beschickungsoberfläche *f*, Beschickungsoberkante *f* *{Schachtofen}*
stock of ores Erzmöller *m*
stone Steinchen *n* *{Fehler}*
stone rest Gichtstein *m*, Windstein *m*
stool sticker steckengebliebener Block *m*
stop/to stoppen, abstellen, anhalten; abfahren *{z.B. eine Anlage}*; anschlagen; arretieren
stop 1. Haltepunkt *m*, Anschlag *m*; 2. Anschlagstück *n*, Distanzstück *n*; 3. Arretierung *f*, Verrastung *f*, Sperrung *f*, Blockierung *f*; 4. Wegbegrenzung *f* *{Automation}*; 5. Halten *n*, Anhalten *n*; 6. Unterbrechung *f*; Stillstand *m*, Stillsetzung *f* *{z.B. einer Anlage}*
stop angle Anschlagwinkel *m*
stop bolt Anschlagbolzen *m*
stop bow Anschlagbügel *m*
stop bush Anschlagbuchse *f*
stop cock Absperrventil *n*, Absperrhahn *m*
stop flap Absperrklappe *f*

stop hub Anschlagnabe *f*
stop lever Anschlaghebel *m*
stop pawl Arretierklinke *f*, Sperrklinke *f*
stop pin Anschlagstift *m*
stop ring Anschlagring *m*
stop switch End[aus]schalter *m*, Endlagenschalter *m*
stop throttle Absperrschieber *m*
stop valve Absperrventil *n*
storage 1. Lagerraum *m*; Speicher *m*; 2. Aufbewahrung *f*, Lagerung *f*; Speicherung *f*; 3. Kaltzwischenlagerung *f*, Raumtemperaturvorlagerung *f* {*Metall*}; 4. Lagerhaltung *f*; 5. gespeicherte Daten *pl*, Speicherinhalt *m*
storage capacity Speicherkapazität *f*
storage life Lager[ungs]lebensdauer *f*, Lagerhaltbarkeit *f*
storage mechanism Speicherelement *n* {*Feder*}
storage temperature Lagerungstemperatur *f*
store/to speichern; lagern; aufbewaren
store Speicher *m*
storey furnace Etagenofen *m*
stove Winderhitzer *m* {*Hochofen*}
straddle ga[u]ge Reiterlehre *f*
straight direkt, geradlinig ausgerichtet, gerade, geradeaus; glatt; unlegiert
straight-cut control Streckensteuerung *f* {*numerische Steuerung*}
straight-cut operation Geradschnittoperation *f* {*numerische Steuerung*}
straight edge Haarlineal *n*
straight endpoint-to-point control Punkt-Strecken-Steuerung *f*

straight guide (guiding) Geradführung *f*
straight-knurl Rändel *n*
straight-knurled pattern Rändelmuster *n*
straight-knurling Rändeln *n*
straight-knurling tool Rändelwerkzeug *n*
straight-line control Streckensteuerung *f*
straight-line path geradliniger Weg *m*
straight-line program geradliniges Programm *n*
straight-line wire drawing machine Geradeausdrahtziehmaschine *f*
straight-seat valve Geradsitzventil *n*
straight-side press Zweiständerpresse *f*
straight-way valve Durchgangsventil *n*
straighten/to [aus]richten
straightening Richten *n*
straightening press Richtpresse *f*
straightforward configuration geradlinige Stufenanordnung *f* {*Stufenpresse*}
strain 1. Beanspruchung *f*, Belastung *f*, Spannung *f*; 2. Umformung *f*, Deformation *f*, Verzerrung *f*, Verformung *f*, Formänderung *f*
strain age hardening *s.* strain ageing
strain ageing Reckalterung *f*, Deformationsalterung *f*
strain behaviour Spannungsverhalten *n*
strain ellipsoid Verzerrungsellipsoid *n*, Formänderungsellipsoid *n*

strain energy Verzerrungsenergie *f* *{bei mechanischer Belastung}*
strain energy due to the change of volume Volumenänderungsenergie *f*
strain energy due to the distortion Gestaltänderungsenergie *f*
strain energy method energetische Methode *f*
strain ga[u]ge Dehnungsmeßgerät *n*; Dehnungsmeßstreifen *m*
strain hardening Kaltverfestigung *f*, Umformverfestigung *f*, Verfestigung *f*
strain magnitude Belastungswert *m*
strain-path parameter Umform-Weg-Parameter *m*
strain quadric Verzerrungsfläche *f*, Formänderungsfläche *f*
strain tensor Verzerrungstensor *m*, Formänderungstensor *m*
strainer Spanner *m*
strainer core Siebkern *m*
strainer gate Siebzulauf *m*
strainless spannungsfrei *{Werkstoff}*
strake Runge *f*
strand rolls Zwischengerüst *n*, Strangwalzen *fpl*
strap hammer Riemenfallhammer *m*
strength criterion Festigkeitskriterium *n*
strength of materials Festigkeitslehre *f*
strengthen/to härten
stress mechanische Spannung (Beanspruchung) *f*
stress concentration Spannungskonzentration *f {mechanische Spannung}*

stress crazing Spannungsrißbildung *f*
stress distribution Spannungsverteilung *f*
stress level Spannungsniveau *n*
stress magnitude Spannungswert *m*
stress measurement Spannungsmessung *f {mechanische Spannung}*
stress measuring device Spannungsmeßgerät *n {mechanische Spannung}*
stress-optical coefficient spannungsoptischer Koeffizient *m*
stress-optical technique spannungsoptisches Prüfverfahren *n*
stress produced by impact Stoßspannung *f*
stress quadric quadratische Form *f* des Spannungstensors
stress relaxation Spannungsrelaxation *f*, Spannungsabbau *m*, Spannungsminderung *f*
stress-relaxation test Entspannungsversuch *m*, Spannungsrelaxationsversuch *m*
stress-relieve/to spannungsfreiglühen
stress relieving Spannungsfreiglühen *n*, Entspannungsglühen *n*, entspannendes Glühen *n*; Spannungsentlastung *f*
stress-relieving furnace Entspannungsofen *m*
stress rupture Spannungsbruch *m*
stress rupture data Spannungsbruchwerte *mpl*
stress rupture test Spannungsbruchversuch *m*, Zeitstandbruchversuch *m*
stress rupture test method Spannungsbruchprüfmethode *f*

stress-strain curve (diagram) Kraft-Längenänderung-Kurve *f*, Kraft-Verformungs-Diagramm *n*, Spannung-Dehnung-Diagramm *n*, Zerreißschaubild *n*
stress-strain measurement Spannung-Dehnung-Messung *f*
stress tensor Spannungstensor *m*
stress-time diagram Spannung-Zeit-Diagramm *n*
stress trajectory Hauptspannungstrajektorie *f*
stress variation [mechanische] Spannungsänderung *f*
stretch/to recken; strecken, verstrekken; spannen; schweifen *{Blechstreifen}*; treiben
stretch-form/to reckziehen
stretchdie Reckwerkzeug *n*
stretch-draw press Reckziehpresse *f*, Streckziehpresse *f*
stretch-out Zuschnitt *m*, Ronde *f*, Platine *f*
stretch press Reckziehpresse *f*
stretchingtest Streckversuch *m*, Streckprüfung *f*
stria Schliere *f*
striae-free schlierenfrei
striation Schlierenbildung *f*
strickle/to schablonenformen, schablonieren
strickle Schablone *f*, Lehre *f*, Ziehlehre *f*, Ziehbrett *n {Formen}*
strickle mo[u]lding Schablonenformerei *f*
strike/to mit Ziehbrett formen, abstreichen
strike 1. Anschlag *m*; 2. Abstreichholz *n*; 3. Untergalvanisierung *f*, Vorgalvanisierung *f*
strike mechanism Hubgetriebe *n*

striking face Hammerpinne *f*, Hammerbahn *f*
striking off Glattstrich *m*
striking velocity Auftreffgeschwindigkeit *f*, Bärgeschwindigkeit *f*
striking weight Schlagmasse *f*, Fallmasse *f*
string Faden *m*, fadenförmige Schliere *f*
stringing Fadenziehen *n*
strip/to abziehen *{Kokille}*; abheben *{Form}*; abstreifen, strippen; lockern *{Schraube}*; überdrehen *{Gewinde}*; herausziehen
strip 1. Streifen *m*, Band *n*; 2. Bandstahl *m*
strip stock Bandmaterial *n*
strip test specimen streifenförmige Probe *f*
strip width Bandbreite *f*
stripper 1. Abstreifer *m {Lösen des Walzgutes}*; Stripper *m {Blockabstreifvorrichtung}*; 2. Führungsplatte *f*; Niederhalter *m*
stripper bush Abstreifhülse *f*
stripper device (mechanism) Abstreifsystem *n*, Abstreifvorrichtung *f*
stripper plate Abschiebeplatte *f*, Abstreifplatte *f*
stripper pressure Niederhaltedruck *m*
stripper ring Abstreifring *m*
stripping Abstreifen *n {Kokille}*; Abheben *n {Formkasten}*; Abspannen *n {Werkzeug}*; Abmanteln *n*; Überdrehen *n {Gewinde}*
stripping force Abschiebekraft *f*
stripping tube Abstreifhülse *f*
stroboscope Stroboskop *n {Drehzahlmeßgerät}*

stroke 1. Hub *m* {*Kolben*}; 2. Skalenstrich *m*; 3. Anschlag *m* {*Taste*}; 4. Abstrich *m*
strongly connected machines eng zusammenhängende Maschinen *fpl*
structural change Strukturänderung *f*, Gefügeumwandlung *f*
structural transformation Gefügeumwandlung *f*, Gefügeneubildung *f*
structure 1. Struktur *f*, Aufbau *m*; 2. Gefüge *n*; 3. Gliederung *f*
structure formation Gefügeausbildung *f*, Gefügebildung *f*
strut Strebe *f*
stud Stehbolzen *m*, Stiftschraube *f*
stuffer Stopfaggregat *n*
stuffing box Packungsstopfbuchse *f*, Stopfbuchse *f*
stuffing box cover Fettbüchsendeckel *m*
stuffing box insert Stopfbüchseneinsatz *m*
stuffing unit Stopfaggregat *n*
subassembly Baugruppe *f*, Unter[bau]gruppe *f*
subassembly drawer Baugruppeneinschub *m*
subcritical annealing Rekristallisationsglühen *n*
submarine gate Abscheranschnitt *m*, Tunnelanguß *m*, Tunnelanschnitt *m*
submerged pump Tauchpumpe *f*
submersible machine wasserdichte Maschine *f*
subordinate/to unterordnen
subset 1. Geräteteil *m*; 2. Baugruppe *f*
subsidiary device Hilfsgerät *n*
successive cycles aufeinanderfolgende Arbeitsgänge *mpl*

suction-fed blowing machine Saugblasmaschine *f*
suction feeder Saugspeiser *m*
suction head Zulaufhöhe *f*, Zuflußhöhe *f*; Saughöhe *f*
suction pipe Absaugrohr *n*, Ansaugrohr *n*, Saugleitung *f*, Saugrohr *n*
suction pressure Ansaugdruck *m* {*Verdichter*}
suction valve Saugventil *n*
sudden failure Spontanausfall *m*, spontaner Ausfall *m*
sulphatizing roasting sulfatisierende Röstung *f*
sump Sammelgrube *f*, Sumpf *m*; Ölfangschale *f*, Ölwanne *f*, Ölsumpf *m*; Ofensumpf *m*
sunk key Nutenkeil *m*, Einlegekeil *m*
supercarburization Überkohlung *f*
supercarburize/to überkohlen
superstructure Aufsatz *m*
supervising armatur Überwachungsarmatur *f*
supervisory system Überwachungssystem *n*
supplementary loss Zusatzverlust *m*
supplementary ring Zusatzring *m*
supplementary unit 1. Ergänzungsgerät *n*, Zusatzgerät *n*; 2. ergänzende Einheit *f* {*zu den SI-Einheiten*}
supplementary weight Zusatzgewicht *n*
supply Versorgung *f*; Lieferung *f*, Bereitstellung *f*; Zuführung *f*, Speisung *f*; Stromversorgung *f*, Netz *n*
supply air Versorgungsluft *f*
supply air pressure Versorgungs[luft]druck *m*
supply circuit Versorgungsnetz *n*
supply frequency Netzfrequenz *f*

supply line Versorgungsleitung *f*, Speiseleitung *f*, Stromzuleitung *f*; Versorgungsluftleitung *f*
supply mains Versorgungsnetz *n*, Stromversorgungsnetz *n*, Leitungsnetz *n*
supply pressure Versorgungsdruck *m*; Versorgungsluftdruck *m*
supply system Versorgungssystem *n*, Energieversorgungssystem *n*
supply valve Zulaufventil *n*
support/to stützen, Halt geben; unterstützen; tragen
support 1. Träger *m*, Support *m*; 2. Unterstützungselement *n*; Abstützung *f*, Stütze *f*
support bearing Stützlager *n*
support leg Stützfuß *m*
supporting pin Tragzapfen *m*
supporting plate Stützplatte *f*, [Auf-]Spannplatte *f*, Rückplatte *f* *{Gießerei}*; Tragplatte *f*
supporting ring Tragring *m*
supporting shaft Tragwelle *f*
supporting sheet Tragblech *n*
supporting surface Auflagefläche *f*
supporting tube Tragrohr *n*
suppression Unterdrückung *f*
surface blowhole Außenlunker *m*
surface carburizing Oberflächenkohlung *f*
surface contact method Tuschierverfahren *n*
surface decarburization Oberflächenentkohlung *f*
surface defect Oberflächenfehler *m*, Fehler *m* auf der Oberfläche
surface finish 1. Oberflächenbeschaffenheit *f*, Oberflächenausführung *f*, Oberflächengüte *f*; 2. Oberflächennachbehandlung *f*

surface finishing Oberflächenveredeln *n*, Oberflächenveredlung *f*
surface hardening Oberflächenhärtung *f*, Randschichthärten *n*, Einhärtung *f*
surface hardness Oberflächenhärte *f*
surface inspection Oberflächeninspektion *f*
surface length Ballenlänge *f*
surface of contact Druckfläche *f*
surface of the bolt Bolzenoberfläche *f*
surface plate Tuschierplatte *f*
surface quality Oberflächengüte *f*, Oberflächenbeschaffenheit *f*
surface reflection Oberflächenreflexion *f*
surface strength Oberflächenfestigkeit *f*
surface symbol Oberflächenzeichen *n*
surface texture Oberflächentextur *f*, Oberflächencharakter *m*
surface treatment Oberflächenbehandlung *f*
surplus glaze wiping apparatus Glasurabputzmaschine *f*
surrounding temperature Umgebungstemperatur *f*
suspension Aufhängung *f*
suspension bracket Aufhängesupport *m*
suspension plate Aufhängeplatte *f*
swab/to Gesenkgravuren schmieren *{mit Bausch}*; einstreichen *{Schlichte}*
swage 1. Matrize *f*, Gesenk *n*; 2. Stauchvorrichtung *f*, Stauchwerkzeug *n*; Schlagwerkzeug *n*
swager Anspitzwalzapparat *m* *{Drahtanspitzen}*

sweep [up]/to schablonieren, schablonenformen
swell/to [an]schwellen, [auf]quellen; aufblasen, ausbauchen; treiben *{Kohle}*
swellingbehavio[u]r Quellverhalten *n*, Schwellverhalten *n {z.B. von Extrudat}*: Dilatationsverlauf *m {Kohle}*
swept volume Hubvolumen *n*
swing check valve Rückschlagklappe *f*
swing element Schwingelement *n*
swinging gear Schwenkrad *n*
switch/to schalten
switch off/to ausschalten
switch on/to einschalten
switch over/to umschalten
switch 1. Schalter *m*; 2. Schaltvorrichtung *f*, Schaltgerät *n*; Schaltarmatur *f*
switch bar Schaltspindel *f*
switch lever Schalthebel *m*
switch mechanism Schaltermechanismus *m*
switch spring Schaltfeder *f*
switchboard Schaltschrank *m*, Schalttafel *f*
switchboard panel Schalttafelfeld *f*, Schalttafel *f*
switchgear Schaltgerät *n*, Schaltvorrichtung *f*, Schaltwerk *n*
switching Schalten *n*, Schaltung *f*, Schaltvorgang *m*
switching diagram Schaltplan *m*
switching mechanism Schaltwerk *n*
swivel/to schwenken, drehen
swivel arm Schwenkarm *m*
swivel fork Schwenkgabel *f*
swivel lever Schwenkhebel *m*

symbol Symbol *n*, Zeichen *n {z.B. Schaltzeichen}*, Sinnbild *n*
symbol display Symbolanzeige *f*
symmetrical bending of a circular plate achsensymmetrische Biegung *f* einer Platte
synchro Drehmelder *m*, Synchro *m*, Winkelcodierer *m*
synchronism Synchronismus *m*, Gleichlauf *m*
synchronize/to synchronisieren, in Gleichlauf bringen
synchronizer Synchronisiervorrichtung *f*
synchronizing Synchronisierung *f*, Synchronisieren *n*
synchronous synchron, gleichlaufend
synchronous mode (working) synchrone Arbeitsweise *f*
system 1. System *n {eine Ordnungsform}*; 2. Anlage *f*, System *n {Gesamtheit technischer Einrichtungen}*

T

T-bolt Spannschraube *f*, T-Nutenschraube *f*
T-slot Spannut *f*, T-Nut *f*
table 1. Tafel *f*, Tabelle *f*; 2. Tisch *m*; Rollgang *m {im Walzwerk}*
table balance Tischwaage *f*
table beam Rollgangsrahmen *m*
table push-off Rollgangabschieber *m*
table roller Rollgang *m*
table sheet Tischblech *n*
tack-free nicht klebend *{Oberfläche}*

tackiness Klebrigkeit f, Kleben n
tackmeter Klebrigkeitsprüfgerät n
tacky klebrig, klebend
tactel s. tactile element
tactile element Tastelement n, Tastsensor m {kontinuierliche Messung des Tastdruckes, Robotertechnik}
tactile recognition capability Tastfähigkeit f, Tastsinn m {Roboter}
tactile sensing Berührungsabtastung f
tactile sensor Berührungssensor m
tail flash Bodenabfall m
tailored auf den Anwendungsfall zugeschnitten, problemorientiert, maßgeschneidert
tailstock Reitstock m
tailstock sleeve Reitstockpinole f
tangential key Tangent[ial]keil m
tangential stress Tangentialspannung f
tank Tank m, [geschlossener] Großbehälter m; Behälter m, Gefäß n; Trog m, Wanne f {z.B. Schmelzwanne}
tank installation Tankanlage f
tap/to abstechen; abziehen {Schlakke}; Gewinde schneiden
tap 1. Hahn m; Auslaufventil n; 2. Anstich m; 3. Abstichmenge f; 4. Gewindebohrer m; 5. Zapfen n, Spund m
tap cinder Puddelschlacke f, Rohschlacke f
tap hole 1. Abstichloch n, Abstichöffnung f, Ablaßöffnung f; 2. Eingußloch n; 3. Gewinde[kern]loch n
tap ladle Abstichpfanne f
tap wrench Windeisen n
tape Band n; Streifen m
tape-operated bandgesteuert

tape punch Streifenstanzer m
tape specimen streifenförmige Probe f, Streifenprobe f
taper 1. Kegel m; 2. Anzug m {Kaliber}; 3. Schräge f, Aushebeschräge f
taper angle Kegelwinkel m
taper grinding Kegelschleifen n
taper guide bar Leitlineal n
taper hand reamer Kegel-Handreibahle f
taper hole Hohlkegel m
taper key Treibkeil m
taper lead Anschnitt m
taper machine reamer Kegel-Maschinenreibahle f
taper pin Kegelstift m
taper reamer Kegelreibahle f, Stiftloch-Reibahle f
taper ring ga[u]ge Kegellehrhülse f
taper roller bearing Kegelrollenlager n
taper shank Kegelschaft m
taper turning Kegeldrehen n
tapered hole kegelige Bohrung f
tapering pass abgesetztes Kaliber n
tapping Abstechen n, Abstich m; Abziehen n {Schlacke}
tapping door Abstichöffnung f
tapping platform Abstichbühne f
tapping spout Abstichrinne f
tappings Puddelschlacke f
task Aufgabe f, Arbeitsaufgabe f
teach-in/to einlesen {z.B. Bewegungsablauf beim Roboter}
teach the robot a new job/to den Roboter eine neue Arbeit lehren
teach-in Programmiereingabe f durch Lehrvorgang {z.B. beim Industrieroboter}

tear/to reißen
tear 1. Riß *m*; 2. Kleberiß *m*, abgerissene Klebstelle *f {Fehler}*; 3. Reißen *n*; 4. Abriß *m*
tear chip Reißspan *m*
tear growth test Weiterreißversuch *m*
tear-growth test specimen Probe *f* für den Weiterreißversuch
tear length Rißlänge *f*
tear-off jaws Abreißbacken *fpl*
tear propagation resistance Weiterreißwiderstand *m*, Weiterreißfestigkeit *f*
tear resistance Weiterreißwiderstand *m*; Reißfestigkeit *f*, Zerreißwiderstand *m*, Einreißfestigkeit *f*
tear strength specimen Probe *f* für Weiterreißfestigkeitsprüfung
tear test Weiterreißversuch *m*
tear test on strip specimen Weiterreißversuch *m* mit der Streifenprobe
tear test specimen Weiterreißprobe *f {für den Weiterreißversuch}*
tearing Reißen *m*; Weiterreißen *n*; Abreißen *n*, Abriß *m*
tearing force Weiterreißkraft *f*
tearing load Weiterreißbelastung *f*
tearing out near the bottom Bodenreißer *m*
tearing strength Zerreißfestigkeit *f*, Reißfestigkeit *f*
teaser Schmelzer *m*
technical characteristics *{pl.}* technische Daten *pl*
technical migration Veränderung *f* infolge technischer Weiterentwicklung
technical specification technische Spezifikation *f*
technique Technik *f*, Verfahren *n*

technology Technik *f*, Technologie *f*
teem/to [in Kokillen] abgießen
teeming ladle Stopfenpfanne *f*
telecontrol/to fernsteuern; fernbedienen
telecontrol engineering Fernbedienungstechnik *f*
telecontrol plant Fernwirkanlage *f*
teleoperator Fernbetätigungseinrichtung *f*, Teleoperator *m*, Fernbedienungseinrichtung *f {z.B. am Roboter}*
telescope/to teleskopartig zusammenschieben, ineinanderschieben
telescopic cylinder Teleskopzylinder *m*
telescopic screw Teleskopspindel *f*
telescopic shaft Teleskopwelle *f*, längsveränderliche Welle *f*
telescopic tube Ausziehrohr *m*, Teleskoprohr *n*
telethermometer Fernthermometer *n*
temper/to anlassen; anfeuchten *{Sand}*; härten, abschrecken, vorspannen; tempern; vergüten
temper-brittle anlaßspröde
temper mill Dressiergerüst *n*, Dressierwalzwerk *n*
temperature Temperatur *f*
temperature change Temperaturänderung *f*
temperature coefficient Temperaturkoeffizient *m*
temperature conditions Temperaturbedingungen *fpl*, Temperaturverhältnisse *npl*
temperature control Temperaturregelung *f*, Temperaturüberwachung *f*
temperature controller Temperaturregler *m*
temperature dependence Temperaturabhängigkeit *f*

temperature feeler Temperaturfühler *m*
temperature history Temperaturverlauf *m*
temperature measuring device Temperaturmeßeinrichtung *f*
temperature of deformation under load Formbeständigkeit *f* in der Wärme *{bei Druck- und Biegebeanspruchung}*
temperature radiator Temperaturstrahler *m*
temperature range Temperaturbereich *m*
temperature rise Temperaturanstieg *m*
temperature switch Temperaturschalter *m*
temperature-time curve Temperatur-Zeit-Kurve *f*, Temperatur-Zeit-Verlauf *f*
tempering Anlassen *n*; Anfeuchten *n {Sand}*; Härten *n*, Vorspannen *n*, Abschrecken *n*; Wärmebehandeln *n*, Tempern *n*; Vergüten *n*
template 1. Schablone *f*, Lehre *f*; 2. Unterlage *f*, Auflage *f*
template mo[u]lding Schablonenformerei *f*
tenacious zähhart; zugfest
tendency to cracking Rißbildungsneigung *f*
tendency to environmental stress cracking Spannungsrißbildungsneigung *f*
tendency to swelling Quellneigung *f*
tenon end Kupplungszapfen *m*
tensile bar Zugstab *m*, Probestab *m {Zugversuch}*

tensile creep machine Zugfestigkeitsprüfmaschine *f {für Zeitstandversuche}*
tensile creep test Zeitstand-Zugversuch *m {Prüfung von Kunststoffen)*
tensile fatigue test Zugdauerschwingversuch *m*
tensile force Zugkraft *f*
tensile impact strength Schlagzugzähigkeit *f {Schlagzugversuch}*
tensile impact test Schlagzugversuch *m*, Schlagzerreißversuch *m*
tensile impact test apparatus Schlagzugprüfgerät *n*
tensile machine Zugprüfmaschine *f*, Zerreißmaschine *f*
tensile measurement Spannungsmessung *f*, Zugkraftmessung *f*
tensile modulus Zug[elastizitäts]modul *m*
tensile properties Eigenschaften *fpl* beim Zugversuch
tensile specimen Zugprobe *f*, Zerreißprobe *f*, Zugprobekörper *m {Prüfstück}*
tensile strength Zugfestigkeit *f*, Zerreißfestigkeit *f*
tensile stress Zugspannung *f*, Zugbelastung *f*, Zuglast *f*, Dehnspannung *f*
tensile stress at break Bruchspannung *f {Zugversuch}*
tensile stress at maximum load Zugspannung *f* bei Streckgrenze, Fließspannung *f*, Streckspannung *f {Zugversuch}*
tensile stress at offset yield point Dehnspannung *f {Zugversuch}*
tensile stress at yield Streckspannung *f*, Fließspannung *f {Zugvesuch}*

tensile stress measurement Zugspannungsmessung *f*
tensile test Zugversuch *m*, Zerreißversuch *m*
tensile test machine Zugprüfmaschine *f*
tensile test specimen Zugprobe *f*, Zugprobekörper *m*
tensile testing machine Zug[festigkeits]prüfmaschine *f*, Zerreißmaschine *f*
tension 1. Spannung *f*, elektrisches Potential *n*; 2. Zugspannung *f*
tension disk Spannscheibe *f*
tension member Zugglied *m*, Zugstab *m*, Zugstange *f*; Zugorgan *n* {Riemen}
tension pulley Spannrolle *f*, Spannscheibe *f* {Seilförderung}
tension shear strength Zugscherfestigkeit *f*
tension shear test Zugescherversuch *m*
tension space Raum *m* für die Zugprüfung {in Prüfmaschinen}
tension spring Spannfeder *f*
tensioning chain Spannkette *f*
tensioning chain wheel Spannkettenrad *n*
tensioning device Spannvorrichtung *f*
tensioning lever Spannhebel *m*
tensioning ring Spannring *m*
tensioning screw Spannschraube *f*
tensometer Dehnungsmesser *m*, Tensometer *n*
terminal 1. Anschluß *m*; 2. Klemme *f* {Anschluß-, Verbindungs-}; 3. Datenendplatz *m*, Terminal *n*; Datensichtgerät *n*

tertiary creep tertiäres Kriechen *n*, Beschleunigungskriechen *n*
test/to prüfen, erproben, untersuchen; versuchen
test Test *m*, Prüfung *f*, Untersuchung *f*; Kontrolle *f*
test agent Prüfmittel *n*
test apparatus Prüfapparatur *f*, Testapparatur *f*, Versuchsgerät *n*
test area Prüfbereich *m*
test arrangement Prüfanordnung *f*, Versuchsanordnung *f*
test atmosphere Prüfklima *n*
test bar Prüfstab *m*, Probestab *m*
test cabinet Prüfkammer *f*
test cavity Versuchsformnest *n*
test chamber Prüfkammer *f*
test circle Prüfkreis *m*
test conditions Prüfbedingungen *fpl*, Abnahmebedingungen *fpl*; Versuchsbedingungen *fpl*
test connection Prüfanschluß *m*
test data Prüfdaten *pl*, Testdaten *pl*, Prüfwerte *mpl*, Versuchswerte *mpl*
test foil Prüffolie *f*
test function Prüffunktion *f*
test laboratory Prüflabor[atorium] *n*
test liquid Prüfflüssigkeit *f*
test load Prüflast *f*; Prübelastung *f*
test mandrel Prüfdorn *m*
test material Versuchsmaterial *n*, Probengut *n*, Testmaterial *n*
test method Prüfverfahren *n*, Untersuchungsmethode *f*
test mode Prüfungsart *f*, Art *f* der Prüfung
test operation Probebetrieb *m*
test operator Prüfer *m*
test period Prüf[ungs]zeitraum *m*, Prüfzeit *f*; Versuchsdauer *f*

test piece Prüfkörper *m*, Probekörper *m*, Probestab *m*, Prüfling *m* {*Materialprüfung*}; Muster *n*, Probestück *n*, Probe *f*
test piece preparation Probenherstellung *f*
test plant Versuchsanlage *f*
test plate Probeplatte *f* {*für die Bestimmung der thermischen Leitfähigkeit nach den Plattenverfahren*}
test portion Prüfmenge *f*, Probe *f*
test procedure Versuchsdurchführung *f*
test range Prüfbereich *m*
test report Prüfbericht *m*
test requirements Anforderungen *fpl* an die Prüfung, Prüfungsforderungen *fpl*
test result Prüfergebnis *n*, Prüfungsbefund *m*
test rig Prüfstand *m*, Prüfanlage *f*; Versuchsaufbau *m*
test rod Prüfstab *m*, Probestab *m*
test room Prüfraum *m*
test sheet *s.* test plate
test sieve Prüfsieb *n*, Analysensieb *n*
test sieve series Prüfsiebreihe *f*
test solution Prüflösung *f*
test specimen Prüfkörper *m*, Probekörper *m*
test specimen conditioning Probenvorbereitung *f*
test specimen deformation Probenverformung *f*
test specimen with incision eingeschnittene Probe *f* {*für den Weiterreißversuch*}
test speed Prüfgeschwindigkeit *f* {*beim Zugversuch*}
test strip Probestreifen *m*

test surface Prüf[ober]fläche *f*
test temperature Prüftemperatur *f*, Versuchstemperatur *f*
test voltage Prüfspannung *f*
tester Prüfer *m*; Prüfgerät *n*
testing for true running Schlagfehlerprüfung *f*
testing instrument Prüfinstrument *n*; Prüfgerät *n*, Testapparatur *f*
testing load Prüfkraft *f*, Prüflast *f*
testing machine Prüfmaschine *f*
testing mandrel Dorn *m*
testing of mechanical properties Prüfung *f* der mechanischen Eigenschaften
testing of thermal insulating materials wärmeschutztechnische Prüfung *f*
testing operation Prüfvorgang *m*
testing procedure Prüfungsverfahren *n*, Prüfvorgang *m*; Versuchsdurchführung *f*
testing sieve Prüfsieb *n*
testing technique Prüfmethode *f*, Prüfverfahren *n*, Untersuchungsmethode *f*
textural stress Gefügespannung *f*
texture Textur *f*, Gefüge *n*
theory of elasticity Elastizitätstheorie *f*
theory of limiting stress condition Hypothese *f* des elastischen Grenzzustandes von Mohr
theory of maximum strain enery due to distortion Hypothese *f* der größten Gestaltsänderungsarbeit
thermal analysis thermische Analyse *f*
thermal burst Flockenriß *m*, Flocke *f*

thermal change point Umwandlungspunkt *m*
thermal conductivity Wärmeleitfähigkeit *f*
thermal conductivity measurement Wärmeleitfähigkeitsmessung *f*
thermal deformation Wärmeformänderung *f*, Verformung *f* in der Wärme
thermal detector thermischer Detektor *m*
thermal distortion Wärmeverzug *m*
thermal noise thermisches Rauschen *n*
thermal profile Wärmeprofil *n*, Wärmeverlauf *m*
thermal receiver thermischer Empfänger *m*
thermal resistance Wärmedurchlaßwiderstand *m*
thermal shock resistance Temperaturwechselbeständigkeit *f*, Wärmeschockbeständigkeit *f*
thermal shock test Wärmeschockprüfung *f*
thermal stability Temperaturwechselbeständigkeit *f*, thermische Stabilität *f*, Wärmebeständigkeit *f*
thermal stress Wärmespannung *f*, thermische Spannung *f*; 2. thermische Beanspruchung *f*, Wärmebeanspruchung *f*
thermally conductive nozzle Wärmeleitdüse *f*
thermally conductive torpedo Wärmeleittorpedo *n*
thermogravimetry Thermogravimetrie *f*
thermometer Thermometer *n*
thermophysical property thermischphysikalische Eigenschaft *f*

thermosetting hitzehärtbar, wärmehärtbar
thermoshock treatment Wärmewechselbehandlung *f*
thermostat Thermostat *m*, Temperiereinrichtung *f*, Temperiergefäß *n* *{z.B. Dewar-Gefäß}*
thermostat for heating systems Heizungsthermostat *m*
thermostatting period Warmlagerungszeit *f* *{Prüfbedingung}*
thermostatting temperature Warmlagerungstemperatur *f* *{Prüfbedingung}*
thermoswitch Thermoschalter *m*
thickness Dicke *f*
thickness ga[u]ge Dickenmeßgerät *n*
thickness measurement Dickenmessung *f*
thickness of centre web Kerndicke *f*, Stegbreite *f*
thickness of chip (cut) Spandicke *f*
thickness of specimen Probendicke *f*
thickness tolerance Dickentoleranz *f*
thickness variation Dickenabweichung *f*, Dickenschwankung *f*
thimble Zwinge *f*
thin/to ausschmieden, ausbreiten
thin plate dünne Platte *f*; Feinblech *n*
third draw Fertigzug *m*, Fertigschlag *m*
Thomas converter Thomas-Konverter *m*, Thomas-Birne *f*
Thomas process Thomas[konverter]verfahren *n*, basisches Windfrischverfahren *n*
thread Gewinde *n*

thread assembly Schraubenverbindung *f*
thread chaser Gewindestrehler *m*
thread cutting Gewindeschneiden *n*
thread roll Rollwalze *f*, Rolle *f* zum Gewindewalzen, Rundwerkzeug *n*, Gewindewalze *f*
threaded collar Gewindering *m*
threaded core Schraubkern *m*
threaded flange Gewindeflansch *m*
threaded insert Gewindeeinsatz *m*
threaded piece Gewindestück *n*
threaded pin Gewindestift *m*
threaded pivot Gewindezapfen *m*
threaded plate Gewindeplatte *f*
threaded ring Gewindering *m*
threaded rod Gewindestange *f*
threaded sleeve Gewindehülse *f*, Gewindemuffe *f*
threaded spindle Gewindespindel *f*
threading Gewindeschneiden *n*, Gewindefertigung *f*, Gewindeherstellung *f*
threading tool Gewindemeißel *m*
threading unit Gewindeschneideinheit *f*
threading work Gewindeschneidarbeit *f*
three-axis control Dreiachsensteuerung *f* {*numerische Steuerung*}
three-axis numerical control system numerisches Dreiachsensteuerungssystem *n*
three-blow automatic header Dreistufenstauchautomat *m*
three-channel nozzle Dreikanaldüse *f*
three-high mill Triowalzwerk *n*
three-hinged arch Dreigelenkbogen *m*
three-jaw chuck Dreibackenfutter *n*

three-jaw wedge-type chuck Keilstangenfutter *n*
three-lipped core drill Dreischneider *m*, dreischneidiger Spiralsenker *m*
three-part mo[u]ld Dreiplattenwerkzeug *n*, Zweietagenwerkzeug *n*
three-plate clamping mechanism Dreiplatten-Schließsystem *n*
three-plate clamping unit Dreiplatten-Schließeinheit *f*
three-plate mo[u]ld Dreiplatten-Abreißwerkzeug *n*; Dreiplattenwerkzeug *n*, Zweietagenwerkzeug *n*
three-plate multi-cavity (impression) mo[u]ld Dreiplatten-Mehrfachwerkzeug *n*
three-point mounting Dreipunktmontage *f*
three-stepped sliding gear drive dreistufiges Verschieberädergetriebe *n*
three-way cock Dreiwegehahn *m*
three-way plug valve Dreiwegehahn *m*
three-way valve Wechselventil *n*
throat 1. Engstelle *f*, Verengung *f* {*z.B. einer Düse*}; 2. Begichtungsöffnung *f* {*Hochofen*}; Mund *m* {*Konverter*}; 3. Auslaufstutzen *m*, Auslauftrichter *m*; Einlaufstück *n*; 4. Durchlaß *m*; 5. Rachen *m* {*Lehre*}
throat clearance (depth) Ausladung *f*
throttle/to drosseln {*Ventil*}
throttle valve Absperrklappe *f*, Drossel[klappen]ventil *n*, Drosselklappe *f*
through hole Durchgangsloch *n*
throughput Durchsatz *m*

throw/to formen, drehen; umlegen *{schalten}*
throw 1. Umschaltvorgang *m*; 2. Ausschlag *m {Zeiger}*
thrown geschlossen *{Schalter}*
thrust bearing Axialrillenkugellager *n*, Drucklager *n*
thrust collar Druckring *m*
thrust force Abdrängkraft *f*, Rückkraft *f*, Radialkraft *f*
thrust of an arch Horizontalschub *m* des Bogens
thrust ring Anpreßring *m*
tie bar Holm *m*, Säule *f*
tie bar pre-stressing Säulenvorspannung *f*
tie rod Zugstange *f*; Holm *m*, Säule *f*
tier Etage *f*, Ebene *f*
tight side Arbeitstrum *n(m)*, Zugtrum *n(m) {Riemen}*
tighten/to anziehen, festziehen *{Mutter}*; spannen; [ab]dichten
tightening ledge Spannleiste *f*
tightening lever Spannbügel *m*
tightening nut Anzugmutter *f*
tightening wheel Spannrad *n*
tile Schmelz[tiegel]decke *f*
tilting furnace Kippofen *m*, Schaukelofen *m*
tilting hopper Gießpfanne *f*
tilting mo[u]ld Kippform *f*
time chart Laufzeitdiagramm *n*
time-dependent zeitabhängig
time quench hardening Warmbadhärten *n*, Stufenhärtung *f*, Auslagerungshärtung *f*
time switch Zeitschalter *m*
time to burst Zeit *f* bis zum Bersten
time to failure Zeit *f* bis zum Ausfall (Bruch)

time yield limit Zeitdehnspannung *f*
timer Taktgeber *m*, Zeitgeber *m*; Zeitmeßgerät *n*
tiny crack Haarriß *m*
tip Zipfel *m {Ziehen}*
tip formation Zipfelbildung *f*
tip-out Auslösung *f*, Ausklinkung *f*
titania whiteware Titanweißware *f*
to-and-fro bend test Hin- und Herbiegeversuch *m*
toggle 1. Kippschalter *m*; Umschalter *m*; 2. Kniehebel *m {Gelenkmechanismus}*; 3. Flipflop *m*, bistabiles Kippglied *n*
toggle clamp Kniehebel-Formschließeinheit *f*
toggle link Gelenkstück *n*
toggle switch Kippschalter *m*; Umschalter *m*
tolerance Toleranz *f*, zulässige Abweichung *f*; Maßabweichung *f*, Abmaß *n*
tolerance mark Toleranzmarke *f*
tolerance zone Toleranzbereich *m*, zulässiger Bereich *m*
tongue Zunge *f*; Brennerzunge *f*
tonnage Leistung *f* in Tonnen *{Zugkraft, Druckkraft}*
tonnage indicator Preßkraftmesser *m*
tool 1. Werkzeug *n*; 2. Hilfsmittel *n*; 3. Arbeitsgerät *n*; 4. Tool *n {z.B. Spezialsoftware}*
tool bit Drehling *m*, Einsatzmeißel *m*
tool breakage Werkzeugbruch *m*
tool centre point Werkzeugmitte *f*
tool-change control Werkzeugwechselsteuerung *f*

tool-change NC system numerisch gesteuertes Werkzeugwechselsystem *n*
tool-change system Werkzeugwechselsystem *n*
tool changer Werkzeugwechsler *m*
tool-changing control Werkzeugwechselsteuerung *f*
tool-changing robot Werkzeugwechselroboter *m*, Roboter *m* mit Werkzeugwechsel
tool coding Werkzeugcodierung *f*
tool correction Werkzeugkorrektur *f*
tool-diameter compensation Ausgleich *m* des Werkzeugdurchmessers
tool face Freifläche *f*
tool grinding machine Werkzeugschleifmaschine *f*
tool handling Werkzeughandhabung *f*
tool-handling robot Werkzeughandhabungsautomat *m*, Industrieroboter *m* zur Werkzeughandhabung
tool holder Meißelhalter *m*
tool movement Werkzeugbewegung *f*
tool point Schneidkopf *m*
tool positioning Werkzeugpositionierung *f*
tool post Werkzeugschlitten *m*
tool prepositioning Werkzeugvoreinstellung *f*
tool program store Werkzeugprogrammspeicher *m* {numerische Steuerung}
tool steel Werkzeugstahl *m*
tool turret Werkzeugrevolver *m*
tool type Werkzeugtyp *m*

toolability Handformbarkeit *f* {Formsand}
tools loop Werkzeugschleife *f* {Fertigungssystem}
tooth Zahn *m*
tooth flank Zahnflanke *f*
tooth pitch Zahnteilung *f*, Nutteilung *f*
tooth rack Zahnstange *f*
tooth stay Zahnstütze *f*
toothed belt Zahnriemen *m*
toothed pinion Zahnritzel *n*
toothed rail Zahnschiene *f*
toothed roller gezahntes Stahlrädchen *n*
toothed shaft Zahnwelle *f*
toothed washer Zahnscheibe *f*
toothed wheel Zahnrad *n*
toothing Verzahnung *f*; Zahnradherstellung *f*
top-up/to auffüllen, nachfüllen {Öl}
top-and-bottom process Kopf- und Bodenschmelzen *n*
top casting fallender Guß *m*
top face Spanfläche *f*; Bahn *f* {Amboß}
top flask Oberkasten *m*
top mo[u]ld Oberwerkzeug *n*
top of tooth Zahnkopf *m*
top pouring fallender Guß *m*
top roll Oberwalze *f*
top roller Würgewalze *f*
top swage Obergesenk *n*, Gesenkoberteil *n*, Gesenkhammer *m*
top tup Oberbär *m*
top view Draufsicht *f*
tormentor Blende *f*, Schallabschirmung *f*, schallschluckende Wand *f*
torque Drehmoment *n*, Torsionsmoment *n*; Drehkraft *f*

torque at rated load Nenn[dreh]moment *n*
torque balancing (compensation) Drehmomentkompensation *f*
torquemeter Drehmoment-Meßeinrichtung *f*, Torsionsmomentmesser *m*, Torsiometer *n*
torsion Verdrehung *f*, Torsion *f*, Drillung *f*
torsion bar Drehstabfeder *f*
torsion-impact test Schlagdrehversuch *m*
torsion pendulum Torsionspendel *n*, Torsionsschwingungsgerät *n*
torsional fatigue loading Verdrehdauerbeanspruchung *f*
torsional fatigue machine Drehschwingmaschine *f*
torsional force Drehkraft *f*, Torsionskraft *f*, Verdrehungskraft *f*
torsional moment Torsionsmoment *n*, Verdrehungsmoment *n*, Drillungsmoment *n*
torsional rigidity Torsionssteifigkeit *f*, Verdrehsteifigkeit *f*, Drillsteifigkeit *f*
torsional strength Torsionsfestigkeit *f*, Verdrehfestigkeit *f*, Verdrillfestigkeit *f*
torsional test Torsionsversuch *m*, Verdreh[ungs]versuch *m*
torsional torque Verdrehungsmoment *n*, Torsionsmoment *n*, Drillungsmoment *n*
torsional vibration Torsionsschwingung *f*
torsional vulcameter Torsionsvulkameter *n*
torsionally rigid coupling drehstarre Kupplung *f*
total elongation Gesamtdehnung *f*

total failure Totalausfall *m*, Gesamtausfall *m*
total length Gesamtlänge *f*
total load Gesamtlast *f*
total penetration energy Durchstoßarbeit *f* {*Werkstoffprüfung*}
total state Gesamtzustand *m*
total system Gesamtsystem *n*
total thickness Gesamtdicke *f*
total time Gesamtzeit *f*
total time-constant Gesamtzeitkonstante *f*
total transmission measurement Messung *f* der Gesamtdurchlässigkeit
total transmittance Gesamtdurchlässigkeit *f*
totally automated plant vollständig automatisierte Anlage *f*, "Druckknopfanlage" *f*
totally decentralized (distributed) control völlig dezentralisierte Steuerung *f*
totally enclosed pump gekapselte Pumpe *f*
touch a key/to eine Taste drücken
touch sensor Berührungsfühler *m*
touching key Berührungstaste *f*
tough zäh, beständig; hochbelastbar; bruchfest; hammergar
toughen/to härten, vorspannen
toughness 1. Zähigkeit *f* {*Festigkeit*}; 2. Beständigkeit *f*, Widerstandsfähigkeit *f*; 3. Härte *f*
tracer 1. Kopierer *m*, Nachlaufgerät *n*; 2. Taststift *m*, Fühlstift *m*
tracer control Fühlersteuerung *f*
tracer stylus Tastfinger *m*
tracer turning Kopierdrehen *n*, Nachformdrehen *n*

track Spur *f*; Kriechspur *f*, Kriechweg *m*; Bahn *f*
track ring Laufring *m*
tracked vehicle Kettenfahrzeug *n*
tracking 1. Nachlauf *m*, Verfolgung *f* {*z.B. Bahn*}; 2. Nachführung *f* {*z.b. Werkzeugmaschine*}; 3. Kriechspurbildung *f*
tracking device Nachlaufgerät *n*
tracking distance Kriechweg *m* {*die lückenlose Aneinanderreihung von Kriechspuren*}
tracking error Nachlauffehler *m*
tracking mechanism Nachlaufmechanismus *m*
tracking path Kriechspur *f*
trailing wheel Laufrad *n*
train 1. Zug *m*; 2. Zug *m*; Folge *f*, Reihe *f*; 3. Strang *m*
trajectories of principal strains Hauptdehnungstrajektorien *fpl*
trajectory Trajektorie *f*, Bewegungsbahn *f*, Bahn *f*, Zustandsbahn *f*, Flugbahn *f*, Bahnkurve *f*
trajectory control Bahnsteuerung *f*
transfer chamber Füllraum *m*
transfer device Transporteinrichtung *f*
transfer ladle Transportpfanne *f*
transfer-mo[u]lded specimen preßgespritzter Probekörper *m*
transfer plunger Spritzkolben *m*, Einspritzkolben *m*, Injektionskolben *m*
transformation 1. Transformation *f*, Umsetzung *f*, Umspannen *n*; 2. Umwandlung *f*, Überführung *f*; Phasenumwandlung *f*
transformation annealing Glühen *n* mit Gefügeumwandlung

transformation converter linearer Transformationskonverter *m*
transformation point Haltepunkt *m*, Umwandlungspunkt *m*, Umwandlungstemperatur *f*, Übergangspunkt *m*
transformation range Umwandlungsbereich *m*
transformation temperatur Umwandlungstemperatur *f*, Umwandlungspunkt *m*
transient time Einschwingzeit *f*, Ausgleichszeit *f*, Einstellzeit *f*
transition fit Übergangspassung *f*, Übergangssitz *m*
transition point Umwandlungspunkt *m*, Übergangspunkt *m*, Umwandlungstemperatur *f*
translucent durchscheinend; durchsichtig, lichtdurchlässig, optisch dünn
transmission 1. Transmission *f*; 2. Übertragung *f*; 3. Getriebe *n*; Vorgelege *n*; 4. Übersetzung *f*; 5. Durchschallung *f* {*Werkstoffprüfung*}
transmission element Antriebselement *n*
transmission oil Getriebeöl *n*
transmission path length Übertragungslänge *f*
transmission ratio Übersetzungsverhältnis *n*
transmission shaft Transmissionswelle *f*
transmissometer Durchlässigkeitsprüfgerät *n*
transmitted load mittelbare Belastung *f*
transmitter 1. Grenzwertsignalgeber *m*; 2. Sender *m*; 3. Meßwandler *m*, Meßumformer *m*
transmitter unit Sendeeinheit *f*

transparency Transparenz *f*
transparent transparent, durchsichtig; überschaubar
transparent control panel überschaubares Steuerpult *n*
transport Transport *m*, Förderung *f*, Beförderung *f*
transport belt Transportband *n*
transport chain Transportkette *f*
transport screw Förderschnecke *f*
transport wheel Transportrad *n*
transversal turning Plandrehen *n*
transverse bending test Biegeprüfung *f*
transverse fatigue test Biegedauerschwingversuch *m*
transverse impact of a bar Querstoß *m* des Stabes
transverse motion Planbewegung *f*
transverse strength Querbruchfestigkeit *f*
transverse test Biegeversuch *m*
transverse traverse Planzug *m*, Planbewegung *f*, Querbewegung *f*, Quertransport *m* {Tisch}
transverse vibration Biegeschwingung *f*, Querschwingung *f*
transverse wave Transversalwelle *f*
trap Abscheider *m*
trapezoidal load Trapezlast *f*
trapezoidal space Trapezfläche *f*
travel loading hopper Trichterwagen *m*
traversing mechanism Verschiebemechanismus *m*
treat/to behandeln; bearbeiten {mechanisch}
trestle-type balance Bockwaage *f*
trimming die Abgratmatrize *f*, Abgratgesenk *n*

trimming punch Abgratstempel *m*, Abgratgesenkoberteil *n*, Abgratpatrize *f*
trip/to ausklinken, ausrücken; herausspringen; ausschalten; auslösen
trip Auslösung *f*, Ausklinkung *f*; Auslöser *m*, Auslösevorrichtung *f*; Schnellschluß *m*, Schnellabschaltung *f*
trip worm Fallschnecke *f*
triple-action die assembly Fließpreßwerkzeug *n* zum Gegenfließpressen
triple runner Dreifachverteilerkanal *m*
triple-stroke automatic cold header Dreistufenkaltstauchautomat *m*
tripping Auslösung *f*
tripping device Auslöser *m*, Auslösevorrichtung *f*
tripping device latch Schaltklinke *f*
tripping lever Auslösehebel *m*
trolley hearth kiln Herdwagenofen *m*
trouble Störung *f*, technischer Fehler *m*
trouble-free störungsfrei
trouble-shooting Fehlerbeseitigung *f*, Störungsbeseitigung *f*
trouble tracking Fehlersuche *f*
trough Gießrinne *f*
trouser-type specimen Streifenprobe *f* mit einem Einschnitt {Hosenprobe}
trowel Truffel *f*, Streichblech *n*
truck Lasttransportfahrzeug *n*, Lastkraftwagen *m*, Truck *m*; Fahrbühne *f*, Fahrgestell *n*
truck ladle Wagengießpfanne *f*

trumpet Signalhupe *f*
truncate/to abbrechen; runden
tube Rohr *n*; Schlauch *m*
  tube bit Kanonenbohrer *m*
  tube die Schlauch[spritz]kopf *m*, Schlauch[extrusions]düse *f*, Schlauchformeinheit *f*, Schlauchwerkzeug *n*, Hohlkörperblasdüse *f*, Vorformlingswerkzeug *n*
  tube elbow Rohrkrümmer *m*
  tube element Rohrelement *n*
  tube end expansion Aufdornen *n*
  tube guide Rohrführung *f*
  tube line Rohrleitung *f*
  tube method Rohrverfahren *n* {*zur Bestimmung der Wärmeleitfähigkeit*}
  tube piece Rohrstück *n*
  tube push bench Rohrstoßbank *f*
  tube rounds Halbzeug *n* für Röhren, Röhrenrundstahl *m*
  tube-straightening machine Rohrrichtmaschine *f*
tubular ram Ringkolben *m*
tumble/to scheuern, rommeln, trommeln {*Zunder entfernen*}
tumbler Putztrommel *f*, Rollfaß *n*, Scheuerfaß *n*
  tumbler switch Kippschalter *m*
tundish Gießwanne *f*
tunnel gate Abscheranschnitt *m*, Tunnelanguß *m*, Tunnelanschnitt *m*
  tunnel gate with pin-point feed Tunnelpunktanguß *m*, Tunnelanguß *m* mit Punktanschnitt
turbo compressor Turbokompressor *m*
turbo-gear drive Turbogetriebe *n*
turbo-planetary gear Turboplanetengetriebe *n*
turbulence Turbulenz *f*

turn/to drehen, wenden; drehen (auf der Drehmaschine); drechseln
  turn down/to kippen {*Konverter*}
  turn 1. Windung *f*; 2. Tour *f*, Umdrehung *f*; 3. Umlauf *m* {*Graph*}
  turn lever Laufhebel *m*
  turnable press Revolverpresse *f*
  turnbuckle Spannschloßmutter *f*, Spannmutter *f* mit Rechts- und Linksgewinde
  turned body Drehkörper *m*
  turned part Drehteil *n*
  turning allowance Falzzugabe *f*
  turning gear Wendevorrichtung *f*
  turning lathe Drehmaschine *f*
  turning length Drehlänge *f*
  turning of bolts Bolzendrehen *n*
  turning operation Drehvorgang *m*
  turning process Drehverfahren *n*
  turning tool Drehwerkzeug *n*; Drehmeißel *m*
  turnover Umführung *f*
  turret Revolver *m* {*z.B. an Werkzeugmaschinen*}
  turret carriage Revolverschlitten *m*
  turret control Revolverkopfsteuerung *f*
  turret head Revolverkopf *m* {*Werkzeugmaschine*}
  turret punch press Revolverpresse *f*
tutty Zinkschwamm *m*, Gichtschwamm *m*, Ofenschwamm *m*, Ofengalmei *m*
twin die Doppelwerkzeug *n*, Zweifachwerkzeug *n*
twin drive Zwillingsantrieb *m*
twin manifold Doppelverteilerkanal *m*

twin parison die Zweifachschlauchkopf *m*, Doppelschlauchkopf *m*, Zweifachblaskopf *m*
twin saddle Wechselschlitten *m* {*Stauchautomat*}
twin spider-type mandrel support Doppelstegdornhalterung *f*
twist/to verdrehen, verwinden, verdrillen
twist drill Spiralbohrer *m*, Wendelbohrer *m*
twist spring Drehfeder *f*, Torsionsfeder *f*
twisted chip Wendelspan *m*
twisting torque Verdrehungsmoment *n*, Torsionsmoment *n*, Drillungsmoment *n*
two-armed manipulator Manipulator *m* mit zwei Armen
two-axis numerical control system numerisches Zweiachsensteuerungssystem *n*
two-blow heading Zweistufenstauchen *n*
two-cavity mo[u]ld Zweikavitätenwerkzeug *n*, Doppelwerkzeug *n*, Zweifachwerkzeug *n*
two-hinged arch Zweigelenkbogen *m*
two-impression mo[u]ld Zweikavitätenwerkzeug *n*, Doppelwerkzeug *n*, Zweifachwerkzeug *n*
two-jaw chuck Zweibackenfutter *n*
two-lipped tool bit zweischneidiges Messer *n*
two-part mo[u]ld Zweiplattenwerkzeug *n*, Einetagenwerkzeug *n*
two-part sliding split mo[u]ld Doppelschieberwerkzeug *n*
two-plate apparatus Zweiplattengerät *n*

two-plate mo[u]ld Zweiplattenwerkzeug *n*, Einetagenwerkzeug *n*
two-point gating Zweifachanspritzung *f*
two-position switch Schalter *m* mit zwei Stellungen
two-position valve Auf-Zu-Ventil *n*
two-stage zweistufig
two-stage ejector Zweistufenauswerfer *m*
two-stage stretching process Zweistufenreckprozeß *m*
two-tie bar clamp unit Zweiholmenschließeinheit *f*
two-tie bar design Zweiholmenausführung *f*
two-tier kiln Zweietagenofen *m*
type 1. Typ *m*, Ausführung *f*; Muster *n*, Modell *n*; 2. Art *f*, Sorte *f*, Typ *m*
type of chip Spanart *f*
type of construction Bauart *f*
type of die Düsen[bau]art *f*, Düsenform *f*, Düsenkonstruktion *f*
type of duty Betriebsart *f*
type of failure Ausfallart *f*
type of gate (gating system) Angußart *f*
type of hot runner Heißkanalbauart *f*
type of nozzle Düsen[bau]art *f*, Düsenform *f*, Düsenkonstruktion *f*
type of series Baureihe *f*, Typenreihe *f*
type test Typenteilprüfung *f*
tyre heating furnace Band[agen]glühofen *m*
tyre ingot Bandagenblock *m*

U

U-type furnace Umkehrofen *m*, U-Ofen *m*
ultimate strength Bruchfestigkeit *f*, Bruchgrenze *f*, Dehnungsgrenze *f*
ultrasonic pulse-reflection testing Ultraschallimpulsechoprüfung *f*
ultrasonic testing Ultraschallprüfung *f* {*Werkstoffprüfung*}
unalloyed tool steel unlegierter Werkzeugstahl *m*
unattended unbeaufsichtigt, unbemannt, unüberwacht
unattended installation unbemannte Anlage *f*
unattended operation unbemannter Betrieb *m*
unbalance 1. Unwucht *f*; 2. Ungleichgewicht *n*; 3. Unsymmetrie *f*; 4. Regelabweichung *f*, Fehlanpassung *f*
unbroken specimen ungebrochene (intakte) Probe *f*
underblast Unterwind *m*
underburdening Untermöllerung *f*
undercut/to unterschneiden; hinterschneiden
underfeeding Unterdosierung *f*
undergrate blower Unterwindgebläse *n*
undergrate firing Unterfeuerung *f*
underground furnace Unterflurofen *m*
underground hydrant Unterflurhydrant *m*
underground leaching Laugung *f* in der Grube, In-Situ-Laugung *f*
underlay plate Unterlegplatte *f*
undersize/to unterdimensionieren, zu klein (schwach) bemessen
undersize core drill Untermaßsenker *m*
underutilize/to nicht voll auslasten
undo/to rückgängig machen {*z.B. Bedienungsfehler*}
unfinished unfertig {*z.B. Werkstück*}
uniaxial stress einachsiger Spannungszustand *m*
unidirectional unidirektional, in einer Richtung verlaufend
uniflow furnace Einwegofen *m*
uniform dilatation gleichförmige Dilatation *f*, reine Volumenänderung *f*
uniform load gleichmäßig verteilte Belastung *f*
uninterrupted duty Dauerbetrieb *m* [mit veränderlicher Belastung]
uninterruptible power supply unterbrechungsfreie Stromversorgung *f*
union 1. Verbindung *f*, [gerade] Verschraubung *f* {*z.B. von Rohren*}; 2. Verbindungsstück *n*, Muffe *f*
unit 1. Einheit *f* {*z.B. im Meßwesen*}; 2. Bauelement *n*, Bauglied *n*; 3. Baugruppe *f*; 4. Gerät *n*, Geräteeinheit *f*; 5. Einrichtung *f*, Anlage *f*, Apparategruppe *f* 6. Baueinheit *f*, Baustein *m*
unit of measure[ment] Maßeinheit *f*, Einheit *f*
unit shortening Stauchung *f*, relative Verkürzung *f*
unit strain spezifische Formänderung *f*
universal bevel protractor Universalwinkelmesser *m*
universal device Universalgerät *n*

unload/to

universal joint Kreuzgelenk *n*, Universalgelenk *n*
universal motor Universalmotor *m*
universal test[ing] machine Universalprüfmaschine *f*
unload/to entladen; entlasten; austragen, ausstoßen; entleeren
unload operation Entladevorgang *m*
unloading Entlastungsvorgang *m*
unlock/to entriegeln, entblocken
unmarred ziehriefenfrei
unnotched small standard rod Norm-Kleinstab *m* ohne Kerb
unnotched test specimen Probekörper *m* ohne Kerb
unplanned outage nicht geplanter Stillstand *m*
unreinforced plastic unverstärkter Kunststoff *m*
unreliability Unzuverlässigkeit *f*
unreliable unzuverlässig, nicht zuverlässig
unreliable system unzuverlässiges System *n*
unscheduled outage ungeplanter Ausfall *m*
unscheduled repair ungeplante Reparatur *f*
unscrew/to abschrauben, lösen *{Schraube}*
unscrewing core Ausschraubkern *m*
unscrewing mo[u]ld Schraubwerkzeug *n*
unsound fehlerhaft, lunk[e]rig *{Guß}*; blasig *{Stahl}*
unsupported frei, ohne Auflage
up time Betriebszeit *f*
update/to aktualisieren
updraught fire Oberfeuer *n*
updraught furnace Ofen *m* mit aufsteigender Flamme[nführung]

upper anvil block Sattel *m*
upper beam Oberwange *f {Abkantpresse}*
upper blade Obermesser *n*
upper box Oberform *f*
upper knife Obermesser *n*
upper limit Größtmaß *n*, oberer Grenzwert *m*, obere Grenze *f*
upper ram Oberbär *m {Gegenschlaghammer}*
upper yield point obere Streckgrenze (Fließgrenze) *f*
upright Brennstütze *f*
upset/to stauchen
upset 1. Stauchung *f*, Stauchen *n*; 2. Störung *f*; 3. Regelabweichung *f {Automation}*
upset pass Stauchkaliber *n*
upsetting die Stauchmatrize *f*
upsetting punch Stauchstempel *m*
uptime [nutzbare] Betriebszeit *f*, Nutzzeit *f*
use 1. Anwendung *f*, Einsatz *m*, Gebrauch *m*, Verwendung *f*; 2. Nutzen *m*; 3. Schmiederohteil *n*
used sand Altsand *m*, gebrauchter Sand *m*
useful load Nutzlast *f*
useful power Nutzleistung *f*
useful pressure Nutzdruck *m*
useful redundancy fördernde Redundanz *f*
useless redundancy leere (sinnlose) Redundanz *f*
user Nutzer *m*, Benutzer *m*, Anwender *m*, Betreiber *m*; Kunde *m*
user advisory information Benutzerberatung *f*
user-definable vom Anwender festlegbar (definierbar)
user documentation Benutzer-

dokumentation f, Anwenderdokumentation f
user-friendly benutzerfreundlich, anwenderfreundlich
user guide Leitfaden m für Benutzer (Anwender)
user-oriented benutzerorientiert, anwenderorientiert
utilization factor Auslastungsgrad m, Ausnutzungsfaktor m, Benutzungsfaktor m
utilize/to auslasten, ausnutzen; verwerten; benutzen, nutzen

V

V-belt Keilriemen m, V-Riemen m
V-belt drive Keilriementrieb m
V-belt pulley Keilriemenscheibe f
V-belt sheave Keilriemenscheibe f
V-block Prisma n mit Klemmbügel {zum Anreißen}, Spannrißprisma n
V-notch specimen Spitzenkerbprobe f
V-shaped guideway dachförmige Führungsbahn f
vacuum Vakuum n
vacuum dry sieving Vakuum-Trokkensieben n {Siebanalyse}
vacuum engineering Vakuumtechnik f
vacuum extrusion press Vakuumstrangpresse f
vacuum feed hopper Vakuumspeisetrichter m
vacuum handling system Vakuumanlage f
vacuum hopper Vakuumspeisetrichter m, Vakuumfülltrichter m
vacuum-operated specimen holder Saugvorrichtung f {Probenhalterung}
vacuum pan Vakuumpfanne f
vacuum pump Vakuumpumpe f
vacuum seal Vakuumdichtung f
vacuum-vented feed hopper Vakuumspeisetrichter m
vacuum-vented hopper Vakuumtrichter m
valid value gültiger Wert m
value Wert m
valve 1. Ventil n, Absperrvorrichtung f; Klappe f; Schieber m; 2. Ventil n {Regelorgan}
valve and filter station Reduzierstation (Druckluftreduzierstation) f mit Filter
valve and fitting for heating systems Heizungsarmatur f
valve and fitting for hydraulic systems Hydraulikarmatur f
valve and fitting for oil burning equipment Ölfeuerungsarmatur f
valve and fitting for waterhydraulic systems Wasserhydraulikarmatur f
valve cone Ventilkegel m
valve cover Ventildeckel m
valve disk Ventilplatte f, Ventilscheibe f, Ventilteller m
valve ejector Ventilauswerfer m
valve-gated mo[u]ld Nadelventilwerkzeug n
valve gating system Nadelventilangußsystem n
valve key Ventilkeil m
valve made of non-ferrous metal Großventil n aus NE-Metall {Großarmatur}
valve of stainless steel Edelstahlventil n

valve pin Düsennadel *f*
valve rubber Ventilgummi *m*
valve seat Ventilsitz *m*
valve sleeve Ventilhülse *f*
valve stem Ventilstange *f*
vane Flügel *m*, Schaufel *f*; Schieber *m*, Drehschieber *m*
vane motor Flügelzellenmotor *m*, Lamellenmotor *m*
vane pump Flügelzellenpumpe *f*, Drehschieberpumpe *f*
vapor *s.* vapour
vapour pressure Dampfdruck *m*
vapour-proof machine gasdichte Maschine *f*
variable 1. variabel, veränderlich, einstellbar; regelbar; gleitend; unbeständig; 2. Variable *f*
variable-angle glossmeter Glanzmeßgerät *n* für verschiedene Meßwinkel
variable intermittent duty aussetzender Betrieb *m* mit [während eines Spiels] veränderlicher Belastung
variable-motion and intermittent-motion mechanism ungleichförmig übersetzendes Getriebe *n*
variable quantity variable Größe *f*, Variable
variable-speed gear Stufenrädergetriebe *n*
variable-speed motor Motor *m* mit Drehzahlverstellung
variable temporary duty kurzzeitiger Betrieb *m* mit veränderlicher Belastung
variation in temperature Temperaturschwankung *f*
vee belt *s.* V-belt
vee block for clamping Spannprisma *n*, Prisma *n* mit Klemmbügel *{zum Anreißen}*
velocity Geschwindigkeit *f*
vent/to luftstechen *{Formerei}*; entgasen; entlüften; [be]lüften
vent 1. Entlüftungseinrichtung *f*, Luftkanal *m* *{Form}*; Entgasungsöffnung *f*, Steiger *m*; 2. Oberflächenriß *m*
vent pipe Windpfeife *f* *{Formerei}*
vent wire Luftspieß *m* *{Formerei}*
vented barrel (cylinder) Entgasungszylinder *m*
vented plasticization Entgasungsplastifizierung *f*
vented plasticizing unit Entgasungsplastifiziereinheit *f*
ventilated frame machine geschlossene Maschine *f* mit äußerer Eigenbelüftung
ventilated-radiator machine Maschine *f* mit Radiatorkühlung
ventilated ribbed surface machine Maschine *f* mit belüftetem (ventiliertem) Rippengehäuse
ventilating ducts Kühlschlitze *mpl*
ventilating valve Be- und Entlüftungsventil *n*
ventilator Lüfter *m*, Ventilator *m*
venting Luftstechen *n*, Luftspießen *n*; Entgasung *f* *{der Form}*; Formentlüftung *f*; Lüftung *f*
venting channel Pumpsteiger *m*
venting power Gasdurchlässigkeit *f* *{Formsand}*
ventside Stichseite *f* *{Ofen}*
verify/to nachmessen, kontrollieren; überprüfen; bestätigen
vernier caliper Meßschieber *m*, Schieblehre *f*
versatility Vielseitigkeit *f*, Anpas-

sungsfähigkeit *f*; Umstellungsmöglichkeit *f*
vertical drilling machine Senkrechtbohrmaschine *f*
vertical mill Vertikalgerüst *n*
vertical plane vertikale Ebene *f*
vertical turning and boring mill senkrechtes Dreh- und Bohrwerk *n*
vessel Behälter *m*, Gefäß *n*
vessel furnace Gefäßofen *m*
vibrate/to vibrieren, schwingen; schütteln, rütteln; zittern
vibration Vibration *f*, [mechanische] Schwingung *f*, Oszillation *f*; Schütteln *n*, Rütteln *n*; Zittern *n*
vibrator mo[u]lding machine Rüttelformmaschine *f*
vibrator test Dauer[schwing]versuch *m*
vice Schraubstock *m*
Vickers [diamond] hardness Vickers-Härte *f*, HV
Vickers hardness test Härteprüfung *f* nach Vickers
vicosimeter Viskosimeter *n*
viewing position Betrachtungsstellung *f*
virtual deformation virtuelle Verzerrung *f*
viscoelastic viskoelastisch
viscosity Viskosität *f*, Zähigkeit *f*
viscous viskos, zähflüssig, dickflüssig, zäh; klebrig
viscous matter pump Dickstoffpumpe *f*
vise *s.* vice
visible imperfection visuell erkennbarer Fehler *m* {im Material}
visual examination (inspection) visuelle Prüfung *f*, Sichtkontrolle *f*
visual servoing Steuerung *f* [des Bewegungsablaufes] nach Sicht durch den optischen Sensor
void Hohlraum *m* {Materialfehler}; Lunker *m*; Pore *f*
volatile medium flüchtiges Medium *n*
volume [of] space Raumbereich *m*
volumetric-ring valve Meßringventil *n*

W

walking-beam annealing furnace Balkenherdglühofen *m*
walking-beam furnace Schwingbalkenofen *m*, Balkenherdofen *m*, Schrittmacherofen *m*
wall hydrant Wandhydrant *m*, Schlauchanschlußeinrichtung *f*
wall reduction Wanddickenverringerung *f* {Ziehen}
warm-brittle warmspröde, warmbrüchig
warm brittleness Warmsprödigkeit *f*, Warmbrüchigkeit *f*
warm working Halbwarmbearbeitung *f*
warning light Warnlicht *n*
wash heat Entzunderungswärme *f*
wash heating furnace Entzunderungsofen *m*, Blankglühofen *m*
washer Beilegscheibe *f*, Unterlegscheibe *f*, Unterlagsscheibe *f*; Dichtungsring *m*
waste casting Fehlguß *m*
waste head verlorener Kopf *m*
waste motion Leerlauf *m*
waste water pump Abwasserpumpe *f*, Schmutzwasserpumpe *f*
water absorption Wasseraufnahme *f*

water absorption after immersion at humid atmosphere Wasseraufnahme *f* nach Lagerung in feuchter Luft
water boil test Kochversuch *m* [mit Wasser]
water content Wassergehalt *m*, Wasseranteil *m*
water-cooled wassergekühlt
water crack Wasser[kühl]riß *m*
water ga[u]ge Wasserwaage *f*; Wasserstandsanzeiger *m*, Wasserstandsmesser *m*
water jacket Wassermantel *m*, Wasserkühlung *f*
water jet air ejector Wasserstrahl-Luftsauger *m*
water-level indicator Wasserstandanzeiger *m*, Wasserstandsmesser *m*
water of plasticity Anmachwasser *n*, Plastizitätswasser *n*
water permeability Wasserdurchlässigkeit *f*
water pump Wasserpumpe *f*
water resistance Wasserbeständigkeit *f*, Wasserfestigkeit *f*, Feuchtebeständigkeit *f*
water separator Wasserabscheider *m*
water shortage preventer Wassermangelsicherung *f*
water smoking Schmauchen *n*
water solubility Wasserlöslichkeit *f*
water take-up Wasseraufnahme *f*
water treatment vessel Behälter *m* für Wasseraufbereitung
water tight wasserdicht
watertight machine strahlwassergeschützte Maschine *f*
wax-like wachsartig
waxy wachsartig; wachshaltig

wear/to abnutzen, verschleißen
wear Abnutzung *f*, Verschleiß *m*
wear resistance Verschleißwiderstand *m*, Verschleißfestigkeit *f*
wear testing Verschleißprüfung *f*
weatherability Witterungsbeständigkeit *f*
weathering Bewitterung *f*, Freiluftbewitterung *f*, Außenbewetterung *f*; Auslagerung *f*, Ablagern *n* {*z.B. spannungsbehaftete Gußteile*}
weathering data Bewitterungsergebnisse *npl*
weathering effect Bewitterungseinfluß *m*
weathering factor Bewitterungsfaktor *m*
weathering resistance Witterungsbeständigkeit *f*
weathering test Bewitterungsversuch *m*, Bewitterungsprüfung *f*
web angle Querschneidenwinkel *m*
wedge Keil *m* {*z.B. Stoß-, Unter-, Befestigungs-*}
wedge angle Einzugswinkel *m*, Keilwinkel *m*
wedge-disk gate valve Keilplattenschieber *m*
wedge-shaped disk-type slide valve Keilplattenschieber *m*
wedge-type bar Keilstange *f*
wedge-type gate valve Keilschieber *m*
wedge-type slide valve Keilschieber *m*
wedge-type teeth keilförmige Zähne *mpl*
weigh/to wägen {*eine Masse feststellen*}; wiegen {*eine Masse haben*}
weight 1. Gewicht *n*; [mechanische] Belastung *f*, Kraft *f*; Gewichts-

stück *n*; 2. Masse *f*
weight loss measurement   Messung *f* des Masseverlustes
weight of falling mass   Fallmasse *f*, Bärmasse *f*
weight of the sample (specimen)   Probengewicht *n*
weld   Schweißnaht *f*
weld line strength   Bindenahtfestigkeit *f*
weldable   schweißbar
welding robot   Schweißroboter *m*
welding screw   Schweißschraube *f*
welding set   Schweißgerät *n*
wet/to   anfeuchten; einsumpfen
wet assay   Naßprobe *f*
wet drawing   Naßziehen *n*, Naßzug *m*
wet pressing   Naßpressen *n*, plastisches Pressen *n*
wet purification   Naßscheidung *f*
wet sieving   Naßsieben *n* {Siebanalyse}
wet technique   Naßverfahren *n* {Siebanalyse}
wet tumbler   Naß[putz]trommel *f*
wet tumbling   Naßtrommeln *n*, Naßscheuern *n*
wettability   Benetzbarkeit *f*
wettability test   Prüfung *f* der Benetzbarkeit
wheel   Rad *n*; Sperrklinkenrad *n*, Schaltrad *n*
wheel chock   Radkeil *m*
wheel dresser   Abrichtgerät *n*
whistler   Entlüftungsöffnung *f*, Luftpfeife *f*
white slag   Fertigschlacke *f*, Reduktionsschlacke *f*
wind furnace   Blasofen *m*, Windofen *m*, Zugofen *m*

window   Fenster *n*
wire/to   mit Rollstanze einrollen, bördeln; verdrahten
wire   Draht *m*
wire annealer   Drahtglüheinrichtung *f*
wire bar   Drahtbarren *m*
wire brush   Drahtbürste *f*
wire clamp   Drahtklemme *f*
wire coil welding   Anschweißen *n* eines Walzdrahtringes
wire crimping machine   Drahtkrimpmaschine *f*
wire-drawing   Drahtziehen *n*, Drahtzug *m*
wire-end chamfering   Drahtanspitzen *n*
wire extruder   Drahtstrangpresse *f*
wire extrusion   Drahtstrangpressen *n*
wire mill   Drahtstraße *f*, Drahtwalzwerk *n*
wire pointing machine   Drahtanspitzmaschine *f*
wire-race ball bearing   Drahtkugellager *n*
wire riddle   Luftspieß *m*
wire sleeve   Drahthülse *f*
wire swager   Drahtanspitzmaschine *f*
wiring machine   Drahteinlegemaschine *f*, Umschlagmaschine *f*
withdraw/to   ausziehen, ausheben {Form}; absenken, abziehen {Strangguß}
withdrawal   Ausheben *n* {Modell}; Abziehen *n* {Schlacke}; Absenken *n*, Abziehen *n* {Strangguß}; Entnahme *f*
wobble box   Ausdrehfutter *n*
wobbler   Kleeblattzapfen *m*
wood die   Formholz *n*

wood pattern Holzmodell *n*
wood-pattern shop Modelltischlerei *f*
woodruff key Scheibenfeder *f*
woody fracture Holzfaserbruch *m*
work Arbeit *f*
work area Arbeitsbereich *m*
work cell Bearbeitungszelle *f* *{computergesteuerte Maschinengruppe für gemeinsame Arbeitsaufgabe}*
work cycle Arbeitszyklus *m*
work environment Arbeitsumgebung *f*
work hardening Kaltverfestigung *f*, Verfestigung *f* durch Kaltverformung, Umformverfestigung *f*
work of deformation Formänderungsarbeit *f*
work station Arbeitsplatz *m*, Bearbeitungsstation *f*
work volume Arbeitsraum *m*
work zone Arbeitsbereich *m* *{Roboter}*
workable verformbar; verarbeitbar, bearbeitbar
workbench Werkbank *f*, Werktisch *m*, Arbeitstisch *m*
working 1. Arbeits-; 2. Arbeiten *n*; 3. Funktionieren *n*; Gang *m*, Lauf *m*, Betrieb *m* *{z.B. einer Anlage}*; Ofengang *m*, Führung *f* *{Schmelze}*
working area Arbeitsbereich *m*
working environment Arbeitsumgebung *f*
working life Standzeit *f*
working pressure class Nenndruck *m*
working service life Standzeit *f*
working stress zulässige Spannung *f* *{mechanisch}*; Belastbarkeit *f* im Gebrauch; Nutzbeanspruchung *f*
working volume Arbeitsraum *m*
workpiece Werkstück *n*, Rohling *m*
workpiece loading Werkstückzuführung *f*, Zuführung *f* von Werkstücken
workpiece magazine Werktückmagazin *n*
workshop Werkstatt *f*
workshop drawing Werkzeichnung *f*
worm Schnecke *f*
worm conveyor Schneckenförderer *m*, Förderschnecke *f*
worm feeder Schneckenzuteiler *m*, Schneckenaufgabe *f*
worm gear Schneckenrad *n*, Schraubenrad *n*
worm-gear element Schneckentriebteil *n*
worm gear train Schneckengetriebe *n*
worm housing Schneckengehäuse *n*
worm shaft Schneckenwelle *f*
worm wheel Schneckenrad *n*
worn-out abgenutzt
wrench Windeisen *n*
wringing Ansprengen *n*
wrinkle/to Falten bilden
wrinkle Falte *f* *{Blech}*
wrist Gelenk *n*, Handgelenk *n*
wrist joint Gelenkverbindung *f*
wrist pin Gelenkstift *m*

X

X-ray   Röntgenstrahl *m*
X-ray examination (inspection)   Röntgenprüfung *f*, Prüfung *f* mit Röntgenstrahlen
X-ray method   Röntgenverfahren *n*
X-ray test method   Röntgen-Prüfverfahren *n*
xenon arc lamp   Xenonbogenlampe *f*
xeroradiography   Xeroradiographie *f*

yield point   Streckgrenze *f*, Fließgrenze *f*, Fließpunkt *m*, Kriechgrenze *f* *{Werkstoff}*
yield strength   Dehngrenze *f*, Streckgrenze *f*, technische Elastizitätsgrenze *f*
yield stress   Fließspannung *f*, Reißspannung *f*, Streckspannung *f*
yoke   Joch *n*
Young's modulus   Youngscher Elastizitätsmodul *m*, Youngscher Modul *m* *{Elastizitätsmaß}*

Y

yaw/to   gieren *{Roboterbewegung}*
yaw   Seitenabweichung *f*, seitliche Abweichung *f*; Gieren *n*
yellow brass heat   Gelbglut *f*
yellow stain   Gelbbeize *f*, Gelbätze *f*
yield/to   ergeben, liefern
yield   1. Ergiebigkeit *f*; Ausbeute *f*; 2. Fließen *n* *{Werkstoff}*

Z

Z-crank   Taumelscheibe *f*
zero   Null *f*; Nullstelle *f*
zero input   Nulleingabe *f*, Eingabe *f* Null
zero output   Nullausgabe *f*, Ausgabe *f* Null
zone   Zone *f*; Bereich *m*

Deutsch/Englisch
German/English

A

abarbeiten   operate/to, run/to {program}
Abarbeitung f   operation {program}
Abbau m   degradation, disintegration, breakdown
Abbau m katalytischer   catalytic degradation
Abbaueffekt m   degradative effect
Abbauvorgang m   degradation process
Abbauwirkung f   degradative effect
abbeizen   pickle/to, scour/to
Abbeizen n   pickling, scouring
Abbeizmittel n   pickling (scouring) agent
Abbiegung f   folding
abblasen   blow down/to {blast furnace}
Abblasventil n   blow-off valve
abblättern   flake off/to {surface layer}, peel off/to
Abblättern n   shivering; flaking
Abbrand m   oxidation loss, metal loss, cinder, combustion
abbrechen   truncate/to
abbremsen   decelerate/to, slow down/to
Abbremsung f   deceleration, slowing-down
Abbruch m   breakage
abdämmen   block off/to
abdämpfen   deaden/to {instrument}
Abdeckblech n   covering sheet
Abdeckhaube f   bonnet, hood; cap
Abdeckplatte f   apron, cover [plate]
Abdeckring m   cover ring
Abdeckung f   cover[ing]
Abdeckung [zieh]harmonikaähnliche f   concertina cover[ing]
abdichten   seal/to
Abdichtgummi m   sealing rubber
Abdichtklappe f   flap-type seal
Abdichtrahmen m   sealing frame
Abdichtring m   packing ring
Abdichtschale f   sealing cup
Abdichtscheibe f   sealing disk
Abdichtteller m   joint plate
Abdichtung f   packing; gasket
Abdrängkraft f   deflection force, thrust force
Abdrängung f   deflection
Abdrehdiamant m   diamond dresser
abdrehen   dress/to {grinding material}
Abdrehen n   dressing {grinding material}
Abdrückbolzen m   push-off pin
Abdrückklinke f   pusher pawl
abfahren   stop/to, shut down/to {e.g. plant}; playback/to {robot}
Abfahrprozeß m   shut-down process
Abfahrtstrategie f   shut-down strategy
Abfall m   decrease; decay, drop; reject, scrap
Abfallbutzen m   flash, flash waste, parison waste
abfasen   chamfer/to
Abfasen n   edge trimming
abfeimen   skim/to
Abfeimstein m   skimmer
Abflächmaschine f   face milling machine
abfluchten   line/to
Abflußrinne f   spout
Abfuhr f   escape
Abführrutsche f   discharge chute
Abfüllautomat m   automatic filling machine

Abfüllwaage *f* gravity filling balance

Abgang *m* outlet *{e.g. of a power source}*; loss

abgeben deliver/to

abgefederter Stößel *m* spring finger *{down-holder}*

abgegebene Leistung *f* power output

abgeglichen balanced

abgenutzt worn-out

abgeschmolzenes Ventil *n* sealed rectifier

abgesetzt stepped; tapered *{konisch}*

abgesetzt beidseitig double-ended, double-spindel, double-tracked

abgetreppte Gründung *f* benched foundation

abgewinkelter Kopf *m* crosshead

Abgleich *m* adjustment, alignment, balance

Abgleichelement *n* adjuster, adjusting element

abgleichen align/to, adjust/to, balance/to

Abgleichmechanismus *m* balancing mechanism

abgraten clip/to, deburr/to, deflash/to, snag/to

Abgraten *n* clipping, frazing

Abgratgesenk *n* trimming die

Abgratgesenkoberteil *n* trimming punch

Abgratmatrize *f* trimming die (punch)

Abgratschnitt *m* clip

Abgratstempel *m* trimming punch

Abguß *m* shot; casting

abhängen von depend on/to

abhängig dependent

abhängiger Ausfall *m* dependent failure

abhängiger Manipulator *m* dependent (slave) manipulator

Abhängigkeitsschaltung *f* interlock, interlocking control

Abhebehub *m* nozzle retraction stroke

abheben strip/to *{form}*; cut off/to *{chips}*; clear/to *{tool}*

Abhebeöse *f* lifting lug

Abhebestift *m* lifting pin

Abkantbreite *f* fold width

abkanten brake/to, fold/to; flange/to

Abkanten *n* brake bending, press-brake forming, folding; flanging

Abkantpresse *f* bending brake, folding press, press brake

abklemmen disconnect/to

abklingen die away/to, settle/to, attenuate/to

Abklingen *n* dying-away, attenuation, settling, decay

Abklingzeit *f* decay time, settling time

Abklopfer *m* rapper

abkrammen skim/to

Abkühldauer *f* cooling time, setting time

abkühlen cool [down]/to; quench/to

Abkühlgeschwindigkeit *f* cooling rate

Abkühlphase *f* cooling phase

Abkühlungsgeschwindigkeit *f* *s.* Abkühlgewindigkeit

Abkühlzeit *f* cooling time, setting time

abkuppeln disconnect/to

Abhängen *n* [end]facing

ablassen discharge/to, drain/to, tap/to *{vessel}*; run [off]/to

Ablaßhahn *m* drain (discharge) cock
Ablaßleitung *f* drain conduit
Ablaßschraube *f* drain plug
Ablaßstutzen *m* drain pipe
Ablaßventil *n* drain (outlet, discharge) valve
Ablation *f* ablation
Ablauf *m* run, sequence, progress; escape *{cuttings}*; run-off, outflow; outlet
Ablauf *m* **zulässiger** legal sequence
Ablauf *m* **der Arbeitsgänge** operating sequence
Ablaufarmatur *f* outlet fitting
Ablaufdiagramm *n* flow chart; sequence chart, flow sheet
Ablaufplan *m* schedule
Ablaufplanung *f* scheduling
Ablaufrinne *f* discharge chute
Ablaufschema *n* flow diagram
Ablaufsteuerer *m* sequencer
Ablaufsteuerung *f* follow-up (sequential, cascade) control
ablegen deposit/to
Ablegetisch *m* deposit table
Ablenkblech *n* deflector
Ablenkplatte *f* deflector [plate]
Ablenkung *f* deflection
Ablenkvorrichtung *f* deflector
Ablenkwinkel *m* angle of deflection
Abluft *f* outgoing (outlet) air
Ablufttemperatur *f* outlet air temperature
abmessen meter/to
Abmessung *f* dimension, size; measurement
abmontieren remove/to
Abnahme *f* 1. acceptance, approval *{quality control}*; 2. decrease, loss, drop, fall, reduction *{value of quantity}*

Abnahmeprüfung *f* acceptance test
Abnahmetisch *m* delivery table
abnehmen 1. approve/to, accept/to *{quality control}*; 2. decrease/to, drop/to, fall/to, reduce/to
Abnehmer *m* 1. catcher; 2. customer
Abquetschgrat *m* flash
Abquetschmarkierung *f* pinch-off mark
Abquetschstelle *f* pinch-off weld
Abquetschwerkzeug *n* flash mo[u]ld, semi-positive mo[u]ld
abrasiver Verschleiß *m* abrasive wear
Abreiben *n* abrasion
Abreißanschnitt *m* sprue puller gate
Abreißbacken *fpl* tear-off jaws
Abreißplatte *f* sprue puller plate
Abreißpunktanschnitt *m* sprue puller pin gate
Abreißwerkzeug *n* **Dreiplatten-** three-plate mo[u]ld
Abrichtdiamant *m* diamond [wheel] dresser
Abrichteinrichtung *f* dressing device, dresser
abrichten dress/to, true/to
Abrichten *n* dressing, truing
Abrichter *m* dresser
Abrichterchtrolle *f* crush-dressing roll, crusher roll
Abrichtstift *m* abrasive stick, dressing stick
Abriebprüfgerät *n* abrasion tester
Abriebprüfmaschine *f* abrasion [testing] machine
Abriebprüfung *f* abrasion test
Abrollabrichtgerät *n* crush-forming attachment, crushing attachment
Abrollkorb *m* coil cradle
abrösten roast/to

Abrunden *n* rounding
Abrundung *f* convex rounding
Absatz *m* bench, berm; shoulder
absatzweise batchwise
Absaugrohr *n* suction pipe
abschälen peel [off]/to; skim/to
Abschälen *n* **der Glasur** shivering
Abschälprüfung *f* peeling test
abschalten de-energize/to, disconnect/to, shut down/to; clear/to {e.g. caused by faulty energy syetem}
Abschaltung *f* **geplante** planned shut-down {of a plant}
Abschäumer *m* skimmer
Abscheider *m* separator, trap
Abscheranschnitt *m* submarine (tunnel) gate
Abscherung *f* shearing
Abschiebekraft *f* stripping force
Abschiebeplatte *f* stripper plate
abschirmen screen/to, shield/to
Abschirmmaterial *n* shielding material
Abschirmung *f* screen, shield[ing]
Abschlämmventil *n* blowdown valve; bottom clean-out valve
Abschleifen *n* abrasion; grinding-off
abschlichten sleek/to
Abschlußdeckel *m* final cover
Abschlußhülse *f* ferrule
Abschlußklemme *f* final clamp
Abschlußventil *n* cut-off valve
Abschmelzmaschine *f* fuse-off machine
Abschneidaggregat *n* cut-off mechanism
Abschneidetisch *m* cutter [table]
Abschnitt *m* 1. cutting, chip {of a substance}; 2. section, part {of equipment}; 3. stage {of a process}; 4. period {of time}

Abschopfmaschine *f* cropper
abschrauben unscrew/to, unbolt/to
abschreckaltern quench-age/to
Abschreckalterung *f* quench ag[e]ing
abschrecken temper/to; quench/to, chill/to
Abschrecken *n* **in Öl** oil quenching
abschreckhärten quench-harden/to
Abschrecktrog *m* bosh
Abschrot *m* bottom chisel, hardie, hardy, anvil chisel (cutter)
Abschroten *n* chiselling-off, cutting, parting-off
abschwächen mute/to
Abschwächung *f* attenuation, muting
absetzen deposit/to
absolut absolute
absolute Bemaßung *f* absolute measure system
absolute Messung *f* absolute measurement
absolute Meßwertverarbeitung *f* datum processing {numerical control}
absolute Normierung *f* absolute scale
absolute Skalierung *f* absolute scale
absolute Zuverlässigkeit absolute reliability
absoluter Fehler *m* absolute error
absoluter Maßstab *m* absolute scale
absoluter Modul *m* absolute modulus
absoluter Wert *m* absolute value
absolutes Bezugssystem *n* absolute reference system
absolutes Maßsystem *n* absolute measure system

Absolutfehler *m* absolute error
Absolutgenauigkeit *f* absolute accuracy
Absolutmaßsystem *n* absolute measure system *{e.g. numerical control}*
Absolutmessung *f* absolute measurement
Absolutmessung *f* **stationäre** steady-state absolute measurement
Absolutwert *m* absolute value
Absorber *m* absorber
Absorbermaterial *n* absorber material
absorbieren absorb/to
Absorption *f* absorption
Absorptionsdynamometer *n* absorption dynamometer
Absorptionskoeffizient *m* absorption coefficient
Absorptionskonstante *f* absorption factor
Absperrarmatur *f* shut-off valve
absperren block off/to; shut off/to *{e.g. pipe}*
Absperrhahn *m* shut-off valve, stopcock
Absperrklappe *f* butterfly isolating valve, stop flap, throttle valve
Absperrklaue *f* pawl
Absperrschieber *m* shut-off [gate] valve, stop throttle
Absperrventil *n* isolating [gate] valve, shut-off valve, stop valve [cock]
abspielen playback/to
Absprengmaschine *f* burst-off machine
Abstand *m* distance, range, space; interval
Abstandhalter *m* retainer, spacer
Abstandshülse *f* distance sleeve
Abstandsstück *n* spacer

abstechen cut off/to; drain off/to, tap [out]/to; draw off/to *{liquid metals}*
Abstechen *n* paring off, parting off; tapping
Abstechgrat *m* cut-off burr
Abstechschlitten *m* cutting-off cross slide
Abstechsupport *m* cut-off rest
Abstechwerkzeug *n* cutting-off tool
abstellen stop/to
Abstich *m* 1. mouth, runoff, taphole; 2. tapping, drawing *{blast furnace}*
Abstichbühne *f* tapping platform
Abstichloch *n* mouth, taphole, tapping hole
Abstichloch *n* **eingefrorenes** hard tap
Abstichöffnung *f* tapping door
Abstichpfanne *f* tap ladle
Abstichrinne *f* runner, tapping spout
abstimmen adjust/to
Abstreckwerkzeug *n* ironing die
abstreichen skim/to
Abstreichen *n* striking, striking-up
Abstreichlineal *n* levelling board
abstreifen strip/to; skim [off]/to; scrape off/to
Abstreifen *n* stripping
Abstreifer *m* shedder, stripper; skimmer
Abstreifhülse *f* stripper bush, stripping tube
Abstreifplatte *f* stripper plate
Abstreifring *m* stripper ring
Abstreifsystem *n* stripper device (mechanism)
Abstreifvorrichtung *f* stripper device (mechanism)
Abstrich *m* scum, stroke

Abstrichblei *n*   lead skim
abstützen   support/to, back up/to
Abstützung *f*   support
abtasten   pick-up/to; scan/to, sample/to
Abtaster *m*   scanner
Abtastintervall *n*   sampling (scanning) interval *{numerical control}*
Abtastung *f*   tactile sensing; sample
Abtastung *f* **adaptive**   adaptive sampling
abtragen   break down/to; erode/to
abtragendes Bearbeitungsverfahren *n*   removal
Abtragung *f*   ablation; erosion
abtreiben   drift/to; cupel/to
Abtreiben *n*   cupellation
abtrennen   fettle/to; separate/to; part [off]/to
Abtriebsrad *n*   drive gear
Abtriebsscheibe *f*   drive pulley
Abtriebswelle *f*   drive shaft
Abwasseranlage *f*   sewage-water system
Abwasserpumpe *f*   waste water pump
Abwechseln *n*   alternating
abweichen   deviate/to
Abweichung *f*   departure, deviation, off-size; drift
Abweichung *f* **maximale**   maximum deviation
Abweichung *f* **minimale**   minimum deviation
Abweichung *f* **seitliche**   yaw
Abweichung *f* **zulässige**   allowable deviation
Abweichung *f* **vom programmierten Weg**   path deviation
Abweichung *f* **von der Linearität**   linearity deviation
Abweichung *f* **von der Nenngröße**   departure from nominal size
Abweichungsanzeige *f*   error indication
abziehen   dress/to; tap/to *{slag}*; strip/to *{mould}*; draw off/to, drain off/to *{liquids}*
Abziehformkasten *m*   snap flask
Abziehmutter *f*   extractor nut
Abziehschraube *f*   extractor screw
Abziehvorrichtung *f*   extractor device, puller
Abzugskraft *f*   die withdrawing force
Abzweig *m*   branch
Abzweigrohr *n*   branch tube
Acetylenentwickler *m*   acetylene generator
Achse *f*   1. coordinate, axis *{mathematics}*; 2. axle; spindle
Achse *f* **neutrale**   neutral axis
Achse *f* **steuerbare**   controllable axis
Achsenabstand *m*   axial distance
Achsenfluchtung *f*   axis alignment
Achsenkreuz *n*   coordinate system
Achsenkreuzungswinkel *m*   crossed-axes angle *{gear}*
Achsenrichtung *f*   axial direction
Achsenrichtung in   axial
achsensymmetrische Biegung *f* **einer Platte**   symmetrical bending of a circular plate
Achsmutter *f*   collar nut
Achszuordnung *f*   axis allocation *{numerical control}*
Achtfachverteilerkanal *m*   eight-runner arrangement
Achtspindelautomat *m*   eight-spindle automaton
Adaptation *f*   adaptation
Adaptationsschleife *f*   adaptive loop

Adapter *m* adapter
adaptieren adapt/to
adaptionsfähig adaptive
adaptiv adaptive
adaptive Abtastung *f* adaptive sampling
adaptive Bahnführung *f* adaptive routing
adaptive Fertigungsstraße *f* adaptive process line
adaptive Regelung *f* adaptive control
adaptive Steuerung adaptive control
Adaptivregelung *f* adaptive control
Adaptivsteuerung *f* adaptive control
Adhärenz *f* adherence
Adhäsion *f* adhesion
adiabatische Prüfmethode *f* adiabatic method
adjazent adjacent
adjungiert adjoint
adressierbar addressable
adressierbare horizontale Position *f* addressable horizontal position {*numerical control*}
adressierbare vertikale Position *f* addressable vertical position {*numerical control*}
adressierbarer Punkt *m* addressable point
Agglomeratkuchen *m* sinter cake
Aggregat *n* assembly, set
aggressive Schlacke *f* scouring slag
Akkord *m* chord
Akkukopf *m* accumulator head
Akkumulator *m* accumulator
Akkumulierzylinder *m* accumulator cylinder
Aktion *f* action
aktiv active

Aktivator *m* energizer
aktive Redundanz *f* active (functional) redundancy
aktive Zone *f* active zone
aktiver Status *m* active state
aktives Inventar *n* active inventory
aktivieren activate/to
Aktivierungsmittel *n* energizer
Aktivitätenanalyse *f* activity analysis
aktualisieren update/to
Aktualisierung *f* updating {*e.g. software*}; maintenance
aktuell actual
aktueller Parameter *m* actual parameter
akustisch acoustic, acoustical
akustische Ausgabe *f* phonetic output
akustische Eigenschaft *f* acoustical property
akustische Eingabe *f* phonetic input
akustischer Alarm *m* acoustic signal
akustischer Dialog *m* acoustic dialogue {*man-machine dialogue*}
akustisches Signal *n* acoustic signal
akzeptabel acceptable
Akzeptanz *f* acceptance
akzeptierbar acceptable
akzeptieren accept/to
Alarm *m* alarm
Alarmblinklampe *f* flashing alarm lamp
Alarmgerät *n* alarm signalling device
Alarmglocke *f* alarm bell
Alarmierung *f* alarm, alarming
Alarmmeldung *f* alarming
Alarmschalter *m* alarm switch

Alarmsignal *n* alarm signal
Alarmsignalisierung *f* alarm, alarming
Alarmsystem *n* alarm system
Alarmzeichen *n* alarm signal
alkalibeständig alkali-resistant, alkali-stable, alkali-proof
Alligatorschere *f* alligator scissors
Alligatorzange *f* alligator wrench
Allzweckroboter *m* general-purpose robot
altern age/to
Alterung *f* ag[e]ing *{building elements}*; age hardening *{light metals}*
Alterung *f* **beschleunigte** accelerated ag[e]ing
Alterung *f* **künstliche** artificial ag[e]ing
Alterung *f* **natürliche** natural ag[e]ing
Alterung *f* **normale** normal ag[e]ing
Alterung *f* **unter Normalbedingungen** normal ag[e]ing
Alterungsausfall *m* ag[e]ing failure, degradation failure
Alterungsbeständigkeit *f* **relative** relative period of ag[e]ing
Alterungsprüfgerät *n* ag[e]ing device
Alterungssprödigkeit *f* precipitation brittleness
Alterungstemperatur *f* ag[e]ing temperature
Altmetall *n* scrap [metal]
Altsand *m* old (floor, used) sand *{Formerei}*
Altsandaufbereitung *f* sand reclamation
Aluminiumlegierung *f* aluminium alloy
Amboß *m* anvil
Amboßbahn *f* auswechselbare pallet
Amerikanisches Feingewinde *n* American National Fine [thread]
Amerikanisches Grobgewinde *n* American National Coarse [thread]
Amerikanisches Normalgewinde *n* American standard thread
amorph amorphous
Analoganzeige *f* analog[ue] display
Analogie *f* **hydrodynamische** hydrodynamical analogy in torsion
Analyse *f* analysis
Analyse *f* **chemische** chemical analysis
Analyse *f* **thermische** thermal analysis
Analyse *f* **der Ausfallart** failure mode analysis
analysieren assay/to, analyse/to
anarbeiten kegelig nose/to
Anbau *m* annex
anbauen mount/to
anbinden gate into/to
Anbinden *n* **mehrfaches** multi-point gating
Anbindung *f* gate, gating
Anbohrarmatur *f* pipe tapping device (equipment)
Anbohrgerät *n* pipe tapping device (equipment)
Anbrennen *n* burning-on *{foundry sand}*
anbringen attach/to, fit/to
Anbruch *m* [incipient] crack
ANC-Gewinde *n* American National Coarse [thread]
ändern *s.* verändern
Änderung *f* change; modification; variation
Änderung *f* **sprunghafte** step change

Andrehkurbel *f* crank
aneinanderreihen chain/to
ANF-Gewinde *n* American National Fine [thread]
anfahren start-up/to *{e.g. plant}*
Anfangeisen *n* punty [iron]
Anfangs-Prüftemperatur *f* initial test temperature
Anfangslage *f* starting position
Anfangsquerschnitt *m* initial cross-section
Anfangsspannung *f* initial stress
Anfangsspritzdruck *m* initial injection pressure
Anfangsstellung *f* starting position
Anfasmaschine *f* chamfering machine
Anfeilhärteprüfung *f* file hardness testing, file scratch test
anfeuchten temper/to *{sand}*
Anfeuchten *n* tempering *{sand}*
anfordern request/to
Anforderungen *fpl* **an die Prüfung** test requirements
Anfressung *f* pit, scuffing
angegossen gated, mo[u]lded-on, fed
angeordnet nebeneinander adjacent
angeordnet pendelnd free to float
angeschnitten seitlich edge-gated, side-fed, side-gated
angespritzt fed, gated, mo[u]lded-on
angespritzt mehrfach multiple-gated
angespritzt seitlich edge-gated, side-fed, side-gated
angespritzt zentral center-fed, center-gated
angesteuert biased, driven
angeströmt seitlich side-fed
angetrieben driven, powered
angetrieben hydraulisch hydraulically powered
angetriebene Rollenbahn *f* powered-roller conveyor
angreifen attack/to, act/to *{power}*; corrode/to
angreifende Kraft *f* continuously applied force
angreifende Spannung *f* continuously applied stress *{mechanically}*
Angriff *m* **oxidativer** oxidative attack
Angriffswinkel *m* angle of attack
Anguß *m* sprue, gate; lug
Anguß-Anschnitt-System *n* runners and gates
Anguß *m* **Delta-** film gate
Angußabfall *m* sprue waste
Angußabtrennvorrichtung *f* degating device
Angußart *f* type of gate (gating system)
Angußausdrückstift *m* sprue ejector pin
Angußausreißer *m* sprue puller
Angußauswerfvorrichtung *f* sprue ejector
Angußauszieher *m* sprue puller
Angußbohrung *f* gate
Angußbuchse *f* sprue bush[ing], feed bush[ing]
Angußbutzen *m* sprue
Angußeinsatz *m* sprue insert
Angußentfernung *f* sprue removal, degating
angußfrei sprueless, runnerless
Angußgestaltung *f* gate design
Angußgröße *f* gate size
Angußhöhe *f* gate length
Angußkonstruktion *f* gate design
Angußloch *n* gate

angußlos runnerless, sprueless
angußlose Direktanspritzung *f* direct gating feed
Angußmarkierung *f* gate mark
Angußöffnung *f* gate
Angußpositionierung *f* positioning of the gate
angußseitig on the feed side
Angußspinne *f* radial system of sprues and runners
Angußstange *f* sprue
Angußsteg *m* inlet, gate land
Angußstelle *f* feed (injection) point
Angußstern *m* radial system of sprues and runners
Angußsystem *n* feed (gating) system
Angußtechnik *f* gating technique
Angußversiegeln *n* gate sealing
Angußverteiler *m* runner; spreader *{of an injection mo[u]ld}*
Angußverteilerplatte *f* feed plate
Angußverteilersystem *n* runner system
Angußvorkammer *f* [hot well] ante-chamber
Angußweg *m* runner
Angußzapfen *m* sprue
Angußziehbuchse *f* sprue puller bush
Angußziehstift *m* sprue puller pin
anhalten halt/to, pause/to, stop/to
anheben elevate/to, lift/to
Anhebevorrichtung *f* elevator
Anheizgeschwindigkeit *f* heating rate
Anheizkurve *f* heating curve
anisotrop anisotropic
anisotroper Werkstoff *m* anisotropic material
Anisotropie *f* anisotropy

Anker *m* anchor; armature *{electric motor, relay}*; belt *{foundry}*
Anker *m* **genuteter** slotted armature
Ankerbelastung *f* armature load
Ankerbolzen *m* anchor bolt
Ankerpfahl *m* anchor pile
Ankerplatte *f* anchor plate, foundation plate
Ankerrückwirkung *f* armature reaction
Ankerträgheit *f* armature inertia
Ankerwand *f* [durchlaufende] anchor wall
Ankerwicklung *f* armature winding
Ankerzweig *m* path of an armature winding
anklemmen clip/to
ankoppeln couple/to
ankörnen punch/to
Ankörnen *n* punching
ankuppen point/to
Anlage *f* plant; installation, rig, facility; unit, set
Anlage *f* **technologische** process plant
Anlage *f* **unbemannte** unattended installation
Anlageentwurf *m* plant design
Anlagefläche *f* bearing surface, contact area
Anlagenausfall *m* outage
Anlagenautomatisierung *f* factory automation
Anlagenbetreiber *m* operator *{man or person by law}*
Anlagenmodell *n* plant model
Anlagenprüfung *f* plant testing
Anlagenstandort *m* plant site
Anlagenstörung *f* plant disturbance

Anlagenzuverlässigkeit *f* equipment reliability
anlassen 1. start/to *{motor}*; 2. temper/to; draw/to, draw the temper/to *{Stahl}*
anlassen blau blue-finish/to
Anlassen *n* 1. starting *{motor}*; 2. tempering; drawing *{Stahl}*
Anlassen *n* **in Öl** oil tempering
Anlasser *m* starter
Anlaßfarbe *f* temper (heat) colour, heat tint
Anlaßofen *m* draw (drawing) furnace
Anlaßschalter *m* starting switch
anlaßspröde temper-brittle
Anlaßtemperatur *f* drawing temperature
Anlauf *m* start-up
anlaufen [lassen] start [up]/to
anlaufen [lassen] blau blue/to
Anlaufen *n* **blau** blueing
Anlauffarbe *f* heat tint, temper colour
Anlaufimpuls *m* start pulse
Anlaufscheibe *f* check plate
Anlaufzeitkonstante *f* acceleration constant
anlegen apply/to *{z.B. eine Spannung}*
annähernd approximate, approximating
Annäherung *f* approach
Annäherungssensor *m* proximity sensor
Annahme *f* acceptance *{e.g. quality control}*
Annahmebereitschaft *f* acceptance
Annahmegrenze *f* acceptance limit *{e.g. quality control}*
Annahmeprüfung *f* acceptance test *{e.g. quality control}*
Annahmeschwelle *f* acceptance limit *{e.g. quality control}*
Annahmewahrscheinlichkeit *f* acceptance probability
annehmbar acceptable
annehmen accept/to
anomal abnormal, anomalous
anordnen place/to; position/to *{e.g. tool}*; arrange/to, align/to
anordnen rechtwinklig arrange to a rectangular pattern/to
Anordnung *f* arrangement, assembly, configuration, set-up, setting; pattern, scheme; layout
Anordnung *f* **von Elementen** array
Anordnungsplan *m* location diagram
Anordnungsschema *n* location diagram
anpaßbar adaptable
Anpaßbaustein *m* adapter
Anpaßbolzen *m* fit bolt
Anpaßbuchse *f* adapter bushing
anpassen match/to, adapt/to, fit/to; adjust [to]/to; accommodate/to
Anpaßteil *m* matching unit *{numerical control}*
Anpassung *f* adaptation, matching
anpassungsfähig adaptable, flexible; versatile
anpassungsfähiger Regelkreis *m* adaptive loop
Anpassungsfähigkeit *f* adaptability, flexibility
Anpassungsglied *n* matching element
Anpassungsregelung *f* adaptive control
Anpreßdruck *m* contact pressure
Anpreßring *m* thrust ring
Anpreßrolle *f* pressure roller

Anquellen *n* swelling
anregen activate/to *{e.g. vibrations}*; energize/to
Anreißplatte *f* marking plate
Anreißschablone *f* marking template
Anriß *m* incipient crack
Ansatz *m* 1. approach; 2. lug; 3. shoulder; 4. scaffold
Ansaugdruck *m* suction pressure
Ansaugrohr *n* suction pipe
anschärfen dress/to *{drill}*
Anschieben *n* sliding
Anschlag *m* 1. catch, click, stop, strike; 2. stroke *{key}*; 3. dog, mechanical stop; dead stop *{numerical control}*
Anschlagbacke *f* fence
Anschlagbolzen *m* stop bolt
Anschlagbuchse *f* stop bush
Anschlagbügel *m* stop bow
anschlagen stop/to; depress/to *{e.g. a push-button}*
Anschlaghebel *m* stop lever
Anschlagnabe *f* stop hub
Anschlagring *m* stop ring
Anschlagroboter *m* bang-bang robot
Anschlagschenkel *m* side rest
Anschlagschraube *f* set screw
Anschlagstift *m* stop pin
Anschlagwinkel *m* stop angle
Anschlagzirkel *m* dividers
anschließen attach/to, connect/to, join/to
Anschluß *m* 1. connection, joining; 2. connecting piece, connection joint; 3. *s.* Anschlußstelle
Anschlußbolzen *m* fitting bolt
Anschlußdeckel *m* connecting cover
Anschlußflansch *m* connecting flange
Anschlußhülse *f* connecting sleeve
Anschlußklemme *f* [connecting] terminal
Anschlußort *m* point of connection
Anschlußplan *m* connection diagram
Anschlußschaltbild *n* connection diagram
Anschlußschlauch *m* connecting tube
Anschlußspannung *f* connection voltage
Anschlußstelle *f* joint, junction
Anschlußstift *m* pin
anschneiden gate/to *{foundry}*
Anschnitt *m* entering end, gate, ingate, runner, sprue, taper lead
Anschnitt-Anguß-System *n* runners and gates
Anschnitt *m* **doppelter** double bevel
Anschnitt *m* **seitlicher** edge gate, side gate
Anschnittbereich *m* gate area (region)
Anschnittbohrung *f* gate [bore]
Anschnittbuchse *f* sprue bush
Anschnittebene *f* gating surface
Anschnittechnik *f* gating [technique]
Anschnittgröße *f* gate size
Anschnittkanal *m* **punktförmiger** pin gate
Anschnittkegel *m* sprue
Anschnittlage *f* position of the gate
Anschnittmarkierung *f* gate mark
Anschnittöffnung *f* gate
Anschnittpartie *f* gate area (region)
Anschnittseite *f* entering end
Anschnittstern *m* radial system of sprues and runners
Anschnittweg *m* runner
Anschnittwinkel *m* complementary angle of the bevel lead angle

Anschweißen *n* **eines Walzdrahtringes** wire coil welding
ansenken countersink/to
anspitzen sharpen/to, point/to
Anspitzwalzapparat *m* reciprocating rolls, swager *{for sharpening of wire}*
Ansprechempfindlichkeit *f* responsivity
ansprechen operate/to, respond/to
Ansprechen *n* **schnelles** quick response
ansprechend schnell quick-operating
Ansprechverhalten *n* **erster Ordnung** response
Ansprechzeit *f* response time; operating speed, operating time
Ansprengen *n* wringing
anspritzen gate into/to
Anspritzen *n* **seitliches** side feed
Anspritzkanal *m* runner
Anspritzkegel *m* sprue
Anspritzling *m* sprue
Anspritzstelle *f* feed point, injection point
Anspritztiefe *f* feed channel length
Anspritzung *f* gating
 Anspritzung *f* **axiale** center feed, central gating
anstauchen jump [up]/to, knock up/to, squeeze/to; head/to *{heads}*
Anstauchen *n* heading
ansteigen rise/to
anstellen adjust/to *{rollers}*; turn on/to; start/to, set going (in motion)/to *{e.g. a machine}*
Anstellgeschwindigkeit *f* screw-down speed
Anstellung *f* screw-down movement, adjustment *{rollers}*

Anstellwalze *f* balance roll
Ansteuerlogik *f* controller logic
ansteuern control/to, gate/to
Ansteuersignal *n* bias signal
Anstich *m* first (initial) pass
Anstichquerschnitt *m* leading pass section
Anstrengung *f* effort; strain
Anteil *m* **geschlossener Poren** closed cell content porosity
Anthropotechnik *f* human engineering
Antihavarietraining *n* antibreakdown training
Antiparallelschaltung *f* antiparallel coupling
Antireflexbelag *m* antireflection coating
Antireflexionsschicht *f* antireflection layer
Antireflexionsüberzug *m* antireflection coating
antisymmetrisch antisymmetric
antreiben drive/to
Antreiben *n* driving
Antrieb *m* drive, propulsion; driving (propulsion) gear
 Antrieb *m* **direkter** direct drive
 Antrieb *m* **mit gekreuzten Riemen** cross driving
Antriebsaggregat *n* drive unit
Antriebsdrehmoment *n* driving torque
Antriebsebene *f* drive level
Antriebseinrichtung *f* driver (driving) device
Antriebselement *n* transmission element
Antriebsflansch *m* drive flange
Antriebshebel *m* drive lever
Antriebskette *f* drive chain

Antriebslager *n* drive bearing
Antriebsmechanismus *m* drive mechanism
Antriebsmoment *n* driving torque
Antriebsmotor *m* driver motor
Antriebsregelung *f* drive control
Antriebsriemen *m* [driving] belt
Antriebsriemenscheibe *f* driving pulley
Antriebsritzel *n* driving pinion
Antriebsrolle *f* driving pulley
Antriebsscheibe *f* driving pulley
Antriebsseite *f* driving side
Antriebswelle *f* driving shaft
Antriebszahnrad *n* driving pinion
Antriebszahnrad *n* **großes** bullgear
Antwort *f* [positive] acknowledgement
antworten respond/to, reply/to, return/to, answer/to
Anvulkanisationsdauer *f* scorch time
Anvulkanisationsgeschwindigkeit *f* scorching speed, cure rate; cure time {*Mooney viscometer*}
Anwärmloch *n* glory hole
Anwender *n* user, customer
Anwender *m* **berechtigter** authorized user
Anwender festlegbar vom (definierbar) user-definable
Anwenderdokumentation *f* user documentation
anwenderfreundlich user-friendly
anwenderorientiert customer-oriented, user-oriented
Anwendung *f* use; application
Anwendungsanalyse *f* application analysis
Anwendungsbereich *m* range of use

Anwendungsfall *m* application
Anzahl *f* **der Leerlaufzyklen** number of dry cycles
Anzeige *f* **örtliche** local indication
Anzeigeeinheit *f* display unit
Anzeigegerät *n* display device
Anzeigekonsole *f* display console
anzeigen display/to
anziehen tighten/to {*e.g. screw*}; operate/to {*relay*}; attract/to {*armature*}
Anziehen *n* operation {*relay*}
Anzugmutter *f* tightening nut
Anzugschraube *f* drawbolt
Anzugsmoment *n* starting torque {*drive*}, locked-rotor torque
Anzugsschraube *f* draw-in bolt
Anzugstange *f* drawbar {*milling spindle*}
Apertur *f* **numerische** numerical aperture
Apparat *m* equipment, apparatus, device
Applikation *f* application
Applikationsingenieur *m* application engineer
Approximationswert *m* approximation value
approximativ approximate, approximating
Äquidistantenprogrammierung *f* equidistant programming {*numerical control*}
Arbeit *f* work; job
Arbeit *f* **mit kleiner Losgröße** few-off job
arbeiten operate/to, run/to
Arbeiten *n* **gleichzeitiges** simultaneous operation
arbeitend active, actual, operative

arbeitend doppelseitig double-ended
arbeitend unverzögert instantaneously operating
Arbeitsablauf *m* operating (operation) sequence
Arbeitsablaufplan *m* flow process diagram, flow pattern; operating schedule
Arbeitsanweisung *f* part program *{numerische Steuerung}*
Arbeitsaufgabe *f* [job] task, job
Arbeitsaufgabe *f* **den Roboter eine neue lehren** teach the robot a new job/to
Arbeitsbedingungen *fpl* **vorbestimmte** predetermined operating conditions
Arbeitsbereich *m* work (working, operating) area, work zone, operating range, reach *{Roboter}*
Arbeitsbereich *m* **linearer** linear region of operation
Arbeitsbereich *m* **zulässiger** permissible operating range
Arbeitsbereich *m* **sicherer** *{ohne Schäden am Bauelement}* safe operating area
Arbeitsdiagramm *n* diagram of work
Arbeitsdruck *m* operating pressure
arbeitsfähig operative
Arbeitsflüssigkeit *f* coolant
Arbeitsgang *m* operation
Arbeitsgänge *mpl* **aufeinanderfolgende** successive cycles
Arbeitsgangvoreinstellung *f* cycle setting
Arbeitsgeschwindigkeit *f* operating speed
Arbeitsherd *m* hearth *{of an air furnace}*

Arbeitshub *m* cutting stroke
Arbeitshub *m* **des Pressenstößels** forward press travel
Arbeitshub *m* **voller** *{z.B. eines Stellglieds}* complete working traverse
Arbeitskaliber *n* live pass
Arbeitskennlinie *f* operating characteristic
Arbeitskontakt *m* open-circuit contact, closer
Arbeitslage *f* operating position
Arbeitsloch *n* gathering hole (opening)
Arbeitsplan *m* operation plan
Arbeitsplatz *m* work station
Arbeitsprinzip *n* operating principle
Arbeitspunkt *m* **stationärer** steady-state operating point
Arbeitsraum *m* operating space, work (working) volume
Arbeitsspiel *n* duty cycle
Arbeitsspindel *f* main spindle
Arbeitsstellung *f* operating position, on-position
Arbeitsstich *m* live pass
Arbeitsstufe *f* pressing stage *{transfer press}*; stage of operation
Arbeitstakt *m* operating cycle; *s.* Arbeitshub
Arbeitstemperatur *f* operating temperature
Arbeitstemperaturbereich *m* operating temperature range
Arbeitsumgebung *f* work (working) environment
arbeitsunfähig inoperative
Arbeitsvorbereitung *f* production (operation, work) scheduling
Arbeitswanne *f* refiner

Arbeitsweg *m* feed distance
Arbeitsweise *f* function, [operating] mode, operation, working
Arbeitsweise *f* **autonome** autonomous working
Arbeitsweise *f* **fehlerhafte** malfunction
Arbeitsweise *f* **gefahrlose** fail-safe operation
Arbeitsweise *f* **synchrone** synchronous mode, synchronous working
Arbeitsweise *f* **überlappende** overlapping
Arbeitswert *m* operating value
Arbeitswissenschaft *f* ergonomics
Arbeitszeit *f* operating time
Arbeitszustand *m* state of operation
Arbeitszustand *m* **stationärer** steady-state operating condition
Arbeitszyklus *m* duty (operating, work) cycle
Arbeitszylinder *m* actuating cylinder
arithmetischer Mittelwert *m* arithmetic average (mean)
arithmetisches Mittel *n* arithmetic average (mean)
Arm *m* arm {*robot*}
Armen ausgerüstet mit armed
Armatur *f* fitting, armature
Armatur *f* **beheizbare** heatable valve and fitting
Armatur *f* **geschmiedete** forged-body valve
Armatur *f* **sanitäre** sanitary fitting
armierte Weichpackung *f* fibrous-and-metallic packing
Armkonfiguration *f* arm configuration

Armpositionierung *f* arm positioning {*Roboter*}
arrangieren arrange/to
arretieren stop/to, lock/to, arrest/to
Arretierklinke *f* stop pawl
Arretierscheibe *f* locking disk
Arretierschraube *f* set (setting) screw
Arretiersegment *n* blocking segment
Arretierstift *m* locking (locating) pin
Arretierstück *n* locking piece
Arretierung *f* arrest, catch, stop
Arretiervorrichtung *f* locating device
Art *f* mode, type
Art *f* **der Prüfung** test mode
AS-Gewinde *n* American standard thread
Asbestschnur *f* asbestos cord
Asbestzementplatte *f* asbestos cement sheet
Asbestzementtafel *f* asbestos cement sheet
astabil astable
ASTM American Society for Testing and Materials
asymmetrisch asymmetric
Asynchronmotor *m* asynchronous motor
atmosphärisch atmospheric
Attrappe *f* mock-up
ätzen etch/to
Ätzfigur *f* etch figure
Auf-Zu-Steuerung *f* batching (bang-bang) control
Auf-Zu-Ventil *n* batching valve, on-off valve, two-position valve
Aufbau *m* arrangement, design, set-up, setting; composition {*system*}; construction

Aufbau *m* **bausteinartiger** building-block design
Aufbaueinheit *f* unit
Aufbauschmelze *f* build-up heat
Aufbauwerkzeughalter *m* double-deck tool holder
aufbereiten condition/to, handle/to; prepare/to *{e.g. mo[u]lding sand}*
aufbewahren store/to
Aufbiegung *f* bend
Aufblasdorn *m* blowing mandrel (spigot), inflating mandrel (spigot)
Aufblasestelle *f* hot spot
Aufbohren *n* **tiefer Bohrungen** deep-hole boring
Aufbohrer *m* **für vorgegossene Löcher** core drill
aufbrechen open/to *{Form}*
aufdornen open out/to, pierce/to
Aufdornen *n* enlarging with a drift, tube end expansion
aufeinanderfolgende Arbeitsgänge *mpl* successive cycles
Auffahrkraft *f* {Druckgießwerkzeug} breakaway
auffangen receive/to; absorb/to
Auffangrinne *f* receiver
Auffederung *f* **des Pressenkörpers** arc spring
auffinden retrieve/to, locate/to
auffüllen top-up/to
Aufgabe *f* job, task, duty, function
Aufgabe eine verrichten (durchführen) perform a job/to
Aufgabekasten *m* feed box
Aufgabetrichter *m* (feed, material) hopper
Aufgeber *m* feeder
aufgelaufener Fehler *m* accumulated error

aufgenommene Leistung *f* power input
aufgerollter Span *m* curled chip
aufgerufen default; active, actual
Aufglasur *f* overglaze, on-glaze
Aufglasurdekor *n* on-glaze (overglaze) decoration
Aufglasurfarbe *f* overglaze (enamel) colour, on-glaze colour
aufgreifen pick-up/to
aufhängen drehbar pivot/to
Aufhängeplatte *f* suspension plate
Aufhängesupport *m* suspension bracket
Aufhängung *f* suspension
Aufhängung *f* **kardanische** cardanic suspension
Aufhängung *f* **rückwärtige** rear suspension
aufhauen cut/to *{file}*
Aufheber *m* cog
Aufheizgeschwindigkeit *f* heating rate
aufkeilen feather/to
Aufklappkaliber *n* butterfly pass
aufkochen reboil/to
aufkohlen carburize/to, cement/to
Aufkohlen *m* cementing, cementation, carburizing
Aufkohlen *n* **in festen Kohlungsmitteln** solid carburizing
Aufkohlung *f* carburization, cementation
Aufkohlungsmittel *n* carburizer
Aufkohlungsschicht *f* case
Aufkohlungszone *f* carburized case
aufladbar rechargeable
Auflage *f* lining, template; support
Auflage ohne unsupported
Auflagefläche *f* bearing (supporting) surface; seat

Auflager *n* bearing, bed
Auflagerplatte *f* bearing plate, bedplate
Auflaufen *n* ascent *{belt}*
aufliegend voll (satt) fully seated
aufliegender [frei gelagerter] Träger *m* simply supported beam
auflockern open/to *{foundry sand}*
auflösen dissolve/to
Aufnahme- und Plaziereinheit *f* pick-and-place unit
Aufnahme *f* accommodation; collet *{device}*; pick-up
Aufnahme-Ausgabe-Station *f* pick-up-discharge station
Aufnahmebuchse *f* container liner
Aufnahmebuchsenbohrung *f* container bore
Aufnahmedorn *m* guide bar
Aufnahmestelle *f* pick-up point *{e.g. by gripper arm of robot}*
aufnehmen pick/to, pick-up/to; house/to; take in/to, hold/to; accept/to
Aufprallversuch *m* impact test
Aufprallversuch *m* **Pfeil-** free falling dart impact test
Aufrauhen *n* cutting up *{form}*; roughing
Aufrechterhaltung *f* [eines Zustands] maintenance [of a state]
Aufreißkraft *f* die (mo[u]ld) opening force
Aufrundung *f* adjustment
Aufsatz *m* superstructure
Aufsatzkopf *m* dozzle
Aufsatztrichter *m* feed (material) hopper, hopper
Aufsatzventil *n* bolted bonnet valve
aufsaugen absorb/to
aufschäumen reboil/to

Aufschraubplatte *f* screw plate
Aufschrifttafel *f* inscription table
Aufspaltung *f* fork
Aufspannbock *m* clamping horse
Aufspannbohrung *f* mo[u]ld attachment hole
aufspannen clamp/to, mount/to; set/to *{tools}*
Aufspannen *n* clamping, mounting
Aufspannfläche *f* platen area
Aufspannfrosch *m* dog
Aufspannmaße *npl* mo[u]ld fixing dimensions
Aufspannplan *m* standard platen details, mo[u]ld fixing details (diagram)
Aufspannplatte *f* machine table, platen, mounting (clamping) plate
Aufspannplatte *f* **auswerferseitige** moving platen
Aufspannung *f* clamping
Aufspannvorrichtung *f* clamping device
Aufspannwerkzeuge *npl* clamping accessories
Aufstampfbrett *n* mo[u]ldboard, pattern board
Aufsteckhalter *m* **mit Abdrückmutter** easy-starting arbor
Aufsteckreibahle *f* shell reamer
aufstellen set up/to *{e.g. program}*, install/to
Aufstellen *n* **der Wartungstafel** maintenance scheduling
Aufstellung *f* set-up, setting; installation
Aufstellung *f* **des Wartungsprogramms** maintenance programming
Aufstellungsfläche benötigte *f* floor space required
Aufstellungsfläche *f* floor space

Aufstellungsort *m* site
auftasten gate/to
auftragen plot/to; apply/to *{e.g. coatings}*
Auftragslinie *f* abscissa
auftreffen impinge/to
Auftreffgeschwindigkeit *f* striking velocity; speed of impact *{e.g. falling bodies}*
Auftreibkraft *f* die (mo[u]ld) opening force
Aufwand *m* effort
Aufwandsmaß *n* measure of effort
Aufwärmloch *n* glory hole
aufweiten open out/to, expand/to
aufwickeln reel/to, wind/to, take up/to
aufzeichnen record/to
Aufzeichnung *f* record[ing]
  Aufzeichnung *f* **mit konstanter Amplitude** constant-amplitude recording
Aufziehwerkzeug *n* ironing die
Aufzugsantrieb *m* lift drive
Aufzugsvorrichtung *f* lifting mechanism
Auge *n* eye
  Auge künstliches *n* artificial eye *{robot}*
Augenschraube *f* eye screw, eyebolt
ausarbeiten tiefer deepen/to
ausbauchen expand/to
Ausbauchung *f* convexity, expansion, bulging
ausbauen remove/to *{e.g. parts}*
Ausbauverband *m* bracing
Ausbeute *f* yield
ausblasen blow down/to
Ausblühung *f* scum
ausbrechbare Kabeleintrittsöffnung *f* knock-out

ausbreiten thin/to; spread/to *{forging}*
ausbringende Ecke *f* arris
Ausbringung *f* capacity
Ausbruch *m* knock-out
Ausdauer *f* endurance
Ausdehnung *f* **räumliche** size
Ausdehnungsgefäß *n* **für Öl** oil conservator
ausdornen drift/to
Ausdrehfutter *n* boring head, wobble box
Auseinanderspreizen *n* expansion
ausfahrbarer Herd *m* car-bottom hearth, mobile hearth
ausfahren extend/to; raise/to
Ausfall *m* failure, malfunction, outage, breakdown; fault *{plant}*; bug *{computer}*
  Ausfall *m* **abhängiger** dependent failure
  Ausfall *m* **funktioneller** functional fault
  Ausfall *m* **geplanter** planned (scheduled) outage
  Ausfall *m* **harmloser** harmless malfunction
  Ausfall *m* **schwerer** major (serious, severe) failure
  Ausfall *m* **bei unzulässiger Beanspruchung** misuse failure
  Ausfall *m* **der Versorgungsenergie** power fail[ure]
  Ausfall *m* **des Reglers** controller failure
  Ausfall *m* **des Versorgungsluftdrucks** air failure
  Ausfall *m* **eines Systemteils** part failure
  Ausfall *m* **im Laufe der Zeit** failure in time

Ausfall *m* **infolge Alterung** ag[e]ing failure
Ausfall *m* **infolge Ermüdung** fatigue fault
Ausfall *m* **mit üblen Folgen** bad (hard) failure
Ausfall *m* **ohne üble Folgen** graceful (soft) failure
Ausfallabstand *m* **mittlerer** mean time between failures
Ausfallanalyse *f* failure analysis, fault analysis
Ausfallanzeige *f* failure indication
Ausfallart *f* failure mode, type of failure
Ausfallbericht *m* failure (fault) report
Ausfalldauer *f* downtime
Ausfalldauerverteilung *f* downtime distribution
Ausfalldiagnose *f* fault diagnosis
Ausfalleisen *n* off-iron
ausfallen fail/to {*e.g. power source*}
Ausfallmodus *m* failure mode
Ausfallöffnung *f* 1. space for part ejection; 2. discharge opening (outlet, aperture, door, port)
Ausfallrate *f* failure (outage, fault) rate, rate of failure
Ausfallrutsche *f* billet chute
Ausfallswinkel *m* angle of reflection
Ausfallursache *f* cause of failure (malfunction, trouble), source of malfunction, source of trouble
Ausfallwahrscheinlichkeit *f* failure (outage) probability, probability of failure
Ausfallwahrscheinlichkeit *f* **bedingte** conditional probability of failure
Ausfallzeit *f* downtime, outage time
Ausfallzeit *f* **mittlere** mean downtime, mean time to failure
Ausfallzeit *f* **durch vorbeugende Instandhaltungsarbeiten** preventive maintenance downtime
Ausfallzeit *f* **infolge Wartung (Reparatur)** maintenance (service, servicing) downtime
ausfließen efflux/to, discharge/to, flow out/to
ausfluchten align/to
Ausformschräge *f* draft, draw
ausfressen scour/to {*oven lining*}
Ausfressung *f* scouring {*in the oven lining*}
ausführen execute/to; perform/to
Ausführung *f* 1. execution, performance; 2. design, configuration, model; make
Ausführung *f* **konstruktive** design
Ausführung *f* **eines Programmes** program execution
ausfüllen accomplish/to
Ausgabe *f* output
Ausgabe *f* **akustische** acoustic output
Ausgabe-Aufnahme-Station *f* {*Hochregallager*} pick-up-discharge station
Ausgabe-Eingabe-Einrichtung *f* input-output device
Ausgabeauflösung *f* feedback (output) resolution {*numerical control*}
Ausgabegerät *n* output device
Ausgabesignal *n* output signal
Ausgabewert *m* output
Ausgang *m* output {*e.g. of an equipment*}; exit
Ausgangsbuchse *f* output socket
Ausgangsdruck *m* output (outlet) pressure, pneumatic output

Ausgangslage *f* starting position
Ausgangsquerschnitt *m* starting section
Ausgangsseite *f* exit side
Ausgangssignal *n* output [signal]
Ausgangsspannung *f* output voltage
Ausgangsstellung *f* starting position
Ausgarzeit *f* quiescent period *{molten steel}*
ausgefallen faulty *{e.g. plant}*
ausgeglichen balanced
ausgegossen compound-filled
ausgehen lassen blow down/to
ausgekleidet lined
ausgekleidetes Rohr *n* lined pipe
ausgeklügelt sophisticated
ausgeklügelter Mechanismus *m* sophisticated mechanism
ausgekragt cantilevered
ausgerichtet aligned
ausgerichtet geradlinig straight
ausgerückt out-of mesh, out-of gear
ausgeschaltet inoperative
ausgießen cast/to
Ausgleich *m* balance, compensation; make-up *{esp. for used up or material lost}*; counterbalance
Ausgleich *m* **der P-Abweichung** positional error compensation
Ausgleich *m* **des Werkzeugdurchmessers** tool-diameter compensation
Ausgleichbehälter *m* balancing (compensating) tank
ausgleichen balance/to, compensate/to; make up/to *{esp. losses of material}*; level/to
Ausgleichgewicht *n* balancing weight, counter weight
Ausgleichhebel *m* compensating lever
Ausgleichlineal *n* correction bar
Ausgleichmasse *f* balancing (counterbalancing) weight
Ausgleichseinrichtung *f* correcting (compensating) device, compensator
Ausgleichsmasse *f* correcting weight
Ausgleichszeit *f* setting time, transient time
Ausgleichzustellung *f* equalization
Ausgleichzylinder *m* counterbalance cylinder
ausglühen draw the temper/to
Ausglühen *n* annealing
aushärten precipitation hardening *{of steel}*; age [-harden]/to *{of light metal}*; cure/to; set/to
Aushaustempel *m* all-side cutting punch
ausheben withdraw/to, draw/to *{aus der Form}*; lift/to *{Modell}*
Aushebeschräge *f* taper
Aushebewinkel *m* draft angle
Auskleidung *f* lining
ausklingen die away/to
ausklinken trip/to
Ausklinkhebel *m* release lever
Ausklinkung *f* tip-out, trip
Ausknickung seitliche *f* *{z.B. eines Trägers}* lateral buckling
auskragen cantilever/to
auskuppeln cut-out/to, disengage/to
ausladendes Gestell *n* gap frame
Ausladung *f* [depth of] gap (throat), throat [clearance, depth]; daylight *{Presse}*
Auslagerungshärtung *f* time quench hardening
Auslaß *m* 1. outlet, drain, discharge [point]; 2. discharge *{act}*
Auslaßdüse *f* outlet nozzle
Auslaßventil *n* outlet valve

auslasten utilize/to
auslasten nicht [vollständig] underutilize/to
Auslastung *f* relative throughput, utilization
Auslastungsgrad *m* utilization factor
Auslauf *m* 1. outlet, drain, discharge [point]; run[ning]-out
Auslaufarmatur *f* outlet fitting
auslaufen coast/to, run out/to; efflux/to
Auslaufseite *f* outgoing side
Auslaufventil *n* outlet (outflow) valve
Auslaufverfahren *n* retardation method
Ausleger *m* arm, cross-bar, beam
Auslegerbohrmaschine *f* radial drilling machine
auslenken displace/to; deflect/to
auslenken zu weit overtravel/to
Auslenkung *f* deflection; displacement
Auslenkwert *m* compliance
Auslöseeinrichtung *f* release (releasing) device
Auslösehebel *m* release (tripping) lever
Auslösekontakt *m* release (releasing) contact
Auslösemechanismus *m* actuating mechanism
auslösen disconnect/to, drop/to, release/to, trip/to; activate/to {e.g. relay}; actuate/to
Auslöser *m* release (releasing) device, trip, tripping device
Auslösestrom *m* release (releasing, tripping) current
Auslösevorrichtung *f* tripping device

Auslösung *f* trip-out, trip[ping]; actuating, actuation {directly by man}; release
Auslösung *f* **automatische** automatic tripping
ausmauern line/to {blasting furnace}
ausmerzen Fehler debug/to
ausmessen measure/to
ausnutzen utilize/to
Ausregelung *f* regulation
Ausregelung *f* **von Lastschwankungen** load regulation
Ausregelzeit setting (correction) time
ausrichten align/to, straighten/to; true/to
Ausrichtung *f* alignment, orientation; lining-up
ausrollen coast/to
Ausrückdeckel *m* clutch cover
ausrücken cut out/to, disconnect/to; disengage/to {clutch}
Ausrückgabel *f* disengaging fork
Ausrückhebel *m* disengaging lever
Ausrücklager *n* clutch bearing
Ausrücklagerung *f* disengaging bearing
Ausrückstange *f* disengaging rod
Ausrückwelle *f* disengaging shaft
Ausrundung *f* concave rounding
ausrüsten equip/to
ausrüsten mit provide with/to
Ausrüstung *f* equipment
Ausrüstungsliste *f* list of equipment
Ausschaltdauer *f* off period
ausschalten de-energize/to, disconnect/to, switch [off]/to
Ausschaltzustand *m* open-circuit condition

Ausscheidungshärtung *f* dispersion hardening; age hardening
Ausschlag *m* displacement; movement, deflection *{pointer}*
Ausschlagwinkel *m* angle of deflection
ausschmelzbares Modell *n* investment pattern
Ausschmelzmodell *n* investment pattern
ausschmieden draw out/to, hammer/to, thin/to
Ausschmieden *n* drawing-down, drawing-out
Ausschmieden *n* **in Querrichtung** lateral spreading
ausschneiden blank/to, cut out/to
Ausschneider *m* cutting-out tool
Ausschraubkern *m* unscrewing core
Ausschußlehre *f* no-go ga[u]ge
Ausschußseite *f* not-go side *{ga[u]ge}*
Ausschußteil *n* outcome *{faulty part}*
ausseigern reduce by liquation/to, liquate/to
Außenanlage *f* outdoor installation
Außenbewitterung *f* outdoor weathering
Außenbewitterungsprüfung *f* outdoor exposure test[ing]
Außendrehen *n* outside turning
außengestufte Backen *fpl* external stepped chuck jaws
Außengewindedrehmeißel *m* external threading tool
Außenhaut *f* shell
Außeninstallation *f* outdoor installation
Außenkegel *m* male (outside) taper
aussenken counterbore/to
aussenken kegelig countersink/to
aussenken zylindrisch counterbore/to
Aussenkung *f* counterbore
Außenlamelle *f* external disk
Außenlunker *m* surface blowhole
Außenprüfung *f* natural test method, *s.a.* Außenbewitterungsprüfung
Außenprüfung *f* **beschleunigte** accelerated outdoor exposure test[ing]
Außenräumen *n* external broaching
Außenräumwerkzeug *n* external broach
Außenrohr *n* column sleeve
Außenrundläppen *n* external cylindrical lapping
Außenrundschleifen *n* external cylindrical lapping; external cylindrical grinding
Außenrundschleifmaschine *f* external cylindrical grinding machine
Außenrundtiefschleifen *n* cylindrical creep-feed grinding
Außenschleifen *n* external grinding
Außenstufenfutter *n* external step chuck
Außerbetriebsetzung *f* shut-down
außerhalb external
Außermittebohrung *f* eccentric bore
Außermittedrehen *n* eccentric turning
Außermittekreis *m* off-centre circle
Außermittemaß *n* off-centre size
Außermittespannen *n* eccentric chucking
Außermittespannfutter *n* eccentric chuck
Außermittezapfen *m* off-centre journal

außermittig eccentric, off-centre
außermittige Belastung *f* eccentric load[ing]
außermittige Verstellung *f* eccentric adjustment
außermittiger Zug *m* eccentric tension
Außermittigkeit *f* eccentricity
Außertrittfallen *n* falling (coming) out of step
aussetzen expose/to {*e.g. weather*}; fail/to; intermit/to
Aussetzen *n* 1. failure; 2. exposure {*e.g. weather*}
aussetzender Betrieb *m* **mit gleichbleibender Belastung** intermittent duty
ausspänen clear the chips/to, clear the swarf/to
ausspannen dechuck/to
Aussparung *f* aperture
Ausspitzung *f* end reduction
ausstanzen blank/to
ausstatten equip/to
ausstatten mit provide with/to
Ausstattung *f* **mit Robotern** robotization
Ausstattungsarmatur *f* fitting for display purposes
Aussteuerungsgrad *m* phase-control factor
Ausstoß *m* output {*production*}; discharge; ejection, delivery
Ausstoßdruck *m* ejector force, extrudate delivery pressure
Ausstoßeinrichtung *f* ejection fixture
ausstoßen eject/to
Ausstoßer *m* ejector, lifter
Ausstoßstift *m* ejector (lifting, knock-out) pin

Ausstoßweg *m* ejector stroke
Ausstoßzylinder *m* ejector cylinder
Ausströmungslinie *f* exhaust curve
Austausch *m* exchange, interchange, substitution, replacement
austauschbar interchangeable
austauschbar körperlich physically interchangeable
austauschen communicate/to {*information*}; exchange/to, interchange/to, substitute/to, replace/to
Austauschteil *n* reconditioned part
Austenit *m* austenite
Austenit- und Ferritgefüge *n* AF structure
austenitische Härtung *f* austempering
Austragsband *n* discharge belt
Austreiber *m* [drift] key, drill drift
Austreiblappen *m* drill shaft
austreten {*Knüppel aus Walzen*} leave the pass/to
Austrittsgeschwindigkeit *f* delivery speed {*rolls*}
Austrittskanal *m* outlet channel
Austrittskonus *m* {*am Ziehstein*} reverse (exit) taper
Austrittsöffnung *f* aperture
Austrittsseite *f* outgoing side
Austrittstutzen *m* outlet pipe
Austrittswelle *f* outlet shaft
Austrittswinkel *m* emmission angle
auswägen balance/to
Auswahl *f* selection
auswählen select/to
auswalzen bloom/to; roll out/to
Auswalzen *n* blooming
auswechselbare Amboßbahn *f* pallet
auswechseln exchange/to, interchange/to, replace/to, substitute/to

Ausweitdorn *m* drift
ausweiten drift/to
Auswerfeinrichtung *f* ejection fixture, ejector assembly (mechanism)
Auswerfen *n* ejection
Auswerfer *m* ejector
Auswerferbewegung *f* ejector movement
Auswerferbohrung *f* ejector bore
Auswerferbolzen *m* ejector bolt
Auswerferdämpfung *f* ejector damping mechanism
Auswerferendstellung *f* ejector end position
Auswerferfreistellung *f* ejector release [mechanism]
Auswerfergeschwindigkeit *f* ejector speed
Auswerfergrundplatte *f* ejector retaining plate
Auswerferhalteplatte *f* ejector plate [assembly]
Auswerferhilfe *f* ejection aid
Auswerferhub *m* ejector stroke
Auswerferhubbegrenzung *f* ejector stroke limitation [device]
Auswerferhülse *f* ejector bush
Auswerferkolben *m* ejector rod
Auswerferkraft *f* ejector force
Auswerfermarkierung *f* ejector mark
Auswerferplattensicherung *f* ejector plate safety mechanism
Auswerferring *m* ejector ring
Auswerferrückzugkraft *f* ejector retraction force
Auswerferschiene *f* ejector bar
Auswerferseite *f* ejector half, moving mo[u]ld half
auswerferseitig on the ejector side of the mo[u]ld, on the moving mo[u]ld half

auswerferseitige Aufspannplatte *f* moving platen
auswerferseitige Werkzeughälfte *f* ejector half, moving mo[u]ld half
Auswerferstange *f* ejector rod
Auswerferstempel *m* ejector pin, knock-out pin
Auswerfersteuermechanismus *m* ejector control mechanism
Auswerferstift *m* ejector pin, knock-out pin
Auswerferstößel *m* ejector rod
Auswerfersystem *n* ejector mechanism
Auswerferteller *m* ejector plate [assembly]
Auswerferüberwachungssteuerung *f* ejector monitoring device
Auswerferventil *n* ejector valve
Auswuchtbock *m* balancing stand
auswuchten balance/to
Auswuchten *n* balancing
Auswuchtgerät *n* balancer
Auswuchtscheibe *f* balancing washer
Auswuchtung *f* balancing
Auswuchtwaage *f* balancing stand
Auszieheinrichtung *f* extractor
Ausziehen *n* drawing-down
Auszieher *m* extractor
Ausziehrohr *m* telescopic tube
Auszugschiene *f* extracting rail
Authentifizierung *f* authentication
Automat *m* [automatic] machine, automaton
Automat *m* **lernender** learning automaton, learning machine
Automat *m* **probierender** learning-by-success automaton

Automatendiagnose 304

Automat *m* **programmgesteuerter** program-controlled automaton
Automatendiagnose *f* computer diagnosis
Automatik *f* automatics
Automatik-Hand-Umschalter *m* remote-local switch, automatic-manual switch, control transfer switch
Automatik-Hand-Umschaltung *f* manual-automatic change-over
Automation *f* automation, automatization
automatisch automatic, self-acting
automatisch fortschreitende Arbeitsweise *f* automatic sequential operation
automatische Auslösung *f* automatic tripping
automatische Bearbeitung automatic processing
automatische Betriebsführung *f* automatic management
automatische Betriebsweise automatic mode
automatische Fertigung *f* automatic manufacturing
automatische Kupplung *f* automatic coupling
automatische Lastbegrenzung automatic load limitation
automatische Positionierung *f* autopositioning
automatische Prozeßbilanzierung *f* automatic process balancing
automatische Prozeßführung automatic process control
automatische Prozeßoptimierung *f* automatic process optimization
automatische Prozeßsicherung *f* automatic process safeguarding

automatische Regelung *f* automatic control
automatische Steuerung *f* automatic control
automatische Überwachung *f* automatic supervision
automatische Vorschubeinrichtung *f* automatic carriage (feeder)
automatische Werkzeugmaschinensteuerung *f* automatic machine tool control
automatische Zentrierung *f* automatic centering
automatischer Regler *m* automatic controller
automatischer Werkzeugwechsel *m* automatic tool changing
automatischer Werkzeugwechsler *m* automatic tool changer
automatisches Fehlerortmeßgerät *n* automatic fault locator
automatisches Gewindeschneiden *n* automatic threading
automatisches Positioniersystem *n* autotrack system
automatisches Steuergerät *n* automatic controller
automatisches Wiederholen *n* autorepeating
automatisieren automate/to
automatisiert automated
automatisierte Anlage *f* push-button plant, totally automated plant
automatisierte Werkstückschleife *f* parts loop
automatisiertes Managementsystem *n* automated management system
automatisiertes Projektierungssystem *n* automated system of project design

automatisiertes System *n* der Arbeitsorganisation automated work organization system
automatisiertes System *n* der Projektierung automated system of project design
Automatisierung *f* automation
Automatisierung *f* der Steuerung eines Produktionsprozesses automation of production control
Automatisierung *f* kompletter Anlagen factory automation
Automatisierung *f* mit eingebbaren Programmen soft automation
Automatisierung *f* mit festprogrammierter Fertigungsfolge hard automation
Automatisierung *f* mit Prozeßrechner process computer automation
Automatisierungsanlage *f* automation plant
Automatisierungseinrichtung *f* automation equipment
Automatisierungsgrad *m* automation level, level of automation, automaticity
Automatisierungskonzeption *f* automation concept
Automatisierungsobjekt *n* automation object
Automatisierungsprozeß *m* automation process
Automatisierungsstelle *f* automation point, point of automation
Automatisierungstechnik *f* automatic control engineering, automation technology
Automatisierungsvorhaben *n* automation project
autonom autonomous

autonome Arbeitsweise *f* autonomous working
axial axial
Axialausdehnung *f* axial expansion
Axialdruck *m* axial pressure
axiale Anspritzung *f* center feed, central gating
axiale Belastung *f* axial load
axiale Gasströmung *f* axial [gas] flow
axialer Stoß *m* longitudinal impact
axiales Spiel *n* end (axial) play
Axialgebläse *n* axial-flow fan
Axialgleitlager *n* hydrostatisches hydrostatic axial slide bearing
Axialkolbenmotor *m* axial-piston motor
Axialkolbenpumpe *f* axial-piston-pump
Axialkraft *f* axial (longitudinal) force
Axiallager *n* axial bearing
Axialpumpe *f* axial-flow pump
Axialrillenkugellager *n* thrust bearing
Axialrollenlager *n* axial roller bearing
Axialspannung *f* axial stress
Axialspiel *n* amount of axial freedom, axial play

B

Back-up-Einrichtung *f* back-up equipment
Back-up-System *n* back-up system
Backe *f* jaw, shoe
Backen *fpl* außengestufte external stepped chuck jaws

Backen *fpl* **innengestufte** internal stepped chuck jaws
Backenkupplung *f* shoe clutch
Backenwerkzeug *n* split mo[u]ld die
Backofenarmatur *f* baking oven fitting
Badaufkohlen *n* liquid carburizing
Badeinsetzen *n* liquid carburizing
Badnitrieren *n* liquid nitriding
Badofen *m* bath furnace
Bahn *f* [motion] path, trajectory; gutter; web; bed
Bahnaufzeichnung *f* path recording
bahngesteuerter Roboter *m* continuous-path robot *{numerical control}*
Bahnlänge *f* path length
Bahnprogramm *n* path program *{numerical control}*
Bahnprogrammsteuerung *f* path-program control
Bahnsteuerung *f* continuous contour control system, [continuous] path control, trajectory (contouring) control *{numerical control}*
Bahnsteuerungsparameter *m* path control parameter
Bahnsteuerungspolynom *n* path control polynomial
Bahnsteuerungsstrategie *f* path control strategy
Bahnsteuerungssystem *n* continuous-path control system, contouring system
Bainit *m* bainite *{interstage structure}*
Bainithärtung *f* bainitic hardening
Bajonettverschluß *m* bayonet lock
Bakelit *n* bakelite
Bakterienbeständigkeit *f* resistance to bacteria

balan cieren balance/to
Balg *m* bellows
Balken *m* beam
Balkenanker *m* beam tie
Balkenherdofen *m* rocker-bar type furnace
Ballen *m* face
Ballengriff *m* ball (machine) handle
Ballenlänge *f* surface length
Ballenoberfläche *f* cylinder surface *{mill}*
ballig convex, crowned
ballig bearbeiten crown/to, camber/to *{e.g. rolls, profiles}*
ballig-tragend crowned *{gear}*
Balligdreheinrichtung *f* convex turning attachment, crowning attachment
Balligkeit *f* convexity, crown
Balligschaben *n* crown (curve) shaving
Balligschliff *m* convex grinding
Band *n* band, belt, tape, strip
Bandagenblock *m* tyre ingot
Bandagenglühofen *m* tyre heating furnace
Bandandruckrolle *f* capstan
Bandanfangsmarke *f* load point
bandangeschnitten film gated
Bandanguß *m* film gate
Bandanschnitt *m* film gate
Bandanschnitt *m* **mittiger** central film gate
Bandanschnitt *m* **ringförmiger** ring gate
Bandanschnitt *m* **seitlicher** lateral film gate
Bandbreite *f* bandwidth, strip width
Bandbreitendehnung *f* bandwidth expansion

Bandförderer *m* belt (band) conveyor
bandgesteuert tape-operated
Bandglühofen *m* *s.* Bandagenglühofen
Bandmaterial *n* strip stock
Bandmaterial *n* **in der Breite einer Ronde (Platine)** single-blank-width stock
Bandschleifen *n* [abrasive] band grinding
Bandschleifmaschine *f* [abrasive] band grinding machine
Bandstahlstraße *f* band mill train
Bandstruktur *f* band structure
Bandtransportrolle *f* capstan
Bank *f* siege, bench
Bankamboß *m* bench anvil
Bankett *n* bench, berm
Bankformen *n* bench mo[u]lding
bankschmelzen found/to
Bär *m* salamander {*hammer device*}
Bärgeschwindigkeit *f* striking velocity
Bärkolben *m* hammer piston
Barren *m* billet, ingot; pig {*raw steel*}
Bärzylinder *m* hammer cylinder
Basis *f* base
Basisautomatisierung *f* basic automation
basisch zugestellt (ausgekleidet) basic [lined]
basisches Bessemerverfahren *n* basic process
basisches Windfrischverfahren *n* Thomas process
Basishalter *m* {*Magazin*} collar
Basismethode *f* basic method
Batterie *f* group, battery; bench {*a group of retorts*}

Bau- constructive
Bauart *f* design, constructional type, type of construction
Bauchung *f* convexity
Baueinheit *f* assembly, component, [constructional, physical] unit, device
Bauelement *n* device, element, [component] part, component, unit
Bauelement *n* **genormtes** standard[ized] component
Bauelement *n* **modernes** advanced component
Bauelemente *npl* hardware
Bauform *f* profile
Bauform *f* **flache** low profile
Bauglied *n* element, component, unit
Baugliedplan *m* component diagram
Baugruppe *f* assembly, [constructional] subassembly, subset, unit, element
Baugruppeneinschub *m* subassembly drawer
Baugruppenliste *f* component list
Baugruppenträger *m* frame
Baukastenprinzip *n* building-block principle, modular principle
Baukastensystem *n* modular [construction] system
Baumaschinen *fpl* contractors machinery
Bauordnung *f* building code
Baureihe *f* [production] series, type of series
Bausatz *m* kit
Baustahl *m* low-carbon steel
Baustein *m* building block, component, [constructional] unit, module
Baustein *m* **vormontierter** preassembled module

bausteinartig modular
bausteinartiger Aufbau *m* building-block design
Bausteineinschub *m* module drawer
Bausteinsystem *n* modular [construction] system
Bauteil *n* component, [component] part, element
  Bauteil *n* **fehlerhaftes** faulty component
Bauteilanordnung *f* component layout
Bauteilausfall *m* part failure
Bauteilausfallsrate *f* part failure rate
Bauteilliste *f* component [list], part list
Bauteilwechsel *m* component change
Be- und Entlüftungsventil *n* ventilating valve
Beanspruchung *f* load; stress, strain
  Beanspruchung *f* **schlagartige** impact load
  Beanspruchung *f* **zusammengesetzte** combined stress
bearbeiten process/to, work/to, treat/to, machine/to
  bearbeiten ballig crown/to, camber/to
  bearbeiten maschinell machine/to
  bearbeiten mechanisch machine/to
  bearbeiten spannend cut/to
  bearbeiten Stirnflächen end/to
Bearbeiten *n* **maschinelles** machining
bearbeitet ballig crowned
Bearbeitung *f* processing, treatment, machining
  Bearbeitung *f* **automatische** automatic processing
  Bearbeitung *f* **auf Fertigmaß** final sizing
  Bearbeitung *f* **mechanische** machining
Bearbeitungsroboter *m* material-processing robot, processing robot
Bearbeitungsstation *f* machine tool station, work station
Bearbeitungsverfahren *n* **abtragendes** removal
Bearbeitungszeit *f* machine (machining) time
Bearbeitungszelle *f* work cell *{computer controlled machine set for common task}*
Bearbeitungszentrum *n* machine (machining) centre
Bearbeitungszyklus *m* machine cycle
beaufsichtigter Betrieb *m* manned (attached) operation
Becherwerk *m* bucket conveyor, bucket elevator
Bedarf *m* demand *{inventory control}*
Bedarfsvorhersage *f* demand prediction *{inventory control}*
bedienbar operable
  bedienbar manuell manually operable
bedienen actuate/to, control/to, mind/to, operate/to, service/to
Bedienen *n* operating
Bediener *m* operator
Bedienerführung *f* operator control
Bedienkonsole *f* *s*. Bedienungskonsole *f*
bedient manuell hand-operated
Bedientableau *n* control panel
Bedienung *f* operator attenuation, actuation, service, operation

Bedienungsanweisung *f* operating instruction
Bedienungselement *n* control
Bedienungselement *n* **mit Drehbewegung** rotary (rotating) control
Bedienungsfehler *m* operating error (fault)
Bedienungsfeld *n* control panel, operator [control] panel
Bedienungsgerät *n* control unit
Bedienungsgriff *m* operating handle
Bedienungshandrad *n* control[ling] handwheel
Bedienungshebel *m* operating lever
Bedienungsknopf *m* button, [adjustment, control] knob, operator control
Bedienungskonsole *f* operator (control) console, operator panel
Bedienungsmann *m* operator
Bedienungspaneel *n* operator (control) panel
Bedienungspersonal *n* operating personnel
Bedienungspraxis *f* operating practice
Bedienungspult *n* control console, operator panel
Bedienungsrichtlinie *f* operator guide
Bedienungsseite *f* operating side
Bedienungstafel *f* operator (control) panel
Bedienungstaste *f* control key
Bedienungsweise *f* policy of operation
bedingt conditional
bedingte Ausfallwahrscheinlichkeit *f* conditional probability of failure

Bedingung *f* condition
Bedingung *f* **örtliche** site condition
Bedingungen klimatische *fpl* climatic conditions
beeinflussen affect/to, influence/to; manipulate/to
Beeinflussung *f* action
beenden accomplish/to, finish/to, end/to, terminate/to
Befehl *m* instruction
Befehl *m* **ausführen** carry out an instruction/to, execute an instruction/to
Befehlsausführung *f* execution
Befehlssteuereinheit *f* instruction control unit
befestigen attach/to, fix/to, mount/to, fasten/to
befestigt mounted
Befestigung *f* fixing, mounting, fastening
Befestigungsarm *m* fixing arm
Befestigungsband *n* fixing tape
Befestigungsblech *n* fixing sheet
Befestigungsbolzen *m* fixing bolt
Befestigungselement *n* fastening device
Befestigungsflansch *m* fixing flange
Befestigungslasche *f* attachment fishplate
Befestigungsmittel *npl* (attaching, mounting) hardware
Befestigungsöffnung *f* mounting aperture
Befestigungsring *m* fixing ring
Befestigungsschraube *f* fixing screw
Befestigungssupport *m* mounting bracket
Befestigungsteile *npl* mounting hardware

Befeuchtung *f* humidification
Befeuchtungseinrichtung *f* humidifier
begichten charge/to, burden/to *{blast furnace}*
Begichten *n* charging *{blast furnace}*
Begichtung *f* batch
Begichtung *f* **von Hand** barrow charging
Begichtungskran *m* charging crane
Begichtungswagen *m* charging barrow
beginnen start/to
Begleitelement *n* accompanying (companion) element
begrenzen clip/to; limit/to
Begrenzer *m* limiter
Begrenzerglied *n* limiter element
Begrenzung *f* limitation
Begrenzungsanschlag *m* mechanical stop
Begrenzungsglied *n* limiting element
Begrenzungsregler *m* limiting controller
Begrenzungsventil *n* pressure-limiting valve
Begrenzungswiderstand *m* limiting resistance *{quantity}*; limiting resistor *{element}*
Behälter *m* container, reservoir, tank, vessel
Behältergreifstation *f* bottle gripping unit
Behälterpumpe *f* barrel [container] pump
behandeln handle/to, treat/to
Behandlung *f* handling, treatment; conditioning *{sample}*
Behandlung *f* **zusätzliche** additional treatment

behebbarer Fehler *m* recoverable error
beheizbare Armatur *f* heatable valve and fitting
beibehalten maintain/to
Beibehaltung *f* maintenance
beidseitig abgesetzt double-ended, double-spindel, double-tracked
Beilage *f* spacer
Beilegscheibe *f* washer
beiliegend accompanying
Beizbad *n* scouring bath
Beize *f* scouring addition
beizen *s.* abbeizen
Beizsprödigkeit *f* acid brittleness; pickle brittleness
Beizung *f* **kathodische** cathode pickling
bekämpfen control/to
Beladeproblem *n* cargo-loading problem
Beladevorgang *m* load operation
Belag *m* lining
Belastbarkeit *f* load-bearing capacity, loading capacity
Belastung *f* load, loading; strain
Belastung *f* **axiale** axial load
Belastung *f* **bewegliche** moving load
Belastung *f* **dynamische** dynamic load
Belastung *f* **konstante** constant (fixed) load, continuous loading
Belastung *f* **mittelbare** transmitted load
Belastung *f* **parabolische** parabolic load
Belastung *f* **radiale** radial load
Belastung *f* **seitliche** lateral load
Belastung *f* **spezifische** intensity of continuous load

Belastung *f* symmetrische balanced load
Belastung *f* überkritische overcritical load
Belastung *f* wechselnde alternating load; fluctuating strain
Belastung *f* zulässige allowable load
Belastung *f* zyklische cyclic loading
Belastung *f* in der Querrichtung lateral load
Belastungs-Entlastungs-Zyklus *m* loading-unloading cycle
belastungsabhängig load-dependent
Belastungsabstufung *f* load steps
Belastungsänderung *f* load change
Belastungsebene *f* plane of loading
Belastungsempfindlichkeit *f* load sensitivity
Belastungsfaktor *m* load factor
Belastungsfehler *m* load error
Belastungsgeschwindigkeit *f* loading rate, rate of loading
Belastungsglied *n* load element
Belastungsgrenze *f* load limit, maximum load
Belastungsgröße *f* load quantity
Belastungskennlinie *f* load characteristic
Belastungskurve *f* load curve
Belastungsmeßgerät *n* load measuring device
Belastungsmeßmethode *f* **mit Schleppzeiger** halt-of-the-pointer method
Belastungsoptimierung *f* load optimization
Belastungsproblem *n* loading problem
Belastungsregelung *f* load control
Belastungsschwankung *f* load fluctuation, load variation
Belastungsstrom *m* load current
belastungsunabhängig load-independent
Belastungsverfahren *n* loading technique
Belastungsvorgang *m* loading
Belastungswert *m* strain magnitude
belegt busy *{line}*; allocated; used
Beleuchtung *f* illumination, lighting
belüften vent/to, aerate/to *{e.g. sand}*
Belüfter *m* aerator
Belüftung *f* aeration, venting
bemannter Betrieb *m* manned (attached) operation
Bemaßung *f* **absolute** absolute measure system
Bemaßungssystem *n* measure system
bemessen meter/to, rate/to, size/to, dimension/to
bemessen zu groß oversize/to
bemessen zu klein (schwach) undersize/to
benachbart adjacent
Benetzbarkeit *f* wettability
benötigte Aufstellungsfläche *f* floor space required
benutzen utilize/to
Benutzer *m* user
Benutzerberatung *f* user advisory information
Benutzerdokumentation *f* user documentation
benutzerfreundlich user-friendly, user-tailored
benutzerorientiert user-oriented
Benutzung in befindliche Anlagenteile *npl* active inventory

Benzinabscheider *m* gasoline separator, petrol separator
beobachten monitor/to, observe/to, watch/to
Berechenbarkeit *f* computability; calculability
berechnen calculate/to; compute/to
berechnet calculated; computed
Berechnung *f* calculating, calculation; computation
berechtigter Anwender *m* authorized user
Bereich *m* band, zone, area, range
Bereich *m* **gefährdeter** hazardous area
Bereich *m* **plastischer** plastic range
Bereich *m* **technischer** engineering area
Bereich *m* **zulässiger** tolerance zone
Bereichsänderung *f* change in range
bereit ready
Bereitschaft *f* readiness, standby
Bereitschaftsanzeigelampe *f* function lamp (light), ready lamp
Bereitschaftseinrichtung *f* back-up equipment
Bereitschaftssystem *n* standby system
Bereitschaftszustand *m* quiescent state, standby condition
Bereitzustand *m* ready state
Berichtigung *f* adjustment; correction
Berichtsbogen *m* log sheet
Berstdruck *m* pressure strength
Berstfestigkeit *f* bursting (pressure) strength
Berstsicherung *f* safety disk
Berstspannung *f* burst stress
Berstwiderstand *m* pressure (bursting) strength
beruhigen deoxidize/to {*steel*}
Beruhigungszeit *f* setting time {*e.g. movement of pointer*}
berühren engage with/to; contact/to; touch/to {*a button*}
berührender Sensor *m* contact sensor
Berührungsabtastung *f* contakt scanning
Berührungsfläche *f* area (surface) of contact, contact surface
berührungslos contactless, non-contacting
berührungslose Messung *f* non-contact measurement
berührungsloser Fühler *m* non-contact sensor
Berührungsmeßdorn *m* contact measuring plug
Berührungssensor *m* contact (touch, tactile) sensor
Berührungstaste *f* one-touch button, touching key
besanden sand/to {*a mo[u]ld*}
Beschädigung *f* damage
beschichten coat/to, plate/to {*with metal*}
beschichtet coated
Beschichtung *f* coating, lining, cladding, plating {*with metal*}; coat
beschicken charge/to, feed/to, burden/to; load/to {*e.g. parts for machining*}
Beschicker *m* feed conveyor
Beschickung *f* 1. burden, charge, feed; load; 2. burdening, charging, feeding, loading
Beschickungsaufzug *m* feeder skip hoist

Beschickungsbühne *f* charging platform
Beschickungseinrichtung *f* charging (feeding) device, feeder, charger
Beschickungsgut *n* charge [stock], feed [stock]
Beschickungshöhe *f* charge level
Beschickungskran *m* charging crane
Beschickungsmenge *f* batch
Beschickungsmulde *f* charging box
Beschickungsoberfläche *f* stock line
Beschickungsoberkante *f* stock line
Beschickungsöffnung *f* charging door (hole), feed opening (hole, door)
Beschickungszone *f* feed zone
Beschickvorrichtung *f* s. Beschickkungseinrichtung
beschleunigen accelerate/to, speed [up]/to
beschleunigen negativ decelerate/to
Beschleunigerpumpe *f* acceleration pump
beschleunigt accelerated
beschleunigte Alterung *f* accelerated ag[e]ing
beschleunigte Außenprüfung *f* accelerated outdoor exposure test[ing]
beschleunigte Ermüdung *f* accelerated fatigue
beschleunigte Freibewitterungsprüfung *f* accelerated natural weathering test[ing]
beschleunigte Prüfmethode *f* accelerated test method
Beschleunigung *f* acceleration
Beschleunigungs- und Bahnsteuerung *f* acceleration-and-path control
Beschleunigungsaufnehmer *m* acceleration sensor
Beschleunigungsbegrenzer *m* acceleration limiter
Beschleunigungsfühler *m* acceleration sensor
Beschleunigungskriechen *n* tertiary creep
Beschleunigungssensor *m* acceleration sensor
beschneiden clip/to, trim/to
Beschneidestempel *m* crop punch
Beschriftung *f* marking; lettering
beseitigen remove/to
besetzt busy {*e.g. machine tool*}
Bessemer-Birne *f* acid converter
Bessemer-Schlacke *f* acid slag
Bessemer-Verfahren *n* acid [converter] process
Bessemer-Verfahren *n* **basisches** basic process
Bessemern *n* converter refining
beständig stable, resistant, proof, fast
beständig bei hohen Temperaturen high-temperature resistant
beständig sein [gegen] resist/to
Beständigkeit *f* stability, resistance, durability
Beständigkeit *f* **bei Außenbewitterung** outdoor weatherability
Beständigkeit *f* **gegen künstliche Bewitterung** resistance to artificial weathering
Beständigkeit *f* **gegen Mikroorganismen** resistance to microorganisms
Beständigkeit *f* **gegen Salzlösungen** resistance to salt solutions
Beständigkeit *f* **gegen Schimmelbildung** fungal resistance, resistance to fungi

Bestandteil

Bestandteil *m* integral (constituent) part; member
Bestätigung *f* acknowledgement
Bestellung *f* order
bestimmender Taktgeber *m* master timer
Bestimmung *f* **direkte des Wirkungsgrades** direct measurement of efficiency
Bestrahlung *f* exposure to radiation, irradiation
Bestrahlung *f* **mit Licht** light exposure
Bestrahlungsdauer *f* exposure duration
Bestrahlungszeit *f* exposure time
bestücken insert/to
betätigen operate/to, actuate/to
betätigend actuating
Betätiger *m* actuator
betätigt actuated, operated
betätigt manuell hand-actuated
Betätigung *f* operation, manipulation; control; actuation
   Betätigung *f* **direkte** direct drive
   Betätigung *f* **gefahrlose** fail-safe operation
   Betätigung *f* **gleichzeitige** simultaneous operation
   Betätigung *f* **unbefugte** mischievous tampering
   Betätigung *f* **wiederholte** repetitive operation
   Betätigung *f* **mit Kraftantrieb** power operation
Betätigungsdrehmoment *n* actuating torque
Betätigungseinrichtung *f* controlling device, control
Betätigungselement *n* actuating element, actuator
Betätigungsfeder *f* actuating spring
Betätigungsfolge *f* operating (operation) sequence
Betätigungsglied *n* actuator
Betätigungshäufigkeit *f* actuating frequency, frequency of actuating, frequency of operation
Betätigungshebel *m* control (operating) lever
Betätigungshülse *f* operating sleeve
Betätigungsknopf *m* control button (knob)
Betätigungskraft *f* actuating (operating, control) force
Betätigungsmechanismus *m* actuating (control) mechanism
Betätigungsorgan *n* actuating appliance, end effector
Betätigungsschalter *m* operating switch
Betätigungsseil *n* control wire
Betätigungsspiel *n* actuation cycle
Betätigungsspindel *f* actuating screw
Betätigungstaste *f* operating key
Betätigungswelle *f* operating shaft
Betrachtungsstellung *f* viewing position
Betrag *m* amount, quantum, value
   Betrag *m* **des komplexen Moduls** absolute modulus
betreiben drive/to; operate/to *[equipment]*
Betreiber *m* operator, user
Betrieb *m* 1. duty, operation, working; 2. factory, plant, works, mill
   Betrieb außer inoperative, out-of-action, disable
   Betrieb *m* **beaufsichtigter (bemannter)** attached (manned) operation

Betrieb diskontinuierlicher batch operation
Betrieb in operative
Betrieb m kurzzeitiger mit gleichbleibender Belastung short-time duty, short-term duty
Betrieb m kurzzeitiger mit veränderlicher Belastung variable temporary duty
Betrieb m unbemannter unattended operation
Betrieb m zweiseitiger bidirectional operation
betrieben operated
Betriebsablaufplan m operating schedule
Betriebsanlage f process plant
Betriebsanweisung f operating instruction
Betriebsart f duty, mode, operating mode, type of duty
Betriebsart f "Halten" hold mode
Betriebsbedingung f operating condition, service condition
Betriebsbedingungen fpl field conditions
Betriebsbelastung f operating (operational) stress
Betriebsbereich m operating area (range)
betriebsbereit active, ready [to operate, for start-up]
betriebsbereiter Zustand m ready state
Betriebsbereitschaft f [operational] readiness
Betriebsbereitschaftsprüfung f operational test
Betriebsdaten pl nominal data, operating characteristics (data, specifications)

Betriebsdauer f operating time
Betriebsdrehzahl f operating speed
Betriebsdruck m operating pressure
Betriebsdruckbereich m operating-pressure range
Betriebserde f field ground
Betriebserfahrung f field experience
Betriebserprobung f field test[ing], plant testing
betriebsfähig operable, operative, serviceable
Betriebsfähigkeit f serviceability
Betriebsfaktor m duty factor
Betriebsfrequenz f frequency of operation
Betriebsführung f management
Betriebsführung f automatische automatic management
Betriebsinstallation f field installation
Betriebskennlinie f operating characteristic
Betriebslage f operating position
Betriebslebensdauer f operation life
Betriebsmodell n operational model
Betriebsparameter m performance parameter
Betriebspraxis f operating practice
Betriebsprotokoll n operating report
betriebssicher safe in operation
Betriebssicherheit f performance reliability, safety in operation
Betriebssicherheit f große high reliability
Betriebsstabilität f stability of operation
Betriebsstörung f operating trouble, plant disturbance
Betriebssystem n operating system

Betriebstemperatur 316

Betriebstemperatur *f* operating (working) temperature
Betriebstemperaturbereich *m* operating temperature range
betriebsunfähig inoperative
Betriebsverhalten *n* performance
Betriebswartung *f* field service
Betriebsweise *f* mode, function
Betriebsweise *f* **automatische** automatic mode
Betriebsweise *f* **manuelle** manual mode
Betriebswert *m* nominal value, operating value, rating
Betriebswerte *mpl* operating characteristics (data), ratings
Betriebszeit *f* operating time, uptime
Betriebszeit *f* **mittlere** mean time between failures, mean time to failure
Betriebszeit *f* **mittlere bis zum ersten Ausfall** mean time to first failure
Betriebszustand *m* operating condition (state), operational status, state of operation, status
Betriebszuverlässigkeit *f* operating reliability
Betriebszyklus *m* operation cycle
Bett *n* bed
Bettschlitten *m* saddle
Bettschlittengetriebe *n* apron
Bettung *f* foundation
Bettungszahl *f* modulus of the foundation
beugen crank/to
beurteilen evaluate/to
Beurteilung *f* evaluation
Beutel *m* bag

bewegen handle/to {tool or part}, move/to
beweglich live, mov[e]able, moving, mobile
beweglich angeordnet sein float/to
bewegliche Belastung *f* moving load
bewegliche Einspannbacke *f* mov[e]able jaw
bewegliche Werkzeugaufspannplatte *f* moving platen
bewegliche Werkzeughälfte *f* moving mo[u]ld half
beweglicher Körner *m* movable-centre punch
beweglicher Schenkel *m* movable blade
beweglicher Schmiedemanipulator *m* mobile forging manipulator
bewegliches Element *n* movement {part of analog measuring instrument}
bewegliches Werkstück *n* moving (mobile) workpiece
Beweglichkeit *f* mobility
Bewegung *f* motion, movement
Bewegung *f* **des Stellantriebs** actuator motion
Bewegungsablauf *m* move (movement) sequence, sequence of moves, series of moves
Bewegungsachse *f* axis of motion
Bewegungsachse *f* **des Roboters** robot axis
Bewegungsbahn *f* trajectory
Bewegungsfolge *f* s. Bewegungsablauf
Bewegungsfreiheitsgrad *m* [degree of] freedom of movement
Bewegungskoordinierung *f* motion coordination

Bewegungslinie *f* line of motion
Bewegungspause *f* dwell
Bewegungsrichtung *f* direction of travel
Bewegungssteuereinheit *f* motion controller unit
Bewegungssteuerung *f* motion control *{e. g. robot}*
Bewegungsumkehr *f* direction reversal
Bewegungsweg *m* motion path
Bewehrung *f* armouring
bewerten evaluate/to, rate/to
Bewertung *f* evaluation
bewirken accomplish/to, act/to, effect/to
bewirkend acting, actuating
Bewitterung *f* künstliche artificial weathering
Bewitterung *f* natürliche natural weathering
Bewitterungsprüfgerät *n* für Kurzzeitbewitterung accelerated weathering apparatus (device, instrument)
Bewitterungsversuch *m* outdoor exposure test[ing]; weathering test
Beziehung *f* lineare linear relationship
Bezugsachse *f* datum axis
Bezugsbohrung *f* datum hole
Bezugsgröße *f* datum
Bezugskante *f* datum edge
Bezugslinie *f* datum line
Bezugsmaßsystem *n* absolute measure system, fixed-zero system *{tool control}*, reference system
Bezugsmaßverarbeitung *f* datum processing
Bezugsobjekt *n* reference object
Bezugspunkt *m* [datum] point

Bezugssystem *n* reference System *n*
Bezugssystem *n* absolutes absolute reference system
biaxial biaxial
biaxiales Recken *n* biaxial stretching
Bibliothek *f* für Programme program library
bidirektional bidirectional
Biegbarkeit *f* bendability
Biegeachse *f* bending axle
Biegebeanspruchung *f* flexural load
Biegedauerschwingversuch *m* transverse fatigue test
Biegedorn *m* bending (internal) mandrel
Biegedorndurchmesser *m* bending mandrel diameter, diameter of punch
Biegeermüdung *f* flexural fatigue
Biegefestigkeit *f* bending (flexural) strength
Biegefestigkeitsprüfmaschine *f* bend testing machine
Biegehalbmesser *m* bend[ing] radius
Biegekante *f* forming edge
biegekritische Wellendrehzahl *f* critical shaft speed
Biegelänge *f* bending length
Biegelinie *f* bending line, deflection curve
Biegemodul *m* bending (flexural) modulus, modulus in flexure, modulus of bending
Biegemoment *n* bending (flexural) moment, bending torque
Biegemomentenlinie *f* bending moment diagram
biegen bend/to, flex/to; crank/to
Biegen *n* bend[ing], flex[ing], flexion
Biegepresse *f* bending press; bulldozer

Biegeprüfmaschine *f* bending test machine
Biegeprüfung *f* transverse bending test
Biegerißbildung *f* flex[ural] cracking
Biegerißfestigkeit *f* flex (flex-cracking) resistance
Biegeschablone *f* bending form
Biegeschälversuch *m* bending peel test
Biegeschiene *f* press-brake die
Biegeschwingung *f* transverse vibration
Biegespannung *f* bending stress
Biegespannungs-Bruchzeitkurve *f* flexural stress-rupture time curve
biegestanzen form/to
Biegesteifigkeit *f* flexural rigidity, stiffness in bending
Biegestempel *m* bending punch
Biegetheorie *f* **der Schalen** general theory of shells
Biegeversuch *m* bend[ing] test, deflection (flexural, transverse) test
Biegevorgang *m* bending process
Biegewalze *f* bending roll
Biegewalzen *n* roll bending
Biegewange *f* folding beam
Biegezahl *f* bend number
biegsam flexible
biegsame Welle *f* flexible shaft
biegsames Kurvenlineal *n* spline
biegsames Rohr *n* flexible pipe
Biegsamkeit *f* bendability, flexibility
Biegung bend[ing], flexure
Biegung *f* **achsensymmetrische einer Platte** symmetrical bending of a circular plate
Biegung *f* **reine** pure bending

Biegungsfläche *f* deflection surface
biegungsfrei gezogen dead-drawn
Bild *n* figure; image, picture
Bilddaten *pl* pictorial data
Bildelement *n* pixel *{monitor}*
bilden Falten wrinkle/to
bilden Kugelgraphit spheroidize/to
bilden Lunker draw/to, pipe/to, shrink/to
bilden Luppen ball/to
bilden Schlacke scum/to
bilden Schuppen scale/to
bilden Zipfel scallop/to
Bilderkennung *f* **mit Computer** computational vision
bildlich darstellen represent pictorially/to
billigen approve/to *{e.g. plan}*
Billigung *f* approval
Bimetallauslöser *m* bimetallic trip
Bimetallzylinder *m* bimetallic barrel (cylinder)
binär binary
Binärcode *m* binary code
Binärschreibweise *f* binary notation
Binärschritt bit, binary digit
binaural binaural
binden bind/to
Binder *m* **mit abgerundeter Vorderkante** bull block header
Bindung *f* binding
biologischer Angriff *m* biological attack
bistabil bistable
Bit *n* bit, binary digit
Bitfehlerrate *f* bit error rate
Bitfehlerverhältnis *n* bit error rate
Bitfehlerwahrscheinlichkeit *f* bit error probability
blank bare, bright-finished

Blankglühofen *m* scaling furnace, wash heating furnace
Blasanlage *f* blow mo[u]lding line, blown film [extrusion] line
Blasbutzen *m* s. Blasteilbutzen
Blasdorn *m* blowing mandrel (spigot), inflating mandrel (spigot)
Blasdornträger *m* blowing mandrel support
Blasdruck *m* blowing pressure
Blase *f* bubble; blow-hole, gas-cavity; blister *{on the skin}*
blasen blast/to, blow/to
Blasen *n* air-blasting; blow[ing]
Blasen *n* **seitliches** side blowing
Blasen *n* **mit Bodenwind** bottom blowing
Blasenbildung *f* bubble formation; blistering, blister formation
Blasenspeicher *m* *{hydraulisch}* bag-type accumulator
Blasform *f* twyer, [air-blast] tuyère
Blasformwerkzeug *n* blowing mo[u]ld, blown film die, film blowing die
blasig unsound *{steel}*
Blaskopf *m* blown film die, film blowing die, parison die
Blaslunker *m* blow hole
Blasmedium *n* blowing medium
Blasnadel *f* blowing pin, inflation needle
Blasofen *m* wind furnace
Blasstift *m* blowing pin, inflation needle
Blasteilbutze *f* flash, flash (parison) wast
Blaswerkzeug *n* s. Blasformwerkzeug
Blatt *n* band *{saw}*; leaf
Blattfeder *f* flat spring

blau anlassen blue-finish/to
blau anlaufen [lassen] blue/to
blau Anlaufen *n* blueing *{of tools}*
blaubrüchig blue-brittle, blue-short
Blaubrüchigkeit *f* blue brittleness (shortness)
blauglühen open-anneal/to
Blausprödigkeit *f* blue brittleness (shortness)
Blauwärme *f* blue heat [range]
Blech *n* sheet [metal], plate
Blechdeckel *m* metal cover
Blechhalter *m* blank holder, pressure plate
Blechhaube *f* metal hood
Blechkantenhobelmaschine *f* edge planing machine
Blechkastenträger *m* box plate girder
Blechring *m* sheet metal ring
Blechschraube *f* sheet metal screw
Blechunterlage *f* sheet metal underlay
Blei *n* lead
Bleiasche *f* lead dross
Bleibarren *m* lead pig
bleibend permanent; plastic
bleibende Bruchdehnung *f* residual elongation at break
bleibende Dehnung *f* irreversible elongation
bleibende Formänderung *f* permanent set, plastic deformation
bleibende Regelabweichung *f* position error
bleibende Verformung *f* permanent set, plastic deformation
Bleiblock *m* lead pig
Bleieisenstein *m* iron-lead matte
Bleiglasur *f* lead glaze
Bleikrätze *f* lead dross

Bleimassel f   lead pig
Bleischaum m   lead dross
Bleisilicat n   lead silicate
Bleispiegel m   specular galena
Bleistein m   lead[y] matte, matte of lead
Blende f   aperture, diaphragm, orifice
blind   inoperative; dummy, dead; blank
Blindflansch m   blank flange, end plug, blind
Blindkaliber n   dead (dummy) pass
Blindprobe f   blank sample; blank test
Blindstich m   blind (dead, dummy) pass
Blindstopfen m   dummy plug
Blindstöpsel m   dummy plug
Blindversuch m   blank test
Blindwalze f   dummy (idle) roll
Blink-   flashing
blinken   flash/to
Blinklampe f   flashing lamp
Blinkrelais n   flasher relay
blitzen   flash/to
Block m   1. block; 2. set; 3. bloom, ingot *{of iron}*, slug; pig (aluminum, copper)
Block m **steckengebliebener** [stool] sticker
Block m **vorgewalzter**   rough-rolled ingot
Blockaufsatz m   hob top
Blockbauweise f   building block mode
Blockdrücker m   furnace pusher
Blockgerüst n   blooming stand
Blockguß m   block mo[u]lding
blockieren   block/to; hang/to *{unwanted}*
Blockiergabel f   locking yoke
Blockierung f   blocking
Blockiervorrichtung f   blocking device
Blockkaliber n   roughing pass
Blockseigerung f   macrosegregation
Blockseigerung f **normale**   major segregation
Blockseigerung f **umgekehrte**   negative segregation
Blockwalzen n   roll cogging
Blockwalzstraße f   *s*. Blockwalzwerk
Blockwalzwerk n   billet (blooming) mill, cogging mill
Bock m   bent, frame
Bockwaage f   trestle-type balance
Boden m   bottom, base
Bodenabfall m   base (tail) flash
Bodenbelag m   bottom covering
Bodenblasen n   bottom blowing
bodenblasendes Verfahren n   bottom-blown converter process
Bodenblech n   bottom plate
Bodenbutzen m   basetail flash
Bodendeckel m   bottom cover
Bodenentgrateinrichtung f   base deflashing device
Bodenform f   open sand mo[u]ld
Bodenklappe f   drop bottom *{cupola furnace}*
Bodenlängsträger m   bottom runner
Bodenplatte f   base (bottom) plate, bedplate, base
Bodenquetschnaht f   bottom weld
Bodenreißen n   rearing out near the bottom, tearing out near the bottom
Bodensau f   bear, salamander
Bodenschweißnaht f   bottom weld
Bodenstampfmaschine f   bottom ramming machine
Bodenwaage f   platform weigher
Bogen m   1. arc; 2. arch; 3. bend

Bogen *m* **eingespannter** hingeless arch
Bogen *m* **Hamburger** pipe bend
Bogenbinder *m* arch girder
Bogendurchlaß *m* arch culvert
Bogenfachwerk *n* arch truss
bogenförmig verlaufen bow/to
Bogenkämpfer *m* arch springing
Bogenrohr *n* bend
Bogenschalung *f* *s.* Bogenverschalung
Bogenschubkurbel *f* oscillating crank mechanism
Bogenspannungsbreite *f* equivalent chip width
Bogenspannungsdicke *f* equivalent chip thickness
Bogenverschalung *f* arch falsework
bogenverzahntes Kegelrad *n* **für sich kreuzende Achsen** spiral bevel gear for non-intersecting and non-parallel axes *{hypoid wheels}*
bogenverzahntes Kegelrad *n* **für sich schneidende Achsen** spiral bevel gear for intersecting axes
Bogenwiderlager *n* skewback
Bohr-Senk-Werkzeug *n* combination drill and countersink, combined drill and countersink, drill and countersink combined [tool]
Bohrbuchse *f* drill-jig bush[ing], drilling bush; *s.* Bohrerführungsbuchse
Bohrdurchmesser *m* **maximaler** drilling capacity
bohren drill/to *{from solid material}*
bohren exzentrisch drill off-centre/to
bohren konzentrisch drill round/to
bohren lehrenhaltig drill true/to

Bohren *n* **aus dem Vollen** drilling from the solid
Bohrer drill, drill bit, bit
Bohreranschliff *m* lip angle
Bohrerausspitzen *n* drill pointing
Bohreraustreiber *m* drill drift
Bohrerdurchmesser *m* diameter of the drill
Bohrerführungsbuchse *f* drill guide bush
Bohrerhülse *f* drill sleeve (socket)
Bohrernachschliff *m* drill grinding
Bohrerrücklauf *m* drill return
Bohrerschaft *m* drill shank
Bohrerscharfschleifmaschine *f* drill sharpener
Bohrerschlag *m* drill whipping
Bohrerschleifen *n* drill grinding
Bohrerschleifmaschine *f* drill grinding machine
Bohrerschneide *f* cutting edge of the drill
Bohrerspitze *f* drill point
Bohrerstauchmaschine *f* drill upsetting machine
Bohrfeldgröße *f* drilling range
Bohrfutter *n* drill chuck
Bohrfutterschlüssel *m* drill chuck key
Bohrhülse *f* sleeve
Bohrknarre *f* ratchet brace
Bohrkopf *m* drilling attachment
Bohrkopfmesser *n* cutting bit
Bohrkreis *m* drilling circle
Bohrlehre *f* drill ga[u]ge plate
Bohrloch *n* drill hole
Bohrmaschine *f* drilling machine
Bohrmaschinentisch *m* machine (drill) table
Bohrmeißel *m* cutting bit
Bohrmesser *n* *cutter*

Bohrmesser *n* beidseitig schneidendes double-ended cutter
Bohrmesser *n* doppeltschneidendes double cutter
Bohrroboter *m* drilling robot
Bohrschablone *f* drilling (jig) template
Bohrschlitten *m* drill carriage *{horizontal drilling machine}*; drilling saddle *{vertical drilling machine}*
Bohrspindel *f* drill spindle
Bohrspindelhülse *f* drill spindle sleeve
Bohrspindelkopf *m* drill spindle, drill-spindle head
Bohrspitzenwinkel *m* drill point angle
Bohrstange *f* boring bar
Bohrstange *f* geführte guided boring bar
Bohrstangenmesser *n* zweischneidiges double-ended cutter
Bohrtiefenanschlag *m* drilling depth stop
Bohrtiefenanzeiger *m* drill depth indicator
Bohrtiefenbegrenzer *m* feed depth ga[u]ge
Bohrtiefenbegrenzung *f* depth control, depth measuring device, feed depth limitation
Bohrtiefengenauigkeit *f* depth accuracy
Bohrtiefenmeßeinrichtung *f* depth measuring device
Bohrtiefenrundskale *f* depth dial
Bohrtisch *m* machine (drill) table
Bohrung *f* 1. drilling; 2. bore, borehole
Bohrung *f* kegelige tapered hole
Bohrung *f* vorgießen core/to

Bohrungskern *m* core pin
Bohrungsstift *m* core pin
Bohrvorrichtung *f* drill[ling] jig
Bohrwerkzeug *n* drilling tool
Bohrzusatzeinrichtung *f* drilling attachment
Bolometer *n* bolometer
Bolzen *m* bolt, pin
Bolzendrehen *n* turning of bolts
Bolzenform *f* bolt shape
Bolzenoberfläche *f* surface of the bolt
Bolzenschießgerät (Bolzenschußgerät) *n* bolt firing device, stud gun *{automatic stud driver}*
Bombage (Bombierung) *f* crown, camber *{of rolls and profiles}*
bördeln curl/to *{sheet metal}*
Bördelung *f* curling, flanging, cupping
Bördelversuch *m* flange test
bossieren emboss/to
Bossieren *n* [em]bossing
Bowdenzug *m* bowden cable
Bramme *f* slab
Brammenkaliber *n* slabbing pass
Brammentiefofen *m* slab heating furnace
Brand *m* firing
Brandprobe *f* fire assay
Brandriß *m* fire crack, crazing
Brauereiarmatur *f* fitting for breweries
braunbeizen brown/to
bräunen burnish/to
brechen break/to, crush/to, fracture/to
Breitbandstraße *f* broad strip mill
Breitbandwalzwerk *n* broad strip mill
breiten beat/to; spread/to, expand/to

Breiten *n* beating, lateral spreading
Breitflanschträger *m* broad flange beam (girder)
Breitschlitzdüse *f* sheet extrusion die for thicker ga[u]ges
Breitschlitzwerkzeug *n* sheet extrusion die for thicker ga[u]ges
Breitung *f* spreading
Bremsbacke *f* brake shoe
Bremsbelag *m* brake lining
Bremsdynamometer *n* absorption dynamometer
Bremse *f* brake
bremsen decelerate/to, slow down/to
Bremshebel *m* braking lever
Bremsleistung *f* braking power
Bremsleitung *f* brake conduit
Bremsmoment *n* braking torque
Bremsöl *n* brake oil
Bremsscheibe *f* braking disk
Bremsschlauch *m* brake hose
Bremsschuh *m* brake shoe
Bremsseil *n* brake rope
Bremstrommel *f* brake drum
Bremswelle *f* brake shaft
Bremszug *m* back tension
Brennen *n* firing
Brennerhahn *m* burner cock
Brennermaul *n* port mouth
Brennermündung *f* port mouth
Brennerzunge *f* tongue
Brennkapsel *f* fireclay, saggar
Brennkasten *m* flammability apparatus *{for testing purposes}*
Brennkegel *m* melting cone
Brennofen *m* firing kiln, oven
brennputzen deseam/to *{ingots}*
Brennriß *m* fire crack
Brennschneiden *n* gas-cutting, oxygen (thermal, flame) cutting

Brennschwindung *f* firing contraction, fire (firing) shrinkage
Brennspannung *f* arc drop
Brennstütze *f* pin, post, upright
Brennzeit *f* conducting period, firing time
Brillenofen *m* spectacle furnace
Brinell-Härte *f* Brinell hardness
Brinell-Härteprüfer *m* Brinell hardness tester
Brinell-Härteprüfgerät *n* Brinell hardness tester
bröckeliger Span *m* crumbly chip
Bröckelspan *m* discontinuous chip
Bronze *f* bronze
Bronzering *m* bronze ring
Bruch *m* fracture, break, rupture, failure, crushing
  Bruch *m* **gitterartiger** lattice fracture
  Bruch *m* **interkristalliner** crystalline fracture
Bruchbedingung *f* failure condition, rupture condition
Bruchbelastung *f* breaking load
Bruchdehnung *f* breaking strain, elongation at failure, percentage elongation
  Bruchdehnung *f* **bleibende** *{Schlagzugversuch}* residual elongation at break
Brucheinschnürung *f* reduction of rupture area
Bruchfestigkeit *f* breaking (rupture) resistance, breaking strength
Bruchkriterien *npl* failure criteria
Bruchlast *f* breaking (crushing) load, load at break
Bruchlastspielzahl *f* number of cycles to failure

Bruchlochwicklung *f* fractional-slot winding
Bruchmoment *n* breaking moment
Bruchprüfung *f* breakdown test
Bruchquerschnittsverminderung *f* contraction
Bruchspan *m* discontinuous chip
Bruchspannung-Zeitkurve *f* failure stress-time curve
Bruchzeit *f* rupture time
Bruchzeit-Biegespannungskurve *f* flexural stress-rupture time curve
Brücke *f* bridge; clamping piece
Brückengleichgewicht *n* balance
Brückenhammer *m* bridge-type hammer
Brückenlager *n* bridge bearing
Brückenzweig *m* branch
Brumm *m* hum
Brummen *n* boom
Brummstörung *f* hum
brünieren bronze/to, brown/to, burnish/to, blue/to
Brünieren *n* blueing, browning
brüniert brown-finished
Brunnenausrüstung *f* fountain accessories
Brüstung *f* balustrade
Buchse *f* jack; receptacle socket; bush, sleeve
Buchstabe *m* [alphabetic] character, letter
Buckelbildung *f* kinking
Bügel *m* bow
Bund *m* barrel, collar
Bundbolzen *m* collar bolt
Bundbuchse *f* collar bush
Bündelmaß *n* directional gain
Bündelungsindex *m* directivity index

Bundflansch *m* collar flange
Bundlager *n* collar end bearing
Bundmutter *f* collar nut
Bundschraube *f* collar screw
Bunker *m* **für Werkstücke** [part] hopper
Bürde *f* load
Bürste *f* brush
Bürstenbrücke *f* brush-rocker
Bürstenhalter *m* brush-holder
Bürstenverschiebung *f* brush shift
Bürstenverschiebungswinkel *m* brush displacement
Butzen *m* slug *{pressure diecasting}*; flash
Butzenabfall *m* flash [waste], parison waste
Butzenabschlageinrichtung *f* deflashing device
Butzenabtrennung *f* flash trimming
Butzenabtrennvorrichtung *f* flash trimmer
Butzenbeseitigung *f* flash removal
Butzenkammer *f* flash chamber
Butzenmaterial *n* [flash, parison] waste
Butzenminimierung *f* minimizing the amount of flash

C

C-Presse *f* gap press
CAD computer-aided design, CAD
CAD CAE-Entwicklungszentrum *n* CAD CAE workstation
CAE computer-aided engineering, CAE
CAM computer-aided manufacturing, CAM

Charakteristik *f* [characteristic] curve
charakteristische Temperatur *f* ch4aracteristic temperature
Charge *f* batch, blow, charge, heat, load
Chargenbetrieb *m* batch operation
chargieren charge/to, feed/to, load/to
Chargieren *n* charging
Chargierkran *m* charging crane
Chargierlöffel *m* charging peel (spoon)
Chargieröffnung *f* charging door
Chargierwagen *m* charging barrow
Chassis *n* chassis, mounting board
Chassisaufbau *m* chassis mounting
Chassisrahmen *m* chassis frame
Chemikalienbeständigkeit *f*
 1. chemical resistance (stability);
 2. resistance to chemicals (chemical attack)
chemische Analyse *f* chemical analysis
chemische Vorbehandlung *f* chemical pretreatment
chemischer Laser *m* chemical laser
Chopper *m* chopper
CNC computerized numerical control, CNC
Code *m* cipher, code
Codedrehgeber *m* [rotary] shaft encoder
Codekorrektur *f* code correction
Codierbarkeit *f* codability
Codierung *f* coding
Coextrusionsblasanlage *f* blown-film coextrusion line, coextrusion blow mo[u]lding plant
Computer *m* computer, computing automaton (machine)
computerabhängig computer-dependent
Computeranwendung *f* computer application
Computerausfall *m* computer malfunction
computerautomatisiertes Prüfsystem *n* computer-automated test system
computerbezogen computer-oriented
Computerdiagnose *f* computer diagnosis
Computereinsatzfall *m* computer application
computergeführt computer-aided, computerized; computer-controlled
Computergeneration *f* computer generation
computergesteuert computer-controlled
computergesteuerte Lagerhaltung *f* computer-controlled warehousing
computergestützt computer-aided, computer-assisted, computerized
computergestützte Fertigung *f* computer-aided manufacturing
computergestützte Ingenieurtätigkeit *f* computer-aided engineering
computergestützte Lagerhaltung *f* computer-aided stockroom inventory control
computergestützte numerische Steuerung *f* computerized numerical control
computergestützter Entwurf *m* computer-aided design
computergestützter Roboter *m* computerized robot

computergestütztes Entwurfsystem *n* computer-aided design system
computergestütztes optisches Testsystem *n* computer-aided optical system
computergestütztes Steuerungssystem *n* computer control system
Computernetz *n* computer network
Computernetzarchitektur *f* computer network architecture
Computernutzung *f* computer usage
Computeroptimierung *f* computer optimization
computerorientiert computer-oriented, computerized
Computerraum *m* computer room
Computersystem *n* computer system
computerunabhängig computer-independent
computerunterstützte Planung *f* computer-aided planning, CAP
Computerverbund *m* computer network
Computerzeit *f* computer time
Container *m* container
Cowper *m* Cowper stove, hot-blast stove
Craqueléeglasur *f* crackle glaze
Croning-Verfahren (Formmaskenverfahren) *n* Croning process, cronizing process

D

dachförmige Führungsbahn *f* V-shaped guideway
Dämmbrett *n* sleeker *{mo[u]lding}*
Dämmeigenschaften *fpl* insulation properties
Dämmstoff *m* insulating material
Dampf *m* steam *{water}*; vapour
Dampfanwärmerdüse *f* steam heating nozzle
Dampfdruck *m* vapour pressure
Dampfdruckregler *m* steam-pressure regulator
Dampfeinlaßventil *n* steam inlet valve
dämpfen mute/to, damp/to, deaden/to *{instrument}*; bank/to *{blast furnace}*
Dampfreduzierstation *f* steam reducing station
Dampfstrahlapparat *m* steam ejector
Dampfumformer *m* steam converter
Dampfumformventil *n* steam-pressure reducing valve
Dämpfung *f* banking *{blast furnace}*; damping, muting, attenuation
Dämpfung *f* **lineare** linear damping
Dämpfungseinrichtung *f* absorber
Dämpfungselement *n* attenuator
Dämpfungsfähigkeit *f* damping capacity
Dämpfungsglied *n* attenuator
Dämpfungskonstante *f* damping constant
darstellen display/to, represent/to
darstellen bildlich represent pictorially/to
Darstellung *f* figure, representation

Darstellung *f* **logarithmische** logarithmic representation
Darstellung *f* **schematische** schematic, scheme
Datei *f* file
Daten *pl* **technische** specifications, technical characteristics {*pl.*}
Datenverarbeitungsanlage *f* computer
Dauer *f* **des Einschaltzustands** on period
Dauerausfall *m* permanent fault
Dauerbelastung *f* permanent load
Dauerbeständigkeit *f* **beim Salzsprühversuch** resistance to continuous salt spray {*salt spray test*}
Dauerbetrieb *m* uninterrupted duty, continuous running, permanent (continuous) operation
Dauerbetrieb *m* **mit aussetzender Belastung** continuously running duty with intermittent loading
Dauerbetrieb *m* **mit gleichbleibender Belastung** continuous duty
Dauerbetrieb *m* **mit periodisch veränderlicher Belastung** periodic duty
Dauerbetrieb *m* **mit veränderlicher Belastung** continuously running duty
Dauerbiegefestigkeits-Prüfmaschine *f* flexural fatigue testing machine
Dauerbiegeversuch *m* fatigue bend test
Dauerfestigkeit *f* endurance (fatigue) limit, fatigue strength
Dauer[gieß]form *f* permanent (lasting) mo[u]ld
Dauer[gieß]form *f* **metallische** die

Dauerhöchstleistung *f* continuous maximum rating
Dauerhub *m* cycling
Dauerknickversuch *m* endurance buckling test
Dauerlast *f* fixed load
Dauerleistung *f* permanent power output
Dauerleistung *f* **maximale** continuous maximum rating
Dauermagnet *m* [permanent] magnet
Dauermessung *f* continuous measurement
dauernd continuous, permanent
Dauerprüfung *f* continuous test, endurance test
Dauerschlagfestigkeit *f* impact fatigue limit
Dauerschlagprüfwerk *n* impact fatigue testing machine
Dauerschwellversuch *m* long-term pulsation test
Dauerschwingbeanspruchung *f* long-term vibration test
Dauerschwingfestigkeit *f* endurance (fatigue) limit
Dauerschwingversuch *m* vibrator test, fatigue test, Wöhler test
Dauerschwingversuch *m* **mit konstanter Belastungsamplitude** fatigue test with constant load amplitude
Dauersitz *m* permanent fit
Dauerstandfestigkeit *f* creep resistance, limiting stress
Dauerstandprüfung *f* creep test
Dauerstandverhalten *n* creep behaviour
Dauerstandversuch *f* creep test
Dauerstrichbetrieb *m* continuous-wave mode

Dauerton *m* continuous sound (tone)
Dauerüberlastung *f* continuous (sustained) overload
Dauerwechselversuch *m* long-term alternating test
Daumen *m* cam, dog
Deckblech *n* cover plate
Decke *f* cover; roof
Deckel *m* cover [plate], lid, cap, top; roof *{arc oven}*
Deckendurchführung *f* floor bushing (collar)
Deckentransmission *f* overhead transmission
Deckenvorgelege *n* overhead countershaft, overhead transmission gear
Deckenvorgelegewelle *f* overhead countershaft
Deckleiste *f* cover strip
Deckring *m* cover ring
Deckscheibe *f* cover disk
Defekt *m* defect
Deformation *f* deformation
Deformationsalterung *f* strain ageing
Deformationsarbeit *f* energy of deformation
Deformationsgeschwindigkeit *f* rate of deformation
Deformationsmodell *n* deformation model
Deformierbarkeit *f* deformability
Deformierung *f* deformation
Dehnbarkeit *f* extensibility
Dehnbeanspruchung *f* extensional load
Dehngrenze *f* proof stress, yield strength
Dehnmeßstreifen *m* *s*. Dehnungsmeßstreifen *m*
Dehnspannung *f* tensile stress at offset yield point
Dehnsteife *f* longitudinal rigidity *{of a bar}*
Dehnung *f* elongation, [engineering] strain, extension, unit elongation; expansion
Dehnung *f* **bleibende** irreversible elongation
Dehnung *f* **homogene** homogeneous elongation
Dehnung *f* **räumliche** cubical dilatation
Dehnung *f* **der Bandbreite** bandwidth expansion
Dehnung *f* **in axialer Richtung** axial expansion
Dehnungsausgleicher *m* expansion joint *{for tubes}*
Dehnungsmesser *m* (**Dehnungsmeßgerät** *n*) extensometer, tensometer, strain ga[u]ge
Dehnungsmeßstreifen *m* [resistance] strain ga[u]ge
Dehnungsmessung *f* extension measurement, extensometry
Dehnungsriß *m* expansion (extension) crack
Dehnungsschlupf *m* creep
Dehnungssteife *f* longitudinal rigidity
Dehnungsstopfbuchse *f* expansion packaging box
Dekaleszenz *f* decalescence
dekapieren pickle/to
Dekormaschine *f* decorating machine *{e.g. for ceramics}*
Delta-Anguß *m* film gate
Desoxidationsmittel *n* scavenger
Detektor *m* **thermischer** thermal detector

Dextrinkernbinder *m* dextrin core binder
Diagnoseprogramm *n* diagnostic program, diagnostic (malfunction) routine *{computer}*
Diagonalrippe *f* diagonal rib
Diagonalschaben *n* diagonal shaving
Diagonalstab *m* [angle] brace
Diagonalverband *m* bracing
Diagramm *n* diagram, chart, graphic, graph
  Diagramm *n* **der Verformungsgrenzen** forming limit diagram
Diagramme *fpl* **zeichnen** plot/to
Dialog *m* **akustischer** acoustic dialogue *{man machine system}*
Diamantabrichteinrichtung *f* diamond dressing device
Diamantabrichten *n* diamond-truing
Diamantabrichter *m* diamond wheel dresser
Diamantabrichtrolle *f* diamond-coated roll
Diamanteindringkörper *m* diamond indenter
diamantfreier Abrichter *m* crush-forming attachment, crushing attachment
Diamantschleifscheibe *f* diamond wheel
Diamantziehstein *m* diamond drawing die
Diaphragma *n* diaphragm, membrane
Dichte *f* density
  Dichte *f* **relative** relative density
  Dichte *f* **nach dem Brand** fired density
Dichtebereich *m* density range
Dichtemessung *f* density measurement

dichten *s.* abdichten
Dichteschwankung *f* density fluctuation
Dichtkegel *m* sealing cone
Dichtpolen *n* poling-down *{copper}*
Dichtscheibe *f* joint washer
Dichtung *f* packing, sealing device, seal; gasket
Dichtungsmanschette *f* gasket
Dichtungsmaterial *n* sealing material
Dichtungsring *m* packing ring
Dichtungsschürze *f* blanket
Dicke *f* thickness
Dickenabnahme *f* reduction
  Dickenabnahme *f* **je Durchgang** pass reduction
Dickenabweichung *f* thickness variation
Dickenmeßgerät *n* thickness ga[u]ge
Dickenmessung *f* thickness measurement
Dickenschwankung *f* thickness variation
Dickentoleranz *f* ga[u]ge (thickness) tolerance
Dickstoffpumpe *f* viscous matter pump
Dienstleistung *f* service
Differential *n* differential
Differentialgetriebe *n* [mechanical] differential gear
Differentialkranz *m* differential crown
Differentialteilen *n* differential indexing
Differentialteilgerät *n* differential indexing head
Differentialwelle *f* differential shaft
Differenz *f* difference

Differenzton *m* difference tone
diffuse Durchlässigkeit *f* diffuse transmittance
diffusionsglühen homogenize/to
Diffusionsglühen *n* homogenization
Diffusionspumpe *f* diffusion pump
Diffusionsschweißen *n* diffusion bonding
Diffusionsverbinden *n* diffusion bonding
Diffusität *f* diffusivity
digitalisieren digitize/to
Dilatation *f* **gleichförmige** uniform dilatation
Dimension *f* dimension
dimensionieren rate/to, size/to, dimension/to
direkt straight; direct, immediate
Direktabschrecken *n* direct quenching
Direktanspritzung *f* **angußlose** direct gating feed
Direktantrieb *m* direct drive
direkte Bestimmung *f* **des Wirkungsgrades** direct measurement of efficiency
direkte Betätigung *f* direct drive
direkte Kupplung *f* direct coupling
direkte Prüfung *f* direct test
direkte Selbsterregung *f* auto self-excitation
direkter Antrieb *m* direct drive
direktes Erz-Stahl-Verfahren *n* native forge process
Direktsteuerung *f* local control
diskontinuierlich batch[wise], discontinuous
diskontinuierliche Steuerung *f* batching control
diskontinuierlicher Betrieb *m* batch operation
diskontinuierlicher Prozeß *m* batch process
diskrete Menge *f* batch
diskrete Probe *f* batch sample
Dispersion *f* dispersion
Distanz *f* distance
Distanzblech *n* spacer sheet
Distanzbolzen *m* spacing bolt
Distanzmeßgerät *n* distance measuring equipment
Distanzplatte *f* spacing plate
Distanzring *m* spacer ring
Distanzrolle *f* distance roller
Distanzscheibe *f* spacing disk
Distanzstück *n* spacer
Dolomitzustellung *f* dolomite lining
Doppelduo[walzgerüst] *n* double-duo mill (stand)
Doppelfenster *n* double-hung window
Doppelführung *f* double guide
Doppelgabel *f* double fork
Doppelhaken *m* double hook
Doppelhebel *m* double lever
Doppelhieb *m* double cut
Doppelkniehebel-Schließeinheit *f* double toggle clamping unit
Doppelkniehebel-Schließsystem *n* double toggle clamping system
Doppellager *n* double bearing
Doppellamellenkupplung *f* duplex multiple disk clutch
doppelmäulig double-ended
Doppelmutter *f* double nut
Doppelofen *m* pair-oven
Doppelpuddelofen *m* double furnace
Doppelschaltwerk *n* double-action ratchet mechanism
Doppelschieberwerkzeug *n* two-part sliding split mo[u]ld

Doppelschlauchkopf *m* twin parison die
doppelseitig arbeitend double-ended
doppelseitiger Radiusfräser *m* double-corner rounding cutter
Doppelsicherheitsventil *n* double safety valve
Doppelsitzventil *n* double-seat[ed] valve
Doppelspannfutter *n* dual-grip chuck
Doppelspannpratze *f* double-finger clamp
Doppelspannvorrichtung *f* duplicate work-holding fixture
Doppelsperrklinke *f* double dog
Doppelspindel double spindel
Doppelspindelmaschine *f* double-head machine
Doppelspindelplanfräsmaschine *f* duplex-head milling machine
Doppelständer- double-housing, double-column
Doppelständerbauart *f* double-column construction
Doppelständerhobelmaschine *f* double-column planing machine, double-housing planer
Doppelständerpresse *f* **neigbare** open back-inclinable press
Doppelstauchung *f* backward extrusion
Doppelstegdornhalterung *f* twin spider-type mandrel support
Doppelstößelmaschine *f* double-head machine
Doppelstößelräummaschine *f* double-slide broaching machine, dual-ram-type vertical broaching machine

doppelt einsetzen pair/to {*due to redundancy*}
doppelte Wechselräderübersetzung *f* compound train
doppelter Anschnitt *m* double bevel
doppeltlogarithmische Kurve *f* log-log plot
doppeltlogarithmisches Papier *n* log-log paper
doppeltschneidendes Bohrmesser *n* double cutter
doppeltwirkender Zylinder *m* double-acting cylinder
Doppelverteilerkanal *m* double runner, twin manifold
Doppelwerkzeug *n* twin die, two-cavity mo[u]ld, two-impression mo[u]ld
Doppelwerkzeug *n* (**Heißkanal-**) hot runner two-cavity-impression mo[u]ld
Doppelzahnrad *n* double pinion
Doppelzwischenrad *n* intermediate double pinion
Dopplung *f* lamination
Dorn *m* pin, plug, saddle, [testing] mandrel; spur
Dornbiegeversuch *m* mandrel bend test
Dornhalter *m* mandrel support
Dornhalter *m* **mit versetzten Stegen** spider with staggered legs
Dornhaltermarkierung *f* spider line
Dornhalterschlauchkopf *m* center-fed parison head
Dornhaltersteg *m* spider leg
Dornhalterung *f* mandrel support system
Dornstange *f* forming mandrel, mandrel bar

Dornsteghalter *m* (**Dornsteghalterung** *f*) spider-type mandrel support
Dornstegmarkierung *f* spider line
Dornträger *m* mandrel support
Dose *f* box; outlet
Dosieranlage *f* dosing (proportioning, metering) equipment
Dosieranlage *f* **kontinuierliche** continuous dosing installation
Dosiereinrichtung *f* proportioning device, metering (dosing) mechanism
dosieren meter/to, dose/to, proportion/to
Dosieren *n* dosing, metering
Dosierförderer *m* dosing conveyor
Dosiergerät *n* dosing (metering) apparatus, proportioning device
Dosiermaschine *f* dosing machine
Dosierpumpe *f* dosing (proportioning, metering) pump, proportional-feed pump
Dosierrinne *f* dosing channel
Dosierschnecke *f* proportioning screw
Dosiersteuersystem *n* dosing control system
Dosiertrichter *m* material (feed) hopper
Dosierung *f* metering, proportioning
Dosiervolumen *n* shot volume
Dosierwaage *f* dosing balance, gravimetric meter
Dosierweg *m* metering stroke
Dosierzeit *f* plasticizing time
Draht *m* wire
Draht *m* **anspitzen** wire-end chamfering
Draht *m* **wärmebehandeln** patent/to

Drahtanspitzmaschine *f* wire pointing machine, wire swager
Drahtbarren *m* wire bar
Drahtbürste *f* wire brush
Drahteinlegemaschine *f* wiring machine
Drahtglüheinrichtung *f* wire annealer
Drahthülse *f* wire sleeve
Drahtklemme *f* wire clamp
Drahtkrimpmaschine *f* wire crimping machine
Drahtkugellager *n* wire-race ball bearing
Drahtstrangpresse *f* wire extruder
Drahtstrangpressen *n* wire extrusion
Drahtstraße *f* wire mill
Drahtwalzwerk *n* wire mill
Drahtziehdiamant *m* diamond wire-drawing die
Drahtziehen *n* wire-drawing
Drahtziehprinzip *n* **gleitendes die** slip drawing principle
Drahtzug *m* wire-drawing
Drallsteigungswinkel *m* angle of twist
Draufsicht *f* top view
Dreh- rotary, rotational
Drehachse *f* axis of revolution (rotation)
Drehantrieb *m* rotary (rotating) actuator
Drehautomat *m* automatic lathe, automatic turning machine
Drehbank *f* lathe; *s.a.* Drehmaschine
Drehbankbett *n* lathe bed
drehbar rotable
 drehbar aufhängen pivot/to
 drehbare Grundplatte *f* rotating base

drehbare Verbindung *f* rotation[al] joint
drehbarer Rahmen *m* moving frame
drehbarer Verteiler *m* revolving distributor
drehbares Gelenk *n* rotary joint
Drehbewegung *f* rotary (rotational) motion
Drehbolzen *m* pivot
Drehdorn *m* [lathe] mandrel
Drehdurchmesser *m* diameter
drehen throw/to, turn/to
drehen sich rotate/to
drehend rotary, rotating
Drehfeder *f* twist spring
Drehgelenk *n* hinge, pivot
Drehherdofen *m* rotary hearth furnace
Drehherz *n* drive carrier, driver [device], [lathe] dog
Drehkolbenpumpe *f* rotary piston pump, rotary[-type] pump
Drehkolbenzähler *m* lobed-impeller meter
Drehkörper *m* turned body, body of revolution
Drehkraft *f* rotary (torsional) force
Drehkupplung *f* revolving turret, rotary (rotating) connection
Drehlager *n* pivot bearing
Drehlänge *f* turning length
Drehling *m* tool bit
Drehmaschine *f* lathe, drilling machine, jigger, turning lathe
Drehmaschinenbett *n* lathe bed
Drehmaschinenspitze *f* lathe centre
Drehmaschinensteuerung *f* lathe control
Drehmaschinenteil *n* lathe part
Drehmeißel *m* cutting (turning) tool

Drehmelder *m* resolver, synchro
Drehmelder *m* für Steuerzwecke control synchro
Drehmoment *n* torque
Drehmomentkompensation *f* torque balancing (compensation)
Drehmomentmeßeinrichtung *f* torquemeter
Drehmomentschlüssel *m* torque meter
Drehmomentwandler *m* torque converter
Drehpuddelofen *m* rotary puddling furnace
Drehrichtung *f* direction of hand; direction of rotation, rotation[al] direction
Drehrichtungswechsel *m* ohne non-reversible
Drehschalter *m* rotary (rotating) control
Drehschar *n* blade
Drehscheibenmagazin *n* circular magazine
Drehschieber *m* rotary disk (slide) valve, rotary-type valve, rotating disk (slide) valve, rotating valve, rotary slider
Drehschlupf *m* rotary slip
Drehschnabel *m* measuring jaw
Drehschwingmaschine *f* torsional fatigue machine
Drehspindel *f* main spindle
Drehstabfeder *f* torsion bar
drehstarre Kupplung *f* torsionally rigid coupling
Drehstift *m* pivot pin
Drehteil *n* circular base; turned part
Drehteller *m* dial
Drehtellerzuführung *f* dial feed
Drehtisch *m* rotary table

Drehung

Drehung *f* **im Uhrzeigersinn** clockwise revolution
Drehverbindung *f* rotary (rotating) connection, rotation[al] joint
Drehverfahren *n* turning process
Drehverteiler *m* revolving (rotating) distributor
Drehvorgang *m* turning operation
Drehwerkzeug *n* turning tool
Drehwinkel *m* rotation angle
Drehwinkelgeber *m* resolver
Drehzahl *f* number of revolutions, [rotational] speed
Drehzahl *f* **kritische** critical speed
Drehzahl *f* **maximale** maximum speed
Drehzahl *f* **mittlere** average speed
Drehzahlabfall *m* speed drop
Drehzahlabfall *m* **relativer** relative speed drop
Drehzahlabnahme *f* [plötzliche] speed drop
Drehzahländerung *f* speed variation (change), change in speed
Drehzahländerung *f* **relative** relative speed variation
Drehzahlanstieg *m* speed rise
Drehzahlanstieg *m* **relativer** relative speed rise
Drehzahlbereich *m* speed range
Drehzahlkennlinie *f* speed characteristic
Drehzahlregelung *f* control of speed, speed control
Drehzahlregler *m* speed control device, speed controller, speed regulator
Drehzahlschwankung *f* speed fluctuation
Drehzahlverhältnis *n* speed ratio
Drehzahlwähler *m* speed selector

Drehzahlzunahme *f* [plötzliche] speed rise
Drehzahn *m* cutter bit
Drehzapfen *m* [central] pivot
Drehzylinder *m* rotary (rotating) actuator
Dreiachsensteuerung *f* three-axis control *{numerical control}*
Dreiachsensteuerungssystem *n* **numerisches** three-axis numerical control system
dreiachsiger Formänderungszustand *m* general state of strain
Dreibackenfutter *n* three-jaw chuck
dreieckige Leiste *f* saddle *{a piece of kiln furniture}*
Dreiecksverband *m* bracing
Dreifachverteilerkanal *m* triple runer
Dreigelenkbogen *m* three-hinged arch
Dreikanaldüse *f* three-channel nozzle
Dreikant *m* saddle (a piece of kiln furniture)
Dreiplatten-Abreißwerkzeug *n* three-plate mo[u]ld
Dreiplatten-Mehrfachwerkzeug *n* three-plate multi-cavity [impression] mo[u]ld
Dreiplatten-Schließeinheit *f* three-plate clamping unit
Dreiplatten-Schließsystem *n* three-plate clamping mechanism (system)
Dreiplatten-Schließvorrichtung *f* three-plate clamping device
Dreiplattenwerkzeug *n* double-daylight mo[u]ld, three-part mo[u]ld, three-plate mo[u]ld
Dreipunktmontage *f* three-point mounting

Dreipunktsteuerung *f* bang-bang-off control
Dreischneidbohrer *m* three-lip core drill
Dreistufenkaltstauchautomat *m* triple-stroke automatic cold header
Dreistufenstauchautomat *m* three-blow automatic header
dreistufiges Verschieberädergetriebe *n* three-stepped sliding gear drive
Dreiwalzenblechbiegemaschine *f* pyramid-type plate bending rolls
Dreiwegehahn *m* three-way cock, three-way plug valve
Dressiergerüst *n* temper mill
Dressierstich *m* skin pass
Dressierwalzwerk *n* temper mill
Drift *f* drift
Driftausfall *m* gradual failure
driften drift/to
Driftgeschwindigkeit *f* drift velocity
Drillbohrer *m* spiral ratchet drill
Drillmittelpunkt *m* center of twist {rod}
Drillsteifigkeit *f* torsional rigidity
Drillung *f* torsion
Drillungsmoment *n* torsional moment (torque), twisting torque
Drillungswiderstandsmoment *n* section modulus of torsion
Dröhnen *n* boom
Drossel *f* restrictor, air-throttle, damper {pneumatics}
Drosselklappe *f* (**Drosselklappenventil** *n*) butterfly valve, throttle valve, damper
drosseln throttle/to {pneumatics}; restrict/to {cross-section}; slow down/to

Drosselventil *n* restrictor (throttle) valve
Druck *m* 1. pressure; 2. push; 3. printing {process}; print
Druck- und Saugluftförderer *m* compressed air-and-vacuum conveyor
Druck *m* **vorgegebener** set pressure
Druckabfall *m* decrease of pressure, pressure drop
Druckabfallventil *n* dropping valve
Druckabhängigkeit *f* pressure dependence
Druckabnahme *f* decrease of pressure
Druckänderung *f* change of pressure
Druckanschluß *m* pressure connection
Druckbalg *m* pressure bellows
Druckbeanspruchung *f* compression load
Druckbeanspruchungseigenschaften *fpl* compressive properties
Druckbegrenzer *m* pressure-reducing valve
Druckbegrenzungsventil *n* pressure-limiting valve
druckbetätigt pressure-operated
Druckdauerstandversuch *m* creep test in compression
Druckdifferenz *f* pressure difference
Druckdose *f* chamber {pneumatics}
Druckdüse *f* pressure nozzle
Druckelastizitätsmodul *m* modulus in compression
drücken 1. press/to, push/to, actuate/to {e.g. a button}; 2. discharge/to, push out/to {e.g. coke from a coke oven}; 3. spin/to {metal sheet}
drucken print/to

Druckentlastungsventil *n* pressure-relief valve
Druckentlastungszyklus *m* compression-relaxation cycle
Drücker *m* pusher
Druckfeder *f* pressure spring
Druckfenster *n* pressure plate
druckfest gekapselte Maschine *f* air-tight machine
Druckfestigkeit *f* compressive strength, strength in compression
Druckfestigkeitsprüfmaschine *f* compression test[ing] machine
Druckfläche *f* surface of contact
Druckflansch *m* pressure flange
Druckflüssigkeit *f* hydraulic fluid
Druckgasflasche *f* [pressure] cylinder
Druckgefäß *n* pressure vessel
druckgeregelt pressure-controlled
druckgesteuert pressure-controlled
Druckguß *m* pressure casting, [pressure] diecasting
Druckgußputzen *n* air-blasting
Druckhaltezeit *f* holding pressure time
Druckkammer *f* pressure chamber
Druckkammeralterung *f* pressure-chamber ag[e]ing
Druckkammersystem *n* pressure chamber system
Druckknopf *m* push button
Druckknopf *m* **drücken** depress the push-button/to
"Druckknopfanlage" *f* push-button plant, totally automated plant
druckknopfbetätigt push-button-actuated
Druckknopfschalter *m* press-button switch, push-button switch
Druckknopfsteuerung *f* press-button control, push-button control

Druckkraft *f* compressive force
Druckkraftmessung *f* compression measurement
Drucklager *n* thrust bearing
Druckleitung *f* pressure line (pipe), delivery line *{hydraulic system}*
Druckluft *f* compressed air
Druckluft *f* **betrieben** air-actuated, air-operated, pneumatic
Druckluftanschluß *m* pneumatic connection
Druckluftantrieb *m* compressed-air drive
Druckluftarmatur *f* compressed-air fitting
Druckluftausfall *m* air failure
Druckluftauswerfer *m* pneumatic ejector
Druckluftbehälter *m* compressed air container
druckluftbetätigt air-actuated, air-operated, compressed-air-operated, pneumatically operated, pressure-operated
druckluftbetätigte Eckenbohrmaschine *f* close quarter air drill
druckluftbetätigter Niederhalter *m* air clamp
Druckluftbohrer *m* air drill
Drucklufterzeuger *m* air compressor
Druckluftfilter *n* air filter
Druckluftformmaschine *f* air squeezer
druckluftgesteuert air-controlled
Drucklufthammer *m* pneumatic hammer
Druckluftleitung *f* compressed-air pipe, pneumatic line, pressure air line

Druckluft[preß]formmaschine *f* air-operated squeezer
Druckluftputzstrahlen *n* air-blast cleaning
Druckluftschalter *m* pressure switch
Druckluft[spann]futter *n* air-actuated chuck, air-operated chuck
Druckluftspannung *f* compressed-air chucking (clamping)
Drucklufsteuerung *f* pneumatic control
Druckluftversorgung *f* air supply, compressed-air supply
Druckluftziehkissen *n* air pad
Druckmeßdose *f* load cell
Druckminderer *m* pressure-reducing valve, pressure reducer
Druckminderer *m* **für Gase** gas-pressure reducing valve
Druckminderer *m* **für Dampf** steam-pressure reducing valve
Druckminder[ungs]ventil *n* s. Druckminderer
Drucköffnung *f* pressure port
Drucköl *n* hydraulic oil
Druckprobe *f* compression specimen
Druckpumpe *f* pressure pump
Druckregelkreis *m* closed-loop pressure control circuit, pressure control circuit
Druckregelung *f* pressure control
Druckregelventil *n* pressure-regulating valve, pressure control valve
Druckregler *m* pressure regulator [without auxiliary energy]
Druckring *m* thrust collar
Druckrolle *f* pressure roller
Druckrückgang *m* decrease of pressure
Druckscheibe *f* pressure disk

Druckscherversuch *m* pressure shear test
Drucksenkung *f* decrease of pressure
Drucksensor *m* pressure sensor
Druckspannung *f* compressive stress
Druckstange *f* pressing rod
Druckstempel *m* indentor
Drucksteuerkreis *m* open-loop pressure control circuit
Druckstift *m* pressure pin
Druckstoß *m* pressure surge
Druckstufe *f* holding pressure
Drucktaste *f* push-button, press-button
Drucktastenschalter *m* press-button switch, push-button switch
Drucktaster *m* push button
Druckübersetzer *m* pressure intensifier
druckumformen form by compression/to, roll/to, squeeze/to
Druckumschaltung *f* pressure change-over
Druckumschaltzeit *f* pressure change-over time
Druckunterschied *m* pressure difference
Druckventil *n* pressure valve
Druckverlauf *m* pressure pattern
Druckverringerung *f* decrease of pressure
Druckverstärker *m* pressure intensifier
Druckversuch *m* pressure (compression) test; hydrostatic test
Druckwächter *m* pressure monitor
Druckwalze *f* pressure roller
Druckwasserputzstrahlen *n* liquid blast cleaning

Druckwellenfront f shock front
Druckzwiebel f bulb
Druckzylinder m pressure cylinder
dual binary
dunkelgelb {Anlaßfarbe} dark-straw
dünne Platte f thin plate
Duo-Zickzackstraße f staggered mill
Duowalzen fpl duo rolls
Duowalzwerk n duo mill
Duplexschmelzverfahren n duplex process {for steel maling}
Durchbiegung f deflection; sag[ging]
Durchbiegung f beim Bruch deflection at break (fracture)
Durchblasen n bottom blowing
Durchbruch m 1. knock-out; 2. break-out, break-through
Durchfluß m 1. flow, flowing-through, passage; 2. throat, flow hole; 3. discharge, flow
Durchflußanzeiger m flow controller, flow indicator
Durchflußbehandlung f flow-through treatment
Durchflußmengenmeßgerät n liquid meter
Durchflußregler m volume-flow regulator
Durchflußzeit f flow time
Durchfressen n intrusion {lining}
Durchführbarkeit f feasibility
durchführen accomplish/to, perform/to
Durchgang m 1. pass; 2. continuity {line}; 3. daylight {press}
Durchgang m des Walzgutes roll pass
Durchgang m zwischen Pressenständern daylight
Durchgangsdrehzahl f runaway speed
Durchgangsdurchmesser m diametral capacity
Durchgangsloch n through hole
Durchgangsloch n zylindrisches cylindrical through hole
Durchgangsventil n straight-through valve, straight-way valve
durchgehender Bruch m complete fracture
Durchhang m sag[ging], slack
Durchhängen n des Schmelzeschlauches parison sag (drawdown)
Durchlaß m throat; clearance {milling machine}
durchlassen gate/to
Durchlässigkeit f permeability; transmittance
Durchlässigkeit f **diffuse** diffuse transmittance
Durchlässigkeitsprüfgerät n transmissometer
Durchlässigkeitsversuch m permeability test
Durchlauf m run {e.g. program}; pass
Durchlaufblankglühofen m continuous bright-annealing furnace
durchlaufen lassen operate/to, run/to; pass [through]/to
Durchlaufglühofen m continuous-annealing furnace
Durchlaufglühung f continuous annealing
Durchlaufkerntrockenofen m continuous core oven
Durchlaufrichtung f line of pass
Durchmesser m diameter
Durchmesserbereich m diameter range
Durchmesserverringerung f set down

Durchprüfung *f* checkout, checking
Durchsatz *m* throughput; flow rate *{relating to a liquid}*
durchscheinend opaque, translucent
Durchschlag *m* 1. breakdown *{electrical}*; 2. piercer, drift
Durchschlagspannung *f* breakdown voltage *{electrical}*
Durchschleifen *n* **mittels Trennscheibe** abrasive cutting, [abrasive] cutting-off
Durchschnitt *m* *s*. Mittelwert
durchsichtig transparent
Durchstoßarbeit *f* total penetration energy
Durchstoßofen *m* continuous discharge heating furnace, continuous pusher-type furnace
Durchstoßversuch *m* impact penetration test
Durchtreiber *m* drift
Durchwärmezeit *f* soaking time
Durchwölbung *f* bow *{plate}*
Durchzieherwicklung *f* pull-through winding
Durchzündung *f* arc-through
Düse *f* aperture, die; [pressure] nozzle *{pneumatics}*
 Düse *f* **offene** free-flow nozzle
 Düse *f* **verlängerte** extended nozzle, long-reach nozzle
Düsenabhebegeschwindigkeit *f* nozzle retraction speed
Düsenabheberweg *m* nozzle retraction stroke
Düsenabhebung *f* nozzle retraction
Düsenabmessungen *fpl* die dimensions; nozzle dimensions
Düsenanfahrgeschwindigkeit *f* nozzle approach speed
Düsenanlage *f* nozzle contact

Düsenanlagedruck *m* nozzle contact pressure
Düsenanlegebewegung *f* nozzle forward movement
Düsenanpreßdruck *m* nozzle contact pressure
Düsenanpressung *f* nozzle contact
Düsenanpreßzylinder *m* nozzle advance cylinder
Düsenart *f* type of die; type of nozzle
Düsenaustritt *m* die opening
Düsenbauart *f* die design; nozzle design
Düsenbaustoff *m* die material; nozzle material
Düsenblock *m* nozzle block
Düsenbohrung *f* die gap; nozzle aperture (bore, orifice)
Düsendeformation *f* nozzle deformation
Düsenfahrgeschwindigkeit *f* nozzle speed
Düsenform *f* type of die, type of nozzle
Düsenhalteplatte *f* nozzle carriage
Düsenheizkörper *m* nozzle heater
Düsenheizung *f* nozzle heater
Düsenhub *m* nozzle stroke
Düsenkalotte *f* nozzle seating
Düsenkonstruktion *f* die design; nozzle design
Düsenkörper *m* die body *{threading}*
Düsenmund *m* die gap; nozzle aperture (orifice)
Düsennadel *f* cleaning needle, valve pin
Düsenöffnung *f* die gap; nozzle aperture (orifice)
Düsenplatte *f* die plate

Düsenschnellabhebemechanismus *m* high-speed nozzle retraction mechanism
Düsenseite *f* stationary mo[u]ld half
düsenseitig on the cavity half, on the fixed (stationary) mo[u]ld half
düsenseitige Formaufspannplatte *f* stationary platen
düsenseitige Formplatte *f* cavity plate
düsenseitige Werkzeughälfte *f* fixed (stationary) mo[u]ld half
Düsensitz *m* nozzle seating
Düsenspitze *f* nozzle point
Düsenversatz *m* nozzle displacement (misalignment)
Düsenverschluß *m* shut-off nozzle
Düsenvorlaufgeschwindigkeit *f* nozzle advance speed
Düsenwerkstoff *m* die material; nozzle material
Düsenzapfen *m* sprue
Dwigth-Lloyd-Sinterverfahren *n* Dwigth-Lloyd sintering process, blast sintering process
Dynamikbreich *m* dynamic range
Dynamikkompression *f* automatic volume compression, compression
Dynamikpresser *m* automatic volume contractor, compressor
Dynamikpressung *f* compression
Dynamikregelung *f* dynamic-range control
dynamische Auswuchtung *f* dynamic balancing
dynamische Belastung *f* dynamic load
dynamische Eigenschaften *fpl* dynamic properties
dynamische Elastizitätskonstante *f* dynamic elastic constant
dynamische mechanische Prüfung *f* dynamic mechanical test
dynamische Prüfung *f* dynamic test
dynamische Viskosität *f* dynamic viscosity
dynamischer Elastizitätsmodul *m* dynamic modulus of elasticity
dynamischer Modul *m* dynamic modulus
dynamischer Schermodul *m* dynamic shear modulus
dynamisches Verhalten *n* dynamic behaviour
dynamisches Weiterreißen *n* dynamic tearing
Dynamometer *n* dynamometer
Dynamotor *m* dynamotor
Dynstat-Gerät *n* {zur Bestimmung von Biegefestigkeit und Schlagzähigkeit} Dynstat apparatus
Dynstat-Probe *f* Dynstat test specimen
Dynstat-Probe *f* **mit Kerb** notched Dynstat test specimen
DZ relative permittivity

E

E-Modul *m* elastic modulus, modulus of elasticity
eben flat, plane
ebene Gestaltänderung *f* simple shearing strain
ebener Spannungszustand *m* plane stress
ebener Verzerrungszustand *m* plane strain
Ebene *f* level, plane

Ebene *f* **vertikale** vertical plane
Ebenheit *f* flatness
Echoimpuls-Fehlerprüfgerät *n* pulse-reflection flaw detector
echte Pfeilverzahnung *f* continuous double helical teeth
Echtzeit *f* real time
Eckbohrmaschine *f* corner drilling machine
Ecke *f* corner
　Ecke *f* **ausbringende** arris
Eckenbohrmaschine *f* close quarter drill
Eckenbohrmaschine *f* **druckluftbetätigte** close quarter air drill
Eckenfräsen *n* cornering
Eckpfosten *m* angle post
Eckständer *m* angle post
Eckstiel *m* angle post
Edelstahlrohr *n* special-steel pipe
Edelstahlventil *n* valve of stainless steel
Effekt *m* effect
effektiv actual, effective
effektiver Schalldruck *m* effective sound pressure
Effektivwert *m* effective value
Effektor *m* [end] effector
　zum Effektor hin distal {robot}
Eichen *n* calibration
Eichmaß *n* ga[u]ge
Eichnormal *n* standard
Eichung *f* calibration, ga[u]ging
eigen internal, self-contained
Eigendruck *m* natural pressure
Eigenfrequenz *f* natural frequency
Eigenjustierung *f* self-adjustment
Eigenkontrolle *f* automatic checking
Eigenkühlung *f* natural cooling
Eigenresonanz *f* natural resonance

Eigenresonanzfrequenz *f* natural resonant frequency
Eigenschaft *f* property
　Eigenschaft *f* **akustische** acoustical property
　Eigenschaft *f* **spezifizierte** specified feature (property)
Eigenschaften *fpl* **bei Druckbeanspruchung** compressive properties
Eigenschaften *fpl* **bei Langzeitbeanspruchung** long-term properties
Eigenschaften *fpl* **beim Zugversuch** tensile properties
Eigenschaften *fpl* **dynamische** dynamic properties
Eigenschaften *fpl* **mechanische** mechanical properties
Eigenschwingung *f* characteristic (natural) vibration
Eigenschwingungsfrequenz *f* natural resonance frequency
Eigenschwingungszeit *f* natural period of vibration
Eigenspannung *f* initial (internal) stress
Eigenstabilitätsgrenze *f* natural limit of stability
Eigenüberprüfung *f* automatic checking, self-checking
Eigenüberwachung *f* automatic supervision
Eigenwert *m* characteristic value
Eigenzeitkonstante *f* residual time-constant
Eilgang *m* fast traverse
　im Eilgang zurücklaufen fast-return/to
Eilgangzylinder *m* high-speed injection cylinder

Eilrücklauf *m* fast return
Ein-Aus-Schalter *m* closed-open switch, on-off switch
Ein-Aus-Steuerung *f* batch[ing] control
Ein-Aus-Ventil *n* on-off valve
"Ein"-Stellung *f* on-position
einachsiger Spannungszustand *m* uniaxial stress
einarbeiten Schwalbenschwanznuten *fpl* dovetail/to
Einbau *m* mounting, installation; bedding in
einbauen fit/to, install/to, mount/to; house/to
einbauen wieder refit/to
Einbauhöhe *f* mo[u]ld (shut) height
Einbaulage *f* mounting position; operating position
Einbaumaße *npl* installation (mounting, platen) dimensions
Einbauort *m* installation site
Einbaustelle *f* installation site
Einbeulung *f* dome
einbinden bond in/to
Einblasen *n* blowing
Einblasen *n* **seitliches** side blowing
einblenden gate/to
Eindrehung *f* **halbrunde** semicircular recess
Eindringgerät *n* penetrometer
Eindringkörper *m* indenter, penetrator, impressor
Eindringkörper *m* **Norm-** standard indenter
Eindringkörper *m* **nach Barcol** Barcol impressor
Eindringmedium *n* penetrant material

Eindringprüfung *f* penetrant test
Eindringprüfverfahren *n* penetrant test[ing] method
Eindringtiefe *f* depth of penetration, penetration depth
Eindringwiderstand *m* resistance to indentation
Eindruck *m* indentation *{materials testing}*; impression; imprint
Eindrückbuchse *f* press-in bush
Eindruckfläche *f* depression
Eindruckhärteprüfung *f* indentation hardness test *{materials testing}*
Eindruckprüfung *f* compression testing
Eindruckstempel *m* plane indentor; compression punch *{for testing}*
Eindrucktiefenmesser *m* penetrometer
Einetagenwerkzeug *n* single-daylight mo[u]ld, two-part mo[u]ld, two-plate mo[u]ld
Einfachdrahtspulmaschine *f* single-wire spooler
Einfachschlauchkopf *m* single-parison die
einfachwirkender Zylinder *m* single-acting cylinder
Einfahrgeschwindigkeit *f* forward speed
Einfallstelle *f* shrink (sink) mark
Einfallswinkel *m* angle of incidence
Einfriedungsmauer *f* boundary wall
Einfrierbereich *m* glass transition range
einfrieren exhibit transition/to *{glass, plast, nubber}*; freeze/to
einfügen insert/to
Einführungshülse *f* grommet
Einfüllgehäuse *n* material hopper
Einfüllstutzen *m* filler neck

Einfülltrichter *m* feed hopper, hopper
Eingabe-Ausgabe-Einrichtung *f* input-output device
Eingabe *f* input
Eingabe *f* **akustische** acoustic input
Eingabe *f* **Null** zero input
Eingabeauflösung *f* input resolution *{numerical control}*
Eingabeeinrichtung *f* feeding device *{e.g. for parts}*
Eingabefach *n* **für Lochkarten** hopper
Eingabegerät *n* input device
Eingabegröße *f* **veränderliche** input variable
Eingabeseite *f* feed end
Eingabesignal *n* input signal
Eingang *m* input
Eingangsgröße *f* **veränderliche** input variable
Eingangskontrolle *f* receiving inspection
Eingangsleistung *f* input power
Eingangssignal *n* input signal
Eingangsvariable *f* input variable
Eingangsveränderliche *f* input variable
Eingangswelle *f* primary shaft
Eingangszeitkonstante *f* input time-constant
eingebaut built-in, internal, self-contained
eingebaute Stromquelle *f* in-housing power source, self-contained power source
eingebautes Thermoelement *n* embedded temperature detector
eingeben input/to

eingebundene Säule *f* attached column
eingefrorenes Abstichloch *n* hard tap
eingemessen standardized
eingerückt engaged
eingerüstiges Walzwerk *n* single rolling mill
eingeschaltet engaged, operative, active, on
eingeschalteter Zustand *m* on state
Eingeschwindigkeitsschließeinheit *f* single-speed clamp[ing] unit
eingesetzer Zahn *m* cog *{gear wheel}*
eingespannt einseitig cantilevered
eingespannte Stufen *fpl* cantilevered steps
eingespannter Bogen *m* hingeless arch
eingestellt adjusted, aligned
Eingießen *n* casting, filling, pouring-in
Eingießöffnung *f* gate, git
Eingreifen *n* 1. intervention; overriding *{feedback control}*; 2. engagement *{gear}*
Eingriff *m* 1. intervention; corrective action; 2. engagement, mesh, contact *{gear}*
Eingriff *m* **unbefugter** mischievous tampering
Eingriff *m* **durch den Menschen** human intervention
Eingriff *m* **außer** out-of-mesh
Eingriff in bringen put in mesh/to
Eingriff in sein mit engage with/to
Eingriff *m* **zum bringen** bring into mesh/to
Eingriffsbogen *m* **hinter dem Wälzpunkt** arc of recess (action) *{gear}*

Eingriffsbogen *m* vor dem Wälzpunkt arc of approach *{gear}*
Eingriffsflankenspiel *n* backlash
Eingriffslänge *f* arc of contact *{grinding disk}*
Eingriffstellung *f* engaged position
Eingriffszahn *m* entering tooth
Einguß- und Steigerholz *n* running stick
Einguß *m* 1. gate, sprue; runner; 2. pouring-in *{process}*
Eingußabschneider *m* gate cutter
Eingußbuchse *f* sleeve
Eingußrohr *n* central gate
Eingußsumpf *m* pouring basin
einhaken dig in/to *{drill}*
Einhaken *n* digging-in *{drill}*
einhalten control/to *{set value}*; maintain/to *{state}*
einhändig single-handed
Einhebelsteuerung *f* single-lever control
Einheit *f* 1. component, frame, unit; 2. measurement (measuring) unit *{metrology}*
einheitlich uniform
Einhüllende *f* envelope
einkehlen fuller/to, neck/to, recess/to
einklemmen clamp/to
einklinken catch/to
Einknopfbedienung *f* single (knob) control
einkuppeln engage/to
Einlage *f* insert
Einlaßgrund *m* (**Einlaßgrundierung** *f*) low-viscosity primer
Einlaßventil *n* inlet valve
Einlauf *m* inlet, point of entry, intake
einlaufen lassen burnish/to

Einlaufkonus *m* cone-shaped entrance
Einlaufsystem *n* gating
Einlauftrichter *m* entrance cone end, feed (material) hopper
Einlaufwinkel *m* entry angle
Einlegekeil *m* parallel (sunk) key
einlesen teach-in/to *{e.g. sequence of moves}*; read-in/to
einmessen standardize/to
einpassen fit/to
Einpassen *n* bedding in
Einpaßzugabe *f* fitting allowance
einpegeln level/to
Einplattenverfahren *n* one-plate method
Einpreßdorn *m* press-in peg
Einpreßmutter *f* press-in nut
einpudern face/to *{form}*
Einpudern *n* facing
Einpunktsystem *n* single-point system
einrasten catch/to, engage/to, index/to, pawl/to
einrastend indexing
einrastender Mechanismus *m* mechanical-indexing mechanism
Einrastfeder *f* click spring
Einrichtbetrieb *m* setting-up mode *{numerical controlled machine tool}*
einrichten set up/to *{machine tool}*
Einrichtung *f* assembly, equipment, unit; hardware
Einrichtzeit *f* set-up time *{machine tool}*
einrollen curl/to
einrücken clutch/to, engage/to; *s.a.* einschalten
Einrückrad *n* gear wheel
Einsatz- *s.* Einsatzhärte-

Einsatz *m* 1. [carburized] case; 2. charge [stock], feed [stock]; charging; 3. application; 4. insert
Einsatzbedingung *f* service (field) condition
Einsatzbereich *m* [functional] range
einsatzbereit ready to use
Einsatzbuchse *f* renewable bushing
Einsatzdeckel *m* inserted cover
Einsatzfall *m* application
Einsatzfall *m* **für Computer** computer application
einsatzhärtbar case-hardenable
einsatzhärten case-harden/to
Einsatzhärten *n* case-hardening {*e.g. carbon case-hardening, cementing*}
Einsatzhärtepulver *n* cement
Einsatzhärteschicht *f* carburized case
Einsatzhärtetiefe *f* case depth, depth of case
Einsatzhärtung *f* case hardening
Einsatzhärtung *f* **durch Nitrieren** nitration hardening
Einsatzhärtungstiefe *f* depth of case, case depth
Einsatzkasten *m* carburizing box
Einsatzmeißel *m* tool bit
Einsatzmittel *n* carburizer, cementing medium, case-hardening compound (material)
Einsatzpulver *n* cementing (carburizing) powder
Einsatzschicht *f* case
Einsatzstahl *m* cementation steel; case-hardened steel
Einschaltdauer *f* on period
Einschaltdauer *f* **relative** duty factor
Einschaltdauer *f* **relative bei Dauerbetrieb** duty factor in continuously running duty
Einschaltdauer *f* **relative bei intermittierendem Betrieb** duty factor in intermittent periodic duty
einschalten activate/to, actuate/to, energize/to, switch on/to
Einschalten *n* actuation
Einschaltstellung *f* energized position, on-position
Einschaltung *f* starting
Einschaltzeit *f* on period
Einschaltzustand *m* on-state
Einschaltzyklus *m* duty cycle
einschieben insert/to
Einschluß *m* **harter** hard spot
einschmelzen melt [down]/to; remelt/to, smell/to {*scrap metal*}
einschnappen catch/to
einschneiden cut [in]/to
einschnüren neck down/to
Einschnürung *f* contraction, reduction of area; necking; waisting
einschränken limit/to; control/to {*failures*}
Einschränkung *f* limitation
Einschraubnippel *m* screw-in nipple
Einschraubstutzen *m* screw-in socket
einschroten fuller/to
Einschub *m* insert, plug-in
Einschubchassis *n* slide-in chassis
Einschuböffnung *f* slot
Einschubrahmen *m* shelf, slide-in chassis, rack
Einschubträger *m* rack
Einschwingzeit *f* setting (transient) time
einseitig eingespannt cantilevered
einseitig eingespannter Träger *m* cantilever

Einsenken *n* von Hohlformen cavity sinking
einsetzen 1. carburize/to, cement/to; 2. charge/to, feed/to {*a certain quantity*}; 3. start/to; 4. fit/to, fix/to, insert/to
einsetzen doppelt pair/to {*due to redundancy*}
einsetzen Kerne core up/to
Einsetzen *n* carbon case-hardening, carburization
Einsetzlöffel *m* charging peel (spoon)
Einsetzmulde *f* charging box
Einsitzventil *n* single-seat valve
Einspanndruck *m* clamping pressure
Einspanndurchmesser *m* distance between the clamping jaws
einspannen clamp/to, chuck/to
Einspannen *n* chucking, clamping, gripping
Einspannen *n* des Drehmeißels clamping of turning tool
Einspannfläche *f* gripping face
Einspannkopf *m* chucking head {*e.g. for specimen*}
Einspannung *f* clamping
Einspannung *f* starre built-in mounting, rigid fixing
Einspannvorrichtung *f* gripping mechanism, jig
Einspannzapfen *m* clamping pin
einsparen Programmierzeit save programming time/to
Einspeisung *f* 1. feeding, charging; 2. charge, charging stock, feed[stock]
Einspindelautomat *m* single-spindle screw automaton
Einspritzaggregat *n* injection unit
Einspritzbaustein *m* injection module
Einspritzbedingungen *fpl* injection conditions
Einspritzbewegung *f* injection stroke
Einspritzdruck *m* injection pressure
Einspritzdüse *f* injection nozzle
Einspritzeinheit *f* injection (spraying) unit
Einspritzgewicht *n* shot weight
Einspritzhub *m* injection stroke
Einspritzhydraulik *f* hydraulic injection unit
Einspritzkolben *m* injection (transfer) plunger
Einspritzkraft *f* injection force
Einspritzleistung *f* injection capacity
Einspritzleistung *f* installierte installed injection capacity
Einspritzmasse *f* shot weight
Einspritzphase *f* injection phase
Einspritzpunkt *m* feed point, injection point
Einspritzrate *f* extrusion speed, injection rate
Einspritzventil *n* injection valve
Einspritzvolumen *n* injection (shot) volume
Einspritzvolumenstrom *m* extrusion speed, injection rate
Einspritzweg *m* injection stroke
Einspritzzeit *f* injection time, mo[u]ld filling time
Einsprung *m* necking of film
Einständerhammer *m* single-column hammer, single-frame hammer
Einständerpresse *f* open-front[ed] press, open-gap press, open-side[d] press
Einständerpresse *f* mit C-förmigem Gestell open-frame press

Einständerpresse *f* **mit tiefer Ausladung** deep throat[ed] press
einstechen cut-in/to, recess/to
Einstechen *n* cutting-in, grooving, recessing
Einstechschleifen *n* plunge-cut grinding
Einsteckeinheit *f* insert (pluggable) unit
Einsteckteil *n* plug-in unit
einstellbar adjustable, moving
einstellbar stufenlos stepless variable
einstellbar stufenweise step-variable
einstellbare Geschwindigkeit *f* adjustable speed
Einstellbarkeit *f* adjustability
Einstellbereich *m* adjustment (setting) range
Einstellbolzen *m* adjusting bolt
Einstellehre *f* setting ga[u]ge
Einstellelement *n* adjusting (adjustment) control, adjusting element
einstellen adjust/to, control/to, line/to, position/to; set-[up]/to *{controller}*
Einsteller *m* adjuster
Einstellfeder *f* adjusting spring
Einstellgenauigkeit *f* adjusting accuracy
Einstellglied *n* adjusting element
Einstellhebel *m* adjusting lever
Einstellknopf *m* adjustment (set, setting) knob
Einstellring *m* adjustment ring
Einstellscheibe *f* aligning washer
Einstellschraube *f* adjustable (adjustment, setting) screw
Einstellung *f* adjusting, adjustment, set-up, setting

Einstellung *f* **stetig veränderliche** continously variable adjustment
Einstellwert *m* [control] setting, set[ting] value
Einstellwinkel *m* adjusting (entering, plan, setting) angle
Einstellzeit *f* transient (setting) time
Einstich *m* cutting-in, recess
Einstichlänge *f* recessing length
Einstufenstauchautomat *m* single-blow automatic header
Einstufenstauchen *n* single-blow heading (upsetting)
einstufiges Stirnradgetriebe *n* single-stage spur gear
Eintauchdauer *f* immersion time
Eintauchen *n* **teilweise** partial immersion
Eintauchzeit *f* immersion time
einwandfreier Zustand *m* sound state
Einwegofen *m* uniflow furnace
Einwegschaltung *f* single-way connection
Einwegventil *n* one-way valve
Einwellenmaschine *f* single-screw compounder, single-screw injection mo[u]lding machine, single-screw machine
Einwirkung *f* action
Einwirkung *f* **der Belastung** load action
Einwirkungsdauer *f* exposure period
Einzelantrieb *m* direct motor drive, individual (single) drive
Einzelantriebsmotor *m* direct-drive motor
Einzelbaustein *m* individual module
Einzelbetrieb *m* single operation

Einzeldrahtzug m single-wire drawing
Einzelfundament n column footing (foundation)
Einzelgründung f column footing (foundation)
Einzelguß m downhill casting
Einzelkern m separate core
Einzellast f concentrated load
Einzelmessung f single measurement
Einzelprobe f single test specimen
Einzelprüfung f single test method
Einzelpunktanschnitt m single-pin
Einzelpunktsteuerung f point-to-point control {numerical control}
Einzelschiebeventil n common slide valve
Einzelteil n part
Einzelverlustverfahren n loss-summation method
Einzelzugverfahren n single-draft method
Einzugswinkel m angle of contact, angle of nip, bite angle
Einzweckroboter m single-purpose robot, special[-type] robot
Einzweckwerkzeugmaschine f single-purpose machine tool
Eisenabstich m iron tap hole; iron tapping
Eisenabstichloch n iron tap hole
Eiseneinsatz m metal charge
Eisengicht f metal charge
Eisengleichrichter m steeltank rectifier
Eisenkarbid n cementite
Eisenluppe f loop
Eisenmassel f iron pig
Eisenrinne f iron gutter
Eisensau f bear
Eisenstein m iron matte

elastisch elastic; flexible
elastische Deformation f elastic deformation
elastische Formänderung f elastic strain
elastische Knickung f elastic buckling
elastische Kraft f elastic force
elastische Kupplung f flexible coupling
elastische Nachwirkung f elastic after-effect, elastic lag
elastische Stütze f elastic support
elastische Unterlage f elastic foundation
elastische Welle f flexible shaft
elastischer Werkstoff m elastic material
Elastizität f elasticity; flexibility
Elastizität f vollkommene perfect elasticity
Elastizitätsgrenze f elastic limit
Elastizitätsgrenze f technische apparent elastic limit
Elastizitätskonstante f elastic constant
Elastizitätskonstante f dynamische dynamic elastic constant
Elastizitätsmodul m elastic modulus, modulus of elasticity, Young's modulus
Elastizitätsmodul m dynamischer dynamic modulus of elasticity
Elastizitätsmodul m komplexer complex modulus of elasticity
Elastizitätsmodul m nach Biegeversuch elastic modulus in bend
Elastizitätsmodul m nach Druckversuch elastic modulus in compression

Elastizitätsmodul m nach Zugversuch elastic modulus in tension
elastoplastische Formänderung *f* elasto-plastic strain
elastoplastischer Werkstoff *m* elasto-plastic material
elektrisch electric, electrical
elektrisch betätigtes Ventil *n* electrically operated valve
elektrisch ferngesteuerter Hahn *m* electrically remote-operated cock
elektrische Durchschlagspannung *f* breakdown voltage
elektrische Handbohrmaschine *f* electrical hand drill
elektrischer Durchschlag *m* [electrical] breakdown
elektrischer Fehler *m* electrical defect
elektrischer Kontakt *m* electrical contact
elektrisches Prüfverfahren *n* electrical test
Elektroantrieb *m* electric drive
Elektroenergieversorgung *f* power supply
elektrohydraulisch electrohydraulic
elektrohydraulischer Stellantrieb *m* electrohydraulic servo
elektrohydraulisches Ventil *n* electrohydraulic valve
elektrolytische Scheidung *f* electroparting
elektrolytisches Glänzen *n* bright plating
Elektromagnet *m* electromagnet, solenoid
elektromagnetisch electromagnetic
elektromechanische Waage *f* electromechanical balance
Elektromotor *m* electromotor
elektronische Waage *f* electronic balance
elektropneumatischer Wandler *m* electropneumatic converter
Elektroporzellan *n* insulating chinaware
Elektrospannfutter *n* electrically operated chuck
Elektroventil *n* electrically operated valve
Element *n* element
Element *n* **bewegliches** movement, moving element
Element *n* **lernfähiges** learning element
Emailfarbe *f* overglaze (enamel) colour
Emailschlicker *m* enamel slip
Empfänger *m* **thermischer** thermal receiver
Empfangskopf *m* receiving transducer
Empfangswandler *m* receiving transducer
empfindlich sensitive
Empfindlichkeit *f* sensibility, sensitivity
Endanschlag *m* end stop, end-point stop
Ende *n* end
Endformgesenk *n* finishing die
Endgefüge *n* final structure
Endlagenkontakt *m* limit contact
Endlagenschalter *m* [stop] switch
endliche Formänderung *f* finite strain
Endlosbandförderer *m* closed-loop conveyor
Endmaß *n* slip ga[u]ge

Endmaßlehrenbohrmaschine *f* end-measure jig borer
Endprodukteigenschaften *fpl* end-product properties, final product properties
Endpunkt *m* neutral [end] point
Endpunktsteuerung *f* end-point control, coordinated axis control *{robot}*
Endschalter *m* limit (overtravel) switch, stop switch
Endstein *m* finishing die
Endstellung *f* end point
Endumschalter *m* bang-bang servo
Endwert *m* nominal value, rating
energetische Methode *f* strain energy method
Energie *f* energy, power
Energie *f* **versorgt mit** powered
Energie *f* **zuführen** power/to
Energieaufnahme *f* power consumption
Energiebedarf *m* energy demand, power demand
Energiequelle *f* power source
energiereich high-energy
Energiesystem *n* power system
Energietechnik *f* power engineering
Energieverbrauch *m* energy consumption, power consumption
Energieversorgung *f* power supply
Energieversorgungsnetz *n* power network
Energieversorgungssystem *n* supply system
Energieverteilung *f* power distribution
Energieverteilungssystem *n* power distribution system
Energiewandler *m* energy converter

eng zusammenhängende Maschinen *fpl* strongly connected machines
enge Übereinstimmung *f* close agreement
engmaschiges Filter *n* narrow filter
entblocken unlock/to
Entbutzeinrichtung *f* deflashing device
Entbutzstation *f* deflashing station
entdröhnen deaden/to
entfernen remove/to
entfernt remote
Entfernung *f* distance, range
Entfernung *f* **vorgegebene** predetermined distance
entfetten degrease/to
Entformungskonizität *f* draft, draw
Entformungsschräge *f* draft
entgasen vent/to *{mo[u]ld}*; degas/to, degasify/to
Entgasung *f* venting *{mo[u]ld}*; degassing, degasification
Entgasungsöffnung *f* vent
Entgasungsplastifiziereinheit *f* vented plasticizing unit
Entgasungsplastifizierung *f* vented plasticization
Entgasungszylinder *m* vented cylinder (barrel)
entgraten chamfer/to, deburr/to, deflash/to
Entgraten *n* chamfering, deburring
Entgratmaschine *f* deburring machine
entkohlen decarburize/to
Entkohlen *n* removal of carbon
entkohlt soft
Entkohlung *f* decarburization, removal of carbon
Entkopplung *f* decoupling

Entlade-Lade-Roboter *m* load-unload robot
entladen unload/to; discharge/to
Entladevorgang *m* unload operation
entlasten remove the load/to, unload/to; relieve/to *[e.g. a valve}*
Entlastung *f* removal of the load; relief, relieving
Entlastungsvorgang *m* unloading
Entleerungsventil *n* drain valve
entlocken clear/to
entlüften deaerate/to
Entlüfterdeckel *m* air relief cover
Entlüfterrohr *n* air relief pipe
Entlüfterschraube *f* air vent screw
Entlüftungsbohrung *f* air vent
Entlüftungseinrichtung *f* vent
Entlüftungsöffnung *f* whistler
Entlüftungsschlitz *m* air vent
Entlüftungsventil *n* exhaust valve
Entnahmestation *f* parts-removal station
Entnahmestelle *f* gathering hole
entpalettisieren depalettize/to
Entphosphorung *f* dephosphorization
entregen de-energize/to *{e.g. relay}*
entriegeln unlock/to
entsilizieren desiliconize/to
entspannendes Glühen *n* stress-relieving anneal, stress relief annealing
Entspannungsglühen *n* stress relieving, stress relief
Entspannungsofen *m* stress-relieving furnace
Entspannungsversuch *m* relaxation test, stress-relaxation test
Entstörung *f* debugging
enttrichtern degate/to, sprue/to

Entwässerungseinrichtung *f* drainage device
Entwässerungsventil *n* drain valve
entwerfen design/to
Entwurf *m* design
Entwurfshilfe *f* design aid
Entwurfsverfahren *n* design method
Entwurfszyklus *m* design cycle
entzundern [de]scale/to, scour/to
Entzundern *n* [de]scaling, scouring
entzundert nicht black
Entzunderungsofen *m* wash heating furnace
Entzunderungswärme *f* wash heat
Entzündlichkeit *f* flammability, ignitability
erblasen kalt cold-blast/to
Erdanschluß *m* ground terminal
Erde *f* ground, earth *{electrical}*
Erdklemme *f* s. Erdungsklemme
Erdrückleitung *f* ground return
Erdsammelleitung *f* ground bus
Erdschleife *f* ground loop
Erdungsfehler *m* ground loop error
Erdungsklemme *f* earthing terminal, grounding (ground) terminal
Ereignis *n* event
erfassen sense/to
Erfassungsprogramm *n* logging routine
erfühlen sense/to
Erfüllbarkeit *f* satisfiability
ergänzend additional
Ergänzungs- ancillary
Ergänzungseinheit *f* add-on unit
Ergänzungsgerät *n* supplementary unit
ergeben yield/to
Ergiebigkeit *f* capacity, productivity
Ergonomie *f* ergonomics

Ergonomiker *m* ergonomist
ergreifen pick[-up]/to, grasp/to, grip/to
erhältlich available
Erhaltung *f* maintenance
Erhaltungszustand *m* state of maintenance
Erhebung *f* **der Kurbel** angle of crank
erhitzter Gebläsewind *m* heated air
erkennbarer Fehler *m* visible imperfection *{material}*
Erkennung *f* recognition
Erkennung *f* **von Zeichen** character recognition
erläuternde Vorschrift *f* specification
erledigen perform/to *{a job}*; execute/to
Ermüdung *f* fatigue
Ermüdung *f* **beschleunigte** accelerated fatigue
Ermüdungsausfall *m* fatigue fault
Ermüdungsbruch *m* fatigue failure
Ermüdungsgrenze *f* fatigue limit
Ermüdungsprüfung *f* fatigue test[ing]
Ermüdungsverhalten *n* fatigue behavio[u]r
Ermüdungsversuch *m* fatigue test
erneuern renew/to *{renewable part}*
Erosionsprüfung *f* erosion test
erproben test/to
erregen energize/to *{relay}*; activate/to
erreichbar available
errichten set up/to *{plant}*
Errichtungsbedingungen *fpl* location requirements *{plants}*
Errichtungsort *m* site
Ersatzbaustein *m* spare module

Ersatzeinrichtung *f* back-up equipment
Ersatzgerät *n* replacement instrument
Ersatzlampe *f* replacement (spare) lamp
Ersatzleitweg *m* alternate routing
Ersatzsicherung *f* replacement fuse
Ersatzteil *n* part, renewal (replacement) part, item, spare [part, item]
Ersatzteilkatalog *m* spare part catalog[ue]
Ersatzteilliste *f* list of spares, [replacement, spare] part list
Ersatzweg *m* alternate route
ersetzen replace/to, substitute/to
erstarren freeze/to; solidify/to
Erstarrungsdauer *f* cooling time, setting time
Erstarrungsintervall *n* solidification range
Erstarrungslinie *f* line of solidification
Erstarrungsphase *f* setting phase
Erstarrungsprinzip *n* principle of solidification
Erstarrungspunkt *m* *s.* Erstarrungstemperatur
Erstarrungsschrumpfung *f* casting shrinkage, freezing shrink[age]
Erstarrungstemperatur *f* solidification (setting) point, solidification temperature
Erstarrungszeit *f* cooling (setting) time
Erstbenutzer *m* first-time user
Erstinbetriebnahme *f* initial startup
Erwärmen *n* heating
Erwärmung *f* heating, heating-up, warming-up

Erwärmungsgeschwindigkeit *f* heating rate
Erweichungsbereich *m* heating range
Erz *n* aufbereitetes concentrate, concentrated ore
Erzanalyse *f* ore assay
Erzcharge *f* ore charge
erzeugen generate/to; produce/to, manufacture/to, make/to
Erzeugnis *n* product
Erzeugung *f* generation; production, manufacture
Erzfrischverfahren *n* ore process
Erzgangart *f* ore gangue
Erzgicht *f* ore burden (charge)
Erzkonzentrat *n* concentrate, concentrated ore
Erzmöller *m* ore burden, stock of ores
Erzpartikel *fpl* raggings
Erzprobe *f* 1. ore assay; 2. ore sample
Erzreduktionsanlage *f* ore reduction plant
Etage *f* daylight, tier, storey
Etagenofen *m* storey furnace
Etagenspritzen *n* multidaylight injection mo[u]lding, multidaylight transfer mo[u]lding
Etagenwerkzeug *n* multidaylight mo[u]ld, stack mo[u]ld
Evakuierungseinrichtung *f* evacuating equipment
Expansionsbehälter *m* expansion container
Expansionsgefäß *n* expansion reservoir
Expansionsschieber *m* expansion slide valve
experimentelle Fehlergrenze *f* limit of experimental error

experimentelle Untersuchung *f* experimental study
Expertensystem *n* expert system
explosionsgeschützt explosion-proof
explosionsgeschützte Maschine *f* explosion-proof machine, flameproof machine
Explosionsrückschlagsicherung *f* explosion-relief device and flame arrester
Explosionswellenfront *f* {Explosivumformen} shock front
explosivumgeformt explosively formed
Exsikkator *m* desiccator
extern external
Extraktionsbeständigkeit *f* resistance to extraction [by chemicals]
extrapolieren extrapolate/to
extrudieren extrude/to
extrudierter Probekörper *m* extruded specimen
Extrusionstrichter *m* hopper
Extrusionsviskosimeter *n* extrusion rheometer
Exzenter *m* eccentric
Exzenterkreis *m* eccentric circle
Exzenterpresse *f* eccentric press
Exzenterwelle *f* eccentric shaft
exzentrisch eccentric[al], off-centre; out of balance, unbalanced
exzentrisch bohren drill off centre/to
exzentrische Belastung *f* eccentric loading
exzentrischer Zug *m* eccentric tension
exzentrisches Schubkurbelgetriebe *n* eccentric crank mechanism
Exzentrizität *f* der Belastung eccentricity of load

F

Fabrik *f* factory
Faden *m* string *{a defect}*; filament
fadenförmige Schliere *f* string
Fadenlunker *m* coky centre, pinhole
Fadenziehen *n* stringing
Fähigkeit *f* abilility
Fahrweise *f* policy of operation
Fahrzeugroboter *m* robotic vehicle
Fail-safe-Technik *f* fail-safe technology
Fall *m* case; fall
Fallbügel *m* chopper bar
fallend gießen pour from the top/to
fallender Guß *m* downhill casting, top casting (pouring)
fallenlassen drop/to
Fallhammer *m* rebounding hammer
Fallhärteprüfung *f* drop hardness test, dynamic indentation test
Fallhöhe *f* fall, hight of fall
Fallkugelviskosimeter *n* falling-sphere viscometer
Fallmasse *f* striking weight
Fallschnecke *f* drop worm [mechanism], trip worm
Fallstudie *f* case [study]
Fallversuch *m* drop test
falsch positioniert sein deviate/to
falsche Handhabung (Behandlung) *f* misuse
Falschluft *f* entrained air
Falschverhalten *n* faulty action
Falte *f* wrinkle{sheet};crinkle{draw}
falten fold/to
Falten *fpl* **bilden** wrinkle/to
Faltenbalg *m* bellow and sleeve, bellows
Faltenbalg *m* **für Rohrleitungen** metallic bellows for pipelines, pipe-expansion joint for pipelines
Faltenbalgventil *n* bellow valve
Faltenbildung *f* puckering
Faltenbildung *f* **an der Platine** blank wrinkling
Faltenbildung *f* **im Werkstoffgefüge** kinking
Faltenhalter *m* clamping die, pressure plate
Faltungscode *m* convolutional code
Falz *m* fold; seam joint, look seam
Falzzugabe *f* turning allowance
Fangbügel *m* safety bow
Fangdamm *m* box dam
Fangdüse *f* catching nozzle
Fanghaken *m* catch hook
Fangrinne *f* groove
Farbanpassung *f* color matching
Farbbeize *f* stain
Farbbeständigkeit *f* color fastness
Farbe *f* paint *{substance}*; colo[u]r *{sensation}*
Farbechtheit *f* resistance to colour change, colo[u]r fastness (stability)
Farbmessung *f* colo[u]r measurement
Farbsprühroboter *m* paint-spraying robot
Farbstoff *m* dye[stuff]
Farbvergleich *m* colo[u]r matching
Fase *f* chamfer
Fasenbreite *f* size of cutting face
Faser *f* fibre
Faserbündel *n* fibre bundle
fassen catch/to
Fassonarbeit *f* form work
Fassonrohr *n* making-up piece
Faßpumpe *f* barrel (container) pump
Fassung *f* mounting, socket

Fassungsvermögen *n* capacity
Fassungswinkel *m* angle of nip
faulbrüchig short-brittle
faulen age/to, sour/to
Faulen *n* ag[e]ing, souring
Feder *f* spring; key, feather; spline
Feder *f* mit Vorspannung compressed spring
Federauflage *f* spring pad
Federbalg *m* spring bellows
federbelastet spring-loaded
Federblech *n* spring plate
Federführung *f* spring guide
Federhalter *m* spring holder
Federhänger *m* spring hanger
Federhebel *m* spring lever
Federkorbpresse *f* spring basket press
Federlager *n* spring bearing
Federlaufwerk *n* spring motor
Federplatte *f* spring plate
Federring *m* spring washer
Federrohr *n* bellows
Federrollenlager *n* flexible roller bearing
Federscheibe *f* spring disk
Federschraube *f* spring screw
Federsitz *m* spring seat
Federspanneisen *n* compression clamp
Federspannung *f* spring tension
Federstahl *m* spring steel
Federstahlplatte *f* spring steel plate
Federstange *f* spring rod
Federträger *m* spring bracket
Federung *f* compliance
Federventil *n* spring-[loaded] valve
Federwippe *f* spring balance
Feeder-Verfahren *n* feeder process
Fehlanpassung *f* unbalance

Fehleinstellung *f* misadjustment, misplacement
Fehler *m* bug, error; defect, fault, failure, malfunction; flaw
Fehler *m* absoluter absolute error
Fehler *m* aufgelaufener accumulated error
Fehler *m* ausmerzen debug/to
Fehler *m* behebbarer recoverable error
Fehler *m* beheben fix an error/to
Fehler *m* durch Überlastung verursachter load error
Fehler *m* elektrischer electrical defect
Fehler *m* funktioneller functional error
Fehler *m* latenter latent failure {anticipated malfunction}
Fehler *m* mechanischer mechanical defect
Fehler *m* an elektrischen Teilen electrical defect
Fehler *m* an mechanischen Teilen mechanical defect
Fehler *m* auf der Oberfläche surface defect
Fehler *m* infolge Nichtlinearität linearity error
Fehler *m* ohne üble Folgen graceful failure
Fehler *m* unterdrücken control an error/to
Fehleranalyse *f* failure (fault) analysis
Fehleranzeige *f* error indication
Fehlerbeseitigung *f* fault clearance (remedy), trouble-shooting
Fehlerdiagnose *f* fault diagnosis
Fehlereingrenzung *f* localization of defects

Fehlerfeststellung 356

Fehlerfeststellung *f* fault finding
Fehlerfrüherkennung *f* fault early recognition
Fehlergrenze *f* limit of error
Fehlergrenze *f* **experimentelle** limit of experimental error
fehlerhaft defective, erroneous, faulty, unsound, imperfect
fehlerhafte Arbeitsweise *f* malfunction
fehlerhaftes Bauteil *n* faulty component
fehlerhaftes Funktionieren *n* malfunctioning
Fehlerkorrektur *f* error correction
Fehlerortmeßgerät *n* **automatisches** automatic fault locator
Fehlerortsbestimmung *f* localization of defects
Fehlerprüfung *f* **magnetische** magnetic crack (flaw) detection
Fehlerquelle *f* source of error
Fehlerrate *f* fault rate
Fehlersignal *n* error signal
Fehlerstelle *f* fault
Fehlersuche *f* fault finding, trouble tracking
Fehlerunterdrückung *f* control of errors
Fehlerursache *f* cause of failure
Fehlfunktion *f* malfunction
Fehlfunktionsabstand *m* malfunction interval
Fehlguß *m* waste casting
Fehloperation *f* maloperation
Fehlstelle *f* flaw; *s.a.* Fehlerstelle
Fehlverhalten *n* faulty action, malfunction, maloperation
Feile *f* file
   Feile *f* **zweihiebige** double-cut file
Feilen *n* filing

Feilkloben *m* hand vice
Feilmaschine *f* filing machine
Feinbearbeitungsverfahren *n* refining procedure
Feinbewegung *f* slow motion
Feinblech *n* sheet
feinbohren fine-bore/to
Feinbohren *n* fine boring
Feineinstellung *f* fine setting
feinen fine/to
Feinen *n* finishing
feiner Formsand *m* facing sand
feingeschliffen fine-ground
Feingewinde *n* fine thread
   Feingewinde *n* **Amerikanisches** American National Fine [thread]
Feinkeramik *f* fine ceramics
Feinkorn *n* fine grain
feinkörnig even {*surface of rupture*}; fine-grained, microgranular
Feinkühlen *n* fine annealing
Feinlunker *m* pinhole
feinporig fine-cell, fine-pored
feinpositionieren fine-position/to
Feinpositionierung *f* fine positioning
feinschleifen fine-grind/to
Feinschleifen *n* fine grinding
feinschlichten fine-machine/to
Feinschliff *m* finishing cut
Feinspan *m* fine chip, fine segmental chip
feinstbearbeiten fine-finish/to
Feinstbohrwerk *n* diamond boring machine
feinstreifiger Perlit *m* fine pearlite
Feinvorschubreihe *f* fine-feed series
Feinzeiger *m* precision caliper
   Feinzeiger *m* **optischer** optimeter

feinzellig fine-cell
Feinzug *m* finishing block
Feld *n* array, field
Feld[brenn]ofen *m* clamp
Fenster *n* window
Fern- remote, tele-
Fernablesung *f* remote reading
Fernantrieb *m* remote drive
Fernanzeige *f* remote display
Fernauslöser *m* remote-control release, remote release
Fernauslösung *f* remote tripping
Fernbedienanlage *f* remote control installation
fernbedienen telecontrol/to
fernbedient remote-controlled, remote-operated
fernbedientes Manipulatorsystem *n* remote manipulator system
Fernbedienung *f* remote control
Fernbedienungseinrichtung *f* teleoperator
Fernbedienungstechnik *f* telecontrol engineering
fernbetätigt remote-actuated, remote-controlled, remote-operated, remotely actuated
fernbetätigte Klappe *f* remote-controlled flap valve
fernbetätigter Schieber *m* remote-controlled slide valve, remote slide valve
fernbetätigtes Ventil *n* remote-operated valve, remote-controlled valve
Fernbetätigung *f* remote operation
Fernbetätigungseinrichtung *f* teleoperator
Ferneinstellung *f* remote adjustment
ferngesteuert remote-controlled, remotely controlled

ferngesteuerter Hahn *m* remote-operated cock
ferngesteuerter Stellantrieb *m* remote control drive
Fernmanipulatorsystem *n* remote manipulator system
Fernmessung *f* remote sensing
Fernschalteinrichtung *f* remote switching device
Fernschalter *m* remote switch
Fernspeisung *f* remote supply
Fernsteller *m* remote setting element
Fernsteueranlage *f* remote control installation
fernsteuern telecontrol/to
Fernsteuersignal *n* remote control signal
Fernsteuerung *f* remote control
Fernsteuerungstechnik *f* remote control engineering
Fernthermometer *n* telethermometer
Fernwärmeleitung *f* district-heating duct
Fernwirkanlage *f* telecontrol plant
Fernwirksignal *n* remote control signal
Fernwirktechnik *f* remote control (action) technique
fertig ready
fertigbearbeitetes Teil *n* finished part
fertigen manufacture/to, produce/to, make/to
Fertigfrischen *n* finish refining
Fertiggesenk *n* finishing die
Fertigkaliber *n* finishing groove
Fertigkalibrieren *n* final sizing
Fertigmaß *n* final (finished) size
fertigputzen rumble/to

Fertigschlacke *f* white slag
Fertigschlag *m* third draw
Fertigschliff *m* finishing cut
Fertigschneideisen *n* bottoming die
Fertigschneiden *n* shaving
Fertigschneider *m* final tap
Fertigsignal *n* ready signal
fertigstauchen head/to
Fertigstauchen *n* heading
Fertigstauchstempel *m* final-stroke punch, finishing punch
Fertigstauchstufe *f* finishing (second) blow
fertigstellen accomplish/to, finish/to
Fertigstich *m* finishing (shaping) pass
Fertigstraße (Fertigstrecke) *f* finishing train
fertigtiefziehen redraw/to
Fertigung *f* manufacturing, production
  Fertigung *f* **automatische** automatic manufacturing
  Fertigung *f* **moderne** advanced manufacturing
  Fertigung *f* **durch Roboter** robot manufacturing
Fertigungsablaufdiagramm *n* flow pattern; *s.a.* Arbeitsablaufplan
Fertigungseinrichtung *f* production equipment
Fertigungsfolge *f* manufacturing sequence
Fertigungskette *f* manufacturing chain
Fertigungslauf *m* production run
Fertigungslenkung *f* manufacturing control
Fertigungsmaschine *f* production machine

Fertigungsmuster *n* production model
Fertigungsprozeß *m* manufacturing process
Fertigungsrate *f* production rate
Fertigungssteuerung *f* manufacturing control, production control
Fertigungsstraße *f* process (production) line
  Fertigungsstraße *f* **adaptive** adaptive process line
  Fertigungsstraße *f* **verkettete** linked process line
Fertigungssystem *n* manufacturing (machining) system
  Fertigungssystem *n* **flexibles** flexible manufacturing system
Fertigungstechnik *f* **mechanische** mechanical engineering
Fertigungstoleranz *f* production tolerance
Fertigungsüberwachung *f* manufacturing supervision
Fertigungszelle *f* machining cell
Fertigwalzgerüst *n* finishing stand
Fertigziehscheibe *f* finishing block
Fertigzug *m* finishing pass, third draw
Fertigzuschlag *m* final addition
fest hard; tight; resistant, stable; solid; fix[ed]
  fest eingespannter Rand *m* built-in edge
  fest verdrahten hard-wire/to
Festanschlag *m* dead stop
feste Kupplung *f* rigid coupling
feste Rolle *f* fast (fixed) pulley
feste Schneide *f* fixed knife edge
feste Spitze *f* dead centre

feste Werkzeugträgerseite *f* fixed (stationary) platen
fester Schenkel *m* fixed blade
festes Klemmlager *n* built-in mounting, rigid fixing
festgefressen bound, freezed
Festhaltevorrichtung *f* arrest
Festigkeit *f* stability, strength
Festigkeit *f* **mittlere** mean (average) strength
Festigkeit *f* **statische** static strength
Festigkeitsberechnung *f* design calculation
Festigkeitskriterium *n* strength criterion
Festigkeitslehre *f* strength of materials
festklemmen clamp/to
Festklemmhebel *m* clamping lever
Festkommdarstellung *f* fixed-point representation
festlegen rate/to {*e.g. accuracy*}, determine/to:
festprogrammierter Roboter *m* fixed-sequence robot
Festpunkt *m* anchor point, pipe anchor
Festrad *n* central gear
Festscheibe *f* fast pulley
feststehend stationary
feststehende Aufspannplatte *f* stationary (fixed) platen
feststehende Einspannbacke *f* stationary jaw
Feststellschraube *f* clamping (locking) screw
festziehen tighten/to {*nut*}

Fettbüchsendeckel *m* stuffing box cover
Fettpresse *f* grease gun
Fettschmierarmatur *f* grease lubricating fitting, grease lubricator
Feuchte *f* moisture, humidity
Feuchteaufnahme *f* moisture absorption
Feuchtebeständigkeit *f* resistance to humidity
Feuchteempfindlichkeit *f* sensitivity to moisture
Feuchteentzug *m* dehumidification
Feuchtegehalt *m* moisture content
Feuchtekammer *f* humidity chamber
Feuchteregelung *f* humidity control
Feuchtesättigung *f* moisture saturation
Feuchtigkeit *f* *s.* Feuchte
Feuchtigkeitsbedingungen *fpl* humidity conditions
Feuchtigkeitsverhältnisse *npl* humidity conditions
feuerfestes Geschirr *n* oven-to-table ware
Feuerfortschritt *m* fire travel {*in a burning oven*}
Feuergeräte *npl* firing tools
feuerpolieren fire-polish/to
Feuerpolieren *n* fire polishing
Feuerpoliermaschine *f* **für Preßglas** fire polishing machine for mo[u]lded glassware
Feuerpolitur *f* fire polishing
Feuerraffination *f* fire refining
Feuerwehrarmatur *f* fire-fighting valve-and-fitting
Figur *f* figure
Filmanguß *m* film gate

Filmanschnitt *m* film gate
Filter *n* filter
Filter *n* **engmaschiges** narrow filter
Filter *n* **für Druckluft** air filter
Filtereinsatz *m* filter insert
Filterelement *n* filter element
Filterkappe *f* filter cap
Filterpresse *f* filter press
Filterschlauch *m* filter tube
Filtersieb *n* filter sieve
Filterstutzen *m* filter nipple
Finger *m* **menschenähnlicher** humanlike finger *{part of roboter}*
Fingerfräser *m* end mill
Fingernagelprobe *f* fingernail test *{hardness testing}*
Fingerschutz *m* finger guard
Fischschuppen *fpl* fish scale *{a defect}*
Fixierring *m* fixing ring
Fixierstift *m* fixing pin
flach flat
Flachamboß *m* flat anvil
Flachbacke *f* flat die
Flachdichtring *m* joint washer
flache Bauform *f* low profile
Fläche *f* area
Flächenabtaster *m* area scanner
flächenfräsen face/to
Flächenfräsen *n* face milling, facing
Flächengewicht *n* area weight, weight per unit area
Flächenmasse *f* area mass
Flachfeder *f* flat spring
Flachherdmischer *m* flat hearth mixer
Flachkaliber *n* box pass, bull (flat) pass

Flachkeil *m* flat [saddle] key, parallel key
Flachknüppel *m* slab billet
Flachmesser *n* spot facer
Flachniet *m* flat rivet
Flachprofil *n* flat profile
Flachriemen *m* flat belt
Flachriemenscheibe *f* flat pulley
Flachriementrieb *m* flat-belt drive
Flachrundniet *m* countersunk mushroom-head rivet
Flachrundschraube *f* flat round-head screw
Flachrundschraube *f* **mit Vierkantansatz** mushroom-head bolt, carriage (coach) bolt
Flachschieberventil *n* flat plate valve
Flachsenker *m* head counterbore
Flachstahl *m* flat steel
Flachstahlschiene *f* flat steel bar
Flachstich *m* flat pass
flachwalzen slab/to *{ingot}*
Flachzange *f* flat pliers
Flammblasverfahren *n* flame-blowing process
Flammenausfall *m* flame failure *{burner}*
Flammenmelder *m* flame detector
flammhemmend flame-retardant
Flammofen *m* air furnace, reverberatory furnace (kiln)
flammofenfrischen puddle/to
Flammofenkuppel *f* reverberating roof
Flammpunkt *m* flash point
Flammpunktprüfer *m* flash point tester, flash tester
Flanke *f* skirt; flank *{thread}*
Flankenspiel *n* backlash

Flankenwinkel *m* thread angle
Flankenwinkel *m* halber half-thread angle
Flansch *m* flange, piping flange
Flanschdichtung *f* flange gasket
flanschen flange/to
Flanschenhahn *m* flange cock
Flanschhalter *m* flange holder
Flanschhebel *m* flange lever
Flanschlager *n* flange bearing
Flanschmotor *m* flange motor
Flanschmuffe *f* flange sleeve
Flanschmutter *f* flange nut
Flanschschraube *f* flange bolt
Flanschträger *m* flange support
Flanschverbindung *f* flanged connection, flanged joint
Flanschwelle *f* flanged shaft
Flasche *f* flask, bottle
Flaschenhalskokille *f* bottle top mo[u]ld
flechten bind/to *{steel armouring}*
Fleck *m* stain
Fleckenbeständigkeit *f* stain resistance
Fleckenbildung *f* staining
flexibel flexible
Flexibilität *f* flexibility
Flexibilitätsverlust *m* loss of flexibility
flexibles Fertigungssystem *n* flexible manufacturing system, FMS
fliegend gelagert cantilevered
Fliehkraftkupplung *f* centrifugal clutch
Fliehkraftregler *m* centrifugal force controller
Fliehkraftschalter *m* centrifugal switch
Fließbedingung *f* criterion of yield
Fließdiagramm *n* flow diagram

fließen creep/to; flow/to, run/to, pour/to; yield/to *{materials testing}*
Fließen *n* creep, plastic flow; flow, flux; yield *{materials testing}*
Fließen *n* schnelles runaway
Fließfähigkeit *f* flowability, mobility
Fließfertigung *f* flow production
Fließgeschwindigkeit *f* flow rate
Fließgrenze *f* yield point *{materials testing}*; flow point
Fließgut *n* coil stock
Fließkanal *m* flow channel, runner
Fließmarkierung *f* flow mark, spider line
fließpressen extrude/to
Fließpressen *n* extrusion
Fließpreßstempel *m* extrusion punch
Fließpreßwerkzeug *n* die assembly
Fließpreßwerkzeug *n* zum Gegenfließpressen triple-action die assembly
Fließprozeß *m* continuous process
Fließpunkt *m* flow point
Fließschatten *m* spider line
Fließscheide *f* non-slip point
Fließspan *m* continuous [flow] chip, flow chip
Fließspannung *f* yield stress
Fließspeiser *m* flow feeder
Fließtemperatur *f* flow point
Fließtemperaturbestimmung *f* melt flow index determination
Fließtemperaturprüfung *f* flow test
Fließverhalten *n* flow behavio[u]r
Fließweg-Wanddicken-Verhältnis *n* flow length wall thickness ratio

Fließweg

Fließweg *m* flow distance, melt flow path (way)
Flitter *m* frost
Flocke *f* thermal burst
Flockenriß *m* flake, thermal burst
Flossenkiel *m* fin keel
Fluchten *n* alignment
Fluchtlinientafel *f* alignment chart
Fluchtungsfehler *m* angular misalignment
Fluchtungsfehlerwinkel *m* misalignment angle
Flugbahn *f* trajectory
Flügel *m* vane; coing {e.g. wingnut}; lobe
Flügelschraube *f* butterfly screw
Flügelstreckung *f* aspect ratio
Flügelzellenmotor *m* vane motor
Flügelzellenpumpe *f* vane pump
Flugstaub *m* dust, flue dust
Fluid *n* fluid {liquid or gas}
Fluiddynamik *f* fluid dynamics
Fluktuation *f* fluctuation
Fluoreszenz *f* fluorescence
Fluorkunststoff *m* fluoroplastic
Flur-zu-Flur-Zeit *f* floor[-to-floor] time
Fluß *m* flow
Flußbild flow diagram
Flußdiagramm *n* flow chart [diagram]
Flußgraph *m* flow graph
Flüssigkeitsausdehnungsregler *m* liquid expansion controller
Flüssigkeitsausdehnungssystem *n* liquid expansion system
Flüssigkeitsdämpfung *f* liquid damping
Flüssigkeitsdichtung *f* liquid seal
Flüssigkeitsdruckgeber *m* liquid level pressure pick-up {level measurement}
Flüssigkeitsfilm *m* liquid film
Flüssigkeitskupplung *f* hydraulic coupling
Flüssigkeitspumpe *f* liquid pump
Flüssigkeitsregler *m* liquid controller
Flüssigkeitsschicht *f* liquid film
Flüssigkeitsstand *m* liquid level
Flüssigkeitsstandalarmgerät *n* liquid level alarm
Flüssigkeitsstandanzeiger *m* liquid level indicator; ga[u]ge glass
Flüssigkeitsstandfühler *m* liquid level detector
Flüssigkeitsstandmarke *f* liquid level mark
Flüssigkeitsstandregelung *f* liquid level control
Flüssigkeitsstandregler *m* liquid level controller
Flüssigkeitsstandschalter *m* liquid level switch
Flüssigkeitsstandsteuerung *f* liquid level control
Flüssigkeitssteuerschalter *m* liquid control switch
Flüssigkeitsüberdruckventil *n* liquid relief valve
Flüssigkeitsverschluß *m* liquid seal
Flüssigkeitszähler *m* liquid meter
Flußkanal *m* flow channel, runner
Folge *f* sequence
Folgeausfall *m* dependent failure, follow-up failure, relevant failure
Folgemechanismus *m* follow-up mechanism
Folgeregelkreis *m* follow-up loop, servo loop

Folgeregelung *f* feedback servomechanism; sequence (sequential) control, follow-up control
Folgeregelungssystem *n* servo system
Folgeregler *m* [mechanischer] servomechanism
Folgesteuerung *f* follow-up control, sequence (sequential) control
Folgetiefziehwerkzeug *n* progressive draw tool
Folgewerkzeug *n* progressive die
Folie *f* film
Folienanlage *f* blown film line, chill roll casting line, film blowing line, film extrusion line, film production line, flat film extrusion line, slit die film extrusion line
Folienschlauch *m* 1. molten tube; 2. tabular film, blown film
Folienschneidgerät *n* foil cutting device
Förderanlage *f* conveyor plant
Förderband *n* conveyor belt
Fördereinrichtung *f* conveyor; lift
Förderer *m* conveyor
Förderkapazität *f* conveying capacity; pumping capacity
fördern convey/to; pump/to {fluids}; deliver/to, discharge/to {of pumps, compressors}
Fördern *n* conveying
fördernde Redundanz *f* useful redundancy
Förderschnecke *f* conveying (transport) screw, screw (worm) feeder
Forderung *f* requirement; demand
Förderung *f* ölfreie oil-free conveyance
Form *f* 1. die, mo[u]ld; 2. shape, form

Formänderung *f* deformation, strain
Formänderung *f* **elastische** elastic strain
Formänderung *f* **elastoplastische** elastic and plastic strain
Formänderung *f* **homogene** homogeneous strain
Formänderung *f* **spezifische** unit strain
Formänderungsarbeit *f* energy (work) of deformation
Formänderungsellipsoid *n* strain ellipsoid
Formänderungsenergie *f* energy of deformation
Formänderungsfähigkeit *f* deformability
Formänderungsfläche *f* strain area
Formänderungsrest *m* set
Formänderungstensor *m* strain tensor
Formänderungswiderstand *m* forming resistance
Formänderungszustand *m* state of strain
Formänderungszustand *m* **dreiachsiger** general state of strain
Formauffahrgeschwindigkeit *f* mo[u]ld opening speed
Formaufspannhöhe *f* mo[u]ld height
Formaufspannplatte *f* platen
Formaufspannplatte *f* **düsenseitige** stationary platen
Formautomat *m* automatic mo[u]lding machine
Formbarkeit *f* mo[u]ldability
Formbearbeitung *f* contour machining
Formbetätigungseinrichtung *f* die-actuating mechanism

Formdrehen *n* contour (profile) turning
Formdrehmeißel *m* contouring (profile) tool
Formeinbauhöhe *f* mo[u]ld height
Formeinsatz *m* mo[u]ld insert
Formeinstreichmittel *n* release agent
Formeisen *n* stake
formen form/to, shape/to; mo[u]ld/to; throw/to
formen Nuten fuller/to
Formen *n* mo[u]lding; forming, shaping
Formen *n* **ohne Modell** patternless mo[u]lding
Formenbau *m* mo[u]ld making
Formenbau *m* **im Heißkanal** hot runner tooling
Formennaht *f* match (mo[u]ld) mark, parting line
Formenschwärzung *f* **mit Graphit** graphite-blacking
Formenträger *m* mo[u]ld carrier
Formentrennmittel *n* antitack (release) agent
Formentrockenofen *m* mo[u]ld drying oven
Former *m* mo[u]lder
Formerbank *f* snap bench
Formerei *f* mo[u]lding [shop]
Formfaktor *m* shape factor
Formfüllphase *f* injection phase, mo[u]ld filling phase
Formfüllungsvermögen *n* flowability, fluidity
Formfüllvolumen *n* *s*. Formnestfüllvolumen
Formfüllzeit *f* mo[u]ld filling time
formgebendes Werkzeug *n* die, mo[u]ld [die]

Formgebung *f* fashioning
Formgebungsdruck *m* dwell (holding) pressure
Formgebungsphase *f* dwell (holding) pressure phase
Formgesenk *n* shaped die
Formglättwerkzeug *n* egg-sleeker, smoother
Formgravur *f* die cavity
Formgrube *f* mo[u]lding hole
Formherstellung *f* mo[u]ld-making
Formhohlraum *m* mo[u]ld cavity
Formholz *n* wood die, form block
Forminnendruck *m* cavity pressure
Formkaliber *n* forming pass
Formkasten *m* casting (mo[u]lding) box, flask
Formkasten *m* **unterer** bottom box
Formkastenführungsstift *m* flask pin
Formkastenklammer *f* mo[u]lder's clamp
Formkastenklopfer *m* backfill temper
Formkastentraverse *f* flask bar
Formkern *m* [mo[u]ld] core
Formkneten *n* form rolling
Formlehre *f* profile ga[u]ge
Formmantel *m* mantle
Formmaschine *f* mo[u]lding machine
Formmaske *f* mo[u]lding shell, shell mo[u]ld
Formmaskenverfahren *n* **[nach Croning]** shell-mo[u]lding process, C process, Croning process
Formmasse *f* mo[u]lding material (compound)
Formnestblock *m* cavity plate
Formnestfüllvolumen *n* cavity volume

Formnestkontur *f* mo[u]ld cavity
Formnestplatte *f* cavity plate
Formnestzahl *f* number of cavities (impressions)
Formöffnungshub *m* die-opening stroke
Formoperation *f* contouring operation *{numerical control}*
Formplatte *f* pattern plate
Formplatte *f* düsenseitige cavity plate
Formplatte *f* schließseitige core plate
Formpresse *f* mo[u]lding press
Formpressen *n* compression mo[u]lding
Formpreßstoff *m* mo[u]lding plastic
Formpuder *m* mo[u]lding powder, parting medium
Formsand *m* foundry (mo[u]lding) sand, sand
Formsand *m* **feiner** facing sand
Formsandaufbereiter *m* sand muller
Formsandaufbereitung *f* sand cutting
Formsandaufbereitungsanlage *f* mo[u]lding sand preparation plant
Formsandaufbereitungsmaschine *f* muller mixer, mulling machine
Formsandschüttelsiebmaschine *f* reciprocating mo[u]lding sand riddle
Formsandstampfer *m* sand rammer
Formschlichte *f* mo[u]ld dressing
Formschließaggregat *n* [mo[u]ld] clamping unit
Formschließbewegung *f* mo[u]ld closing movement
Formschließdruck *m* mo[u]ld clamping pressure
Formschließeinheit *f* die-closing mechanism

Formschließkraft *f* clamping (locking) force, die-closing force
Formschließsystem *n* mo[u]ld clamping mechanism
Formschließzylinder *m* clamping cylinder
Formschluß *m* mo[u]ld clamping mechanism
formschlüssig conjugate
Formschwärze *f* mo[u]lding blackening
Formstampfer *m* mo[u]lding pestle
Formstanzen *n* press-brake forming
Formstich *m* shaping pass
Formstift *m* sprig
Formstoff *m* mo[u]lding material, forming material
Formstück *n* bend and elbow, fitting, making-up piece
Formteil *n* mo[u]lded part, profile
Formteildrehen *n* profile turning
Formträgerplatte *f* mo[u]ld carrier
Formtreiben *n* blocking
Formtrennebene *f* die-parting plane, [mo[u]ld] parting surface
Formtrennfläche *f* [mo[u]ld] parting surface
Formtrennfuge *f* parting line
Formtrennlinie *f* [mo[u]ld] parting line
Formtrennmittel *n* parting agent
Formunterteil *n* cavity block
Formversatz *m* mo[u]ld shift
Formwalzenpaar *n* forming mill
Formwälzwerkzeug *n* circular broach
Formzahl *f* concentration factor
Formzufahrgeschwindigkeit *f* mo[u]ld closing speed
Formzufahrkraft *f* clamping force, locking force

Formzuhaltekraft 366

Formzuhaltekraft *f* die-locking force, locking force
Fortbewegung *f* locomotion
Fortbewegung *f* **auf Beinen** legged locomotion *{robotics}*
fortgeschritten advanced
fortschalten advance [to another position]/to
Fortschaufelungsofen *m* reverberatory calciner
fortschreiten progress/to, advance/to
fortschreitende Arbeitsweise *f* sequential operation
Fortschritt *m* progress
Fräs- und Bohrmaschine *f* combined milling and drilling machine
Fräsarbeit *f* milling work
fräsen cut/to, mill/to
Fräsen *n* **mit Fingerfräser** end milling
Fräser *m* [milling] cutter
Fräser *m* **hinterdrehter** form-relieved cutter
Fräser *m* **spitzgezahnter** milled-tooth cutter
Fräserdorn *m* cutter arbor
Fräskopf *m* cutter head
Fräsmaschine *f* milling machine
Frässpindel *f* cutting (milling) spindle
Frässpindelkopf *m* milling spindle head
Frässpindelstock *m* cutter head
Fräswerkzeug *n* milling tool
frei unsupported; free
frei aufliegender Träger *m* simply supported beam
frei beweglich floating, idle *{wheel}*

frei gelagerter Rand *m* supported edge
frei vorbauen cantilever/to
freiarbeiten clear/to
Freibewitterung *f* natural weathering, outdoor weathering
Freibewitterungsprüfung *f* natural weathering test
Freibewitterungsprüfung *f* **beschleunigte** accelerated natural weathering test[ing]
freie Länge *f* free length
freier Materialstrahl (Strahl) *m* jet of material
freier Rand *m* *{z.B. einer Platte}* free edge
Freifläche *f* clearance face, tool face
Freiflächenverschleißmarkenbreite *f* clearance face wear land width
freigeben clear/to; gate/to, release/to
Freihandblasen *n* off-hand process
freihandgeblasen free-blown
Freiheit *f* freedom
Freiheitsgrad *m* degree of freedom
Freiheitsgrad *m* **der Bewegung** degree of freedom of movement, freedom of movement
Freilandversuch *m* outdoor test
Freilauf *m* freewheel
Freilaufkupplung *f* free-wheeling clutch
Freilaufwelle *f* free-wheeling shaft
Freiluftschrank *m* outdoor cabinet
freiprogrammierbare Steuerung *f* freely configurable locatable programmable control
freischneiden cut free/to
Freischnitt *m* ease-off
freisetzen generate/to *{e.g. heat}*, set free/to, release/to

freistehend cantilevered; free-standing
Freistich *m* recess
Freistrahl *m* jet of material
Freistrahl-Würstchenspritzguß *m* jetting
Freistrahlbildung *f* jetting
freitragend cantilevered, self-supporting
Freivorbau *m* **errichten im** cantilever/to
Freiwinkel *m* clearance angle
Freiwinkel *m* **kleinster** minimum clearance
Frequenzweiche *f* cross-over network
friemeln reel/to
Friemelwalzwerk *n* reeler
Friktion *f* friction
Friktionsantrieb *m* friction drive (driving)
Friktionshammer *m* friction drop hammer (stamp)
Friktionsscheibe *f* friction disk
Frischbirne *f* converter
frischen decarburize/to, refine/to, oxidize/to; *s.a.* windfrischen
Frischen *n* decarburization
Frischfeuer *n* finning forge, forge (refinery) hearth
Frischgeschwindigkeit *f* rate of carbon drop
Frischherd *m* fining (open, refinery) hearth
Frischhütte *f* [melting] refinery
Frischluftgebläse *n* air intake blower
Frischofen *m* purifying furnace
Frischschlacke *f* oxidizing slag, refining cinder
Frischverfahren *n* oxidizing process
Frischvorgang *m* blow
Frischwirkung *f* oxidizing reaction
Fritte *f* frit
fritten sinter/to, frit/to, agglomerate/to
Fritten *n* agglomeration, fritting
Frontplatte *f* front panel
Fronttafel *f* front panel
Fronttafelschalter *m* front panel switch
Frühausfall *m* initial failure
Früherkennung *f* early recognition *{e.g. faults}*
Fuge *f* joint, gap, seam
Fügen *n* joining, assembly
Fügeroboter *m* joining robot
fühlen sense/to
Fühler *m* feeler, probe; sensing device, sensor; pick-up
Fühler *m* **berührungsloser** non-contact sensor, contactless sensor
Fühlerhebel *m* feeler lever
Fühlerrolle *f* feeler roller
Fühlerstange *f* feeler rod
Fühlersteuerung *f* tracer control
Fühlerventil *n* sensor valve
Fühllehre *f* feeler ga[u]ge
führen lead/to, guide/to; control/to
Führung *f* guidance, guide; working *{melt}*
Führung *f* **nachstellbare** adjustable gibbing
Führungsbacke *f* fence
Führungsbahn *f* guideway
Führungsbahn *f* **dachförmige** V-shaped guideway
Führungsfase *f* circular land *{reamer}*
Führungsfase *f* **wendelförmige** helical flute
Führungsfläche *f* guideway

Führungsflansch *m* guide flange
Führungsgerät *n* master
Führungsglocke *f* guide bell
Führungsgröße *f* control setting
Führungsholm *m* guide pillar (pin)
Führungskante *f* aligning edge
Führungsleiste *f* guide gib
Führungslineal *n* fence
Führungsplatte *f* stripper
Führungsring *m* guide ring
Führungsrohr *n* geschlossenes bored-out guide
Führungsrolle *f* contact roller
Führungssäule *f* guide pillar (pin)
Führungsscheibe *f* guide disk
Führungsschiene *f* guide bar (plate, rail), guide
Führungsschlitten *m* slide
Führungsstab *m* guide bar
Führungssteuerung *f* follow-up control
Führungsstich *m* leader pass
Führungsstift *m* guide (alignment) pin
Führungswelle *f* guide shaft
Führungswert *m* set point
Führungszapfen *m* end journal
Füllbereich *m* *s.* Füllstandsbereich
Fülldruck *m* extrusion (injection) pressure
füllen fill/to; feed/to, charge/to, load/to
Füllen *n* filling
Füllfaktor *m* bulk factor
Füllgeschwindigkeit *f* [mo[u]ld] filling speed
Füllkoks *m* bed coke
Füllkokseinsatz *m* bed charge
Füllkokshöhe *f* bed height
Füllmasse *f* shot [weight]
Füllmenge *f* shot

Füllphase *f* injection phase, mo[u]ld filling phase
Füllquerschnitt *m* gate area
Füllrahmen *m* sand frame
Füllraum *m* transfer chamber
Füllraumwerkzeug *n* positive mo[u]ld
Füllsand *m* packing sand
Füllstand *m* filling (liquid) level, level height, fill hight
Füllstandsanzeige *f* level indication
Füllstandsanzeiger *m* [liquid] level indicator
Füllstandsbereich *m* level range
Füllstandsfühler *m* [liquid] level detector
Füllstandsgeber *m* level transmitter
Füllstandskorrektur *f* level correction
Füllstandsmarke *f* level mark
Füllstandsmelder *m* level transmitter, liquid level alarm
Füllstandsmeßeinrichtung *f* level measuring equipment
Füllstandsmeßgerät *n* level ga[u]ge
Füllstandsmeßumformer *m* level transducer
Füllstandsmessung *f* level measurement
Füllstandsregelung *f* [liquid] level control
Füllstandsregistrierung *f* level recording
Füllstandsregler *m* [liquid] level controller
Füllstandsschalter *m* liquid level switch, switch
Füllstandsschreiber *m* level recorder
Füllstandsschwankung *f* level fluctuation

Füllstandssteuerung *f* liquid level control
Füllstandswächter *m* level indicator
Füllstoff *m* filler
Fülltrichter *m* [charge, feed] hopper
Füllung *f* shot
Füllvolumen *n* cavity volume
Füllzeit *f* mo[u]ld filling time
Füllzone *f* feed zone
Fundament *n* base, foundation
Fundamentblock *m* block
fundamentell basic
Fundamentklotz *m* block
Fundamentplatte *f* base slab, foundation (base) plate
Fundamentsohle *f* base of foundation
Fundamentsschraube *f* anchor bolt
Fundamentteller *m* foundation plate
Fünffachanguß *m* five-point gating
Fünffachverteilerkanal *m* five-runner arrangement
Funktion *f* function
funktional functional
funktionell functional
funktionelle Redundanz *f* active (functional) redundancy
funktioneller Ausfall *m* functional fault
funktioneller Fehler *m* functional error
funktionieren operate/to, run/to, work/to
Funktionieren *n* fehlerhaftes malfunctioning
Funktionsanzeige *f* function lamp (light)
funktionsbereit active
Funktionselement *n* functional component (element)
Funktionsglied *n* functional element

Funktionsgruppe *f* functional component
Funktionsmodell *n* function (functional) model, functional mock-up
Funktionsmuster *n* function model, functional mock-up
Funktionsprüfung *f* functional test[ing]
Funktionsredundanz *f* functional redundancy
Funktionsstörung *f* malfunction
Funktionsteile *npl* mechanicals
Funktionstest *m* functional test[ing]
Funktionsweise *f* function
Fuß *m* base
Fußbodendurchführung *f* floor bushing (collar)
Fußleiste *f* baseboard
Fußplatte *f* bedplate
Fußschalter *m* foot (floor) switch
Futter *n* saures acid lining
Futterkörper *m* chuck body
Futtermasse *f* lining mass
Füttern *n* lining
Futterscheibe *f* adapter {machine tool}

G

Gabel *f* fork
Gabelgelenk *n* fork joint
Gabelhebel *m* fork lever
Gabelklinke *f* fork pawl
Gabelpfanne *f* ring ladle carrier, shank ladle
Gabelstange *f* fork rod
Gabelstapler *m* fork[-lift] truck
Gabelstück *n* fork piece
Gabelung *f* bifurcation

Gabelwelle *f* fork shaft
Galvanoplastik *f* galvanoplastics
Gang *m* **toter** backlash; play
Gang in setzen activate/to
Gangtrockner *m* corridor dryer
Garezustand *m* refined state
garfrischen refine/to
garnieren handle/to, stick up/to
Garnieren *n* handling
Garniermaschine *f* handle sticking machine
Garrösten *n* finishing roasting
Garschaum *m* dross, refined iron froth
Gas *n* gas
Gasanlage *f* gas handling system
Gasbläschen *n* seed *{defect}*
Gasblase *f* air hole, gas cavity (hole), blowhole, blister
Gasblase *f* **[kleine]** air pit *{defect}*
Gasblasenseigerung *f* blowhole segregation
gasdichte Maschine *f* gas-proof (gas-tight) machine; vapour-proof machine
Gasdruckreduzierventil *n* gas-pressure reducing valve
Gasdruckregler *m* gas-pressure regulator
gasdurchlässiger Formsand *m* open sand
Gasdurchlässigkeit *f* gas permeability, permeability to gas; permeability, venting power *{sand}*
Gasdurchlässigkeitsgeschwindigkeit *f* gas transmission rate
Gasdurchlässigkeitsprüfgerät *n* gas transmission rate tester
Gasdurchlässigkeitsprüfung *f* permeability test *{sand}*

Gaseinschluß *m* gas cavity (hole), blowhole, blister
Gasflammofenfrischen *n* gas puddling
Gasofenfrischen *s*. Gasflammofenfrischen
Gasrohr *n* gas-pipe
Gasströmung *f* gas flow
Gasthermometer *n* gas thermometer
Gasundurchlässigkeit *f* impermeability *{sand}*
gaszyanieren carbonitride/to
Gaszyanieren *n* carbonitriding, nitrocementation
gattern refine/to *{tin}*
Gattieren *n* mixture-making
Gattierung *f* burden, composition, mixture-making
Gattierungswaage *f* burden balance, charging scale
Gebläse *n* blower, [radial-flow] fan
Gebläsemotor *m* blower motor
Gebläsewelle *f* blower shaft
Gebläsewind *m* blast
Gebläsewind *m* **erhitzter** heated air
Gebläsewind *m* **vorgewärmter** hot blast
gebogen bent
gebogener Schlichtmeißel *m* corner tool
gebrannter Ton *n* grog
gebrauchter Sand *m* used sand
gebrochene Probe *f* broken specimen
Gedächtnis *n* memory
gedächtnislos memoryless
gedeckter Hafen *m* closed (covered) pot, hooded pot
gediegen pure
gedrückt spun *{metal}*

geerdet earthed, grounded
Gefahr *f* danger
gefährdeter Bereich *m* hazardous area
Gefahrenbereich *m* hazardous area
Gefahrenquelle *f* source of danger
gefahrlos fail-safe
gefahrlose Arbeitsweise *f* fail-safe operation
gefahrlose Betätigung *f* fail-safe operation
gefahrlose Technik *f* fail-safe technology
Gefäß *n* vessel; container, pot; vat {*if large*}
Gefäßofen *m* vessel furnace
gefrieren freeze/to
Gefrierpunkt *m* freezing point (temperature)
Gefriertemperatur *f* freezing point (temperature)
Gefüge *n* texture {*relating to the smaller feature*}; structure {*relating to the larger feature*}; [grain]structure, grain
Gefüge[aus]bildung *f* structure formation
Gefügeneubildung *f* structural transformation
Gefügespannung *f* textural stress
Gefügeumwandlung *f* structural change (transformation)
Gefühlshebel *m* feed handle
Gefühlsratsche *f* ratchet screw (stop)
geführte Bohrstange *f* guided boring bar
geführte Welle *f* guided wave
gefüllt ungenügend short
gegebene Größe *f* datum
Gegendruck *m* counter (back) pressure
gegeneinander wirken oppose/to {*e.g. two forces*}
Gegengewicht *n* counterbalance, counterweight
Gegenkraft *f* counter force
Gegenlager *n* counter bearing, end-support bearing block
gegenlauffräsen cut up/to
Gegenlauffräsen *n* conventional (standard) milling, up milling
Gegenlauffrässchnitt *m* conventional cut
Gegenlehre *f* mating ga[u]ge
Gegenmasse *f* balance weight, counterpoise
Gegenmutter *f* counter-nut, lock nut
Gegenring *m* counter ring
Gegenscheibe *f* drive pulley
Gegenständer *m* end column (support)
Gegenstempel *m* counter punch; die
Gegenströmung *f* counterflow
Gegenstück *n* compactor part
Gehänge *n* bail
gehärtet hardened
Gehäuse *n* cage, case {*esp. of motors, pumps*}, casing {*of bearings*}, packaging, cabinet, housing
Gehäuse *n* **keramisches** ceramic package
Gehäuseabmessungen *fpl* case dimensions
Gehäuseanschluß *m* case connection
Gehäusedeckel *m* casing (housing) cover
Gehäusedruck *m* case pressure
Gehäusegleitlager *n* case-mounted slide bearing
gehäuseloser Schieber *m* penstock slide valve
Gehäuseteil *n* housing part

Geheimcode 372

Geheimcode *m* cipher
Geheimschlüssel *m* cipher
gekapselte Pumpe *f* totally enclosed pump
gekoppelt coupled; ganged
gekreuzter Riementrieb *m* crossed belt drive
gekreuztes Gelenkviereck *n* crossed crank mechanism
gekröpfter Meißel *m* gooseneck toll
gekrümmt bent, curved
gekrümmter Stab *m* curved bar
gekrümmter Stab *m* **kreisförmig** circular bar
gekrümmter Stab *m* **schwach** curved bar with small curvature
gekrümmter Stab *m* **stark** curved bar with large curvature
gekümpelt dished
gelagerter Rand *m* **frei** supported edge *{e.g. platen}*
Geländer *n* balustrade
Gelbätze *f* yellow stain
Gelbbeize *f* yellow stain
Gelbglut *f* bright orange, yellow brass heat
Gelbildung *f* gel formation, gelation
Gelenk *n* joint; wrist *{manipulator}*; hinge
 Gelenk *n* **drehbares** rotary joint
 Gelenk *n* **versehen mit** jointed
Gelenkarmroboter *m* jointed-arm robot
Gelenkbolzen *m* joint bolt
Gelenkgeometrie *f* articulated geometry *{robot}*
Gelenkgetriebe *n* linkage
Gelenkhebel *m* joint lever
Gelenkkopf *m* link head

Gelenkkugel *f* joint ball
Gelenkkupplung *f* joint coupling
Gelenklager *n* ball-and-socket joint
Gelenkstift *m* wrist pin
Gelenkstück *n* [hinged] joint, toggle link
Gelenksupport *m* joint support
Gelenkträger *m* articulated beam, cantilevered and suspended beam
Gelenkverbindung *f* joint bolts, wrist joint
Gelenkviereck *n* four-bar linkage; *s.a.* Kurbelviereck
Gelenkwelle *f* articulated shaft, cardan shaft, drive shaft
Gelenkzapfen *m* joint pin
Geliergrad *m* degree of gelation
Gelierung *f* gelation
Gelierungspunkt *m* gel point, gelation temperature
Gelierungstemperatur *f* *s.* Gelierungspunkt
gelocht punched
gelochter Probekörper *m* punched test specimen
geltender Wert *m* default value
gemeinsam common
gemittelt averaged
Genauigkeit *f* accuracy, precision
Genauigkeit *f* **reproduzierbare** repetitive accuracy
Genauigkeit *f* **beim Kopieren (Nachformen)** copying accuracy
Genauigkeit *f* **beim Positionieren** locating accuracy, positioning accuracy
genauigkeitsbohren fine-bore/to
Genauigkeitsbohren *n* **mit Diamant (Hartmetall)** diamond boring

Genauigkeitsgrad *m*   degree of accuracy
Genauigkeitsgrenze *f*   limit of accuracy
Genauigkeitsspiralbohrer *m*   cylinder bit
Genauschmiedetoleranz *f*   close standard forging tolerance
Generalreparatur *f*   overhaul
Generation *f*   generation *{technological development}*
generieren   generate/to
Generierung *f*   generation
genormt   standardized
genormte Probe *f*   standardized test specimen
  genormte Prüfung *f*   standard test
genormtes nicht Prüfverfahren *n*   non-standard test
  genormtes Bauelement *n*   standard (standardized) component
genuteter Anker *m*   slotted armature
Geometrie *f* **in Zylinderkoordinaten**   cylindrical geometry
geometrische Information *f*   geometrical information
geplante Abschaltung *f*   pre-planned shut-down *{of a plant}*
geplanter Stillstand *m* **nicht**   unplanned outage
geplanter Ausfall *m*   planned (scheduled) outage
gerade   straight; even
  gerade Zahl *f*   even number
  gerade Zähne *mpl*   straight teeth *{bevel gear}*
geradeaus   straight
Geradeausdrahtziehmaschine *f*   straight-line wire drawing machine
Geradeausprogramm *n*   linear program

Geradeninterpolation *f*   linear interpolation
Geradführung *f*   1. straight guide (guiding); 2. slide bars, slide guide
geradlinig   rectilinear, straight-line
  geradlinig ausgerichtet   straight
  geradliniger Weg *m*   straight-line path
  geradliniges Programm *n*   straight-line program
Geradschnittoperation *f*   linear path operation, straight-cut operation *{numerical control}*
Geradsitzventil *n*   straight-seat valve
Gerät *n*   device, apparatus; instrument; equipment, set, unit; *{part of a plant}* constituent unit
Gerät *n* **gesteuertes**   controlled device
Gerät *n* **zur Bestimmung der Gasdurchlässigkeitsgeschwindigkeit**   apparatus for gas transmission rate
Geräte *npl*   hardware, equipment
Geräteausfall *m*   equipment malfunction
geräteeigen   internal, self-contained
Geräteeinheit *f*   unit
Gerätegestell *n*   rack
Gerätegruppe *f*   group, set of equipment
Geräteinstandsetzungszeit *f*   equipment repair time
Gerätekonfiguration *f*   equipment configuration
Gerätekonstante *f*   apparatus constant
Gerätekoordinate *f*   device coordinate
Gerätereparaturzeit *f*   equipment repair time

Geräteschrank 374

Geräteschrank *m* floor cabinet
Geräteschuppen *m* outdoor instrument housing
Geräteteil *m* subset
Geräusch *n* noise
geräuschlos noiseless
Geräuschmeßgerät *n* noise meter
Geräuschmessung *f* noise measurement
Geräuschpegel *m* noise level
Geräuschunterdrückung *f* noise cancellation
geräuschvoll noisy
Gerber-Träger *m* articulated beam, Gerber (gerber) beam
gerichtet directional
geringhalten control/to
Gerüst *n* stand; frame, framework
Gesamtanlage *f* industrial plant
Gesamtausfall *m* outage, total failure
Gesamtdehnung *f* total elongation
Gesamtdicke *f* total thickness
Gesamtdurchlässigkeit *f* total transmittance
Gesamtlänge *f* total length
Gesamtlast *f* total load
Gesamtoberfläche *f* **der Probe** total test specimen area (surface)
Gesamtschwefelgehalt *m* total sulphur content
Gesamtstückzeit *f* cycle time
Gesamtsystem *n* total system
Gesamtzeit *f* total time
Gesamtzeitkonstante *f* total time-constant
Gesamtzustand *m* total state
geschäumter Kunststoff *m* foamed plastic
Geschirr *n* **feuerfestes** oven-to-table ware

geschleudert centrifugally cast
geschlitzt slotted *{e.g. screw, nut, head}*
geschlossen im Gehäuse *n* self-contained
geschlossene Maschine *f* **mit äußerer Eigenbelüftung** ventilated frame machine
geschlossene Ringprobe *f* closed-ring test specimen
geschlossener Hafen *m* closed (covered) pot, hooded pot
geschlossener Wirkungsweg *m* closed path of action
geschlossener Zyklus *m* closed cycle
geschlossenes Führungsrohr *n* bored-out guide
geschlossenes Kaliber *n* closed groove (pass)
geschmiedete Armatur *f* forged-body valve
Geschwindigkeit *f* speed, rate, velocity
Geschwindigkeit *f* **einstellbare** adjustable speed
Geschwindigkeit *f* **kartesische und momentane Lage** Cartesian velocity and instantaneous position
Geschwindigkeit *f* **mittlere** average speed
Geschwindigkeit *f* **vorgegebene** set speed
Geschwindigkeitsänderung *f* change in speed
Geschwindigkeitsbereich *m* speed range
Geschwindigkeitsregler *m* speed control device, speed controller, speed regulator

Geschwindigkeitsschwankung *f* speed fluctuation
Geschwindigkeitsumschaltpunkt *m* speed change-over point
Geschwindigkeitsverhältnis *n* speed ratio
Geschwindigkeitszunahme *f* acceleration
Gesenk *n* die, [mo[u]ld] cavity, female (impression) die, swage
Gesenk *n* **offenes** plain die
Gesenk *n* **mit Einzelgravur** single-cavity die
Gesenkblock *m* cavity block
Gesenkeinsatz *m* cavity insert
Gesenkfräsen *n* die-sinking
Gesenkgravur *f* die cavity
Gesenkgravuren schmieren swab/to
Gesenkhammer *m* top swage
Gesenkkopiermaschine *f* die-sinking machine
Gesenkoberteil *n* top swage
Gesenkplatte *f* cavity block (plate)
Gesenkpressen *n* die pressing, pressure forging
gesenkpreßschmieden iron/to
Gesenkpreßteil *n* die pressing
Gesenkschmiedehammer *m* stamp
Gesenkschmieden *n* **gratloses** burr-free stamping
Gesenkschmiederohling *m* dummy
Gesenkschmiedestück *n* die-formed part
Gesenkseite *f* fixed (stationary) mo[u]ld half
gesenkt countersunk
Gesenkunterteil *n* bottom swage, lower die
Gespannplatte *f* bottom [pouring] plate

Gespe *f* seed
gesperrt disabled
Gestalt *f* shape, form
Gestaltänderung *f* **ebene** simple shearing strain
Gestaltänderungsenergie *f* shear strain energy
Gestänge *n* leverage; rodding, bar linkage
Gestängeführung *f* rod guide
gestanzt punched
Gesteinsschlacke *f* scoria
Gestell *n* body, rack, column, rig, shelf, frame; hearth *{blast furnace}*
Gestell *n* **ausladendes** gap frame
Gestellbauform *f* frame construction
gesteuerte Werkzeugmaschine *f* controlled machine tool
gesteuertes Gerät *n* controlled device
gestört defective, faulty
getaktet clock-actuated, clock-controlled, clocked
geteilte Form *f* split mo[u]ld
getrenntes Experiment *n* separate experiment
Getriebe *n* drive, (gear) train, gear, gearing, transmission
Getriebe *n* **hydraulisches** hydraulic drive
Getriebe *n* **für Industriemotoren** reducing gear for industrial engines
Getriebelose *f* gear backlash
Getriebemotor *m* geared electric motor
getriebene Welle *f* drive[d] shaft
getriebenes Rad *n* drive[d] gear
Getriebeöl *n* transmission oil, gear[-lubrication] oil

gewartetes System *n* maintained system
Gewichtsverlust *m* loss in weight
Gewinde *n* thread
Gewindebohrernutenfräser *m* cutter for grooving taps
Gewindeeinsatz *m* threaded insert
Gewindeflansch *m* threaded flange
Gewindehülse *f* threaded sleeve
Gewindekernloch *n* tap hole
Gewindelehrring *m* thread ring ga[u]ge
Gewindemeißel *m* threading tool
Gewindemuffe *f* threaded sleeve
Gewindeplatte *f* threaded plate
Gewindering *m* nut, threaded collar (ring)
Gewindeschneidarbeit *f* threading work
Gewindeschneideinheit *f* threading unit
Gewindeschneiden *n* thread cutting, threading
Gewindeschneiden *n* **automatisches** automatic threading
Gewindeschneidkopf *m* die head, die box
Gewindeschneidkupplung *f* die stock
Gewindespindel *f* threaded spindle
Gewindespindel *f* **für Senkrechtverstellung** elevating screw
Gewindespitze *f* crest, thread crest
Gewindestange *f* threaded rod
Gewindestift *m* screw (threaded) pin
Gewindestrehler *m* thread chaser
Gewindestück *n* threaded piece
Gewindewalze *f* thread roll
Gewindezapfen *m* threaded pivot
gewöhnlich common; ordinary {*e.g.* steel}; usual

gewölbt crowned; domed, convex; dished, convex
gewölbter Sturz *m* arch lintel
gewölbter Zahngrund *m* gable bottom
gezahntes Stahlrädchen *n* toothed roller
gezogen drawn
gezogen biegungsfrei dead-drawn
gezogener Rundstahl *m* bright-drawn rounds
gezogenes Glas *n* float glass
Gicht *f* burden, charge[stock]; feed, stock
Gichtbühne *f* charge floor, charging platform
Gichtenzähler *m* furnace filling counter
Gichtglocke *f* bell, cone
Gichtkübel *m* charging basket (bucket)
Gichtschwamm *m* tutty
Gichtsonde *f* charge level indicator
Gichtstaub *m* flue dust
Gichtstein *m* stone rest
Gichtverschluß *m* hopper {*blast furnace*}
Gichtverteiler *m* distributor {*blast furnace*}
Gichtverteiler *m* **drehbarer** rotating (revolving) distributor
Giebelanker *m* beam tie
gieren yaw/to {*robot*}
Gießakt *m* shot
Gießanlage *f* casting equipment
Gießaufsatz *m* feeder, hob top
Gießbarkeit *f* fluidity, castability
Gießbett *n* casting bed
gießen cast/to {*molten material into mo[u]lds*}, found {*metal*}; pour/to

gießen fallend pour from the top/to
gießen in Kokillen teem/to
gießen steigend pour from the bottom/to
Gießen *n* casting *{of molten material into mo[u]lds}*; pouring
Gießen *n* im Gespann bottom casting
Gießen *n* in Mehrfachformen gating
Gießer *m* founder, ladleman, caster
Gießerei *f* foundry
Gießfleck *m* flashing, casting spot (stain)
Gießform *f* [casting] mo[u]ld
Gießkern *m* core
Gießkopf *m* feeder head
Gießlauf *m* runner
Gießlöffel *m* ladle
Gießpfanne *f* ladle, tilting hopper
Gießrinne *f* gutter, spout, trough
Gießtisch *m* mo[u]ld frame
Gießtrichter *m* center riser, gating, git, ingate
Gießtümpel *m* pouring basin
Gießvorgang *m* cast
Gießwalze *f* casting roll
Gießwanne *f* tundish
Gipfelpunkt *m* peak *{of a curve}*
Gipsform *f* plaster mo[u]ld
Gitter *n* grating, grid, screen; lattice *{crystal}*
Gitterabstand *m* spacing
gitterartiger Bruch *m* lattice fracture
Gitterfenster *n* window
Gitterschieber *m* grid slide valve
Gitterträger *m* bar joist
Glanz *m* gloss
Glänzen *n* elektrolytisches bright plating

glänzend nicht non-glossy *{surface}*
Glanzmeßgerät *n* glossmeter
Glas *n* glass
Glas *n* gezogenes float glass
Glasbearbeitungsmaschine *f* glass working machine
Glasbohrmaschine *f* glass drilling machine
Glasdrehmaschine *f* glass turning lathe
Glaseintragungsvorrichtung *f* glass charging equipment
glasfaserverstärkter Kunststoff *m* glass-reinforced plastic
Glasfassung *f* glass mounting
Glasgemengebeschickungsmaschine *f* glass batch charging machine
Glasgemengebunker *m* glass batch bin
Glasgemengemischmaschine *f* glass batch mixing machine
Glashafen *m* [glass] pot
glasieren glaze/to
Glasiermaschine *f* glazing machine
glasklar glass-clear
Glaspresse *f* glass press
Glassägemaschine *f* glass sawing machine
Glasschleudermaschine *f* glass centrifuge
Glasspeiser *m* glass feeder
Glastropfen *m* [glass] gob; glass drop (tear)
Glasur *f* glaze
Glasurabputzmaschine *f* surplus glaze wiping apparatus
Glasurbrand *m* glost firing, glaze baking
glasurbrennen glost-fire/to

Glasurfehler m glaze fault
Glasvorherd m glass forehearth
Glaswalzmaschine f glass rolling machine
Glaszustand m glassy (glass-like, vitreous) state
glatt smooth {surface}; plain {shape}
Glattbrand m glost firing
Glättdornstange f reeling mandrel rod
glatte Welle f cylindrical shaft
glätten iron/to; smooth/to, polish/to
Glätteprüfer m smoothness tester
Glättstich m planishing pass
glattstreichen sleek/to
Glattstrich m striking off
Glättung f smoothing
Glättwalzstand m leader
Glättwalzwerk n reeler
Glättwerkzeug n slicker, sleeker
Gleichauffräsen n cutting down, down[-cut] milling
Gleichaufwälzfräsen n climb hobbing
gleichgerichtet parallel
Gleichgewicht n balance, equilibrium
Gleichgewicht bringen ins balance/to
Gleichgewichtsabsorption f equilibrium absorption
Gleichgewichtsbedingung f balance (equilibrium) condition
Gleichgewichtsgleichung f {z.B. einer Platte} equation of equilibrium
Gleichgewichtstemperatur f equilibrium temperature
Gleichgewichtszustand m balanced (equilibrium) state; steady state

Gleichlauf m synchronism
Gleichlauf m bringen in synchronize/to
gleichlaufend ganged, parallel, synchronous
Gleichlauffräsen n climb milling
gleichmäßig verteilte Belastung f uniform load
Gleichspulenwicklung f diamond winding
Gleichstrommotor m direct-current motor
gleichzeitig concurrent, simultaneous
Gleitarm m sliding arm
Gleitbacke f flat die, sliding jaw
Gleitbahn f guideway, slideway
Gleitbeanspruchung f sliding load
Gleitbock m sliding bracket
Gleitbruch m shear fracture, sliding fracture
gleitender Mittelwert m running average
gleitendes Drahtziehprinzip n die slip drawing principle
gleitendes Mittel n running average
Gleitfeder f feather [key], sliding feather (key)
Gleitfläche f sliding surface
Gleitkanal m cable duct
Gleitkraft f pressure on sleeve
Gleitlager n main (plain, slide) bearing
Gleitlager n wartungsfreies maintenance-free slide bearing
Gleitlinie f slide curve
Gleitmittel n lubricant, slip additive (agent)
Gleitmodul m modulus of elasticity in shear, modulus of rigidity

Gleitscheibe *f* sliding disk
Gleitschieber *m* *s.* Klemmstück
Gleitschuh *m* sliding shoe
Gleitsegment *n* shoe
Gleitwinkel *m* angle of slide
Glied *n* element; member
  Glied *n* **logarithmisches** log term
Gliederkeilriemen *m* sectional V-belt, sectional vee belt
Gliederwelle *f* articulated shaft
Glocke *f* bell
Glühen *n* anneal[ing]; ignition
  Glühen *n* **entspannendes** stress relieving
  Glühen *n* **stabilisierendes** stabilizing anneal
  Glühen *n* **in Paketen** coffin annealing
  Glühen *n* **mit Gefügeumwandlung** transformation annealing
Glühfarbe *f* annealing (heat) colour
Glühgefüge *n* annealed structure
Glühkathode *f* hot cathode
Glühofen *m* heating furnace, hardening-on kiln; annealing furnace *{metal}*
Glühtemperatur *f* annealing (ignition) temperature
Glühverlust *m* ignition loss
Grad *m* degree
Granalie *f* pellet
Graph *m* **logarithmischer** logarithmic graph
Graph *m* **pfeilorientierter** arrow-oriented graph *{network}*
Graphit *m* graphite
Grat *m* flash, fin *{on castings}*; burr *{produced in cutting metal}*
Gratbahn *f* *{Schmieden}* gutter
gratlos finless

gratloses Gesenkschmieden *n* burr-free stamping
Grauguß *m* grey [cast] iron; grey-iron casting
Graugußimpfungszusatz *m* inoculant
Gravierfräser *m* engraving cutter
Graviermaschine *f* engraving machine
Graviernachformmaschine *f* engraving-type form duplicating machine
gravimetrisch gravimetric
Greifarm *m* gripper arm
Greifbacken *fpl* gripping chucks
Greifelement *n* gripping member
greifen grasp/to, grip/to; catch/to; gear/to, engage/to; handle/to
Greifer *m* claw, hand; gripper
  Greifer *m* **magnetischer** magnetic claw
Greiferbacke *f* gripper jaw
Greiferklaue *f* gripper jaw
Greiferrevolver *m* gripper turret *{robot}*
Greifhand *f* hand
Greifwinkel *m* angle of bite, angle of contact (nip), bite (entering) angle
Grenzbelastung *f* marginal (critical) load
Grenzdruckregelung *f* limit pressure control
Grenzdruckregler *m* limit pressure controller
Grenze *f* limit, boundary
  Grenze *f* **der mittleren weggehenden Güte** average outgoing quality limit *{product}*
  Grenze *f* **der natürlichen Stabilität** natural stability limit

Grenze f der statischen Stabilität limit of steady-state stability
Grenzempfindlichkeit f limit sensitivity
Grenzfläche f interface
Grenzkontakt m s. Grenzwertkontakt
Grenzlast f critical (maximum) load
Grenzlehrdorn m limit plug ga[u]ge
Grenzlehre f limit ga[u]ge
Grenzrachenlehre f limit snap [ga[u]ge]
Grenzschalter m limit switch
Grenzschlankheit f limiting slenderness ratio
Grenztemperatur f limiting temperature
Grenztoleranz f limit tolerance
Grenzwert m limit [value], limiting value
Grenzwertanzeiger m limit indicator
Grenzwerteinstellung f limit setting
Grenzwertkontakt m limit contact
Grenzwertkontrolle f limit check[ing]
Grenzwertmelder m limit indicator
Grenzwertmeldung f limit signalling
Grenzwertprüfung f limit testing
Grenzwertregelung f limit control
Grenzwertregler m limit controller
Grenz[wert]schalter m limit (end) switch
Grenzwertsignalgeber m limit signalling device, transmitter
Grenzwertsignalisierung f limit signalling
Grenzwertüberprüfung f limit check[ing]
Grenzwertüberwachung f limit check[ing], limit monitoring
Grenzwertvergleich m limit comparison
Grenzwertvergleicher m limit comparator
Grenzwertvoreinstellung f limit presetting
Grenzwinkel m cut-off angle, limit angle
Griff m grip, handle
Griff m halten im control/to
Grifffläche f gripping portion
Griffigkeit f cutting ability, sharpness {grinding disk}
Griffmutter f set-screw
grob coarse, rough
grob zerkleinern crush/to
Grobeinstellung f coarse adjustment (setting), rough adjustment
Grobgefüge n open-grain structure
Grobkornglühen n coarse-grain annealing
Grobschleifen n rough (coarse) grinding
grobschmieden cog down/to, fuller/to
Grobstraße f blooming (rolling) train, roughing mill, rougher
Grobstrukturuntersuchung f macrostructure examination
Grobvorschubreihe f coarse-feed series
Grobwalzen n roughing
Grobzug m bull block
groß zu bemessen oversize/to
Großanlage f plant, installation
Großanzeigegerät n indicator
Großarmatur f large valve, large fitting
Größe f 1. variable; quantity; 2. size

Größe *f* gegebene datum
Größe *f* **variable** variable quantity
Größenverteilung *f* size distribution
großes Antriebszahnrad *n* bull-gear
Großgetriebe *n* heavy gear train
Großmaßstab *m* industrial scale
Großrohrstraße *f* large-bore pipe extrusion (production) line
Großsichtanzeigegerät *n* display unit
Größtmaß *n* maximum size, upper limit
Größtspiel *n* maximum clearance
Großventil *n* large valve
Großwaage *f* large-scale balance
Grübchen *n* pit {a mo[u]lding defect}
Grube *f* pit {foundry}
Grubenglühen *n* pit annealing
Grundausführung *f* basic configuration (type)
Grundausrüstung *f* basic equipment
Grundbaustein *m* basic building block, basic module
Grundfutter *n* s. Grundspannfutter
Grundgeräusch *n* background noise
Grundgewindebohrer *m* bottom tap
grundlegend basic, fundamental, bottom
Grundlinie *f* base line
Grundloch *n* **zylindrisches** blindhole
Grundmodell *n* master (basic) pattern
Grundmodul *m* basic module
Grundplatte *f* base (bottom) plate, baseboard, bearing (ground) plate, bed, bedplate
Grundplatte *f* **drehbare** rotating base

Grundrißoptimierung *f* layout optimization
Grundschaltung *f* basic circuit
Grundspannfutter *n* base chuck
Grundstruktur *f* basic structure
Grundtyp *m* basic type
Gründung *f* foundation
Gründung *f* **abgetreppte** benched foundation
Grundverfahren *n* basic method
Grünsandkern *m* green core
Gruppe *f* group; family; set, gang {of tools}; battery, bank, set {of equipment}
Gruppeneinschubvorrichtung *f* gang stacker
Gruppenindex *m* group index
Gruppensteuerung *f* group control {numerical control}
gruppieren arrange/to
gültiger Wert *m* valid value
Gummi *m* rubber
Gummielement *n* rubber element
Gummihammer *m* rubber mallet
Gummilager *n* rubber bearing
Gummischeibe *f* rubber disk
Gummischlauch *m* rubber tube
Gummistanzen *n* rubber-die forming
Gummitreibriemen *m* rubber drive belt
Gurt *m* belt, strap
Gurtförderer *m* belt conveyor
Guß *m* 1. cast[ing] {product}; 2. founding {metal}, pouring
Guß *m* **fallender** downhill (top) casting, top pouring
Guß *m* **steigender** bottom casting
Gußblase *f* air (blow) hole, blister, cavity
Gußblock *m* ingot
Gußbronze *f* cast bronze

Gußeisen 382

Gußeisen *n* cast iron
Gußgleitplatte *f* cast sliding plate
Gußhaut *f* outer, scale, [outer] skin
Gußkern *m* core
Gußputzen *n* fettling, trimming, dressing
Gußputzerei *f* fettling room (shop), foundry cleaning room
Gußputztrommel *f* rumble
Gußteil *n* casting
Gußzyklus *m* shot
Gut-Ausschuß-Prüfung *f* go-no-go test
Güteklasse *f* grade
Gütekontrolle *f* quality check
Gütesicherung *f* quality assurance
Gutseite *f* go side

H

Haarlineal *n* straight edge
Haarriß *m* fine (tiny) crack, fire crack, craze {glazing}
Haarrißbildung *f* crazing {a defect in glazes}; crizzling {glass}
Haarrißglasur *f* crackle glaze
Haarröhrchen *n* capillary {tube}
Haarwinkel *m* bevelled edge square
Hafen *m* cistern, pot
 Hafen *m* geschlossener covered pot
Hafenbank *f* siege
Hafenofen *m* pot furnace
Haftfestigkeitsverlust *m* loss of adhesion
Haftschleifscheibe *f* peel-off sanding disk
Haftspannung *f* bond stress
Haftvermögen *n* adherence

Hahn *m* cock, tap, plug valve (cock)
Hahn *m* ferngesteuerter remote-operated cock
Hahn *m* schmierbarer cock with greasable plug
Haken *m* hook
Hakenkeil *m* dog key
halber Flankenwinkel *m* half-thread angle
halbglasartig semivitreous, semivitrified
halbkalibrierte Walze *f* half roll
Halbkreisfräser *m* nach außen gewölbter convex milling cutter
halblogarithmisches Papier *n* log-normal graph paper
Halbmattglasur *f* semimat glaze
halbplastisch stiff-plastic
Halbring *m* half ring
halbrund semi-circular
halbrunde Eindrehung *f* semi-circular recess
Halbsäule *f* attached column
Halbtrockenpressen *n* semidry pressing
halbverglast semivitreous, semivitrified
Halbwarmbearbeitung *f* warm working
Halbwarmpresse *f* semihot press
Halbzeug *n* semifinished product
 Halbzeug *n* für Röhren tube rounds
Halbzeugstraße *f* roughing mill, rougher
hallig reverberant
Hals *m* neck
Halsabfälle *mpl* neck flash
Halsbutzen *m* neck flash
Halskalibrierung *f* neck calibration [device]

Halslager *n* collar bearing
Halspartie *f* neck section
Halsquetschkante *f* neck pinch-off
Halsüberstände *mpl* neck flash
Halswerkzeug *n* neck mo[u]ld
Halt *m* stop
Haltbarkeit *f* stability, durability; fastness; life[time]
Haltebolzen *m* holding bolt
Haltedruck *m* dwell (holding) pressure
halten support/to {mechanically}; keep/to, maintain/to
Haltepunkt *m* stop; arrest (change, critical, transformation) point
Haltepunkt *m* **bei der Abkühlung** critical point of recalescence
Haltepunkt *m* **bei der Erwärmung** critical point of decalescence
Halter *m* bracket, clamp, clip; support, holder
Haltering *m* bolster
Halterung *f* bracket, fixture, mounting, jig
Halteschaltung *f* hold circuit
Halteschraube *f* set[ing] screw
Haltesteg *m* spider leg
Haltetaste *f* holding key
Haltevorrichtung *f* clamp, holding device
Haltknopf *m* hold button
Hamburger Bogen *m* pipe bend
Hammer *m* hammer
Hammerbahn *f* striking face
hämmern hammer/to
Hammerpinne *f* striking face
Hand *f* hand
Hand-Automatik-Schalter *m* manual-automatic switch, automatic-manual switch, control transfer switch
Hand-Automatik-Umschaltung *f* manual-automatic change-over, remote-local switch
Hand *f* **(Greifer** *m***) mit mehreren Fingern** {Roboter} multifingered hand
Hand *f* **(manuell) bedient mit** manually actuated
Hand *f* **[bedient] von** manual
Hand *f* **eingeben von** enter manually/to
Hand *f* **eingestellt von** hand-set
Hand *f* **einstampfen von** peen/to
Handabsperrventil *n* manual shut-off valve
Handantrieb *m* hand (manual) drive
handbedient hand-operated, manually actuated
Handbedienung *f* manual operation
handbetätigt hand-actuated, manually actuated
Handbetätigung *f* hand operation, manual actuation
Handbetrieb *m* manual mode (operation)
Handbohrmaschine *f* hand drilling machine
Handbohrmaschine *f* **elektrische** electrical hand drill
Handbohrmaschine *f* **preßluftbetriebene** pneumatic hand drill
Handbuch *n* manual
Handdrehmeißel *m* hand tool
Handeingriff *m* manual overriding
Handeinstellung *f* hand adjustment (setting)
handeln act/to
Handfernverstellung *f* manual remote adjustment, remote manual adjustment

Handgelenk *n* wrist
Handgriff *m* handle
handhaben handle/to, manipulate/to
Handhabung *f* handling; manipulation *{robot}*
Handhabung *f* **falsche** misuse
Handhabung *f* **des Werkstoffes** material handling
Handhabungsautomat *m* manipulator-type robot, manipulator, pick-and-place robot, (handle, handling) robot, handling machine; industrial robot
Handhabungseinheit *f* pick-and-place unit
Handhabungseinrichtung *f* manipulator
Handhabungsfunktion *f* manipulative function
Handhabungsorgan *n* [end] effector
Handhabungsroboter *m* handle (handling) robot, manipulation robot, pick-and-place robot
Handhabungssystem *n* handling system
Handhabungstechnik *f* handling technique
Handhebel *m* hand lever
Handkreuz *n* cross handle, pilot wheel
Handkurbel *f* crank handle, hand crank
Handlung *f* action
Handrad *n* handwheel
Handregelung *f* operator control
Handreibahle *f* hand reamer
Handschalter *m* hand switch
Handschalthebel *m* gearshift lever
handschleifen snag/to
Handschutz *m* hand guard

Handstampfmaschine *f* hand ramming machine
Handsteller *m* manual controller
Handsteuergerät *n* manual controller
Handsteuerung *f* hand operation, operator control
Handventil *n* hand valve
Handverstellung *f* manual adjusting (adjustment)
Hängebrücke *f* cable suspension bridge
Hängelager *n* bearing supported by hanger, drop hanger
Hängen *n* scaffolding, hang up, hanging
hängender Roboter *m* ceiling-mounted robot
Hängeschalttafel *f* control pendant
Hardware *f* hardware
harmloser Ausfall *m* harmless malfunction, minor failure
harmonikaähnliche Abdeckung *f* concertina cover
hart hard; rigid
Hartblei *n* matte of lead
Hartbrandstein *m* hard-burned brick
Härte *f* hardness; toughness
harte Probe *f* rigid specimen
harte Stelle *f* hard spot; shot *{casting}*
Härtekopf *m* inductor *{high-frequency induction hardening}*
Härtemessung *f* hardness measurement
härten harden/to, cure/to, strengthen/to, temper/to, toughen/to
Härten *n* hardening *{metal}*; strengthening, tempering; curing, cure

Härten *n* **schichtweises** selective hardening
Härteofen *m* hardening furnace
Härteprüfer *m* s. Härteprüfgerät
Härteprüfgerät *n* hardness tester
Härteprüfung *f* **durch Eindruckversuch** indentation hardness test
Härteprüfung *f* **nach Rockwell** Rockwell hardness test
Härteprüfung *f* **nach Shore** Shore hardness test
Härteprüfung *f* **nach Vickers** Vickers hardness test
Härteprüfverfahren *n* hardness testing method
harter Einschluß *m* hard spot
Härteriß *m* fissure due to hardening
Härterißbildung *f* quench cracking
hartes Feuer *n* hard fire
Härtesalz *n* hardening salt
Härtetemperatur *f* hardening temperature; curing temperature
Härtetiefe *f* case depth, depth of hardening
Härtewert *m* hardness value
Härtezahl *f* hardness degree
Härtezeit *f* hardening time; curing time
Hartgummi *n* hard rubber, ebonite, vulcanite
Hartmetall *n* cemented [hard] carbide, [cemented] hard metal
Hartpapier *n* hard paper
Härtung *f* **austenitische** austempering
Härtungstiefe *f* depth of hardening
Haube *f* bonnet; bell, hood, dome {furnace}; cap, head
Haubenglühofen *m* hood-type annealing furnace, bell-type annealing furnace

Haubenofen *m* top-hat kiln
hauen cut/to {file}
Häufigkeit *f* **der Betätigung** frequency of actuating
Hauptabsperrventil *n* main stop valve
Hauptachse *f* principal axis
Hauptachsen *fpl* **des Spannungszustandes** principal axes of stress
Hauptachsen *fpl* **des Verzerrungszustandes** principal axes of strain
Hauptantrieb *m* main drive
Hauptbewegung *f* main (primary) motion
Hauptdehnungstrajektorien *fpl* trajectories of principal strains
Hauptebene *f* principal section
Hauptelektrode *f* main electrode
Hauptfeststellschraube *f* main clamping (locking) screw
Hauptkenngröße *f* basic parameter
Hauptlager *n* main bearing
Hauptmasse (Hauptmenge) *f* bulk
Hauptnutzungszeit *f* machining time; useful life
Hauptparameter *m* basic parameter
Hauptschalter *m* main switch; master switch
Hauptschenkel *m* main blade
Hauptschieber *m* main slide valve
Hauptschlitten *m* end toolslide
Hauptschneide *f* active (main, primary) cutting edge
Hauptschnittkraft *f* cutting force
Hauptspannung *f* principal stress, main stress
Hauptspannungstrajektorien *fpl* [principal, main] stress trajectories
Hauptspeicher *m* main (central, general) memory, primary storage

Hauptverteilerkanal *m* main runner
Hauptverteilersteg *m* main runner
Hauptwelle *f* central (main) shaft
Hauptzentrierung *f* main centre bore
Haut *f* crust, skin
Havarie *f* breakdown
Havariereparatur *f* emergency repair
Hebedaumen *m* lifter
Hebeeinrichtung *f* hydraulische beanstalk
Hebel *m* lever
Hebelarm *m* [lever] arm
Hebelende *n* lever end
hebeln lever/to
Hebelschalter *m* lever switch
Hebelschaltung *f* lever shifting
Hebelschere *f* alligator scissors, crop shear
Hebelstange *f* lever rod
Hebelwerk *n* leverage
Hebelzapfen *m* lever pin
Heber *m* lifter *{form tool}*; lift
Hebevorrichtung *f* elevator, lift[ing] device
Hefteisen *n* punty [iron]
heiße Elektrode *f* live (hot) electrode
heiße Reserve *f* active redundancy *{the whole redundant equipment is used at the same time}*
heißer Gebläsewind *m* hot blast
Heißkanal *m* hot runner
Heißkanal-Angußsystem *n* hot runner feed system
Heißkanal-Doppelwerkzeug *n* hot runner two-cavity-impression mo[u]ld
Heißkanal-Etagenwerkzeug *n* hot runner multi-daylight mo[u]ld, hot runner stack mo[u]ld
Heißkanal-Formenbau *m* hot runner tooling
Heißkanal-Mehrfachanguß *m* hot runner multiple gating
Heißkanal-Nadelventil *n* hot runner needle valve
Heißkanal-Nadelverschlußsystem *n* hot runner needle shut-off mechanism
Heißkanal-Normblock *m* standard hot runner unit
Heißkanal-Rohrsystem *n* hot runner system
Heißkanal-Spritzgießwerkzeug *n* hot runner injection mo[u]ld
Heißkanalbauart *f* type of hot runner
Heißkanalblock *m* hot runner manifold block
Heißkanalblock-Ausführung *f* hot runner unit construction (design)
Heißkanaldüse *f* hot runner nozzle
Heißkanalelement *n* hot runner unit
Heißkanalform *f* hot runner mo[u]ld
Heißkanalkonstruktion *f* hot runner design
Heißkanalnormalien *fpl* standard hot runner mo[u]ld units
Heißkanalplatte *f* feed plate, hot runner plate
Heißkanalverteiler *m* hot runner
Heißkanal[verteiler]anguß *m* hot runner feed system
Heißkanalverteilerbalken *m* hot runner manifold block
Heißkanal[verteiler]block *m* hot runner manifold block
Heißkanal[verteiler]platte *f* hot runner [manifold] plate, feed plate

Heißkanal[verteiler]system *n* hot runner system
Heißkanalwerkzeug *n* hot runner mo[u]ld
Heißläufer *m* hot runner
Heißluft *f* heated air, hot air
Heißluftanlaßofen *m* hot-air drawing furnace
heißpressen hot-press/to
Heißwasserbeständigkeit *f* resistance to hot water
Heißwasserpumpe *f* hot water pump
Heißwind *m* heated (hot) air, hot blast
Heißwindring *m* *s.* Heißwindringleitung
Heißwindringleitung *f* bustle pipe
Heizbetrieb *m* heating operation
Heizblock *m* hot runner manifold block
Heizelement *n* heating element
Heizen *n* heating
Heizgerät *n* heater
Heizkanal *m* heating channel (tunnel)
Heizkörper-Regulierventil *n* regulating valve for heating radiators
Heizkörperverschraubung *f* radiator screw joint
Heizschlange *f* heating coil
Heizungsarmatur *f* valve and fitting for heating systems
Heizungssicherheitsventil *n* safety valve for heating systems
Heizungsthermostat *m* thermostat for heating systems
Heizwiderstand *m* heating resistor
Heizzylinder *m* heating cylinder
Helligkeit *f* brightness
Helm *m* mouth {converter}; head

hemmen catch/to, arrest/to; slow up/to; inhibit/to
Henkel *m* lug
herabsetzen reduce/to, decrease/to; slow down/to {speed}; relieve/to {pressure}
herausziehen strip/to
Herd *m* bottom, hearth; *s.a.* Herdofen
Herd *m* **ausfahrbarer** car-bottom hearth, mobile hearth
Herd *m* **offener** open hearth
Herdbett *n* open sand mo[u]ld
Herdformerei *f* open-sand mo[u]lding, floor sand mo[u]lding, bedding-in
Herdfrischarbeit *f* refinery operation
Herdfrischen *n* fining in hearth
Herdfrischverfahren *n* open-hearth process, Siemens-Martin process
Herdglas *n* slag
Herdguß *m* open sand casting
Herdhaken *m* hook
Herdofen *m* ore hearth
Herdwagenofen *m* bogie hearth furnace, trolley hearth kiln
Herdwandung *f* bottom bank
herstellen manufacture/to, produce/to; prepare/to; establish/to {e.g. a contact}
Hersteller *m* manufacturer, producer
Herstellung *f* manufacturing, production; establishment {e.g. an equilibrium or contact}
Herstellungsprozeß *m* manufacturing process
Herstellungstoleranz *f* production tolerance
Herunterfrischen *n* nachträgliches durch Erzzugabe oreing down

herunterwalzen break down/to, cog down/to *{ingot}*
Herznocken *m* heart cam
heterogener Werkstoff *m* heterogeneous material
Hieb *m* cut *{file}*
hierarchische Steuerungsanordnung *f* hierarchical control scheme
Hilfe *f* aid
Hilfs- ancillary, auxiliary
Hilfsantrieb *m* auxiliary drive
Hilfsbedingung *f* auxiliary condition; emergency condition
Hilfsdorn *m* plug
Hilfseinrichtung *f* auxiliary equipment
Hilfselektrode *f* auxiliary electrode
Hilfsenergie *f* auxiliary energy
Hilfsgerät *n* subsidiary device
Hilfsluft *f* auxiliary air, compressed air
Hilfsmeßschenkel *m* auxiliary blade
Hilfsmittel *n* tool; *s.a.* Hilfsstoff
Hilfsoperation *f* auxiliary operation
Hilfsständer *m* auxiliary column
Hilfsstoff *m* coolant, cutting compound (coolant)
Hilfswelle *f* auxiliary shaft
hin und her bang-bang
Hin- und Herbewegung *f* reciprocating motion
Hin- und Herbiegeversuch *m* to-and-fro bend test
Hin- und Herbiegevorrichtung *f* reverse bend test apparatus
hin- und hergehende Bewegung *f* alternating motion, reciprocating motion
hinauslaufen über overrun/to, overshoot/to

Hinterachstrieb *m* rear-axle gear
hinterarbeiten clear/to, cut free/to
hinterdrehen clear by turning/to
hinterdrehter Fräser *m* form-relieved cutter
hintereinander schalten cascade/to
hinterfräsen clear by milling/to
hinterfüllen back up/to
Hintergrund *m* background
hintermauern back up/to
hinterschleifen clear by grinding/to
Hinterwetzwinkel *m* clearance angle, cutting clearance angle
Hitze *f* heat
hitzebeständig heat-proof, heat-resistant
hitzehärtbar thermosetting
Hobelmesser *n* cutter head
hochbelastbar heavy-duty, high-capacity
Hochdruckabsperrschieber *m* high-pressure shut-off gate valve
Hochdruckabsperrventil *n* high-pressure shut-off globe valve
Hochdruckleitung *f* high-pressure piping
Hochdruckschmierarmatur *f* high-pressure lubricating fitting
Hochdrucktechnik *f* high-pressure engineering
Hochdruckventil *n* high-pressure valve
hochentwickelt sophisticated; advanced
hochgebrannt hard-fired, high-fired, hard-burned
Hochgeschwindigkeitsschneider *m* high-speed cutter (slitter)
Hochlauf *m* starting
Hochleistung *f* high duty
Hochleistungs- high-performance

Hochleistungsantrieb *m* heavy-duty drive
Hochleistungspresse *f* high-capacity press
Hochleistungsverbundwerkstoff *m* high-performance composite material
Hochofenrüstung *f* armour [of blast furnace]
Hochofenwinderhitzer *m* air-blast stove
Hochregallager *n* high-rise storage system
hochstabil highly stable
Höchstbelastung *f* maximum load
Höchstdrehzahl *f* maximum speed
Höchstdruckpumpe *f* extreme-pressure pump
Höchstgeschwindigkeit *f* maximum speed
Höchstleistung *f* maximum output
hochtemperaturbeständig high-temperature-resistant
Hochvakuumpumpe *f* low-pressure vacuum pump
hochwertig high-grade, high-quality, superior
hochzuverlässig high-reliable
Höhenstellspindel *f* elevating screw
höhenverstellbar adjustable in height, elevating, height-adjustable
Höhenverstellung *f* elevating control, elevation
hohes Feuer *n* hard fire
hohl concave; hollow
Hohlbohrer *m* hollow drill
Hohlbolzen *m* hollow bolt
Hohlform *f* die
  Hohlform *f* tiefe deep recessed part
Hohlgefäß *n* cup
Hohlglas *n* hollow [glass]ware

Hohlkastenstütze *f* box column
Hohlkastenträger *m* box girder
Hohlkegel *m* taper hole
Hohlkeil *m* saddle key
Hohlkörnerspitze *f* female centre
Hohlkörperblasdüse *f* blown (parison, film, tube) die
Hohlnadel *f* blowing (inflation) needle
Hohlniet *m* hollow rivet
hohlprägen emboss/to
Hohlprägen *n* embossing; raising; stamping
hohlschleifen dish/to
Hohlschleifen *n* concave grinding
Hohlschliff *m* concave grinding
Hohlschraube *f* hollow screw
Hohlstange *f* barrel
Hohlstelle *f* rag *{forging defect}*
Hohlware *f* hollow ware
Hohlwelle *f* hollow shaft
Holm *m* tie bar (rod)
Holzdrehmaschine *f* patternmaker's lathe
Holzfaserbruch *m* woody fracture
Holzkohlenfrischverfahren *n* charcoal hearth process
Holzmodell *n* wood pattern
homogen homogenous
homogene Dehnung *f* homogeneous elongation
homogene Formänderung *f* homogeneous strain
homogene Verkürzung *f* homogeneous shortening
homogener Spannungszustand *m* homogeneous stress
homogener Werkstoff *m* homogeneous material
Homogenisierungsglühen *n* homogenization, homogenizing

Honahle *f* honing tool
Honen *n* honing
Honstein *m* honing stone
Hookesches Gesetz *n* Hooke's law
horizontale adressierbare Position *f* addressable horizontal position {numerical control}
Horizontalretorte *f* horizontal retort
Horizontalschub *m* **des Bogens** thrust of an arch
Hörsignal *n* acoustic signal
Host-Maschinenkonzentrator *m* **zur Kombination von Maschinengruppen** local process control host
HR Rockwell hardness
Hub *m* blow; stroke {piston}; correcting displacement {valve}; travel
Hubbalkenofen *m* rocker-bar type furnace
Hubbewegung *f* elevating motion
Hubende *n* end of stroke
Hubgetriebe *n* elevating drive, strike mechanism
Hubmotor *m* elevating (hoisting, lift) motor
Hubscheibe *f* crank gear
Hubscheibenrad *n* bull-gear
Hubspindel *f* elevating (lifting) screw
Hubspindelmutter *f* elevating (lifting) nut
Hubvolumen *n* swept volume
Hubwerk *n* elevating mechanism
Hubzahl *f* number of strokes
Hülle *f* cover, covering, sheat, jacket
Hüllkurve *f* envelope
Hüllrohr *n* cable duct
Hülse *f* barrel, sleeve, shell; socket
Hülsenausdrücksystem *n* sleeve ejection system
Hülsenauswerfer *m* sleeve ejector
Hutmutter *f* hat nut
Hütte *f* refinery
HV Vickers [diamond] hardness
Hydrant *m* hydrant
Hydraulik *f* hydraulics
Hydraulikarmatur *f* valve and fitting for hydraulic systems
Hydraulikflüssigkeit *f* hydraulic fluid
Hydraulikkolben *m* hydraulic piston
Hydrauliköl *n* control oil
Hydraulikpumpe *f* oil pump
Hydraulikroboter *m* hydraulic robot
Hydrauliksystem *n* hydraulic system
hydraulisch hydraulic
hydraulisch angetrieben hydraulically powered
hydraulisch fernbetätigtes Ventil *n* hydraulically remote-operated valve
hydraulische Generatorgruppe *f* hydro-electric generating set
hydraulische Hebeeinrichtung *f* beanstalk
hydraulische Prüfmaschine *f* hydraulic testing machine
hydraulische Stellflüssigkeit *f* control oil
hydraulischer Kolben *m* hydraulic piston
hydraulischer Kolbenantrieb *m* hydraulic piston drive
hydraulischer Kolbenspeicher *m* piston-type accumulator
hydraulischer Stellkolben *m* hydraulic cylinder
hydraulisches Getriebe *n* hydraulic drive

hydraulisches Ventil *n* hydraulic valve
Hydroanlage *f* hydraulic system
hydrodynamischer Drehmomentwandler *m* hydro-dynamic torque converter
Hydromotor *m* oil motor
hydrophil hydrophilic
hydrophob hydrophobic
hydrostatisches Axialgleitlager *n* hydrostatic axial slide bearing
hydrostatisches Kompaktgetriebe *n* compact hydrostatic drive
hydrostatisches Radialgleitlager *n* hydrostatic radial slide bearing
Hygrometer *n* hygrometer
Hygroskopizität *f* hygroscopicity
hyperbolisches Richtorgan *n* concave roll
Hypothese *f* **des elastischen Grenzzustandes von Mohr** theory of limiting stress condition
Hysteresis *f* **elastische** elastic hysteresis

I

Identifizierung *f* identification
imprägnieren impregnate/to
Inbetriebnahme *f* starting [up], placing in operation, start-up
Inbetriebnahmeprogramm *n* starting[-up] program
Indifferenzpunkt *m* neutral point
indirekte Bestimmung *f* **des Wirkungsgrades** indirect measurement of efficiency
indirekte Prüfung *f* indirect test
induktionsbeheizter Ofen *m* induction furnace, induction-heated furnace
induktionshärten induction-harden/to
Induktionsmotor *m* induction motor
Induktionsofen *m* *s.* induktionsbeheizter Ofen
induktiv electromagnetic, inductive
induktiv gesteuertes Metallabscheidegerät *n* inductively controlled metal separator
induktive Wärmebehandlung *f* induction heating
Industrieanlage *f* industrial plant
Industrieatmosphäre *f* industrial atmosphere
Industriefeuerung *f* industrial furnace (kiln), oven-type furnace
industriell industrial
industrielle Messung *f* industrial measurement
industrieller Manipulator *m* industrial manipulator
industrieller Maßstab *m* industrial scale
industrieller Prozeß *m* industrial process
Industrieprozeß *m* industrial process
Industrieroboter *m* handling machine (robot), industrial robot
Industrieroboter *m* **zum Farbspritzen** spray-painting robot
Industrieroboter *m* **zur Werkstückhandhabung** part handling machine (robot)
Industrieroboter *m* **zur Werkzeughandhabung** tool-handling robot

Ineinandergreifen n mating
ineinandergreifend mating
ineinandergreifende Packungsringe *mpl* intersetting packing
Information *f* **geometrische** geometrical information
Informationen *fpl* **austauschen** communicate/to
Ingangsetzen n starting
Ingenieur m für Anwendungsfragen application engineer
Ingenieur m für Computertechnologie computer engineer
Inglasurdekor n in-glaze (interglaze) decoration
Ingot m ingot
inhomogen inhomogenous
injection rate injection speed
Injektionsblasnadel *f* blowing pin, inflation needle
Injektionsdüse *f* injection nozzle
Injektionskolben m injection plunger, transfer plunger
Innenanlage *f* indoor installation
Innenbeschichtung *f* internal lining
Innendrehen n inside turning
Innendruck m cavity (inside, internal) pressure
Innendruck m im Gehäuse {z.B. bei Spülluftzuführung} case pressure
Innendurchmesser m inside (inner) diameter
innengestufte Backen *fpl* internal stepped chuck jaws
Innengewinde n internal (female) thread
Innengewindeschneiden n cutting of internal threads

Inneninstallation *f* indoor installation
Innenkegel m inside taper
Innenlager n inner bearing
Innenlamelle *f* internal disk
Innenstufenfutter n internal step chuck
innenverzahntes Rad (Innenzahnrad) n internal gear, annular gear
innere Kraft *f* internal force
innere Reibung *f* internal friction
innere Spannung *f* internal stress, residual stress
innere Verstärkung *f* internal amplification
innerhalb inside
Insektenbeständigkeitsprüfung *f* insect resistance test
Inspektion *f* inspection
instabil astable, instable
Installation *f* installation
Installation *f* **schwerzugängliche** hard-to-get-to installation
installierte Einspritzleistung *f* installed injection capacity
instandhalten maintain/to, service/to
Instandhaltung *f* maintenance
Instandhaltung *f* **planmäßige** scheduled maintenance
Instandhaltung *f* **vorbeugende** preventive maintenance
Instandhaltungsplan m [preventive] maintenance schedule, schedule of preventive maintenance
instandsetzen repair/to
Instandsetzung *f* repair
Instandsetzung *f* [nach Ausfall eines Gerätes oder einer Anlage] breakdown maintenance

Instandsetzungsarbeit *f* conditioning
Instruktionsregister *n* instruction (control) register
Instrument *n* instrument
intakte Probe *f* unbroken specimen
Integralbetrieb *m* integral mode
integrierendes Meßgerät *n* meter
intelligenter Roboter *m* intelligent robot
intelligenter Sensor *m* intelligent sensor
Intelligenz *f* künstliche artificial intelligence
interaktiv interactive
interkristalliner Bruch *m* intercrystalline fracture, intergranular fracture
intern internal
interner Positionswandler *m* propriozeptive transducer
Interpolation *f* lineare linear interpolation
Interpolator *m* linearer linear interpolator
Intervall *n* interval
Intrittfallen *n* coming into step
Invarianten *fpl* des Formänderungszustandes invariants of strain
Invarianten *fpl* des Spannungszustandes *m* invariants of stress
Inventar *n* inventory
Inventar *n* aktives active inventory
isochrone Spannungs-Dehnungs-Linien *fpl* {Zeitstand-Zugversuch} isochronous stress-strain curves
Isokline *f* isoclinic line
Isolation *f* insulation
Isolation *f* ozonbeständige ozone-resisting insulation

Isolationseigenschaften *fpl* insulation properties
Isolationswiderstand *m* insulation resistance
Isolator *m* 1. isolator; 2. insulator
Isolierbelag *m* insulating layer
Isolierbuchse *f* insulating bush
Isolierkanalangußplatte *f* insulated runner feed system
Isolierkanalform *f* insulated runner mo[u]ld
Isolierkanalsystem *n* insulated runner system
Isolierkanalwerkzeug *n* insulated runner mo[u]ld
Isoliermaterial *n* insulating material
Isolierpreßmasse *f* insulation material
Isolierring *m* insulating ring
Isolierscheibe *f* insulating disk
Isolierschlauch *m* insulating hose
Isolierstoff *m* insulating material
Isolierstück *n* insulating piece
isoliert nicht bare
isoliertes System *n* autonomous system
Isolierverteiler *m* insulated runner
Isolierverteilerangießsystem *n* insulated runner system
Isolierverteilerkanal *m* insulated runner channel
Isothermhärtung *f* bainitic hardening
isotroper Werkstoff *m* isotropic material
Isotropie *f* isotropy
Isotropstrahler *m* spherical radiator
Ist- actual
Istanzeige *f* s. Istwertanzeige
Istbereich *m* actual range
Istdruck *m* actual head

Istmaß *n* actual dimension, actual size
Istoberfläche *f* actual surface
Istvorschub *m* actual feed rate
Istweg *m* actual path
Istwertanzeige *f* actual indication
Istzuverlässigkeit *f* actual reliability
Izod-Probe *f* Izod notched specimen
Izod-Prüfung *f* Izod impact test

J

Jalousiedrosselklappe *f* louvre damper
Joch *n* bent, yoke
Justage *f* adjustment
justierbar adjustable
Justierbarkeit *f* adjustability
Justiereinrichtung *f* adjusting device
Justierelement *n* adjusting control
Justierempfindlichkeit *f* alignment sensitivity
justieren adjust/to; set/to {measuring set}
 justieren mechanisch align/to, position/to
Justierflansch *m* adjusting flange
Justierfuß *m* leg leveller
Justiergenauigkeit *f* adjusting accuracy
Justierglied *n* adjusting element
Justierring *m* adjustment ring
Justierschraube *f* adjustable screw, adjustment screw
justiert adjusted
 justiert mechanisch aligned
Justierung *f* adjusting, adjustment, adjustification

Justierung *f* **mechanische** positioning, alignment
Justiervorrichtung *f* adjuster, adjusting device
Justiervorrichtung *f* **mechanische** alignment device

K

K-Naht *f* double-bevel butt weld
Kabel *n* cable
 Kabel *n* **konfektioniertes** ready-to-use cable
Kabelbaum *m* cable harness
Kabelbrücke *f* cable bridge
Kabelführung *f* cable profile
Kabelhülle *f* cable hose; cable housing
Kabelkanal *m* [cable] duct, cable rout
Kabelklemme *f* 1. cable terminal, looptip terminal; 2. cable clamp
Kabelöse *f* cable eye
Kabelrohr *n* cable tube, cable housing
Kabelschuh *m* cable shoe
Kabelschutzrohr *n* cable-protecting tube
Kabelverbinder *m* cable connector
Käfig *m* cage; retainer
Käfigventil *n* cage valve
kahl bare
Kaliber *n* 1. groove, pass; 2. calibre, caliber; 3. ga[u]ge
 Kaliber *n* **geschlossenes** closed groove (pass)
 Kaliber *n* **mit geringer Reduzierung** pinch pass

Kaliberachse *f* axis of groove
Kaliberanzug *m* pass taper
Kaliberfolge *f* pass sequence
Kaliberpresse *f* coining press
Kaliberring *m* ring ga[u]ge
Kaliberwalze *f* roll
kalibrieren coin/to; design/to, groove/to; calibrate/to; size/to *{e.g. tubing}*
Kalibrieren *n* calibration, end sizing; coining
Kalibrierung *f* calibration
Kalotte *f* [ball] impression
Kalottendurchmesser *m* diameter of [ball] impression
kalt cold
  kalt auswalzen get down/to
  kalt erblasen cold-blast/to
kaltbiegen cold-bend/to
Kaltbonderverfahren *n* cold bonderizing
kaltbrüchig cold-short
Kaltbrüchigkeit *f* cold shortness
kältebeständig low-temperature (cold) resistant, resistant to cold
Kältebeständigkeit *f* low-temperature (cold) resistance
kältefest *s.* kältebeständig
Kältelagerung *f* cold storage
Kältelagerungsverhalten *n* cold storage behavio[u]r
Kälteprüfung *f* cold test, low-temperature test
kalter Pfropfen *m* cold slug
Kälteregler *m* cryostat
Kälteriß *m* cooling crack
Kältesprödigkeit *m* low-temperature brittleness
Kälteverhalten *n* low-temperature behavio[u]r
kaltformen *s.* kaltumformen

kaltgepilgertes Rohr *n* rocked tube
kaltgesenkpressen cold-press/to
kaltgezogen cold-drawn
Kaltkammerverfahren *n* cold-chamber process
Kaltkanalangußsystem *n* cold runner feed system
Kaltkanalverteiler *m* cold runner
Kaltkanalwerkzeug *n* cold runner mo[u]ld
Kaltmatrize *f* cold die [block]
Kaltpilgern *n* cold pilger rolling
Kaltpreßschweißen *n* cold welding, cold pressure welding
kaltschlagen cold-size/to
Kaltschweißen *n* *s.* Kaltpreßschweißen
Kaltschweißstelle *f* seam, shut
Kaltschweißung *f* cold welding
kaltspröde cold-short
Kaltsprödigkeit *f* cold shortness
Kaltstauchautomat *m* automatic cold header
kalttiefziehen cold-cup/to
kaltumformen cold-work/to
Kaltumformung *f* cold working
kaltverfestigen cold-work harden/to
Kaltverfestigung *f* flow (work) hardening
Kaltverteiler *m* *s.* Kaltkanalverteiler
kaltvorblocken cold-reduce/to
Kaltwindofen *m* cold-blast furnace
kaltziehen cold-draw/to; *s.* kalttiefziehen
Kaltziehmatrize *f* cold-drawing tool
kämmen mit engage with/to *{gears}*
Kammer *f* chamber
Kammerofen *m* chamber furnace
Kammlager *n* *s.* Kammringlager
Kammrad *n* cog wheel
Kammringlager *n* collar bearing

Kammwalze *f* pinion
Kämpferdruck *m* nacheilender back abutment pressure
Kanal *m* [flow] channel, runner; passage
Kanalguß *m* sewer castings
Kanaltrockner *m* corridor dryer
Kanalzug *m* duct
Kanonenbohrer *m* cylinder (tube) bit
Kante *f* arris, edge, skirt
kanten edge/to
Kanten *fpl* **walzen** edge/to
Kantenabschrägen *n* edge trimming
Kantenbearbeitung *f* edge trimming
Kantenbesäumfräsen *n* edge milling
Kantenhobelmaschine *f* edge-trimming machine, edger
Kantenschutz *m* angle bead
Kantenschutzleiste *f* angle bead
Kantenschutzschiene *f* angle bead
Kantenversetzung *f* **an der Spanfläche** deformation of the cutting edge
Kantenwelligkeit *f* cockles
Kapazität *f* 1. capacity; 2. capacitance
Kapazitätsbedarfsplanung *f* capacity requirement planning
Kapelle *f* cupel
Kapellenform *f* cupel mo[u]ld
Kapellenprobe *f* cupellation
Kapillare *f* capillary [tube]
Kappe *f* cap
Kappenständer *m* open-topped housing
Kapsel *f* capsule; saggar
Kapselpresse *f* saggar press {*fine ceramics*}
Kapselung *f* containment
Karabiner *m* carabine

Karabinerhaken *m* snap hook, carabiner
Karbideinlagerung *f* **zeilenförmige** carbide band
Karbidzeile *f* carbide band
karbonitrieren carbonitride/to, gas-cyanide/to, dry-cyanide/to {*steel*}
Karbonitrierung *f* carbonitriding, nicarbing {*steel*}
karbothermisch carbothermic
Kardanantrieb *m* cardan drive
Kardangehäuse *n* cardan housing
kardanische Aufhängung *f* cardanic suspension
Kardanwelle *f* cardan shaft
Karosseriepresse *f* body press
Karosserieziehpresse *f* body drawing press
Karre *f* **(Karren** *m*) [wheel-]barrow; buggy
Karrenbegichtung *f* barrow charging
kartesische Koordinaten *fpl* Cartesian coordinates
kartesische Steuerung *f* Cartesian control
kartesischer Raum *m* Cartesian space
Kaskade *f* cascade set
kaskadengeschaltete Steuerung *f* concatenated control
Kaskadenstromrichter *m* cascade converter
Kaskadenumformer *m* cascade converter
kaskadieren cascade/to
Kassette *f* cartridge
Kasten *m* case, box
Kastenbvorkalibrierung *f* box pass
Kastendurchlaß *m* box culvert
Kastenfangdamm *m* box cofferdam

Kastenformerei *f* box (flask) mo[u]lding
kastenförmiger Ständer *m* box-type column
Kastenfuß *m* box pedestal
Kastenglühung *f* close annealing, box (pot) annealing
Kastenkaliber *n* box groove
Kastensäule *f* box column
Kastenständer *m* box column, column of box section
Kastenträger *m* box girder, sole plate frame of box section
kathodische Beizung *f* cathode pickling
kathodische Reinigung *f* cathode cleaning
Kavitätenzahl *f* number of cavities (impressions)
Kavitätsinnendruck *m* cavity pressure
Kegel *m* cone, taper
Kegel-Handreibahle *f* taper hand reamer
Kegel-Maschinenreibahle *f* taper machine reamer
Kegelanguß *m* sprue gate
Kegelanschnitt *m* sprue gate
Kegeldrehen *n* angular (taper) turning
Kegeldruckhärte *f* cone indentation hardness
Kegelfallpunkt *m* (**Kegelfalltemperatur** *f*) pyrometric cone equivalent
Kegelfußpfahl *m* belled caisson
Kegelhülse *f* drill sleeve (socket)
kegelig taperred; conical
 kegelig anarbeiten nose/to
 kegelig aussenken countersink/to
 kegelig gesenkt countersunk
 kegelige Bohrung *f* tapered hole

Kegelklemmhülse *f* collet sleeve, drill driver
Kegelkopf *m* *s.* Kegelstumpfkopf
Kegelkupplung *f* cone clutch
Kegellager *n* cone bearing
Kegellänge *f* length of taper
Kegellehrhülse *f* taper ring ga[u]ge
Kegelrad *n* bevel gear (pinion)
Kegelradantrieb *m* bevel gear drive
Kegelradgetriebe *n* angular bevel-gear transmission, bevel-gear unit, mitre wheel gear train
Kegelreibahle *f* taper reamer
Kegelreibungskupplung *f* cone friction clutch
Kegelrollenlager *n* taper roller bearing
Kegelschaft *m* taper shank
Kegelschleifen *n* taper grinding
Kegelsenker *m* countersink, rose bit
Kegelstift *m* taper pin
Kegelstirnradgetriebe *n* bevel-and-spur gear train
Kegelstumpfkopf *m* pan head
Kegeltrieb *m* bevel gear
Kegelwinkel *m* taper angle
Kehleisen *n* necking tool
Kehlhobeln *n* contour shaping
Keil *m* key; wedge
Keilbauch *m* bottom of key
Keilbolzen *m* key bolt
Keilbuchse *f* key bush
Keilhälfte *f* key half
Keillager *n* key bearing
Keillängsnut *f* keyway, key-seating
Keilnabe *f* key hub
Keilnase *f* gib head
Keilnut *f* spline; *s.* Keillängsnut
Keilnutenziehmaschine *f* drawcut-type keyseater

Keilriemen *m* cone belt, V-belt
Keilriemenscheibe *f* V-belt pulley (sheave)
Keilriementrieb *m* V-belt drive
Keilring *m* key ring
Keilscheibe *f* key disk
Keilschieber *m* [solid-]wedge gate valve
Keilspannfutter *n* collet bar chuck
Keilstangenfutter *n* three-jaw wedge-type chuck
Keilstich *m* cutting-in pass
Keilstück *n* drawback
Keiltreiber *m* cotter driver
Keilwelle *f* key (spline) shaft
Keilwinkel *m* cutting-wedge angle
Kenndaten *pl* characteristic data
Kenngröße *f* [characteristic] parameter
Kennlinie *f* [characteristic] curve
Kennsatz *m* label
Kennsatzbehandlung *f* label handling
Kennsatzprüfung *f* label checking
Kennwert *m* characteristic value
Kennwerte *mpl* characteristic data
Kennzeichen *n* [characteristic] mark
kennzeichnen mark/to
Kennzeichnung *f* identification, marking
Kennzeichnungsband *n* für Rohrleitungen pipe identification tape
Keramik ceramics
keramisch ceramic
keramischer Schneidstoff *m* ceramic cutting material
keramisches Gehäuse *n* ceramic package
Kerbbiegeversuch *m* nick bend test

Kerbempfindlichkeit *f* notch sensitivity
Kerbempfindlichkeitszahl *f* sensitivity index
Kerbschlagbiegeversuch *m* notch impact test, notched-bar impact test
Kerbschlagversuch *m* impact test
Kerbschlagzähigkeit *f* impact strength; notch impact resistance *{notched samples}*
Kerbstab *m* notched bar
Kerbstift *m* notched (grooved) pin
Kerbtiefe *f* notch depth
Kerbwirkung *f* notch effect
Kerbwirkungszahl *f* fatigue stress concentration factor, reduced factor of stress concentration
Kerbziffer *f* concentration factor
Kern *m* [center] web *{twist drill}*; core; body *{screw}*
Kern *m* versehen mit core/to
Kern *m* versetzter misplaced core
Kernausdrücker *m* core knockout
Kernausschraubvorrichtung *f* core unscrewing mechanism
Kernausstoßhammer *m* core ejecting hammer
Kernblasmaschine *f* core blower, core blowing machine
Kernbrett *n* core board
Kerndicke *f* thickness of center web
Kerndrehvorrichtung *f* core rotating device
Kerne *pl* einsetzen core up/to
Kerneinsatz *m* core insert
Kerneisen *n* core iron
Kerneisenverlust *m* core iron loss
Kernformen *n* coring
Kernformerei *f* core mo[u]lding shop

Kernformmaschine *f* core-making machine
Kerngaskanal *m* core vent
Kernguß *m* core casting
Kernherstellung *f* core making
Kernkasten *m* core box
Kernloch *n* corehole
Kernmachen *n* *s.* Kernherstellung
Kernmacher *m* core mo[u]lder, core-maker
Kernmacherei *f* core mo[u]lding
Kernmarke *f* core mark, [core] print
Kernmasse *f* core mixture
Kernnagel *m* chaplet, core nail, sprig
Kernöl *n* core oil
Kernplatte *f* *s.* Kernträgerplatte
Kernsand *m* core sand
Kernsandbinder *m* core [sand] binder
Kernschablone *f* core board
Kernseigerung *f* central segregation
Kernseite *f* moving mo[u]ld half
Kernstahlgerippe *n* core frame (grid)
Kernstift *m* core pin
Kernstopfmaschine *f* core extrusion machine
Kernstütze *f* chaplet, core frame (grid)
Kernträger *m* core plate
Kernträgerplatte *f* core plate
Kerntransformator *m* core-type transformer
Kerntrockenkammer *f* core stove
Kerntrockenkasten *m* saggar
Kerntrockenofen *m* core stove
Kerntrocknung *f* core baking
Kernversatz *m* core shift
Kernwandtemperatur *f* core wall temperature
Kernzerschmiedung *f* hammer pipe
Kernziehen *n* core pulling
Kernzone *f* core [zone] *{hardening}*
Kernzug *m* core puller, core pulling mechanism
Kernzugsteuerung *f* core puller control [mechanism]
Kernzugvorrichtung *f* core puller, core pulling mechanism
Kesselfüll- und -entleerungsventil *n* boiler filling-and-draining valve
Kesselstein *m* [boiler] scale, incrustation, far
Kesselsteinbildung *f* scale formation, scaling
Kesselsteinentfernung *f* [boiler] scale removal, [de]scaling
Kette *f* chain
Kette *f* mit nur einem Gelenk single-jointed chain
Ketten-Werkstückspeicher *m* chain-type part magazine
Ketten-Werkzeugspeicher *m* chain-type tool magazine
Kettenfahrzeug *n* tracked vehicle
Kettenglied *n* chain link
Kettenmaßsystem *n* floating-zero system
Kettenrad *n* chain wheel
Kettenschloß *n* chain locker
Kettenspeicher *m* chain-type magazine
Kettenspeicher *m* **für Werkstücke** chain-type part magazine
Kettenspeicher *m* **für Werkzeuge** chain-type tool magazine
kippen turn down/to *{converter}*; tilt/to

Kippform *f* tilting mo[u]ld
Kipphebel *m* rocker lever
Kippkarre *f* buggy
Kippkübel *m* skip
Kippkübelbegichtung *f* skip charging (filling)
Kippofen *m* tilting furnace
Kipppfanne *f* lip-poured ladle
Kippschalter *m* snap switch, toggle [switch], tumbler [switch]
Kirschrot *n* bright red, cherry red
kistenglühen pack-anneal/to, box-anneal/to
Kistenglühung *f* box (close) annealing
Klammer *f* clamp, clip
Klammern gehalten durch bracketed
Klammerrohrverbindung *f* mechanical pipe joint
Klappe *f* butterfly (clack) valve, flap {valve}
Klappe *f* **fernbetätigte** remote-operated flap valve
Klappenkolben *m* bucket
Klappenträger *m* clapper box
Klappenventil *n* clack valve
Klappformkasten *m* snap flask
Klasse *f* grade
klassieren size/to, classify/to, grade [into size]/to
Klassifizierung *f* **bei Gruppenbildung** family formation
Klassifizierung *f* **für Gruppenbearbeitung** component family formation
Klaue *f* claw, dog, jaw
Klauenflansch *m* dog flange
Klauenkupplung *f* claw coupling, dove-clutch
Klauenrad *n* claw wheel

Klauenring *m* guide ring
Klauenschlüssel *m* dog spanner
Klebefuge *f* adhesive joint
klebend nicht tack-free {surface}
Klebestelle *f* tear {defect}
Klebeverbindung *f* adhesive joint
klebrig tacky, sticky
Klebrigkeit *f* tackiness, stickiness
Klebsand *m* loamy sand
Kleeblattzapfen *m* wobbler
klein zu undersized
Kleinantrieb *m* small drive
Kleinarmatur *f* miniature valve, small fitting (valve-and-fitting)
Kleinbrenner *m* small burner
Kleinkonsole *f* consolette
Kleinkonverter *m* baby converter
Kleinkupolofen *m* cupolette
kleinporiges Gefüge *n* close spacing {grinding disk}
kleinste obere Schranke *f* upper bound
kleinster Freiwinkel *m* minimum clearance
kleinster zulässiger Biegeradius *m* minimum bend radius
Kleinstmaß *n* lower-limit size, minimum size
Kleinstprobe *f* miniature specimen
Kleinstspiel *n* minimum clearance (gap)
Kleinteile *npl* hardware
Kleinventil *n* small valve
Klemmanschluß *m* terminal
Klemmbacke *f* clamping (grip) jaw, jaw
Klemmbolzen *m* clamping bolt
Klemme *f* clamp, clip; terminal
Klemme *f* **positive** positive terminal

Klemmeinsatz *m* clamped insert (tip)
Klemmeißelhalter *m* clamp-on toolholder
klemmen clamp/to, mount/to; jam/to
Klemmhebel *m* binder lever
Klemmhülse *f* clamp sleeve, collet
Klemmlager *n* clamp bearing
 Klemmlager *n* **festes** built-in mounting, rigid fixing
Klemmlasche *f* clamp lashing
Klemmplatte *f* clamped insert (tip), adjustable block
Klemmring *m* clamping ring, locking ring
Klemmrolle *f* pinch roller
Klemmschraube *f* clamping screw
Klemmschuh *m* cable shoe
Klemmstück *n* adjustabl bloc, clamping piece
Klemmutter *f* lock-nut, small nut
Klemmverbindung *f* compression joint
Klemmvorrichtung *f* clamping device
Klemmwalze *f* pinch roller
Klick *m* click
Klimaanlage *f* air condition system, air conditioning plant (system), cooling plant
Klimafaktor *m* climatic factor
Klimaprüfung *f* climatic test
klimatische Bedingungen *fpl* climatic conditions
Klimatisierung *f* [air] conditioning
Klimawechselprüfung *f* climatic cycling test
Klinge *f* blade
Klinke *f* pawl, jack; ratchet
Klinken[schalt]rad *n* ratchet wheel
Klinker *f* dog

Klinkhebel *m* ratchet lever
Klotz *m* shoe
Knagge *f* cam, cog, dog
Knall *m* report
Knarrenschlüssel *m* ratchet spanner
Knickbeanspruchung *f* crippling load, buckling load
knicken buckle/to; bend/to, fold/to
Knickkraft *f* critical force
Knicklast *f* buckling (crippling, critical) load
Knickmodul *m* modulus of inelastic buckling
Knickung *f* buckling; flexure
 Knickung *f* **elastische** elastic buckling
 Knickung *f* **unelastische** non-elastic buckling
Knickversuch *m* crippling test
Knickzahl *f* modulus of inelastic buckling
Knie *n* elbow
Kniehebel *m* bell crank; toggle (knee) joint, toggle
Kniehebel-Formschließeinheit *f* toggle clamp
Kniehebelmatrizenpresse *f* knuckle joint embossing press
Kniehebelpresse *f* knuckle lever press, toggle [lever] press
Knierohrbiegemaschine *f* elbow forming machine
Knistergeräusch *n* crackling [noise]
knollig nodular
Knopf *m* button, knob
Knopfamboß *m* cambered flatter
knüpfen bind/to
Knüppel *m* billet, bloom
Knüppelausstoßer *m* billet pusher {*pushout*}

Knüppelschere *f* billet shear, crop shear
Knüppelschlepper *m* billet buggy
Knüppeltasche *f* billet cradle
Knüppelwalze *f* billet roll
Koaxialkabel *n* coaxial cable
Kobalt *n* cobalt
Kochbeständigkeit *f* boiling resistance
Kochfestigkeit *f* boiling resistance
Kochperiode *f* carbon blow
Kochversuch *m* boiling test
Koeffizient *m* coefficient
Koextrusionsschlauchkopf *m* parison coextrusion die
Kohäsion *f* cohesion
Kohle *f* coal
Kohlebogenlampe *f* carbon arc lamp
kohlen *s*. aufkohlen
Kohlenbürste *f* coal brush
Kohlenstoff *m* carbon
Koinzidenz *f* coincidence
koinzidieren coincide/to
Kokille *f* 1. chill; 2. ingot mo[u]ld *{for steel}*; [permanent] metal mo[u]ld, gravity die
Kokillenhaube *f* dozzle
Kokillenschlichte *f* mo[u]ld wash
Kolben *m* bucket, dog, piston, plunger
Kolben *m* **hydraulischer** hydraulic piston
Kolbenantrieb *m* **hydraulischer** hydraulic piston drive
Kolbenantrieb *m* **pneumatischer** pneumatic piston drive
Kolbenhub *m* [piston] stroke
Kolbenkompressor *m* piston compressor
Kolbenmotor *m* piston motor

Kolbenplastifizierung *f* plunger plasticization
Kolbenplastifizierzylinder *m* plunger plasticizing cylinder
Kolbenpumpe *f* piston (reciprocating) pump
Kolbenschieber *m* (**Kolbenschieberventil** *n*) spool valve
Kolbenspeicher *m* [hydraulischer] piston-type accumulator
Kolbenspritzeinheit *f* plunger injection unit
Kolbenspritzsystem *n* plunger injection mechanism
Kolbenstellantrieb *m* piston actuator (operator)
Kolbenverdichter *m* reciprocating compressor
Kolkbreite *f* crater width
kolkfest crater-resistant
Kolklippenbreite *f* crater distance from edge
Kolktiefe *f* crater depth
Kolkung *f* crater, cup
Kolkverschleiß *m* crater wear
Kollektiv *n* *{Gruppe von identischen Systemen}* assembly
Kollimator *m* collimator
Kollisionsverhütung *f* collision avoidance
Kombination *f* combination
Kombinationston *m* combination tone
Kombinationswerkzeug *m* combination tool
kombinierte Säge- und Feilmaschine *f* combined sawing and filing machine
kombinierter Umsetzer *m* combined converter
kommunizieren communicate/to, interface/to

Kompaktbaustein *m* packaged unit
Kompaktgetriebe *n* compact drive
Kompaktgetriebe *n* **hydrostatisches** compact hydrostatic drive
Kompaktierung *f* compaction
kompatibel compatible
kompatibel mechanisch mechanically compatible
Kompensation *f* balance, compensation
kompensieren compensate/to
komplexer Elastizitätsmodul *m* complex modulus of elasticity
Komplexität *f* complexity
kompliziert complex, sophisticated
Kompliziertheit *f* complexity
Komponente *f* component {mathematics}
Kompression *f* compression
Kompressionsmodul *n* bulk modulus
Kompressionsphase *f* packing phase
Kompressionszeit *f* packing phase (time)
Kompressor *m* compressor
komprimieren compress/to; compact/to {solids}
Kondensatableiter *m* condensed-water discharger
Kondensationsanlage *f* condensing system
Kondensatorrohr *n* condensor pipe
Kondensatpumpe *f* condensate pump
Kondition *f* condition
konditionieren condition/to
Konditionierung *f* conditioning
konfektioniertes Kabel *n* ready-to-use cable
Konfiguration *f* configuration, set-up, setting

konfigurierbar configurable
konischer Stift *m* conical pin
Konizität *f* taper {of piping}; conicity
konkav concave, dished
konkave Rolle *f* concave roll
konkaver Formfräser *m* concave cutter
konkaves Speichenhandrad *n* dished-arm handwheel
konkurrente Arbeitsweise *f* concurrent working
konkurrierend competitive
Konsole *f* ancon, bracket, console; cantilever; knee {milling machine}
Konsole *f* **kleine** consolette
Konsolenbediener *m* console operator
Konsolfräsmaschine *f* column-and-knee[-type] milling machine
konstant stable, constant, non-varying; regular
konstant angreifende Kraft *f* continuously applied force
konstant angreifende Spannung *f* continuously applied stress {mechanically}
Konstantdruckversorgung *f* constant (regulated) pressure supply
konstante Belastung *f* constant (fixed) load, continuous loading
konstante Spannung *f* constant stress {mechanically}
konstante Temperatur *f* constant temperature
konstante Winkelgeschwindigkeit *f* constant angular velocity, constant speed
konstante Zeitverzögerung *f* constant time lag
konstanter Verlust *m* constant loss

Konstanz f stability
konstruieren construct/to, design/to
Konstruktion f 1. design; 2. construction, structure
Konstruktionsänderung f design modification
Konstruktionsdaten pl design data
Konstruktionsmerkmal n constructional characteristic (feature)
Konstruktionsparameter m design value
Konstruktionswert m design value
Konstruktionszeichnung f engineering drawing
konstruktiv constructive, engineering
konstruktive Ausführung f design
Kontakt m contact
Kontakt m elektrischer electrical contact
Kontaktfläche f contact surface
Kontaktgeber m contactor
Kontaktmeßdorn m contact measuring plug
Kontaktring m contact ring
Kontaktscheibe f contact disk
Kontaktsteuerung f contact control
Kontaktstück n contact element, contact piece
Kontaktwalze f contact roll
Kontaktzunge f contact tongue
Kontamination f contamination
kontinuierlich continuous, permanent
kontinuierlicher Betrieb m continuous operation
Kontinuität f continuity
Kontinuitätsbedingung f für die Verformung condition for continuity of strain

Kontraktion f shortening; contraction
Kontrollampe f control [lamp]
Kontrollaufgabe f check problem
Kontrolle f inspection, check[ing]; control
kontrollieren check/to, inspect/to; monitor/to; control/to; verify/to
Kontrollmessung f check measurement
Kontrollstellung f check position
Kontrollversuch m check test
Kontrollzweck m checking purpose
Kontureinsatz m mo[u]ld insert
Konturplatte f cavity plate
Konus m cone
Konuskeil m conical key
Konverter m converter
Konverter m liegender barrel converter
Konverterauskleidung f converter lining
Konverterbauch m converter belly
Konvertereinsatz m converter charge
Konverterfrischverfahren n converter (converting, Bessemer) process
Konverterfutter n converter lining
Konverterstahl m converter (Bessemer) steel
Konverterwindkasten m converter blast box
Konverterzustellung f converter lining
konvertieren convert/to
konvex convex, domed
konvexe Rolle f convex roll
konzentrierte Steuerung f concentrated control
konzentrisch bohren drill round/to

Konzeption *f* design
Koordinate *f* coordinate
Koordinaten *fpl* **kartesische** angular (Cartesian) coordinates
Koordinatenaufbohren *n* coordinate boring (drilling)
Koordinatenkreuz *n* coordinate system
Koordinatenmeßmaschine *f* coordinate measuring machine, CMM
Koordinatenmeßmaschinentisch *m* CMM table
Koordinatenschalter *m* coordinate switch
Koordinatensystem coordinate system
Koordinatensystem *n* **rechtwinkliges** rectangular coordinate system
Koordinatentisch *m* positioning table
Koordinatenwandler *m* resolver
Koordination *f* coordination
Koordinationsproblem *n* coordination problem
Koordinationssteuerung *f* coordination control
Koordinierung *f* **der Bewegungen** motion coordination
Koordinierungsebene *f* coordination level {*multi-level system*}
Kopf- und Bodenschmelzen *n* top-and-bottom process
Kopf *m* head; top {*SM furnace*}
Kopf *m* **abgewinkelter** crosshead
Kopf *m* **verlorener** dead head, feeder head, header, hob top, rising (shrink, waste) head
Kopfanker *m* beam tie
Kopfband *n* [angle] brace
Kopfbolzen *m* head bolt

Kopfdrehmaschine *f* chuck (facing) lathe
Kopfende *n* butt end
Kopfguß *m* downhill casting
Kopfhöhe *f* addendum
Kopfkegelwinkel *m* face angle
Kopfmeißel *m* end-cut tool
Kopfschraube *f* head screw
Kopfspeicher *m* melt accumulator
Kopfspeichersystem *n* melt accumulator system
Kopfspiel *n* [crest] clearance {*gear wheel*}
Kopfstückventil *n* screwed-bonnet valve, screwed union-bonnet valve
kopierarbeiten copy-machine/to
Kopierbezugsstück *n* copying master
Kopierdreheinrichtung *f* copy turning attachment
kopierdrehen copy-turn/to
Kopierdrehen *n* copy (duplicate, tracer) turning
Kopierdrehmaschine *f* copying lathe
Kopierdrehmeißel *m* copying lathe tool
Kopiereffekt *m* accidental (spurious) printing
Kopiereinrichtung *f* copying attachment (device)
kopieren copy/to, copy-machine/to, duplicate/to, duplicate-machine/to
kopieren unrund contour/to
kopierfräsen copy-mill/to
Kopierfräsmaschine *f* copy milling machine
Kopiergenauigkeit *f* copying accuracy
Kopiermaschine *f* copier, duplicating (copying) machine, duplicator

Kopierschablone *f* copying tem-plate
Kopierschlitten *m* copying saddle (slide)
Kopiersteuerung *f* copying control
Kopiersupport *m* copying carriage (saddle, slide)
Kopiertaststift *m* copy[ing] tracer
koppeln join/to
Koppelträger *m* cantilevered and suspended beam
Kopplung *f* coupling
Kopplungsfaktor *m* coupling factor
Kopplungsverlust *m* coupling loss
Korb *m* basket
Kordel *f* diamond-knurl, diamond [-knurled] pattern
Kordelgerät *n* knurling tool
Kordeln *n* diamond[-shaped] knurling, [double-wheel] knurling
Kordelteilung *f* knurling pitch
Kordelwerkzeug *n* diamond-knurling tool, double-wheel knurling tool
Kordierhalter *m* double-wheel knurl holder
Kordierwerkzeug *n* double-wheel knurling tool
Körner *m* centre punch
   Körner *m* **beweglicher** movable-centre punch
Körnerspitze *f* lathe centre
Kornfraktion *f* size fraction
Korngrößenstufe *f* fineness number
Korngrößenverteilung *f* size distribution
körniger Bruch *m* granular fracture
Kornklasse *f* size fraction
Körnung *f* granulation, grain, granularity
Kornverteilung *f* *s.* Körngrößenverteilung
Körper *m* body

körperlich austauschbar physically interchangeable
Körpermarke *f* dotting mark
Körperpunkt *m* dotting mark
Körperschall *m* impact sound, solid-borne noise (sound)
Korrektur *f* correction
Korrekturgröße *f* correcting quantity
Korrekturmaßnahme *f* corrective action
Korrektursignal *n* correction signal
Korrekturzeit *f* correction time
korrigieren correct/to
Korrosionsbeständigkeit *f* resistance (resistivity) to corrosion
Korundschleifkörper *m* corundum wheel
Krach *m* noise
Kraft *f* force; power
   Kraft anlegen apply a force/to
Kraft *f* **elastische** elastic force
Kraft *f* **innere** internal force
Kraft-Längenänderungs-Kurve *f* stress-strain curve (diagram)
Kraft-Verformungs-Diagramm *n* force-deformation diagram
Kraftbetätigung *f* power operation
Kraftkompensation *f* compliance *{e.g. robotics}*
Kraftkompensation *f* **mit entferntem Zentrum** remote centre compliance *{robotics}*
Kraftlinie *f* line of force
Kraftmaschine *f* 1. prime mover; 2. engine
Kraftmeßdose *f* load cell
Kraftmeßeinrichtung *f* equipment for measuring force
Kraftmesser *m* *s.* Kraftmeßgerät
Kraftmeßgerät *n* force-measuring device; dynamometer *{obs.}*

Kraftschalter *m* power (servo) actuator
Kraftsensor *m* force sensor
Kraftstellglied *n* power actuator, power output device
Kraftstellkolben *m* power cylinder
Kraftstoffbeständigkeit *f* fuel resistance, resistance to fuels
Kraftübertragungsmedium *n* actuating fluid
Kraftverstärker *m* mechanischer servo link
Kraftversteller *m* power actuator
Kragdach *n* cantilevered roof
Kragstein *m* ancon, bracket
Kragträger *m* cantilever beam
Krählofen *m* reverberatory calciner
Kranpfanne *f* crane ladle
Kranz *m* rim
Krater *m* crater
Krätze *f* blue dust, dross
kratzen scrape/to, scratch/to
Kratzerförderer *m* scraper conveyor
kratzfest scratch-resistant, scratchproof, mar-proof
Kratzfestigkeit *f* mar (scratch) resistance
Krätzfrischen *n* refining of waste
Kratzgeräusch *n* crackling [noise]
Kreis *m* circle
  Kreis *m* stromführender live circuit
Kreisbewegung *f* circular motion
Kreisbogen *m* arc
Kreiselpumpe *f* centrifugal pump
kreisförmig circular
  kreisförmig gekrümmter Stab *m* circular bar
Kreisfrequenz *f* angular frequency
Kreiskolbenmotor *m* rotary piston engine
Kreiskolbenpumpe *f* rotary piston pump
Kreislauf *m* cycle; loop {*automation*}; circulation
Kreismesser *n* rotary (rotor) knife
Kreisplatte *f* circular plate
Kreissäge *f* circular saw
Kreisschieber *m* rotary (rotating) disk valve
Kreisschnitt *m* circular cut
Kreuzen *n* crossing
Kreuzflügelsteuerung *f* Cartesian control
Kreuzgelenk *n* universal joint
Kreuzglied *n* section
Kreuzhieb *m* double-cut, cross cut {*file*}
Kreuzkopf *m* cross head, crosshead
Kreuzkopfzapfen *m* crosshead pin
Kreuzkurbelgetriebe *n* crossed crank mechanism
Kreuzlenker *m* cross-shaped link
Kreuzmuster *n* diamond pattern
Kreuzrändel *n* cross-knurl, cross-knurled pattern
kreuzrändeln cross-knurl/to
Kreuzschieber *m* compound rest, compound slide
Kreuzschliff *m* cross hatch, cross-shaped cut
Kreuzschlitten *m* *s.* Kreuzschieber
Kreuzsupport *m* *s.* Kreuzschieber
Kreuztisch *m* compound table
kreuzverzahnte Reibahle *f* duplex spiral reamer
Kriechdehnung *f* creep elongation, creep extension, creep strain
Kriecheigenschaften *fpl* creep properties
kriechen creep/to; crawl/to {*of glaze*}

Kriechen *n* creep; plastic flow; crawling *{a defect during glazing}*
Kriechen *n* **primäres** primary creep
Kriechen *n* **sekundäres** secondary creep, steady-state creep
Kriechen *n* **tertiäres** tertiary creep
Kriechen *n* **bei konstanter Spannung** creep at constant stress
Kriechen *n* **in Längsrichtung** longitudinal creep
Kriechfestigkeit *f* creep resistance
Kriechgang *m* creep [motion]
Kriechgeschwindigkeit *f* rate of creep
Kriechgrenze *f* creep limit
Kriechkurve *f* creep curve
Kriechmodul *m* apparent modulus
Kriechspannung *f* creep stress
Kriechspur *f* path of tracking, tracking path
Kriechspurbildung *f* tracking
Kriechverhalten *n* creep behaviour [characteristics, properties]
kristallin crystalline; granular
kristalliner Bruch *m* granular fracture
Kristallinität *f* crystallinity
Kristallinitätsgrad *m* degree of crystallinity
Kristallisation *f* crystallization
Kriterium *n* condition
kritische Abkühlungsgeschwindigkeit *f* critical cooling rate
kritische Drehzahl *f* critical speed
kritische Last *f* critical load
kritische Spannung *f* critical stress *{mechanically}*
kritische Wellendrehzahl *f* critical speed of a shaft
kritische Winkelgeschwindigkeit *f* critical angular speed
kritischer Reckgrad *m* critical strain
kritischer Winkel *m* critical angle
Krokodilklemme *f* alligator clip (clamp), crocodile clip
Kronenmutter *f* castle nut
Kronenrad *n* cog wheel
Kröpfung *f* cranking
krumm bent, curved
krümmen bend/to, curve/to, camber/to
Krümmer *m* bend, manifold
Krümmerkopf *m* side-fed die
Krümmung *f* bend, curvature; camber
Kübelbegichtung *f* bucket charging
Kugel *f* ball
kugelartig nodular
Kugeldrehverbindung *f* ball-bearing slewing rim
Kugeldruckhärte *f* ball indentation hardness, ball-puncture resistance
Kugeldruckversuch *m* **nach Brinell** Brinell hardness test
Kugeldurchmesser *m* ball diameter
Kugeleindruckprüfung *f* ball indentation test
kugelförmig spherical, globular
Kugelgehäuse *n* ball housing
Kugelgelenk *n* ball joint
Kugelgelenkroboter *m* jointed spherical robot, spherically jointed robot
Kugelgewindetrieb *m* ball lead screw, ball screw drive, recirculating ball screw
Kugelgraphit *m* nodular (speroidal) graphite
Kugelgraphit *m* **bilden** spheroidize/to

Kugelgraphitbildung *f* balling up
Kugelhahn *m* ball stop cock, ball valve
Kugelkoordinatenroboter *m* spherical coordinate robot
Kugelkopf *m* ball head
Kugellager *n* ball (roller) bearing
Kugelpfanne *f* ball cup (socket)
Kugelschale *f* spherical shell
Kugelschlagprüfung *f* dynamic ball-impact test
Kugelschraubtrieb *m* ball nut-and-screw
Kugelspindel *f* *s.* Kugelumlaufspindel
Kugelstrahler *m* isotropic (omnidirectional) radiator
Kugelübermaß *n* ball oversize
Kugelumlaufmutter *f* ball nut
Kugelumlaufspindel *f* ball [lead] screw, ball screw drive, recirculating ball screw
Kugelventil *n* ball valve, ball check valve
Kühlanlage *f* cooling plant (system)
Kühlbad *n* cooling (quench) bath
Kühlbadflüssigkeit *f* cooling bath
Kühlbadtemperatur *f* cooling bath temperature
Kühlbett *n* cooling bed
Kühlelement *n* cooling element
kühlen cool/to; quench/to, chill/to
Kühlflüssigkeit *f* cutting compound, coolant
Kühlkanal *m* cooling channel (section)
Kühlkörper *m* heat sink
Kühlmittel *n* cutting compound, coolant
Kühlriß *m* dunt, cooling crack
Kühlrißbildung *f* dunting
Kühlrohr *n* cooling (chilling) tube, chilling cylinder
Kühlschlitz *m* cooling (ventilating) duct
Kühlschmierstoff *m* metal-working fluid
Kühlstift *m* cooling pin
Kühltunnel *n* lehr
Kühlturmventilator *m* cooling tower fan
Kühlung *f* cooling; quenching, chilling
Kühlung *f* **natürliche** natural cooling
Kühlwasserpumpe *f* cooling water pump
Kühlzeit *f* cooling (setting) time
Külbel *n* parison
Kulisse *f* crank
Kulissenrad *n* bull-gear, crank gear
Kulissenradritzel *n* bull-gear pinion
kümpeln cup/to, dish/to
Kümpelpresse *f* circular flanging press, dishing press
Kunde *m* customer, user
kundenorientiert customer-oriented
künstlich artificial
künstliche Alterung *f* artificial ag[e]ing
künstliche Bewitterung *f* artificial weathering
künstliche Intelligenz *f* artificial intelligence
künstliche Lichtquelle *f* artificial light source
künstliche Roboterintelligenz *f* artificial intelligence of robot, robotic artificial intelligence
künstlicher Muskel *m* artificial muscle {*robotics*}
künstliches Auge *n* eye {*robotics*}

künstliches System *n* artificial system
Kunststoff-Verbundfolie *f* composite plastic film
Kunststoff *m* plastic [material], plastic matter
Kunststoff *m* geschäumter foamed plastic
Kunststoff *m* glasfaserverstärkter glass-fibre reinforced plastic
Kunststoff *m* mit geringem Kriechverhalten low-creep plastic
Kunststoff *m* spröder brittle plastic
Kunststoff *m* strukturverstärkter structural reinforced plastic
Kunststoff *m* unverstärkter unreinforced plastic
Kunststoff *m* verstärkter reinforced plastic
Kunststoffindustrie *f* plastics industry
Kunststoffoberfläche *f* plastics surface
Kunststoffprobe *f* plastics specimen
Kunststoffprobekörper *m* plastics specimen
Kunststoffprüfung *f* plastics testing
Kunststoffrohr *n* plastic pipe (tube)
kupellieren cupel/to
Kupellieren *n* cupellation
Kupferdichtung *f* copper gasket
Kupferdraht *m* copper wire
Kupferring *m* copper ring
Kupferrohr *n* copper tube
Kupfersau *f* matte of copper
Kupferschwamm *m* copper sponge
Kupfersteinkonverter *m* copper converter
Kupfersteinverblasen *n* copper converting

Kupolofen *m* cupola [furnace]
Kupolofen *m* kleiner cupolette
Kupolofenvorherd *m* cupola receiver
Kuppelgewölbe *n* arch dome
kuppeln clutch/to
Kuppelofen *m* *s.* Kupolofen
Kupplung *f* clutch; connection; coupling
Kupplung *f* automatische automatic coupling
Kupplung *f* direkte direct coupling
Kupplung *f* drehstarre torsionally rigid coupling
Kupplung *f* elastische flexible coupling
Kupplung *f* feste rigid coupling
Kupplung *f* schnellschließende quick-acting coupling
Kupplung *f* mit Reibmitnahme friction clutch
Kupplungsdeckel *m* clutch cover
Kupplungsflansch *m* coupling flange
Kupplungsgehäuse *n* clutch housing
Kupplungshälfte *f* coupling half
Kupplungshebel *m* coupling lever
Kupplungshülse *f* coupling sleeve
Kupplungsklaue *f* coupling claw
Kupplungskopf *m* coupling head
Kupplungslamelle *f* clutch disk
Kupplungsmuffe *f* coupling sleeve
Kupplungsnabe *f* clutch hub
Kupplungsnocken *m* clutch cam
Kupplungsplatte *f* coupling plate
Kupplungsrad *n* coupling wheel
Kupplungsscheibe *f* clutch disk
Kupplungswelle *f* coupling shaft
Kupplungszapfen *m* tenon end

Kurbel *f* handle; crank {motor}
Kurbelabkantpresse *f* mechanical press brake
Kurbelarm *m* crank arm
Kurbelgetriebe *n* **durchschlagendes** crossed crank mechanism
Kurbelkette *f* zylindrische linked quadrilateral
Kurbelpresse *f* crank press
Kurbelschmiedepresse *f* crank forging press
Kurbelschwinge *f* crank arm
Kurbelviereck *n* zylindrisches linked quadrilateral
Kurbelwelle *f* crankshaft
Kurbelwellenschleifmaschine *f* crankshaft grinding machine
Kurbelzapfen *m* crankpin
Kurbelzapfendreheinrichtung *f* crankpin turning attachment
Kurbelzapfenende *n* crankpin big end
Kurbelzapfenschleifmaschine *f* crankpin grinding machine
Kurbelziehpresse *f* crank drawing press
Kurve *f* curve; cam
Kurve *f* **doppeltlogarithmische** log-log plot
Kurvenabtastgerät *n* curve scanner (follower)
Kurvenbahn *f* track
Kurvenform *f* curve shape
Kurvenleser *m* curve follower, graph follower
Kurvenlineal *n* biegsames spline
Kurvennachlaufgerät *n* automatic curve follower
Kurvenscheibe *f* plate (disk) cam
Kurvenscheibenmechanismus *m* cam mechanism
Kurvenschieber *m* sliding cam plate
Kurvenwelle *f* camshaft
Kurzbewitterungsversuch *m* accelerated weathering test
Kurzspan *m* short broken chip
Kurzzeit-Ermüdungsprüfung *f* accelerated fatigue test[ing]
Kurzzeitbetrieb *m* short-term duty (operation), short-time duty, short-time operation
Kurzzeitbewitterung *f* accelerated weathering
kurzzeitig short-term, short-time
kurzzeitiger Betrieb *m* [mit gleichbleibender Belastung] short-time duty, short-term duty (operation)
kurzzeitiger Betrieb *m* mit veränderlicher Belastung variable temporary duty
Kurzzeitmessung *f* short-time measurement
Kurzzeitprüfung *f* accelerated test[ing], short-time test
Kurzzeitreproduzierbarkeit *f* short-time repeatability
Kurzzeitstandversuch *m* short-time creep test
Kurzzeitversuch *m* short-term test, short-time test

L

Laborarmatur *f* laboratory [valve and] fitting
Labor[atoriums]versuch *m* laboratory test
Labormeßgerät *n* laboratory instrument
Labormuster *n* laboratory model

Laborprüfung f laboratory test
Labortemperatur f laboratory temperature
Labortisch m bench
Lacksprühroboter m paint-spraying robot
Lade-Entlade-Roboter m load-unload robot
Ladeadresse f load point
Ladeeingang m load input
Lademodul m load module
Laden n **und Ausführen** n load and go
Ladeproblem n cargo-loading problem
Ladeprogramm n loading program [routine]
Ladepunkt m load point
Ladereibung f loading friction
Ladung f **lose** bulk
Lage f 1. layer {material}; 2. position {locus}; 3. attitude; site, location
Lage f **momentane** instantaneous position {robot arm}
Lage f **räumliche** position in space
Lage f **vorgegebene** set position
Lage f **der Achse** axis position
Lageabweichung f **proportionale** positional error
Lagedetektor m position detector
Lagefehler m position error
Lagefühler m position sensor
Lageführung f positioning [guide]
Lageführungskraft f positional guide force
lagegenau accurately located (positioned)
Lagegenauigkeit f **der Bohrung** accuracy of hole location (positioning)

Lagemelder m positional checking device
Lageplan m location diagram
Lager- s.a. Lagerung-
Lager n 1. bearing; 2. storage, store[house], stock house (room)
Lagerbock m bearing block (bracket), adjustable block
Lagerbolzen m bearing (cap) bolt
Lagerbuchse f bearing bush
Lagerdeckel m bearing cover, cap crown
Lagerdeckelschraube f cap bolt
Lageregelung f positioning control
Lageregler m positioning controller
Lagerflansch m bearing flange
Lagerhaltbarkeit f storage life
Lagerhaltung f **computergesteuerte** computer-controlled warehousing
Lagerhaltung f **computergestützte** computer-aided stockroom inventory control
lagern sour/to, age/to {ceramics}; store/to; condition/to
Lagernadel f bearing needle
Lagerrolle f bottom roll[er]
Lagerschale f bearing bush
Lagerschild m end shield
Lagerspiel n bearing play
Lagerstelle f bearing surface
Lagertemperatur f conditioning temperature {specimen}
Lagerträger m bearing support
Lagerückmeldung f position feedback
Lagerung f 1. bed; bearing; 2. storage, storing
Lagerungslebensdauer f storage life
Lagerungstemperatur f storage temperature
Lagerwelle f bearing shaft

Lagerzapfen *m* bearing pin
Lagesensor *m* position sensor
Lagesensor *m* **für Teile** part-in-position sensor
Lagestabilisierung *f* attitude control
Lagesteuerung *f* positioning
lageunabhängig position-independent
Lamelle *f* lamella
Lamellenkupplung *f* lamella clutch, multidisk clutch
Lamellenmotor *m* vane motor
Lamellenteilung *f* segment pitch
Lamellenventil *n* lamellar valve
Laminat *n* laminate, laminated material
Langbettdrehmaschine *f* extended-bed lathe
Langdrehen *n* cylindrical turning; plain turning
Länge-Breite-Verhältnis *n* aspect ratio
Länge *f* **freie** free length
Länge *f* **der Warteschlange** length of the queue
Länge *f* **einer Strecke** path length
Längenänderungs-Kraft-Kurve *f* strain-stress curve (diagram)
Längenmaß *n* linear dimension
Längenmeßgerät *n* linear measuring instrument
Längenmeßmaschine *f* length-measuring machine
Längenmessung *f* linear measurement
Längenverhältnis *n* aspect ratio
Langfräsmaschine *f* plano-milling machine
Langkopierdrehen *n* copy cylindrical turning

Langlochbohrer *m* deep-hole drill, drill bit
Langlochfräsen *n*
Langlochfräser *m* cotter mill
Längsachse *f* longitudinal axis
Langsamgang *m* slow motion
Langsamvorschub *m* creep feed
Längsanschlag *m* end stop
Längsbewegung *f* longitudinal motion (movement)
Längsdrehen *n* plain turning
längsgerichtet lengthwise
längslaufend longitudinal
längsgeteilte Stauchmatrize *f* longitudinally divided heading die
Längskanal *m* longitudinal passage
Längskraft *f* axial (longitudinal) force
Längsmarkierung *f* longitudinal mark, spider line
längsnahtgeschweißtes Rohr *n* longitudinally welded pipe
Längsnut *f* longitudinal keyway
Längsoperation *f* end working
Langspan *m* long chip
langspanend continuous-chip
Längsrichtung *f* **in** longitudinal
Längsschleifen *n* longitudinal grinding
Längsschwingung *f* longitudinal vibration
Längsspannung *f* longitudinal stress
Längsspiel *n* axial play
Längsstoß *m* longitudinal impact
Längstragbild *n* überbrücktes bridged lengthwise bearing
längsveränderliche Welle *f* telescopic shaft
Langzeit- und Dauerstandfestigkeitsversuch *m* long-time tension and creep test

Langzeit-Bruchfestigkeit f long-term rupture resistance
Langzeit-Dehnungsmessung f long-time extensometry
Langzeit-Druckversuch m long-term hydrostatic test
Langzeit-Spannungsfestigkeit f long-term stress resistance
Langzeit-Spannungsprüfung f long-term continuous stress test
Langzeitbeständigkeit f long-term durability, long-term performance
Langzeiteigenschaften fpl long-term properties
Langzeitkriechen n long-time creep
Langzeitreproduzierbarkeit f long-term repeatability
Langzeitrichtungsstabilität f long-term directional stability
Langzeitstandversuch m long-time creep test
Langzeitverformung f long-term deformation
Langzeitverhalten n long-term behaviour
Langzeitversuch m long-term test
Langzeitzuverlässigkeit f long-term reliability
Lanzette f slicker, sleeker
Läppdorn m cylindrical lap
Lappen m lug {of the mo[u]lding box}; lobe
Lappenkante f lap edge
Läppkäfig m cage
Lärm m noise
Lärmmeßgerät n noise meter
Lärmmessung f noise measurement
Lärmpegel m noise level
Lasche f bult strap, joint, latch
Laschenöse f lug

Laschenstoß m zweischnittiger double-covered butt joint
Last f load; s.a. Belastung
Last f **kritische** critical load
Last f **maximale** maximum load
Last f **ruhende** fixed load
lastabhängig load-dependent
Lastabhängigkeit f load dependence
Laständerung f change in load, load change (variation, fluctuation)
Lastbedingungen fpl load conditions
Lastbegrenzung f **automatische** automatic load limitation
Lastdrehzahl f load speed
Lastdurchbiegung f load deflection
Lastempfindlichkeit f load sensitivity
Lastfaktor m load factor
Lastfehler m load error
Lastglied n load element
Lastgrenze f load limit
Lastgröße f load variable
Lästigkeitspegel m perceived noise level {noise}
Lastkennlinie f load characteristic
lastlos open-circuited
Lastmessung f load measurement
Lastschaltgetriebe n power-shift gear box
Lastschwankung f load fluctuation (variation)
Lastspielzahl f number of alterations (repetitions)
lastunabhängig load-independent
Lastvariable f load variable
Lastverteilung f load sharing
Lastvorhersage f load prediction
Lastwechsel m loadings, alternation (change) of load
Lastwert m load value

latenter Fehler *m*   latent failure
lateral   lateral
Laterne *f*   lantern {part of valve}
Lauf *m*   1. run {of a machine; program}; 2. travel {a distance}
Laufbedingung *f*   race condition {bearing}
Laufbuchse *f*   liner
Laufeigenschaft *f*   running quality
laufen   operate/to, run/to
laufende Wartung *f*   preventive (routine, scheduled) maintenance
Laufgeräusch *n*   running noise
Laufgüte *f*   running quality
Laufhebel *m*   turn lever
Laufrad *n*   trailing wheel; impeller {centrifugal pump}
Laufring *m*   track ring; race {bearing}
Laufrolle *f*   idler pulley
Laufscheibe *f*   sliding disk
Laufschiene *f*   slide rail
Laufzapfen *m*   journal, neck
Laufzeitdiagramm *n*   time chart
Laugenbrüchigkeit *f*   caustic cracking (embrittlement)
Laugung *f* **in der Grube**   underground leaching (lixiviation)
laut   noisy
läutern   [re]fine/to, found/to, plain/to
Läuterung *f*   fining, founding, plaining, refining
Läuterungsmittel *n*   [re]fining agent
Läuterwanne *f*   refining chamber, refiner
Lautstärke *f* **des Lärms**   noise level
Lautstärkeumfang *m*   dynamic range
Lebensdauer *f*   endurance, (operation, service) life, lifetime; life cycle {operativeness}

Lebensdauer *f* **bei [voller] Belastung**   load life
Lebensdauererwartung *f*   expectancy
Lebensdauerkennlinie *f*   characteristic
Lebensdauerprüfung *f*   life test[ing]
Leckspürgerät *n*   leak detector
Lecksucher *m*   leak detector
Lederbalg *m*   leather bellows
Lederdichtung *f*   leather packing
Ledereinlage *f*   leather insert
Lederriemen *m*   leather belt
leere Redundanz *f*   useless redundancy
Leerfahren *n*   purging
Leerhub *m*   dry cycle, non-cutting stroke
Leerlauf *m*   free (waste) motion, idle run[ning], no-load (operation); dry cycling {die casting machine}
Leerlauf *m* **betrieben im**   open-circuited
Leerlauf *m* **fahren im**   coast/to
Leerlaufdrehzahl *f*   no-load speed
leerlaufend   idle
Leerlaufkennlinie *f*   no-load characteristic (curve)
Leerlaufscheibe *f*   idler pulley
Leerlaufstellung *f*   idle position
Leerlaufzustand *m*   idle condition, idle state
Leerstelle *f*   space
legierter Stahl *m*   alloyed steel
Legierung *f*   alloy
Legierungszusatz *m*   addition agent
Lehmform *f*   loam mo[u]ld
Lehre *f*   ga[u]ge, strickle, template
lehren neu   reteach/to {the robot}
Lehrenbohrwerk *n*   jig boring machine

lehrenhaltig bohren drill true/to
Lehrrad *n* circular gear master
Lehrzahnrad *n* master gear
leicht zerspanbar easy-machining
Leierbank *f* bull-block drawbench
Leistung *f* performance, power; capacity
Leistung *f* **abgegebene** power output
Leistung *f* **aufgenommene** power input
Leistung *f* **verfügbare** available power
Leistungsabgabe *f* power output
Leistungsabschätzung *f* performance evaluation
Leistungsanforderung *f* performance requirement
Leistungsaufnahme *f* power input
Leistungsbedarf *m* power demand
Leistungscharakteristik *f* performance characteristic
Leistungsermittlung *f* performance evaluation
leistungsfähig powerful
Leistungsfähigkeit *f* performance, productivity
Leistungsfahrt *f* commissioning test, performance test *{plant}*
Leistungsfaktor *m* power factor
Leistungsgrenze *f* performance limit
Leistungsgröße *f* performance parameter
Leistungskenngröße *f* performance characteristic
Leistungskennlinie *f* performance characteristic [curve]
Leistungskurve *f* performance characteristic
Leistungsminderung *f* performance deterioration

Leistungsparameter *m* performance parameter
Leistungsprüfung *f* performance check (test)
Leistungsschild *n* nameplate
Leistungsvergleich *m* performance comparison
Leistungsvermögen *n* power
Leitbereich *m* control range
Leitblech *n* deflector
Leitebene *f* control level
Leiteinrichtung *f* control equipment
leiten control/to; lead/to, pipe/to; conduct/to *{electricity or heat}*
leitend conductive
Leiter *m* conductor
Leiterelement *n* conductor element
Leiterspannung *f* voltage between lines, voltage of the system
Leitfaden *m* **für Benutzer (Anwender)** user guide
leitfähig conductive
Leitgerät *n* control device, controller; guiding device, master [device, unit]
Leithebel *m* guide lever
Leitlineal *n* taper guide bar
Leitmanipulator *m* master manipulator
Leitrolle *f* guide roller
Leitscheibe *f* deflector
Leitschiene *f* guide plate (rail)
Leitspindel *f* leadscrew, guide (leading) screw
Leitspindel *f* **mit Ausgleichseinrichtung** compensated leadscrew
Leitstrahl *m* beam
Leittaktgeber *m* master timer
Leittechnik *f* control engineering

Leitung *f* 1. control; 2. conduction; 3. line, duct, pipe[line]; 4. wire, cable, lead
Leitungsausfall *m* outage
Leitungscode *m* line code
leitungsgesteuert line-controlled
Leitungsklemme *f* cable clamp
Leitungslänge *f* lead length
Leitungslegung *f* cable drawing
Leitungsstöpsel *m* plug
Leitungsverbinder *m* cable connector
Leitungswiderstand *m* lead resistance
Leitwalze *f* guide roll, lead[ing] roll; wire (wire-guide, wire-leading) roll
Leitwarte *f* control room
Lenkbarkeit *f* steerability
lenken control/to; steer/to
Lenkung *f* steering gear, guidance; control
Lernelement *n* learning element *{robotics}*
Lernen *n* **konditioniertes** conditioning *{robotics}*
Lernen *n* **lineares** learning with steady-state conditions *{robotics}*
Lernen *n* **nichtlineares** learning without steady-state conditions *{robotics}*
Lernen *n* **durch bedingte Zuordnung** learning by conditional allocation *{robotics}*
Lernen *n* **durch Belehrung** learning by instruction *{robotics}*
Lernen *n* **durch Erfassen (Begreifen)** learning by comprehending, learning by understanding *{robotics}*
Lernen *n* **durch Erfolg** learning by success *{robotics}*
Lernen *n* **durch Nachahmung** learning by copying, learning by imitating *{robotics}*
Lernen *n* **durch Optimieren** learning by optimizing *{robotics}*
Lernen *n* **durch Speichern** learning by storing *{robotics}*
Lernen *n* **durch Verrichten** learning by doing *{robotics}*
Lernen *n* **in nichtstationärer Umgebung** learning without steady-state conditions *{robotics]*
Lernen *n* **in stationärer Umgebung** learning with steady-state conditions *{robotics}*
Lernen *n* **unter dem Einfluß von Störgrößen** learning without steady-state conditions *{robotics}*
lernende Maschine *f* learning automaton, learning machine
lernende Regelung *f* learning control
lernender Automat *m* learning automaton, learning machine
lernender Computer *m* learning computer
lernender Roboter *m* learning robot
lernendes System *n* learning system
lernfähig adaptive, learning
lernfähiges Element *n* learning element
Lernfähigkeit *f* adaptation
Lernmechanismus *m* learning mechanism
Lernmenge *f* learning set
Lernmodell *n* learning model
Lernphase *f* learning phase
Lernprogramm *n* learning program
Lernprozeß *m* learning process
Lernstichprobe *f* learning sample

Lernstruktur *f* learning structure
Lernsystem *n* learning system
Lerntheorie *f* learning theory
Lernverbindung *f* learning connection
Lernverhalten *n* learning beha-viour
Licht *n* light
Lichtbogen *m* arc
Lichtbogenbildung *f* arcing
Lichtbogenkathode *f* arc cathode
Lichtbogenschweißroboter *m* arc welding robot
Lichtbogenverlust *m* arc-drop loss
Lichtdurchgang *m* light transmission
Lichtdurchlässigkeit *f* light permeability (transmission), transparency *{qualitatively}*; light transmittance *{quantitatively}*
Lichtdurchlässigkeitsprüfung *f* light transmission test
lichte Ständerweite *f* space between standards
lichte Weite *f* bearing distance, clearance
lichte Weite *f* **zwischen den Säulen** distance between tie bars
lichte größte Weite *f* **zwischen den Platten** maximum daylight
Lichtechtheit *f* light fastness
Lichteinwirkung *f* light exposure
lichtempfindlich light-sensitive
lichter Säulenabstand *m* distance between tie bars
Lichtquelle *f* light source
Lichtquelle *f* **künstliche** artificial light source
Lichtschalter *m* lighting switch
Lichtschranke *f* light barrier
Lichtspalt *m* light gap

Lichtstiftsteuerung *f* [light] pen control
liefern yield/to; deliver/to
Lieferung *f* supply
liegende Retorte *f* horizontal retort
liegender Konverter *m* barrel converter
limitieren limit/to
Lineal *n* rule, ruler
lineare Beziehung *f* linear relationship
lineare Interpolation *f* linear interpolation
lineare Näherung *f* linear approximation
lineare Programmierung *f* linear programming
lineare Skale *f* linear scale
lineare tastende Regelung *f* sampling servomechanism
linearer Arbeitsbereich *m* linear region of operation
linearer Interpolator *m* linear interpolator
linearer Transformationskonverter *m* transformation converter
lineares Lernen *n* learning with steady-state conditions
lineares Programm *n* linear program
lineares Übertragungsglied (Glied) *n* linear element
Linearinterpolation *f* linear interpolation
Linearinterpolator *m* linear interpolator
linearisiertes Modell *n* linearized model
Linearität *f* linearity
Linearitätsabweichung *f* linearity deviation (error)

Linearitätsbereich *m* linearity range
Linearitätsdrift *f* linearity drift
Linearitätsfehler *m* linearity error
Linearitätsgrenze *f* linearity limit
Linearitätskoeffizient *m* linearity coefficient
Linearitätskorrektur *f* linearity correction
Linearitätsregelung *f* linearity control
Linearitätswanderung *f* linearity drift
Linearlager *n* linear bearing
Linearprogramm *n* linear program
Linearprogrammierung *f* linear programming
Linie *f* line
Linienmarkierung *f* longitudinal mark, spider line
linksbündig justified
linksdrehend anticlockwise
Linksgewinde *n* left-hand thread
linksherum anticlockwise
Linsen[kopf]schraube *f* oval-head screw
Linsensenkschraube *f* raised countersunk head screw
Lippe *f* lip
Liste *f* **der Teile** part list
Loch *n* 1. pit, pinhole {mo[u]lding defect}; 2. hole
Lochbild *n* mo[u]ld fixing details (diagram), standard platen details
Lochdorn *m* drift
Lochdornhalter *m* breaker plate-type mandrel support
Lochdornhalterkopf *m* die with breaker plate-type mandrel support
Lochdornhalterwerkzeug *n* die with breaker plate-type mandrel support

lochen clip/to, perforate/to; punch/to
Lochen *n* clipping, perforating; punching {scrap}
Locher *m* perforator; punch
Lochplatte *f* 1. swage block; 2. perforated plate
Lochring *m* bolster
Lochtiefe *f* depth of hole
Lochung *f* perforation
Lockenspan *m* continuous curly chip
lockern strip/to {screw}
Löffelschaber *m* curved bearing scraper
logarithmischer Maßstab *m* log scale, logarithmic scale
logarithmisches Glied *n* log term
lokale Stabilität *f* local stability
lokale Steuerung *f* local control
lokalisieren locate/to {sensor}; localize/to {e.g. an error}
Los *n* [batch] lot
lösbar separable, detachable {e.g. joint}; [re]solvable
lösbares Verbindungselement *n* fastening device
löschen clear/to, erase/to {data}; quench/to
Löschtrog *m* bosh
Lose *f* backlash, play
lose Ladung *f* bulk
lose Verkettung *f* conveyorization
losefrei free from backlash
Lösekraft *f* solvency
Lösemittelbeständigkeit *f* resistance to solvents
lösemittelfrei solventless
Lösemittelreaktivierung *f* solvent activation of dry adhesive film
lösen disengage/to; unscrew/to {screw}

losklopfen rap/to
loslassen release/to
Löslichkeit *f* solubility
losschlagen rap/to
Lösungsfigur *f* etch figure
lösungsgeglüht solution-annealed, solution heat-treated
Lösungsweg *m* approach
Lötkolben *m* soldering iron
lötlose Verbindung *f* solderless connection
Lötnippel *m* soldered nipple
Lücke *f* gap
Luft *f* air; play
Luftansaugbalg *m* air suction bellows
Luftaufbereitung *f* dry cleaning
Luftausfall *m* air failure
Luftaustrittsöffnung *f* air outlet hole
Luftauswerfer *m* pneumatic ejector
Luftbehälter *m* air chamber
Luftblase *f* air pocket *{defect}*; air lock
Luftdrossel *f* air-throttle, restrictor
Luftdruck *m* air pressure
Lufteinschluß *m* inclusion of air, air pocket; air lock
Lüfter *m* fan, ventilator, blower
  Lüfter *m* **mit Regelklappe** damper-controlled fan
Lüfterrad *n* fan wheel
Lüfterregler *m* fan controller
Luftfeuchtigkeitsmesser *m* hygrometer
Luftfilter *n* air filter
luftgekühlt air-cooled
Luftkanal *m* air channel, air duct
Luftklappe *f* air valve
Luftkompressor *m* air compressor
Luftlager *n* air bearing

Luftleitung *f* pneumatic line, pressure air line
Luftloch *n* air gap, vent
Luftpumpe *f* air pump
Luftpumpenbalancier *m* air pump beam
Luftregelkappe *f* gill
Luftsack *m* air bag
Luftschlauch *m* air bag
Luftschlitz *m* air duct
Luftspalt *m* air gap
Luftspieß *m* piercer, wire riddle
Luftspießen *n* venting
Luftspülung *f* air purging
luftstechen vent/to *{mo[u]lding}*
Luftumlauf *m* air circulation
Luftumwälzofen *m* air-circulating furnace, air circulation furnace
Luftumwälzung *f* air circulation
Luftventil *n* air valve
Luftverschmutzung *f* air contamination, air pollution, atmospheric contamination, atmospheric pollution
Luftversorgung *f* air supply
Luftverunreinigung *f* *s.* Luftverschmutzung
Luftzirkulation *f* air circulation
Luftzuführungskanal *m* air admission channel
Luftzutritt *m* access of air
Lunker *m* bubble, cavity, contraction cavity, draw, internal shrinkage, pipe, pipe cavity, pocket, shrink hole, shrinkage cavity, sink hole
Lunker bilden draw/to, pipe/to, shrink/to
Lunker *m* **sekundärer** secondary pipe
Lunker *m* **V** secondary pipe
Lunkerabdruckmasse *f* antipipe compound

Lunkerbildung *f* drawing, shrinkage, piping
lunkerig unsound
lunkern shrink/to, draw/to, pipe/to
Lunkerverhütungsmittel *n* anticavitation agent, cavity-preventing agent, pipe eliminator
Luppe *f* ball, pellet, bloom, loop, puddle ball
Luppen bilden ball/to
Luppenbildung *f* balling
Luppenfeuer *n* finning forge, forge hearth
Luppenherstellung *f* balling
Luppenmühle *f* burden squeezer, coffee mill squeezer
Luppenquetsche *f* ball squeezer
Lüsterglasur *f* lustre glaze

M

Magazin *n* magazine
Magazinzuführung *f* magazine feeding
Magern *n* grogging
Magnesiumlegierung *f* magnesium alloy
Magnet *m* magnet
Magnetantrieb *m* magnet drive
Magnetbandkassette *f* cartridge
magnetbetätigt magnet-actuated, solenoid-operated
magnetbetätigter Schalter *m* magnet switch, solenoid-operated switch
Magnetdefektoskopie *f* magnetic inspection
Magnetgreifer *m* magnetic claw
magnetisch magnetic

magnetische Fehlerprüfung (Rißprüfung) *f* magnetic crack (flaw) detection
magnetischer Greifer *m* magnetic claw
magnetisierbar magnetizable
Magnetkupplung *f* magnetically engaged clutch
Magnetpulveraufschlämmung *f* magnetic [particles] paste
Magnetpulverprüfung *f* (**Magnetpulververfahren** *n*) *s.* magnetische Fehlerprüfung
Magnetschalter *m* magnet switch, solenoid-operated switch
Magnetspannfutter *n* magnetic chuck
Magnetspule *f* magnet coil
Magnetventil *n* magnet[ic] valve, solenoid valve
Makroschliff *m* macrosection
Makroseigerung *f* macrosegregation
Manipulation *f* manipulation
Manipulator *m* manipulator, manipulator-type robot, pick-and-place robot, [industrial-type] robot
Manipulator *m* **abhängiger** dependent (slave) manipulator
Manipulator *m* **industrieller** industrial manipulator
Manipulator *m* **zweiarmiger** bilateral manipulator
Manipulator *m* **mit fest vorgegebenem Bewegungsmuster** fixed-sequence robot
Manipulator *m* **mit zwei Armen** two-armed manipulator
Manipulatorgruppe *f* **aus Leitmanipulator und abhängigem Manipulator** master-slave manipulator

Manipulatorsystem

Manipulatorsystem *n* **fernbedientes** remote-operated manipulator system
manipulieren manipulate/to
Manipulierung *f* manipulation
Mantel *m* jacket, shell, mantle
Mantelgehäuse *n* shell
Mantelkurve *f* barrel cam
Mantelrohr *n* column sleeve
Mantelschieber *m* jacket valve
manuell manual
manuell ausgelöste numerische Steuerung *f* hand numerical control
manuell bedienbar manually operable
manuell betätigt hand-actuated
manuelle Betriebsweise *f* manual mode
manuelle Rückstellung *f* hand reset
marbeln marver/to
Marbelplatte *f* marver [plate]
Marke *f* index, mark
markieren mark/to
Markierung *f* marking; mark
Martensit- martensitic
Martensit *m* martensite
martensitisch martensitic
Maschine *f* machine
Maschine *f* **explosionsgeschützte** explosion-proof machine, flame-proof machine
Maschine *f* **gasdichte** gas-proof machine, impervious machine, vapour-proof machine
Maschine *f* **lernende** learning automaton, learning machine
Maschine *f* **offene** open-type machine
Maschine *f* **schlagwettergeschützte** fire-damp-proof machine
Maschine *f* **spritzwassergeschützte** splash-proof machine
Maschine *f* **staubgeschützte** dust-proof machine
Maschine *f* **strahlwassergeschützte** hose-proof machine
Maschine *f* **tropfwassergeschützte** drip-proof machine
Maschine *f* **wasserdichte** impervious (submersible) machine
Maschine *f* **zählergesteuerte** counter-controlled machine *{numerical control}*
Maschine *f* **zweipolige** bipolar machine
Maschine *f* **mit belüftetem abgedecktem Gehäuse** double-casing machine
Maschine *f* **mit belüftetem Rippengehäuse** ventilated ribbed suface machine
Maschine *f* **mit Berührungsschutz** screen-protected machine
Maschine *f* **mit Frischluftkühlung** machine with open-circuit ventilation
Maschine *f* **mit Mantelkühlung** double-casing machine
Maschine *f* **mit Radiatorkühlung** ventilated-radiator machine
Maschine *f* **mit Wahlscheibeneinstellung** dial-type machine
Maschine *f* **mit zwei Spindelköpfen** double-head machine
maschinell bearbeiten machine/to
maschinell lesbar computer-readable
maschinelle Bilderkennung *f* computational vision

maschinelles Bearbeiten *n* machining
maschinenabhängig machine-dependent
Maschinenachse *f* machine axis
Maschinenaufspannplatte *f* platen
Maschinenausfallzeit *f* machine downtime
Maschinenbau *m* mechanical engineering
Maschinenbelegungsproblem *n* machine utilization problem
Maschinenbett *n* lathe bed
Maschinendurchlaufplanung *f* machine[-tool] scheduling
Maschinendüse *f* machine [injection] nozzle
Maschinenfehler *m* machine fault
Maschinenformerei *f* machine (mechanical) mo[u]lding
Maschinenkonzentrator *m* local process control host
Maschinenkoordinaten *fpl* machine coordinates
maschinenlesbar computer-readable, machine-readable
Maschinenreibahle *f* machine reamer
Maschinensäge *f* machine saw
Maschinenschraubstock *m* machine vice
Maschinensteuerung *f* machine control
Maschinensteuerungseinheit *f* machine controller
Maschinensystem *n* plural machine system
maschinenunabhängig machine-independent

Maschinenzeit *f* 1. machine time, computer time; 2. machine-controlled time
Maschinenzuhaltekraft *f* locking force
Maschinenzuhaltung *f* locking mechanism
Maschinenzustand *m* machine condition
Maschinenzyklus *m* machine cycle
Maschinenzylinder *m* injection cylinder
Maske *f* mask; shell {shell-mo[u]lding process}
Maskenform *f* shell mo[u]ld
Maskenformverfahren *n* shell-mo[u]lding process
Maß *n* dimension; measure; size
Maßbeständigkeit *f* dimensional stability
Masse *f* 1. common {electric reference potential}, ground; 2. mass, weight; 3. melt
Masseanschluß *m* ground (common) terminal
Massedurchsatz *m* melt throughput
Maßeinheit *f* measurement (measuring) unit, unit of measurement
Massekanal *m* melt flow path (way)
Masseklemme *f* ground (common) terminal
Massel *f* blind riser, ingot, pig
Massenauszug *m* bill of quantities
Massenfertigung *f* mass production
Massenmittelpunkt *m* center of gyration
Massenteil *n* duplicate part
Massepfropfen *m* bott
Massespeicher *m* melt accumulator

Massespeichersystem *n* melt accumulator system
Massestrom *m* melt stream
Massetemperatur *f* melt temperature
Masseverlust *m* loss in weight
Masseverteilerkanal *m* runner
Masseweg *m* melt flow path (way)
maßgeschneidert tailored
Maßhaltigkeit *f* accuracy, dimensional stability
Maßnahme *f* measure
Maßstab *m* scale
Maßstab *m* **absoluter** absolute scale
Maßstab *m* **industrieller** industrial scale
Maßstab *m* **logarithmischer** logarithmic (log) scale
Maßstab *m* **willkürlicher** arbitrary scale
maßstäblich verändern scale/to
Maßstabsfaktor *m* scale constant (factor)
Maßstabsfaktor *m* **multiplizieren mit** scale/to
Maßsystem *n* **absolutes** absolute measure system
Master-slave-Prinzip *n* master-slave principle
Material *n* material
Material *n* **nichttoxisches** non-toxic material
Material *n* **vorgeformtes** dummy
Materialaufgabeschacht *m* feed opening
Materialbearbeitung *f* material processing
Materialbearbeitungsroboter *m* material-processing robot
Materialbedarfsplanung *f* material requirements planning, MRP

Materialdichte *f* material density
Materialdispersion *f* material dispersion
Materialdurchsatz *m* material (melt) throughput
Materialeinfüllöffnung *f* feed opening
Materialeinlauf *m* material hopper
Materialfluß *m* flow
Materialkuchen *m* pre-compressed mo[u]lding compound
Materialprüfung *f* materials testing
Materialverhalten *n* behavio[u]r of materials
Matritzenfräsmaschine *f* die-sinking machine
Matrixschalter *m* matrix switch
Matrixspalte *f* column
Matrize *f* bottom (female, impression, lower) die, cavity block (plate), female mo[u]ld, matrix, swage
matrizenseitig on the cavity half, on the fixed (stationary) mo[u]ld half
Matrizenwalze *f* bottom roll[er]
matt mat; flat, dead
Mattätze *f* frosting
mattätzen frost/to
Mattätzen *n* frosting
mattbrennen dead-dip/to
mattieren frost/to
Mattiermaschine *f* frosting machine *{glass}*
Mattierung *f* frosting
Mattsalz *n* frosting agent
mattschleifen grind/to
Mattschliff *m* frosting
Mauerwerksanker *m* anchor
Mauerwerksöffnung *f* aperture

mauken age/to, sour/to
Mauken *n* ag[e]ing, souring, maturing
Maximalbelastung *f* maximum load
maximale Abweichung *f* maximum deviation
maximale Dauerleistung *f* continuous maximum rating
maximale Drehzahl *f* maximum speed
maximale Last *f* maximum load
maximale Wasseraufnahme *f* maximum water absorption
maximaler Bohrdurchmesser *m* drilling capacity
Maximalgeschwindigkeit *f* maximum speed
Maximalspannung *f* maximum stress {mechanical}
mechanisch mechanical
mechanisch bearbeiten machine/to
mechanisch einrastender Mechanismus *m* mechanical-indexing mechanism
mechanisch justieren align/to, position/to
mechanisch kompatibel mechanically compatible
mechanische Beanspruchung *f* stress
mechanische Bearbeitung *f* machining
mechanische Eigenschaften *fpl* mechanical properties
mechanische Eigenschwingung *f* characteristic (natural) vibration
mechanische Fertigungstechnik *f* mechanical engineering
mechanische Justierung *f* alignment, positioning

mechanische Justiervorrichtung *f* alignment device
mechanische Maximalspannung *f* maximum stress
mechanische Messung *f* mechanical (physical) measurement
mechanische Prüfmaschine *f* mechanical testing machine
mechanische Prüfung *f* mechanical (physical) testing
mechanische Siebmaschine *f* mechanical screening machine
mechanische Spannungsänderung *f* stress variation
mechanische Sperrvorrichtung *f* blocking device
mechanische Stabilität *f* mechanical stability
mechanische Verriegelung *f* mechanical interlock[ing]
mechanische Verstellung *f* positioning
mechanische Waage *f* balance
mechanischer Fehler *m* mechanical defect
mechanischer Folgeregler *m* servomechanism
mechanischer Kraftverstärker *m* servo, intensifier
mechanischer Stellantrieb *m* servomechanism
mechanischer Verlust *m* mechanical loss
mechanischer Verlustfaktor *m* mechanical loss factor
mechanischer Verstärker *m* intensifier
mechanischer Widerstand *m* mechanical resistance
mechanisches Dehnungsmeßgerät *n* mechanical extensometer

Mechanisierung 426

mechanisches Spiel *n*   backlash
mechanisches Stellglied *n*   positioning element
Mechanisierung *f*   mechanization
Mechanismus *m*   mechanism
Mechanismus *m* ausgeklügelter sophisticated mechanism
Medianwert *m*   median value
Medium *n* nichtflüchtiges   nonvolatile medium
Mehlbinder *m*   flour-binder
Mehlkern *m*   flour core
Mehrachsensteuerung *f*   multiaxis control
Mehrbahnofen *m*   multipassage kiln
Mehrebenensystem *n*   multilevel system
Mehretagentechnik *f*   stack mo[u]ld technology
mehretagig   multi-daylight
mehrfach angespritzt   multiple-gated
Mehrfach-   ganged
Mehrfachanbindung *f*   multipoint gating
Mehrfachanguß *m*   multiple (multipoint) gating
Mehrfachanschnitt *m*   multiple (multipoint) gating
Mehrfachanspritzung *f*   multiple (multipoint) gating
Mehrfachbandanschnitt *m*   multiple-film gate
Mehrfachdrahtziehmaschine *f*   multiple-draft machine
Mehrfachdüse *f*   multiple die (nozzle)
mehrfache Erregung *f*   multiple excitation
Mehrfachecho *n*   multiple echo

Mehrfacheinsetzbarkeit *f*   multitask capability
mehrfaches Anbinden *n*   multipoint gating
Mehrfachheißkanalform *f*   multicavity[-impression] hot runner mo[u]ld
Mehrfachpunktanschnitt *m*   multiple (multipoint) pin gate
Mehrfachroboter *m*   multiple robot
Mehrfachschalter *m*   ganged switch
Mehrfachschlauchkopf *m*   multiparison die
Mehrfachstromrichter *m*   multiple converter
Mehrfachtunnelanschnitt *m*   multiple-tunnel gate
Mehrfachwerkzeug *n*   combination tool block, multicavity (multiorifice) die, multicavity[-impression] mo[u]ld
Mehrfachwerkzeughalter *m*   [tool] turret
Mehrfachzug *m*   continuous (multiple) drawing
Mehrfachzug-Drahtziehmaschine *f*   single-shaft wire drawing machine
mehrgängige Parallelwicklung *f*   multiple parallel winding
Mehrkanaldurchschubofen *m*   multipassage kiln
Mehrkomponenten-Schaumspritzgießverfahren *n*   sandwich mo[u]lding
Mehrkomponenten-Spritzgießen *n*   sandwich mo[u]lding
Mehrkomponenten-Spritzgießmaschine *f*   sandwich mo[u]lding machine
Mehrkomponentenwaage *f*   multicomponent balance

Mehrlochspritzdüse f multibore injection nozzle
Mehrmaschinensystem n plural machine system
Mehrplattenwerkzeug n multi-daylight mo[u]ld, multipart (multiplate) mo[u]ld
Mehrschichtextrusionsdüse f blown (flat) film coextrusion die, coextrusion die
Mehrschichtkopf m blown (flat) film coextrusion die, coextrusion die
Mehrschichtschlauchkopf m multilayer parison die
Mehrspindelbohrmaschine f multispindle drilling machine
Mehrspindelbohrmaschine f mit Spindellagerplatte cluster-type multidrill[ing machine]
Mehrstellungszylinder m multiposition cylinder
Mehrstoffriemen m complex belt
mehrsträngige Strangpresse f package extrusion press
Mehrstufenkaltstauchautomat m multiple-stroke automatic cold header
Mehrstufenpumpe f multistage pump
Mehrstufenschalter m polystage switch
Mehrstufenstauchen n multiblow heading (upsetting)
mehrstufiger Verdichter m multistage compressor
mehrstufiges Stirnradgetriebe n multistage spur-gear unit
Mehrwegeventil n multiple-way valve
Meißel m [cutting] tool

Meißel m gekröpfter gooseneck tool
Meißelhalter m tool holder
Meißelklappe f clapper
Meißelschlitten m tool carrier slide
Meldeleuchtfeld n alarm annunciator
melden annunciate/to, signal/to
Melder m annunciator
Meldetafel f optische diagram board (panel)
Membran f diaphragm; s.a. Membrane
Membran-Quetschventil n spring diaphragm valve
Membranantrieb m [hydraulic] diaphragm drive 2
Membranauslenkung f diaphragm displacement
Membrane f membrane, diaphragm
Membrankolbenpumpe f diaphragm-piston pump
Membrankompressor m diaphragm compressor
Membranpumpe f diaphragm pump
Membranschieber m diaphragm slide valve
Membranspannung f membrane stress
Membranventil n diaphragm [seating] valve, Saunders valve
Membranverdichter m diaphragm compressor
Membranzylinder m diaphragm cylinder
Menge f quantity
Menge f diskrete batch
Mengenflußbild n flow diagram
Mensch m als Operator human operator

menschenähnlicher Finger *m* humanlike finger *{part of robot}*
Meridionalspannung *f* meridional stress
Merkmalswert *m* characteristic value
Meß- measuring
Meßanlage *f* measuring system
Meßapparatur *f* measuring apparatus
Meßaufgabe *f* measuring task
Meßbacke *f* measuring jaw
Meßbarkeitsgrenze *f* limit of measurability
Meßbereich *m* measuring range
Meßbereichsänderung *f* change in [measuring] range
Meßbereichsendwert *m* nominal value, rating
Meßbereichsnennwert *m* nominal value, rating
Meßblock *m* measuring body
Meßbolzen *m* feeler pin
Meßbolzenachse *f* axis of measuring pin
Meßbrücke *f* measuring bridge
Meßdorn *m* mandrel
Meßeinrichtung *f* measuring apparatus (equipment)
Meßempfänger *m* measuring receiver
messen measure/to, meter/to, ga[u]ge/to, sense/to
Messen *n* measuring, metering
Messen *n* **der Beanspruchung** load measurement
Messer *n* cutter; knife; blade, tooth *{cutter head}*
Messerklemme *f* cutter clamp
Messerkopf *m* cutter head, face milling cutter
Messerkopf *m* **mit eingesetzten Schneidwerkzeugem** cone face milling cutter with inserted blades (teeth)
Messerkopfschleifmaschine *f* face milling cutter grinder
Messerwelle *f* knife rotor
Meßfinger *m* measuring finger
Meßfläche *f* measuring surface
Meßfühler *m* sensor, sensing element
Meßgenauigkeit *f* accuracy of measurement
Meßgerät *n* ga[u]ge, measuring instrument (apparatus), meter, instrument
Meßgerät *n* **integrierendes** integrating meter
Meßgerät *n* **mit lebendigem Nullpunkt** live-zero instrument
Meßgeräteschuppen *m* outdoor instrument housing
Meßgrenzen *fpl* ga[u]ge boundaries
Messing *n* brass
Messingbuchse *f* brass bush
Messingbürste *f* brass brush
Messinghülse *f* brass sleeve
Messingplatte *f* brass plate
Messingring *m* brass ring
Messingrohr *n* brass tube
Meßinstrument *n* *s.* Meßgerät
Meßkopf *m* probe
Meßlänge *f* ga[u]ge length
Meßlehre *f* ga[u]ge
Meßleitung *f* measuring line
Meßmarke *f* ga[u]ge mark
Meßmaschine *f* measuring machine
Meßmethode *f* measuring method, method of measurement
Meßmittel *npl* measuring means
Meßmoment *n* driving torque

Meßort *m* measuring point (position)
Meßprisma *n* measuring prism
Meßprozeß *m* measuring process
Meßpunkt *m* measuring point
Meßschieber *m* vernier cal[l]iper
Meßspindel *f* measuring spindle
Meßspitze *f* measuring point
Meßstab *m* ga[u]ge
Meßstelle *f* measuring point (position)
Meßsteuerung *f* measuring control
Meßstift *m* measuring pin
Meßsystem *n* measuring system
Meßtechnik *f* measuring technology
Meßuhr *f* dial ga[u]ge, dial indicator, clock ga[u]ge
Messung *f* measurement, metering, ga[u]ging
Messung *f* **absolute** absolute measurement
Messung *f* **berührungslose** non-contact measurement
Messung *f* **dielektrische** dielectric measurement
Messung *f* **industrielle** industrial measurement
Messung *f* **mechanische** mechanical (physical) measurement
Messung *f* **physikalische** physical measurement
Messung *f* **quasistationäre** quasi-steady state measurement
Messung *f* **rheologische** rheological measurement
Messung *f* **bei niedrigen Temperaturen** measurement at low temperatures
Messung *f* **der Gesamtdurchlässigkeit** total transmission measurement
Messung *f* **des Kriechverhaltens** creep measurement
Messung *f* **des Moduls** modulus measurement
Meßverfahren *n* measurement technique
Meßverfahren *n* **nichtabsolutes** non-absolute technique of measuring
Meßvorgang *m* measuring operation, procedure of measuring
Meßwandler *m* measuring transducer
Meßwandler *m* **interner** *m* proprioceptive transducer
Meßwarte *f* control center (room)
Meßwerk *n* measurement mechanism
Meßwerkregler *m* **ohne Hilfsenergie** regulator
Meßwertverarbeitung *f* **absolute** datum processing {*numerical control*}
Meßzeug *n* measuring instrument
Meßzylinder *m* measuring cylinder
Metall *n* metal
Metallabscheidegerät *n* metal separator
Metallbalg *m* metallic belows
Metallbearbeitungsfluid *n* cutting fluid (solution), coolant
Metallbeschlag *m* armature
Metalldrücken *n* [metal] spinning
Metalldrückform *f* form block
Metallfaltenbalg *m* metallic bellows
Metallgießroboter *m* metal pouring robot
metallische Dauergießform *f* metallic die, permanent mo[u]ld
Metallkönig *m* regulus
Metallkreissäge *f* circular metal cutting saw
Metallmischung *f* metallic mixture
Metallschlauch *m* metallic hose

Methode *f* method, approach *{mathematics}*; technique
Methode *f* **energetische** strain energy method
Mikrohärte *f* microhardness, small hardness
Millimeterteilung *f* millimeter graduation
Minderung *f* decrease; degradation
Mindestdruck *m* minimum pressure
Mindestlebensdauer *f* least life
Mindestschußgewicht *n* minimum shot weight
Miniaturventil *n* miniature valve
Minimaldruck *m* minimum pressure
minimale Abweichung *f* minimum deviation
Minusleiter *m* negative conductor
Mischer *m* 1. mixer; 2. mixing tank (vessel, vat, box)
Mischkopf *m* mixing head (torpedo)
Mischpfanne *f* reservoir ladle *{cupola furnace}*
Mischventil *n* mixing valve
Mißbrauch *m* misuse
mitlaufend following, revolving, live *{center of machine tool}*; on-line
mitlaufende nicht Spitze *f* cup center
mitlaufender Setzstock *m* following steady
Mitnahme *f* drive *{part}*
mitnehmen drive/to *{part}*
Mitnehmer *m* drive carrier, dog
Mitnehmerbolzen *m* driver [device]
Mitnehmergabel *f* driving fork
Mitnehmerhebel *m* driving lever
Mitnehmerkeil *m* driving key
Mitnehmerklaue *f* engaging dog
Mitnehmerklinke *f* [driving] pawl
Mitnehmerkraft *f* driving force

Mitnehmermuffe *f* driver sleeve
Mitnehmernase *f* driving lug
Mitnehmernut *f* drive slot
Mitnehmerring *m* catch ring, driving collar
Mitnehmerscheibe *f* dog (drive, driving) plate
Mitnehmerstift *m* follower pin
Mitnehmerwelle *f* driving shaft
Mitnehmerzahn *m* dog (follower) tooth
Mitnehmerzapfen *m* driving lug
Mitte *f* center; middle
Mittel *n* 1. agent, 2. average [value], mean
Mittel *n* **arithmetisches** arithmetic average
Mittel *n* **gleitendes** running average
Mittel *n* **im** average
Mittelachse *f* center axis
mittelbare Belastung *f* transmitted load
Mittelgerüst *n* intermediate roll stand
Mittelkasten *m* cheek *{mo[u]lds}*
Mittellinie *f* centre line
Mittelpunkt *m* center
Mittelpunkt *m* **der Belastung** load center
Mittelschenkel *m* center rule
Mittelstellung *f* center position
Mittelstraße *f* medium plate mill
Mittelwalze *f* center roll
Mittelwert *m* average [value], mean
Mittelwert *m* **arithmetischer** arithmetic average
Mittelwert *m* **gleitender** running average
Mittelzapfen *m* central pintle

Mittenabstand *m* center-to-center distance
Mittenauswerfer *m* central ejector
mittlere Ausfallzeit *f* mean downtime
mittlere Betriebszeit *f* mean time between failures, mean time to failure
mittlere Betriebszeit *f* **bis zum ersten Ausfall** mean time to first failure
mittlere Drehzahl *f* average speed
mittlere fehlerfreie Arbeitszeit *f* mean time between failures, mean time to failure
mittlere Festigkeit *f* mean strength
mittlere Geschwindigkeit *f* average speed
mittlere Probe *f* average sample
mittlere Reparaturzeit *f* mean time to repair
mittlere weggehende Güte *f* average outgoing quality
mittlere Zeit *f* **bis zum ersten Fehler** mean time to first failure
mittlere Zeit *f* **zwischen Ausfällen** mean time between failures
mittlere Zeit *f* **zwischen Überholungen** mean time between overhauls
mittlere Zeit *f* **zwischen Wartungen** mean time between maintenance
mittlerer Ausfallabstand *m* mean time between failures
mittlerer Störungsabstand *m* mean time between malfunctions
mobiler Roboter *m* mobile robot
Mobilität *f* mobility
Modell *n* model, mock-up; foundry pattern; copy {copy milling}

Modell *n* **ausschmelzbares** investment pattern
Modell *n* **linearisiertes** linearized model
Modell *n* **nachgeführtes** follow-up model
Modell *n* **verlorenes** investment pattern
Modellaushebeschräge *f* pattern draft
Modellbeschädigung *f* defacement
Modellbrett *n* pattern board
Modellheber *m* pattern lifter
Modellheberschraube *f* lifting screw
Modellherstellung *f* patternmaking
Modellholz *n* pattern lumber
Modellierung *f* modelling
Modellmacherei *f* patternmaker's shop
Modelloberteil *n* cope
Modellplatte *f* pattern plate; match plate
Modellsand *m* facing sand
Modellspieß *m* draw nail
Modelltischlerei *f* patternmaker's shop, patternmaking shop, wood-pattern shop
Modellunterteil *n* drag pattern
moderne Fertigung *f* advanced manufacturing
moderne Technologie *f* advanced technology
modernes Bauelement *n* advanced component
modernes System *n* advanced system
modernste Technik *f* spearhead technology
modifizieren modify/to
Modul- modular

Modul *n* module; modulus *{material constant}*
Modul *n* **der kubischen Ausdehnung** bulk modulus
modular modular, unitized
Modulationsmeßgerät *n* modulation meter
Modulator *m* modulator
Modulbauweise *f* modular concept
Modulmessung *f* modulus measurement
Modulsteckbaugruppe *f* plug-in unit
Modus *m* mode
Möller *m* batch, burden, charge
Möllerberechnung *f* burden calculation
Möllergicht *f* burden charge
Möllersonde *f* charge level indicator
momentane Lage *f* instantaneous position *{e.g. robot arm}*
momentane Spannung *f* instantaneous stress
momentaner Ort *m* current location
monomer monomeric
Montage *f* assembly, mounting
Montage *f* **mit enger Toleranz** close-tolerance assembly
Montageabteilung *f* assembling department
Montageanlage *f* assembly plant
Montagearbeitsgang *m* montage operation
Montageausrüstung *f* installation kit
Montageband *n* assembly line
Montageeinheit *f* assembly unit
Montageeinrichtung *f* assembly equipment
Montagegruppe *f* assembly group
Montagehebel *m* mounting lever
Montagehilfsmittel *npl* mounting kit
Montagehülse *f* mounting sleeve
Montagelehre *f* mounting ga[u]ge
Montagelinie *f* assembly line
Montageloch *n* mounting hole
Montagemaschine *f* assembly machine
Montageplatte *f* back plate, mounting board (plate)
Montagering *m* mounting ring
Montageroboter *m* assembly robot
Montageschema *n* assembly diagram
Montagezubehör *n* mounting kit
montieren assemble/to, mount/to
montiert mounted
Morse-Kegel *m* Morse taper
Motor *m* motor
Motor *m* **mit Drehzahlregelung** controlled-speed motor
Motor *m* **mit Drehzahlverstellung** adjustable-speed motor, variable-speed motor
Motor *m* **mit Kompensationswicklung** compensated motor
Motor *m* **mit konstanter Drehzahl** constant-speed motor
Motor *m* **mit mehreren Drehzahlstufen** multiple-speed motor
motorbetätigt motor-operated
motorbetätigter Schalter *m* motor-operated switch
motorbetrieben motor-operated
motorgetrieben motor-driven
motorgetriebener Schalter *m* motor-driven switch
Motorschieber *m* motorized valve, power-operated valve

Motorschutz *m* motor protection
Motorschutzrelais *n* motor relay
motzen marver/to
Muffe *f* sleeve
Muffen- und Flanschenschieber *m* sleeve-and-flange valve
Muffendruck *m* pressure on sleeve
Muffenhahn *m* sleeve cock
Muffenhahn *m* **für Heizungen** sleeve-type cock for heating systems
Muffenschieber *m* sleeve valve
Mündungsbär *m* skull {converter}
Muskel *m* **künstlicher** artificial muscle {robot}
Muster *n* pattern, model, prototype; master
Mustererkennung *f* pattern recognition
Musterstück *n* copy, master specimen
Mutter *f* nut
Mutter auf einen Gewindestift aufdrehen run a nut/to
Mutter festziehen tighten a nut/to
Muttergewinde *n* female thread, internal thread
Muttermodell *n* master pattern
Muttermodell *n* **für Muttermodell** grand master pattern
Mutterschloß *n* clip nut, double half nut

N

Nabe *f* hub
Nabenfläche *f* hub surface
Nabenscheibe *f* disk hub
nacharbeiten correct/to
Nacharbeiten *n* correction; *s.a.*
nachbauen duplicate/to
nachbearbeiten finish/to, aftermachine/to
Nachbearbeitung *f* aftermachining, finishing
Nachbehandlung *f* additional treatment, aftertreatment, retreatment, secondary treatment
Nachblähen *n* post-expansion of foam
Nachbohren *n* redrilling
Nachbohrer *m* finish drill
Nachbrand *m* refiring
nachbrennen refire/to
Nachdruck *m* follow-up pressure
Nachdruckdauer *f* holding pressure time
Nachdruckhöhe *f* follow-up pressure
Nachdruckprogramm *n* holding pressure program
Nachdruckpulsation *f* holding pressure fluctuation
Nachdruckstufe *f* holding pressure stage
Nachdruckumschaltung *f* changeover to hold[ing] pressure
Nachdruckverlauf *m* holding pressure profile
Nachdruckzeit *f* holding pressure time
Nachdunkeln *n* darkening
Nacheichen *n* recalibrating
Nacheichung *f* recalibration
Nacheilen *n* delay
nacheilender Kämpferdruck *m* back abutment pressure
Nachfließen *n* plastic-flow persistence
Nachformbezugsstück *n* copying master

Nachformdreheinrichtung *f* copy turning attachment
nachformdrehen copy-turn/to
Nachformdrehen *n* duplicate (tracer) turning
Nachformdrehmaschine *f* contour-turning lathe, contouring (copying) lathe
Nachformeinrichtung *f* contour follower, contouring (copying, duplicating) attachment, duplicator
nachformen copy/to, duplicate-machine/to, duplicate/to
nachformen zweidimensional contour/to, contour-machine/to
nachformfräsen copy-mill/to, tracer-mill/to, profile-mill/to
Nachformfräsmaschine *f* copy milling machine, die-sinking machine
Nachformgenauigkeit *f* copying accuracy
Nachformhobeleinrichtung *f* copy-planing attachment
nachformhobeln copy-plane/to
Nachformmaschine *f* copier, duplicating machine
Nachformschablone *f* copying template
Nachformschlitten *m* copying saddle (slide)
Nachformsteuerung *f* numerische contouring numerical control
Nachformsupport *m* copying carriage
Nachformtaststift *m* copy tracer
Nachformung *f* duplication
Nachführeinrichtung *f* follow-up device
nachfüllen top-up/to {*oil*}; refill/to, fill-up/to, replenish/to

nachgeführtes Modell *n* follow-up model
Nachgiebigkeit *f* compliance
Nachhall *m* reverberation
nachhallen reverberate/to
nachhärten age/to; afterbake/to
Nachjustierung *f* readjusting, readjustment
Nachlauf *m* tracking
Nachlauffehler *m* tracking error
Nachlaufgerät *n* [automatic] curve follower, follower, tracer, tracking device
Nachlaufmechanismus *m* follow-up mechanism, tracking mechanism
Nachlaufregelkreis *m* follow-up loop, servo loop
Nachlaufregelkreis *m* **mit Rückführung** follow-up feedback system, servo feedback system
Nachlaufregelung *f* follow-up control, servo control
Nachlaufregler *m* positional servo system
Nachlaufrückkopplungssystem *n* follow-up feedback system, servo feedback system
Nachlaufsteuerung *f* servo control
Nachlaufsystem *n* positioning system
nachprüfen check/to, verify/to; test/to
Nachricht *f* message
Nachsaugesteiger *m* feeding head, feeder, head
nachschaben shave/to
Nachschaben *n* shaving
nachschäumen reboil/to
nachschneiden shave/to
Nachschwindung *f* aftercontraction, aftershrinkage, postshrinkage

Nachsetzen *n* aftercharging
nachstellbar adjustable; expansive *{reamer}*
nachstellbar geschlitzte Reibahle *f* expanding reamer
nachstellbare Führung *f* adjustable gibbing
Nachstelleiste *f* adjustable gib (strip), adjusting gib
nachstellen adjust/to, correct/to
Nachstellgeschwindigkeit *f* speed of correction
Nachstellung *f* readjusting, readjustment
Nachsynchronisation *f* dubbing
nachsynchronisieren dub/to
nachträgliches Herunterfrischen *n* **durch Erzzugabe** oreing down
Nachtropfen *n* drooling
Nachwachsen *n* afterexpansion
nachwägen reweigh/to
Nachweis *m* identification
nachweisbarer (schwer) Fehler *m* hard-to-detect fault
Nachweisbarkeitsgrenze *f* limit of detectivity
Nachweisgrenze *f* limit of detection
Nachweisreaktion *f* test reaction
Nachwirkung *f* **elastische** elastic after-effect, elastic lag
    Nachwirkung *f* **plastische** plastic-flow persistence
nachziehen redraw/to
Nachziehen *n* retightening
Nachzug *m* redrawing, second draw
Nadel *f* needle
Nadelboden *m* pinhole plug *{converter}*
Nadelhalter *m* needle holder
Nadelkäfig *m* needle cage
Nadellager *n* needle (roller) bearing
Nadelrad *n* needle roller
Nadelspan *m* needle chip
Nadelstich *m* pinhole *{defect}*
Nadelstichbildung *f* pinholing
Nadelventil *n* needle valve
Nadelventilangußsystem *n* valve gating system
Nadelventilverschluß *m* needle shut-off mechanism
Nadelventilwerkzeug *n* valve-gated mo[u]ld
Nadelverschluß *m* needle valve
Nadelverschlußspritzdüse *f* needle valve nozzle
Nadelverschlußsystem *n* needle shut-off mechanism
Nadelwalzenverfahren *n* pin roller process
Nadelwelle *f* needle shaft
Nahbereich *m* close range
Näherungsmaß *n* approximate measure
Näherungswert *m* approximation value
Nahfeld *n* near field
nahtlos finless; seamless *{e.g. tube}*
nahtloses Rohr *n* seamless pipe
Nahtstelle *f* interface
Namenszug *m* firm sign
Napf *n* cup, can
Näpfchenziehversuch *m* cup drawing test
napfen cup/to
Napffließpressen *n* can extrusion
Napfziehen *n* shallow forming
Nase *f* cog, end, shoulder
Nasenflachkeil *m* flat gib-head key
naß green *{mo[u]lding sand}*
Naßgußform *f* green-sand mo[u]ld

Naßgußputzen *n* sandhydraulisches high-pressure water-and-sand cleaning
Naßputzen *n* liquid blast cleaning, hydroblasting
Naßputztrommel *f* wet tumbler
Naßsandform *f* green-sand mo[u]ld
Naßsandkern *m* green core
Naßscheuern *n* wet tumbling
Naßsieben *n* wet sieving
Naßtrommeln *n* wet tumbling
Naßverfahren *n* wet technique
Naßziehmittel *n* drawing solution
Naturformsand *m* natural mo[u]lding sand
natürliche Alterung *f* natural ag[e]ing
natürliche Bewitterung *f* natural weathering
natürliche Kühlung *f* natural cooling
NC mit Off-line-Informationsverarbeitung (CNC) computerized numerical control
NE-Metall *n* non-ferrous metal
Nebelabscheider *m* demister
Nebelkammer *f* fog chamber, cloud chamber *{for testing}*
Nebenantrieb *m* auxiliary (feed) drive
nebeneinander angeordnet adjacent
Nebenkanal *m* branch (secondary) runner
Nebenproduktausbeute *f* bypass product yield
negativ beschleunigen decelerate/to
neigbare Doppelständerpresse *f* open back-inclinable press
Neigungswinkel *m* angle of tilt (rake), nose angle

Nenn- nominal, rated
Nennbedingung *f* nominal (rated) condition
Nennbetriebsart *f* rated duty
Nenndaten *pl* nominal data (ratings)
Nenndrehmoment *n* torque at rated load
Nenndrehzahl *f* design (nominal, rated) speed
Nenndruckklasse *f* working pressure class
Nennfrequenz *f* rated frequency
Nenngenauigkeit *f* nominal (rated) accuracy
Nenngröße *f* nominal (rated) quantity, nominal size
Nennlänge *f* nominal length
Nennlast *f* nominal load (capacity), rated load (capacity)
Nennleistung *f* nominal (rated) output
Nennmaß *n* nominal size
Nennmaßbereich *m* range of nominal size
Nennspannung *f* nominal (rated) voltage
Nennstrom *m* rated current
Nenntemperatur *f* nominal temperature
Nennwert *m* nominal (rated) value, rating
Nennwert *m* **überschreiten** overshoot/to
Nestwandtemperatur *f* cavity wall temperature
Netz *n* 1. mains, supply; 2. network
Netz- power
Netzanschluß *m* power [supply] connection
Netzanschlußgerät *n* power pack
Netzanschlußteil *n* power pack

Netzart *f* power-supply type
Netzausfall *m* power failure
netzbetrieben mains-operated
Netzfrequenz *f* supply frequency
Netzgerät *n* power supply
Netzkontrollampe *f* power lamp
Netzplan *m* network plan (diagram)
Netzplantechnik *f* network planning technique
Netzschalter *m* power switch
Netzspannungsdrift *f* line voltage drift
Netzsteckdose *f* power outlet
Netzstecker *m* power plug
Netzteil *n* power supply
Netzwerk *n* network
Netzwerkanalysator *m* network analyzer, network calculator
neu lehren reteach/to {robot}
Neuabgleich *m* readjusting, readjustment
neue Technik *f* advanced technology
Neujustierung *f* readjusting, readjustment
Neusand *m* new sand, fresh sand
neutral neutral
neutrale Achse *f* neutral axis
neutrale Phase *f* neutral phase
neutrale Zone *f* neutral plane
Neutralzustand *m* null state
Neuwertsignalisierung *f* new-value signalization
Neuzustellung *f* relining
nichtabsolutes Meßverfahren *n* non-absolute method of measuring
Nichteisenmetall *n* non-ferrous metal
nichthomogener Spannungszustand *m* non-homogeneous stress

nichtlineares Lernen *n* learning without steady-state conditions
nichtlunkernd non-piping
Nichtnormgröße *f* bastard size
nichtschrumpfend non-shrinking
nichtschwindend non-shrinking
nichttoxischer Werkstoff *m* non-toxic material
nichttoxisches Material *n* non-toxic material
Nickachse *f* pitch axis {robot}
nicken pitch/to {robot}
Niederdruck *m* low pressure
Niederhaltedruck *m* stripper pressure
Niederhaltekraft *f* hold-down force
Niederhalter *m* blank holder, stripper
Niederhalter *m* **druckluftbetätigter** air clamp
niederreißen break down/to
niedriggekohlt dead-soft, low-carbon {e.g. steel}
Niet *m* rivet, pin
Nietbolzen *m* riveting bolt
Nietkopfsetzer *m* heading set, header
Nietstift *m* riveting pin
Nietvorrichtung *f* riveting device
Nietwerkzeug *n* rivet tool
Nippel *m* nipple
nitrieren nitrogen-harden/to, nitride/to
Nitrieren *n* nitrogen case hardening, nitriding
Nitrierhärten *n* nitration hardening, nitrogen case hardening
Nitrierhärtung *f* nitration hardening
Nitrierschicht *f* **(nitrierte Randschicht)** *f* nitrided case {layer}
Niveau *n* [liquid] level

Niveauanzeiger *m* [liquid] level indicator
Niveaufühler *m* [liquid] level detector
Niveaumeßeinrichtung *f* level measuring equipment
Niveaumeßgerät *n* level ga[u]ge
Niveaumessung *f* level measurement
Niveauregelung *f* liquid level control
Niveauregler *m* [liquid] level controller, level regulator
Niveauschalter *m* liquid level switch
Niveauschreiber *m* level recorder
Niveausteuerung *f* liquid level control
Nivellierfuß *m* leg leveller
Nivellierschraube *f* levelling screw
Nocken *m* cam, dog
Nocken *m* **herzförmiger** heart cam
Nockenbahn *f* cam contact
nockenbetätigt cam-operated
nockengesteuert controlled by cams
Nockenhebel *m* cam lever
Nockenschalter *m* cam switch
Nockenscheibe *f* cam disk
Nockenscheibenpresse *f* multicam action mechanical press
Nockensteuerung *f* camshaft control
Nockenwelle *f* camshaft
Nockenwellenrad *n* camshaft wheel
Nominal- nominal
Norm-Eindringkörper *m* standard indentor
Norm-Kleinstab *m* **mit Kerb** notched small standard rod
Norm-Kleinstab *m* **ohne Kerb** unnotched small standard rod
Norm-Prüfmethode *f* standard method of test
Norm-Prüfverfahren *n* standard method of test
Norm *f* norm, standard
normal normal; standard; regular
Normal *n* standard
normale Blockseigerung *f* major segregation
normales Altern *n* normal ag[e]ing
Normalgattierung *f* standard burden
Normalgewinde *n* **Amerikanisches** American standard thread
Normalglühen *n* *s.* Normalisierungsglühen
Normalisieren *n* 1. *s.* Normalisierungsglühen; 2. standardizing
Normalisierungsglühen *n* normalizing, normalization {*of steel*}
Normalleistung *f* normal power
Normalrohrbogen *m* regular ell
Normalsatz *m* normal set
Normalschnittebene *f* central plane
Normalspannung *f* normal stress
Normdurchmesser *m* standard diameter
normen standardize/to
normieren standardize/to, normalize/to; scale/to
Normierung *f* standardization
Normierung *f* **absolute** absolute scale
Normkleinstab *m* small standard rod
Normprobekörper *m* standard test piece
Normprüfkörper *m* standard test piece
Normprüfung *f* standard test
Normstab *m* **mit Kerb** notched standard rod
Normteil *n* standard part
Normtrichter *m* standard funnel

Normung *f* standardization
Norton-Getriebe *n* Norton gear
Norton-Vorschubgetriebe *n* Norton feed gear
Not- emergency
Notabschalter *m* emergency stop switch
Notabschaltung *f* emergency shutdown
Notabsperrventil *n* emergency valve
Notauslöseschalter *m* panic button
Noteingriff *m* emergency intervention
Notenergiesystem *n* emergency power system
Notfall *m* emergency
Notform *f* auxiliary tuyere
Notknopf *m* panic button
Notlaufbedingung *f* emergency condition
Notreparatur *f* emergency maintenance
Notstich *m* auxiliary tap hole
Notstichloch *n* auxiliary tap hole
Notstoppeinrichtung *f* alarm stop device
Notstromsystem *n* emergency power system
Notstromversorgung *f* emergency power supply
Null *f* zero
Nullachse *f* neutral axis
Nullausgabe *f* zero output
Nulleingabe *f* zero input
Nullinie *f* base line, neutral axis; zero line
Nullpotential *n* earth (zero) potential
Nullpunkt *m* neutral (zero) point, zero, origin
Nullpunkt *m* lebendiger live zero {signal level}

Nullpunktunterdrückung *f* zero suppression
Nullstellung *f* zero (null) position
numerisch gesteuerte Meßmaschine *f* coordinate measuring machine, numerically controlled measuring machine
numerisch gesteuerter Werkzeugwechsel *m* numerical controlled tool changing
numerisch gesteuertes Werkzeugwechselsystem *n* tool-change NC system
numerische Bahnsteuerung *f* numerical contouring control
numerische Nachformsteuerung *f* numerical contouring control
numerische Steuerung *f* numerical control
numerisches Zweiachsensteuerungssystem *n* two-axis numerical control system
Nut *f* groove, notch; flute {drill}; slot
Nuten *fpl* formen fuller/to
Nuten *fpl* ziehen cut/to
Nutenauslauf *m* cutter sweep; flut run-out {drill}
Nutenkeil *m* sunk key
Nutenstein *m* correcting weight
Nutgrund *m* bottom of keyseat
Nutgrundausrundung *f* mit roundbottomed
Nutmutter *f* grooved nut
Nutring *m* circlip
Nutteilung *f* tooth pitch; slot pitch
Nutung *f* spline
nutzbare Betriebszeit *f* uptime
Nutzdruck *m* useful pressure
nutzen use/to, utilize/to
Nutzen *m* use

Nutzer *m* user
Nutzlast *f* useful load
Nutzleistung *f* actual output, useful power; braking power, effective capacity
Nutzzeit *f* uptime

O

O-Gestell *n* straight-side press frame
Obenantrieb *m* **mit** overdriven {press}; top-driven
Oberbär *m* top tup, upper ram
obere Streckgrenze *f* upper yield point
Oberfeuer *n* updraught fire
Oberflächenbehandlung *f* surface treatment, surfacing, finish[ing]
Oberflächenbeschaffenheit *f* surface finish
Oberflächenentkohlung *f* surface decarburization
Oberflächenfehler *m* surface defect
Oberflächenfestigkeit *f* surface strength
Oberflächengüte *f* surface quality
Oberflächenhärte *f* surface hardness
Oberflächenhärtung *f* cementation, surface hardening; case hardening
Oberflächeninspektion *f* surface inspection
Oberflächenkohlung *f* surface carburizing
Oberflächenreflexion *f* surface reflection
Oberflächenriß *m* surface crack; vent {glass}; seam, roke {metal}
Oberflächenrissigkeit *f* smear
Oberflächentextur *f* surface texture
Oberflächenzeichen *n* surface symbol
Oberform *f* upper box
Obergesenk *n* top swage
Oberguß *m* downhill casting
Oberkasten *m* cope, top flask
Obermesser *n* upper blade (knife)
Oberschlitten *m* compound rest (slide); top slide
Oberwalze *f* pressure roller, top roll
Oberwange *f* folding (upper) beam
Oberwerkzeug *n* top mo[u]ld
Objekt *n* object; frame
Ofen *m* furnace, oven[-type] furnace, [industrial] kiln
Ofen *m* **induktionsbeheizter** induction furnace
Ofen *m* **mit aufsteigender Flammenführung** updraught furnace
Ofenbär *m* bear, salamander, skull, sow
Ofengang *m* descent of charge
Ofengewölbe *n* [furnace] roof
Ofenmantel *m* [furnace] shell
Ofensau *f* *s.* Ofenbär
Ofensohle *f* furnace bottom; kiln floor {ceramics}; bench, siege {of a pot furnace}
Ofensumpf *m* bottom, sump
offene Düse *f* free-flow nozzle
offene Maschine *f* open-type machine
offene Walzstraße *f* looping mill
offener Herd *m* open hearth
offener Riementrieb *m* open-belt drive
offenes Gesenk *n* plain die
offenporig open-cell
offenzellig open-cell
öffnen open/to; disengage/to {key}

Öffnung *f* aperture, opening, mouth, orifice
Öffnungsgeschwindigkeit *f* separation rate {jaws}
Öffnungsstellung *f* open position
Öffnungswinkel *m* aperture angle
ohne no-, un-
  ohne Auflage *f* unsupported
  ohne Drehrichtungswechsel *m* non-reversible
  ohne Reibung *f* frictionless
  ohne Schrottzusatz all-mine
  ohne Zubehör bare
Ölabscheider *m* oil separator
Ölabschreckung *f* oil quenching
Ölaustritt *m* leakage
Ölblech *n* oil sheet
Öldruckleitung *f* oil pressure tube
Öldruckregler *m* oil-pressure regulator
Öldurchlässigkeit *f* oil permeability
Öler *m* lubricator; oiler
Ölfangschale *f* oil-pan; [oil] sump
Ölfeldschieber *m* oil-field valve, pipeline valve
Ölfeuerungsarmatur *f* valve and fitting for oil burning equipment
Ölfilter *n* oil filter
Ölfilterpatrone *f* oil filter cartridge
ölfreie Förderung *f* oil-free conveyance
Ölhärtung *f* oil quenching
Ölkern *m* oil core
Ölkühler *m* oil cooler
Ölleitung *f* oil line
Ölnebel *m* mist, oil mist
Ölnebelkühlung *f* spray cooling, oil-mist cooling
Ölpumpe *f* oil pump
Ölring *m* oil ring

Ölsand *m* oil sand
Ölschmierarmatur *f* oil lubricating fitting
Ölsieb *n* oil screen
Ölstandanzeiger *m* oil-level indicator
Ölstandsauge *n* oil level eye
Ölstein *m* oilstone
Ölstutzen *m* oil pipe
Ölsumpf *m* sump
Ölventil *n* oil valve
ölvergütet oil-treated
Ölwanne *f* [oil] sump
opak opaque, light-proof
Operateur *m* operator
Operation *f* operation; work cycle
Operationsfolge *f* operation sequence
Operationsgeschwindigkeit *f* operating speed
Operator *m* operator
Optimierung *f* durch Computer computer optimization
Optimierungsproblem *n* optimization problem
optische Meldetafel *f* diagram board (panel)
optischer Sensor *m* eye, optical sensor
ordnen arrange/to, order/to
Ordnung *f* order
Orientierung *f* orientation
Ort *m* location, place
  Ort *m* momentaner current location
örtliche Anzeige *f* local indication
örtliche Bedingung *f* site condition
örtliche Spannung *f* local stress {mechanical}
örtliche Steuereinheit *f* local control unit

Orts-Fernschalter *m* local-remote switch
ortsunabhängig position-independent
Öse *f* eye
Ösenbolzen *m* eyebolt
Ovaldreheinrichtung *f* elliptical turning attachment
ovales Schieberdiagramm *n* oval slide valve diagram
Ovalkaliber *n* oval groove (pass)
Ovalstich *m* bellied pass
Oxidationsgrube *f* oxidation pit
oxidativer Angriff *m* oxidative attack
oxidierendes Rösten *n* oxidizing roasting
Oxidsinterung *f* oxide sintering
ozonbeständig ozone-resistant
ozonbeständige Isolation *f* ozone-resisting insulation
Ozonbeständigkeit *f* ozone resistance
Ozonkonzentration *f* ozone concentration
Ozonrißbeständigkeit *f* ozone cracking resistance, resistance to ozone cracking
Ozonrißbildung *f* ozone cracking

P

P-Abweichung *f* proportional error
paaren conjugate/to, mate/to
Paarungsmaß *n* mating size
Packmittel *n* packing material
Packung *f* packing
Packungsdichte *f* packing density
Packungsringe *mpl* ineinandergreifende intersetting packing
Packungsstopfbuchse *f* stuffing box
paketieren fag[g]ot/to, bushel/to {scrap}
Paketieren *n* bushelling
Paketierpresse *f* baling press
paketierter Schrott *m* fag[g]ot
Paketierung *f* fag[g]otting
Paketwalzen *n* pack (ply) rolling
Paketwärmeofen *m* sheet heating furnace
Palette *f* pallet
Palettenförderer *m* pallet conveyor
Palettentransportsystem *n* pallet transport system
palettieren palletize/to
Pantographiermaschine *f* pantographing machine
Panzerschlauch *m* armour hose
Papier *n* doppeltlogarithmisches log-log paper
Papier *n* halblogarithmisches log-normal graph paper
parallaxenfrei antiparallax
parallel parallel
Parallelbetrieb *m* parallel mode
Parallelbetriebssteuerung *f* concurrent operating control
Parallelendmaß *n* block (slip) ga[u]ge, size (ga[u]ge) block
Parallelplattenschieber *m* parallel-disk slide valve, parallel-disk-type gate valve
Parallelreißer *m* height scriber, scribing block, surface ga[u]ge
Parallelschalten *n* paralleling
Parallelschieber *m* parallel slide valve
Parallelverteiler *m* parallel runner

Parallelwicklung *f* mehrgängige multiple parallel winding
Paramete *n* **aktueller** actual parameter
Parkerisieren (Parkern) *n* parkerizing *{phosphate coating}*
Parkes-Verfahren *n* Parkes process *{for removing noble metals from lead}*
Partie *f* batch; lot
Passageofen *m* multipassage kiln
Paßbohrung *f* accurate hole
passen fit/to
Paßfeder *f* feather [key], sliding feather, sliding key
Paßmaß *n* fit size
Paßrohr *n* making-up piece
Paßstift *m* alignment (locating, steady) pin, dowel
Paßstück *n* adapter, adjusting piece piece
Passung *f* fit
patentieren patent/to *{wire by heat}*
Patentierofen *m* patenting furnace
Patrize *f* counter-die, male mo[u]ld, mo[u]ld core, punch, stamp
Patrone *f* collet chuck; cartridge *{fuse}*
Patronenspannung *f* collet gripping
Pausenzeit *f* change-over time; interval time *{foundry}*
Pegelbereich *m* level range
Pegelmeßanlage *f* level measuring set
Pegelmeßeinrichtung *f* level measuring equipment
Pegelmeßgerät *n* level ga[u]ge (meter)
Pegelmessung *f* level measurement
Pegelregler *m* level controller
Pegelschreiber *m* level recorder
Pegelwächter *m* level monitor

Pellet *n* pellet
Pendel *n* pendulum
Pendelarm *m* pendulum arm
Pendeldrehpunkt *m* center of oscillation
Pendelhalter *m* pendulum holder
Pendelhammer *m* rebounding hammer, pendulum
Pendelhülse *f* floating driver holder
Pendelkugellager *n* self-aligning ball bearing
Pendellagerring *m* self-aligning ring
Pendellänge *f* pendulum length
pendeln float/to, hunt/to; oscillate/to, vibrate/to
Pendeln *n* hunting
pendelnd floating
  pendelnd angeordnet free to float
Pendelrollenlager *n* self-aligning roll bearing
periodisch periodic; batch[wise]
  periodisch aussetzender Betrieb *m* **mit gleichbleibender Belastung** intermittent periodic duty
  periodische Routinewartung *f* periodic routine maintenance
Perlen *fpl* shot *{defects}*
Perlit *m* pearlite
  Perlit *m* **feinstreifiger** fine pearlite
permanent permanent
Permeabilität *f* permeability
Pfanne *f* 1. pan; [foundry] ladle; 2. ball socket
Pfannenbär *m* skull
Pfannenführer *m* ladleman
Pfannenkopf *m* pan head
Pfannenschnauze *f* spout
Pfeifenende *n* (**Pfeifenkopf** *m*) nose-piece, nose
Pfeil *m* arrow; dart

Pfeil *m* **für Aufprallversuche** falling dart
Pfeildiagramm *n* arrow diagram {network diagram}
Pfeiler *m* pillar, support, pier
Pfeilgewicht *n* dart weight
Pfeilhöhe *f* camber, sag, slack
pfeilorientierter Graph *m* arrow-oriented graph {network diagram}
Pfeilrad *n* double-helical gear
Pfeilschaft *m* dart shaft
pfeilverzahnt double-helical
Pfeilverzahnung *f* double-helical teeth
  Pfeilverzahnung *f* **echte** continuous double helical teeth
Pfeilzähne *mpl* double-helical teeth; herringbone teeth {bevel gear}
Pflege *f* maintenance
pflegen maintain/to
Pfropfen *m* plug, stopper; slug
  Pfropfen *m* **kalter** cold slug
Pfropfenhalterung *f* cold slug retainer
Phase *f* **neutrale** neutral phase
Phasendiagramm *n* diagram of equilibrium, phase diagram
Phasenklemme *f* line terminal
Phasenumformer *m* phase converter
Phasenumwandlung *f* phase transition, phase transformation
Phasenwinkel *m* phase angle
phonetische Ausgabe *f* phonetic output
  phonetische Eingabe *f* phonetic input
Phosphorentzug *m* dephosphorization
Phosporeszenz *f* phosphorescence
physikalische Messung *f* physical measurement

physikalische Prüfung *f* physical testing
physisch ergreifen grasp physically/to
Pilaster *m* pilaster
Pilgerdorn *m* pilger mandrel
Pilgermandrill *m* pilger mandrel
Pilzamboß *m* cambered flatter
Pilzanguß *m* diaphragm gate
Pilzdecke *f* beamless floor
Pinne *f* pin
Pinole *f* mandrel, [spindle] sleeve; [tailstock] quill
Pinolenkörper *m* mandrel
Pinolenschlauchkopf *m* side-fed die
Pinolenspritzkopf *m* side-fed die
Pinolenwerkzeug *n* side-fed die
Pipeline *f* pipeline
Pipelineschieber *m* oil-field valve, pipeline valve
PIV-Getriebe *n* PIV-drive, positive infinitely variable gear
Plan- und Ausdrehkopf *m* facing and boring head
Plan *m* plan, schedule, scheme
  Plan *m* **der Wartungsarbeiten** maintenance operations schedule
Plananschlag *m* facing stop
planarbeiten face/to
Planarbeitsweg *m* cross traverse
Planbearbeiten *n* facing
Planbewegung *f* transverse motion (traverse)
Plandreheinrichtung *f* facing attachment
Plandrehen *n* facing, transversal turning
Plandrehmaschine *f* chuck (face, facing) lathe
Plandrehmeißel *m* facing tool

Plandrehsupport *m* facing head (slide)
planen plan/to, project/to, schedule/to; 2. face/to, turn transversally/to
Planetengetriebe *n* epicyclic gear, planetary gear [unit]
Planetenrad *n* planetary (planet) gear, planet wheel
Planfläche *f* face
Plangewinde *n* scroll
Planierschild *m* blade
plankopieren copy-face/to, cross-profile/to
planmäßige Instandhaltung *f* scheduled (preventive) maintenance
Plannachformdrehen *n* contour facing
Glasprüfmaß *n* optical flat ga[u]ge
Planparallelschleifmaschine *f* double-disk grinding machine
Planrevolver *m* cross-sliding turret
Planrückholen *n* cross return movement
Planscheibe *f* face plate
Planscheibendrehzahl *f* faceplate speed
Planscheibenklaue *f* faceplate jaw
Planscheibenspannschlitz *m* faceplate clamping slot
Planschieber *m* facing slide
Planschieberweg *m* cross-slide traverse
Planschleifeinrichtung *f* face grinding attachment
Planschleifen *n* face grinding
Planschleifmaschine *f* face grinder
Planschlitten *m* cross slide
Planschnitt *m* facing cut
Plansenker *m* facing tool
Planspindel *f* cross-slide screw

Plansupport *m* cross-slide rest
Plantrieb *m* cross-feed mechanism *{lathe}*
Planung *f* planning; design
  Planung *f* **computerunterstützte** computer-aided planning
Planvorschubanschlag *m* cross stop
Planvorschubspindel *f* cross-feed screw
Planwerkzeugträger *m* facing head
Planzug *m* cross-feed, cross movement, transverse traverse
Plasmaanzeige *f* plasma display
Plastifizierzeit *f* plasticizing time
Plastifizierzylinder *m* plasticating barrel (cylinder), plasticizing barrel (cylinder)
Plastikakkumulator *m* melt accumulator
plastisch plastic
  plastisch verformen overstrain/to
  plastische Nachwirkung *f* plastic-flow persistence
  plastische Formänderung *f* set
  plastischer Bereich *m* plastic range
  plastischer Werkstoff *m* plastic material
Plastizität *f* plasticity
  Plastizität *f* **vollkommene** perfect plasticity
Plastizitätsbedingung *f* criterion of yield
Plastizitätsbereich *m* plastic range
Plastizitätsgrenze *f* plastic limit
Plastizitätsmessung *f* measurement of plasticity
Plastizitätsprüfgerät *n* plastometer
Plastometer *n* plastometer
Platine *f* fat blank, sheet bar, slab, slug, stretch-out
Platinen *fpl* **walzen** slab/to

Platinenkaliber *n* slabbing pass
Platinenwärmofen *m* pair furnace
Platte *f* disk {e.g. valves}; plate; panel {e.g. front panel}; platen {press}
  Platte *f* **dünne** thin plate
  Platte *f* **rechteckige** rectangular plate
Plattenauswerfer *m* ejector plate [assembly]
Plattenbiegesteifigkeit *f* flexural rigidity of a plate
Plattendruck *m* platen pressure
Plattendurchbiegung *f* deflection of plate, platen deflection
plattenförmiger Probekörper *m* plate-type test specimen
Plattengröße *f* platen size
Plattenpaket *n* mo[u]ld plate assembly
Plattenpresse *f* platen press
Plattenschieber *m* disk-type slide valve
Plattenspeicher *m* disk memory (store)
Plattentemperatur *f* platen temperature
Plattenventil *n* disk (seating) valve, ring-plate valve
plattieren plate/to, clad/to {by bonding or welding}
Plattierschicht *f* cladding
Plattierung *f* cladding; cast coating
Platz *m* location, place, space, station
Platzbedarf *m* floor space required
Playback-Roboter *m* playback robot
  Playback-Roboter *m* **mit fest gespeichertem Arbeitsablauf** record playback robot
plazieren place/to
Pleuel *m* connecting rod
Pleuelfuß *m* big end
Pleuelstange *f* connecting rod
Plungerpumpe *f* plunger pump
Pneumatik *f* pneumatics
Pneumatiksteuerung *f* pneumatic control
pneumatisch air-actuated, air-operated, pneumatic
pneumatische Steuerung *f* pneumatic control
pneumatischer Kolbenantrieb *m* pneumatic piston drive
pneumohydraulisch pneumohydraulic
Podestbalken (Podestträger) *m* bearer
Poldi-Hammer *m* Poldi hardness tester
polen pole/to {e.g. copper}
polieren polish/to
Poliergerüst *n* planishing stand
Polierkaliber *n* finishing groove
Poliermaschine *f* polishing machine
Polierschleifen *n* abrasive-band polishing, band polishing
Polierständer *m* finishing stand
Polierstich *m* final (finishing, planishing) pass
Polierwalze *f* planishing roll
Polierwalzgerüst *n* bull head
Polsterregelung *f* cushion control
Pore *f* pore, void
Porengröße *f* pore size
Porenraum *m* residual porosity
Porosität *f* porosity
Porositätsmessung *f* porosimetry
Portalbauweise *f* bridge structure
Portalfräsmaschine *f* double-column milling machine
Portalkran *m* gantry crane, portal [jib] crane

Portalrahmen *m* bent
Porzellan *n* porcelain; china {insulating material}
Position *f* position
positionierbar positionable
positionieren align/to, index/to, locate/to, position/to
Positionierfehler *m* deviation
Positionierführung *f* positional guide
Positionierführungskraft *f* positioning force
Positioniergenauigkeit *f* locating (positional, positioning) accuracy
Positioniermechanismus *m* position mechanism
Positioniersteuerung *f* positioning control
Positioniersystem *n* automatisches autotrack system
positioniert aligned
positioniert falsch sein deviate/to
Positioniertisch *m* positioning table
Positionierung *f* alignment, location, positioning
Positionierung *f* automatische autopositioning
Positionierungsgenauigkeit *f* accuracy of positioning
Positionierzeit *f* positional (positioning) time
Positionsänderung *f* change in position
Positionsfolgesystem *n* positional servo system
Positionssystem *n* positional system
Positionsumformer *m* position transducer
positive Klemme *f* positive terminal
Posten *m* batch, lot; gob, gather {of glass}

Pourpoint *m* pour point
Prägestempel *m* [form] punch, hob
praktische Prüfung *f* practical testing
Prallblech *n* baffle, baffle (deflector) plate
Prallkörper *m* impactor
Prallplatte *f* s. Prallblech
Prallwand *f* s. Prallblech
Präzision *f* precision
Präzisions-Triebkette *f* precision driving chain
Präzisionsmessung *f* precision measurement
Präzisionswerkzeug *n* precision die (mo[u]ld)
prellen bounce/to {contact}
Preß-Stauchgrat *m* flash
Preßautomat *m* für Elektroporzellan automatic press for insulating chinaware
Preßbalken *m* folding beam
Preßbarkeit *f* mo[u]ldability
Preßblasverfahren *n* press-and-blow process
Preßblasmaschine *f* pressure blowing machine
Preßdruck *m* locking pressure
Presse *f* mit Drehtellerzuführung dial feed press
Presse *f* mit mehrteiligem Zweiständergestell built-in-up frame press
pressen mo[u]ld/to; press/to, compact/to, compress/to
Pressen *n* im halbtrockenen Zustand semidry pressing
Pressenfließreihe *f* press line
Pressenkraft *f* press capacity
Pressenleistung *f* press capacity

Pressensicherheitsventil *n* press safety valve
Pressenwerkzeug *n* press tool
Preßformmaschine *f* mo[u]lding press, squeezing machine
Preßgesenk *n* press die
preßgespritzter Probekörper *m* transfer-mo[u]lded specimen
Preßkammer *f* gooseneck
Preßkraftanzeigegerät *n* force (tonnage) indicator
Preßluft *f* compressed air
Preßluft-Handbohrmaschine *f* pneumatic hand drill
Preßmasse *f* compression-mo[u]lding material; press[ing] dust; press body (mix)
Preßpassung *f* press[ed] fit
Preßplatte *f* press platen, pressed sheet
Preßring *m* pressed ring
Preßrunzel *f* flow line {*surface defect*}
Preßsitz *m* press[ed] fit
Preßstofflager *n* fabric bearing
Preßteil pressed part, die-formed part
Pressung *f* shot
Preßwerkzeug *n* press tool, pressing die (tool); mo[u]ld
primäres Kriechen *n* primary creep
Primärmaschine *f* prime mover
Primärwelle *f* primary shaft
Primärzahnrad *n* primary pinion
Priorität *f* priority
Prioritätsebene *f* level of priority
Prisma *n* prism, V-block
prismatischer Stab *m* prismatic bar
Prismenfestigkeit *f* prism strength

Prismenfräser *m* double-equal angle cutter, equal-angle cutter, vee-form cutter
Probe *f* 1. assay; 2. sample, specimen, test piece; test portion
Probe *f* **diskrete** batch sample
Probe *f* **gebrochene** broken specimen
Probe *f* **genormte** standardized test specimen
Probe *f* **mittlere** average sample
Probe *f* **quadratische** square section specimen
Probe *f* **streifenförmige** strip test specimen, tape specimen
Probe *f* **aus Schaumkunststoff** foamed specimen
Probe *f* **für den Weiterreißversuch** tear-growth test specimen
Probe *f* **für Weiterreißfestigkeitsprüfung** tear strength specimen
Probe *f* **mit einem Einschnitt** single tear specimen
Probe *f* **mit konstantem Radius** constant radius specimen
Probe *f* **mit quadratischem Querschnitt** square section specimen
Probe *f* **mit rechteckigem Querschnitt** specimen of rectangular cross-section
Probe *f* **mit rundem Querschnitt** specimen of round cross-section
Probe *f* **mittlerer Güte** average sample *m* film test specimen
Probebetrieb *m* test operation
Probefilm *n* film test specimen
Probekörper *m* specimen, test piece (specimen)

Probekörper *m* **extrudierter** extruded specimen
Probekörper *m* **gelochter** punched test specimen
Probekörper *m* **plattenförmiger** plate-type test specimen
Probekörper *m* **preßgespritzter** transfer-mo[u]lded specimen
Probekörper *m* **spritzgegossener** injection-mo[u]lded specimen
Probekörper *m* **urgeformter** compression-mo[u]lded specimen, mo[u]lded specimen
Probekörper *m* **für Dauerstandsprüfung** creep specimen
Probekörper *m* **für den Zeitstandversuch** creep test specimen
Probekörper *m* **mit Kerb** notched test specimen
Probekörper *m* **ohne Kerb** unnotched test specimen
Probekörperform *f* shape of specimen
Probenabmessungen *fpl* size of test piece
Probenahme *f* sampling [procedure]
Probenäpfchen *n* sample cup
Probenbefestigung *f* specimen mounting
Probendeformation *f* specimen deformation
Probendichte *f* density of specimen
Probendicke *f* specimen thickness
Probenehmer *m* sampler
Probeneinspannung *f* chucking of test specimen
Probenflasche *f* sample flask
Probenform *f* shape of specimen
Probenhalter *m* sample holder
Probenhalterung *f* sample holder
Probenherstellung *f* test piece preparation
Probenkammer *f* specimen chamber
Probenkopf *m* end of the specimen
Probenlagerung *f* specimen preconditioning
Probenmasse *f* mass of specimen
Probenoberfläche *f* specimen surface
Probenquerschnitt *m* specimen cross-section
Probenverformung *f* [test] specimen deformation
Probenverlust *m* loss of sample
Probenvorbereitung *f* test specimen conditioning
Probestab *m* test piece
Probestreifen *m* test strip
Probestück *n* test piece
probieren assay/to {ore}
probierender Automat *m* learning-by-success automaton
problemorientiert tailored, problem-oriented
Problemstellung *f* set-up
Produkt *n* product
Produktion *f* 1. production, making, manufacture; 2. production, output, make
Produktionsausstoß *m* production rate
Produktionsautomatisierung *f* production automation
Produktionslenkung *f* production control
Produktionsmodell *n* production model
Produktionsprozeß *m* production process
Produktionssicherheit *f* manufacturing safety

Produktionssteuerung *f* production control
Produktionswerkzeug *n* production die, production mo[u]ld
Produktionszuverlässigkeit *f* manufacturing reliability
Produktionszyklus *m* production cycle
Produktivität *f* productivity
Produktqualität *f* product quality
Produzent *m* producer
produzieren produce/to
Profil *n* profile; section, shape section
Profilabweichung *f* mismatch *{gear}*
Profilführung *f* profile guide
Profilgerüst *n* section mill frame
Profilgummi *n* profile rubber
profilieren contour/to, groove/to; profile/to, shape/to
Profilkaliber *n* shaping groove
Profilrahmen *m* profile frame
Profilrolle *f* crush-dressing roll, crusher roll
profilschleifen crush-grind/to
Profilschnitt *m* contoured cut
Profilstich *m* forming pass
Profilwalze *f* section roll
Profilwalzen *n* form rolling
Programmabarbeitung *f* program run (operation)
Programm *n* program, routine
  Programm *n* **ablaufen lassen** run a program/to *{e.g. for numerical control}*
  Programm *n* **abrufen** recall a program/to *{e.g. for numerical control}*
  Programm *n* **ändern** alter a program/to
  Programm *n* **geradliniges** straight-line program
  Programm *n* **lineares** linear program
  Programm *n* **zyklisches** cyclic program
  Programm *n* **mit geringerer Priorität** lower-priority program
  Programm *n* **mit hoher Priorität** higher-priority program
Programmablaufplan *m* flow diagram, program chart
Programmausführung *f* program execution
Programmbearbeiter *m* programmer
Programmbibliothek *f* program library
Programmfahrschalter *m* controller
Programmgeber *m* control timer, programmed transmitter
programmgesteuerter Automat *m* program-controlled automaton
programmierbar programmable
programmierbarer Roboter *m* programmable robot
programmierbares Filter *n* programmable filter
Programmiereingabe *f* **durch Lehren** teach-in *{robot}*
programmieren program/to
Programmierer *m* programmer
Programmierersteuertafel *f* programmer control panel
programmiert programmed
Programmiertastatur *f* programming keyboard
Programmierung *f* **lineare** linear programming (optimizing)
Programmierung *f* **absoluter Maße** absolute programming
Programmierung *f* **im Absolutmaßsystem** absolute programming

Programmierzeit f **einsparen** save programming time/to
programmkompatibel software-compatible
Programmnocken m program cam {mechanical control}
Programmodell n **lineares** programming model
Programmschalter m controller
Programmschleife f program loop
Steuerprogramm n controlling program
projektieren project/to, plane/to, scheme/to
Projektierungssystem n **automatisiertes** automated system of project design
Projektingenieur m project engineer
projizieren project/to {graphics}
Propellerpumpe f propeller (axial-flow) pump
Proportionalabweichung f position[al] error
proportionale Lageabweichung f position error
Proportionalitätsgrenze f limit of proportionality, proportionality limit
Proportionalventil n proportional valve
Propriozeptor m propriozeptive transducer
Prototypentwicklungssystem n prototype development system
Prototypwerkzeug n prototype die (mo[u]ld)
Prozeß m process
  Prozeß m **diskontinuierlicher** batch process
  Prozeß m **industrieller** industrial process
  Prozeß m **technischer** technical process
Prozeßanalyse f **mittels Netzplantechnik** activity analysis
Prozeßautomatisierung f automatic process control, process automation
Prozeßbilanzierung f **automatische** automatic process balancing
Prozeßcomputer m control computer
Prozeßführung f process management
Prozeßführung f **automatische** automatic process control
prozeßgeregelt [closed-loop] process-controlled
prozeßgesteuert [open-loop] process-controlled
Prozeßoptimierung f **automatische** automatic process optimization
Prozeßregelung f [closed-loop] process control
Prozeßsicherung f **automatische** automatic process safeguarding
Prozeßsteuerung f [open-loop] process control
Prozeßvariable f process variable
Prüfanordnung f test arrangement
Prüfanschluß m test connection
Prüfapparatur f test apparatus
Prüfbedingung f test condition
Prüfbereich m test range (area); test scope
Prüfbericht m test report
Prüfdaten pl test data
Prüfdauer f duration of test
Prüfdorn m test mandrel
prüfen assay/to; examinate/to, ga[u]ge/to, inspect/to, test/to, check/to, verify/to
Prüfen n **zerstörungsfreies** non-destructive testing

Prüfer *m* test operator, tester
Prüfergebnis *n* test result
Prüfflüssigkeit *f* test liquid
Prüffolie *f* test foil
Prüffunktion *f* test function
Prüfgerät *n* testing instrument, tester
Prüfgeschwindigkeit *f* test speed
Prüfinstrument *n* testing instrument
Prüfkammer *f* test cabinet (chamber)
Prüfklima *n* test atmosphere, atmosphere for testing
Prüfkörper *m* [test] specimen, test piece
Prüfkörperquerschnitt *m* specimen cross-section
Prüfkraft *f* testing force [load]
Prüfkreis *m* test circle
Prüflaboratorium *n* test laboratory
Prüflast *f* test[ing] load
Prüflösung *f* test solution
Prüfmaschine *f* testing machine
  Prüfmaschine *f* **hydraulische** hydraulic testing machine
  Prüfmaschine *f* **mechanische** machine for mechanical testing, mechanical testing machine
Prüfmethode *f* testing technique; test[ing] method
  Prüfmethode *f* **beschleunigte** accelerated test method
Prüfmittel *n* test agent
Prüfnormal *n* standard
Prüfoberfläche *f* test surface
Prüfraum *m* test room
Prüfsieb *n* test[ing] sieve
Prüfsiebreihe *f* test sieve series
Prüfspannung *f* test voltage
Prüfspitze *f* prod
Prüfstab *m* test bar (rod)

Prüfstand *m* test rig
Prüfsystem *n* **computerautomatisiertes** computer-automated test system
Prüftemperatur *f* test temperature
Prüfung *f* assay; examination, inspection, test, check[ing]
  Prüfung *f* **dynamische** dynamic test
  Prüfung *f* **genormte** standard test
  Prüfung *f* **indirekte** indirect test
  Prüfung *f* **mechanische** mechanical (physical) testing
  Prüfung *f* **physikalische** physical testing
  Prüfung *f* **praktische** practical testing
  Prüfung *f* **visuelle** visual examination (inspection)
  Prüfung *f* **zerstörungsfreie** nondestructive testing
  Prüfung *f* **zusätzliche** additional test
  Prüfung *f* **auf Betriebsbereitschaft** operational test
  Prüfung *f* **bei natürlichen Einflußfaktoren** natural test method
  Prüfung *f* **der Ablation** ablation test[ing]
  Prüfung *f* **der antistatischen Eigenschaften** antistatic test
  Prüfung *f* **der Benetzbarkeit** wettability test
  Prüfung *f* **der Beständigkeit** permanence test
  Prüfung *f* **der betrieblichen Eignung** operational suitability test
  Prüfung *f* **der mechanischen Eigenschaften** mechanical testing, testing of mechanical properties
  Prüfung *f* **des Glanzes** gloss test

Prüfung *f* **in der Anlage** field test[ing], plant test[ing]
Prüfung *f* **in der Praxis** practical testing
Prüfung *f* **mit Röntgenstrahlen** X-ray examination (inspection)
Prüfung *f* **mittels Einwirkung von Tageslicht** exposure to daylight
Prüfung *f* **von Kunststoffen** plastics testing
Prüfung *f* **von Stichproben** sampling test
Prüfungsart *f* test mode
Prüfungsbefund *m* test result
Prüfungsdauer *f* length of test period
Prüfungsforderungen *fpl* test requirements
Prüfungsproblem *n* check problem
Prüfungsverfahren *n* testing procedure
Prüfungszeitraum *m* test period
Prüfverfahren *n* test[ing] method
 Prüfverfahren *n* **elektrisches** electrical test
 Prüfverfahren *n* **spannungsoptisches** stress-optical technique
 Prüfverfahren *n* **mit [an]steigender Belastung** progressive load method
Prüfvorgang *m* testing operation (procedure)
Prüfwerkzeug *n* experimental die (mo[u]ld, tool)
Prüfwerte *mpl* test data
Prüfzeit *f* test period
Psychrometer *n* psychrometer, wet-and-dry-bulb hygrometer (thermometer)
Puddelblock *m* boiled bar

Puddeldrehofen *m* rotary puddling furnace
puddeln puddle/to
Puddelofen *m* puddling furnace
Puddelschlacke *f* tap cinder, tappings
Puffer *m* buffer
Pufferring *m* buffer ring
pulsieren pulse/to, pulsate/to
pulsierende Belastung *f* pulsating load
Pult *n* console desk
Pulver-Schüttdichte *f* apparent powder density
pulveraufkohlen pack-carburize/to
Pulveraufkohlen *n* solid (pack, solid-pack) carburizing
Pulverdichte *f* powder density
pulvereinsatzhärten pack-harden/to
pulvereinsetzen pack-carburize/to
Pulvereinsetzen *n* *s.* Pulveraufkohlen
Pulverschüttdichte *f* apparent powder density
Pulverwalzen *n* powder rolling
pulverzementieren pack-carburize/to
Pumpart *f* pump mode
Pumpe *f* [liquid] pump
 Pumpe *f* **gekapselte** totally enclosed pump
Pumpenanschluß *m* pump connection
Pumpendeckel *m* pump cover
Pumpengehäuse *n* pump housing
Pumpenschalter *m* pump switch
Pumpenwelle *f* pump shaft
Pumpsteiger *m* venting channel
Punkt-Strecken-Steuerung *f* [straight] point-to-point control
Punkt *m* point

Punkt *m* **adressierbarer** addressable point
Punktanguß *m* pin gate
Punktanguß *m* **mit Vorkammer** antechamber-type pin gate
Punktangußdüse *f* pin gate nozzle
Punktangußkegel *m* pin gate sprue
Punktanschnittdüse *f* pin gate nozzle
Punktanschnittkanal *m* pin gate
Punktanzeige *f* point display
punktförmiger Anschnittkanal *m* pin gate
Punktlast *f* concentrated load
Punktschweißroboter *m* spot welding robot
Punktsteuerung *f* point-to-point control
Punktsteuerungsoperation *f* coordinate setting operation, point-to-point operation
Punktsteuerungssystem *n* point-to-point control system
putzen blast/to, burr/to, dress/to, fettle/to, scour/to, clean/to, snag/to; deseam/to *{ingot}*; rattle/to *{in drums}*
Putzerei *f* cleaning room, fettling room (shop)
Putzhaus *n* blast cabinet
Putzkabine *f* cleaning chamber
Putzloch *n* cleaning hole
Putzmaschine *f* fettling machine
Putzöffnung *f* cleaning hole
Putzstern *m* [rattler] star
putzstrahlen blast/to
Putzstrahlen *n* blast cleaning, blasting
Putztisch *m* cleaning table
Putztrommel *f* rolling barrel, tumble
Pyrolyse *f* pyrolysis

Q

quadratische Probe *f* square section specimen
Qualitätskontrolle *f* quality check
Qualitätssicherung *f* quality assurance
quasistationäre Messung *f* quasi-steady state measurement
Quellbeständigkeit *f* resistance to swelling
Quellen *n* swelling
Quellneigung *f* tendency to swelling
Quellpunkt *m* hot spot
Quellung *f* swelling
Quellverhalten *n* swelling behaviour
Queranschlag *m* *s.* Quervorschubanschlag
Querbalken *m* cross rail
Querbelastung *f* lateral load
Querbewegung *f* cross movement
Querbohreinrichtung *f* cross drilling attachment
Querbohrung *f* cross-bore
Querbruchfestigkeit *f* transverse strength
Querfaltversuch *m* flattening test
querfräsen cross-mill/to
Querführung *f* cross rail
Quergefälle *n* camber
quergerichtet lateral; crosswise
Querhaupt *n* cross-beam, cross girth, crosshead
querhobeln cross-plane/to
Querhobelsupport *m* cross-planing head, cross-rail planing head
Querkeil *m* cotter [key]
Querkeilloch *n* cotter slot (way)
Querkeilverbindung *f* cottered joint
Querkraft *f* shearing force

Querkraftdiagramm *n*   shearing force diagram
Querloch *n*   slotted hole
Querneigung *f*   camber
Querresonanz *f*   parallel resonance
Querriegel *m*   cross-bar
Querriß *m*   head pull
Querschlitten *m*   cross slide *{lathe}*; head *{planer}*
Querschneide *f*   center line between cutting edges
Querschneidewinkel *m*   complementary angle of the chisel edge angle
Querschnitt *n*   cross section
Querschnitt vermindern   neck down/to
Querschnittsfläche *f*   cross-section[al] area
Querschnittskern *m* **des Stabes**   core of a section of a bar
Querschnittsreduktion *f*   breaking-down
Querschnittsverengung *f*   narrowing cross-section
Querschnittsverengung *f* **am Strömungskanal**   narrowing flow channel
Querschnittsverringerung *f*   reduction of area, draft
Querschwingung *f*   transverse vibration
Querstab *m*   cross-bar
Querstange *f*   cross-bar
Querstoß *m* **des Stabes**   transverse impact of a bar
Querstück *n*   cross-bar, cross piece
Quersupport *m*   cross slide, cross-slide rest (toolbox), cross support
Querträger *m*   cross-bar, cross beam, cross-tie, crosshead
Quertransport *m*   transverse, traverse *{table}*

Querverrippung *f*   cross ribbing *{bed}*
Querverschiebung *f*   cross movement
Querverstellung *f*   cross adjustment
Querverteiler *m*   hot runner manifold block
Quervorschub *m*   cross-feed
Quervorschubanschlag *m*   cross stop
Querwalze *f*   cross-roll
querwalzen   cross-roll/to
Querwelle *f*   cross shaft
Quetschgrenze *f*   compressive yield point
Quetschkante *f*   nip-off edge, pinch-off bar (edge)
Quetschnaht *f*   pinch-off weld
Quetschtasche *f*   flash chamber
Quetschventil *n*   spring [diaphragm] valve
Quetschzone *f*   pinch-off area
Quittung *f*   acknowledgement, receipt
Quotient *m*   ratio

R

Rachen *m {Lehre}*   gap
Rachenlehre *f*   snap (end, gap) ga[u]ge
Rad *n*   wheel
  Rad *n* **getriebenes**   drived gear
  Rad *n* **innenverzahntes**   annular gear
Räderblock *m*   gear block
Rädergetriebekasten *m*   drive gearbox
Rädervorgelege *n*   back gear

Rädervorgelegewelle *f* back gear shaft
radial radial
Radialbohrmaschine *f* radial drilling machine
Radialbohrmaschine *f* **mit Höhenverstellung** elevating arm radial drilling machine
radiale Belastung *f* radial load
radiales Spiel *n* [radial] play
Radialgebläse *n* radial-flow fan, centrifugal fan
Radialgleitlager *n* **hydrostatisches** hydrostatic radial slide bearing
Radialkolbenmotor *m* radial piston motor
Radialkolbenpumpe *f* [radial] piston pump
Radialkraft *f* thrust force, radial force
Radiallüfter *m* centrifugal fan, radial ventilator
Radialpumpe *f* radial pump
Radialspannung *f* radial stress
Radiusfräsen *n* cornering
Radiusfräser *m* corner rounding cutter
Radiusfräser *m* **doppelseitiger** double-corner rounding cutter
Radkeil *m* wheel chock
Radwerkzeug *n* circular [gear] shaping cutter
Raffination *f* **im Schmelzfluß** fire refining
Raffinerie *f* finery; refinery, refining plant
raffinieren fine/to, refine/to, purify/to
Raffinierofen *m* refining furnace
Rahmen *m* frame

Rahmen *m* **drehbarer** moving frame
Rammbär *m* bed-head
Rand *m* edge, border, lip; margin; selvage; case, surface layer
Rand *m* **freier** free edge
randaufkohlen case-carburize/to
Rändel *n* straight-knurling tool
Rändelmuster *n* straight-knurled pattern
Rändelmutter *f* knurled nut
Rändeln *n* straight-knurling
Rändelrädchen *n* knurling roller
Rändelscheibe *f* knurled disk
Rändelschraube *f* knurled head screw
Rändelwerkzeug *n* straight-knurling tool
Randentkohlung *f* edge (skin) decarburization
Randfaser *f* most extreme (remote) fibre, peripheral fibre
Randfehler *m* reed
Randlunker *m* peripheral blowhole
Randmarke *f* collar mark
Randschicht *f* **nitrierte** nitrided case {layer}
Randträger *m* boundary beam
Randzone *f* surface layer, case; skin
Rast *f* 1. bosh {melting zone of a blast furnace}; 2. notch
rastender Revolverkopf *m* indexing turret
Rastenrad *n* notched wheel
Rastenscheibe *f* notched disk (plate)
Rastenwerk *n* locating device
Raster *n* frame
Rastmantel *m* shell {blast furnace}
Rastmechanismus *m* indexing mechanism

Rastwinkel *m* angle of bosh
Rate *f* rate
Ratsche *f* ratchet
Rattererscheinung *f* chattering
Rattermarke *f* chatter mark
Rauhschliff *m* grey cutting
Rauhtiefe *f* roughing depth
Raum *m* chamber; space
  Raum *m* **kartesischer** Cartesian space
  Raum *m* **für die Druckprüfung** compression space
  Raum *m* **für die Zugprüfung** tension space
Raumgeräusch *n* room noise
räumliche Ausdehnung *f* size
räumliche Dehnung *f* cubical dilatation
räumliche Lage *f* position in space
räumliche Zusammenziehung *f* cubical contraction
räumlicher Spannungszustand *m* general state of stress
räumlicher Verzerrungszustand *m* general state of strain
raumnachformen duplicate three-dimensionally/to
Raumnachformfräsen *n* die-sinking
Räumnadel *f* broach
Raumtemperatur *f* ambient (room) temperature
Räumwerkzeug *n* **rundes** circular broach
Raumzelle *f* box [unit], building box
Raumzellenbauweise *f* box construction
Rauschen *n* noise
  Rauschen *n* **thermisches** thermal noise
Rautenvorkaliber *n* diagonal pass
Reaktionsmotor *m* reaction motor

Realisierbarkeit *f* realizability
Rechenanlage *f* computer
Rechenoperation *f* arithmetic operation
Rechenwert *m* calculation value
rechnergeführte numerische Steuerung *f* computerized numerical control
rechnergestützt computer-aided, computer-assisted; *s.a.* computergestützt
rechteckige Platte *f* rectangular plate
Rechteckkanal *m* rectangular flow channel, rectangular runner
rechtsdrehend clockwise
Rechtsgewinde *n* right-hand thread
rechtsherum clockwise
rechtsläufig clockwise
rechtwinklig rectangular, right-angled
rechtwinklig anordnen arrange to a rectangular pattern/to
rechtwinklige Koordinaten *fpl* Cartesian coordinates
rechtwinkliges Koordinatensystem *n* rectangular coordinate system
Reckalterung *f* strain ageing
reckalterungsbeständig non-strain ageing
recken draw out/to; stretch/to
Recken *n* drawing-out; stretch[ing]
  Recken *n* **biaxiales** biaxial stretching
Reckgrad *m* degree of stretching, strain
  Reckgrad *m* **kritischer** critical strain
reckschmieden hammer/to
reckumformen draw/to

Reckumformen *n* drawing
Reckwerkzeug *n* stretch die
reckziehen stretch-form/to
Reckziehpresse *f* stretch-draw press, stretch press
Reduktionseinsatz *m* reducing socket
Reduktionsschlacke *f* white slag
Redundanz *f* redundancy
Redundanz *f* **aktive** active (functional) redundancy
Redundanz *f* **fördernde** useful redundancy
Redundanz *f* **funktionelle** active (functional) redundancy
Reduziereinsatz *m* collet
reduzieren reduce/to, decrease/to *{e.g. temperature}*; sink/to *{tube}*
reduzierendes Rösten *n* reducing roasting
Reduziergerüst *n* reducing roll stand
Reduziergetriebe *n* reduction gear
Reduzierhülse *f* closer, drill sleeve (socket)
Reduzierkaliber *n* reducing pass
Reduzierstation *f* reducing valve and filter station *{compressed air}*
Reduzierstück *n* reducer, reducing fitting (adapter)
reduzierte Spannung *f* reduced stress
Reduzierventil *n* pressure reducer, reducting valve
reduzierwalzen sink/to *{tube}*
Reduzierwalzwerk *n* sinking mill
reflexionshemmender Überzug *m* antireflection coating
Reflexionswinkel *m* angle of reflection

Regelabweichung *f* control offset, controlling error, unbalance
Regelabweichung *f* **bleibende** position error
Regelanlage *f* control assembly
Regelarmatur *f* regulating valve
Regelbefehl *m* control instruction
Regelbereich *m* control range
Regelcharakteristik *f* control characteristic
Regeleinrichtung *f* control equipment, controlling apparatus
Regelgerät *n* control device, controller, controlling device
Regelgüte *f* control accuracy
Regelinstruktion *f* control instruction
Regelinstrument *n* controlling instrument
Regelkennlinie *f* control characteristic
Regelkreis *m* control loop
Regelkreis *m* **anpassungsfähiger** adaptive loop
regeln control/to
Regeln *n* controlling
Regelorgan *n* controlling element
Regelscheibe *f* control wheel *{centerless grinding}*
Regelscheibenabrichtung *f* control-wheel truing attachment
Regelspindel *f* control-wheel spindle
Regelspindelstock *m* control-wheel headstock
Regelung *f* [closed-loop] control, feedback control
Regelung *f* **adaptive** adaptive control
Regelung *f* **lernende** learning control

Regelung *f* **selbsteinstellende** self-adaptive control
Regelung *f* **eines Chargenprozesses** batch control
Regelung *f* **mit Rückführung** feedback control
Regelung *f* **mit Störgrößenaufschaltung** feedforward control
Regelungsaufgabe *f* control task
Regelungseinheit *f* control unit
Regelungsgenauigkeit *f* control accuracy
Regelungsgerät *n* control unit
Regel[ungs]system *n* feedback system, control system
Regelungstechnik *f* automatic control engineering, control engineering
Regelungstheorie *f* automatic control theory
Regelungsvorgang *m* control action
Regelventil *n* control valve; regulating valve
Regelverhalten *n* control action
Regelwarte *f* control center (room)
Regenerator *m* regenerator; repeater
regenerierbar regenerable, renewable
regenerieren recondition/to
regeneriertes Teil *n* reconditioned part
registrieren record/to
Registrierformular *n* log sheet
Registrierung *f* record[ing]
Regler *m* control unit, controller, controlling device; regulator, governor *{mechnically}*
Regler *m* **automatischer** automatic controller
Regler *m* **mit Rückführung** feedback controller

Regler *m* **mit Störgrößenaufschaltung** feedforward controller
Reglerausfall *m* controller failure
Reglerbaustein *m* controller module
regulierbar adjustable
Regulierbarkeit *f* adjustability
regulieren adjust/to; regulate/to, control/to
Regulierhebel *m* regulating lever
Regulierknopf *m* regulating button
Regulierstift *m* regulating pin
Regulierung *f* adjustment; regulation
Regulierventil *n* regulating valve
Reibahle *f* reamer
Reibahle *f* **kreuzverzahnte** duplex spiral reamer
Reibahlenkörper *m* reamer body
Reibahlennutenfräser *m* cutter for fluting reamers
Reibarbeit *f* reaming work
Reibbelag *m* friction lining
Reiben *n* reaming
Reibrad *n* friction disk
Reibradgetriebe *n* friction-wheel transmission
Reibring *m* friction ring
Reibscheibe *f* friction disk
Reibscheibenkupplung *f* plate clutch
Reibschluß *m* adhesive force, adhesion
Reibung *f* friction
Reibung *f* **innere** internal friction
Reibungseigenschaft *f* frictional property
reibungsfrei frictionless
Reibungshammer *m* friction drop hammer (stamp)
Reibungskoeffizient *m* coefficient of friction

Reibungskupplung *f* friction clutch
Reichweite *f* range; reach *{e.g.robot}*
Reihe *f* series; row *{e.g. matrix}*; range; run
Reihenbohrmaschine *f* gang-spindle drilling machine
Reihenfertigung *f* duplicate production
Reihenfolge sequence, order
Reihenfolge *f* **umgekehrte** reverse sequential order
Reihenfolge *f* **der Operationen** operation sequence
Reihenfolge eine umkehren reverse a sequence/to
Reihenpunktanschnitt *m* multiple pin gate, multipoint pin gate
Reihenverteiler *m* runners arranged side by side
Reinaluminium *n* pure aluminium
reine Biegung *f* pure bending
reine Volumenänderung *f* pure dilatational strain, uniform dilatation
reinigen clean/to, purge/to; refine/to *{metals}*
Reinigung *f* **elektrolytische** electro-cleaning
Reinigung *f* **kathodische** cathode cleaning
Reinigungsbad *n* rinsing bath *{e.g. after etching}*
reinschmelzen found/to
Reise *f* campaign *{blast furnace}*
Reißdehnung *f* breaking elongation
reißen tear/to, break/to, rupture/to; craze/to *{of glazes}*; crack/to
Reißfestigkeit *f* tensile stress at break
Reißkraft *f* breaking force
Reißnadel *f* scriber

Reißspan *m* discontinuous chip, tear chip
Reiterlehre *f* straddle ga[u]ge
Reitstock *m* tail stock
Reitstockpinole *f* tailstock sleeve
Reitstockplanscheibe *f* face-type tailstock
Rekristallisationsglühen *n* recrystallization (subcritical) annealing
Rekristallisationstemperatur *f* recrystallization temperature
Rekuperativofen *m* recuperative furnace
Rekuperator *m* recuperator
Relais *n* relay
Relaisbaustein *m* relay module
relaisbetätigt relay-actuated, relay-operated
Relaisschaltung *f* relay network
relative Dichte *f* relative density
relative Drehzahländerung *f* relative speed variation
relative Einschaltdauer *f* duty factor
relative Einschaltdauer *f* **bei Dauerbetrieb** duty factor in continuously running duty
relative Einschaltdauer *f* **bei intermittierendem Betrieb** duty factor in intermittent periodic duty
relative Feuchte *f* relative humidity
relative Fleckenbeständigkeit *f* relative stain resistance
relativer Drehzahlabfall *m* relative speed drop
relativer Drehzahlanstieg *m* relative speed rise

Relaxation *f* plastic-flow persistence, relaxation
reliefprägen emboss/to
Reliefprägen *n* embossing
Renn-Verfahren *n* native forge process
Renner *m* runner
Rennfeuer *n* charcoal hearth
Rennstahl *m* ore steel
Reparatur *f* repair
Reparatur *f* **ungeplante** unscheduled repair
Reparatur *f* **wegen Notfalls** emergency maintenance
Reparaturhandbuch *n* repair handbook
Reparaturzeit *f* **mittlere** mean time to repair
reparierbar repairable, reparable
reparierbares Teil *n* repairable part
reparieren overhaul/to, repair/to
Repeater *m* repeater
Repetierverfahren *n* playback *{numerical control}*
Reproduktion *f* duplication
reproduzierbar reproducible, repetitive
reproduzierbare Genauigkeit *f* repetitive accuracy
Reproduzierbarkeit *f* repeatability, reproducibility
Reproduzierbarkeit *f* **der Lage** position repeatibility
Reproduzierbarkeit *f* **über kurze Zeit** short-time repeatability
Reproduzierbarkeit *f* **über lange Zeit** long-term repeatability
reproduzieren duplicate/to, repeat/to
Reserve *f* standby
Reserve *f* **heiße** active redundancy
Reserveausrüstung *f* back-up equipment, standby equipment
Reservesystem *n* back-up system
Reserveteil *n* spare part
Resolver *m* resolver
Resonanzfrequenz *f* resonant frequency, resonance frequency
Resonanzmaschine *f* resonant machine
Resonanzwert *m* resonance value
Restblock *m* butt ingot
Restdehnung *f* residual elongation
Reversiergerüst *n* reversing stand
Revolver *m* turret *{multiple-tool holder}*
Revolverbank *f* capstan lathe
Revolverdrehmaschine *f* capstan lathe
Revolverkopf *m* turret [head]
Revolverkopf *m* **rastender** indexing turret
Revolverkopfsteuerung *f* turret control
Revolverpresse *f* turnable press, turret punch press
Revolverschlitten *m* turret carriage
Richtcharakteristik *f* directional response pattern, directivity pattern
richten straighten/to
Richten *n* straightening
Richtigbefund *m* acknowledgement
richtiger Sitz *m* proper fit
Richtlinie *f* guideline, guide
Richtmagnet *m* control magnet
Richtmaschine *f* **mit verschränkt angeordneten Rollen** cross-roll straightening machine
Richtorgan *n* **hyperbolisches** concave roll *{roll straightener}*
Richtpresse *f* straightening press

Richtrollenanstellwinkel *m* roll angle *{roll straightener}*
Richtung *f* direction, orientation
Richtungsempfindlichkeit *f* directional response
Richtungskoppler *m* directional coupler
Richtungsmaß *n* directional gain, directivity index
Richtwert *m* approximation value; reference value
Riefe *f* groove; flute, ridge
Riegel *m* [cross] beam
Riemen *m* belt
Riemen[an]trieb *m* belt drive
Riemenantrieb *m* **gekreuzter** crossed belt drive
Riemenantrieb *m* **offener** open belt drive
Riemenfallgesenkhammer *m* **mit Fußhebelbetätigung** kick stamp
Riemenfallhammer *m* strap hammer, belt drop hammer
Riemenführung *f* belt guide
Riemengabel *f* belt fork
Riemengetriebe *n* belt drive
Riemenkralle *f* claw belt fastener
Riemenquerschnitt *m* cross section of belt
Riemenscheibe *f* belt pulley
Riemenschutz *m* belt protection
Riemenspanner *m* belt tightener
Riementrieb *m* *s.* Riemenantrieb
Riemenvorschubgetriebe *n* belt feed drive
Riemenzug *m* belt pull
Riffelblech *n* corrugated sheet
Rille *f* *s.* Riefe
Ring *m* ring
Ringanschnitt *m* ring gate

Ringaufweitversuch *m* ring expansion test
Ringbolzen *m* eyebolt
Ringbremse *f* clamp ring
ringförmiger Bandanschnitt *m* ring gate
Ringkanal *m* annular groove, circular runner
Ringkolben *m* tubular ram
Ringkolbenventil *n* annular-piston valve
Ringmutter *f* annular ring, ring nut
Ringnut *f* annular groove
Ringprobe *f* **geschlossene** closed-ring test specimen
Ringrillendorn *m* mandrel with ring-shaped groove
Ringsammelleitung *f* loop header
Ringschieber *m* annular slide valve
Ringschlüssel *m* ring spanner
ringschmieden saddle/to
Ringschraube *f* ring screw
ringwalzen saddle/to
Ringwicklung *f* ring winding
Rinne *f* runner, launder *{metallurgy}*; chute, trough *{for transporting bulk material}*; channel
Riß *m* breakage, flaw, crack
Rißbeständigkeit *f* **bei Umwelteinflüssen** environmental craze resistance
Rißbildung *f* crack formation (initiation), cracking; crazing *{a defect in glazes}*
Rißbildung *f* **infolge Ozoneinwirkung** ozone cracking
Rißbildungsgrenze *f* crack formation limit
Rißbildungsneigung *f* tendency to cracking

Rißlänge f tear length
Rißlinie f marking line
Rißprüfer m crack detector
Rißprüfung f crack detection
Rißwachstum n crack (cut) growth
Ritzel n pinion
Ritzelwelle f pinion drive shaft, shaft with pinion
Ritzhärte f abrasiv (scratch) hardnes
Roboter m [industrial] robot; automaton
Roboter m **computergestützter** computerized robot
Roboter m **festprogrammierter** fixed-sequence robot
Roboter m **hängender** ceiling-mounted robot
Roboter m **intelligenter** intelligent robot
Roboter m **lernender** learning robot
Roboter m **mobiler** mobile robot
Roboter m **programmierbarer** programmable robot
Roboter m **sensorgesteuerter** sensor-controlled robot
Roboter m **streckengesteuerter** path robot
Roboter m **weggesteuerter** controlled-path roboter
Roboter m **als Zeichenautomat** drawing robot
Roboter m **für den Metallguß** metal pouring robot
Roboter m **für die Montage** assembly robot
Roboter m **für Schleifarbeiten** grinding robot
Roboter m **mit Anschlägen** bang-bang robot
Roboter m **mit beschränkter Bewegungsfolge** limited-sequence robot
Roboter m **mit Deckenbefestigung** ceiling-mounted robot
Roboter m **mit drehbarer Grundplatte** cylindrical coordinate robot
Roboter m **mit Effektorbewegung auf vorgegebener Kugelfläche** spherical coordinate robot
Roboter m **mit fest gespeichertem Arbeitsablauf** record playback robot
Roboter m **mit Festanschlag** fixed-stop robot
Roboter m **mit Gelenkarm** jointed-arm robot
Roboter m **mit Kraftkompensation** compliant robot system
Roboter m **mit Kugelgelenken** jointed spherical robot, spherically jointed robot
Roboter m **mit optischem Sensor** eye robot, seeing eye robot
Roboter m **mit redundanten Freiheitsgraden** redundant-axis roboter
Roboter m **mit Sensorsteuerung** sensor-controlled robot
Roboter m **mit Servosteuerung** servo-controlled robot
Roboter m **mit Werkzeugwechsel** tool-changing robot
Roboter m **mittlerer Technologie** medium-technology robot
Roboter m **ohne Rückkopplung (Rückführung) des Arbeitsergebnisses zum Vergleich mit der eingegebenen Aufgabe** open-loop robot
Roboter m **ohne Stellkraftverstärker** non-servo robot

Roboter *m* zum Bohren drilling robot
Roboter *m* zum Entgraten deburring robot
Roboter *m* zum Fügen von Werkstücken joining robot
Roboter *m* zum Punktschweißen spot welding robot
Roboter *m* zum Schmieden forging robot
Roboter *m* zum Sortieren sorting robot
Roboter *m* zum Sortieren nach Größe sizing robot
Roboter *m* zum Spritzgießen injection mo[u]lding robot
Roboter *m* zur Werkstoffbearbeitung material-processing robot
Roboterachse *f* robot axis
Roboterarm *m* robot arm
Roboterfähigkeit *f* robot capability
Roboterintelligenz *f* künstliche artificial intelligence of robot, robotic artificial intelligence
Roboternutzer *m* robot user
Robotersimulation *f* robot simulation
Robotersteuerung *f* robot control
Robotersystem *n* robot system
Robotertechnik (Robotik) *f* robotics
robust rugged, sturdy
Robustheit *f* robustness, sturdiness
Rockwell-Härte *f* Rockwell hardness
Rockwell-Härteprüfgerät *n* Rockwell hardness tester
roh raw, untreated, unprocessed *{material}*; green, unfired; unwrought *{metal}*
Rohblock *m* bloom, [raw] ingot, rough-rolled ingot

Rohbramme *f* slab ingot
Roheisenabstichrinne *f* iron runner
Roheisenmischer *m* mixer *{pig iron}*
Rohgang *m* cold working *{blast furnace}*
Rohlänge *f* rough cut length
Rohling *m* blank, slug, workpiece
Rohluppe *f* puddle ball
Rohmaß *n* rough size
Rohr- und Stangenrichtmaschine *f* cross-roll straightening machine
Rohr *n* tube, pipe; duct
Rohr *n* ausgekleidetes lined pipe
Rohr *n* biegsames flexible pipe
Rohr *n* kaltgepilgertes rocked tube
Rohr *n* längsnahtgeschweißtes longitudinally welded pipe
Rohr *n* nahtloses seamless pipe
Rohr *n* spiralgeschweißtes spirally welded pipe
Rohr *n* aus Kunststoff plastic pipe
Rohr *n* aus NE-Metall non-ferrous metal pipe
Rohr *n* mit Flansch flanged pipe
Rohr *n* mit Flosse finned tube
Rohranschluß *m* pipe connection
Rohraufhänger *m* pipe hanger
Rohrbruchklappe *f* pipe fracture safety valve, self-closing flap valve
Rohrbruchventil *n* isolating valve, pipe-fracture safety valve, self-closing valve
Rohrbrücke *f* pipe bridge
Rohrdehnungsausgleicher *m* metallic bellows (compensator) for pipelines, pipe-expansion joint for pipelines
Rohrelement *n* tube element

Röhrenrundstahl *m* tube rounds
Rohrformerei *f* pipe mo[u]lding
Rohrführung *f* tube guide
Rohrgelenk *n* pipe swing joint
Rohrgewinde *n* pipe thread
Rohrhalterung *f* pipe hanger
Rohrkrümmer *m* tube elbow
Rohrleitung *f* pipeline, piping, tube line
Rohrleitungs- und Schlauchkupplung *f* pipeline and hoseline coupling
Rohrleitungsanlage *f* piping system
Rohrleitungskupplung *f* pipeline coupling
Rohrluppe *f* bloom, rough-pierced tube blank
Rohrnetzüberwachungssystem *n* pipe network monitoring system
Rohrnippel *m* pipe nipple
Rohrrichtmaschine *f* tube-straightening machine
Rohrschelle *f* pipe clamp (strap)
Rohrstoßbank *f* tube push bench
Rohrstück *n* parison, tube piece
Rohrverbindung *f* mechanical pipe (tube) joint, piping flange
Rohrverschraubung *f* pipe (tube) joint, pipe screw joint, [screwed] union
Rohschlacke *f* tap cinder
Rohstange *f* bright-drawn bar
Rohstück *n* blank
Rohteilhöhe *f* slug height
Rollachse *f* roll axis *{movement of robot}*
Rollbacke *f* flat die
Rollbord *m* curl
Rolle *f* reel; roll, roller; pulley
 Rolle *f* **feste** fast pulley
 Rolle *f* **konkave** concave roll
 Rolle *f* **konvexe** convex roll
 Rolle *f* **zum Gewindewalzen** thread roll
rollen roll/to
Rollen *n* **des Schmelzeschlauches** parison curl
Rollenbahn *f* **angetriebene** powered-roller conveyor
Rollenbolzen *m* roller bolt
Rollendrehverbindung *f* roller-bearing slewing rim
Rolleneingriffsglied *n* roller follower
Rollenhebel *m* roller follower, roller lever
Rollenhebevorrichtung *f* roller table
Rollenkette *f* roller chain
Rollenlager *n* roller bearing
Rollenrichtmaschine *f* roll straightener (straightening machine)
Rollenstößel *m* roller follower
Rollfaß *n* tumble
Rollgang *m* mill table, power-operated roller conveyor, power roller conveyor, roll[er] table, roller gear bed, table roller
Rollgangabschieber *m* table push-off
Rollgangsrahmen *m* table beam
Rollring *m* roller cage
Rollwalze *f* thread roll
Rollwerkzeug *n* curling die [tool]
rommeln rumble/to, tumble/to, barrel/to
Ronde *f* circle, circular blank (sheet), round [blank], stretch-out
Rondenmehrfachanordnung *f* nesting of blanks
Rondenstapler *m* blank stacker

Röntgenprüfung *f* X-ray examination (inspection)
Röntgenprüfverfahren *n* X-ray test method
Röntgenstrahl *m* X-ray
Röntgenverfahren *n* X-ray technique
rösten *s.* abrösten
Rösten *n* **oxidierendes** oxidizing roasting
Rösten *n* **reduzierendes** reducing roasting
rostfrei stainless
Röstherd *m* roasting hearth
Röstofen *m* roasting furnace
Röstreaktionsarbeit *f* roast-reaction process
Röstreaktionsverfahren *n* roast-reaction process
Röstung *f* **sulfatisierende** sulphatizing roasting
Rotations-Ermüdungs[festigkeits]- prüfgerät *n* rotational fatigue apparatus
Rotationsachse *f* axis of revolution, axis of rotation
Rotationsgeschwindigkeit *f* rotational velocity
Rotationskompressor *m* rotary compressor
Rotguß *m* red brass
rotierend rotating, rotary
Rotor *m* rotor
Rotorstern *m* spider
Rotschlamm *m* red mud
rotwarmbrüchig red-short
Rotwarmbrüchigkeit *f* red shortness
Rotwarmhärte *f* red hardness
Routinemessung *f* routine measurement

Routinewartung *f* routine maintenance
Routinewartung *f* **periodische** periodic routine maintenance
Rückanzeige *f* back indication
Rückarbeitsverfahren *n* back-to-back method
Rückbewegung *f* back stroke
Rückdruck *m* back pressure
Rückdrückstift *m* ejector plate return pin
Rückdruckventil *n* back-pressure valve
Rücken *m* heel
Rückendurchmesser *m* land diameter
Rückenkante *f* heel edge
Rückenkegel *m* back cone
Rückenspiel *n* back clearance
rückerwärmen reheat/to
Rückführeinrichtung *f* feedback device
Rückführhebel *m* feedback lever
Rückführmechanismus *m* feedback mechanism
Rückführschleife *f* feedback loop
Rückführung *f* 1. feedback {control}; 2. return; 3. return [circuit]
Rückführung *f* **über Sensor** sensory feedback
Rückführungssystem *n* feedback system
rückgängig machen undo/to {error}
rückgekoppeltes System *n* feedback system
Rückkopplung *f* feedback
Rückkraft *f* thrust force
Rücklauf *m* back stroke
Rücklaufsperre *f* non-return valve
Rückmeldung *f* acknowledgement, back indication

Rückplatte *f* back plate
Rückprallelastizität *f* [rebound] resilience
Rückschlagklappe *f* non-return flap, [swing] check valve
Rückschlagklappenventil *n* check valve
Rückschlagventil *n* back-pressure valve, safety valve, non-return valve; *s.a.* Rückschlagklappenventil
rückschwefeln resulphurize/to
Rückschwefelung *f* resulphurization
Rückspannung *f* back tension
Rücksprungelastizität *f* rebound resilience
Rücksprungflansch *m* female flange
Rücksprunghärteprüfer *m* scleroscope
Rücksprunghärteprüfung *f* rebound hardness test
Rücksprunghöhe *f* height of rebound
Rückstausperre *f* non-return valve
Rückstellfeder *f* reset spring
Rückstellung *f* **manuelle** hand re-set
  Rückstellung *f* **selbsttätige** automatic resetting
Rückstich *m* return pass
Rückstoßfeder *f* recoil spring
Rückstrahldickenmessung *f* reflection ga[u]ging
Rückstreuung *f* backscattering
Rückströmsperre *f* non-return valve
rückwärtige Aufhängung *f* rear suspension
Rückwärtsfließpressen *n* backward extrusion
Rückwärtszug *m* backward pass
Rückzugkolben *m* set-out piston

Rückzündung *f* back-fire
Ruhelage *f* idle position
ruhende Last *f* fixed load
Ruhesitz *m* permanent fit
Ruhestellung *f* idle position, null position
Ruhezustand *m* idle state, quiescent state; resting state
rührfrischen puddle/to
Rumpfzuschnitt *m* body blank
Rundbiegen *n* circular bending, curving by bending
Rundbiegung *f* curve bend
runden truncate/to
rundes Räumwerkzeug *n* circular broach
Rundfertigschleifen *n* cylindrical finish grinding
Rundfeuerschutz *m* flash-barrier
Rundformmeißel *m* circular form tool
Rundfräsen *n* circular milling
Rundführung *f* clamp bed *{milling machine}*
Rundfutter *n* s. Rundspannfutter
Rundgewinde *n* round thread
Rundhobeleinrichtung *f* circular planing (shaping) attachment
Rundkaliber *n* round pass
Rundkeil *m* round key
Rundläppen *n* cylindrical lapping
Rundlauf *m* concentric running
Rundlauffehler *m* runout
Rundlochkanal *m* round-section flow channel, round-section runner
Rundmutter *f* ring nut
Rundprobe *f* round specimen
Rundriemen *m* round belt
Rundsäule *f* circular column
Rundschaltplatte *f* dial plate

Rundschalttisch m circular (rotary) indexing table
Rundschalttischfräsmaschine f für kontinuierliches Fräsen continuous rotary milling machine
Rundscheibe f disk
Rundschleifen n circular (cylindrical) grinding
Rundschleifmaschine f circular (cylindrical) grinding machine
Rundschliff m circular (cylindrical) grinding
Rundschliffase f circular land, circularly ground land
Rundschruppschleifen n cylindrical rough grinding
Rundschwenktisch m circular swivel table
Rundspannfutter n circular chuck
Rundstab m round specimen {e.g. for testing purposes}
Rundstahl m gezogener bright-drawn rounds
Rundstoßen n circular slotting
Rundsupport m circular table
Rundteilen n circular spacing
Rundteiltisch m circular dividing table
Rundtisch m circular table
Rundungshalbmesser m radius of curvature
Rundungslehre f radius ga[u]ge
Rundungsmeißel m round nose tool
Rundwerkzeug n thread roll
Runge f stake, post
Runzel f flow line
Rüstzeit f setting time
Rutschkupplung f safety overload clutch, slipping clutch

Rüttelformmaschine f bumper, jar mo[u]lding machine, jarring [mo[u]lding] machine, jolt-mo[u]lding machine, jolt-ramming machine, vibrator mo[u]lding machine
rütteln jolt/to, vibrate/to, shake/to
Rüttelpreßformmaschine f jarring pressure mo[u]lding machine, jolt squeezer
Rüttelpreßwendeplattenformmaschine f jarring pressure turn-over mo[u]lding machine
Rütteltisch m jolt table, shaker
rüttelverdichten bump/to
Rüttelverdichtung f bumping

S

Säge f saw
Sägemaschine f sawing machine
Sägengewinde n buttress screw-thread, breech-lock thread
Salzausblühung f bloom
Salzbad n salt bath
Salzglasur f salt glaze, smear
Salzlösung f salt solution
Salznebelkammer f salt mist chamber
Salzschmelze f s. Salzbad
Salzsprühbeständigkeit f salt spray resistance
Sammelbehälter m receiver
Sammelleitung f manifold, header
Sammelprobe f cumulative sample
Sammelrollgang m collecting roller table
Sand-Zement-Formverfahren n cement-sand mo[u]lding process

Sand *m* gebrauchter   used sand
Sandaufbereitung *f*   sand conditioning, sand preparing
Sandauflockerung *f*   sand aeration
Sandbett *n*   sand bed
Sandform *f*   sand mo[u]ld
Sandhaken *m*   dabber, gagger, lifter
Sandherd *m*   sand bottom
sandhydraulisches Naßgußputzen *n*   high-pressure water and sand cleaning
Sandkern *m*   sand core
Sandrinne *f*   runner
Sandschleudermaschine *f*   sandslinger
Sandtrockenmaschine *f*   sand drying machine
Sandverdichtung *f*   sand compacting (packing)
Sandverkrustung *f*   burning-on *{foundry}*
Sandwichverfahren *n*   sandwich mo[u]lding
Sanitärarmatur *f*   sanitary fitting
Sattel *m*   pallet, upper anvil block
Sättigung *f*   saturation
Sättigung *f* durch Feuchte   moisture saturation
Satz *m*   1. batch, charge [stock], feed[stock]; 2. group, section; set; nest; 3. principle, theorem, law
Satzfräser *m*   gang milling cutter
Satzkoks *m*   coke charge
satzweise   batchwise
säubern   clean/to
sauer   acid, acidic
sauer ausgekleidet (zugestellt)   acid-lined
Sauerstoffblasstahlverfahren *n*   oxygen lance process, top-blown (basic) oxygen converter process

Saugblasmaschine *f*   suction-fed blowing machine
Saugleitung *f*   suction line (pipe), low-pressure line
Saugmassel *f*   shrink head
Saugrohr *n*   suction pipe
Saugspeiser *m*   suction feeder
Saugstelle *f*   draw
Saugventil *n*   suction valve
Saugvorrichtung *f*   vacuum-operated holding device
Säule *f*   column, tie bar (rod)
Säule *f* eingebundene   attached column
Säulenabstand *m* lichter   distance between tie bars
Säulenbohrmaschine *f*   column-type drilling machine, drill press
Säulenführung *f*   column guide[way]
Säulenfundament *n*   column footing (foundation)
Säulenklemmung *f*   column clamp
Säulenpreßformmaschine *f*   post squeezer
Säulenvorspannung *f*   tie bar prestressing
Saunders-Ventil *n*   Saunders valve
saure Schlacke *f*   acid slag
saure Schlackenführung *f*   acid slagging practice
saure Zustellung *f*   acid lining
säurebeständig   acid-resistant, acid-proof, stable to acids
Säurebeständigkeit *f*   acid resistance (fastness, stability, endurance), resistance to acids
Säurehahn *m*   acid cock
Säurepumpe *f*   acid pump
saurer Laugenprozess *m*   acid leach
saures Futter *n*   acid lining
Säureschieber *m*   acid slide valve

Säureventil n acid valve
Scanner m scanner
Schablone f stencil; strickle, template; pattern
Schablonen fpl ausschneiden nach copy-nibble from templates/to
schablonenformen strickle/to, sweep [up]/to
Schablonenformerei f strickle mo[u]lding, template mo[u]lding
schablonieren sweep [up]/to, strike [up]/to
Schabotteneinsatz m sow block, bolster
Schabrad n circular gear shaping cutter, circular gear shaving cutter
Schacht m stack *{of a blast furnace}*; shaft, duct
Schachtofen m shaft furnace, vertikal (upright) kiln
Schachtofenausmauerung f shaft lining
Schachtofenrösten n shaft roasting
Schaden m damage; defect, fault
Schadensfall m failure, fault
schadhaft defective, faulty
Schädigung f failure
Schaft m shank, stem; body
Schaftfräser m end mill
Schafthülse f barrel
Schaftlänge f shank length
Schägsitzventil n inclined-seat valve
Schälanschnitt m curling cut
Schale f 1. scab; 2. shell; 3. shell *{expert system for robot control}*
Schale f zylindrische cylindrical shell
schälen scalp/to *{ingot}*; strip/to
Schallabschirmung f tormentor
Schalldämpfer m silencer
Schalleitung f noise conduction
Schallfeld n diffuses diffuse sound field *{noise}*
Schallintensität f intensity of sound *{noise}*
Schallschirm m baffle
schallschluckende Wand f tormentor
Schallsensor m acoustic sensor
Schallstärke f intensity of sound
Schallwand f baffle
Schälreibahle f diemaker's reamer
Schaltanlage f control gear
Schaltblock m cluster gears
Schaltdrucktaste f control button
schalten clutch/to *{mechanically}*, control/to; switch/to *{electrically}*
Schalten n switching
geschlossen thrown *{switch}*
Schalter m switch, switching device
Schalter m magnetbetätigter magnet switch, solenoid-operated switch
Schalter m motorbetätigter motor-operated switch, motor-driven switch
Schalter m mit mehreren Schaltebenen ganged switch
Schalter m mit zwei Stellungen two-position switch
Schaltermechanismus m switch mechanism
Schaltfeder f switch spring
Schaltfeld n panel
Schaltgehäuse n control (drive) housing
Schaltgerät n switch[gear]
Schaltgeräusch n click noise
Schaltgriff m [control] handle
Schaltgruppenziffer f numerical index of the vector group
Schalthäufigkeit f frequency of switching

Schalthebel *m* change (engagement, control, switch) lever
Schalthebelführung *f* gate
Schalthysterese *f* operating differential
Schaltklinke *f* advance click, pawl, tripping device latch
Schaltkopf *m* control head
Schaltkreis *m* circuit
Schaltkupplung *f* clutch, loose coupling
Schaltmaßnahme *f* control action
Schaltmutter *f* control nut
Schaltplan *m* switching diagram
Schaltpult *n* console, control desk (console)
Schaltrad *n* [feed] ratchet wheel
Schaltring *m* indexing ring
Schaltscheibe *f* indexing disk
Schaltschnecke *f* control worm
Schaltschrank *m* control cabinet (enclosure), panel cabinet, switchboard
Schaltschütz *n* contactor
Schaltspindel *f* switch bar
Schaltsteuerung *f* contact control
Schaltsymbol *n* circuit symbol
Schalttafel *f* [control, operator] panel, switchboard [panel]
Schalttafelausschnitt *m* panel cutout
Schalttafeleinbau *m* (**Schalttafelmontage** *f*) panel mounting
Schaltteller *m* dial [plate]
Schalttellerzuführung *f* dial feed
Schalttisch *m* dial
Schaltung *f* circuit, network
Schaltvorgang *m* switching
Schaltvorrichtung *f* switchgear
Schaltwarte *f* control room
Schaltwelle *f* control shaft

Schaltwerk *n* switchgear, switching mechanism
Schaltzeichen *n* [circuit] symbol
Schaltzylinder *m* control cylinder
Schälwiderstand *m* peeling strength
Schamottekapsel *f* fireclay box, saggar
scharf sharp
schärfen edge/to
Schärfen *n* edging
Scharffeuer *n* hard (quick) fire
Scharffeuerglasur *f* high-firing glaze
scharfgebrannt hard-fired, hard-burned
scharfgebrannter Stein *m* hard-burned brick
Scharnier *n* hinge, pivot
Scharnierband *n* flap hinge
Scharnierbolzen *m* hinge bolt
Scharnierbuchse *f* hinge bush
Scharnierlappen *m* flap hinge
Scharnierschraube *f* hinge screw
Scharnierstift *m* hinge pin
Scharriereisen *n* bush chisel
scharrieren bush/to
Scharrierhammer *m* bush hammer
scharriert bush-hammered
Schattenstreifen *mpl* ghost lines
Schaubild *n* diagram
Schauglas *n* sight (inspection) glass
Schauglasarmatur *f* sight-glass fitting
Schaukelofen *m* rocking (tilting) furnace
Schaukelrinne *f* rocking runner
Schaumabheben *n* drossing
Schaumfänger *m* skim bob
Schaumkopf *m* scum riser
Schaumstoff (**Schaumkunststoff**) *m* foamed plastic

Schaumkunststoffprobe *f* foamed specimen
Schaumtrichter *m* skimmer gate
Schaustutzen *m* s. Schauglas
Schauzeichen *n* annunciator
Scheibe *f* disk
Scheibenanguß *m* diaphragm gate
Scheibenbank *f* bull-block drawbench
Scheibenbremse *f* disk brake
Scheibenfeder *f* Woodruff key
Scheibenkupplung *f* disk (plate) clutch, disk coupling
Scheibenmeißel *m* circular form tool
Scheibenrad *n* disk wheel
Scheibenventil *n* disk valve
Scheibenwicklung *f* disk winding
Scheideofen *m* parting furnace
Scheitelpunkt *m* apex; peak *{curve}*
Schelle *f* bracket, clip, clamp
Schema *n* diagram, schematic; scheme
Schenkel *m* jaw; branch *{thermocouple}*; leg *{e.g. of a U-tube}*
Scherben *m* grog
Schere *f* cropper, scissors *{pl.}*
Scherelastizität *f* shear elasticity
Scherenergie *f* shear energy
Scherenpfanne *f* bull ladle
Scherfestigkeit *f* shear strength
Schergeschwindigkeit *f* shear[ing] rate (speed)
Scherkraft *f* shear[ing] force
Schermodul *m* shear modulus
Scherspan *m* continuous chip with built-up edge, shear chip
Scherspannung *f* shear stress
Scherstift *m* shear pin
Scherung *f* shearing
Scherverformung *f* shear deformation

Scherversuch *m* shear[ing] test
Scherwirkung *f* shear action
Scheuerfaß *n* rumble, tumble
Scheuerleiste *f* baseboard
scheuern tumble/to
Scheuerprüfgerät *n* scourer
Schicht *f* layer; coating, cover; film
schichten stack/to; laminate/to
schichthobeln clean up/to
Schichtpreßstoff *m* laminated plastic
Schichtstich *m* finishing pass
Schichtung *f* lamination
schichtweises Härten *n* selective hardening
Schiebemuffe *f* sliding sleeve
Schieber *m* gate (slide) valve, slider
Schieber *m* **gehäuseloser** penstock slide valve
Schieber *m* **stopfbuchsenloser** glandless slide valve
Schieber *m* **mit beweglichem Keil** split-wedge gate valve
Schieberad *n* sliding gear
Schieberäderblock *m* cluster gears
Schieberädergetriebe *n* sliding gear drive
Schieberdiagramm *n* **ovales** oval slide valve diagram
Schieberform *f* sliding split mo[u]ld
Schieberhülse *f* sliding sleeve
Schieberlineal *n* slider rule
Schieberoval *n* oval slide valve diagram
Schieberplatte *f* slider plate
Schieberplattenwerkzeug *n* sliding split mo[u]ld
Schieberstange *f* sliding rod
Schieberwelle *f* sliding shaft
Schiebeverschlußdüse *f* sliding shut-off nozzle

Schiebungswinkel *m* shear angle
Schiefer *m* slate, schist
schieferartig splintery *{fracture}*
Schiene *f* rail; guide
Schienenbiegemaschine *f* rail bending machine
Schienenfahrzeug *n* rail vehicle
Schienenvorblock *m* rail boom
Schimmelbeständigkeit *f* fungi inertness
Schirm *m* screen; shield
Schirmanguß *m* diaphragm gate
Schirmanschnitt *m* diaphragm gate
Schlacke *f* slag, dross, scoria, cinder, scum, skimmings *{pl.}*
Schlacke *f* aggressive scouring slag
Schlacke *f* Bessemer- acid slag
Schlacke *f* saure acid slag
Schlacke *f* vulkanische scoria
Schlacke bilden scum/to
schlacken scum/to, slag/to
Schlackenabstichloch *n* cinder notch
Schlackenblech *n* dam plate
Schlackenform *f* cinder notch
Schlackenführung *f* slag control
Schlackenführung *f* saure acid slagging practice
Schlackengrube *f* ladle pit, scale pit
Schlackenhaken *m* poker iron, hook *{forging}*
Schlackenkegel *m* scorifier
Schlackenkopf *m* scum riser
Schlackenlauf *m* skimmer gate
Schlackenloch *n* mouth
Schlackenrinne *f* cinder spout
Schlackenscherben *m* scorifier
Schlackenzieher *m* poker iron
Schlag *m* 1. runout; 2. stroke, blow *{forging}*; 3. knock; impact

schlagartige Beanspruchung *f* impact load
Schlagbiegebeanspruchung *f* impact bending load
Schlagbiegefestigkeit *f* impact bending strength
Schlagdrehversuch *m* impact torsion test, torsion-impact test
schlagen beat/to, lash/to
Schlagfehlerprüfung *f* testing for true running
Schlagfestigkeit *f* resistance to impact (shock), impact resistance, impact strength
Schlagfolge *f* blow sequence *{forging}*
Schlagformmesser *n* cutting fly tool
Schlaghärteprüfung *f* impact hardness testing
Schlagknickversuch *m* impact buckling test
Schlagkörper *m* impactor
Schlagmasse *f* striking weight
Schlagpendel *n* impact pendulum
schlagpressen impact-mo[u]ld/to
Schlagprüfgerät *n* impact testing machine
Schlagschmiedemaschine *f* percussion machine
Schlagstempel *m* stamp
Schlagversuch *m* impact test
schlagwettergeschützte Maschine *f* fire-damp-proof machine
Schlagwirkungsgrad *m* blow efficiency *{forging}*
Schlagzähigkeit *f* impact strength, impact value *{unnotched test specimen}*
Schlagzahl *f* rate of striking *{hammer}*

Schlagzahl f **pro Minute** blows per minute
Schlagzahnwerkzeug n **zweimeßriges** double-bladed fly cutter
Schlagzerreißversuch m impact tearing test, tensile impact test
Schlagzugprüfgerät n tensile impact test apparatus
Schlagzugversuch m tensile impact test
Schlagzugzähigkeit f tensile impact strength
Schlagzylinder m percussive cylinder
Schlammpumpe f slurry pump
Schlammschieber m sludge valve
Schlämmstoff m clay
Schlange f coil {tube}; chain {queue}
Schlangenhautglasur f snakeskin glaze
Schlankheit f (**Schlankheitsgrad** m) slenderness ratio
Schlauch m hose; tube
Schlauchabschneider m parison cutter
Schlauchabschnitt m parison
Schlauchabzug m parison take-off
Schlauchanschlußeinrichtung f fire-hose connector set
Schlaucharmatur f screwed connection
Schlauchausstoßgeschwindigkeit f parison delivery rate (speed)
Schlauchaustrittsgeschwindigkeit f parison delivery rate (speed)
Schlauchdickenregelung f parison wall thickness control[ler]
Schlauchdurchmesser m film bubble diameter, parison diameter
Schlauchdurchmesserregelung f parison diameter control[ler]
Schlauchextrusionsdüse f blown film die, parison (pipe, tube) die
Schlauchformeinheit f blown film die, parison (pipe, tube) die
schlauchförmiger Vorformling m parison
Schlauchgreifvorrichtung f parison gripping mechanism
Schlauchkopf m parison die
Schlauchkupplung f hose-line coupling
Schlauchlängenregelung f parison length control
Schlauchleitung f hose line
Schlauchloch n eyehole, eyesight
Schlauchspreizvorrichtung f parison stretching mandrel
Schlauchspritzkopf m blown film die, parison (pipe, tube) die
Schlauchstück n parison
Schlauchübernahmestation f parison receiving station
Schlauchumfang m film bubble circumference, parison circumference
Schlauchvorformling m parison
Schlauchwerkzeug n blown film die, parison (pipe, tube) die
Schleichen n crawling {e.g. motor}
Schleichgang m creep
Schleichganggeschwindigkeit f creep speed
Schleifband n abrasive band
Schleifdrahtbrücke f slide-meter bridge
Schleife f loop, cycle
schleifen grind/to; cut/to {e.g. glass}; sharpen/to {e.g. tools}
schleifen trocken dry-grind/to

Schleifen *n* grinding; cutting *{glass}*
Schleifklotz *m* abrasive body
Schleifkörper *m* abrasive tool, dresser
Schleifkörperabrichten *n* abrasive wheel dressing
Schleifkurbelgetriebe *n* **schwingendes** oscillating crank gear
Schleifleinenscheibe *f* cloth abrasive disk
Schleifmaschine *f* grinding machine
Schleifmittel *n* abrasive
Schleifriefe *f* groove
Schleifriemen *m* abrasive belt
Schleifring *m* cylinder wheel, grinding cylinder
Schleifriß *m* grinding crack
Schleifroboter *m* grinding robot
Schleifscheibe *f* grinding (abrasive) wheel, sanding disk; lap *{glass}*
Schleifschlamm *m* debris
Schleifstaub *m* [abrasive] dust
Schleifstift *m* abrasive pencil
Schleiftechnik *f* abrasive engineering [practice]
Schleifvorrichtung *f* grinding device
Schleifwerkzeug *n* abrasive tool
Schleifzugabe *f* grinding allowance
Schlempe *f* slip *{glaze}*
Schleppfehler *m* position error *{path control}*
Schleppwalze *f* dummy roll, idle roll
Schleuderformgießen *n* *s.* Schleuderguß
Schleuderformguß *m* centrifugal casting
Schleuderformgußstück *n* centrifugal casting
Schleuder[form]maschine *f* sandslinger, slinger [mo[u]lding machine]
Schleudergießen *n* *s.* Schleuderguß

Schleudergießverfahren *n* centrifugal-pouring method, centrifugal-casting process; centrifugal-mo[u]lding process
Schleuderguß *m* center-die casting, centri-die casting, centrifugal casting, centrispinning; centrifucal mo[u]lding
Schleudergußroboter *m* die casting robot
Schleudergußstück *n* *s.* Schleuderguß
schleudern sling/to *{forming}*
Schleuderverbundguß *m* centrifugal composite casting
Schleuderverfahren *n* **hergestellt im** centrifugally cast
Schlichte *f* facing material, slur
schlichten black-wash/to, face/to *{foundry}*; plane/to
Schlichten *n* facing, finishing
Schlichtfeile *f* smooth file
Schlichtkaliber *n* leader pass
Schlichtmeißel *m* **gebogener** corner tool
Schlichtoberfläche *f* smooth surface
Schlichtstich *m* final pass
Schlichtzeichen *n* finishing symbol
Schlicker *m* slip, slop, slurry
Schliere *f* stria
Schliere *f* **fadenförmige** string
Schlierenbildung *f* striation
schlierenfrei striae-free
Schließbewegung *f* mo[u]ld closing movement
Schließdruck *m* clamping pressure, mo[u]ld clamping pressure
Schließeinheit *f* clamping unit
schließen clamp/to *{mo[u]ld}*; shut/to, close/to, connect/to; reseat/to, shut off/to *{valve}*

Schließer *m* closer, open-circuit contact *{electric circuit}*
Schließgeschwindigkeit *f* [mo[u]ld] closing speed
Schließgestell *n* mo[u]ld clamping frame
Schließglied *n* clamping element
Schließgriff *m* closing handle
Schließhälfte *f* clamping unit
Schließkolben *m* clamp ram, clamping cylinder (unit) ram
Schließkontakt *m* closer
Schließkraft *f* clamping (locking, closing) force
Schließkraftaufbau *m* clamping force build-up
Schließkraftverlauf *m* clamping force profile
Schließmechanismus *m* [mo[u]ld] clamping mechanism
Schließnadel *f* needle shut-off mechanism
Schließplatte *f* moving platen
Schließseite *f* moving mo[u]ld half
schließseitig on the ejector side of the mo[u]ld, on the moving mo[u]ld half
schließseitige Formplatte *f* core plate
schließseitige Werkzeugaufspannplatte *f* moving platen, moving mo[u]ld half
Schließsystem *n* clamping mechanism
Schließvorgang *m* mo[u]ld closing movement
Schließzeit *f* closing time; operating time *{contact}*
Schließzylinder *m* clamping cylinder
Schlingenumführung *f* repeater
Schlitten *m* slide

Schlittenführung *f* slide guide, guideway
Schlitz *m* slot, slit; groove
Schlitzdüse *f* flat film extrusion die, sheet [extrusion] die, slit (slot) die
Schlitzkegel *m* skirbed valve-plug, slotted valve-plug
Schlitzkolben *m* lantern plug *{part of valve}*
Schlitzring *m* grooved piston ring
Schloß *n* lock
Schloßkasten *m* apron *{lathe}*
Schloßmutter *f* clam nut, clasp (half) nut
Schloßplatte *f* *s.* Schloßkasten
Schlupf *m* drift, slip[page], slack
Schlüssel *m* key
Schlüsselwort *n* keyword
Schlußkaliber *n* finishing pass
Schmalbandwalzwerk *n* cotton-tie mill, narrow-strip mill
Schmalseite *f* end
schmelzbar smeltable
Schmelzbarren *m* ingot
Schmelzbereich *m* melting range
Schmelze *f* fused metal, smelt; molten charge, blow, heat *{converter}*; pool *{smelting furnace}*; melt *{molten substance}*
Schmelzebehälter *m* melt accumulator
Schmelzeführungsbohrung *f* melt flow path (way)
Schmelzeführungskanal *m* melt flow path (way)
Schmelzeinsatz *m* cartridge
schmelzen liquefy/to, melt/to, fuse/to; smelt/to *{ore}*
Schmelzen *n* liquefaction, smelting *{metallurgy}*

Schmelzer *m* founder, melter, teaser; smelter {metallurgy}
Schmelzerei *f* smelting plant
Schmelzeschlauch *m* molten tube
Schmelzespeicher *m* melt accumulator
Schmelzespeicherkolben *m* melt accumulator ram
Schmelzewendelverteiler *m* spiral mandrel [melt] distributor
Schmelzfarbe *f* overglaze colour
Schmelzfluß *m* smelt, smelting flux
Schmelzherd *m* ore hearth
Schmelzindex *m* melt flow index
Schmelzkegel *m* melting cone
Schmelzkoks *m* coke charge
Schmelzofen *m* smelting furnace, smelter {metallurgy}
Schmelzpunkt *m* melting point
Schmelzpunktbestimmung *f* melting point determination
Schmelzsicherung *f* fuse
Schmelztiegeldecke *f* tile
Schmelzung *f* 1. heat; 2. smelting
Schmelzvergasung *f* gassing
Schmelzverhalten *n* melt flow behaviour
Schmelzverlaufkarte *f* cast history sheet
Schmelzviskosität *f* melt viscosity
Schmelzwanne *f* melting tank, melter; melting chamber (end) {glass}
Schmelzzeit *f* blow
Schmelzzusätze (Schmelzzuschläge) *mpl* fusing additions
Schmetterlingsschale *f* butterfly shell
Schmiedekreuz *n* hammer pipe
Schmiedemanipulator *m* forging manipulator
schmieden hammer/to, forge/to
Schmieden *n* forging
Schmiedepressengesenk *n* press die
Schmiederoboter *m* forging robot
Schmiederohteil *n* use
Schmieranlage *f* lubricating system, lubrication system
Schmierarmatur *f* lubricator
schmierbarer Hahn *m* cock with greasable plug
schmieren lubricate/to, grease/to
Schmieren *n* lubricating
Schmierfilz *m* lubricating felt
Schmierleitung *f* lubrication piping
Schmiermittel *n* lubricant, lubricating (lubrication) agent
Schmiernippel *m* grease nipple
Schmierölfilter *n* oil filter
Schmierölpumpe *f* oil pump
Schmierplan *m* lubrication chart
Schmierpumpe *f* lubricating pump
Schmierritzel *n* oil pinion
Schmierrohr *n* lubricating tube
Schmierschlauch *m* lubricating tube
Schmierspaltbreite *f* clearance {bearing}
Schmierstutzen *m* grease nipple
Schmierung *f* lubrication
Schmirgelpapier *n* emery (abrasive) paper
Schmirgelscheibe *f* abrading (emery) disk, emery-wheel
Schmutzfänger *m* dirt trap
Schmutzfänger *m* **für Rohrleitungen** pipeline strainer
Schmutzwasserpumpe *f* waste water pump
Schnäpper *m* catcher, pawl
Schnappgabel *f* snap fork
Schnappschalter *m* snap-action switch
Schnecke *f* worm

Schneckendirekteinspritzung *f* direct screw injection system
Schneckeneinspritzaggregat *n* screw injection unit
Schneckeneinzugszone *f* feed zone
Schneckenförderer *m* screw feeder, worm feeder (conveyor)
Schneckengehäuse *n* worm housing
Schneckengetriebe *n* worm gear
Schneckenkolben *m* reciprocating-screw plunger
Schneckenkolbenspeicher *m* reciprocating-screw accumulator
Schneckenplanetengetriebe *n* planetary worm gear
Schneckenplastifizierungszylinder *m* screw plasticizing cylinder
Schneckenrad *n* worm gear (wheel)
Schnecken[rad]pumpe *f* screw pump
Schneckenschubspeicher *m* reciprocating-screw accumulator
Schneckenspritzeinheit *f* screw injection unit
Schneckentriebteil *n* worm-gear element
Schneckenwelle *f* worm shaft
Schneckenzylinder *m* extruder barrel, preplasticizing cylinder
Schneidaggregat *n* cutting device
Schneide *f* cutting edge (tip), edge; cutting lip *{drill}*; blade
Schneide *f* **feste** fixed knife edge
Schneidearbeit *f* cutting action
Schneidecke *f* face edge
Schneideisen *n* die, threading (screwing) die
Schneideisengewindestrehler *m* die chaser
Schneideisenhalter *m* die stock
Schneideisenkapsel *f* collet
Schneideisenkopf *m* die head
schneiden cut/to
Schneiden *n* cutting
Schneidenausbruch *m* edge chipping
schneidend zweiseitig double-cut, double-ended
Schneidenspalt *m* clearance *{scissors}*
Schneidfacette *f* cutting facet
Schneidfähigkeit *f* cutting ability
Schneidflüssigkeit *f* coolant, cutting fluid
schneidhaltig edge-retaining
Schneidhaltigkeit *f* edge holding characteristics, edge strength
Schneidkante *f* [cutting] edge, nip-off edge, pinch-off bar (edge)
Schneidkopf *m* cutting end, tool point; die [head] *{threading die}*
Schneidkopfgehäuse *n* die body
Schneidkühlmittel *n* cutting compound (fluid), coolant
Schneidlänge *f* length of cutting edge
Schneidmedium *n* cutting fluid (medium), coolant
Schneidmesser *n* cutting knife
Schneidöl *n* cutting oil
Schneidplatte *f* cutting bit, cutting tip, insert *{tool}*; die
Schneidrad *n* circular [gear] shaping cutter
Schneidrädchen *n* cutter wheel
Schneidroboter *m* cutting robot
Schneidscheibe *f* [abrasive] disk
Schneidstempel *m* crop punch
Schneidstoff *m* cutting material
Schneidstoff *m* **keramischer** ceramic cutting material
Schneidteil *n* cutting part

Schneidvorrichtung *f* cutting device
Schneidwerkzeug *n* cutting tool; die
Schneidwinkel *m* rake angle
Schneidzahn *m* cutting tooth
schnell ansprechend quick-operating
Schnellarbeitsstahl *m* high-speed steel
Schnellauf *m* fast motion
Schnellbewitterung *f* accelerated weathering
Schnellbewitterungsprüfung *f* accelerated weathering test
Schnelleinspritzen *n* high-speed injection
schnelles Ansprechen *n* quick response
schnelles Fließen (Kriechen) *n* runaway
Schnellfahrzylinder *m* high-speed injection cylinder
Schnellgang *m* fast motion
Schnellheranführung *f* fast approach, fast run-up
Schnellkupplung *f* für Druckluftrohrleitung quick-action coupling for air lines
Schnellöffnungsventil *n* rapid-opening valve
Schnellprüfung *f* accelerated test[ing]
schnellschließende Kupplung *f* quick-acting coupling
Schnellschließzylinder *m* high-speed clamping cylinder
Schnellschlußschieber *m* quick-acting gate valve
Schnellschlußventil *n* quick-acting globe valve, quick-closing valve, rapid-closing valve
Schnellschlußventil *n* elektropneumatisches electro-pneumatic stop valve
Schnelltest *m* short-time test
Schnelltrennkupplung *f* quick disconnect
Schnellverschlußkupplung *f* quick-acting coupling
Schnellwechselfutter *n* quick-change collet chuck
Schnitt *m* cut; profile; section
Schnitt *m* zweiseitiger double-cut, double cut
Schnittbewegung *f* cutting motion
Schnittfläche *f* cut face
Schnittfuge *f* cut
Schnittgeschwindigkeit *f* cutting speed; cutting rate {machining}
Schnittgeschwindigkeitsanzeiger *m* cutting speed indicator
Schnittgeschwindigkeitsmesser *m* cut meter
Schnittgeschwindigkeitsschaubild *n* cutting speed diagram
Schnittgeschwindigkeitstabelle *f* cutting speed chart
Schnittiefe *f* cut, cutting depth, depth of cut
Schnittiefeneinstellung *f* depth of cut setting
Schnittkraft *f* cutting force
Schnittkraftkomponente *f* cutting component
Schnittkraftmesser *m* cutting dynamometer
Schnittleistung *f* cutting ability, cutting capacity, cutting power
Schnittmoment *n* cutting torque
Schnittplatte *f* blanking die; *s.a.* Schneidplatte

Schnittpunkt *m* point of intersection, intersection; crossing *{curves}*
Schnittrichtung *f* cutting direction
Schnittstelle *f* cutting site; interface
Schnittstempel *m* blanking toll
Schnittzugabe *f* finishing allowance
Schnüffelventil *n* poppet [relief] valve
Schopfmaschine *f* crop shear, cropping machine
Schöpfprobe *f* ladle sample, spoon proof
Schore *f* cross piece *{form}*
schrägbohren drill at an angle/to
schräge Zähne *mpl* helical teeth *{bevel gear}*
Schräge *f* bevel, taper; leave *{die}*
Schräghobeln *n* angular planing
Schrägrollengang *m* skew roller table
schrägschmieden point/to
Schrägungsfaktor *m* skew factor
Schrägverzahnung *f* helical teeth
schrägwalzen pierce/to
Schrank *m* [floor] cabinet
Schraube *f* screw
Schraubenbolzen *m* screw bolt
Schraubenfeder *f* spiral spring
Schraubenhals *m* screw-neck
Schraubenkompressor *m* screw compressor
Schraubenloch *n* screw hole
Schraubenpumpe *f* screw (spindle) pump
Schraubenrad *n* worm gear
Schraubenschlüssel *m* spanner
Schraubenspindelpumpe *f* *s.* Spindelpumpe
Schraubenverbindung *f* thread assembly
Schraubhülse *f* collet

Schraubkern *m* threaded core
Schraubstock *m* vice
Schraubverbindung *f* screw[ed] connection
Schraubwerkzeug *n* unscrewing mo[u]ld
Schreckplatte *f* chill plate
Schreckschicht *f* chilled layer
Schrecktiefe *f* chill depth
Schritt *m* step
Schrittantrieb *m* stepping drive
Schrittbetrieb *m* step mode
Schrittfolge *f* step sequence
Schrittmacherofen *m* rocker-bar type furnace
Schrittmotor *m* step[ping] motor, stepper motor
Schrittmotor *m* **im Einzelschrittbetrieb** step motor in single-step mode
Schrittmotorregler *m* stepper-motor controller
Schrittschalter *m* step-by-step switch, step[per] switch, stepping switch
Schrittschaltmagnet *m* stepping solenoid
Schrittschaltwerk *n* stepper [switch], stepping switch
Schrittvorschub *m* pick feed
schrittweise step-by-step
schrittweise zurückrücken decrement/to
schrittweiser Vorschub *m* pick feed
Schrott *m* scrap
Schrott *m* **paketierter** fag[g]ot
Schrottschmelze *f* scrap heat
Schrottzusatz *m* **ohne** all-mine
schrumpfarm low-shrinkage
Schrumpflunker *m* shrinkage piping
Schrumpfriß *m* cooling crack

Schrumpfung *f* solidification shrinkage
Schrumpfung *f* **eines Formteils** mo[u]lding shrinkage
Schrumpfungsversuch *m* shrinkage test
Schrumpfzugabe *f* patternmaker's shrinkage
Schruppen *n* roughing
Schruppgüte *f* quality of roughing
Schruppschleifen *n* rough grinding
Schub *m* 1. shear[ing]; 2. pushing force, push
Schubbruch *m* shearing fracture
Schubkraft *f* shearing force
Schubkurbelgetriebe *n* crank mechanism
Schubmittelpunkt *m* shear centre *{bar}*
Schubschalter *m* push-type switch
Schubspannung *f* shearing stress
Schubspannungslinien *fpl* lines of maximum shearing stresses
Schubumformen *n* shearing
Schubwinkel *m* angle of slide
Schuh *m* saddle, shoe
Schülpe *f* scab *{surface defect}*
Schulterbutzen *m* shoulder flash
Schulterkugellager *n* shoulder ball bearing
Schulterprobe *f* dumb-bell specimen
Schulterprobe *f* **für Zugversuch** dumb-bell tensile test specimen
Schulterquetschkante *f* shoulder pinch-off
Schulterschraube *f* shoulder screw
Schuppen bilden scale/to
Schuß *m* shot
Schußgewicht *n* shot weight
Schußgröße *f* shot weight
Schußleistung *f* shot capacity

Schußmasse *f* shot weight
Schußvolumen *n* shot volume
Schußvolumen *n* **mögliches** shot capacity
Schußzahl *f* number of shots
Schüttdichte *f* apparent density
Schutz *m* protection
Schütz *n* contactor, relay
Schutzader *f* ground wire *{line}*
Schutzauslöser *m* safety trip
Schutzdeckel *m* protective cover
Schutzelektrode *f* guard electrode
Schutzerdung *f* safety earthing
Schutzfenster *n* protective window
Schutzgeländer *n* hand rail
Schutzgerät *n* protection apparatus
Schutzhaube *f* protective hood
Schutzkleinspannung *f* safety extra low voltage
Schutzplatte *f* protective plate
Schutzring *m* protective ring
Schutzrohr *n* protective tube
Schutzrost *m* protecting grid
Schutzschalter *m* protective switch
Schutzsenkung *f* protective chamfering
Schutzsystem *n* guard (protection, safety) system
Schutzwand *f* apron, screen, shield; flash-barrier
schwachplastisch stiff-plastic
Schwächung *f* attenuation
Schwalbenschwanz *m* dovetail
Schwalbenschwanzführung *f* dovetail [slide]
Schwalbenschwanznut *f* **einarbeiten** dovetail/to
schwammverputzen sponge/to
schwanken oscillate/to; fluctuate/to
Schwankung *f* fluctuation, variation; oscillation

Schwarzbruch *m* black shortness
schwarzbrüchig black-short
Schwärze *f* black wash; black
schwärzen black-wash/to; smoke/to
Schwarzglühen *n* black annealing
Schwarzkupfer *n* black copper
Schwebematrize *f* floating die
Schweißnaht *f* weld, weld seam
schwellende Belastung *f* pulsating load
Schwenkarm *m* bracket, swivel arm
schwenken swivel/to, pivot/to, turn/to
Schwenkgabel *f* swivel fork
Schwenkhebel *m* swivel lever
Schwenkmantel *m* column sleeve
Schwenkrad *n* tumbler gear
schwerer Ausfall *m* major failure, serious (severe) malfunction
Schwereseigerung *f* gravity segregation
Schwerkraftförderer *m* gravity conveyor
Schwerkraftseigerung *f* gravity segregation
Schwerpunkt *m* center of gravity
schwerzugängliche Installation *f* hard-to-get-to installation
Schwierigkeit *f* difficulty
schwimmend floating
Schwimmer *m* float
Schwimmerschalter *m* liquid level switch, floating switch
Schwimmkasten *m* buoyant chamber
Schwindmaß *n* degree of shrinkage, measure of contraction (shrinkage), shrink rule
Schwindmaßstab *m* contraction (patternmaker's, shrinkage) rule
Schwindriß *m* shrinkage (contraction) crack

Schwindung *f* (solidification) shrinkage, contraction
Schwindungseigenschaft *f* shrinkage property
Schwindungshohlraum *m* *s*. Schwindungslunker
Schwindungslunker *m* shrinkage (contraction) cavity, shrinkage piping
Schwinge *f* lever; swivelling lever
schwingen vibrate/to, oscillate/to; hunt/to *{e.g. control loop}*
schwingendes Schleifkurbelgetriebe *n* oscillating crank gear
Schwingförderer *m* oscillating (vibrating) conveyor
Schwinghebel *m* oscillating (pivoted) follower
Schwingkugel *f* centrifugal ball
Schwingmotor *m* motor with reciprocating movement
Schwingprüfmaschine *f* fatigue testing machine
Schwingung *f* oscillation, vibration
Schwingungsachse *f* axis of oscillation
Schwingungsamplitude *f* amplitude of vibration
Schwingungsebene *f* plane of oscillation
Schwingungserreger *m* vibrator
Schwingungsfrequenz *f* frequency of oscillation
Schwunghebel *m* rocker lever
Schwungkörper *m* flyball
Schwungmasse *f* centrifugal mass
Schwungmassenmittelpunkt *m* center of gyration
Schwungrad *n* flywheel
Schwungscheibe *f* flywheel

Sechsfachwerkzeug *n* six-cavity-impression mo[u]ld
Sechskantschraube *f* hexagon head screw
Seger-Kegel *m* melting (fusion) cone, Seger cone, pyrometric cone
Segmentbogen *m* arch lintel
Segmentkrümmer *m* lobster back bend, mitred bend
Segmentschleifkörper *m* abrasive block
Sehnenmaß *n* chord dimension, chordal dimension over two teeth
Sehnenwicklung *f* fractional-pitch winding
Sehnungsfaktor *m* pitch factor
seigern segregate/to, liquate/to
Seigerraffinatin *f* liquation refining
Seigerrückstand *m* liquate
Seigerung *f* segregation, liquation
Seigerungsstreifen *mpl* ghost lines
Seigerungszone *f* line of segregation, segregation zone
Seil *n* cable; rope, cord
Seilbrücke *f* cable bridge
Seilführung *f* rope guide
Seilrolle *f* rope pulley (sheave), reel
Seilrollenantrieb *m* reel servo
Seilscheibe *f* rope pulley (sheave)
Seiltrieb *m* rope drive
Seiltrommel *f* rope drum
Seite *f* side
Seitenabweichung *f* yaw
Seitenansicht *f* side view
Seitenauswerfer *m* side ejection mechanism, side ejector
Seitendeckel *m* side cover
Seitendrehmeißel *m* side tool
Seiteneinsprung *m* necking of film
Seitenflügel *m* allette {building}
Seitenplatte *f* end shield
Seitenteil *n* side part
Seitenverhältnis *n* aspect ratio
Seitenwindkonverter *m* side-blow[n] converter
Seitenwinkel *m* bevel
seitlich lateral
seitlich angeschnitten edge-gated, side-fed, side-gated
seitlich angespritzt edge-gated, side-fed, side-gated
seitlich angeströmter Pinolenkopf *m* side-fed parison die
seitlich blasender Konverter *m* side-blow[n] converter
seitliche Abweichung *f* yaw
seitliche Ausknickung *f* lateral buckling
seitliche Belastung *f* lateral load
seitliche Umkehrung *f* reversal
seitliche Verschiebung *f* lateral displacement
seitlicher Anschnitt *m* edge (side) gate
seitlicher Bandanschnitt *m* lateral film gate
seitliches Anspritzen *n* side feed
seitliches Blasen *n* side blowing
Sekantenmodul *m* secant modulus
Sekundärlunker *m* secondary pipe
Sekundärwicklung *f* secondary winding
selbständig autonomous, standalone {*e.g. computer*}
selbstanpassend adaptive, autoadapting; *s.a.* adaptiv
Selbstanpassung *f* adaptation
selbstausgleichend autocompensating, self-aligning
Selbstauslöser *m* automatic release
Selbstauslösung *f* automatic release
selbstdichtend self-sealing

selbsteinstellend adaptive
selbsteinstellende Steuerung *f* adaptive control
selbsteinstellende Regelung *f* adaptive control
Selbsteinstellung *f* adaptation, automatic adjustment
Selbstkontrolle *f* automatic checking
Selbstkühlung *f* natural cooling
Selbstpositionierung *f* autopositioning
Selbstregelung *f* automatic control
selbstschmierend self-lubricating
Selbstsperrung *f* automatic interlock (interlocking)
Selbststeuerung *f* automatic control
selbsttätig automatic, self-acting
selbsttätige Rückstellung *f* automatic resetting
selbsttätige Trennung *f* automatic tripping
selbsttätige Unterbrechung *f* automatic interrupt
selbsttätiger Werkzeugwechsel *m* auto-tool changing
Selbstüberprüfung *f* automatic checking
Selbstunterbrechung *f* automatic interrupt
Selbstverriegelung *f* automatic interlocking
selbstzentrierend self-aligning
selektieren select/to
Sellers-Gewinde *n* American standard thread, Sellers screw thread
Senk-Bohr-Werkzeug *n* combined drill and countersink, drill and countersink combined [tool]
Senkarbeit *f* countersinking work
Senkbohrung *f* zylindrische counterbore

senken countersink/to; lower/to, reduce/to
Senken *n* countersinking
Senker *m* core drill
Senker *m* zylindrischer counterbore, countersink
Senkniet *m* countersunk (flush) rivet, flat countersunk rivet
senkrecht normal, perpendicular, vertical, upright
senkrecht zu normal to
Senkrechtbohrmaschine *f* vertical drilling machine
Senkrechtbohrwerk *n* vertical boring mill
senkrechtes Dreh- und Bohrwerk *n* vertical turning and boring mill
Senkrechtgerüst *n* edging mill
Senkrechtstoßmaschine *f* zum Bearbeiten von Eisenbahnrädern curvilinear slotting machine
Senkrecht[verstell]bewegung *f* elevating motion
Senkrechtverstellung *f* elevation
Senkrechtvorschub *m* depth feed, downfeed
Senkrechtvorschubschlitten *m* downfeed slide
Senkreibahle *f* combined counterbore and reamer
Senkschraube *f* countersunk screw
Senkung *f* 1. chamfering, counterboring; 2. lowering, reduction
Senkwinkel *m* angle of countersink, countersinking angle
Sensor *m* measuring unit, sensor, probe
Sensor *m* berührender contact sensor

Sensor *m* **optischer** optical sensor, eye
Sensor *m* **virtueller** smart sensor
Sensor *m* **zur Lageermittlung von Teilen** part-in-position sensor
sensorgesteuerter Roboter *m* sensor-controlled robot
Sensorsteuerung *f* sensory control
sequentiell sequential
Serie *f* series; gang, set *{of tools}*; battery, bank
Serienbohren *n* duplicate boring
Serienfertigung *f* duplicate production, duplication
Serienteil *n* duplicate part
Serviceausrüstung *f* kit, maintenance kit, service kit
Servicefähigkeit *f* serviceability
Servicetasche *f* kit
Servoantrieb *m* servo, servomotor
Servogerät *n* servo
Servomanipulator *m* master-slave manipulator
Servomechanismus *m* servomechanism
Servomotor *m* servomotor
Servoregelung *f* servo control
Servosteuerung *f* servo control
Servosystem *n* servo system
Servoventil *n* servo valve
Setzkübel *m* drop-bottom bucket
Setzstock *m* end column, steady
  Setzstock *m* **feststehender** fixed steady
  Setzstock *m* **mitlaufender** following steady
Setzstocklager *n* end-support bearing block
Shore-Härte *f* Shore hardness
sicher safe, secure; steady

sicherer Arbeitsbereich *m* safe operating area
Sicherheit *f* safety; security
Sicherheit *f* **statistische** acceptance probability
Sicherheitsarmatur *f* safety valve
Sicherheitsebene *f* clearance plane *{numerical control}*
Sicherheitsgrad *m* factor of safety, margin of safety
Sicherheitsmaßnahme *f* safety measure, security measure
Sicherheitssperre *f* safety interlock
Sicherheitsüberdruckventil *n* safety relief valve
Sicherheitsventil *n* blow-off valve, flow-off valve, pressure-relief valve, safety valve
Sicherheitsverriegelung *f* safety interlock
Sicherheitsvorkehrung *f* safety precaution
Sicherheitsvorrichtung *f* safety device
Sicherheitswinkel *m* margin of commutation
Sicherheitszahl *f* factor of safety
Sicherung *f* 1. fuse; 2. safeguard
Sicherungsblech *n* safety sheet
Sicherungsfeder *f* safety spring
Sicherungsflansch *m* safety flange
Sicherungshaken *m* safety hook
Sicherungskasten *m* fuse cabinet
Sicherungskeil *m* safety key
Sicherungsmutter *f* lock-nut, jam nut
Sicherungspatrone *f* cartridge
Sicherungsriegel *m* locking bar
Sicherungsring *m* lock[ing] ring
Sicherungsscheibe lock washer, washer

Sicherungsschiene *f* safety rail
Sicherungszapfen *m* safety tap
Sichtfenster *n* observation port; *s.a.* Schauglas
Sichtgerät *n* display console
Sichtmelder *m* annunciator
Sichtschaubild *n* diagram board (panel)
Sichttafel *f* annunciator
Sieb *n* sieve, screen
Siebanalyse *f* sieve analysis
Siebaufsatz *m* sieve set
Siebdeckel *m* sieve cover
sieben sieve/to, screen/to
Siebfilter *n* sieve-filter
Siebkern *m* skim (strainer) core
Siebmaschine *f* screener, screening machine
Siebmaschine *f* **mechanische** mechanical screening machine
Siebrückstand *m* overs, residue on sieve
Siebzulauf *m* strainer gate
Siedebereich *m* boiling range
Siedepunkt *m* boiling point (temperature)
Siedetemperatur *f* boiling point (temperature)
Siedeverlauf *m* boiling-point curve
Siegelpunkt *m* gate sealing point
Siegelzeit *f* gate open time
Signal *n* signal
  Signal *n* **akustisches** acoustic signal
  Signal *n* **"Fertig"** ready signal
Signalflußplan *m* flow diagram
Signalflußweg *m* control path
Signalhupe *f* trumpet
signalisieren annunciate/to, signal/to

Signallampe *f* annunciator, signal light
Silberblick *m* gleam of silver *{purification of lead}*
Silberlaugerei *f* silver leaching plant
Silika[masse] *f* silica
Silikamaterial *n* silica
simulieren simulate/to
simulierter Versuch *m* simulated test
Sinkmarkierung *f* sink mark
Sinnbild *n* symbol
sinnfälliges Schalten *n* directional control
sinnlose (leere) Redundanz *f* useless redundancy
Sinter *m* scale
Sintergrube *f* scale pit
Sinterkuchen *m* sinter cake
Sintertemperatur *f* sinter point
Sinterung *f* **zweite** resinter[ing]
Sitz *m* fit; seat, seating
  Sitz *m* **richtiger** proper fit
Sitzfräser *m* milling cutter
Skale *f* scale
  Skale *f* **lineare** linear scale
  Skale *f* **logarithmische** logarithmic scale
  Skale *f* **mit Nullpunkt links** left margin zero scale
  Skale *f* **mit willkürlicher Teilung** arbitrary scale
Skalenbereich *m* range
Skaleneinteilung *f* scale division
Skaleneinteilung *f* **willkürliche** arbitrary scale
Skalenlänge *f* length of scale
Skalenscheibeneinstellung *f* dial operation

Skalenstrich *m* index, scale division, stroke
Skalenteilung *f* line graduation, scale division
Skalierung *f* **absolute** absolute scale
Sockel *m* pedestal, socket, base
Sockelleiste *f* baseboard
Sockelstift *m* pin
Software *f* software
Sohlplatte *f* base plate (slab), bedplate
Solenoid *n* solenoid
Sollbahn *f* set path {numerical control}
Sollbahnfehler *m* set path error
Solldruck *m* set pressure
Sollgeschwindigkeit *f* set speed
Solloberfläche *f* nominal surface
Sollstellung *f* set position
Solltemperatur *f* set (required) temperature
Sollweg *m* desired path
Sollwert *m* control setting, rated (desired, set, nominal) value, set point, set-point value
Sollwertbereich *m* set[ting] range, operating differential
Sollwerteingabe *f* set input, set-value input
Sollwerteinstellung *f* control setting
Sollwertgrenze *f* set limit, set-point limit
Sollwertmarke *f* set-point pointer, set pointer
Sollwertzeiger *m* set-point pointer, set pointer
Sonde *f* probe
Sonderarmatur *f* special fitting
Sonderausführung *f* special type
Sonderbohrer *m* special drill

Sonderlänge *f* extra-long length {e.g. drill}
Sonderventil *n* special-purpose valve
sortieren sort/to, pick/to, size/to
Sortierförderer *m* sorting conveyor
Sortierroboter *m* sorting (sizing) robot
Spalt *m* clearance [space], gap {between rolls}; slit; crack
Spaltfestigkeit *f* interlaminar shear strength
Spaltlast *f* cleavage load
Spaltprüfung *f* split test
Spaltversuch *m* cleavage test
Span *m* cut, chip
Span *m* **aufgerollter** curled chip
Span *m* **bröckeliger** crumbly chip
Spanart *f* chip form, type of chip
Spanbarkeitskennzahl *f* cutting index
Spandicke *f* thickness of chip, thickness of cut
Späne *mpl* fines
spanen machine/to, cut [a chip]/to
spanend bearbeiten *s.* spanen
spanende Werkzeugmaschine *f* cutting machine
spanendes Verfahren *n* cutting process
Spanfläche *f* face, top face
Spanform *f* chip form, shape of chip
Spanleistung *f* cutting capacity, cutting power
Spanleitstufe *f* chip-breaker, deflection shoulder
Spanloch *n* escapement
Spannbacke *f* clamping die (jaw), faceplate (gripping) jaw
Spannbetonrohr *n* prestressed concrete pipe

Spannbolzen *m* drawbolt
Spannbrücke *f* clamping plate
Spannbuchse *f* clamping bush
Spannbügel *m* tightening lever
Spanndorn *m* draw-in arbor
Spanndruck *m* clamping pressure, mo[u]ld-locking pressure
Spanneinrichtung *f* chuck, clamp, clamping mechanism
Spanneisen *n* angle plate, clamp, clamping block, cross-bar
Spanneisen *n* **mit Stift** finger clamp
Spannelement *n* clamping element, gripping member
Spannen *n* clamping
Spannen *n* **zwischen Spitzen** clamping between centers
Spanner *m* clamper, strainer
Spannfeder *f* tension spring
Spannfinger *m* finger clamp
Spannfutter *n* chuck
Spannhebel *m* tensioning lever
Spannhülse *f* retaining bush; clamping sleeve {tapes}
Spannhülsenlager *n* adapter bearing
Spannkettenrad *n* tensioning chain wheel
Spannkloben *m* clamp dog
Spannkopf *m* closer
Spannkraft *f* gripping force
Spannlasche *f* butt strap
Spannleiste *f* tightening ledge
Spannmarke *f* clamping mark
Spannmutter *n* locking nut
Spannpatrone *f* collet chuck
Spannprisma *n* vee block for clamping
Spannrad *n* tightening wheel
Spannrahmen *m* clamping frame

Spannring *m* clamping (tensioning) ring
Spannrohr *n* draw-in tube
Spannrolle *f* idler (tension) pulley
Spannscheibe *f* tension disk (pulley)
Spannschelle *f* clamp collar
Spannschlitz *m* (clamping) slot
Spannschloß *n* turnbuckle, tension sleeve
Spannschraube *f* draw-in bolt, T-bolt, tensioning screw
Spannteil *n* clamping member
Spannungs-Dehnungs-Diagramm *n* stress-strain curve (diagram)
Spannungs-Dehnungs-Messung *f* stress-strain measurement
Spannungs-Zeit-Diagramm *n* stress-time diagram
Spannung *f* 1. voltage, tension; 2. stress {metallurgy}; strain, tension {mechanical}
Spannung *f* **auf dem Umfang** circumferential stress
Spannung *f* **innere** internal stress
Spannung *f* **mechanische** stress
Spannung *f* **momentane** instantaneous stress
Spannung *f* **konstante** constant stress
Spannung kritische *f* critical stress {mechanically}
Spannung *f* **örtliche** local stress
Spannung *f* **verkettete** line voltage
Spannung wechselnde *f* fluctuating stress
Spannung zulässige *f* working stress
Spannung *f* **zyklische** cycle stress

Spannungsänderung *f* mechanische stress variation
Spannungsbruch *m* stress rupture
Spannungsbruch *m* **durch Umwelteinflüsse** environmental stress rupture
Spannungsbruchprüfmethode *f* stress rupture test method
Spannungsbruchversuch *m* stress rupture test
Spannungsbruchwerte *mpl* stress rupture data
spannungsfrei strainless, strain-free *{material}*
spannungsfreiglühen stress-relieve/to
Spannungsfreiglühen *n* stress relieving
spannungsführend active, live
spannungsführende Elektrode *f* live electrode
Spannungsgröße *f* component of stress
Spannungshülse *f* adapter sleeve
Spannungskomponente *f* component of stress
Spannungskonzentration *f* stress concentration *{mechanical stress}*
Spannungskonzentrationsfaktor *m* [geometric] stress concentration factor
Spannungsmeßgerät *n* stress measuring device *{mechanical stress}*
Spannungsmessung *f* tensile measurement, stress measurement
Spannungsniveau *n* stress level
spannungsoptischer Koeffizient *m* stress-optical coefficient
spannungsoptisches Prüfverfahren *n* stress-optical test[ing] method *(technique)*
Spannungsprüfer *m* live line tester, voltage tester
Spannungsrelaxation *f* stress relaxation
Spannungsrelaxationsmessung *f* stress relaxation measurement
Spannungsrelaxationsversuch *m* stress-relaxation test
Spannungsrißbeständigkeit *f* resistance to stress cracking
Spannungsrißbildung *f* stress cracking
Spannungsrißbildungsneigung *f* tendency to environmental stress cracking
Spannungstensor *m* stress tensor
Spannungsverhalten *n* strain behaviour
Spannungsverteilung *f* stress distribution
Spannungswert *m* stress magnitude
Spannungszustand *m* state of stress, strain
Spannungszustand *m* **ebener** plane stress
Spannungszustand *m* **einachsiger** uniaxial stress
Spannungszustand *m* **nichthomogener** non-homogeneous stress
Spannungszustand *m* **räumlicher** general state of stress
Spannut *f* T-slot
Spannverschluß *m* quick disconnect
Spannvorrichtung *f* tensioning device; clamping device *{in general}*
Spannweite *f* bearing distance, support span, span

Spannwerkzeug

Spannwerkzeug *n* clamping tool
Spannwinkel *m* angle plate
Spannzange *f* collet, collet chuck, draw-in attachment, draw-in collet cuck
Spannzangenöffnungskurve *f* collet opening cam
Spannzapfen *m* clamping pin
Spannzeug *n* clamping device; *s.a.* Spannwerkzeug
Spannzeuge *npl* clamping accessories
Spannzylinder *m* clamping cylinder
Spantiefe *f* cut, cutting depth, depth of cut
Spanungskennwert *m* cutting characteristic
Spanungsquerschnitt *m* chip cross-section, cross section of chips
Spanwinkel *m* angle of rake, cutting rake, rake angle
Spartransformator *m* auto-transformer
Speicher *m* accumulator *{e.g. for tools}*; magazine *{machine tool}*; storage, memory, store *{EDP}*
Speicherelement *n* storage mechanism *{spring}*
Speicherraum *m* accumulator chamber *{e.g. for tools}*
Speichersteuerung *f* memory control
Speicherung *f* storage
Speicherzeit *f* retention time
Speicherzuführung *f* magazine feeding
Speicherzylinder *m* accumulator cylinder
speisen energize/to, power/to; feed/to, charge/to
Speiserbecken *n* feeder bowl, spout
Speiserkanal *m* feeder channel

Speiserkopf *m* spout
Speiserrinne *f* feeder channel
Speiserverfahren *n* feeder process
Speisesystem *n* hot top
Speisetrichter *m* material hopper
Speisetropfen *m* gob
Speisewasserpumpe *f* feed-water pump
Speisewasserregler *m* feed-water regulator
Speisewasserwarngerät *n* feed-water shortage alarm
Speisezone *f* feed zone
Speisung *f* supply; feed; feed[stock], charge, charging stock
Sperrad *s.* Sperrklinkenrad
Sperre *f* [mechanische] blocking device
Sperreinrichtung *f* arrest, arrest device
sperren block/to, catch/to, interlock/to, lock/to, arrest/to; seal/to
sperrende Taste *f* locking push button
Sperrfeder *f* click spring
Sperrhaken *m* pawl
Sperrhebel *m* catch lever, pawl
sperrig bulky
Sperring *m* locking ring
Sperrklinke *f* holding (retaining, stop) pawl, [lock-up] pawl; ratchet
Sperrklinkenrad *n* ratchet wheel
Sperrkolben *m* lock plunger
Sperrplatte *f* check plate
Sperrung *f* locking
 Sperrung *f* **der Umkehrbewegung** back stopping
Sperrventil *n* check valve, non-return valve, isolation damper, shut-off valve
Sperrvorrichtung *f* arresting device

Sperrzeit *f* idle period
Sperrzunge *f* locking latch
Spezialroboter *m* special[-type] robot
Spezialrohr *n* special-purpose pipe
Spezialventil *n* special-purpose valve
Spezifikation *f* **technische** technical specification
spezifische Belastung *f* intensity of continuous load
spezifische Formänderung *f* unit strain
spezifische Verzerrungsenergie *f* specific strain energy
spezifische Viskosität *f* specific viscosity
spezifizieren specify/to
spezifizierte Eigenschaft *f* specified feature
sphärisch spheric[al], globular
sphärolitisch spherulitic
Spiegelbelegemaschine *f* mirror coating machine
Spiegelglanz *m* specular gloss
Spiel *n* play; clearance *{bearing}*
  Spiel *n* **axiales** axial play
  Spiel *n* **mechanisches** backlash
  Spiel *n* **radiales** [radial] play
  Spiel *n* **beim Stellvorgang** actuation cycle
  Spiel haben float/to
Spielausgleich *m* compensation for play, play compensation
spielfrei backlash-free, free from backlash, no-clearance
Spielfreiheit *f* absence of play
Spielpassung *f* loose fit
Spielsitz *m* loose fit
Spindel *f* spindle; screw, stem *{as of a valve}*

Spindelachse *f* spindle axis
Spindelhauptlager *n* main spindle bearing
Spindelkasten *m* drive gearbox
Spindelkopf *m* head of main spindle
Spindellagerplatte *f* cluster plate *{drilling machine}*
Spindelpumpe *f* screw (spindle) pump
Spindelschlagpresse *f* percussion press
Spindelstock *m* headstock
Spindelstuhl *m* spindle carrier [drum]
Spindelvorgelege *n* back gear
Spiralbohrer *m* twist drill
Spiralbohrerausspitzmaschine *f* drill point thinning machine
Spiralbohrerschleiflehre *f* drill point ga[u]ge
Spiralbohrerspitzenschleifmaschine *f* drill point sharpening machine
Spirale *f* spiral
Spiralfeder *f* spiral spring
spiralgeschweißtes Rohr *n* spirally welded pipe
Spirallänge *f* flute length, length of twist
Spiralsenker *m* core drill, counterbore with spiral flutes
Spiralspan *m* spiral chip
Spiralwinkel *m* helix angle
Spitzbogenkaliber *n* gothic pass
Spitze *f* 1. top; 2. apex *{e.g. apex current}*; 3. peak, crest *{value}*; 4. crest *{thread}*
Spitzen *n* end reduction
Spitzendrehmaschine *f* centre (engine) lathe, longitudinal turning lathe

Spitzenkerbprobe *f* V-notch specimen
Spitzenlage *f* position of the centres
Spitzenlänge *f* length of point
Spitzenlast *f* peak load
Spitzenlosschleifen (spitzenloses Rundschleifen) *n* centerless grinding
Spitzensenker *m* countersink
Spitzenspiel *n* crest clearance {thread}
Spitzenwertbildung *f* peaking
Spitzenwinkel *m* lip (point) angle
Spitzgewinde *n* angular (vee) thread
spitzgezahnter Fräser *m* milled-tooth cutter
Spitzsenker *m* countersinking cutter
Spitzstampfer *m* pegging rammer {mo[u]lding}
spleißen fibrillate/to, split/to
Splint *m* cotter pin, [split] pin
Splintlochbohrer *m* cotter pin drill
Splintverbindung *f* cottered joint
splitterfest shatterproof
Splitterfestigkeit *f* shatter resistance (strength)
splittersicher shatterproof
Splittersicherheit *f* shatter resistance (strength)
Spontanausfall (spontaner Ausfall) *m* spontaneous failure, sudden failure
Sporn *m* spur
Sprachausgabe *f* acoustic (speech, phonetic) output
Spracheingabe *f* acoustic (speech, phonetic) input
Sprachverstärker *m* speech amplifier
spratzen spatter/to, spit/to, sputter/to

Sprechverstärker *m* speech amplifier
Spreizdorn *m* expanding mandrel, expansion arbor, parison stretching mandrel, expander
Spreizdornanlage *f* *s*. Spreizdorn
spreizen expand/to
Spreizen *n* expansion
Spreizfassung *f* expanding-block cutter mounting {drilling rod}
Spreizkonus *m* expanding cone
Spreizreibahle *f* expanding reamer
Spreizschraube *f* expanding screw
Sprengring *m* circlip, snap ring
springen spring/to; shatter/to
Spritzaggregat *n* injection (spraying) unit
Spritzautomat *m* automatic injection mo[u]lding machine, automatic transfer mo[u]lding machine
Spritzbarkeit *f* sprayability; extrudability; injection property
Spritzblasdorn *m* blowing (inflating) mandrel, blowing (inflating) spigot
Spritzdruck *m* extrusion (injection) pressure
Spritzdruckstufe *f* injection pressure stage
Spritzdruckzeit *f* injection pressure time
Spritzdüse *f* extrusion die, injection (spraying) nozzle
Spritzeinheit *f* injection (spraying) unit
Spritzerei *f* extrusion (mo[u]lding) shop
Spritzfläche *f* projected mo[u]lding area
spritzgegossene Zugprobe *f* injection-mo[u]lded tensile specimen

spritzgegossener Probekörper *m* injection-mo[u]lded specimen
Spritzgeschwindigkeit *f* extrusion speed, injection rate, rate of injection
Spritzgießen *n* injection mo[u]lding
Spritzgießgesenk *n* mo[u]ld cavity
Spritzgießkavität *f* mo[u]ld cavity
Spritzgießkern *m* mo[u]ld core
Spritzgießmaschine *f* injection mo[u]lder, injection mo[u]lding machine
Spritzgießmaschinenschnecke *f* injection screw
Spritzgußroboter *m* injection mo[u]lding robot
Spritzhub *m* injection stroke
Spritzkapazität *f* shot capacity
Spritzkolben *m* injection (transfer) plunger
Spritzkraft *f* injection force
Spritzlackieren *n* spray painting
Spritzleistung *f* injection capacity
Spritzling *m* injection-mo[u]lded part, [injection] mo[u]lding
Spritzpresse *f* percussion press, transfer mo[u]lder
Spritzschmierung *f* splash lubrication, splash-type lubrication
Spritzschutz *m* spray guard
Spritzseite *f* fixed mo[u]ld half, stationary mo[u]ld half
Spritzteilfüllvolumen *n* cavity volume
Spritzteilmasse *n* shot weight
Spritzvolumen *n* injection (shot) volume
spritzwassergeschützte Maschine *f* splash-proof machine
Spritzwerkzeug *n* extrusion die, injection mo[u]ld, injection mo[u]lding tool

Spritzzeit *f* injection time, mo[u]ld filling time
Sprödbruch *m* brittle cracking, brittle (crystalline) fracture
spröde brittle
spröder Kunststoff *m* brittle plastic
spröder Werkstoff *m* brittle material
Sprödigkeit *f* brittleness
Sprühen *n* spraying
Sprühkopf *m* spray head
Sprühnebel *m* fog, mist
Sprung *m* flaw, jump; step[ping]
Sprungänderung (sprunghafte Änderung) *f* step change
Sprungkontakt *m* snap contact
Sprungschalter *m* snap-action switch
Spule *f* coil; reel, spool
spülen purge/to; rinse/to
Spulengruppe *f* coil group
Spulenkasten *m* field spool
Spulenkopf *m* end winding
Spulenkörper *m* bobbin
Spulenschritt *m* coil pitch
Spulenseite *f* coil side, group of conductors
Spulenweite *f* in Nutteilungen coil pitch
Spurlager *n* foot bearing
Spurofen *m* zweiherdiger spectacle furnace
Spurplättchen *n* adjusting clip
Spurzapfen *m* pin
Stab *m* bar, rod
 Stab *m* gekrümmter curved bar
 Stab *m* prismatischer prismatic bar
Stabachse *f* center line of a bar
stabiler Zustand *m* stable state
stabilisieren stabilize/to
stabilglühen stabilize/to

stabilisierendes Glühen *n* stabilizing anneal
Stabilisierungsglühen *n* stabilizing anneal
Stabilisierungswicklung *f* stabilizing winding
Stabilität *f* stability
Stabilität *f* **mechanische** mechanical stability
Stabilität *f* **thermische** thermal stability
Stabilitätsberechnung *f* stability calculation
Stabilitätsgrenze *f* limit of stability
Stabilitätskriterium *n* condition for stability
Stabilitätsuntersuchung *f* analysis of stability, stability investigation
Stabmittellinie *f* center line of a bar
Stabschwinger *m* **magnetostriktiver** bar magnetostrictor
Stabstahlschere *f* crop shear
Stabstahlschneidemaschine *f* cropping machine
Stabziehmaschine *f* rod drawing machine
Stachel *m* spur
Stachelwalze *f* pin feed platen, sprocket drum, sprocket roller
Stadium *n* state
Stahl *m* steel
 Stahl *m* **legierter** alloyed steel
Stahlband *n* steel band, steel strip (strap)
Stahlblech *n* steel sheet, sheet metal; steel plate {>5mm}
Stahlblechbandbund *n* steel stock coil
Stahlbuchse *f* steel bush
Stahldraht *m* steel wire
Stahlguß *m* cast steel

Stahlkugel *f* steel ball
Stahlluppe *f* steel ball
Stahlmaß *n* steel rule
Stahlpanzerrohrgewinde *n* armoured-steel pipe thread
Stahlplatine *f* steel slug
Stahlrädchen *n* **gezahntes** toothed roller
Stahlrippenrohr *n* finned steel pipe
Stahlrohling *m* steel slug
Stahlrohr *n* steel tube, steel pipe
Stahlschmelze verblasen blow/to
Stahlveredler *m* stabilizer
Stahlwolle *f* steel wool
Stammform *f* standard mo[u]ld base (unit)
Stammwerkzeug *n* standard mo[u]ld base (unit)
Stampfauskleidung *f* rammed lining
stampfen stamp/to, ram/to, tamp/to
Stampfgemisch *n* ramming mix
Stampfherd *m* rammed bottom lining
Stampfmasse *f* ramming mass
Standard *m* standard
standardisieren standardize/to
standardisiert standardized
Standardisierung *f* standardization
Standardteil *n* standard part
Ständer *m* body, column, frame, standard, stator
 Ständer *m* **kastenförmiger** box-type column
Ständerbohrmaschine *f* heavy-type column drilling machine
Ständerfenster *n* window
Ständerweite *f* **lichte** space between standards
Standfestigkeit *f* stability; air-dried strength {foundry sand}

Standhöhe *f* level height
Standhöhenregistrierung *f* level recording
Standhöhenschwankung *f* level fluctuation
Standmarke *f* level mark
Standort *m* site
Standortverteilung *f* site distribution
  Standortverteilung *f* **der Produktion** production site distribution
Standzeit *f* dwell time, (edge, service, working) life; residence (hold-up, holding) time *{process}*; endurance
Stange *f* bar, rod
Stangenanguß *m* sprue gate
Stangenangußkegel *m* sprue
Stangenanschnitt *m* sprue gate
Stangenauswerfer *m* ejector rod
Stangenführung *f* rod guide
Stangenpunktanguß *m* antechamber-type pin gate
stanzen punch/to; *s.* ausstanzen
Stanzen *n* punching
Stanzer *m* perforator; punch
Stanzmasse *f* dust
Stanzwerkzeug *n* press tool, die
Stapelbetrieb *m* batch mode
Stapelfernverarbeitung *f* remote batch processing
Stapel[job]datei *f* batch file
stapeln stackto, palletize/to
Stapeltisch *m* stacker table
starr rigid
starre Einspannung *f* built-in mounting, rigid fixing
  starre Probe *f* rigid specimen
starten start/to, activate/to
Starter *m* starter
Startimpuls *m* start pulse

Startknopf *m* activation button
Station *f* station
stationär stationary
stationäre Absolutmessung *f* steady-state absolute measurement
stationärer Arbeitspunkt *m* steady-state operating point
stationärer Arbeitszustand *m* steady-state operating condition
statische Festigkeit *f* static strength
statische Kennlinie *f* static characteristic
statistische Sicherheit *f* acceptance probability
Stator *m* stator
Status *m* status, state
Stau *m* stagnation
Stau *m* **des Materialflusses** flow stagnation
Staub *m* dust
staubgeschützte Maschine *f* dust-proof machine
Staubkappe *f* dust cap
Staubschutz *m* dust guard
Staubschutzlippe *f* dust lip
Stauchautomat *m* header, horizontal forging machine
Stauchbarkeit *f* headability
stauchen edge/to, form by compression/to, upset/to; swage/to *{in a die}*
Stauchen *n* upset forging, upset[ting]; swaging *{in a die}*
Stauchgesenk *n* blocker die
Stauchkaliber *n* edging (upset) pass
Stauchmatrize *f* header (heading) die, upsetting die
  Stauchmatrize *f* **längsgeteilte** longitudinally divided heading die
Stauchprüfung *f* dump test
Stauchschlitten *m* heading slide, ram

Stauchstempel *m* header (heading) die, upsetting punch
Stauchstufe *f* blow, bunt, shot
Stauchung *f* [linear] compression, unit shortening, upset
Stauchungsgeschwindigkeit *f* speed of compression
Stauchverhältnis *n* length-diameter ratio
Stauchversuch *m* compression test, crush test
Stauchwalze *f* edging roll
Stauchwerkzeug *n* bulging die
Staudüse *f* catching nozzle {pneumatics}
Staufferfett *n* cup grease
Stauförderer *m* retarding disk conveyor
Staukopf *m* accumulator head
Stauscheibe *f* baffle disk
Stauzylinder *m* melt accumulator
Stechdrehmeißel *m* end-cut turning tool, grooving tool, parting-off tool
Stechmeißel *m* cut-off tool, cutting-off tool
steckbare Verbindung *f* pluggable connection
Steckbaugruppe *f* plug-in unit
Steckbaustein *m* plug-in module
Steckbolzen *m* insert bolt
Steckbuchse *f* female socket, plug socket
Steckdose *f* jack, outlet, receptacle
Steckeinheit *f* insert (pluggable) unit
steckengebliebener Block *m* [stool] sticker
Stecker *m* [male] connector, plug
Steckerstift *m* pin
Steckstift *m* insert pin
Steckverbinder *m* connector
Steckverbindung *f* pluggable connection
Steckvorrichtung *f* connector [assembly]
Steg *m* spider leg
Stegbreite *f* thickness of centre web
Stegdornhalter *m* spider-type mandrel support
Stegdornhalterblaskopf *m* spider-type [blown film, parison] die
Steghalterkopf *m* s. Stegdornhalterblaskopf
Stegdornhalterwerkzeug *n* spider-type [blown film, parison] die
Stegelektrode *f* frame electrode
Steghaltermarkierung *f* spider line
Stegrundung *f* radius of web
Stehbolzen *m* stud
Steifheit stiffness, rigidity
steigend gießen pour from the bottom/to, bottom-cast/to
steigender Guß *m* bottom casting, bottom pouring
Steiger *m* feeding (flow) gate, outgate, riser, rising gate, rising hole vent, sprue, vent
Steigermodell *n* riser pattern
Steiggeschwindigkeit *f* rate of rise, rising velocity
Steigtrichter *m* feeding gate, outgate
Steigung *f* lead, pitch
Stein *m* 1. stone; 2. brick {ceramic}; 3. matte {artificially smelted mixture of metal sulphides}
Stein *m* **scharfgebrannter** hard-burned brick
Steinchen *n* stone, knot {defect}
Stellager *n* adjustable bearing
Stellantrieb *m* actuating mechanism, actuator, control motor, motor element, position servo, power actuator

(output device), servo actuator (control), drive
Stellantrieb *m* **elektrohydraulischer** electrohydraulic servo
Stellantrieb *m* **ferngesteuerter** remote control drive
Stellantrieb *m* **mechanischer** servomechanism
Stellantrieb *m* **mit Drehbewegung** rotary (rotating) actuator *{by hand}*
Stellantrieb *m* **mit Motor** motor drive
Stellarmatur *f* control (regulating) unit
Stellbefehl *m* positioning command
Stellbereich *m* control (correcting, operating) range
Stellbewegung *f* control move
Stellbolzen *m* adjusting bolt
Stelldruck *m* actuating pressure
Stelldruck *m* **[pneumatischer]** control air pressure
Stelldruck *m* **am Ventil** air-to-valve pressure
Stelle *f* location, place, position; spot
Stelle *f* **harte** hard spot, shot *{mo[u]lding}*
Stelleinrichtung *f* control equipment, controlling device, correcting equipment (unit), servo, servomechanism; controlled device
Stellelement *n* effector
stellend actuating
Stellflüssigkeit *f* **[hydraulische]** control oil
Stellgerät *n* correcting unit
Stellgeschwindigkeit *f* speed of correction
Stellglied *n* actuator, effector, actuating (positioning, regulating, controlling) element, correcting unit, power output device, servo
Stellgröße *f* correcting quantity, correcting variable
Stellhebel *m* adjustable (adjusting, change, control, controlling) lever
Stellhub *m* correcting displacement
Stellimpuls *m* control (correction) pulse
Stellkeil *m* adjusting key
Stellklaue *f* adjusting dog
Stellknopf *m* adjustment knob
Stellkolben *m* actuating piston, cylinder, piston actuator (operator), positioning cylinder, servo piston
Stellkolben *m* **hydraulischer** hydraulic cylinder
Stellkolben *m* **mit Kraftantrieb** power piston
Stellkraft *f* actuating (operating) force
Stellkraftverstärker *m* servo
Stellmagnet *m* control magnet
Stellmechanismus *m* control mechanism, servomechanism
Stellmoment *n* actuating torque
Stellmotor *m* control (positioning) motor, power actuator, servomotor
Stellmutter *f* setting nut, adjusting (checking) nut
Stellorgan *n* effector *{robot}*
Stellort *m* point of control, set point
Stellring *m* adjusting (adjustment) ring; retainer
Stellschraube *f* adjustment (adjusting) screw
Stellsignal *n* control (correction, drive) signal
Stellspindel *f* actuating screw
Stellung *f* position
Stellung *f* **"Ein"** on-position

Stellungsänderung 498

Stellung *f* **rechts** clockwise position *{rotating element}*
Stellungsänderung *f* change in position
Stellungsanzeiger *m* positioning indicator
Stellungsfehler *m* position error
Stellungsgeber *m* position sensor
Stellungsmelder *m* positional checking device
Stellungsregelung *f* feedback servomechanism
Stellungsrückmeldung *f* position feedback
Stellventil *n* control (regulating, servo) valve
Stellvorgang *m* control operation
Stellvorrichtung *f* adjuster, adjusting device
Stellweg *m* correcting displacement
Stellwirkung *f* positioning action
Stellzeit *f* actuating time; correction time
Stellzylinder *m* actuating cylinder
Stempel *m* 1. male mo[u]ld (form), mo[u]ld corforce (mo[u]lding) plug; punch *{ceramic}*; 2. plunger, piston
Stempelplatte *f* core plate
Stern *m* rattler star
Sternanordnung *f* star-shaped [runner] arrangement
Sternverteiler *m* [feed] runner system, radial system of runners, sprues and runners, star-type distributor
stetig continuous; steady
 stetig veränderliche Einstellung *f* continuously variable adjustment
 stetig verteilte Belastung *f* distributed load
stetigähnlich continuous-like

Stetigbahnroboter *m* (continuous) path robot
Stetigbahnsteuerungssystem *n* (continuous) path control system
stetiger Vorgang *m* continuous process
Stetigförderer *m* continuous conveyor
Steueraggregat *n* control assembly
Steueranlage *f* control system
Steueranweisung *f* control instruction
steuerbare Achse *f* controllable axis
Steuerbaustein *m* control module
Steuerbefehl *m* control instruction
Steuerbereich *m* control range
Steuercharakteristik *f* control characteristic
Steuercode *m* control code
Steuercomputer *m* control (controlling) computer
Steuercomputer *m* **für Werkzeugmaschinen** machine control computer, machine-tool control computer
Steuerdaten *npl* control data
Steuerdrehmelder *m* control synchro
Steuerdruck *m* actuating pressure
Steuereingriff *m* control intervention
Steuereinheit *f* control unit, controller
Steuereinheit *f* **örtliche** local control unit
Steuereinrichtung *f* control equipment, controller, controlling apparatus, controlling means; control instrument
Steuerelektrode *f* control electrode

Steuerelement *n* controlling element
Steuerer *m* controller
Steuergerät *n* control[ling] device, control unit, controller
Steuerhebel *m* control lever
Steuerimpuls *m* control pulse
Steuerinstruktion *f* control instruction
Steuerinstrument *n* control instrument
Steuerkennlinie *f* control characteristic
Steuerkette *f* control chain, open-loop system (control)
Steuerknopf *m* control button
Steuerknüppel *m* control lever
Steuerkolben *m* control piston
Steuerkurve *f* control curve
Steuerlochstreifen *m* controlling punched tape
Steuerluftdruck *m* control air pressure
Steuermagnet *m* control magnet
Steuermodul *m* control module
steuern control/to
Steuern *n* controlling
Steuernocken *m* [controlling] cam
Steuerorgan *n* controlling element
Steuerpfad *m* control path
Steuerplatte *f* control plate
Steuerprogramm *n* controlling program
Steuerpult *n* console desk (panel), [control] console
Steuerpult *n* **überschaubares** transparent control panel
Steuerregister *n* instruction (control) register
Steuerschalter *m* master switch
Steuerschaltung *f* control circuit, controller

Steuerschrank *m* console
Steuersignal *n* control signal
Steuerspannung *f* control voltage
Steuerstrom *m* control current
Steuerstromkreis *m* control circuit
Steuertafel *f* control (operator) panel
Steuertastatur *f* control keyboard
Steuertaste *f* control key
Steuerteil *n* **des Programms** control part of program
Steuerung *f* control; *s.* Steuerwerk
Steuerung *f* **adaptive** adaptive control
Steuerung *f* **automatische** automatic control
Steuerung *f* **diskontinuierliche** batching control
Steuerung *f* **freiprogrammierbare** freely configurable (programmable) control
Steuerung *f* **kartesische** Cartesian control
Steuerung *f* **konzentrierte** concentrated control
Steuerung *f* **pneumatische** pneumatic control
Steuerung *f* **selbsteinstellende** adaptive control
Steuerung *f* **verteilte** distributed control
Steuerung *f* **an Ort und Stelle** local control
Steuerung *f* **des Bewegungsablaufs durch optischen Sensor** visual servoing
Steuerung *f* **durch Sensoren** sensory control
Steuerung *f* **mit Lichtstift** pen control

Steuerung *f* **mit Mikroprozessor** microprocessor control
Steuerung *f* **mit Numerikcomputer** computerized numerical control
Steuerung *f* **mit Rückführung** closed-loop control
Steuerung *f* **mit Störgrößenaufschaltung** feedforward (preview) control
Steuerung *f* **nach vorausberechnetem Weg** computed-path control *{robot}*
Steuerung *f* **ohne Rückführung** open-loop control
Steuerungsablauf *m* control flow
Steuerungsanlage *f* control equipment
Steuerungsanordnung *f* **hierarchische** hierarchical control scheme
Steuerungsaufgabe *f* control task
Steuerungsdiagramm *n* control diagram
Steuerungsebene *f* control level
Steuerungsgenauigkeit *f* control accuracy
Steuerungsobjekt *n* controlled object
Steuerungsoperation *f* control operation
Steuerungsprogramm *n* controller program
Steuerungssystem *n* control system
Steuerungssystem *n* **computergestütztes** computer control system
Steuerungstechnik *f* [automatic] control engineering
Steuerungstheorie *f* automatic control theory
Steuerungsvorgang *m* control action

Steuerwarte *f* control center (house, room)
Steuerwarte *f* **zentrale** central control room
Steuerwelle *f* camshaft
Steuerwerk *n* automatic controller, control unit
Steuerwicklung *f* control winding
Steuerzentrale *f* central control room, control center
Steuerzylinder *m* control cylinder
Stich *m* pass
Stichabnahme *f* reduction
Sticheinreißfestigkeit *f* resistance to puncture-propagation [of tear]
Stichloch *n* taphole, tapping hole
Stichlochstopfmaschine *f* clay gun
Stichöffnung *f* mouth
Stichprobe *f* random (spot) sample, sample
Stichprobenentnahme *f* sampling
Stichprobenumfang *m* sample size
Stichseite *f* ventside *{furnace}*
Stickstoffregelung *f* nitrogen control
Stickstoffzähler *m* nitrogen meter
Stiefel *m* hood, boot, potette *{tank furnace}*
Stiel *m* stem *{of a funnel}*; handle
Stift *m* pin
Stift *m* **konischer** conical pin
Stiftschraube *f* stud
Stiftverbindung *f* pin connection
Stillstand *m* dwell, stand-still, stand, outage, shut-down
Stillstandsdauer *f* duration of dwell, dwell duration (period)
Stillstandsreparatur *f* shut-down maintenance
Stillstandszeit *f* shut-down period (time), outage (idle) time, downtime

Stirn *f* front, side, end; face
Stirnabschreckversuch *m* end quench test, end quench hardenability test, Jominy [end quench] test
Stirndrehmeißel *m* end-cut turning tool
Stirnen *n* face milling, facing
Stirnfläche *f* [butt] end
Stirnflächen bearbeiten face/to, end/to
Stirnflächenfräsen *n* end milling
Stirnflächenplanen *n* end facing
Stirnfräser *m* face milling cutter, facing cutter
Stirnmesserkopf *m* face milling cutter
Stirnplatte *f* cluster plate
Stirnrad *n* spur gear (wheel)
Stirnrad *n* **mit Außenverzahnung** externally toothed spur gear
Stirnrad *n* **mit Innenverzahnung** internally toothed spur gear
Stirnrad *n* **mit Pfeilverzahnung (Doppelschrägverzahnung)** double-helical gear
Stirnradgetriebe *n* spur-gear unit
Stirnradgetriebe *n* **einstufiges** single-stage spur-gear unit
Stirnradgetriebe *n* **mehrstufiges** multistage spur-gear unit
Stirnradschneckengetriebe *n* spur-gear worm gear
Stirnreibahle *f* end-cutting reamer
Stirnschleifen *n* face grinding
Stirnschneide *f* end-cutting edge
stirnschneiden end-cut/to
stirnschneidend end-cutting
Stirnseite *f* [front] end, face
Stirnsenker *m* facing tool
Stirnverbindung *f* end winding
Stirnwinkel *m* face angle

Stirnzahn *m* end-cutting edge
Stirnzapfen *m* end journal
Stock *m* body, stand {*anvil*}
Stoff *m* substance, matter, material; pulp
stoffabtragend abrasive
Stoffausgabe *f* material output
Stoffeingabe *f* material input
Stoffschieber *m* pulp valve
Stofftransport material transport
Stoffverhalten *n* material behaviour
Stopfaggregat *n* stuffer, stuffing unit
Stopfbuchse *f* packing (packed) gland, stuffing box
Stopfbüchseneinsatz *m* inserted stuffing box, stuffing box insert
stopfbuchsenlose Umwälzpumpe *f* glandless circulating pump
stopfbuchsenloser Schieber *m* glandless slide valve
Stopfbuchsenpackung *f* gland
Stopfdichte *f* apparent density
Stopfen *m* 1. [forming] mandrel, plug, stopper; 2. [end] plug
Stopfenpfanne *f* bottom-tap ladle, teeming ladle
Stopfenstange *f* plug bar
Stopfenzug *m* mandrel drawing
stoppen halt/to, stop/to
Stöpsel *m* plug
Störgröße *f* control disturbance; disturbance [variable]
Störgrößenänderung *f* load change
Störschallunterdrückung *f* noise cancellation
Störstrahlmeßgerät *n* counter radiation measuring device
Störung *f* failure, fault, trouble; malfunction; bug {*program, system*}

Störungsabstand *m* mittlerer mean time between malfunctions
Störungsanzeige *f* failure indication
Störungsbehebung *f* elimination of faults
Störungsbeseitigung *f* troubleshooting
störungsfrei trouble-free
Stoß *m* impact, push, blow, stroke, shok
Stoß *m* axialer longitudinal impact
Stoßbelastung *f* shock load
Stoßdämpfer *m* shock absorber
Stößel *m* pusher, ram, finger; slide *{press}*
Stößel *m* abgefederter spring finger *{downholder}*
Stoßelastizität *f* impact resilience, rebound elasticity (resilience)
Stößeldruck *m* ram pressure
Stößelhub *m* ram stroke
Stößellager *n* push bearing
stoßfest impact-resistant, shokproof
Stoßfestigkeit *f* impact strength, resistance to shock
stoßfrei impact-free, smooth
Stoßschalter *m* push switch
Stoßversuch *m* impact test
Stoßvorrichtung *f* pushing device
Strahl *m* 1. ray *{of light or other radiation}*, beam *{bundled rays}*; 2. jet *{of liquid or gas}*
Strahldichte *f* jet (beam) density; radiation density
Strahldurchmesser *m* jet (beam) diameter
Strahlenbeständigkeit *f* radiation resistance
Strahlenbündel *n* beam

Strahleneinwirkung *f* irradiation effect
Strahlenschliff *m* jet cutting
Strahlführung *f* jet (beam) guide
Strahlgerät *n* jet apparatus
strahlläppen *n* jet-blasting
Strahlputzen *n* blast tumbling
Strahlung *f* radiation
Strahlungsintensität *f* radiant intensity
Strahlungsofen *m* radiation furnace
Strahlungsquelle *f* radiation source
Strahlungssensor *m* radiation sensor
strahlwassergeschützte Maschine *f* hose-proof machine
Strang *m* billet, bar *{continuous casting}*; string *{of tubes}*; strand
Strangklemme *f* line terminal
Strangpresse *f* extrusion press *{ceramic}*; extruder, extruding machine
Strangpresse *f* mehrsträngige package extrusion press
strangpressen extrude/to
Strangpressen *n* extrusion [mo[u]lding]
Strangpreßform *f* extrusion die
Straße *f* mill, train
Strebe *f* angle brace, strut
Streckdrücken *n* spin forming
strecken draw down/to, expand/to, stretch/to
Strecken *n* drawing-down, drawing-out, stretching
streckengesteuerter Roboter *m* continuous-path robot, path robot
Streckensteuerung *f* continuous-path control, straight-line control, straight-cut control
Streckenziehen *n* punch stretching
Streckgrenze *f* yield point

Streckgrenze *f* **obere** upper yield point
Streckgrenze *f* **untere** lower yield point
Streckprüfung *f* stretching test
Streckspannung *f* yield stress
Streckung *f* 1. expansion, stretching, unit elongation; 2. aspect
Streckversuch *m* stretching test
Streckwalze *f* cogging-down roll, roughing roll
Streckziehpresse *f* stretch-draw press
Strehlerbacke *f* die
Strehlerbackenkopf *m* die head
Streichblech *n* sleeker, trowel
Streifen *m* tape, band; strip
streifenförmige Probe *f* strip test specimen, tape specimen
Streifenprobe *f* tape specimen
Streifenprobe *f* **mit einem Einschnitt** trouser-type specimen
Streifenstanzer *m* tape punch
Strichteilkreis *m* circular-graduated scale
Strichteilung *f* line graduation {*scale*}
strippen strip/to
Strom *m* 1. stream, flow, current; 2. [electric] current
stromführend active, actual, live
stromführender Kreis *m* live circuit
Stromkreis *f* circuit
Stromkreis *m* **offener** open circuit
stromlos machen de-energize/to
Strommessung *f* current measuring
Stromquelle *f* power source
Stromquelle *f* **eingebaute** in-housing power source, self-contained power source
Stromteiler *m* current divider

Strömungskanal *m* flow channel, runner
Strömungsquerschnitt *m* flow area
Strömungsschatten *m* spider line
Strömungsstau *m* flow stagnation
Strömungssystem *n* flow system
Strömungsventil *n* flow regulating valve
Strömungswächter *m* flow controller, flow indicator
Strömungsweg *m* melt flow path (way)
Stromventil *n* flow control valve
Stromversorgung *f* [power] supply
Stromversorgung *f* **unterbrechungsfreie** uninterruptible power supply
Stromversorgungsnetz *n* mains
Stromverstärkungsfaktor *m* current ratio
Stromwender *m* commutator
Struktur *f* design; structure, texture
Strukturänderung *f* structural change
strukturverstärkter Kunststoff *m* structural reinforced plastic
Stück *n* piece
Stückgutprozeß *m* batch process
Stückprüfung *f* routine test
Stückzählung *f* piece counting
Stufe *f* stage, step; shoulder {*shaft*}
Stufenfundament *n* benched foundation
Stufengesenk *n* multistage die
Stufenhärten *n* step quenching
Stufenhärtung *f* marquenching, martempering, step hardening, time quench hardening
stufenlos smooth; stepless
stufenlos einstellbar stepless variable

Stufenpresse 504

stufenlos einstellbares Getriebe *n* infinitely variable speed drive (transmission)
stufenlos einstellbares mechanisches Getriebe *n* infinitely variable mechanical speed transmission
stufenlos einstellbares Reibradgetriebe *n* infinitely variable friction-wheel transmission
stufenlos veränderlich continuously variable
Stufenpresse *f* multiple-die press, multiple slide press
Stufenrädergetriebe *n* variable-speed gear
Stufenräderschaltgetriebe *n* gear shift unit
Stufenschalter *m* polystage (step) switch
Stufenscheibe *f* cone (step) pulley
Stufenscheibenantrieb *m* cone drive, cone pulley drive (transmission)
Stufenscheibendrehmaschine *f* cone-head lathe
Stufenscheibengetriebe *n* cone pulley drive (transmission)
Stufenschlag *m* redrawing, second draw
Stufenumformautomat *m* **mit Kurvenantrieb** cam-operated transfer press
stufenweise einstellbar step-variable
Stulpdichtung (Stulpe) *f* U-packing
stülpen redraw inside-out/to
Stulpenring *m* cuff ring
Stülpziehen *n* reverse drawing
Stummelblock *m* butt ingot
stumpf blunt; dull {*surface*}; dead
Stundenbetrieb *m* one-hour duty
Sturz *m* **gewölbter** arch lintel
stürzen assemble by fitting reserving ends/to {*gear*}; drop/to {*e.g. coke*}
Sturzenwärmeofen *m* sheet heating furnace
Stützdorn *m* [internal] mandrel
Stütze *f* bearer, bracket, post, support
Stütze *f* **elastische** elastic support
Stützenfundament *n* column footing (foundation)
Stützfuß *m* support leg
Stützlager *n* foot (support) bearing
Stützmoment *n* moment at the support
Stützpfeiler *m* bearer
Stützplatte *f* backing (breaker, supporting) plate
Stützwalze *f* backing-up roll, idle roll
Stützweite *f* bearing distance, support span
Suchbereich *m* searching range {*EDP*}
Suche *f* search
Suchgerät *n* locating device
sulfatisierende Röstung *f* sulphatizing roasting
Sumpfgrube *f* soaking pit
Support *m* support
Symbolanzeige *f* symbol display
Symmetrieachse *f* axis of symmetry
symmetrisch balanced; symmetric[al]
symmetrische Belastung *f* balanced load
symmetrischer Zustand *m* balanced condition
Synchro *m* synchro
synchron synchronous
synchrone Arbeitsweise *f* synchronous mode

synchronisieren synchronize/to
Synchronisierung *f* synchronizing
Synchronisiervorrichtung *f* synchronizer
Synchronismus *m* synchronism
System *n* 1. system; assembly; 2. system {order}
System *n* isoliertes autonomous system
System *n* künstliches artificial system
System *n* lernendes learning system
System *n* modernes advanced system
System *n* redundantes redundant system
System *n* rückgekoppeltes feedback system
System *n* unzuverlässiges unreliable system
System *n* wartungskostenintensives high-maintenance-cost system
System *n* mit Nachlaufregelung positioning system

T

T-Nut *f* T-slot
Tabelle *f* table
Tafel *f* panel {e.g. switch panel}; table; plate, sheet
Tafelausschnitt *m* panel cut-out
Tafeleinbau *m* panel mounting
Tafelglasziehmaschine *f* plate glass drawing machine
Tageslichtbeständigkeit *f* fastness to daylight, daylight resistance
Takt *m* clock, clock cycle
Taktbetrieb *m* clock operation
takten clock/to
Taktfertigung *f* cyclic work
Taktgeber *m* clock, timer
Taktgeber *m* bestimmender master timer
Taktgenerator *m* clock [generator], clock signal generator
taktgesteuert clock-actuated, clock-controlled
Taktsignal *n* clock signal
Taktverfahren *n* cyclic work
Taktzeit *f* clock cycle
Taktzeit *f* im Trockenlauf dry cycle time
Taktzyklus *m* clock cycle
Tangentialkeil *m* tangential key
Tangentialspannung *f* circumferential (tangential) stress
Tank *m* tank
Tankanlage *f* tank installation
Tastbetrieb *m* batch operation
Taste *f* key, button, push button
Taste *f* sperrende locking push button
Taste drücken press a key/to, touch a key/to
Taste *f* mit Pfeil nach links left arrow key
Tastelement *n* tactile element
tasten push/to
tastende Regelung *f* sampling servomechanism
Taster *m* 1. probe, feeler; 2. push-button; 3. *s.* Tastzirkel
Tasterhebel *m* feeler lever
Tastfähigkeit *f* tactile recognition capability {robot}
Tastfinger *m* tracer stylus
Tastschalter *m* push-button

Tastsinn *m* tactile recognition capability *{robot}*
Taststift *m* feeler pin
Tastverhältnis *n* on-off ratio
Tastzirkel *m* calliper compasses, cal[l]iper, cal[l]ipers
Tastzyklus *m* duty cycle
Tätigkeit *f* action *{operator}*; work
tatsächlich actual
tatsächliches Verhalten *n* actual operation
Tauchdüse *f* extended nozzle, long-reach nozzle
Tauchkammer *f* accumulator cylinder, gooseneck
Tauchkantenwerkzeug *n* positive mo[u]ld
Tauchpumpe *f* immersion (submerged) pump
Taumelscheibe *f* Z-crank
Technik *f* 1. engineering *{science}*; 2. technology *{applied to practical purposes}*; 3. technique, procedure, process, method
Technik *f* **gefahrlose** fail-safe technology
Technik *f* **neue** advanced technology
technisch technical, technic; engineering; technological
technisch veralten age/to
technische Daten *pl* specifications, technical characteristics *{pl.}*
technische Spezifikation *f* technical specification
technischer Bereich *m* engineering area
technischer Prozeß *m* technical process
Technologie *f* **moderne** advanced technology

technologische Anlage *f* process plant
Teil- partial
Teil *n* member, part; section *{e.g. of an industrial plant}*
Teil *n* **dazugehöriges** compactor part
Teil *n* **fertigbearbeitetes** finished part
Teil *n* **reparierbares** repairable (spare) part
Teil *n* **wiederverwendbares** reusable part
Teilapparat *m* divider, dividing apparatus
Teilausfall *m* partial failure, partial malfunction
Teilegruppe *f* family of parts
Teilenummer *f* part number
Teilhärtung *f* selective hardening
Teilheißläufer *m* partial hot runner
Teilkopf *m* divider, dividing head
Teilkopf *m* **für Differentialteiler** differential indexing head
Teillast *f* partial load
Teilprogramm *n* routine *{numerical control}*
Teilring *m* indexing ring
Teilscheibe *f* dividing-head plate, dividing (division) plate
Teilschnecke *f* dividing worm
Teilspindel *f* indexing spindle
Teilstrich *m* graduation line (mark), division [line], graduation
Teilungsebene *f* [mo[u]ld] parting surface
Teilungsfehler *m* faulty pitch
Teilungsfläche *f* [mo[u]ld] parting surface
Teilungsfuge *f* [mo[u]ld] parting line
teilweise partial

Teilzeichnung *f* component drawing
Telemetriegerät *n* distance measuring device
Teleoperator *m* teleoperator
teleskopartig zusammenschieben telescope/to
Teleskoprohr *n* telescopic tube
Teleskopspindel *f* telescopic screw
Teleskopwelle *f* telescopic shaft
Teleskopzylinder *m* telescopic cylinder
Teller *m* plate, disk
Telleranguß *m* diaphragm gate
Tellerbeschicker *m* disk feeder
Tellerdrehmaschine *f* plate jiggering machine
Tellerrad *n* crown wheel, disk gear
Tellerschleifscheibe *f* dish grinding wheel
Tellerspeiser *m* disk feeder
Tellerventil *n* disk [seating] valve
Temperatur-Zeit-Kurve *f* temperature-time curve
Temperatur-Zeit-Verlauf *f* temperature-time curve
Temperatur *f* temperature
Temperatur *f* **konstante** constant temperature
Temperatur *f* **vorgegebene** set temperature
Temperaturabhängigkeit *f* temperature dependence
Temperaturänderung *f* temperature change
Temperaturanstieg *m* temperature rise
Temperaturbedingungen *fpl* temperature conditions
Temperaturbereich *m* temperature range

Temperaturfühler *m* temperature feeler
Temperaturkoeffizient *m* temperature coefficient
Temperaturmeßeinrichtung *f* temperature measuring device
Temperaturregelung *f* temperature control
Temperaturschalter *m* temperature switch
Temperaturschwankung *f* variation in temperature
Temperaturstrahler *m* temperature radiator
Temperaturverhältnisse *npl* temperature conditions
Temperaturverlauf *m* temperature history
Temperguß *m* malleable cast iron
Temperiereinrichtung *f* thermostat
Temperiergefäß *n* thermostat
Temperierkammer *f* conditioning chamber
Temperierkanal *m* heating-cooling channel
Temperkohlerosette *f* graphite rosette
Tempermittel *n* packing material
tempern malleabl[e]ize/to, anneal/to {*cast iron*}; temper/to, anneal/to
Termitenbeständigkeit *f* resistance to termites, termite resistance
Test *m* test, testing
Testapparatur *f* test apparatus
Testdaten *pl* test data
testen test/to, check/to, debug/to
Testproblem *n* check problem
Textilriemen *m* fabric belt
Textur *f* texture

thermische Analyse *f* thermal analysis
thermische Stabilität *f* thermal stability
thermischer Detektor *m* thermal detector
thermischer Empfänger *m* thermal receiver
Thermometer *n* thermometer
Thermoschalter *m* thermoswitch
Thermostat *m* thermostat
Thomas-Birne *f* Thomas converter, basic Bessemer converter
Thomas-Konverter *m* *s.* Thomas-Birne
Thomas-Konverterverfahren *n* *s.* Thomas-Verfahren
Thomas-Verfahren *n* basic Bessemer (converter) process, Thomas[-Gilchrist] process
tiefbohren deep-bore/to, deep-drill/to
tiefe Hohlform *f* deep recessed part
Tiefenanschlag *m* depth [control] stop
Tiefenauslösung *f* depth (feed) trip
tiefeneinstellbar depth-adjustable
Tiefenmesser *m* depth ga[u]ge
Tiefenskale *f* depth dial
tiefer ausarbeiten deepen/to
tiefgezogen dished; deep-drawn
Tieflochbohren *n* deep-hole boring, deep-hole drilling, depth drilling
Tieflochbohrer *m* deep-hole drill, drill bit
Tieflochbohrkopf *m* long-drill cutting head
Tieflochbohrmaschine *f* deep-hole drilling machine
Tieflochspiralbohrer *m* crankshaft drill

Tiefofen *m* heating pit, pit (soaking) furnace
Tiefschleifen *n* creep-feed grinding
Tiefungsversuch *m* cup drawing test
Tiefungswert *m* cupping ductility value
tiefziehen cup/to, deep-draw/to, draw deep/to
Tiefziehen *n* deep drawing *{metallurgy}*; thermoforming
Tiefziehen *n* **flacher Teile** shallow forming
Tiefziehen *n* **mit Gummikissen** rubber-pad process
Tiefziehgüte *f* drawing grade
Tiegelofen *m* crucible furnace
Tiegelofenherd *m* siege
Tiegelofenverfahren *n* crucible process
Tiegelstahlverfahren *n* crucible process
Tiegelziehzange *f* crucible-lifting tongs
Tisch *m* table; bed *{press}*; platen *{planer}*
Tischblech *n* table sheet
Tischbohrmaschine *f* bench drilling machine, bench-type drilling machine
Tischquerbewegung *f* cross table travel
Tischrüttelformmaschine *f* plain jolt-mo[u]lding machine
Tischträger *m* cross rail
Tischwaage *f* table balance
Titanweißware *f* titania whiteware
Toleranz *f* tolerance; allowance *{mechanically}*
Toleranzbereich *m* tolerance zone
Toleranzmarke *f* tolerance mark
Ton *m* clay, argil[la]

tongebunden clay-bonded
Tonknetmaschine *f* pug mill
Tonmischung *f* dubbing {acoustics}
Tonnenlager *n* barrel bearing
Tonnenretortenofen *m* drum retort furnace
Tonnenschale *f* barrel shell
Tonschlämme *f* clay water
Tonschneider *m* pug mill
Tonwasser *n* clay water
Töpferscheibe *f* potter's wheel
Topfglühofen *m* pan-type annealing furnace
Topf[schleif]scheibe *f* cup grinding wheel, cup wheel
Torpedokopf *m* center-fed die
Torsion *f* torsion, twist
Torsionsfeder *f* twist spring
Torsionsfestigkeit *f* torsional strength
Torsionsmoment *n* torsional moment, torsional (twisting) torque
Torsionspendel *n* torsion pendulum
Torsionsschwingung *f* torsional vibration
Torsionsschwingungsgerät *n* torsion pendulum
Torsionssteifigkeit *f* torsional rigidity
Torsionsversuch *m* torsional test
Torsionswinkel *m* angle of torsion (twist)
tot inoperative {caliper}; dead
Totalausfall *m* complete (total) failure
totbrennen dead-burn/to
tote Zone *f* dead band
toter Gang *m* backlash, play
Totmanngriff *m* dead-man's handle
Totmannknopf *m* dead-man's button

Totmannschalter *m* dead-man's switch
Totmannvorrichtung *f* dead-man's handle
totrösten dead-roast/to
Totrösten *n* dead roasting
Tragarm *m* bracket, ancon
Tragbalken *m* beam, girder
Tragblech *n* supporting sheet
tragen support/to, sustain/to; bear/to; convey/to
Träger *m* bearer; carrier, support; beam, girder
Träger *m* gleicher Festigkeit beam of uniform strength
Trägerführung *f* carrier guide
Trägerplatte *f* baseboard, platen
Trägerrost *m* beam grillage, gridwork
Trägerwalzwerk *n* beam rolling mill
Trägheitsmoment *n* moment of inertia
Tragklotz *m* shoe
Tragplatte *f* bedplate, supporting plate; bed {motor}
Tragring *m* supporting ring
Tragrohr *n* supporting tube
Tragschicht *f* bearing stratum
Tragschiene *f* bearing rail
Tragstein *m* ancon, bracket
Tragwelle *f* supporting shaft
Tragzapfen *m* supporting pin
Trajektorie *f* trajectory
Transferpresse *f* cut-and-carry press
Transformation *f* transformation
Transformationskonverter *m* linearer transformation converter
Transmission *f* transmission; gear
Transmissionswelle *f* transmission shaft
transparent transparent

Transparenz *f* transparency
Transport *m* transport, advance, advection
Transportband *n* transport belt
Transportbehälter *m* [shipping] container
Transporteinrichtung *f* transfer device
transportieren carry/to
Transportkette *f* transport chain
Transportloch *n* center hole
Transportpfanne *f* transfer ladle
Transportproblem *n* **mit Kapazitätsbeschränkung** capacity-restricted transportation problem
Transportrad *n* transport wheel
Transportvorrichtung *f* carriage
Transversalwelle *f* transverse wave
Trapezfläche *f* trapezoidal space
Trapezgewinde *n* acme (ACME) thread
Trapezlast *f* trapezoidal load
Traverse *f* cross-bar, cross girth, crosshead
treiben drift/to; drive/to; cupel/to {*metal*}; swell/to {*coal*}
Treiben *n* driving; cupellation {*winning of rare metals*}
Treibherd *m* cupellation furnace
Treibkeil *m* driving (taper) key
Treibkette *f* driving chain
Treibofen *m* cupellation (refining) furnace
Treibriemen *m* drive (driving) belt, transmission belt
Trennaht *f* [mo[u]ld] parting line
Trennbruch *m* crystalline (separation) fracture
Trennebene *f* [mo[u]ld] parting surface
trennen cut off/to, cut out/to, disconnect/to; separate/to; release/to {*mo[u]ldings*}
Trennen *n* cutting, stripping
Trennfestigkeit *f* rupture strength
Trennfläche *f* *s.* Trennebene
Trennfuge *f* parting line {*of a mo[u]ld*}; match (mo[u]ld) mark, mo[u]ld seam {*on a mo[u]lding*}
Trennkraft *f* separative power
Trennmittel *n* antitack (release, parting, separating) agent
Trennplatte *f* parting dish
Trennsäge *f* cut-off saw
Trennschalter *m* cut-out switch
Trennscheibe *f* cut-off wheel
Trennschleifen *n* abrasive cutting, [abrasive] cutting-off, [disk] cutting
Trennschleifmaschine *f* abrasive cut-off machine, abrasive [wheel] cutting machine, cut-off grinder, cutting machine, abrasive disk (cutting-disk) maschine
Trennschleifscheibe *f* abrasive cut-off saw, abrasive cutting blade, [abrasive] cutting-off wheel, abrasive cutting wheel, abrasive saw
Trennung *f* decoupling, tripping; disconnection; release {*mo[u]ldings from the mo[u]ld*}
Trennung *f* **selbsttätige** automatic tripping
Trennungsbruch *m* cleavage fracture
Trennventil *n* isolation damper, shut-off valve
Trennwerkzeug *n* cut-off tool
Trichter *m* cone, funnel, gate, hopper; cup {*blast furnace*}
Trichterwagen *m* travel loading hopper
Triebstock *m* lantern pinion

Triebwerk *n* power unit
Trio-Zickzackstraße *f* cross-country mill
Triowalzwerk *n* three-high mill
Trittblech *n* step sheet
Trittplatte *f* foot board
Trittschall *m* impact sound
trocken dry
trockenbohren dry-bore/to, dry-drill/to
Trockenbohren *n* dry drilling
Trockendrahtzug *m* dry wire drawing
Trockengestell *n* drying rack
Trockengewicht *n* dry weight
Trockenkupplung *f* dry-disk clutch
Trockenlaufkompressor *m* dry running compressor
Trockenlaufzahl *f* number of dry cycles
Trockenlaufzeit *f* dry cycle time
Trockenofen *m* foundry stove
Trockenprobe *f* dry assay
Trockensandform *f* dry-sand mo[u]ld
Trockensandformen *n* dry mo[u]lding, dry-sand mo[u]lding
Trockensandkern *m* dry-sand core
Trockenschale *f* core plate
trockenschleifen dry-grind/to
Trockenschleifen *n* dry grinding
Trockenschliff *m* dry grinding
Trockensieben *n* dry sieving
Trockensubstanz *f* total solids
Trockentaktzeit *f* dry cycle time
trocknen dry/to; bake/to {*cores*}
Trocknung *f* drying
Trommel *f* barrel, drum
Trommelbremse *f* drum-type brake
Trommelkonverter *m* barrel converter, rotor

Trommelmagazin *n* drum magazine
Trommelmaschine *f* drum machine, drum transfer machine
Trommelmotor *m* barrel-type motor
trommeln rumble/to
Trommelschalten *n* drum indexing
Trommel[werkzeug]speicher *m* drum magazine
Trommelwicklung *f* drum winding
Trompetenrohr *n* circular syphon
Troostit *m* troostite
Tropfenbildung *f* drooling
Tropfengeber *m* dropper
Tropfschürze *f* apron
tropfwassergeschützte Maschine *f* drip-proof machine
Truffel *f* trowel
Tunnelanguß *m* submarine (tunnel) gate
Tunnelanschnitt *m* submarine gate, tunnel gate
Tunnelofen *m* continuous pusher-type furnace, tunnel furnace (kiln)
Tunnelpunktanguß *m* tunnel gate with pin-point feed
Turbogetriebe *n* turbo-gear drive
Turbokompressor *m* turbo compressor
Turboplanetengetriebe *n* turbo-planetary gear
Turbulenz *f* turbulence
Tuschierplatte *f* surface plate
Tuschierverfahren *n* surface contact method
Typ *m* type; model; make, version
Typenprüfung *f* prototype test
Typenreihe *f* series, type of series
Typenschild *n* mit Leistungsangabe nameplate
Typenteilprüfung *f* type test

U

U-förmig biegen channel-bend/to
U-Ofen *m* U-type furnace
überbelasten overstress/to
Überbelastung *f* overstressing
überblasen overblow/to
Überbrennen *n* overbaking, overstoving
überbrücken bridge/to, bypass/to
überbrücktes Längstragbild *n* bridged lengthwise bearing
überdeckte Führungsbahn *f* covered way
überdimensionieren overdesign/to, oversize/to
überdrehen strip/to *{thread}*
Überdrehzahlschutz *m* overspeed protection
Überdruck *m* overpressure
Überdruckschalter *m* maximum-pressure governor
Überdruckwächter *m* maximum-pressure governor
Überdurckregelung *f* overpressure control
Übereinandergreifen *n* **der Schüsse** overlapping of the belts
übereinstimmen conform/to
Übereinstimmung *f* compliance; coincidence *{gear wheels}*
Übereinstimmung *f* **enge** close agreement
überelastisch plastic
überfahren overtravel/to; overshoot/to
Überfahren *n* overtravel
überfangen flash/to
Überform *f* coat, mantle

Übergangspassung *f* driving (transition) fit
Übergangspunkt *m* transition point
Übergangsroheisen *n* off-iron
Übergangssitz *m* transition fit
Übergangsstück *n* (enlarging) adapter
übergar black, dry *{pig iron}*
übergeordnet master
Überhebeduo *n* drag-over two-high stand, pull-over two-high stand
Überhebetisch *m* relifting table
Überhebevorrichtung *f* lifting blocks
überhitzen overheat/to, superheat/to
überhitzt burnt; overheated
Überhitzung *f* burning *{metallurgy}*; overheating, superheating; firing *{bearing}*
Überhöhung *f* camber; rise *{gear wheel}*
überholen 1. overhaul/to *{repair}*; 2. accelerate/to *{thread cutting}*
Überholung *f* 1. overhaul *{repair}*; 2. acceleration *{thread cutting}*
Überholungszeitraum *m* overhaul period
überkohlen overcarburize/to, supercarburize/to
Überkohlung *f* supercarburization, overcarburization *{of steel}*
überkritische Belastung *f* overcritical load
überlappen overlap/to
überlappende Arbeitsweise *f* overlapping
Überlappung *f* overlap; lap, shut
Überlappungsanschnitt *m* overlap gate
Überlappungswinkel *m* overlap
Überlastbarkeit *f* overload capacity

überlasten overload/to; overstrain/to
Überlastschalter *m* overload switch
Überlastung *f* overload; overstrain
Überlastungsgrenze *f* overload limit
Überlauf *m* 1. overrun, overflow; 2. overshoot, overtravel *{numerical control}*; run-out *{e.g. grinding wheel}*; 3. skimmer
überlaufen overflow/to, overrun/to; overshoot/to, overtravel/to
Überlaufleitung *f* overflow conduit
Überlaufrohr *n* overflow pipe (tube)
Überlaufventil *n* overflow valve
Überlaufwerkzeug *n* flash mo[u]ld, semi-positive mo[u]ld
Übermaß *n* rappage *{caused by loosen of the model}*
übermäßiger Verschleiß *m* excessive wear
Übermöllerung *f* overburdening
überprüfen debug/to, examinate/to, check/to
Überprüfung *f* check[ing], examination
überschaubares Steuerpult *n* transparent control panel
überschlagendes Gelenkviereck *n* crossed crank mechanism
überschneiden cut-over/to
Überschreitung *f* overflow
überschwingen overshoot/to, overtravel/to
Übersetzungsrad *n* gearing wheel
Übersetzungsverhältnis *n* back gear ratio, transmission ratio
Übersicht *f* scheme
Überströmrohr *n* overflow pipe, overflow tube
Überströmventil *n* overflow valve
Übertemperatur *f* overtemperature

übertragen transmit/to, convey/to; carry/to *{addition, EDP}*; transfer/to
Übertragung *f* 1. transmission; 2. copy; 3. transfer
Übertragung *f* **schlupffreie** reliable transmission
Übertragungsglied *n* transfer element
Übertragungslänge *f* transmission path length
überwachen monitor/to
Überwachung *f* **automatische** automatic supervision
Überwachungsarmatur *f* supervising armatur
Überwachungselektronik *f* electronic monitoring system
Überwachungsprüfung *f* control test
Überwachungsstation *f* control station
Überwachungssystem *n* supervisory system
überwalzen lap/to
Überwalzung *f* seam
Überwuchtmasse *f* amount of overbalance
überziehen coat/to, cover/to; clad/to
Uhrzeigersinn im clockwise
Ultraschallprüfung *f* ultrasonic testing
Umbau *m* alteration
umbördeln flange/to
Umdrehung *f* turn, revolution
Umdrehungsfrequenz *f* rotational speed (frequency); speed *{machine}*
Umfang *m* circumference
Umfangsfreifläche *f* diametral clearance
Umfangsgeschwindigkeit *f* circumferential (peripheral) velocity

Umfangsschleifen *n* edge grinding
Umfangsteilung *f* circumference pitch
Umform-Weg-Parameter *m* strain-path parameter
umformen form/to
Umformer *m* converter
Umformgrad *m* natural strain
Umführung *f* repeater, turnover
Umführungsventil *n* spill valve
umgebend ambient
Umgebungsbedingungen *fpl* ambient conditions
Umgebungsgeräuschpegel *m* ambient noise level
Umgebungsluftfeuchte *f* ambient humidity
Umgebungstemperatur *f* ambient temperature
Umgehungsstraße *f* bypass
umgekehrt reverse
umgekehrte Blockseigerung *f* negative segregation
umgekehrte Reihenfolge *f* reverse sequential order
Umkehr *f* reversal, reversion
Umkehrantrieb *m* reversing drive
umkehren reverse/to
Umkehrmotor *m* reversing motor
Umkehrofen *m* U-type furnace
Umkehrspiel *n* backlash
Umkehrung *f* inversion; *s.a.* Umkehr
Umlauf- circulating
umlaufen circulate/to; rotate/to, revolve/to
umlaufend circulating; live; revolving
Umlaufkante *f* sharp edge
Umlaufrad *n* planetary wheel
Umlaufschrott *m* home scrap
Umlenkrolle *f* corner pulley

Ummantelung *f* jacket
umpolen commutate/to
umprogrammieren reprogram/to
Umrißfräsen *n* contour milling
Umrißnachformen *n* contour tracing
Umrißnachformhobeln *n* contour planing
Umrißnachformsteuerung *f* contour control
Umrollrüttelformmaschine *f* jar ramming roll-over mo[u]lding machine
umrüsten fit/to {machine}
umschalten switch/to, switch over/to
umschalten periodisch commutate/to
Umschalter *m* [toggle] switch
Umschalthebel *m* change lever
Umschaltniveau *n* change-over point
Umschaltsperre *f* change-over stop
Umschaltung *f* shift; change over
Umschaltvorgang *m* throw
Umschaltzeitdauer *f* change-over time
Umschaltzeitpunkt *m* change-over point
umschlagen hem/to {sheet}
Umschlagmaschine *f* wiring machine
Umschlagstahl *m* stake
Umschlingungsbogen(Umschlingungswinkel) *m* arc of contact {belt drive}
Umschmelze *f* remelt heat; liquation refining
umschmelzen remelt/to, resmelt/to, melt down/to
umsetzen convert/to
Umsetzer *m* converter
umspannen rechuck/to
Umspannen *n* rechucking

Umsteckrad *n* change gear
Umsteckwalzwerk *n* looping mill
Umsteuerschieber *m* selector valve
Umsteuerung *f* direction reversal
Umsteuerzyklus *m* control cycle
Umwälzpumpe *f* circulating pump
Umwälzpumpe *f* stopfbuchsenlose glandless circulating pump
umwandeln convert/to, transform/to
Umwandlungsbereich *m* transformation range
Umwandlungsgeschwindigkeit *f* rate of transmission
Umwandlungspunkt *m* [thermal] change point, transformation point [temperatur], transition point
Umwandlungstemperatur *f* *s.* Umwandlungspunkt
Umweglenkung *f* alternate routing
Umwegsteuerung *f* alternate routing
Umweltfaktor *m* environmental factor
unabhängig autonomous; independent
unabhängiger Versuch *m* separate experiment
unabhängiges System *n* autonomes System
unbearbeitet raw *{part}*; black
unbeaufsichtigt unattended
unbefugte Betätigung *f* mischievous tampering
unbefugter Eingriff *m* mischievous tampering
unbelastet idle
unbemannt unattended
unbemannte Anlage *f* unattended installation
unbemannter Betrieb *m* unattended operation

unberuhigt vergossen open-poured
Unebenheit *f* out-of-flatness
unelastische Knickung *f* non-elastic buckling
unfertig unfinished *{part}*
ungebrannt green
ungebrochene Probe *f* unbroken specimen
ungedämpfte Welle *f* continuous wave
Ungefährzeichen *n* symbol of sine
ungehärtet soft
ungehärtete Walze *f* grain roll
ungenau inaccurate, inexact
ungenügend gefüllt short
ungeplante Reparatur *f* unscheduled repair
ungeplanter Ausfall *m* unscheduled outage
ungesintert green
Ungleichgewicht *n* unbalance
ungültiger Wert *m* invalid value
unidirektional unidirectional
Universalgerät *n* general-purpose device
Universalmotor *m* universal motor
Universalprüfmaschine *f* universal test[ing] machine
Universalroboter *m* general-purpose robot
Universalspannfutter *n* concentric chuck
Universalwinkelmesser *m* universal bevel protractor
unlegiert unalloyed
unrund kopieren contour/to
Unrunddrehmaschine *f* eccentric lathe
Unrundheit *f* runout
Unrundkopieren *n* contouring
Unrundlauf *m* runout

unstabil astable
Unsymmetrie *f* unbalance
unsymmetrisch asymmetric[al], unequal, unbalanced
Unterbär *m* bottom tup
Unterbau *m* base, bed, foundation
Unterbaugruppe *f* subassembly
unterbelasten derate/to
unterbrechen disconnect/to, interrupt/to; shut-off/to
Unterbrechung *f* break[age], interrupt, interruption; open condition *{circuit}*
unterbrechungsfreie Stromversorgung *f* uninterruptible power supply
unterbrochen open; open-circuited
unterdimensionieren undersize/to
Unterdosierung *f* starve feeding, underfeeding
Unterdruck *m* negative pressure
Unterdrückung *f* suppression
Unterdrückung *f* **von Fehlern** control of errors
untere Streckgrenze *f* lower yield point
unterer Formkasten *m* bottom box
Unterfeuerung *f* undergrate firing
Unterflurhydrant *m* underground hydrant
Unterflurofen *m* melting-hole furnace, underground furnace
Untergesenk *n* bottom die, bottom swage, matrix
Untergestell *n* base [frame], bed
Unterglocke *f* big (lower, main) bell *{throat hopper}*
Untergrund *m* background
Unterhaltung *f* maintenance, upkeep
Unterkasten *m* base, bottom box (flask), nowel

Unterlage *f* base, bed, template; foundation
Unterlage *f* **elastische** elastic foundation
Unterlagsplatte *f* underlay plate, bed plate
Unterlagsscheibe *f* washer, lock washer
Unterlastung *f* derating
Unterlegeklotz *m* bolster
Untermaßsenker *m* undersize core drill
Untermöllerung *f* underburdening
unterordnen subordinate/to
Unterprogramm *n* werkstückspezifisches part-specific subroutine
Unterputz *m* back coat
Untersatz *m* base, pedestal
Unterschieber *m* cross slide
Unterschiedsschwelle *f* difference threshold
unterschneiden undercut/to
Unterschnittfreiheit *f* absence of undercutting
Untersetzungsgetriebe *n* **für Wasserfahrzeuge** reduction gear for watercraft
Unterstempel *m* lower die
Unterstützungselement *n* support
untersuchen assay/to, inspect/to, study/to
Unterteil *n* base, body
Unterwalze *f* bottom roll[er]
Unterwange *f* lower (clamping) beam
Unterwerkzeug *n* bottom die (mo[u]ld)
Unterwind *m* underblast
Unterwindfrischverfahren *n* bottom-blown converter process

Unterwindgebläse *n* undergrate blower
Unterzug *m* bearer
unüberwacht unattended
ununterbrochen continuous, permanent
ununterbrochener Betrieb *m* continuous operation
unverankert cantilevered
unverstärkter Kunststoff *m* unreinforced plastic
unverzögert arbeitend instantaneously operating
unwesentlicher Ausfall *m* minor failure
unwirksam disabled; ineffective, non-effective
unwirksame Zeit *f* idle time
Unwucht *f* runout, unbalance
unzerstörbar indestructible
unzulässige Verformung *f* failure
unzusammenhängend discontinuous
unzuverlässig unreliable
unzuverlässiges System *n* unreliable system
Unzuverlässigkeit *f* unreliability
urgeformter Probekörper *m* compression-mo[u]lded specimen, mo[u]lded specimen
Urlader *m* (Urprogramm *n*) laden bootstrap/to
Ursache *f* cause
UV-Absorption *f* ultraviolet absorption

V

V-belt vee belt
V-Dichtung *f* chevron packing
V-förmige Rinne *f* arris gutter
V-Lunker *m* secondary pipe
Vakuum *n* vacuum
Vakuum-Trockensieben *n* vacuum dry sieving
Vakuumanlage *f* vacuum handling system
Vakuumdichtung *f* vacuum seal
Vakuumpfanne *f* vacuum pan
Vakuumpumpe *f* vacuum pump
Vakuumspeisetrichter *m* vacuum [-vented] feed hopper
Vakuumstrangpresse *f* vacuum extrusion press
Vakuumtechnik *f* vacuum technology
Vakuumtrichter *m* vacuum-[vented] hopper
variabel variable
variable Größe *f* variable quantity
Variable *f* variable [quantity]
Ventil *n* valve, cock
Ventil *n* elektrohydraulisches electrohydraulic valve
Ventil *n* fernbetätigtes remote-controlled valve
Ventil *n* ferngesteuertes remote-operated valve
Ventil *n* hydraulisches hydraulic valve
Ventil *n* mit Druckausgleich balanced valve
Ventil *n* mit Eisengefäß steel-tank rectifier
Ventil *n* mit Kolbenantrieb piston-driven valve

Ventil n mit Magnetantrieb solenoid-driven valve
Ventil n mit Membranantrieb diaphragm-driven valve
Ventil n mit Motorantrieb motor-actuated valve
Ventil n mit Vakuumhaltung pumped rectifier
Ventilator m ventilator
Ventilauswerfer m valve ejector
Ventildeckel m valve cover
Ventilgummi m valve rubber
Ventilhülse f valve sleeve
Ventilkegel m valve cone; jumper *{plug valve}*
Ventilkeil m valve key
Ventilkolben m bucket
Ventilsitz m valve seat
Ventilstange f valve stem
Ventilteller m valve disk
veralten outdate/to, age/to *{technical}*
veränderbar alterable, changeable; variable
veränderlich variable
veränderlich stufenlos continuously variable
verändern alter/to, change/to; vary/to, modify/to
verändern maßstäblich scale/to
verändernd changing
Veränderung f alteration, change; variation
Veränderung f infolge technischer Weiterentwicklung technical migration
Verankerung f anchor tie
Verankerungspfahl m anchor pile
Verankerungsplatte f anchor plate
Verankerungsschraube f anchor bolt

Verarbeitbarkeit f processibility, workability; machinability
verarbeiten process/to, work/to; machine/to; handle/to *{signals}*
Verarbeitungsschwindung f mo[u]ld shrinkage
verbinden connect/to, join/to
Verbinder m connector
Verbindung f joint, connection, linkage, link
Verbindung f drehbare rotation[al] joint
Verbindung f lösbare separable joint
Verbindungsaufbau m combination
Verbindungselement n lösbares fastening device
Verbindungsflansch m connecting flange
Verbindungsglied n link; connector
Verbindungshülse f connecting sleeve
Verbindungskabel n connecting cable
Verbindungsklemme f connector
Verbindungsmuffe f connecting sleeve
Verbindungsrohr n connecting pipe (tube), runner
Verbindungsstelle f point of connection, joint
Verbindungsstruktur f link structure
Verbindungsstück n coupling; joint; fitting *{pipes and hoses}*
Verbindungsstück n für Manometer manometer joint
Verbindungsteil n connector; link
Verbindungswelle f connecting shaft
Verblasen n im Konverter convertering, bessemerization

verblasen   blow/to *{steel melt}*
Verblaserost *m*   sintering grate
verblocken   interconnect/to
Verbrauch *m*   consumption
Verbreiterung *f*   spreading; flare *{pipes}*; expansion
verbrennen   burn/to
Verbrennungsmotor *m*   [internal-] combustion engine
Verbund-   compound, composite
verbunden   jointed, connected
Verbundfolie *f*   composite film, multi-layer film
Verbundguß *m*   compound casting
Verbundgußplattierung *f*   cast coating
Verbundlager *n*   composite bearing
Verbundspritztechnik *f*   sandwich mo[u]lding
Verbundteilen *n*   compound indexing
Verbundwerkzeug *n*   compound tool
verdecken   mask/to
verdeckter Hafen *m*   hooded [glass] pot
Verdeckungseffekt *m*   masking effect
verdichten   compress/to, press/to; compact/to; jar/to *{sand}*
Verdichter *m*   compressor
Verdichter *m* mehrstufiger   multi-stage compressor
verdichtet   compressed
Verdichtung *f*   compaction, compression, consolidation, packing
Verdichtungsanlage *f*   densener
Verdichtungsdruck *m*   packing pressure
Verdichtungsgrad *m*   degree of packing
Verdichtungsphase *f*   packing phase

Verdichtungsprofil *n*   packing profile
verdrahten fest   hard-wire/to
Verdrahtung *f*   wiring; wiring pattern
Verdrängungspumpe *f*   positive displacement pump
verdrehen   twist/to
Verdrehfestigkeit *f*   torsional strength
Verdrehsteifigkeit *f*   torsional rigidity
Verdrehung *f*   angle (rotational) displacement, torsion
Verdrehungsmoment *n*   torsional moment (torque), twisting torque
verdunsten   evaporate/to
Veredeln *n*   surface finishing; refining
vereinheitlicht   standardized
Vereinzeln *n*   feed limiting
Vereinzelungseinrichtung *f*   feed limiting device
verengen   neck down/to
verfahrbar   *s.* beweglich
Verfahren *n*   process, method; technique, procedure
  Verfahren *n* bodenblasendes   bottom-blown converter process
  Verfahren *n* spanendes   cutting process
  Verfahren *n* weichplastisches   soft-mud process
  Verfahren *n* mit flüssigem Einsatz   hot-metal process
Verfahrensschema *n*   flow diagram
Verfahrensweise *f*   policy
Verfaltung *f*   fold *{defect}*
Verfärbung *f*   discoloration
verfestigen sich   solidify/to; harden/to *{by cold forming}*

Verfestigung *f* consolidation, strain hardening; hardness increase, hardening {materials}
Verfestigung *f* **durch Kaltverformung** work hardening; work-hardness {result}
Verflüssigungsmittel *n* defloccu-lant, deflocculating agent
verformbar workable {ceramics}; mo[u]ldable, plastic
Verformbarkeit *f* deformability
verformen plastisch overstrain/to
Verformung *f* 1. deformation, strain; 2. forming, shaping, mo[u]lding
Verformung *f* **bleibende** permanent set, plastic deformation
Verformung *f* **unzulässige** failure
Verformungsbruch *m* plastic fracture
Verformungsenergie *f* deformation energy
Verformungsgeschwindigkeit *f* deformation rate, rate of deformation
Verformungswerkzeug *n* die, mo[u]lding tool
verfügbar available
verfügbare Leistung *f* available power
Verfügbarkeit *f* availability
vergasen gas/to {e.g. melt}
Vergießbarkeit *f* flowability; castability, pourability
vergießen cast/to, pour/to, found/to; seal/to
Vergleich *m* comparison
vergleichen compare/to
Vergleichselement *n* comparator
Vergleichsformänderung *f* equivalent total strain

Vergleichsglied *n* comparison element
Vergleichsmessung *f* comparative measurement, ga[u]ge
Vergleichsoperation *f* comparison operation
Vergleichsprobe reference specimen
Vergleichsprüfung *f* comparative testing
Vergleichswert *m* reference value
vergossen compound-filled
vergossen unberuhigt open-poured
Vergußmasse *f* compound
vergüten treat/to, quench age/to, quench and temper/to; refineto {steel}
vergüten in Öl *n* oil-toughen/to
Verhalten *n* 1. action, response; 2. behaviour, properties {materials}
Verhalten *n* **dynamisches** dynamic behaviour
Verhalten *n* **rheologisches** rheological behaviour
Verhalten *n* **tatsächliches** actual operation
Verhaltensprinzip *n* mode of action
Verhältnis *n* ratio
Verhältnis *n* **L/D** length-diameter ratio
Verhältnis *n* **von Einschalt- zu Ausschaltzeit** on-off ratio
verhängnisvoller Ausfall *m* catastrophic failure
verhüttungsfähig smeltable
Verjüngung *f* tapes; leave
Verkabelung *f* cabling
Verkanten *n* side tilt
verkehrt konisch inverted
verketten chain/to, link/to; concatenate/to, interconnect/to

verkettete Fertigungsstraße *f* linked process line
verkettete Spannung *f* *s.* Leiterspannung
verkettete Steuerung *f* concatenated control
verkettete Werkzeugmaschinen *fpl* linked machine tools
Verkettung *f* concatenation; linkage
Verkettung *f* **lose** conveyorization
Verkettungseinrichtung *f* linking device
Verklammerung *f* joggle
Verkleidung *f* cover[ing]; cladding; lining *{of an inner surface}*
Verklemmen *n* jam, jamming
verklingen die away/to
Verknüpfung *f* linkage; coupling; logic *{computer}*
verkröpfen crank/to
Verkürzung *f* shortening
Verkürzung *f* **homogene** homogeneous shortening
Verkürzung *f* **relative** unit shortening
Verlagerung *f* **infolge Belastung** load deflection *{e.g. hand of robot}*
verlängerte Düse *f* extended nozzle, long-reach nozzle
Verlängerung *f* elongation, extension, increase in length
verlangsamen decelerate/to, delay/to
Verlangsamung *f* deceleration
verlaschen fish/to
verlaufen divert/to, drift/to; runout/to *{drill}*
verlaufen bogenförmig bow/to
Verlaufen *n* running out of centre *{drill}*; drift, drifting

verlieren Härte *f* draw the temper/to
verlorener Kopf *m* dead (feeder, shrink, rising, waste) head, header, hob top, extension
verlorenes Modell *n* investment pattern
Verlust *m* loss; roasting residue *{metallurgy}*
Verlust *m* **konstanter** constant loss
Verlust *m* **mechanischer** mechanical loss
Verlust *m* **der Haftfestigkeit** loss of adhesion
verlustbehaftet lossy
Verlustfaktor *m* **dielektrischer** dielectric dissipation factor
Verlustfaktor *m* **mechanischer** mechanical loss factor
Verlustkoeffizient *m* coefficient of losses
verlustlos lossless, no-loss
Verlustmodul *m* loss modulus
Verlustzahl *f* coefficient of losses
vermascht complex
Vermaschungsgrad *m* complexity
vermindern reduce/to; neck down/to *{section}*
Vernetzungsgrad *m* degree of crosslinking
Verputzmaschine *f* finishing machine
Verrastung *f* locating device; lock, stop, arrest
verrichten act/to, perform/to
Verriegelkraft *f* locking force
verriegeln interlock/to, lock/to
Verriegeln *n* locking
Verriegelung *f* interlock[ing], lock, locking mechanism

Verriegelung *f* **mechanische** mechanical interlock[ing]
Verriegelungsautomatik *f* automatic locking
Verriegelungsbolzen *m* interlocking bolt
Verriegelungseinrichtung *f* clamping device
Verriegelungshebel *m* interlocking lever
Verriegelungshülse *f* interlocking sleeve
Verriegelungsmuffe *f* interlocking sleeve
Verriegelungsplatte *f* interlocking plate
Verriegelungssystem *n* locking system
Verriegelungsvorrichtung *f* locking device
Verringerung *f* decrease
verrippt stark heavily ribbed
Verrückungskomponente *f* component of displacement
Versagen *n* breakdown, failure, malfunction
Versagen *n* **zeitweiliges** malfunctioning
Versagensvorhersage *f* failure prediction
Versatz *m* offset
Verschiebemechanismus *m* traversing mechanism
verschieben displace/to, shift/to
Verschieberädergetriebe *n* sliding gear drive
Verschieberädergetriebe *n* **dreistufiges** three-stepped sliding gear drive
Verschiebung *f* displacement, offset, shift

Verschiebung *f* **seitliche** lateral displacement
Verschiebungsbruch *m* shear (sliding) fracture
Verschiebungsfaktor *m* displacement factor
Verschiebungskomponente *f* component of displacement
verschlacken scorify/to
Verschlackung *f* scorification
verschleiern mask/to
Verschleiß *m* wear
Verschleiß *m* **abrasiver** abrasive wear, abrasion
Verschleiß *m* **übermäßiger** excessive wear
Verschleißprüfung *f* {durch Scheuern} abrasion test
Verschleißteil *n* [operational] spare part, renewal (replacement) part
Verschluß *m* lock; seal {water-tight and gas-tight}
Verschlußdeckel *m* lock cover
Verschlußdüse *f* shut-off nozzle
Verschlußglocke *f* bell {blast furnace}
Verschlußhebel *m* locking lever
Verschlußmechanismus *m* shut-off mechanism
Verschlußnadel *f* shut-off needle
Verschlußplatte *f* locking plate
Verschlußventil *n* shut-off valve
Verschmelz- und Verschweißmaschine *f* fusion-welding machine
Verschränken *n* crossing
Verschraubung *f* fitting, screw[ed] connection, screwing
verschwammen sponge/to
verschwimmen blur/to
versetzter Kern *m* misplaced core

Versetztsteghalter *m* spider with staggered legs
Versiegelungszeit *f* gate open time
versorgen supply [with]/to, provide/to; service/to
Versorgung *f* supply
  Versorgung *f* **mit Druckluft** compressed-air supply
Versorgungsdruck *m* supply pressure
Versorgungsdruckleitung *f* pressure supply line
Versorgungsenergie *f* auxiliary energy, operating supply energy
Versorgungsleitung *f* supply line
Versorgungsluft *f* air supply, compressed air, [operating] supply air
  Versorgungsluft *f* **betrieben mit** compressed-air operated
Versorgungsluftdruck *m* air-supply pressure, compressed-air pressure, supply [air] pressure
Versorgungslufterzeuger *m* compressor
Versorgungsluftleitung *f* compressed-air line, supply line
Versorgungsnetz *n* supply mains
Versorgungssystem *n* supply system
Verspannung *f* strain
Verstärker *m* **mechanischer** intensifier
verstärkter Kunststoff *m* reinforced plastic
Verstärkung *f* reinforcement {*e.g. plastics*}; intensification
Verstärkungsring *m* reinforcing ring
Verstärkungsschiene *f* reinforcing rail
Verstärkungsstoff *m* reinforcing material

Versteifungsblech *n* bracing plate
Verstellarm *m* adjustable arm
verstellbar adjustable; movable, positionable
  verstellbar senkrecht depth-adjustable
verstellbares Winkellineal *n* bevel
Verstellbarkeit *f* steerability
Verstellbereich *m* adjustment range
Verstellelement *n* controlling element
verstellen alter/to, control/to; adjust/to {*rollers*}; shift/to, relocate/to {*e.g. lever*}; misplace/to
Verstellen *n* servoing
Verstellhebel *m* adjustable (adjusting) lever
Verstellkraft *f* positioning force
Verstellung *f* positioning; relocation, shift
  Verstellung *f* **außermittige** eccentric adjustment
  Verstellung *f* **mechanische** positioning
Verstellwirkung *f* positioning action
verstopfen clog/to {*e.g. filter*}
Verstreckungsgrad *m* degree of stretching
Versuch *m* assay; test, run, experiment, trial
  Versuch *m* **simulierter** simulated test
  Versuch *m* **mit veränderlichen Schnittbedingungen** multiple-severity test
Versuchsanlage *f* test plant
Versuchsanordnung *f* test arrangement
Versuchsaufbau *m* breadboard, set-up, setting

Versuchsauswertung *f* evaluation of results
Versuchsbedingungen *fpl* experimental conditions
Versuchsdauer *f* test period
Versuchsdurchführung *f* test procedure, testing procedure
Versuchsfehlergrenze *f* limit of experimental error
Versuchsformnest *n* experimental cavity, test cavity
Versuchsgerät *n* test apparatus
Versuchsmaterial *n* material to be tested, test material
Versuchsmodell *n* laboratory model
Versuchsplanung *f* experimental design
Versuchstechnik *f* experimental technique
Versuchswerkzeug *n* experimental die (mo[u]ld, tool)
Versuchswerte *mpl* test data
Verteiler *m* distributor; manifold *{extension}*; runner *{injection mo[u]lding}*
Verteilerbalken *m* manifold block
Verteilerblock *m* manifold block
Verteilerbohrung *f* runner, manifold
Verteilerkanal *m* manifold, runner
Verteilerkanalfläche *f* projizierte projected runner surface area
Verteilerkanalquerschnitt *m* runner cross-section, runner profile (shape)
Verteilerkreuz *n* [feed] runner system, radial system of runners, sprues and runners
Verteilernetzwerk *n* distribution network

Verteilerplatte *f* feed plate, hot runner plate
Verteilerrohr *n* manifold, runner
Verteilerröhrensystem *n* manifold (runner) system
Verteilerspinne *f* (**Verteilerstern** *m*) *s.* Verteilerkreuz
Verteilerstück *n* manifold block
Verteilersystem *n* distribution system
verteilte Steuerung *f* distributed control
Verteilungskanal *m* manifold, runner
vertiefen deepen/to
vertikale Ebene *f* vertical plane
vertikale Position *f* vertical position *{numerical control}*
Vertikalgerüst *n* vertical mill
Vertikalschieber *m* downfeed slide
Vertikalschieberverstellspindel *f* downfeed screw
verträglich compatible
Verträglichkeitsbedingungen *fpl* conditions of compatibility
Verunreinigung *f* contamination
Verweilzeit *f* duration of dwell, dwell duration (period); dwell time, holdup time, residence time; retention time *{process}*
Verwendbarkeit *f* adaptability; applicability
Verwendung *f* application; usage, utilization
verwerten utilize/to
verwischen blur/to
verzahnen cut gears/to, tooth/to
Verzahnung *f* toothing, gear-tooth forming
Verzeichnis *n* list
verzeichnungsfrei free from distortion, distortion-free, distortionless

Verzerrung *f* deformation, strain; distortion
Verzerrung *f* **virtuelle** virtual deformation
Verzerrungsellipsoid *n* strain ellipsoid
Verzerrungsenergie *f* [elastic] strain energy
Verzerrungsenergie *f* **spezifische** specific strain energy
verzerrungsfrei *s.* verzeichnungsfrei
Verzerrungstensor *m* strain tensor
Verzerrungszustand *m* state of strain
Verzerrungszustand *m* **räumlicher** general state of strain
Verzerrungszustand *m* **ebener** plane strain
verzögern delay/to
verzögert delayed
Verzögerung *f* delay, delayed action
Verzögerung *f* **mit Totzeit** lag-with-dead time
Verzögerungszeit *f* lag time
verzundern scale/to
Verzundern *n* scaling
verzundert scaled
verzweigen branch/to
Verzweigung *f* branch
Verzweigungsstelle *f* branch point
Vibration *f* vibration
Vibrationsförderer *m* oscillating conveyor
vibrieren vibrate/to
Vickershärte *f* diamond penetrator (pyramid) hardness, Vickers [diamond] hardness
Vielfachecho *n* multiple echo
Vielfachwerkzeug *n* multicavity die (mo[u]ld), multicavity-impression mo[u]ld, multiorifice die

Vielfachzug *m* multiple drawing
Vielkeilprofil *n* spline profile
Vielkeilwelle *f* multiple-spindle shaft, multiple-splined shaft
Vielmeißelaufspannplatte *f* combination tool plate holder
Vielrollengerüst *n* cluster mill
Vielrollenwalzwerk *n* cluster mill
Vielseitigkeit *f* versatility
Vierachsensteuerung *f* four-axis control {numerical control}
Vieretagenspritzen *n* four-daylight mo[u]lding
Vierfachmeißelhalter *m* four-way tool post
Vierfachpunktanschnitt *m* four-point pin gate
Vierfachschlauchkopf *m* four-parison die
Vierfachwerkzeug *n* four-cavity impression mo[u]ld
vierholmig four-column
Vierkantblock *m* **vorgewalzter** square bloom
Vierkantknüppel *m* square billet
Vierkantschraube *f* square collar screw
Vierschneider *m* four lip core drill
Viskositätsbestimmung *f* viscosity determination
Viskositätszahl *f* viscosity number
visuell erkennbarer Fehler *m* visible imperfection
visuelle Prüfung *f* visual examination (inspection)
Vollast *f* full load
vollausgehärtet fully aged
vollautomatisch full automatic, fully-automatic
Vollmaßsenker *m* full-size core drill
Vollprägen *n* full coining

Vollscheibenbremse *f* plate brake
Vollschnittschleifen *n* creep-feed grinding
vollständig automatisierte Anlage *f* push-button plant, totally automated plant
vollständiger Abbau *m* complete degradation
vollständiger Bruch *m* complete fracture
Vollwandbrücke *f* box-section bridge
Volumenänderung *f* **reine** pure dilatational strain, uniform dilatation
Volumenänderungsenergie *f* strain energy due to the change of volume
Volumenelastizität *f* elasticity of bulk
voranbringen advance [to another position]/to
vorausberechnen precompute/to
vorbauen frei cantilever/to
Vorbehandlung *f* pretreatment, preconditioning
Vorbehandlung *f* **chemische** chemical pretreatment
Vorbehandlungsgerät *n* pretreating unit
Vorbehandlungszeit *f* pretreatment time
vorbeizen bottom mordant/to
vorbereiten condition/to; prepare/to, set-up/to; initialize/to
Vorbereitungszeit *f* lead time *{e.g. for NC machines}*; preparation time *{e.g. for maintenance}*
vorbestimmte Arbeitsbedingungen *fpl* predetermined operating conditions
vorbeugende Instandhaltung *f* preventive maintenance

vorblasen puff/to, blow back/to
Vorblasen *n* foreblow
Vorblech *n* sheet bar
Vorblock *m* bloom, billet, cog; beam blank
vorblocken bloom/to, cog down/to
Vorblocken *n* blooming
Vorbohren *n* rough drilling
Vorbramme *f* roughed slab
vorcodieren precode/to *{numerical control}*
Vorcodiertabelle *f* pre-table *{numerical control}*
Vorcodierung *f* pre-coding *{numerical control}*
Vorderplatte *f* front panel *{part of equipment}*
Voreilung *f* forward creep
Voreilung *f* **lineare** lead
Voreilwinkel *m* advance angle
voreinstellbar presettable
vorfertigen preassemble/to
Vorfertigung *f* preproduction
Vorfertigungsmuster *n* preproduction model
vorformen edge/to, sadden/to; preform/to
vorformen im Vorgesenk *n* fuller/to, rough-stamp/to
Vorformling *m* schlauchförmiger parison
Vorformlingslänge *f* parison length
Vorformlingslängenregelung *f* parison length control
Vorformlingsträger *m* parison support
Vorformlingswerkzeug *n* blown film die, parison (pipe, tube) die
Vorfrischen *n* primary purification
Vorfrischmischer *m* active hot metal mixer

Vorgabewert *m* preset value, set point
Vorgang *m* process, action, operation
Vorgang *m* **stetiger** continuous process
Vorgang *m* **zyklischer** batch process
Vorgangszeit *f* action time
vorgeben specify/to; [pre]set/to
vorgeformtes Material *n* dummy
vorgegebene Entfernung *f* predetermined distance
vorgegebene Geschwindigkeit *f* set speed
vorgegebene Lage *f* set position
vorgegebene Temperatur *f* set temperature
vorgegebene Werkstückmenge *f* batch lot
vorgegebener Druck *m* set pressure
vorgegebener Wert *m* preset value
vorgegebener Wert *m* set point, set-point value, set value
vorgekragt cantilevered
Vorgelege *n* **mit** back-geared, double-geared
Vorgelegewelle *f* countershaft, intermediate shaft, layshaft
Vorgerüst *n* roughing stand
Vorgesenk *n* roughing die
vorgestreckt roll-cogged
vorgewalzter Block *m* rough-rolled ingot
vorgewalzter Vierkantblock *m* square bloom
vorgewärmter Gebläsewind *m* hot blast
vorgießen Bohrungen core/to
Vorgießen *n* **von Bohrungen** coring

Vorherd *m* breast pan, forehearth; casting shoe
Vorkaliber *n* leader (preceding) pass
Vorkalibrieren *n* pony roughing
Vorkammer *f* antechamber
Vorkammerangußbuchse *f* antechamber sprue bush
Vorkammerbuchse *f* antechamber bush
Vorkammerdüse *f* antechamber nozzle
Vorkammerpunktanguß *m* antechamber pin gate
Vorkammerraum *m* antechamber
vorkragen bear out/to, cantilever/to
Vorkühlung *f* precooling
Vorlage *f* part program; model
Vorlast *f* **[nach Rockwell]** minor (initial) load
Vorlegescheibe *f* dummy block
Vorlegierung *f* master alloy
Vormetall *n* blown metal
Vormontagezeit *f* preassembly time
vormontieren preassemble/to
vormontierter Baustein *m* preassembled module
Vorplastifizierung *f* preplastication, preplasticizing
Vorplastifizierungsaggregat *n* preplasticizing unit
Vorplastifizierungssystem *n* preplasticizing system
Vorpolierstich *m* first finishing pass
vorprogrammiert preprogrammed
Vorraffinierofen *m* improving furnace
Vorrang *m* priority
Vorrang genießen override/to
Vorrichtung *f* device, mechanism; fixture, chuck, chucking device

vorrücken

Vorrichtung *f* **für Wartungsarbeiten** maintenance fixture
Vorrichtung *f* **zum Ausrichten (Ausfluchten)** alignment device
vorrücken advance [to another position]/to
Vorschichtgesenk *n* blocking die
Vorschleifen *n* rough grinding
vorschlichten block/to
Vorschlichten *n* blocking
Vorschmiedegesenk *n* blanker, blocker, blocking die, rougher
vorschmieden block/to, cog down/to, edge/to
Vorschmieden *n* blocking, roughing
Vorschneider *m* cut nippers
Vorschub *m* feed[ing]; advance, carriage
Vorschub *m* **schrittweiser** pick feed
Vorschubabschalteinrichtung *f* feed cut-off device
Vorschubantrieb *m* feed drive
Vorschubauslösung *f* feed release (trip)
Vorschubbewegung *f* feed [motion]
Vorschubcodierung *f* feed coding {*numerical control*}
Vorschubeinheit *f* feed unit
Vorschubeinrichtung *f* feeder, feeding device
Vorschubeinrichtung *f* **automatische** automatic carriage (feeder)
Vorschubeinrückhebel *m* feed engaging lever
Vorschubeinstellscheibe *f* feed dial
Vorschubeinstellung *f* feed adjustment (control)
Vorschubgeschwindigkeit *f* feed rate, rate of feed[ing]
Vorschubgetriebe *n* feed gear

528

[box], feed mechanism (train), feeding mechanism
Vorschubgetriebekasten *m* feed box
Vorschubgetriebemotor *m* feed motor
Vorschubgetriebezug *m* feed train
Vorschubgrenzwert *m* feed limit
Vorschubhandhebel *m* feed handle
Vorschubhebel *m* feed [control] lever
Vorschubklinke *m* feed pawl
Vorschubklinkenrad *n* feed ratchet wheel, feed sprocket
Vorschubkraft *f* feed force
Vorschubkupplung *f* feed clutch
Vorschubkurve *f* feed cam
Vorschubmarke *f* feed mark
Vorschubmarkierung *f* feed line
Vorschubmechanismus *m* advance mechanism, feeding device
Vorschubnocken *m* feed cam
Vorschubpatrone *f* feeding collet
Vorschubrad *n* feed gear
Vorschubreduzierung *f* feed reduction
Vorschubregler *m* feed regulator
Vorschubregulierung *f* feed regulation
Vorschubrichtung *f* advance direction
Vorschubschlitten *m* feed slide
Vorschubskale *f* feed dial
Vorschubspindel *f* feed screw
Vorschubsteuerung *f* feed rate control
Vorschubstift *m* feed pawl
Vorschubumsteuerung *f* feed reverse
Vorschubventil *n* feed valve
Vorschubvorrichtung *f* carriage
Vorschubwähler *m* feed dial

Vorschubwahlschalter *m* feed selector
Vorschubwechsel *m* feed change
Vorschubwechselhebel *m* feed change lever
Vorschubwechselräderkasten *m* feed change box
Vorschubwelle *f* feed shaft
Vorschubwert *m* feed rate
Vorschubzahnstange *f* feed rack
Vorschubzange *f* feeding finger (collet)
Vorschubzylinder *m* feed cylinder
vorspannen temper/to, toughen/to; prestress/to
Vorspannung *f* initial stress *{mechanically}*; preload *{e.g. spring, bearing}*
Vorsprungflansch *m* male flange
Vorstaucharbeitsgang *m* cone operation
vorstauchen bulb/to, cone/to, gather/to, hammer/to
Vorstauchen *n* bulb (cone) upsetting
Vorstauchstempel *m* cone (coning) punch, first upsetter
Vorstauchstufe *f* first blow
Vorstauchwerkzeug *n* cone tool
Vorstich *m* breaking-down pass, roughing pass
Vorstrecken *n* pony roughing, roll cogging
Vorumschaltung *f* anticipation *{numerical control}*
Vorvakuumbehälter *m* interstage reservoir
Vorvakuumpumpe *f* forepump, backing pump
Vorwählhebel *m* preselector lever
Vorwählschalter *m* preselector switch

Vorwalze *f* billet (bloom) roll, cogging-down roll; roughing roll
vorwalzen break down/to, rough/to, shape/to
Vorwalzen *n* roughing, shaping
Vorwalzgerüst *n* breakdown stand, rougher, shaping mill
Vorwalzstraße *f* roughing mill
Vorwärmer *m* bank
Vorwärmung *f* in Rekuperatoren recuperation
Vorwärtsbewegung *f* forward motion
Vorwärtsgang *m* forward motion
Vorwärtslauf *m* forward motion
Vorwärtssteuerung *f* feedforward control
Vorwärtszug *m* forward pass
vorwegnehmend anticipative
Vorweite *f* pre-expansion
Vorwindfrischer *m* active mixer, primary refining mixer
vorziehen precup/to

W

Waage *f* balance, scales
Waage *f* elektromechanische electromechanical balance
Waage *f* mechanische mechanical balance
Waagerechtbohrmaschine *f* horizontal boring (drilling) machine
Waagerechtbohrwerk *n* horizontal boring (drilling) machine
waagerechte Zone *f* horizon *{blast furnace}*
Waagerechtstauchmaschine *f* horizontal forging machine

Waagerechtstoßmaschine *f* shaping machine
Waagerechtstoßmaschine *f* **mit Kurbelschleifenantrieb** crank shaper
Wabenkamin *m* honeycomb insert
wachsartige Glasur *f* smear
Wachsausschmelzverfahren *n* cire-perdue (lost-wax) process
wachsen expand/to *{form sand}*
Wägemeßeinrichtung *f* balance
wägen weigh/to
wägen erneut reweigh/to
Wagengießpfanne *f* truck ladle
Wagenguß *m* buggy (car) casting
Wagenherdofen *m* car-bottom furnace, car-hearth furnace
Wagenofen *m* car furnace
wählbar selectable
Wählen *n* **per Druckknopf** push-button dial[l]ing
Wählscheibeneinstellung *f* dial setting
Wählscheibensystem *n* dial-in system
Wahrnehmbarkeitsgrenze *f* limit of perceptibility
Wahrnehmungsschwelle *f* difference threshold
Wahrscheinlichkeit *f* **des Versagens** probability of failure
Walzbahn *f* pass line
Walzblock *m* billet, cog, bloom
Walzdopplung *f* lamination
Walzdraht *m* wire rod
Walze *f* roll[er]; cylinder *{if hollow}*
Walze *f* **halbkalibrierte** half roll
Walze *f* **profilierte** section roll
Walze *f* **ungehärtete** grain roll
wälzen marver/to
walzen roll/to
walzen Kanten edge/to
walzen Platinen slab/to
Walzen *n* **mit geteiltem Kaliber** knifing
Walzen[bahn]anlasser *m* drum-type controller (starter)
Walzenbarren *m* slab
Walzenbiegemaschine *f* bending roll
Walzenbombierung *f* crowning of rolls
Walzenbund *m* barrel
Walzenfräser *m* cylindrical [milling] cutter, cylindrical slab mill, shank-type cutter
Walzenhalter *m* roller bracket
Walzenkäfig *m* roller cage
Walzenschalter *m* *s.* Walzen[bahn]anlasser
Walzenschleifmaschine *f* cylindrical roll grinder
Walzenständer *m* holster, stand
Walzenstirnfräsen *n* face milling
Walzenstirnfräser *m* end face mill, end mill of the shell type
Walzfaser *f* lamination
Walzfräsen *n* hobbing, plain milling
Wälzfräsen *n* **im Gegenlauf** conventional hobbing
Wälzführung *f* roller motion guiding
Walzgang *m* roll table
wälzgelagert antifrictional-mounted
Walzgerüst *n* rolling-mill stand
Walzgrat *m* flash
Walzhaut *f* skin
Wälzkörper *m* rolling element
Walzkraft *f* rolling load
Wälzlager *n* antifriction (ball) bearing, rolling[-contact] bearing
Wälzlagergehäuse *n* ball bearing housing

Wälzlagerteil *n*   ball-and-roller bearing element
Wälzlagerung *f*   antifriction mounting
Walzmaschine *f*   rolling machine
Walzpaket *n*   pack
Wälzplatte *f*   marver [plate]
Wälzpressung *f*   contact pressure
Walzprofil *n*   rolled shape
walzschwarz   black-rolled
Walzstraße *f*   rolling mill
 Walzstraße *f* **offene**   looping mill
Wälztrommel *f*   cradle
Walzwerk *n*   roll[ing] mill
 Walzwerk *n* **eingerüstiges**   single rolling mill
Walzwerksgetriebe *n*   rolling-mill gear transmission
Wälzwinkel *m*   angle rolled through
Wanddickenverringerung *f*   wall reduction
Wandhydrant *m*   fire-hose connector set
Wandler *m*   measuring transducer
 Wandler *m* **elektropneumatischer**   electropneumatic converter
Wandträger *m*   bracket
Wangenbolzen *m*   beam bolt
Wangensupport *m*   beam support
Wanne *f*   bath; trough, tub, vat; tank {*glass*}; crucible {*arc furnace*}
Wannenofen *m*   [glass] tank furnace
Warmbad *n*   hot bath
Warmbadhärten *n*   marquenching, martempering, step quenching, time quench hardening
Warmbadhärtung *f*   high-temperature quenching, hot quenching, step hardening
Warmbehandlung *f*   heat treatment

Warmbiegeversuch *m*   hot-bending test
warmblasen   hot-blow/to
warmbrüchig   warm-brittle
Warmbrüchigkeit *f*   warm brittleness
Wärme *f*   heat
Wärmeabgabe *f*   heat output
Wärmeableitung *f*   heat dissipation
Wärmealterung *f*   heat ag[e]ing
Wärmeausgleichgrube *f*   soaking pit {*pit-type furnace*}
Wärmeaustausch *m*   heat exchange
wärmebehandeln Draht   patent/to
Wärmebehandlung *f* **induktive**   induction heating
wärmebeständig   heat-proof, heat-resistant
Wärmebeständigkeit *f*   heat resistance
Wärmedämmstoff *m*   heat insulator
Wärmedämmung *f*   heat insulation
Wärmedehnungsriß *m*   [thermal] expansion crack
Wärmedurchlaßwiderstand *m*   thermal resistance
Wärmeeinwirkung *f*   heat exposure
Wärmeformänderung *f*   thermal deformation
Wärmegrube *f*   heating pit
Wärmeinhalt *m*   heat content
Wärmeleitdüse *f*   thermally conductive nozzle
Wärmeleitfähigkeit *f*   thermal conductivity
Wärmeleitfähigkeitsmessung *f*   thermal conductivity measurement
Wärmeleitzahl *f*   coefficient of thermal conductivity
Wärmemenge *f*   heat quantity, quantity (amount) of heat

Wärmemessung 532

Wärmemessung *f* calorimetry
Wärmeprofil *n* thermal profile
Wärmepumpe *f* heat pump
Wärmerohr *n* heat pipe
Wärmeschockbeständigkeit *f* thermal shock resistance
Wärmeschockprüfung *f* thermal shock test
Wärmeschrank *m* heating chamber; conditioning chamber
Wärmeschrank *m* **mit Luftdurchwirbelung** heating chamber with air circulation
Wärmeschrank *m* **mit zwangsläufiger Durchlüftung** heating chamber with fan circulation of the air
Wärmeübertrager *m* heat exchanger
Wärmeverlauf *m* thermal profile
Wärmeverlust *m* heat loss
Wärmeverzug *m* thermal distortion
Wärmewechselbehandlung *f* thermoshock treatment
Warmgesenk *n* hot die
warmgezogen hot-drawn
Warmhalten *n* soaking
Warmhalteofen *m* heating (holding) furnace; glory-hole
Warmhaltetiegel *m* holding crucible
Warmhärte *f* elevated temperature hardness, high-temperature hardness
Warmhärteprüfung *f* hot hardness test
Warmkaliber *n* hot groove
Warmkammermaschine *f* **mit Arbeitskolben** piston diecasting machine
Warmkammermaschine *f* **mit Druckluftzuführung** gooseneck diecasting machine

Warmlagerungstemperatur *f* heat storage temperature
warmpressen hot-press/to
Warmschrot *m* hardie
warmspröde warm-brittle
Warmsprödigkeit *f* warm brittleness
Warmstrangpressen *n* hot extrusion
Warmstraße *f* hot rolling train
warmumformen hot-form/to, hot-work/to
Warmversuch *m* elevated temperature test
Warmziehbank *f* hot-drawing bench
Warmziehen *n* hot drawing
Warnanlage *f* alarm system
Warngrenze *f* alarm limit
Warnleuchtfeld *n* alarm annunciator
Warnlicht *n* warning light
Warnung *f* alarm
Warnzeichen *n* alarm (alert) signal
wartbar maintainable, serviceable
Wartbarkeit *f* maintainability, serviceability
Warte *f* control room
warten maintain/to, service mind/to; pause/to
Warteschlange *f* chain
Wartung *f* maintenance, service, servicing; operator attenuation
Wartung *f* **laufende** preventive (scheduled) maintenance
Wartung *f* **am Einbauort** field service
Wartung *f* **an Ort und Stelle** on-site maintenance
wartungsarm low-maintenance
Wartungsausfallzeit *f* maintenance (service, servicing) downtime
Wartungsausrüstung *f* maintenance (service) kit, kit

wartungsfähig maintainable, serviceable
Wartungsfähigkeit *f* maintainability, serviceability
wartungsfrei maintenance-free
wartungsfreies Gleitlager *n* maintenance-free slide bearing
Wartungsfreiheit *f* freedom of maintenance
Wartungsintervall *n* maintenance interval
wartungskostenintensives System *n* high-maintenance-cost system
wartungslos maintenance-free
Wartungsplan *m* [preventive] maintenance schedule, schedule of preventive maintenance
Wartungsplanung *f* maintenance planning (scheduling)
Wartungsprogramm *n* maintenance program
Wartungsprotokoll *n* maintenance record
Wartungstafel *f* maintenance schedule
Wartungstechniker *m* service man
Wartungsvorrichtung *f* maintenance fixture
Wartungszeit *f* engineering (maintenance) time
Wartungszeitplan *m* maintenance operations schedule
Wartungszeitraum *m* maintenance interval
Wartungszustand *m* state of maintenance
Wasseranteil *m* water content
Wasseraufnahme *f* water absorption
wasserbeständig resistant to water, water-resistant

wasserdichte Maschine *f* impervious (submersible) machine
Wassergehalt *m* water content
wassergekühlt water-cooled
Wasserhydraulikarmatur *f* valve and fitting for waterhydraulic systems
Wasserkühlriß *m* water crack
Wasserstoffbrüchigkeit *f* hydrogen brittleness
Wasserstoffkrankheit *f* hydrogen embrittlement
Wasserstoffsprödigkeit *f* hydrogen brittleness
Wasserstrahlputzen *n* liquid blast cleaning
Wasserwaage *f* water ga[u]ge
Wechsel- alternating
Wechsel *m* change, alternation; exchange; fluctuation
Wechselbeanspruchung *f* alternating stress, cyclic loading
Wechselbelastung *f* alternating load
Wechselgetriebe *n* change-speed gear
Wechsellager *n* double-thrust bearing
Wechsellast *f* alternating load
Wechsellastspielzahl *f* number of reversals
Wechsellasttest *m* load cycling test {testing of reliability}
wechseln alternate/to s.a. auswechseln
Wechseln *n* alternating
wechselnde Belastung *f* alternating (changing) load, fluctuating strain
wechselnde Spannung *f* fluctuating stress {mechanically}
Wechselrad *n* change gear (wheel)

Wechselrädergetriebe *n* belt feed drive, pick-off change gear
Wechselräderübersetzung *f* **doppelte** compound train
Wechselstromgenerator *m* alternating-current generator
Wechselstrommotor *m* alternating-current motor
Wechselventil *n* change-over valve, three-way valve
Wechselvorrichtung *f* changer
Wechselwirkung *f* interaction
Wechselwirkung in stehend interactive
Weg *m* **geradliniger** straight-line path
Wegabweichung *f* path deviation
Wegänderung *f* path change
Wegauflösung *f* path resolution
Wegeventil *n* directional control valve
Weggenerierung *f* path generation
weggesteuerter Roboter *m* controlled-path roboter
Weginformation *f* geometrical information *{numerically controlled machine}*
Weglänge *f* path length
Wegmeßsystem *n* path-measuring system
Wegmessung *f* distance measurement
Wegplan *m* path program
Wegplansteuerung *f* position program control
Wegsteuerung *f* path control
Wegverschiebung *f* displacement
weich soft
weichglühen soft-anneal/to
Weichglühen *n* dead annealing, dead-soft annealing, softening anneal, spheroidizing [anneal]
Weichglühung *f* softening anneal, spheroidizing [anneal]
Weichheitszahl *f* softness number
weichlöten solder/to
Weichlöten *n* soldering
Weichnitrieren *n* soft-nitriding
Weichpackung *f* **armierte** fibrous-and-metal lic packing
weichplastisches Verfahren *n* soft-mud process
Weise *f* mode
Weite *f* **lichte** bearing distance, clearance
Weite *f* **lichte** *f* **zwischen den Säulen** distance between tie bars
weiterbewegen convey/to
Weiterbewegung *f* advance
weiterdrehen advance [to another position]/to
weiterlaufen coast/to
Weiterlaufen *n* overrunning
Weiterreißbelastung *f* tearing load
Weiterreißen *n* [further] tearing
Weiterreißen *n* **dynamisches** dynamic tearing
Weiterreißwiderstand *m* tear [propagation, growth] resistance, resistance to tear growth
weiterschalten advance [to another position]/to, index/to
Weiterschalten *n* **mit Schrittmotor** motor stepping
Weiterschlag *m* redrawing, second (additional) draw
Weiterschlagziehstempel *m* second-action draw punch
Weiterspringen *n* **des Schrittmotors** step stepping
weiterziehen redraw/to
Weiterziehen *m* redrawing

Wellblechrundbiegemaschine *f* corrugated curving rollers
Welldichtung *f* corrugated seal
Welle-Nabe-Verbindung *f* shaft-hub joint
Welle *f* 1. shaft, axle; 2. wave
  Welle *f* **getriebene** drive shaft
  Welle *f* **glatte** cylindrical shaft
  Welle *f* **längsveränderliche** telescopic shaft
  Welle *f* **mit Flansch** flanged shaft
  Welle *f* **mit quadratischem Querschnitt** shaft with square cross-section
Wellenachsenwinkel *m* angle between shafts
Wellencodierer *m* shaft encoder
Wellendichtung *f* shaft seal[ing] gasket, shaft packing
Wellendrehzahl *f* **biegekritische** shaft critical speed
Wellendrehzahlgeber *m* shaft speed transducer
Wellenlager *n* shaft bearing
Wellenseele *f* core of a shaft
Wellenzapfen *m* journal
Wellrohr *n* [pressure] bellows
Wellrohr[dehnungs]ausgleicher *m* bellows-type expansion joint, corrugated expansion joint
Wellrohrkompensator *m* *s.* Wellrohr[dehnungs]ausgleicher
Wellung *f* kinking
Wendeformmaschine *f* **mit Rüttelvorrichtung** jolt roll-over pattern-draw mo[u]lding machine
Wendegetriebe *n* feed-drive reverse, reversing gear
Wendel *f* spiral; helix

Wendelbohrer *m* twist drill
wendelförmig helical
wendelförmige Führungsfase *f* helical flute
Wendelnut *f* helical flute
Wendelspan *m* continuous curly chip, curled (twisted) chip
wenden turn/to
Wendepol *m* commutating pole
Wendeschneidplatte *f* disposable insert
Wendevorrichtung *f* turning gear
Werkbank *f* bench, workbench
Werkstatt *f* workshop
Werkstattautomatisierung *f* job-shop automation
Werkstoff *m* material
  Werkstoff *m* **elastischer** elastic material
  Werkstoff *m* **homogener** homogeneous material
  Werkstoff *m* **isotroper** isotropic material
  Werkstoff *m* **nichttoxischer** non-toxic material
  Werkstoff *m* **spröder** brittle material
Werkstoffdichte *f* material density
Werkstoffdurchlaß *m* **durch die Zange** collet capacity
Werkstoffehler *m* material defect
Werkstoffhandhabung *f* material handling
Werkstoffprüfmaschine *f* materials testing machine
Werkstoffprüfung *f* materials testing
Werkstoffstange *f* material bar
Werkstoffunktion *f* material function

Werkstoffverhalten *n* behavio[u]r of materials
Werkstoffzugabe *f* material allowance
Werkstück *n* component, workpiece, part
Werkstück *n* bewegliches moving workpiece
Werkstückachse *f* axis of the workpiece
Werkstückbunker *m* part hopper
Werkstückgrenzmaße *npl* component limits
Werkstückhalterung *f* jig
Werkstückhandhabungsautomat *m* part handling machine (robot)
Werkstückkonturprogrammierung *f* part-contour programming
Werkstückkoordinate *f* part coordinate
Werkstückmagazin *n* workpiece magazine, part store
Werkstückmenge *f* vorgegebene batch lot
Werkstückprogrammspeicher *m* part program store
Werkstückschleife *f* parts loop
Werkstückspeicher *m* part store
werkstückspezifisches Unterprogramm *n* part-specific subroutine
Werkstücktoleranz *f* component limits
Werkstückträger *m* part carrier (rig)
Werkstückumdrehung *f* revolution of workpiece
Werkstückzeichnung *f* component drawing
Werkstückzuführeinrichtung *f* feeder
Werkstückzuführung *f* workpiece loading

Werkzeichnung *f* workshop drawing
Werkzeug *n* die, mo[u]ld[ing] tool; tool
Werkzeug *n* formgebendes die, mo[u]ld [die]
Werkzeug *n* zweiteiliges split mo[u]ld
Werkzeugaufbau *m* standard mo[u]ld base (unit)
Werkzeugaufspannfläche *f* platen area
Werkzeugaufspannmaße *npl* installation dimensions, mo[u]ld mounting dimensions, platen dimensions
Werkzeugaufspannplatte *f* mo[u]ld platen, [tool] platen
Werkzeugaufspannplatte *f* feststehende fixed (stationary) platen
Werkzeugaufspannzeichnung *f* mo[u]ld fixing details (diagram), standard platen details
Werkzeugauftriebskraft *f* die (mo[u]ld) opening force
Werkzeugausbau *m* removal of the die (mo[u]ld)
Werkzeugbelüftung *f* mo[u]ld venting
Werkzeugbewegung *f* tool movement
Werkzeugbruch *m* tool breakage
Werkzeugcodierung *f* tool coding
Werkzeugdorn *m* mandrel
Werkzeugdruckverlauf *m* cavity pressure profile
Werkzeugdurchbiegung *f* mo[u]ld deflection
Werkzeugdüsenplatte *f* fixed (stationary) platen
Werkzeugeinarbeitung *f* mo[u]ld cavity

Werkzeugeinbauhöhe *f* ram to table at bottom of stroke
Werkzeugeinbauraum *m* mo[u]ld space
Werkzeugeinrichter *m* mo[u]ld setter
Werkzeugeinrichtezeit *f* mo[u]ld setting time
Werkzeugeinsatz *m* mo[u]ld insert
Werkzeugentlüftung *f* mo[u]ld venting
Werkzeugfüllzeit *f* mo[u]ld filling time
Werkzeuggesenk *n* [mo[u]ld] cavity
Werkzeuggestaltung *f* die (mo[u]ld) design
Werkzeuggravur *f* die cavity
Werkzeuggrundplatte *f* platen
Werkzeughälfte *f* **auswerferseitige** ejector half, moving mo[u]ld half
Werkzeughälfte *f* **düsenseitige** fixed (stationary) mo[u]ld half
Werkzeughalter *m* tool holder; downfeed slide
Werkzeughandhabung *f* tool handling
Werkzeughandhabungsautomat *m* tool-handling robot
Werkzeughöhe *f* mo[u]ld height
Werkzeuginnendruck *m* cavity pressure
Werkzeugkern *m* [mo[u]ld] core
Werkzeugkonzept *n* die (mo[u]ld) design
Werkzeugkorrektur *f* tool correction
Werkzeugmaschine *f* machine tool
  Werkzeugmaschine *f* **gesteuerte** controlled machine tool
  Werkzeugmaschine *f* **spanende** cutting machine

Werkzeugmaschine *f* **mit automatischem Werkzeugwechsel** automatic tool changing machine tool
Werkzeugmaschinen *fpl* **verkettete** linked machine tools
Werkzeugmaschinensteuercomputer *m* machine[-tool] control computer
Werkzeugmaschinensteuerung *f* **automatische** automatic machine tool control
Werkzeugmaschinensteuerung *f* **numerische durch Computer** computerized numerical control
Werkzeugmitte *f* tool centre point
Werkzeugpark *m* available tools; available dies (mo[u]lds) *{foundry}*
Werkzeugplattenabstand *m* daylight
Werkzeugpositionierung *f* tool positioning
Werkzeugprogrammspeicher *m* tool program store
Werkzeugrevolver *m* tool turret
Werkzeugrückhub *m* mo[u]ld return stroke
Werkzeugschleife *f* tools loop
Werkzeugschleifmaschine *f* tool grinding machine
Werkzeugschließbewegung *f* mo[u]ld closing movement
Werkzeugschließeinheit *f* clamping unit
Werkzeugschließgeschwindigkeit *f* mo[u]ld closing speed
Werkzeugschließkraft *f* clamping (locking) force
Werkzeugschließplatte *f* moving platen
Werkzeugschließsicherung *f* mo[u]ld safety mechanism

Werkzeugschließsystem *n*
[mo[u]ld] clamping mechanism
Werkzeugschließzylinder *m* clamping cylinder
Werkzeugschlitten *m* [mo[u]ld] carriage, saddle, toolslide
Werkzeugschluß *m* closing the mo[u]ld
Werkzeugschnellspannvorrichtung *f* high-speed mo[u]ld clamping device (mechanism)
Werkzeugspeicherzuführung *f* magazine feeding
Werkzeugstahl *m* tool steel
Werkzeugstahl *m* **unlegierter** unalloyed tool steel
Werkzeugstandzeit *f* tool life *{mechanical engineering}*; die life *{foundry}*
Werkzeugträger *m* mo[u]ld carrier
Werkzeugträgerplatte *f* platen
Werkzeugträgerschlitten *m* moving platen
Werkzeugträgerseite *f* **feste** fixed platen, stationary platen
Werkzeugtrennebene (Werkzeugtrennfläche) *f* mo[u]ld parting surface, parting surface
Werkzeugtyp *m* tool type
Werkzeugumgestaltung *f* redesigning of the die (mo[u]ld)
Werkzeugunterteil *n* lower die
Werkzeugvoreinstellung *f* tool prepositioning
Werkzeugwechsel *m* change of tools
Werkzeugwechsel *m* **automatischer** automatic tool changing
Werkzeugwechselroboter *m* tool-changing robot
Werkzeugwechselsteuerung *f* tool-change control, tool-changing control
Werkzeugwechselsystem *n* tool-change system
Werkzeugwechsler *m* tool changer
Werkzeugwechsler *m* **automatischer** automatic tool changer
Werkzeugzentrierung *f* mo[u]ld centering device
Werkzeugzuhaltekraft *f* locking force, mo[u]ld clamping force
Wert *m* value
Wert *m* **absoluter** absolute value
Wert *m* **geltender** default value
Wert *m* **gültiger** valid value
Wert *m* **ungültiger** invalid value
Wert *m* **vorgegebener** set point, set-point value, set (preset) value
Wertebereich *m* range
Wertereihe *f* range
wertkontinuierliches Signal *n* continuous-value signal
Wickeldorn *m* mandrel
Wickelkern *m* bobbin
Wickelkörper *m* bobbin
Wickelrolle *f* reel
widerhallen reverberate/to
Widerstand *m* 1. resistance; 2. resistor, resistance
Widerstand *m* **elektrischer** electrical resistance
Widerstand *m* **mechanischer** mechanical resistance
Widerstand *m* **zur Einstellung der Drehzahl** speed-adjusting rheostat, speed-controlling rheostat
Widerstandsglühofen *m* resistance annealer
Widerstandsmoment *n* section modulus
Widerstandsmoment *n* **gegen Verdrehung** section modulus of torsion

wiederabspielen *n* playback
wiederanlaufen restart/to
wiederaufarbeiten recondition/to
wiederaufbereiten recondition/to
wiederaufkohlen recarburize/to
Wiederaufkohlung *f* carbon restoration, recarburization
Wiedererkennung *f* recognition
wiederfinden retrieve/to {data}
wiedergewinnen retrieve/to {data}; recover/to
Wiederholautomatik *f* automatic repeating system
Wiederholbarkeit *f* repeatability
wiederholen playback/to, repeat/to {e.g. a movement}
Wiederholen *n* automatisches autorepeating
wiederholte Betätigung *f* repetitive operation
wiederverwendbar reusable
wiederverwendbares Teil *n* reusable part
Wiederverwendbarkeit *f* reusability
Wiege *f* cradle
willkürlich arbitrary, random
willkürliche Skaleneinteilung *f* arbitrary scale
willkürlicher Maßstab *m* arbitrary scale
Windeisen *n* tap wrench, wrench
Winderhitzer *m* air-blast stove, blast heating apparatus, recuperator, regenerator {blast furnace}
Windform *f* tuyère, twyere
windfrischen blow/to, convert/to, air refine/to, bessemerize/to
Windfrischen *n* air converting, air blast process (refining), bessemerizing, Bessemer process

Windfrischverfahren *n* converter (Bessemer) process
Windfrischverfahren *n* basisches basic Bessemer (converter) process, Thomas[-Gilchrist] process
Windkasten *m* blast box {converter}; wind box, wind belt {cupola furnace}
Windleitung *f* blast main
Windmantel *m* air chamber
Windring *m* wind box (belt)
Windstein *m* stone rest
Windung *f* turn
Windzuleitung *f* blast pipe
Winkel- angular
Winkel *m* angle; square, try square
Winkel *m* kritischer critical angle
winkelabhängig angle-dependent
Winkelabhängigkeit *f* angular dependence
Winkelabweichung *f* angle (angular) deviation
Winkelantrieb *m* angular drive
Winkelbeziehung *f* angular relationship
Winkelbohrmaschine *f* corner drilling machine
Winkelcodierer *m* synchro
Winkeleinstellung *f* angular adjustment
Winkeleisen *n* angle plate
Winkelfehler *m* angularity error
winkelförmig angular
Winkelfräser *m* für Drallspannuten double-angle cutter
Winkelfrequenz *f* angular frequency
Winkelführung *f* dovetail guide
Winkelgelenk *n* angle joint
Winkelgeschwindigkeit *f* angular velocity (speed)

Winkelgeschwindigkeit *f* **konstante** constant angular velocity
Winkelgeschwindigkeit *f* **kritische** critical angular speed
Winkelgetriebe *n* angle gear, angular bevel-gear transmission, bevel-gear unit, mitre wheel gear train
Winkelgrad *m* angular degree
Winkelhebel *m* angle lever, bell crank
winkelig angular
Winkelkaliber *n* angle pass
Winkelkoordinaten *fpl* angular coordinates
Winkellineal *n* **verstellbares** bevel
Winkelprüfzeug *n* angle test instrument
Winkelschablone *f* angle template
Winkelschlüssel *m* angle wrench
Winkelstahl *m* angle, angle steel (iron); L-iron
Winkelstirnfräser *m* dovetail milling cutter
Winkelstück *n* angle piece (plate)
Winkelstützmauer *f* cantilevered retaining wall
Winkelverschiebung *f* angle (angular, rotational) displacement
Winkelzähne *mpl* herringbone teeth {bevel gear}
Wippe *f* relifting table, rocker, bow
Wippenlager *n* rocker bearing
Wipphebel *m* rocker lever
Wippschalter *m* rocking switch
Wirbelstrombremse *f* eddy current brake
Wirbelstromkupplung *f* eddy current clutch
Wirk- active
Wirkdruck *m* active pressure
wirken gegeneinander oppose/to {e.g. two forces}

Wirklast *f* active (actual) load
Wirkleistung *f* active (actual) power
wirklich actual, real
wirksam active
Wirkschema *n* actual operating diagram
Wirkung *f* action; effect
Wirkungsart *f* mode of action
Wirkungslinie *f* line of action
wirkungsmäßig functional
Wirkungsprinzip *n* mode of action
Wirkungsweg *m* control path
Wirkungsweg *m* **geschlossener** closed path of action
Wirkungsweise *f* [mode of] action, performance
Wirrspan *m* mingled up chip
wölben vault/to, arch/to
Wölbung *f* bow; camber; crown {roll}
Wrasenklappe *f* Arnott valve
wulchern marver/to
Wulst *m(f)* bead, boss
Wulststab *m* bead bar
Würfel *m* cube
Würgewalze *f* top roller

X

x-Achse *f* abscissa, x-axis
X-Glied *n* section
x-Koordinate *f* abscissa, x-axis
Xenonbogenlampe *f* xenon arc lamp
Xeroradiographie *f* xeroradiography

Y

y-Koordinate *f* ordinate, y-axis
Y-Schale *f* butterfly shell

Z

zäh tough, tenaceous
zähflüssig viscous, semiliquid, thick
zähhart semirigid, tenacious
Zähigkeit *f* toughness, tenacity; viscosity
Zahl *f* number
Zahl *f* **denormalisierte** denormalized number
Zahl *f* **gerade** even number
zählen count/to, number/to
Zählen *n* metering, counting
Zahlenbereich *m* capacity
Zahlensystem *n* number system
Zähler *m* counter
Zähler *m* **mit automatischer Rückstellung** automatic resetting counter
zählergesteuerte Maschine *f* counter-controlled machine
Zählwerk *n* meter
Zahn *m* tooth; sprocket {spocket chain}
Zahn *m* **eingesetzer** cog {gear wheel}
Zahndicke *f* tooth (circular) thickness
Zahndickensehne *f* tooth (circular) thickness chord
Zahndickensehnenmaß *n* chordal thickness
Zähne *mpl* teeth {e.g. bevel gear}

Zahneingriffsfrequenz *f* cutting frequency
Zahnfederbacke *f* alligator jaw
Zahnflanke *f* tooth flank
Zahnfuß *m* root of tooth
Zahngrund *m* **gewölbter** gable bottom
Zahnhöhe *f* height of tooth, tooth height
Zahnkeilriemen *m* cog V-belt, cogged vee belt
Zahnkette *f* sprocket chain
Zahnkopf *m* addendum, crest, top of tooth
Zahnkopfhöhe *f* chordal addendum
Zahnkranz *m* rim; ring gear, scroll gear
Zahnkupplung *f* gear coupling
Zahnoberteil *n* crest
Zahnrad *n* toothed wheel, gear; cogwheel
Zahnrädervorgelege *n* back gear
Zahnradfräsmaschine *f* gear milling machine
Zahnradgetriebe *n* change gear drive, gear train, gears
Zahnradmotor *m* gear motor
Zahnradpaar *n* gear couple
Zahnradpumpe *f* gear[ed] pump
Zahnradtrieb *m* gear drive
Zahnradverdichter *m* gear compressor
Zahnradwelle *f* gear shaft
Zahnriemen *m* toothed belt; cogged belt
Zahnriemenscheibe *f* cogged-belt pulley
Zahnriementrieb *m* cogged belt drive
Zahnritzel *n* toothed pinion
Zahnscheibe *f* toothed washer

Zahnschiene *f* toothed rail
Zahnstange *f* gear (tooth) rack, rack
Zahnstangenknopf *m* rack head
Zahnstütze *f* tooth stay
Zahnteilung *f* pitch, tooth pitch
Zahnweitenmaß *n* chordal dimension over two teeth
Zahnwelle *f* toothed shaft
zähpolen pole/to, toughen by poling/to
Zähpolen *n* poling
Zange *f* tongs, pliers
Zangenspannfutter *n* collet chuck
Zangenspannung *f* collet gripping
Zapfen *m* neck, pin, pivot; trunnion *{converter}*
Zapfensenker *m* counterbore with guide (pilot)
Zeichen *n* character, sign; symbol
Zeichenerkennung *f* character recognition
Zeichengerät *n* plotter
Zeichengröße *f* character size
Zeichenroboter *m* drawing robot
Zeichensatz *m* character set
zeichnen draw/to, plot/to
Zeichnung *f* drawing
Zeichnungsmeßmaschine *f* drawing measuring machine
Zeiger *m* index, pointer, needle, indicator *{of an apparatus}*
Zeigeranschlag *m* stop
Zeigerblatt *n* dial
Zeile *f* band; line; row
Zeilenabstand *m* spacing
Zeilendruckersteuereinheit *f* line printer controller
zeilenförmige Karbideinlagerung *f* carbide band
Zeilenvorschub *m* line feed

Zeit *f* **mittlere bis zum ersten Fehler** mean time to failure
Zeit *f* **mittlere zwischen Ausfällen** mean time between failures
Zeit *f* **mittlere zwischen Überholungen** mean time between overhauls
Zeit *f* **mittlere zwischen Wartungen** mean time between maintenance
Zeit *f* **unwirksame** idle time
Zeit *f* **bis zum Ausfall** time to failure
Zeit *f* **bis zum Bersten** time to burst
Zeit *f* **bis zum Bruch** rupture time
Zeit *f* **zum Positionieren** positional time, positioning time
zeitabhängig time-dependent
Zeitdauer *f* **eines Vorgangs** action time
Zeitdehngrenze *f* creep limit
Zeitdehnlinie *f* *{Zeitstand-Zugversuch}* creep curve
Zeitdehnspannung *f* time yield limit
Zeitgeber *m* master [clock], main clock
zeitkontinuierliches (analoges) Signal *n* continuous-time signal
zeitkontinuierliches (analoges) System *n* continuous-time system
Zeitplan *m* time schedule
Zeitplangeber *m* control timer
Zeitraum *m* **zwischen Überholungen** overhaul period
Zeitschalter *m* time switch
Zeitstand-Druckversuch *m* creep-depending-on-time-test
Zeitstand-Zugfestigkeit *f* creep strength

Zeitstandfestigkeits-Prüfgerät *n* creep apparatus
Zeitstandfestigkeitsdiagramm *n* creep-time diagram
Zeitstandfestigkeitsergebnisse *npl* creep data
Zeitstandkriechgrenze *f* creep strength
Zeitstandprüflabor *n* creep laboratory
Zeitstandprüfmaschine *f* creep testing machine
Zeitstandversuch *m* creep-rupture test, creep test
Zeitstauchgrenze *f* creep limit
Zeittakt *m* clock
Zeittakt *m* **nach steuern** clock/to
Zeitverzögerung *f* **konstante** constant time lag
zeitweiliges Versagen *n* malfunctioning
Zellenofen *m* *{für künstliche Alterung}* cell-type oven
zellularer (geschäumter) Kunststoff *m* cellular plastic
Zement-Sand-Formverfahren *n* cement-sand mo[u]lding process
Zementation *f* cementation, carburization
Zementationskasten *m* carburizing (cementing) box
Zementationsmittel *n* carburizer, cementing (carburizing) medium (agent)
Zementationsschicht *f* carburized case
zementieren carburize/to, cement/to
Zementierung *f* *s.* Zementation
Zementit *m* cementite, cemented carbide
Zementitlamelle *f* carbide lamella

zentral centralized, central
zentral angespritzt center-fed, center-gated
Zentralanguß *m* center feed, central gating
Zentralausdrückstift *m* central ejector pin
Zentralauswerfer *m* central ejector
zentrale Steuerwarte *f* central control room
Zentraleinspeisung *f* center feed
zentralisiert centralized
Zentralrad *n* central gear
Zentralschmierung *f* central greasing
Zentralsteuerwarte *f* central control room
Zentralwelle *f* central shaft
Zentrierblech *n* centering sheet
Zentrierbohrer *m* center drill, combination centre drill
Zentrierbohrer *m* **für Schutzsenkung** drill and ball-type countersink
Zentrierbohrer *m* **ohne Schutzsenkung** combined drill and regular countersink
Zentrierbohrung *f* center hole
zentrieren center/to
Zentriergenauigkeit *f* accuracy of positioning
Zentrierglocke *f* centering bell
Zentrierlager *m* centering bearing
Zentrierloch *n* center hole
Zentrierring *m* die ring, register locating ring
Zentriersenker *m* combination drill and countersink, combined drill and countersink, drill and countersink combined [tool]
Zentrierstift *m* centering pin

Zentrierstück *n* centering piece
Zentrierung *f* center bore, centering
Zentrierung *f* **automatische** automatic centering
Zentrifugal- centrifugal
Zentrifugalkraft *f* centrifugal force
Zentrifugalpumpe *f* centrifugal pump
Zentrifugalregler *m* centrifugal force controller
Zentrifugalschalter *m* centrifugal switch
zentrifugieren centrifuge/to
zentripetal centripetal
Zentripetalkraft *f* centripetal force
Zentripetalmoment *n* centripetal torque
zentrischer Zug *m* axial tension
Zentrumbohrer *m* center bit
zerbrechen fracture/to
zerbrochene Probe *f* broken specimen
Zerhacker *m* chopper
zerkleinern crush/to
Zerreißfestigkeit *f* tearing strength
Zerreißmaschine *f* tensile [testing] machine
Zerreißprobestab *m* test bar
Zerreißschaubild *n* stress-strain curve (diagram)
Zerreißversuch *m* tensile test
zerschneiden cut/to
Zersetzung *f* decomposition, disintegration
zerspanbar cuttable, machinable
  zerspanbar leicht easy-machining
Zerspanbarkeit *f* cutting property
zerspanen machine/to, cut[a chip]/to
Zerspannungsvorgang *m* cutting action

Zerspanungsleistung *f* cutting efficiency
zerstäuben sputter/to
Zerstäuben *n* sputtering
Zerstäuberventil *n* sprayer valve
Zerstäubungsdüse *f* atomizer nozzle
zerstörbar destructible
Zerstörung *f* destruction
zerstörungsfreie Prüfung *f* nondestructive testing
Zertrümmerungskugel *f* breaking ball
Zickzackduo *n* staggered mill
Zickzacktrio *n* cross-country mill
Ziehbank *f* drawbench, rack
Ziehbrett *n* strickle
Ziehdiamant *m* diamond drawing die
Ziehdorn *m* mandrel
Ziehdüse *f* aperture, draw-plate hole
Zieheisen *n* draw[ing] plate
Ziehemulsion *f* drawing solution
ziehen draw/to; cut/to {keys}
Ziehfett *n* drawing compound (grease)
Ziehgrenze *f* drawing (formability) limit, limiting blank diameter
Ziehgüte *f* drawing
Ziehkegel *m* step-down cone
Ziehkeilgetriebe *n* key drive, drive key gear
Ziehkissen *n* drawing cushion, pad, cushion
Ziehlehre *f* strickle
Ziehloch *n* aperture
Ziehlochplatte *f* draw plate
Ziehmaschine *f* drawbench
Ziehmatrize *f* draw[ing] die
Ziehmittel *n* drawing compound
Ziehöffnung *f* clearance space
Ziehprofil *n* drawing profile
Ziehraumkonizität *f* draw cone

ziehriefenfrei unmarred
Ziehring *m* draw die (ring), drawing ring (tool)
Ziehscheibe *f* flat (shell) blank
Ziehscheibenantrieb *m* block drive
Ziehspalt *m* clearance
Ziehstein *m* drawing die; whirtle
Ziehstempel *m* draw[ing] punch
Ziehstufe *f* draught, draw
Ziehteil *n* drawing, drawpiece
Ziehtrichter *m* forming bell
Ziehtrommel *f* cylindrical block *{wire drawing}*
Ziehverfahren *n* drawing process
Ziehvorgang *m* draw
Ziehwerkzeug *n* cupping tool, drag plate, draw die (plate), drawing die (plate, tool)
Ziehwert *m* cupping ductility value
Ziehwulst *m(f)* drawing bead
Ziehzange *f* clamp
Ziel *n* objective; target *{optimization}*; end
Zielautomat *m* automatic carriage
Zifferblatt *n* dial
Zinkschwamm *m* tutty
Zipfel *m* scallop, tip *{deep drawing}*
Zipfel bilden scallop/to
Zipfelbildung *f* tip formation, development of scallops
Zirkel *m* dividers
Zirkulator *m* circulator
zirkulieren circulate/to
Zone *f* band, zone
  Zone *f* aktive active zone
  Zone *f* neutrale neutral plane
  Zone *f* tote dead band
  Zone *f* waagerechte horizon *{blast furnace}*
Zonenbreite *f* phase belt, phase spread

Zonenfaktor *m* spread factor
Zonenhärtung *f* selective hardening
Zubehör *n* accessories, attachment
  Zubehör *n* ohne bare
Zubehöreinrichtung *f* accessory device
zubringen convey/to
Zubringer *m* [feed] conveyor
Zubringung *f* conveyance
Zufahrkraft *f* clamping force
zufällig random
Zufälligkeit *f* randomness
Zuflußhöhe *f* suction head
zuführen convey/to, load/to; feed/to *{e.g. tools}*
  zuführen Energie *f* power/to
Zuführgerät *n* feed (input) device
Zuführöffnung *f* feed opening
Zuführrollgang *m* approach roller, feed roller table
Zuführung *f* advection, supply, loading
Zuführung *f* von Werkstücken workpiece loading
Zuführungseinrichtung *f* feeder; applicator
Zuführungskanal *m* feed channel, runner [manifold]
Zuführungsmagazin *n* feed magazine
Zuführungsseite *f* feed end
Zuführungstrichter *m* admission (feed) hopper; cup *{blast furnace}*
Zuführwalze *f* feed cylinder
Zug *m* draught, suction; draw; pull[ing]; tension
Zugang *m* access *{e.g. for maintenance}*
Zugängigkeit *f* accessibility
Zugangstür *f* man door
Zugband *n* band, brace

zugeben add/to
Zugentlastunghülse *f* strain relieving grommet
zugestellt lined
  zugestellt basisch basic [lined]
  zugestellt sauer acid [lined]
Zugfestigkeit *f* tensile strength
Zugfestigkeitsprüfmaschine *f* tensile testing machine
Zughaken *m* draw hook
Zughebel *m* draw lever
Zugkabel *n* draw cable
Zugklappe *f* damper
Zugkraftmessung *f* tensile measurement
Zuglasche *f* draw fish-plate
Zugmodul *m* tensile modulus
Zugorgan *n* tension member
Zugöse *f* pull eye
Zugprobe *f* tensile [test] specimen
  Zugprobe *f* **spritzgegossene** injection-mo[u]lded tensile specimen
zugreifen grasp/to
Zugschalter *m* pull switch
Zugscherfestigkeit *f* tension shear strength
Zugscherversuch *m* tension shear test
Zugseil *n* draw rope
Zugspannung *f* nominal stress, [nominal] tensile stress
Zugspannungsmessung *f* tensile stress measurement
Zugspindel *f* feed screw (shaft)
Zugstab *m* tensile bar, tension member
Zugstange *f* draw (tie) rod, tension member
zugumformen draw/to
Zugumformen *n* drawing
Zugverstärker *m* draft booster
Zugversuch *m* tensile test
Zuhalteeinrichtung *f* locking mechanism
Zuhaltekraft *f* locking (clamping) force
Zuhaltekraftreserve *f* reserve locking force
Zuhaltemechanismus *m* [mo[u]ld] locking mechanism
zuhalten clamp/to, lock/to
Zuhaltezylinder *m* locking cylinder
zulässig acceptable, allowable, permissible
zulässige Abweichung *f* allowable deviation
zulässige Belastung *f* allowable load
zulässige Spannung *f* working stress *{mechnically}*
zulässiger Arbeitsbereich *m* permissible operating range
zulässiger Bereich *m* tolerance zone
zulässiger Punkt *m* admissible point
zulässiger Weg *m* admissible path
Zulassung *f* approval
Zulauf *m* gate, runner
Zulaufhöhe *f* suction head
Zulaufventil *n* supply valve
zulegieren add/to
Zulegierung *f* addition
Zuleitungswiderstand *m* lead resistance
Zuluft *f* air supply
Zuluftdrossel *f* air-throttle, restrictor
Zunder *m* scale, cinder
zunderbeständig scale-resisting, non-scaling

Zunderbeständigkeit *f* scale resistance
Zunderbeständigkeitsgrenze *f* scaling temperature
Zunderbildung *f* scale formation, scaling
Zunderfestigkeit *f* scaling resistance
zunderfrei scaleless, non-scaling
zundrig scaly
Zunge *f* tongue {*contact*}; index, pointer {*measuring device*}
Zuordnungsproblem *n* coordination problem
zurückhalten restrain/to
zurückkehren return/to
zurückprallen rebound/to
zurückrücken schrittweise decrement/to
zurückweisen reject/to
zurückwirken retract/to
Zusammenballung *f* balling-up
Zusammenbau *m* assembly, fitting
Zusammenbruch *m* breakdown
zusammendrücken compress/to
zusammenfügen assemble/to; join/to
zusammengedrückt compressed
zusammengehörig mating {*gears*}; correlating
zusammengesetzt complex, compound; composed
zusammengesetzte Beanspruchung *f* combined stress
Zusammenhang *m* **kontinuierlicher** continuity
zusammenklebende Bleche *npl* stickers
zusammenpassen match/to; adjust/to, fit/to
zusammenschieben teleskopartig telescope/to

zusammensetzen put together/to
Zusammensetzung *f* composition
Zusammenziehung *f* **räumliche** cubical contraction
Zusatz- ancillary, additional
Zusatzbehandlung *f* additional treatment
Zusatzeinheit *f* add-on unit
Zusatzeinrichtung *f* additional (extra) attachment, ancillary equipment
Zusatzfederauflage *f* added spring support
Zusatzgerät *n* add-on device, ancillary equipment, supplementary unit
Zusatzgewicht *n* supplementary weight
Zusatzhebel *m* additional lever
zusätzlich additional
zusätzliche Behandlung *f* additional treatment
zusätzliche Prüfung *f* additional test
Zusatzprüfung *f* additional test
Zusatzring *m* supplementary ring
Zusatzverlust *m* supplementary loss
zuschlagen add/to
Zuschlaghammer *m* sledge hammer
zuschneiden cut out/to; split {*seal*}
Zuschnitt *m* flat (shell) blank, stretch-out
Zuschnittberechnung *f* blank-size calculation
Zustand *m* condition, state
Zustand *m* **betriebsbereiter** ready state
Zustand *m* **eingeschalteter** on-state
Zustand *m* **einwandfreier** sound state
Zustand *m* **stabiler** stable state

Zustandsänderung *f* change in state
Zustandsdiagramm *n* diagram of equilibrium, phase (equilibrium, constitution) diagram
Zustandsschaubild *n* diagram of equilibrium, eutectic diagram
Zustandsüberwachung *f* condition monitoring
zustellen feed down/to; line/to
Zustellen *n* lining
Zustellgetriebe *n* feeding-in mechanism
Zustellhandrad *n* feed wheel
Zustellkolben *m* set-in piston
Zustellmasse *f* lining mass
Zustellspindel *f* downfeed screw, feed screw
Zustellsprung *m* downfeed increment
Zustellung *f* depth feed, downfeed; lining
Zustellung *f* **saure** acid lining
Zustimmung *f* compliance
zuteilen proportion/to
zuverlässig reliable
zuverlässig nicht unreliable
Zuverlässigkeit *f* reliability
Zuverlässigkeit *f* **hohe** high reliability
Zuverlässigkeit *f* **im Betrieb** operating reliability
zwängen force/to
Zwangsantrieb *m* positive drive
Zwangsführung *f* forced circul-ation
zwangsläufig wirkende Überwachung *f* compulsory checking
Zweckmäßigkeit *f* convenience
Zweiachsensteuerungssystem *n* **numerisches** two-axis numerical control system
zweiachsig biaxial

zweiarmiger Manipulator *m* {*nach zwei Seiten wirkend*} bilateral manipulator
Zweibacken[spann]futter *n* double-jaw chuck, two-jaw chuck
Zweibahnen- double-tracked, double-upright
Zweibahnenbett *n* double-slideway bed, double-track bed
zweibahnig double-tracked
zweidimensional nachformen contour/to, contour-machine/to
Zweietagenofen *m* two-tier kiln, double-deckle kiln
Zweietagenwerkzeug *n* three-part (three-plate) mo[u]ld
Zweifachanspritzung *f* two-point gating
Zweifachblaskopf *m* twin parison die
Zweifachschlauchkopf *m* twin parison die
Zweifachvorgelege *n* double back gear
Zweifachwerkzeug *n* twin die, two-cavity (two-impression) mo[u]ld
Zweig *m* branch
Zweigelenkbogen *m* two-hinged arch
zweiherdiger Spurofen *m* spectacle furnace
zweihiebig double-cut {*file*}
Zweiholmenausführung *f* two-tie bar design
Zweiholmenschließeinheit *f* two-tie bar clamp unit
Zweikavitätenwerkzeug *n* two-cavity (two-impression) mo[u]ld
zweimeßriges Schlagzahnwerkzeug *n* double-bladed fly cutter

Zweiplattenwerkzeug *n* single-daylight mo[u]ld, two-part mo[u]ld, two-plate mo[u]ld

Zweipunktsteuerung *f* bang-bang control

Zweiräderblock *m* double gear

Zweirichtungsantrieb *m* bidirectional drive

Zweirichtungsbetrieb *m* **arbeitend im** bidirectional

Zweischeibenkupplung *f* double-plate clutch

Zweischeibenläppmaschine *f* double-lap machine

Zweischeibenschleifmaschine *f* double-disk grinding machine, duplex grinding machine

zweischneidig double-edge[d], double-ended

zweischneidiges Bohrstangenmesser *n* double-ended cutter

zweischneidiges Messer *n* two-lipped tool bit

zweischnittiger Laschenstoß *m* double-covered butt joint

zweiseitig bilateral

zweiseitig schneidend double-cut, double-ended

zweiseitiger Betrieb *m* bidirectional operation

zweiseitiger Schnitt *m* double-cut, double cut

zweispindlig double-spindel

Zweiständer- double-housing, double-upright

Zweiständerausführung *f* double-column construction

Zweiständerbettfräsmaschine *f* double-column plano-milling machine

Zweiständerhammer *m* **in Portalform** arch form hammer

Zweiständerkarusselldrehmaschine *f* double-column vertical boring and turning mill

Zweiständermaschine *f* cross-rail machine, double-standard machine

Zweiständerpresse *f* straight-side press

Zweistellungsventil *n* on-off valve

Zweistufenauswerfer *m* two-stage ejector

Zweistufenkaltstauchautomat *m* double-stroke automatic cold header

Zweistufenreckprozeß *m* two-stage stretching process

Zweistufenstauchautomat *m* double-blow cold header

Zweistufenstauchen *n* two-blow heading

zweistufig two-stage

zweite Sinterung *f* resinter[ing]

zweiteilige Form *f* split mo[u]ld

zweiteiliges Werkzeug *n* split mo[u]ld

Zweitluftgebläse *n* secondary-air fan

Zweiwegeventil *n* cartridge valve

Zweiweghobelmaschine *f* double-cutting planer

Zweiwegschaltung *f* double-way connection

Zweizonenofen *m* double-fired furnace

Zwillingsantrieb *m* twin drive

Zwillingsräummaschine *f* double-slide broaching machine

Zwillingsschleifmaschine *f* duplex grinding machine

Zwillingswalzen *fpl* duo rolls

Zwillingswalzwerk *n* duo mill

Zwinge f ferrule; thimble, collet, collar; clamp, clip
zwingen force/to
Zwischenbeizen n interstage pickling
Zwischengang m control cycle
Zwischengerüst n strand rolls
Zwischengetriebe n intermediate gear
Zwischenglühen n annealing between operations, interannealing, interstage annealing, process annealing
Zwischenhebel m intermediate lever
Zwischenhülse f adapter
Zwischenlage f spacer; interlayer, interlining, ply
Zwischenmaß n interval size
Zwischenplatte f apron plate
Zwischenrad n idler, intermediate gear
Zwischenraum m gap, space, spacing, clearance, interval
Zwischenring m adapte (intermediate) ring
Zwischenrohr n intermediate tube
Zwischenscheibe f intermediate disk
Zwischenschneide f drag
Zwischenspindel f jack shaft
Zwischenstecker m adapter
Zwischenstück n adapter
Zwischenwand f cross piece, diaphragm
Zwischenwelle f intermediate shaft, layshaft
Zwischenzahnrad n intermediate tooth wheel
Zwischenzyklus m control cycle
Zyanbadhärtung f cyanide [case] hardening
zyanieren cyanide/to

Zyanieren n cyanide [case] hardening
zyklische Belastung f cycle strain (loading)
zyklische Spannung f cycle stress *[mechanical]*
Zykloidengetriebe n cycloid gear
Zykloidenverzahnung f cycloidal tooth system
Zyklus m cycle
Zyklus m geschlossener closed cycle
Zykluszeit f cycle time
Zylinder m barrel, cylinder
Zylinder m doppeltwirkender double-acting cylinder
Zylinder m einfachwirkender single-acting cylinder
Zylinderabmessung f barrel (cylinder) dimension
Zylinderausbohrmaschine f cylinder reboring machine
Zylinderauskleidung f barrel (cylinder) liner
Zylinderaußenfläche f outer barrel (cylinder) surface
Zylinderbeheizung f barrel (cylinder) heaters
Zylinderblock m cylinder block
Zylinderbodendeckel m cylinder bottom cover
Zylinderbohrung f barrel bore
Zylinderbohrwerk n cylinder boring mill
Zylindergeometrie f cylindrical geometry
Zylinderheizelement n barrel (cylinder) heater
Zylinderheizkreis m barrel heating circuit, cylinder heating circuit

Zylinderheizleistung *f* barrel (cylinder) heating capacity
Zylinderinnenfläche *f* barrel (cylinder) liner
Zylinderinnenwand *f* barrel (cylinder) liner
Zylinderkoordinatenroboter *m* cylindrical coordinate robot
Zylinderkopf *m* barrel (cylinder) head
Zylinderlänge *f* barrel (cylinder) length
Zylindermantel *m* cylinder jacket
Zylinderschaft *m* round shank
Zylinderschleifmaschine *f* cylinder grinding machine
Zylinderschraube *f* fillister-head screw
Zylinderschubspeicher *m* reciprocating barrel accumulator
Zylindersenkung *f* counterbore
Zylinderspeicher *m* melt accumulator
Zylinderstift *m* cylindrical pin
Zylindertemperatur *f* barrel (cylinder) temperature
Zylindertemperierung *f* barrel (cylinder) temperature control
Zylinderverschleiß *m* barrel (cylinder) wear
Zylinderwand *f* barrel (cylinder) wall
Zylinderwandtemperatur *f* barrel (cylinder) wall temperature
zylindrisch cylindrical; parallel *{shaft}*
zylindrische Kurbelkette *f* linked quadrilateral
zylindrische Schale *f* cylindrical shell
zylindrische Senkbohrung *f* counterbore
zylindrischer Senker *m* counterbore
zylindrisches Durchgangsloch *n* cylindrical through bore
zylindrisches Grundloch *n* blind hole
zylindrisches Kurbelviereck *n* linked quadrilateral

Weitere Titel zum Thema:

Durzok, J.
parat Fachlexikon Messung und Messfehler
Reihe: parat Fachlexikon

1989. VII, 172 Seiten mit 28 Abbildungen und 1 Tabelle.
Gebunden. DM 68.00. ISBN 3-527-26747-6

Göpferich, S.
TexTerm Korrosion
Englisch/Deutsch-Deutsch/Englisch
TexTerm Corrosion
English/German-German/English
Reihe: TexTerm

1989. XVIII, 271 Seiten mit 49 Abbildungen und 14 Tabellen.
Broschur. DM 48.00. ISBN 3-527-27868-0

Junge, H.-D.
parat Dictionary of Measurement Engineering and Units
parat Wörterbuch Meßtechnik und Einheiten
English/German - Deutsch/Englisch
Reihe: parat Wörterbücher/parat Dictionaries

1991. XII, 594 Seiten.
Gebunden. DM 124.00. ISBN 3-527-26422-1

VCH · Postfach 10 11 61 · D-6940 Weinheim

Weitere Titel zum Thema:

Junge, H.-D. /Lukhaup, D.
parat Dictionary of Automotive Engineering
parat Wörterbuch Kraftfahrzeugtechnik
English/German - German/English
Englisch/Deutsch - Deutsch/Englisch

1991. VII, 388 Seiten.
Gebunden. DM 112.00. ISBN 3-527-28171-1

Korzak, G.
parat Dictionary of Fracture Mechanics
English/German
parat Wörterbuch Bruchmechanik
Deutsch/Englisch
Reihe: parat

1989. VIII, 280 Seiten.
Gebunden. DM 86.00. ISBN 3-527-27891-5

Schenk, H.
parat Dictionnaire de la Robotique
Francais/Allemand
Wörterbuch Robotik
Deutsch/Französisch

1989. X, 214 Seiten.
Gebunden. DM 68.00. ISBN 3-527-26940-1

VCH · Postfach 10 11 61 · D-6940 Weinheim